FALAR COM DEUS

Conheça nossos clubes

Conheça nosso site

@editoraquadrante
@editoraquadrante
@quadranteeditora
Quadrante

FRANCISCO FERNÁNDEZ-CARVAJAL

FALAR COM DEUS

Festas litúrgicas e Santos. Índice ascético.

Tradução: Ricardo Pimentel Cintra

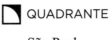

São Paulo
2025

Título original
Hablar con Dios

Copyright © Ediciones Rialp, S.A.

Capa
Gabriela Haeitmann
Karine Santos

Dados Internacionais de Catalogação na Publicação (CIP)

Fernández-Carvajal, Francisco
    Falar com Deus: meditações para cada dia do ano. Festas litúrgicas e Santos. Índice ascético. [tradução de Ricardo Pimentel Cintra] / Francisco Fernández-Carvajal. – São Paulo : Quadrante, 2025.

    Título original: *Hablar con Dios*
    ISBN (capa dura): 978-85-7465-462-1
    ISBN (brochura): 978-85-7465-785-1

    1. Celebrações litúrgicas 2. Festas religiosas 3. Meditações 4. Santos cristãos I. Título

CDD-242.2

Índice para catálogo sistemático:

1. Meditações : Uso diário : Cristianismo 242.2

Todos os direitos reservados a
QUADRANTE EDITORA
Rua Bernardo da Veiga, 47 - Tel.: 3873-2270
CEP 01252-020 - São Paulo - SP
www.quadrante.com.br / atendimento@quadrante.com.br

SUMÁRIO

FESTAS LITÚRGICAS E SANTOS. JANEIRO-JUNHO

1º DE JANEIRO
1. Santa Maria, Mãe de Deus 15

6 DE JANEIRO
2. Epifania do Senhor 21

PRIMEIRO DOMINGO DEPOIS DA EPIFANIA
3. Batismo do Senhor 27

OITAVÁRIO PELA UNIDADE DOS CRISTÃOS.
18 DE JANEIRO. PRIMEIRO DIA DO OITAVÁRIO
4. Jesus Cristo fundou uma só Igreja 33

OITAVÁRIO PELA UNIDADE DOS CRISTÃOS
19 DE JANEIRO. SEGUNDO DIA DO OITAVÁRIO
5. A unidade interna da Igreja 39

OITAVÁRIO PELA UNIDADE DOS CRISTÃOS
20 DE JANEIRO. TERCEIRO DIA DO OITAVÁRIO
6. O depósito da fé 45

OITAVÁRIO PELA UNIDADE DOS CRISTÃOS
21 DE JANEIRO. QUARTO DIA DO OITAVÁRIO
7. O fundamento da unidade 51

OITAVÁRIO PELA UNIDADE DOS CRISTÃOS
22 DE JANEIRO. QUINTO DIA DO OITAVÁRIO
8. Cristo e a Igreja 57

OITAVÁRIO PELA UNIDADE DOS CRISTÃOS
23 DE JANEIRO. SEXTO DIA DO OITAVÁRIO
9. A Igreja, novo povo de Deus 63

OITAVÁRIO PELA UNIDADE DOS CRISTÃOS
24 DE JANEIRO. SÉTIMO DIA DO OITAVÁRIO
10. Maria, Mãe da unidade 69

24 DE JANEIRO
11. São Francisco de Sales 75

25 DE JANEIRO
12. Conversão de São Paulo 81

26 DE JANEIRO
13. Santos Timóteo e Tito 87

28 DE JANEIRO
14. São Tomás de Aquino 93

31 DE JANEIRO
15. São João Bosco 99

2 DE FEVEREIRO
16. Apresentação do Senhor 105

2 DE FEVEREIRO. APRESENTAÇÃO DO SENHOR
17. Purificação de Nossa Senhora 111

11 DE FEVEREIRO
18. Nossa Senhora de Lourdes 117

22 DE FEVEREIRO
19. Cátedra de São Pedro 123

SETE DOMINGOS DE SÃO JOSÉ. PRIMEIRO DOMINGO
20. Vocação e santidade de São José 129

SETE DOMINGOS DE SÃO JOSÉ. SEGUNDO DOMINGO
21. As virtudes de São José 135

SETE DOMINGOS DE SÃO JOSÉ. TERCEIRO DOMINGO
22. José, esposo de Maria 141

SETE DOMINGOS DE SÃO JOSÉ. QUARTO DOMINGO
23. Dores e gozos (I) 147

SETE DOMINGOS DE SÃO JOSÉ. QUINTO DOMINGO
24. Dores e gozos (II) 153

SETE DOMINGOS DE SÃO JOSÉ. SEXTO DOMINGO
25. Morte e glorificação de São José 159

SETE DOMINGOS DE SÃO JOSÉ. SÉTIMO DOMINGO
26. O patrocínio de São José 165

19 DE MARÇO
27. São José 171

25 DE MARÇO
28. Anunciação do Senhor 177

25 DE MARÇO. ANUNCIAÇÃO DO SENHOR
29. A vocação de Nossa Senhora 183

25 DE ABRIL
30. São Marcos Evangelista 189

29 DE ABRIL
31. Santa Catarina de Sena 195

1º DE MAIO
32. São José Operário 201

3 DE MAIO
33. Santos Filipe e Tiago, Apóstolos 207

13 DE MAIO
34. Nossa Senhora de Fátima 213

14 DE MAIO
35. São Matias Apóstolo 219

31 DE MAIO
36. Visitação de Nossa Senhora 225

QUINTA-FEIRA DEPOIS DE PENTECOSTES
37. Nosso Senhor Jesus Cristo, Sumo e Eterno Sacerdote 231

DOMINGO DEPOIS DE PENTECOSTES
38. Santíssima Trindade 237

DOMINGO DEPOIS DE PENTECOSTES. SANTÍSSIMA TRINDADE
39. A inabitação da Santíssima Trindade na alma 243

QUINTA-FEIRA DEPOIS DA SANTÍSSIMA TRINDADE
40. Santíssimo Corpo e Sangue de Cristo 249

MEDITAÇÕES SOBRE A SAGRADA EUCARISTIA. PRIMEIRA MEDITAÇÃO
41. Um Deus escondido 255

MEDITAÇÕES SOBRE A SAGRADA EUCARISTIA. SEGUNDA MEDITAÇÃO
42. A Eucaristia, presença substancial de Cristo 261

MEDITAÇÕES SOBRE A SAGRADA EUCARISTIA. TERCEIRA MEDITAÇÃO
43. Como o ladrão arrependido 267

MEDITAÇÕES SOBRE A SAGRADA EUCARISTIA. QUARTA MEDITAÇÃO
44. As chagas vistas por Tomé 273

MEDITAÇÕES SOBRE A SAGRADA EUCARISTIA. QUINTA MEDITAÇÃO
45. Alimento para os fracos 279

MEDITAÇÕES SOBRE A SAGRADA EUCARISTIA. SEXTA MEDITAÇÃO
46. "Senhor Jesus, limpai-me..." 285

MEDITAÇÕES SOBRE A SAGRADA EUCARISTIA. SÉTIMA MEDITAÇÃO
47. Penhor de vida eterna 291

SEXTA-FEIRA DA SEGUNDA SEMANA DEPOIS DE PENTECOSTES
48. Sagrado Coração de Jesus 297

SEXTA-FEIRA DA SEGUNDA SEMANA DEPOIS DE PENTECOSTES.
SAGRADO CORAÇÃO DE JESUS
49. O amor de Jesus 303

SÁBADO DA SEGUNDA SEMANA DEPOIS DE PENTECOSTES
50. Imaculado Coração de Maria 309

1º DE JUNHO
51. São Justino 315

11 DE JUNHO
52. São Barnabé Apóstolo... 321

13 DE JUNHO
53. Santo Antônio de Pádua.. 327

22 DE JUNHO
54. Santos João Fisher e Thomas More 333

24 DE JUNHO
55. Natividade de São João Batista............................. 339

29 DE JUNHO. SÃO PEDRO E SÃO PAULO APÓSTOLOS
56. São Pedro Apóstolo... 345

29 DE JUNHO. SÃO PEDRO E SÃO PAULO APÓSTOLOS
57. São Paulo Apóstolo... 351

30 DE JUNHO
58. Santos protomártires da Igreja de Roma............... 357

3 DE JULHO
59. São Tomé Apóstolo... 363

11 DE JULHO
60. São Bento abade, padroeiro da Europa 369

16 DE JULHO
61. Nossa Senhora do Carmo...................................... 375

22 DE JULHO
62. Santa Maria Madalena 381

25 DE JULHO
63. São Tiago (Maior) Apóstolo 387

26 DE JULHO
64. Santos Joaquim e Ana, pais de Maria Santíssima.................. 393

29 DE JULHO
65. Santa Marta 399

31 DE JULHO
66. Santo Inácio de Loyola 405

1º DE AGOSTO
67. Santo Afonso Maria de Ligório 411

4 DE AGOSTO
68. São João Batista Maria Vianney........................... 417

5 DE AGOSTO
69. Nossa Senhora das Neves 423

6 DE AGOSTO
70. Transfiguração do Senhor.. 429

8 DE AGOSTO
71. São Domingos.. 435

14 DE AGOSTO
72. Assunção de Nossa Senhora.................................... 441

15 DE AGOSTO
73. Assunção de Nossa Senhora.................................... 447

21 DE AGOSTO
74. São Pio X... 453

22 DE AGOSTO
75. Nossa Senhora Rainha... 459

24 DE AGOSTO
76. São Bartolomeu Apóstolo.. 465

27 DE AGOSTO
77. Santa Mônica... 471

28 DE AGOSTO
78. Santo Agostinho.. 477

29 DE AGOSTO
79. Martírio de São João Batista................................... 483

8 DE SETEMBRO
80. Natividade de Nossa Senhora................................. 489

14 DE SETEMBRO
81. Exaltação da Santa Cruz... 495

15 DE SETEMBRO
82. Nossa Senhora das Dores.. 501

21 DE SETEMBRO
83. São Mateus Apóstolo e Evangelista........................ 507

24 DE SETEMBRO
84. Nossa Senhora das Mercês...................................... 513

29 DE SETEMBRO. S. MIGUEL, S. GABRIEL E S. RAFAEL ARCANJOS
85. São Miguel Arcanjo... 519

29 DE SETEMBRO. S. MIGUEL, S. GABRIEL E S. RAFAEL ARCANJOS
86. São Gabriel Arcanjo.. 525

29 DE SETEMBRO. S. MIGUEL, S. GABRIEL E S. RAFAEL ARCANJOS
87. São Rafael Arcanjo.. 531

1º DE OUTUBRO
88. Santa Teresa do Menino Jesus................................. 537

2 DE OUTUBRO
89. Santos Anjos da Guarda 543

4 DE OUTUBRO
90. São Francisco de Assis 549

ÚLTIMA QUINTA-FEIRA DE NOVEMBRO
91. Dia de ação de graças e de petição 555

7 DE OUTUBRO
92. Nossa Senhora do Rosário 561

12 DE OUTUBRO
93. Nossa Senhora da Conceição Aparecida 567

15 DE OUTUBRO
94. Santa Teresa de Jesus 573

18 DE OUTUBRO
95. São Lucas Evangelista 579

28 DE OUTUBRO
96. São Simão e São Judas, Apóstolos 585

1º DE NOVEMBRO
97. Todos os Santos 591

2 DE NOVEMBRO
98. Comemoração de todos os fiéis falecidos 597

9 DE NOVEMBRO
99. Dedicação da Basílica do Latrão 603

21 DE NOVEMBRO
100. Apresentação de Nossa Senhora 609

30 DE NOVEMBRO
101. Santo André Apóstolo 615

NOVENA DA IMACULADA 30 DE NOVEMBRO. PRIMEIRO DIA DA NOVENA
102. Estrela da manhã 621

NOVENA DA IMACULADA 1º DE DEZEMBRO. SEGUNDO DIA DA NOVENA
103. Casa de ouro 627

NOVENA DA IMACULADA 2 DE DEZEMBRO. TERCEIRO DIA DA NOVENA
104. Escrava do Senhor 633

3 DE DEZEMBRO
105. São Francisco Xavier 639

NOVENA DA IMACULADA 3 DE DEZEMBRO. QUARTO DIA DA NOVENA
106. Causa da nossa alegria 645

NOVENA DA IMACULADA 4 DE DEZEMBRO. QUINTO DIA DA NOVENA
107. Rosa mística 651

NOVENA DA IMACULADA 5 DE DEZEMBRO. SEXTO DIA DA NOVENA
108. Mãe amável 657

6 DE DEZEMBRO
109. São Nicolau de Bari 663

NOVENA DA IMACULADA 6 DE DEZEMBRO. SÉTIMO DIA DA NOVENA
110. Refúgio dos pecadores 669

NOVENA DA IMACULADA 7 DE DEZEMBRO. OITAVO DIA DA NOVENA
111. Porta do Céu 675

8 DE DEZEMBRO
112. Imaculada Conceição de Maria Santíssima 681

10 DE DEZEMBRO
113. Nossa Senhora de Loreto 687

12 DE DEZEMBRO
114. Nossa Senhora de Guadalupe 693

ÍNDICE ASCÉTICO 699

FESTAS LITÚRGICAS E SANTOS

1º DE JANEIRO

1. SANTA MARIA, MÃE DE DEUS
Solenidade

— Deus escolheu a sua Mãe e cumulou-a de todos os dons e graças.
— Maria e a Santíssima Trindade.
— Nossa Mãe.

Com esta solenidade encerra-se a Oitava do Natal. Embora Santa Maria fosse venerada como Mãe de Deus desde os começos da Igreja, a festa ficou estabelecida a partir da proclamação dogmática desta verdade de fé no século IV. Em 1931, Pio XI dispôs que se celebrasse em toda a Igreja no dia 11 de outubro. Paulo VI determinou que fosse transferida para a quadra do Natal, precisamente no dia da Oitava, que coincide com o começo do ano. A oração para depois da comunhão provém de uma antiquíssima liturgia que remonta ao século VII, com uma bela modificação em que se invoca Maria como Mãe da Igreja. Foi a primeira vez que se introduziu este título mariano na liturgia.

I. *CHEGADA A PLENITUDE dos tempos, Deus enviou o seu Filho, nascido de mulher...*[1], lemos na segunda Leitura da Missa.

Há poucos dias, meditávamos no nascimento do Senhor, cheio de simplicidade, numa gruta de Belém. Vimo-lo pequeno, como uma criança indefesa, nos braços de sua Mãe, que no-lo apresentava para que, cheios de confiança e piedade, o adorássemos como nosso Redentor e Senhor. Deus ponderou todas as circunstâncias que rodearam o seu nascimento: o edito de César Augusto, o recenseamento, a pobreza de Belém... Mas sobretudo previu a Mãe que o traria ao mundo. Esta *Mulher*, mencionada em diversas passagens da Sagrada Escritura, foi predestinada desde toda a eternidade. Nenhuma outra obra da criação foi cuidada por Deus com maior esmero, com maior amor e sabedoria do que Aquela que, com o seu consentimento livre, seria a sua Mãe.

Nossa Senhora foi anunciada já desde os começos como a vencedora da serpente que simbolizava a entrada do mal no mundo[2], como a Virgem que daria à luz o *Emmanuel*, que é *Deus conosco*[3]; e foi prefigurada na *arca da aliança*, na *casa de ouro* e na *torre de marfim*... Deus escolheu-a entre todas as mulheres antes de todos os séculos, amou-a mais do que a todas as criaturas juntas, com um amor tão intenso que pôs nEla, de um modo único, todas as suas complacências: cumulou-a de todas as graças e dons, mais do que aos anjos e santos, preservou-a de toda a mancha de pecado ou imperfeição, de tal maneira que não se pode conceber uma criatura mais bela e mais santa do que aquela que foi escolhida para Mãe do Salvador[4]. Os teólogos e santos chegaram a dizer, com toda a razão, que Deus podia fazer um mundo melhor, mas não uma Mãe mais perfeita do que a sua Mãe[5]. E São Bernardo comenta: "Por que havemos de admirar-nos se Deus, a quem contemplamos realizando maravilhas na Sagrada Escritura e entre os seus santos, quis mostrar-se ainda mais maravilhoso com a sua Mãe?"[6]

A maternidade divina de Maria — ensina São Tomás de Aquino[7] — suplanta todas as graças ou carismas como, por exemplo, o dom da profecia, o dom de línguas, de realizar milagres...

"Deus Onipotente, Todo-Poderoso, Sapientíssimo, tinha que escolher a sua Mãe.

"Tu, que terias feito, se tivesses tido que escolhê-la? Penso que tu e eu teríamos escolhido a que temos — cumulando-a de todas as graças. Foi isso o que Deus fez. Portanto, depois da Santíssima Trindade, vem Maria.

"— Os teólogos estabelecem um raciocínio lógico para esse cúmulo de graças, para essa impossibilidade de estar sujeita a satanás: convinha, Deus podia fazê-lo, logo o fez. É a grande prova, a prova mais clara de que Deus rodeou a sua Mãe de todos os privilégios, desde o primeiro instante. E assim é: formosa, e pura, e limpa em alma e corpo!"[8]

Hoje, ao olharmos para Nossa Senhora, que nos oferece o seu Filho entre os seus braços, temos de dar graças ao Senhor, pois "uma das grandes mercês que Deus nos fez, além de nos criar e redimir, foi querer ter uma Mãe, pois, tomando-a Ele por sua, no-la dava por nossa"[9].

II. SÃO TOMÁS DE AQUINO ensina que Maria "é a única que, junto com Deus Pai, pode dizer ao Filho divino: Tu és meu Filho"[10]. Nossa Senhora — escreve São Bernardo — "chama filho ao Filho de Deus e Senhor dos anjos quando, com toda a naturalidade, lhe pergunta: *Filho, por que procedeste assim conosco?* (Lc 2, 48). Que anjo podia ter o atrevimento de dizê-lo? Mas Maria, consciente de que é sua Mãe, chama familiarmente *Filho* a essa mesma soberana majestade diante de quem se prostram os anjos. E Deus não se ofende quando lhe chamam por aquilo que Ele quis ser"[11]. É verdadeiramente o Filho de Maria.

Em Cristo, distinguem-se a sua geração eterna (a sua condição divina, a preexistência do Verbo) e o seu nascimento temporal. Enquanto Deus, é misteriosamente gerado, não criado, pelo Pai *ab aeterno*, desde sempre; enquanto homem, nasceu, *foi gerado*, de Santa Maria Virgem. Quando chegou a plenitude dos tempos, o Filho Unigênito de Deus, a Segunda Pessoa da Santíssima Trindade, assumiu a natureza humana, quer dizer, a alma racional e o corpo formado no seio puríssimo de Maria. A natureza humana (alma e corpo) e a natureza divina uniram-se na única Pessoa do Verbo. Desde aquele momento, Nossa Senhora, ao dar o seu consentimento aos planos de Deus, converteu-se em Mãe do Filho de Deus encarnado, pois "assim como todas as mães, em cujo seio se gera o nosso corpo, mas não a nossa alma racional, se chamam e são verdadeiramente mães, assim também Maria, pela unidade da Pessoa do seu Filho, é verdadeiramente Mãe de Deus"[12].

No Céu, os anjos e santos contemplam com assombro o altíssimo grau de glória de Maria e sabem que tão excelsa dignidade lhe advém do fato de ter sido e continuar a ser para sempre a Mãe de Deus, *Mater Creatoris, Mater Salvatoris*[13]. Por isso, nas ladainhas, o primeiro título de glória que se dá a Nossa Senhora é o de *Sancta Dei Genetrix*, e os títulos que se seguem a esse são os que convêm à maternidade divina: *Santa Virgem das virgens, Mãe da divina graça, Mãe puríssima, Mãe castíssima...*

Por ser verdadeira Mãe do Filho de Deus feito homem, Maria está numa estreitíssima relação com a Santíssima Trindade. É a *Filha de Deus Pai*, como a chamaram os Padres da Igreja e o Magistério antigo e recente[14]. Está unida ao Filho pelos vínculos do sangue, "por meio dos quais adquire poder e domínio natural sobre Jesus... E Jesus contrai com Maria os deveres de justiça que os filhos têm para com seus pais"[15]. Em relação ao Espírito Santo, é, no dizer dos Padres, *Templo e Sacrário*, expressão que também o Papa João Paulo II usa no seu Magistério[16]. Ela é a "obra-prima da Trindade"[17].

Esta "obra-prima" não é algo acidental na vida do cristão. Maria "nem sequer é uma pessoa adornada por Deus com tantos dons para que a contemplemos numa admiração estática. Esta obra-prima da Trindade é Mãe de Deus Redentor e, por isso, é também minha Mãe, Mãe deste pobre ser humano que sou eu, que é cada um dos mortais"[18]. *Minha Mãe!*, é o que lhe temos dito tantas vezes.

Hoje dirigimos-lhe o nosso pensamento cheios de alegria e louvor... e de um santo orgulho. "Como gostam os homens de que lhes recordem o seu parentesco com personagens da literatura, da política, do exército, da Igreja!...

"— Canta diante da Virgem Imaculada, recordando-lhe:

"Ave, Maria, Filha de Deus Pai; Ave, Maria, Mãe de Deus Filho; Ave, Maria, Esposa de Deus Espírito Santo... Mais do que tu, só Deus!"[19]

III. *SALVE, MATER MISERICORDIAE,* / *Mater spei et Mater veniae...* Salve, Mãe de misericórdia, Mãe da esperança e do

1º DE JANEIRO 19

perdão, / Mãe de Deus e da graça, / Mãe de quem transborda a santa alegria[20], cantamos hoje à nossa Mãe do Céu com as palavras de um hino antigo.

Com a sua solicitude de Mãe, Nossa Senhora continua a prestar ao seu Filho os cuidados que lhe oferecia aqui na terra. Presta-os através de nós, pois somos membros do Corpo Místico de Cristo: Maria vê Jesus em cada cristão, em cada homem. E, como Corredentora, sente a urgência de incorporar-nos definitivamente à vida divina. Ela será sempre a grande ajuda para vencermos as dificuldades e tentações e a grande aliada na ação apostólica que, como cristãos no meio do mundo, temos que levar a cabo no lugar onde nos encontramos: "Invoca a Santíssima Virgem; não deixes de pedir-lhe que se mostre sempre tua Mãe: «*Monstra te esse Matrem!*», e que te alcance, com a graça do seu Filho, luz de boa doutrina na inteligência, e amor e pureza no coração, a fim de que saibas ir para Deus e levar-lhe muitas almas"[21]. Esta jaculatória — *Monstra te esse Matrem* —, tomada da liturgia[22], pode servir-nos para estarmos especialmente unidos a Ela neste dia: Minha Mãe!, *mostra que és Mãe!*... nesta necessidade e naquela outra..., com este amigo que demora a aproximar-se do teu Filho...

Ao começar um novo ano, aproveitemos para fazer o firme propósito de percorrê-lo todos os dias de mãos dadas com a Virgem. Nunca poderemos saber-nos mais seguros. Façamos como o apóstolo São João, quando Jesus lhe confiou Maria para que a recebesse em nome de todos como sua Mãe: *Desde aquele momento* — escreve o Evangelista — *o discípulo a recebeu em sua casa*[23]. Com que amor, com que delicadeza não a trataria! Assim devemos comportar-nos em cada jornada deste novo ano e sempre.

---

(1) Gl 4, 4; (2) Gn 3, 15; (3) Is 7, 14; (4) cf. Pio IX, Bula *Ineffabilis Deus*, 8-XII-1854; (5) cf. São Boaventura, *Speculum*, em *Obras completas*, BAC, Madri, 1946, 8; (6) São Bernardo, *Homilias em louvor da Virgem Maria*, II, 9; (7) cf. São Tomás, *Suma teológica*, I-II, q. 3, a. 5; (8) Josemaria Escrivá, *Forja*, Quadrante, São Paulo, 1987, n. 482; (9)

20 SANTA MARIA, MÃE DE DEUS

Beato Alonso Orozco, *Tratado de las siete palabras de Maria Santísima*, Rialp, Madri, 1966, p. 61; (10) São Tomás, *Suma teológica*, III, q. 30, a. 1; (11) São Bernardo, *op. cit.*, I, 7; (12) Pio XI, Enc. *Lux veritatis*, 25-XII-1931; (13) cf. R. Garrigou-Lagrange, *La Madre del Salvador*, Rialp, Madri, 1976, p. 43; (14) cf. Conc. Vat. II, Const. *Lumen gentium*, 53; (15) E. Hugon, *Marie, pleine de grâce*, cit. por R. Garrigou-Lagrange, *op. cit.*, p. 40; (16) João Paulo II, Enc. *Redemptoris Mater*, 25-III-1987, 9; (17) M. M. Philipon, *Los dones del Espíritu Santo*, Palabra, Madri, 1989, p. 382; (18) J. Polo Carrasco, *Maria y la Santíssima Trinidad*, Madri, 1987, p. 56; (19) Josemaria Escrivá, *Caminho*, 7ª ed., Quadrante, São Paulo, 1989, n. 496; (20) Liturgia das Horas, *Hino* do Ofício das Leituras, na Apresentação da Santíssima Virgem Maria; (21) Josemaria Escrivá, *Forja*, n. 986; (22) Hino *Ave maris stella*; (23) Jo 19, 27.

6 DE JANEIRO

2. EPIFANIA DO SENHOR
Solenidade

—— Correspondência à graça.
—— Os caminhos que conduzem a Cristo.
—— Renovar o espírito apostólico.

A solenidade da Epifania, também chamada na antiguidade
Teofania *ou* Festa da iluminação, *nasceu nos primeiros séculos do cristianismo, no Oriente, e chegou a ser universal já no século IV. Desde as suas origens foi celebrada no dia 6 de janeiro. No Brasil, comemora-se no domingo depois de 6 de janeiro.*

I. *VIMOS A SUA ESTRELA no Oriente e viemos com presentes adorar o Senhor*[1].

A luz de Belém brilha para todos os homens e o seu fulgor pode ser visto em toda a terra. Recém-nascido, Jesus "começou a comunicar a sua luz e as suas riquezas ao mundo, atraindo com a sua estrela homens de tão longes terras"[2]. *Epifania* significa precisamente manifestação. Nesta festa — uma das mais antigas —, celebramos a universalidade da Redenção. Os habitantes de Jerusalém que neste dia viram os Magos chegarem pela rota do Oriente, bem poderiam ter entendido o anúncio do profeta Isaías que lemos hoje na primeira Leitura da Missa: *Levanta-te, resplandece, Jerusalém, porque chegou a tua luz e a glória do Senhor*

22 EPIFANIA DO SENHOR

nasceu sobre ti. Porque eis que as trevas cobrirão a terra, e a escuridão os povos; mas sobre ti nascerá o Senhor, e a sua glória se verá em ti. E as nações caminharão à tua luz, e os reis ao resplendor da tua aurora. Ergue a vista e olha em torno de ti: todos se reúnem e vêm ao teu encontro; os teus filhos chegam de longe...[3]

Os Magos, em quem se encontram representadas todas as raças e nações, chegaram ao fim da sua longa caminhada. São homens com *sede de Deus*, que deixaram de lado a comodidade, os bens terrenos e as satisfações pessoais *para adorar a Deus*. Deixaram-se guiar por um sinal externo, por uma estrela que talvez brilhasse com um fulgor diferente, uma estrela "mais clara e mais brilhante que as outras, e de tal modo, que atraía os olhos e o coração de todos os que a contemplavam, para mostrar que não podia carecer de significado uma coisa tão maravilhosa"[4].

Eram homens dedicados ao estudo do firmamento, acostumados a contemplá-lo em busca de sinais. *Vimos a sua estrela no Oriente*, dizem, *e viemos adorá-lo*. Talvez houvesse chegado até eles a esperança messiânica dos judeus da Diáspora, mas devemos pensar que foram ao mesmo tempo iluminados por uma graça interior que os fez levantar-se e pôr-se a caminho. "Quem os guiou — comenta São Bernardo — também os instruiu; e quem os advertiu externamente, por meio de uma estrela, foi o mesmo que os iluminou no íntimo do coração"[5].

A festa destes Santos, que corresponderam às graças que o Senhor lhes concedeu, é uma boa oportunidade para que consideremos se realmente a vida é para nós um caminho que se dirige em linha reta para Jesus, e para que examinemos se correspondemos às graças que em cada situação recebemos do Espírito Santo, em especial o imenso dom da vocação cristã.

Olhamos para o Menino Jesus nos braços de Maria e lhe dizemos: "Meu Senhor Jesus: faz que eu sinta e secunde de tal modo a tua graça, que esvazie o meu coração..., para que o preenchas Tu, meu Amigo, meu Irmão, meu Rei, meu Deus, meu Amor!"[6]

II. ESTES HOMENS SÁBIOS chegaram a Jerusalém; talvez pensassem que era o final da viagem, mas na grande cidade não encontraram o *rei dos judeus que acaba de nascer*. Talvez se tivessem dirigido diretamente ao palácio de Herodes, e era humanamente o mais lógico, pois tratava-se de procurar um rei. Mas os caminhos dos homens não são, frequentemente, os caminhos de Deus. Indagam, empregam os meios ao seu alcance: *Onde está?*, perguntam. E Deus, quando queremos encontrá-lo de verdade, vem em nossa ajuda, indica-nos o caminho, por vezes servindo-se de meios que poderiam parecer-nos menos aptos.

"*Onde está o rei dos judeus que acaba de nascer?* (Mt 2, 2).

"Instado por essa pergunta, eu também contemplo agora Jesus *reclinado numa manjedoura* (Lc 2, 12), num lugar próprio para animais. Onde está, Senhor, a tua realeza: o diadema, a espada, o cetro? Pertencem-lhe, e Ele não os quer; reina envolto em panos. É um Rei inerme, que se apresenta indefeso; é uma criança [...].

"Onde está o Rei? Não será que Jesus deseja reinar antes de tudo no coração, no teu coração? Foi por isso que se fez Menino, porque quem há que não ame uma criança? Onde está o Rei? Onde está o Cristo que o Espírito Santo procura formar em nossa alma?"[7]

E nós, que, como os Magos, nos pusemos a caminho muitas vezes em busca de Cristo, ao perguntarmo-nos onde está, percebemos que Ele "não pode estar na soberba, que nos separa de Deus; não pode estar na falta de caridade, que nos isola. Aí não pode estar Cristo; aí o homem fica só"[8].

Temos que encontrar os verdadeiros sinais que levam ao Menino-Deus. Nesses homens que foram chamados a adorar a Deus, reconhecemos a humanidade: a do passado, a dos nossos dias e a que virá. Nesses Magos reconhecemo-nos a nós mesmos, que caminhamos para Cristo através dos nossos afazeres familiares, sociais e profissionais, da fidelidade ao pequeno dever de cada momento...

São Boaventura comenta que a estrela que nos guia é tríplice: primeiro, a Sagrada Escritura, que devemos co-

24 EPIFANIA DO SENHOR

nhecer muito bem; depois, uma estrela que está sempre no alto para que a divisemos e encontremos a direção certa, que é Maria, nossa Mãe; e uma estrela interior, pessoal, que são as graças do Espírito Santo[9]. Com essas ajudas encontraremos em todos os momentos o caminho que conduz a Belém.

Foi o Senhor quem colocou nos nossos corações o desejo de procurá-lo: *Não fostes vós que me escolhestes, mas eu que vos escolhi a vós*[10]. A sua chamada contínua é a que nos faz encontrá-lo no Santo Evangelho, na oração, nos sacramentos, no recurso filial a Santa Maria e de modo muito especial na Sagrada Eucaristia, onde sempre nos espera. A nossa Mãe do Céu anima-nos a apressar o passo, porque o seu Filho nos espera.

Dentro de algum tempo, talvez não muito, a estrela que fomos seguindo ao longo desta vida terrena brilhará perpetuamente sobre as nossas cabeças; e voltaremos a encontrar Jesus, agora sentado num trono, à direita de Deus Pai e envolto na plenitude do seu poder e glória, e, muito perto, sua Mãe. Então terá chegado para nós a perfeita *epifania*, a radiante manifestação do Filho de Deus.

III. A SOLENIDADE DA EPIFANIA anima-nos a renovar o espírito apostólico que o Senhor semeou no nosso coração. Esta festa foi considerada desde o princípio como a primeira manifestação de Cristo a todos os povos. "Com o nascimento de Jesus, acendeu-se uma estrela luminosa; caravanas de povos põem-se em marcha (cf. Is 60, 1 e segs.); abrem-se novos caminhos sobre a terra; caminhos que chegam e, do mesmo modo, caminhos que partem. Cristo é o centro. Mais ainda, Cristo é o coração: começou uma nova circulação que nunca mais terminará. Está destinada a constituir um programa, uma necessidade, uma urgência, um esforço contínuo, que tem a sua razão de ser no fato de Cristo ser o Salvador. Cristo é necessário [...]. Cristo quer ser anunciado, pregado, difundido"[11]. A festa de hoje recorda-nos que temos de levar Cristo conosco e dá-lo a conhecer a toda a sociedade, por meio do exemplo e da palavra: na família, nos hospitais, na universidade, no lugar onde trabalhamos...

Levanta a vista e olha em torno de ti; os teus filhos chegam de longe... De longe, isto é, de todos os lugares e de todas as situações em que se possam encontrar, por muito distantes de Deus que pareçam estar. No nosso coração ressoa o convite que um dia o Senhor fará aos que o seguem: *Ide, pois, e ensinai a todos os povos...*[12] *Não importa que os nossos familiares, amigos ou companheiros se encontrem longe.* A graça de Deus é mais poderosa e, com a sua ajuda, podemos conseguir que se unam a nós para adorar Jesus.

Não nos aproximemos hoje de Jesus de mãos vazias. Ele não precisa dos nossos dons, pois é Dono de tudo o que existe, mas pede-nos um coração generoso, para que assim se dilate e possa receber mais graças e bens. Hoje pomos à sua disposição o *ouro* puro da caridade: ao menos o desejo de amá-lo mais e de tratar melhor a todos; o *incenso* das orações e das boas obras convertidas em oração; a *mirra* dos nossos sacrifícios que, unidos ao Sacrifício da Cruz, nos convertem em corredentores com Ele.

E, à hora de pedirmos alguma coisa aos Reis Magos — porque são santos e podem, portanto, interceder por nós no Céu —, não lhes pediremos ouro, incenso e mirra, mas que nos ensinem o caminho que leva a Jesus, e forças e humildade para não desfalecermos neste propósito de vida, que é o que mais importa.

Eles, tendo ouvido as palavras do rei, partiram. E eis que a estrela que tinham visto no Oriente ia adiante deles, até que, chegando sobre o lugar onde estava o menino, parou. Vendo novamente a estrela, ficaram possuídos de grandíssima alegria[13]. É a alegria incomparável de encontrarmos a Deus, Aquele a quem tínhamos procurado por todos os meios, com todas as forças da nossa alma.

E encontramo-lo nos braços da sua Mãe: *E, entrando na casa, viram o Menino com Maria, sua Mãe, e, prostrando-se, o adoraram*[14].

26 EPIFANIA DO SENHOR

(1) Cf. Mt 2, 2; *Antífona da comunhão* da Missa da Solenidade da Epifania do Senhor; (2) Frei Luís de Granada, *Vida de Jesus Cristo*, Rialp, Madri, 1975, p. 54; (3) Is 60, 1-6; (4) São Leão Magno, *Homilias sobre a Epifania*, I, 1; (5) cf. São Bernardo, *Na Epifania do Senhor*, I, 5; (6) Josemaria Escrivá, *Forja*, n. 913; (7) Josemaria Escrivá, *É Cristo que passa*, 3ª ed., Quadrante, São Paulo, 1976, n. 31; (8) *ib.*; (9) cf. São Boaventura, *Na Epifania do Senhor*; (10) Jo 15, 16; (11) Paulo VI, *Homilia*, 6-I-1973; (12) Mt 28, 19; (13) Mt 2, 9-10; (14) Mt 2, 11.

Primeiro Domingo depois da Epifania

3. BATISMO DO SENHOR
Festa

— A manifestação do mistério trinitário no batismo de Cristo.
— A nossa filiação divina em Cristo pelo sacramento do Batismo.
— Projeção do Batismo na vida diária.

Neste domingo que se segue à solenidade da Epifania, a liturgia apresenta-nos o Batismo do Senhor *no Jordão e introduz-nos na intimidade do mistério da sua Pessoa e da sua missão. Ao mesmo tempo, oferece-nos uma ocasião de agradecer os inumeráveis dons que Cristo nos concedeu no dia em que fomos batizados, e exorta-nos a reafirmar "com renovado ardor de fé os compromissos que um dia os nossos pais, padrinhos e madrinhas assumiram por nós com as promessas batismais" e a renovar "a nossa firme e ardente adesão a Cristo, bem como a vontade de lutar contra o mal" (João Paulo II).*

I. *BATIZADO JESUS, os céus abriram-se e o Espírito Santo pousou sobre ele em forma de pomba. E fez-se ouvir a voz do Pai: Este é o meu filho muito amado, o meu predileto*[1]. Há poucos dias, celebrávamos a *Epifania*, a manifestação do Senhor aos gentios, representados naqueles homens sábios que chegaram a Jerusalém perguntando pelo rei dos judeus que acabava de nascer. Já antes tivera lugar a primeira revelação aos pastores, que, na noite do Natal, se dirigiram ao lugar onde o Menino havia nascido, levando-lhe

28 BATISMO DO SENHOR

presentes. A festa de hoje também é uma *epifania*, uma manifestação da divindade de Cristo demonstrada pela voz de Deus Pai, vinda do céu, e pela presença do Espírito Santo em forma de pomba, que significa a Paz e o Amor. Os Padres da Igreja costumam referir ainda uma terceira manifestação da divindade de Jesus: a que terá lugar em Caná da Galileia, onde, com o seu primeiro milagre, *Jesus manifestou a sua glória, e os seus discípulos creram nEle*[2].

Na primeira Leitura da Missa[3], Isaías anuncia a figura do Messias: *Eis o meu servo..., o meu eleito, em quem a minha alma se compraz. Sobre ele derramei o meu Espírito... Não quebrará a cana rachada nem apagará a mecha que ainda fumega... Eu, o Senhor, te chamei... para que abras os olhos aos cegos, libertes da prisão os cativos, e da masmorra os que jazem nas trevas*. Esta descrição profética realiza-se plenamente no Batismo do Senhor. Naquele instante *desceu sobre Ele o Espírito Santo em forma corpórea, como uma pomba, e ouviu-se uma voz que vinha do céu: Tu és o meu Filho amado, em ti ponho as minhas complacências*[4]. As três divinas Pessoas da Trindade intervêm nesta grande epifania nas margens do Jordão: o Pai faz ouvir a sua voz, dando testemunho do Filho, Jesus é batizado por João e o Espírito Santo desce visivelmente sobre Ele. A expressão de Isaías *meu servo* é substituída agora por *meu Filho amado*, que indica a Pessoa e a natureza divina de Cristo.

Com o Batismo de Jesus inicia-se de modo solene a sua missão salvadora. Ao mesmo tempo, o Espírito Santo começa por intermédio do Messias a sua ação nas almas, que durará até o fim dos tempos.

A liturgia própria deste domingo é especialmente apta para que evoquemos com alegria o nosso batismo e as suas consequências na nossa vida. Quando Santo Agostinho menciona nas suas *Confissões* o dia em que recebeu este sacramento, recorda-o com profunda alegria: "Naqueles dias, não me cansava de considerar com inefável doçura interior os profundos desígnios de Deus para salvar o gênero humano"[5]. Com essa mesma alegria temos de recordar hoje que fomos batizados em nome do Pai, e do Filho, e do Espírito Santo.

O mistério do Batismo de Jesus faz-nos penetrar no mistério inefável de cada um de nós, pois *da sua plenitude todos nós recebemos graça sobre graça*[6]. Fomos batizados não só por meio da água, como fazia o Precursor, mas *no Espírito Santo*, que nos comunica a vida de Deus. Demos hoje graças ao Senhor por aquele dia memorável em que fomos incorporados à vida de Cristo e destinados com Ele à vida eterna. Alegremo-nos por termos recebido o batismo talvez poucos dias depois de termos nascido, como é costume imemorial na Igreja, no caso de neófitos filhos de pais cristãos.

II. FOMOS BATIZADOS em nome do Pai, e do Filho, e do Espírito Santo, para entrar em comunhão com a Santíssima Trindade. De certo modo abriu-se o Céu para cada um de nós, a fim de que entrássemos na *casa de Deus* e possuíssemos a filiação divina. "Se tiveres verdadeira piedade — ensina São Cirilo de Jerusalém —, também descerá sobre ti o Espírito Santo e ouvirás a voz do Pai do alto que diz: Este não é o meu Filho, mas, depois do batismo, foi feito meu"[7]. A filiação divina foi um dos grandes dons que recebemos no dia em que fomos batizados. São Paulo fala-nos desta filiação e, dirigindo-se a cada batizado, não duvida em pronunciar estas felizes palavras: *Já não és escravo, mas filho; e se filho, também herdeiro*[8].

No rito deste sacramento, indica-se que a configuração com Cristo se opera mediante uma regeneração espiritual, como ensinava Jesus a Nicodemos: *Quem não renascer da água e do Espírito Santo, não entrará no Reino de Deus*[9]. "O Batismo cristão é, com efeito, um mistério de morte e de ressurreição: a imersão na água batismal simboliza e atualiza a sepultura de Jesus na terra e a morte do homem velho, enquanto a emersão significa a ressurreição de Cristo e o nascimento do homem novo"[10]. Este novo nascimento é o fundamento da filiação divina. E assim, por este sacramento, "os homens são enxertados no mistério pascal de Cristo: morrem com Ele, são sepultados com Ele, ressuscitam com

Ele; recebem o espírito de adoção de filhos, *pelo qual clamamos: Abba, Pai* (Rm 8, 15), e assim se tornam os verdadeiros adoradores que o Pai procura"[11].

Pelo Batismo, perdoa-se não só o pecado original como todos os pecados pessoais, e igualmente a pena eterna e temporal devida pelos pecados. O fato de sermos configurados com Cristo ressuscitado indica que a graça divina, as virtudes infusas e os dons do Espírito Santo tomam assento na alma do batizado, que se converte em morada da Santíssima Trindade. Abrem-se ao cristão as portas do Céu, e alegram-se os anjos e os santos.

Permanecem na natureza humana aquelas consequências do pecado original que, embora procedam dele, não são pecados em si mesmas, mas inclinam para o pecado; o homem batizado continua atreito à possibilidade de errar, sujeito à concupiscência e à morte, consequências todas elas do pecado original. No entanto, o Batismo semeia desde o começo no corpo humano a semente de uma renovação e de uma ressurreição gloriosas. Que enorme diferença entre a pessoa que vai ou é levada à igreja para receber este sacramento e a que regressa já batizada! O cristão "sai do batismo resplandecente como o sol e, o que é mais importante, convertido em filho de Deus e co-herdeiro com Cristo"[12].

Agradeçamos muito ao Senhor que tenha querido conceder-nos tanto bem, um bem que desejaríamos compreender hoje em toda a sua grandeza. Por fim, *nós Vos pedimos..., ó Pai, a graça de ouvir fielmente o vosso Filho amado, para que possamos chamar-nos e ser verdadeiramente vossos filhos*[13]. Este é o nosso maior desejo e a nossa maior aspiração.

III. NA SEGUNDA LEITURA, São Pedro recorda aquele começo messiânico de Jesus, presente na mente de muitos dos que o escutavam e do qual alguns deles tinham sido testemunhas oculares. *Vós sabeis* — diz o apóstolo — *o que aconteceu em toda a Judeia, começando pela Galileia, depois do batismo pregado por João; isto é, como Deus ungiu Jesus de Nazaré com o Espírito Santo e com poder, e como*

PRIMEIRO DOMINGO DEPOIS DA EPIFANIA

Ele passou fazendo o bem e curando todos os oprimidos pelo demônio...[14]

Pertransivit benefaciendo...,, passou fazendo o bem. Este pode ser o resumo da vida de Cristo aqui na terra. Este deve ser o resumo da vida de cada batizado, pois toda a sua vida se desenvolve sob o influxo do Espírito Santo: quando trabalha, no descanso, quando sorri ou presta um dos inumeráveis serviços que a vida familiar ou profissional lhe pedem constantemente...

Na festa de hoje, somos convidados a tomar consciência uma vez mais dos compromissos adquiridos pelos nossos pais e padrinhos, em nosso nome, no dia do nosso batismo; a reafirmar a nossa fervente adesão a Cristo e a vontade de lutar por estar cada dia mais perto dEle; e a afastar-nos de todo o pecado, mesmo venial, já que, ao recebermos este sacramento, fomos chamados à santidade, a participar da própria vida divina.

É precisamente o Batismo que "nos faz *«fideles»* — fiéis —, palavra que, como aquela outra, *«sancti»* — santos —, os primeiros seguidores de Jesus empregavam para designar-se entre si, e que ainda hoje se usa: fala-se dos *«fiéis»* da Igreja"[15].

Seremos fiéis na medida em que a nossa vida — temos meditado nisto tantas vezes! — estiver edificada sobre o alicerce firme e seguro da oração. São Lucas diz-nos no seu Evangelho que Jesus, depois de ter sido batizado, *estava em oração*[16]. E São Tomás de Aquino comenta: nesta oração, o Senhor nos ensina que "depois do Batismo, o homem necessita da oração assídua para conseguir a entrada no Céu; pois, se bem que pelo Batismo se perdoem os pecados, permanece no entanto a inclinação para o pecado que nos acossa interiormente, e permanecem também o demônio e a carne que nos combatem exteriormente"[17].

Além do agradecimento e da alegria por tantos bens que nos foram comunicados neste sacramento, renovemos hoje a nossa fidelidade a Cristo e à Igreja, uma fidelidade que, em muitas ocasiões, se traduzirá na fidelidade à nossa oração diária.

(1) Cf. Mt 3, 16-17; (2) Jo 2, 11; (3) Is 42, 1-4; (4) Lc 3, 22; (5) Santo Agostinho, *Confissões*, I, 9, 6; (6) Jo 1, 6-7; (7) São Cirilo de Jerusalém, *Catequeses, III. Sobre o Batismo*, 14; (8) Gl 4, 7; (9) Jo 3, 5; (10) João Paulo II, *Ângelus*, 8-I-1989; (11) Conc. Vat. II, Const. *Sacrossanctum Concilium*, 6; (12) Santo Hipólito, *Sermão sobre a Teofania*; (13) *Oração depois da Comunhão* da Missa da festa do Batismo do Senhor; (14) At 10, 34-38; *Segunda leitura, ib.*; (15) Josemaria Escrivá, *Forja*, n. 622; (16) cf. Lc 3, 21; (17) São Tomás, *Suma teológica*, III, q. 39, a. 5.

OITAVÁRIO PELA UNIDADE DOS CRISTÃOS
18 DE JANEIRO. PRIMEIRO DIA DO OITAVÁRIO

4. JESUS CRISTO FUNDOU UMA SÓ IGREJA

—— Vontade de Cristo de fundar uma só Igreja.
—— A oração de Jesus pela unidade.
—— A unidade, dom de Deus. Convivência amável com todos os homens.

Todos os anos, do dia 18 ao dia 25 de janeiro, festa da Conversão de São Paulo, a Igreja dedica oito dias a uma oração mais intensa para que todos aqueles que creem em Jesus Cristo cheguem a fazer parte da única Igreja fundada por Ele.

Leão XIII, em 1897, na Encíclica Satis cognitum, *dispôs que fossem consagrados a esta intenção os nove dias que vão da Ascensão ao Pentecostes. No ano de 1910, São Pio X transferiu a celebração para os dias que decorrem entre a antiga festa da Cátedra de São Pedro, que se celebrava no dia 18 de janeiro, e a da Conversão de São Paulo.*

O Concílio Vaticano II, no Decreto sobre o ecumenismo, insta os católicos a rezar por esta intenção, "conscientes de que este santo propósito de reconciliar todos os cristãos na unidade de uma só e única Igreja de Cristo excede as forças e capacidades humanas" (Decr. Unitatis redintegratio, *24).*

I. *CREIO NA IGREJA una, santa, católica e apostólica*[1]. Quantas vezes ao longo da nossa vida não teremos feito esta profissão de fé, saboreando cada uma dessas notas: *una, santa, católica e apostólica!* Mas nestes dias em que a Igreja nos propõe uma Semana para rezarmos com mais fervor pela unidade dos cristãos, estaremos unidos pela oração ao Papa, aos bispos, aos católicos do mundo inteiro e aos nossos irmãos separados. Estes, ainda que não possuam a plenitude da fé, dos sacramentos ou de regime, tendem a ela impelidos pelo próprio Cristo, que quer *ut omnes unum sint*[2], que todos, e de modo especial os cristãos, cheguem à unidade numa só Igreja: aquela que Cristo fundou, aquela que permanecerá no mundo até o fim dos tempos.

Creio na Igreja una... A unidade é nota característica da Igreja de Cristo e faz parte do seu mistério[3]. O Senhor não fundou muitas igrejas, mas uma só Igreja, "que no Símbolo confessamos una, santa, católica e apostólica; que o nosso Salvador depois da sua ressurreição entregou a Pedro para que a apascentasse (Jo 21, 17) e confiou a ele e aos demais apóstolos para que a propagassem e regessem (cf. Mt 28, 18), levantando-a para sempre como «coluna e fundamento da verdade» (1 Tm 3, 15). Esta Igreja, constituída e organizada neste mundo como uma sociedade, subsiste na Igreja Católica governada pelo sucessor de Pedro e pelos bispos em comunhão com ele, ainda que, fora da sua visível estrutura, se encontrem vários elementos de santificação e verdade, elementos que, como bens próprios da Igreja de Cristo, impelem à unidade católica"[4]. Chegou-se a comparar a Igreja à túnica de Cristo, inconsútil, *de uma só peça, sem costuras, tecida de cima a baixo*[5]: não tem costuras para que não se rasgue[6], afirma Santo Agostinho.

O Senhor manifestou de muitas maneiras o seu propósito de fundar uma só Igreja. Fala-nos de um só rebanho e um só pastor[7], adverte-nos sobre a ruína de um reino dividido em facções contrárias — *todo o reino dividido contra si mesmo será destruído*[8] —, de uma cidade cujas chaves são entregues a Pedro[9] e de um só edifício construído sobre o fundamento que é Pedro[10]...

Hoje, mediante a Comunhão dos Santos, de que participamos de formas diversas, unimo-nos também a tantos e tantos em todo o mundo que rezam com pureza de intenção: *Ut omnes unum sint*, que todos sejamos um, um só rebanho e um só Pastor, que nunca mais se separe nem um só ramo da árvore frondosa da Igreja. Que dor quando algum ramo se separa da verdadeira vide!

II. A SOLICITUDE CONSTANTE de Jesus pela unidade dos seus manifestou-se de maneira especial na oração da Última Ceia, que é, ao mesmo tempo, como que o testamento que o Senhor deixou aos discípulos: *Pai santo, guarda em teu nome os que me deste, para que sejam um como nós... Não rogo só por eles, mas por todos quantos crerem em mim pela palavra deles, para que todos sejam um, como tu, Pai, em mim e eu em ti, para que também eles sejam um em nós, a fim de que o mundo creia que tu me enviaste*[11].

Ut omnes unum sint... A união com Cristo é a causa e a condição da unidade dos cristãos entre si. Esta unidade é um dos maiores bens para toda a humanidade, pois, sendo a Igreja *una e única*, surge como sinal diante das nações para convidar todos os homens a crerem em Jesus Cristo, o único Salvador de todo o gênero humano. A Igreja continua no mundo essa missão salvadora de Jesus, e o Concílio Vaticano II, referindo-se aos fundamentos do ecumenismo, relaciona a unidade da Igreja com a sua universalidade e com essa missão salvadora[12].

A preocupação pela unidade da fé e dos costumes foi o motivo pelo qual se celebrou o primeiro Concílio de Jerusalém[13], nos começos da Igreja. Uma boa parte das *Epístolas* de São Paulo foram apelos à unidade. A vigilância na conservação deste bem tão grande foi a principal responsabilidade que São Paulo atribuiu aos presbíteros[14], seus mais íntimos colaboradores, e aos que lhe sucederiam na missão de pastorear e amparar as comunidades cristãs[15]. Esta preocupação esteve sempre presente em todos os apóstolos[16].

Por sua vez, a doutrina dos Padres da Igreja sempre levou a defender esta unidade querida por Cristo; para eles, a separação do tronco comum era o pior dos males[17]. Nos nossos dias, em face das pretensões de um falso ecumenismo, que considera todas as confissões cristãs igualmente válidas e rejeita a existência de uma Igreja visível herdeira dos apóstolos, em que se realiza, portanto, a vontade de Cristo, o Concílio Vaticano II declarou para nosso ensinamento que "Cristo Senhor fundou uma só e única Igreja. Todavia, são muitas as Comunhões cristãs que se apresentam aos homens como a verdadeira herança de Jesus Cristo; todos se confessam discípulos do Senhor, mas têm pareceres diversos e andam por caminhos diferentes, como se o próprio Cristo estivesse dividido. Esta divisão, sem dúvida, contradiz abertamente a vontade de Cristo, e constitui-se em escândalo para o mundo, como também prejudica a santíssima causa da pregação do Evangelho a todas as criaturas"[18].

Amamos apaixonadamente a Igreja, e por isso dói-nos no mais íntimo da alma este "escândalo para o mundo" que tem a sua raiz nas divisões e nas suas causas. Temos que pedir e oferecer sacrifícios para atrair a misericórdia de Deus, de maneira que — superando muitas dificuldades — seja cada vez maior a realidade desta união na única Igreja de Cristo.

Em tudo o que estiver ao nosso alcance, arrancaremos o que possa ser obstáculo, aquilo que, por não vivermos pessoalmente as exigências da vocação cristã, possa ser motivo para que os outros se afastem ou não se aproximem da Igreja; ressaltaremos aquilo que temos em comum, já que, ao longo da história, talvez se tenha dado mais destaque àquilo que separa do que àquilo que pode ser motivo de união.

Esta é a intenção e a doutrina do Magistério, pois "a Igreja sabe-se ligada a todos os batizados que, ornados com o nome de cristãos, não professam na íntegra a fé ou não guardam a unidade da comunhão sob o Sucessor de Pedro"[19]. Ainda que não estejam em plena comunhão com a Igreja, há alguns que têm a Sagrada Escritura como norma de fé e de vida, manifestam um verdadeiro zelo apostólico, foram batizados e receberam outros sacramentos. Alguns possuem o episcopado, celebram a Sagrada Eucaristia e fomentam a piedade para com a Virgem Maria. Participam de certo modo da *Comunhão dos Santos* e recebem o seu influxo, e são impelidos pelo Espírito Santo a uma vida exemplar[20].

18 DE JANEIRO. PRIMEIRO DIA DO OITAVÁRIO 37

O desejo de união, a oração por todos, leva-nos a ser exemplares na caridade. Também de nós se deve poder dizer, como dos primeiros cristãos: *Vede como se amam*[21].

III. A UNIDADE É UM DOM de Deus e por isso está intimamente ligada à oração e à contínua conversão do coração, à luta ascética pessoal por sermos melhores, por estarmos mais unidos ao Senhor. Pouco poderemos fazer pela unidade dos cristãos "se não conseguirmos esta intimidade com o Senhor Jesus: se realmente não estivermos com Ele e como Ele santificados na verdade; se não guardarmos a sua palavra em nós, procurando descobrir todos os dias a sua riqueza escondida; se o próprio amor de Deus pelo seu Cristo não estiver profundamente arraigado em nós"[22].

O amor a Deus deve levar-nos a pedir, de modo especial nestes dias, por esses nossos irmãos que ainda mantêm muitos vínculos com a Igreja. Contribuiremos eficazmente para a edificação desta união na medida em que nos esforçarmos por procurar a santidade pessoal nas coisas correntes de todos os dias e aumentarmos o nosso espírito apostólico.

O fiel católico deve ter sempre um coração grande e deve saber servir generosamente os seus irmãos os homens — os outros católicos e os que têm a fé em Cristo sem pertencerem à Igreja ou que professam outras religiões ou nenhuma. Deve mostrar-se aberto e sempre disposto a conviver com todos. Temos que amar os homens para levá-los à plenitude de Cristo e assim torná-los felizes. *Senhor* — pedimos com a liturgia da Missa —, *infundi em nós o vosso Espírito de caridade e [...] fazei com que todos os que cremos em Vós vivamos unidos num mesmo amor*[23].

(1) *Símbolo niceno-constantinopolitano*, Denz. 86 [150]; (2) Jo 17, 21; (3) cf. Paulo VI, *Alocução*, 19-I-1977; (4) Conc. Vat. II, Const. *Lumen gentium*, 8; (5) cf. Jo 19, 23; (6) cf. Santo Agostinho, *Tratado sobre o Evangelho de São João*, 118, 4; (7) Jo 10, 16; (8) Mt 12, 25; (9) Mt 16, 19; (10) Mt 16, 18; (11) Jo 17, 11.20-21; (12) cf. Conc. Vat. II, Decr. *Unitatis redintegratio*, 1; (13) At 15, 1-30; (14) At 20, 28-35; (15) cf. 1 Tm 4, 1-16; 6, 3-6 etc.; (16) cf. 1 Pe 2, 1-9; 2 Pe 1, 12-15; Jo 2, 1-25;

Tg 4, 11-12 etc.; (17) Santo Agostinho, *Contra os parmenianos*, 2, 2; (18) Conc. Vat. II, Decr. *Unitatis redintegratio*, 1; (19) idem, Const. *Lumen gentium*, 15; (20) cf. *ib.*; (21) Tertuliano, *Apologético*, 39; (22) João Paulo II, *Alocução para a união dos cristãos*, 23-I-1981; (23) *Oração depois da Comunhão*, Missa pela unidade dos cristãos, 3, ciclo B.

OITAVÁRIO PELA UNIDADE DOS CRISTÃOS
19 DE JANEIRO. SEGUNDO DIA DO OITAVÁRIO

5. A UNIDADE INTERNA DA IGREJA

— A união com Cristo é o fundamento da unidade dos irmãos entre si.
— Fomentar o que une, evitar o que separa.
— A ordem da caridade.

I. O SENHOR QUIS associar-nos à sua Pessoa com os laços mais estreitos, com ligamentos tão fortes como aqueles que unem as diversas partes de um corpo vivo.

Para expressar a relação que os seus discípulos devem manter com Ele, relação que é o fundamento de qualquer outra unidade, o Senhor falou-nos da videira e dos ramos: *Eu sou a verdadeira vide*[1]. No vestíbulo do Templo de Jerusalém, podia-se ver uma imensa vide dourada, que era o símbolo de Israel; Jesus, ao afirmar que Ele é a verdadeira vide, diz-nos que esse símbolo era provisório e meramente figurativo.

Permanecei em mim, como eu em vós. Assim como o sarmento não pode dar fruto por si mesmo se não permanecer na videira, assim também vós, se não permanecerdes em mim. Eu sou a videira, vós os sarmentos. Aquele que permanece em mim e eu nele, esse dá muito fruto, porque sem mim nada podeis fazer[2]. "Olhemos para esses sarmentos, repletos por participarem da seiva do tronco: só assim aqueles minúsculos rebentos de alguns meses atrás puderam converter-se em polpa doce e madura, que cumulará de alegria a vista e o coração (cf. Sl 103, 15). No chão talvez tenham ficado alguns gravetos soltos, meio enterrados. Eram sarmentos também, mas secos, crestados. São o símbolo mais expressivo da esterilidade"[3].

A união com Cristo é a que fundamenta a unidade viva dos irmãos entre si; a mesma seiva percorre e fortalece todos os membros do Corpo Místico de Cristo. Os Atos dos Apóstolos relatam-nos que os primeiros cristãos *perseveravam unânimes na oração*[4], e que todos os que criam *viviam unidos, tendo todos os seus bens em comum; pois vendiam as suas terras e haveres e os distribuíam entre todos, segundo a necessidade de cada um*[5]. A fé em Cristo trazia consigo — e traz — umas consequências práticas em relação aos outros: uma mesma comunhão de sentimentos e uma disposição de desprendimento que se manifesta na renúncia generosa aos bens pessoais em benefício dos que se encontram mais necessitados. A fé em Jesus Cristo move-nos — como aos primeiros cristãos — a tratar-nos fraternalmente, a ter *cor unum et anima una*[6], um só coração e uma só alma.

São Lucas escreve ainda noutra passagem dos Atos dos Apóstolos: *Perseveravam assiduamente na doutrina dos apóstolos e na comunhão fraterna, na fração do pão e nas orações*[7]. A nossa oração diária e, sobretudo, a união com Cristo na Eucaristia — a *fração do pão* — "deve manifestar-se na nossa existência cotidiana — ações, conduta, estilo de vida — e nas relações com os outros. Para todos nós, a Eucaristia é um apelo ao esforço crescente por chegarmos a ser autênticos seguidores de Jesus: verazes nas palavras, generosos nas obras, com interesse e respeito pela dignidade e direitos de todas as pessoas — seja qual for a sua categoria social ou as suas posses —, sacrificados, honrados e justos, amáveis, ponderados, misericordiosos [...]. A verdade da nossa união com Jesus Cristo na Eucaristia ficará patente se soubermos amar verdadeiramente os nossos companheiros [...], no modo de tratarmos os outros e em especial os nossos familiares [...], na vontade de nos

19 DE JANEIRO. SEGUNDO DIA DO OITAVÁRIO   41

reconciliarmos com os nossos inimigos, de perdoar os que nos ferem ou ofendem"[8].

A intimidade com Cristo dilata a alma, tornando-a capaz de fomentar a união com todos aqueles que vamos encontrando pelos caminhos da vida.

II. UMA GARANTIA CERTA do espírito ecumênico é esse amor com obras pela unidade interna da Igreja, porque "como se pode pretender que os que não possuem a nossa fé venham para a Igreja Santa, se contemplam o desabrido trato mútuo dos que se dizem seguidores de Cristo?"[9].

Este espírito manifestar-se-á na caridade com que tratamos os outros católicos, no esmero com que guardamos a fé, na delicada obediência ao Romano Pontífice e aos bispos, no esforço por evitar tudo aquilo que separa e afasta. "Não basta chamarmo-nos católicos: é necessário que estejamos efetivamente unidos. Os filhos fiéis da Igreja devem ser os construtores da unidade concreta, do seu travejamento social [...]. Hoje fala-se muito de refazer a unidade com os irmãos separados, e está certo; é uma tarefa muito meritória, para cujo progresso todos devemos colaborar com humildade, com tenacidade e com confiança. Mas não devemos esquecer — alertava Paulo VI — o dever de trabalhar mais ainda pela unidade interna da Igreja, tão necessária para a sua vitalidade espiritual e apostólica"[10].

O Senhor deixou-nos um sinal pelo qual o mundo haveria de distinguir os seus seguidores, a mútua caridade: *Nisto conhecerão todos que sois meus discípulos*[11]. E este amor constitui como que a argamassa que une fortemente as *pedras vivas* do edifício da Igreja[12], numa expressão de Santo Agostinho. E São Paulo exortava assim os cristãos da Igreja da Galácia: *Enquanto temos tempo, façamos o bem a todos, mas especialmente aos irmãos na fé*[13]. São Pedro escreve em termos muito parecidos: *Honrai a todos, amai os irmãos*[14], e o Príncipe dos Apóstolos utiliza aqui um termo que abarca todos os que pertencem à Igreja.

Quando começaram as perseguições, o termo *irmãos* adquiriu uma força comovedora e íntima, e tornou-se urgente orar pelos que padeciam tribulações; assim, a união tornou-se mais forte. Também nos nossos dias devemos sentir a necessidade de "alimentar aquele sentido de solidariedade, de amizade, de mútua compreensão, de respeito pelo patrimônio comum da doutrina e dos costumes, de obediência e de univocidade na fé que deve distinguir o católico; é isto que constitui a sua força e a sua beleza, o que demonstra a sua autenticidade"[15]. Se temos de amar os que ainda não estão incorporados à Igreja, como não havemos de amar os que estão dentro, aqueles a quem estamos ligados por tantos laços sobrenaturais?

O amor a Cristo deve levar-nos a evitar radicalmente tudo o que, mesmo de longe, possa parecer juízo ou crítica negativa sobre os irmãos na fé, especialmente em relação àquelas pessoas que, pela sua missão ou condição na Igreja, estão constituídas em autoridade ou têm o dever de ser particularmente exemplares. Se alguma vez deparamos com um mau exemplo ou com uma conduta que nos parece errada, devemos esforçar-nos por compreender as razões que levaram a pessoa a essa atuação desacertada, e desculpá-la, e rezar por ela, e, quando for oportuno, praticar a correção fraterna com uma delicadeza que não fira, como o Senhor nos mandou. Temos de pedir a Santa Maria que jamais se possa dizer de nós que, pelas nossas murmurações ou críticas, contribuímos para lesar a unidade profunda do Corpo Místico de Cristo. "Acostuma-te a falar cordialmente de tudo e de todos; em particular, de todos os que trabalham no serviço de Deus. E quando não for possível, cala-te! Também os comentários bruscos ou desembaraçados podem beirar a murmuração ou a difamação"[16].

III. DIANTE DE UM PERIGO físico, o homem tende como que por instinto a proteger a cabeça; é o que nós, cristãos, devemos fazer quando vemos ameaçada a Igreja: amparar o Romano Pontífice e os bispos, no âmbito em que nos desenvolvemos, quando surgem críticas ou calúnias, quando são menosprezados... O Senhor alegra-se e abençoa-nos sempre que, na medida em que estiver ao nosso alcance,

19 DE JANEIRO. SEGUNDO DIA DO OITAVÁRIO

defendemos o seu Vigário na terra e os que, como os bispos, partilham da tarefa pastoral. E como a unidade é algo que se constrói dia a dia, rezaremos diariamente com amor e piedade pelos Pastores e em primeiro lugar pelo Papa: *Dominus conservet eum et vivificet eum, et beatum faciat eum in terra...* Que o Senhor o conserve e o vivifique e o faça feliz na terra...

O amor à unidade ajudar-nos-á também a manter a concórdia fraterna, a evitar o que separa e a fomentar o que une: a oração, a cordialidade, a petição pelos mais necessitados, pelos que vivem em países onde a fé é perseguida ou dificultada.

A ordem da caridade leva-nos, enfim, a amar com obras todos os que o Senhor quis que estivessem mais próximos da nossa vida. Os vínculos da fé, o parentesco, a afinidade, o trabalho, a vizinhança... originam deveres de caridade que devemos cumprir com particular esmero. A nossa caridade dificilmente seria autêntica se se preocupasse pelos que estão mais longe e esquecesse os que o Senhor colocou ao nosso lado para que os ajudássemos e protegêssemos com a nossa solicitude e a nossa oração. Santo Agostinho afirmava que, sem excluir ninguém, se entregava com maior facilidade aos que lhe eram mais íntimos e familiares. E acrescentava: "Nesta caridade descanso sem preocupação alguma, porque sinto que ali está Deus, a quem me entrego com segurança e em quem descanso com segurança..."[17] E São Bernardo pedia ao Senhor que o ajudasse a cuidar bem da parcela que lhe tinha sido confiada[18].

A unidade interna da Igreja, fundada na caridade, é o melhor meio de atrairmos os que ainda se encontram longe e os que, muitas vezes sem eles próprios o perceberem, se encontram a caminho da casa paterna. A nossa maneira de viver deve ser tal que os outros, ao verem a alegria, o afeto mútuo e o espírito de serviço com que nos tratamos, se inflamem em desejos de pertencer à mesma família a que pertencemos. A oração e a solicitude pela unidade devem fazer-se acompanhar desse exemplo vivo no meio da nossa vida cotidiana. E esse exemplo atrairá imperiosamente não só os

44 A UNIDADE INTERNA DA IGREJA

que estão longe, mas também aqueles que, sendo membros da Igreja Católica, trazem a caridade morta ou adormecida dentro de si, por estarem afastados dos sacramentos, do trato íntimo com Jesus Cristo.

(1) Jo 15, 1; (2) Jo 15, 4-6; (3) Josemaria Escrivá, *Amigos de Deus*, Quadrante, São Paulo, 1978, n. 254; (4) At 1, 14; (5) At 2, 44-45; (6) At 4, 32; (7) At 2, 42; (8) João Paulo II, *Homilia no Phoenix Park*, 29--IX-1979; (9) Josemaria Escrivá, *Sulco*, Quadrante, São Paulo, 1987, n. 751; (10) Paulo VI, *Alocução*, 31-III-1965; (11) cf. Jo 13, 35; (12) cf. Santo Agostinho, *Comentário sobre o Salmo 44*; (13) Gl 6, 20; (14) 1 Pe 2, 17; (15) Paulo VI, *ib.*; (16) Josemaria Escrivá, *Sulco*, n. 902; (17) Santo Agostinho, *Carta 73*; (18) São Bernardo, *Sermão 49 sobre o Cântico dos Cânticos*.

OITAVÁRIO PELA UNIDADE DOS CRISTÃOS
20 DE JANEIRO. TERCEIRO DIA DO OITAVÁRIO

6. O DEPÓSITO DA FÉ

— Fidelidade sem concessões à doutrina revelada. O diálogo ecumênico deve basear-se no sincero amor à verdade divina.
— Expor a doutrina com clareza.
— *Veritatem facientes in caritate*, proclamar a verdade com caridade, sempre com compreensão para com as pessoas.

I. O ESPÍRITO SANTO impele todos os cristãos a realizarem múltiplos esforços para que se alcance a plenitude da unidade desejada por Cristo[1]; é Ele quem promove os desejos de diálogo ecumênico. Mas este diálogo, para que tenha razão de ser, deve tender para a verdade e fundamentar-se nela. Não pode consistir, portanto, num simples intercâmbio de opiniões, nem num mútuo acordo sobre a visão particular que cada um tenha dos problemas que se apresentam e das suas possíveis soluções. Pelo contrário, deve expressar com clareza e nitidez as verdades que Cristo deixou em depósito ao Magistério da Igreja, as únicas que podem salvar; deve manifestar o conteúdo e o significado dos dogmas e, ao mesmo tempo, fomentar nas almas um maior desejo de seguir o Senhor de perto, isto é, a ânsia de santidade pessoal.

A verdade do cristão é salvadora precisamente porque não resulta de profundas reflexões humanas, mas é fruto da revelação de Jesus Cristo, confiada aos apóstolos e aos seus sucessores, o Papa e os bispos, e transmitida pela Igreja como canal divino, com a assistência constante do Espírito Santo. Cada geração *recebe* o depósito da fé, o conjunto de verdades reveladas por Cristo, e *transmite-o* íntegro à seguinte, e assim até o fim dos tempos.

Guarda o depósito que te foi confiado[2], escrevia São Paulo a Timóteo. E São Vicente de Lerins comenta: "O que é *o depósito?* É aquilo em que creste, não o que encontraste; o que recebeste, não o que pensaste; algo que procede, não do engenho pessoal, mas da doutrina; não fruto de um roubo privado, mas da tradição pública. É uma coisa que chegou até ti, que por ti não foi inventada; algo de que não és autor, mas guardião; não criador, mas conservador; não condutor, mas conduzido. *Guarda o depósito*: conserva limpo e inviolado o talento da fé católica. Aquilo em que creste, isso mesmo permaneça em ti, isso mesmo entrega-o aos outros. Recebeste ouro, devolve ouro; não substituas uma coisa por outra, não ponhas chumbo em lugar de ouro, não mistures nada fraudulentamente. Não quero aparência de ouro, mas ouro puro"[3].

O diálogo ecumênico não consiste em inventar novas verdades, nem em alcançar um pensamento concorde, um conjunto de doutrinas aceito por todos, depois de cada um ter cedido um pouco. A doutrina revelada não permite composições, porque é de Cristo, e é a única que salva. O desejo de união com todos e a caridade não podem levar-nos — deixaria de ser caridade — "a amortecer a fé, a tirar-lhe as arestas que a definem, a dulcificá-la até convertê-la, como pretendem alguns, em algo de amorfo que não tem a força e o poder de Deus"[4].

O desejo de diálogo com os irmãos separados, e com todos aqueles que dentro da Igreja se encontram longe de Cristo, deve levar-nos, pois, a meditar com frequência no empenho com que nos esforçamos por melhorar a nossa formação pessoal, o conhecimento adequado da verdade revelada. Agora, nestes minutos de oração pensemos como é que aproveitamos esses meios que temos ao nosso alcance para uma formação intensa e constante: em particular, a leitura espiritual e o estudo metódico da doutrina cristã.

II. A BOA-NOVA que a Igreja proclama é precisamente fonte da salvação porque é a mesma verdade pregada por Cristo. "Consciente disso, Paulo quer confrontar a doutrina que anuncia com a dos outros apóstolos, para estar certo da autenticidade da sua pregação (Gl 2, 10); e durante toda a sua vida, nunca deixou de recomendar a fidelidade aos ensinamentos recebidos, porque ninguém pode estabelecer outro fundamento senão aquele que já foi estabelecido, que é Jesus Cristo (1 Cor 3, 11)"[5].

A verdade que recebemos do Senhor é una, imutável, integramente conservada nos começos e através dos séculos, e nunca será lícito relativizá-la e aceitar dela somente aquilo que pareça conveniente, pois "qualquer atentado à unidade da fé é um atentado contra o próprio Cristo"[6]. São Paulo está tão profundamente convencido desta verdade que não cessa de censurar nas suas Epístolas as pequenas facções que iam aparecendo naquela primeira época. *Trago-vos à memória, irmãos, o Evangelho que vos tenho pregado, que recebestes, no qual vos mantendes firmes e pelo qual sois salvos [...]. Pois transmiti-vos em primeiro lugar aquilo que eu mesmo recebi: que Cristo morreu pelos nossos pecados, segundo as Escrituras; que foi sepultado e ressuscitou ao terceiro dia, segundo as Escrituras; e que apareceu a Cefas e depois aos doze. Posteriormente, apareceu a mais de quinhentos irmãos de uma vez, dos quais muitos ainda vivem e alguns morreram*[7].

O Apóstolo anuncia a esses primeiros cristãos que a doutrina que devem crer não é uma teoria sua, pessoal, nem de nenhum outro, mas a doutrina comum dos *Doze*, daqueles que foram testemunhas da vida, morte e ressurreição de Cristo, de quem por sua vez a receberam. O conteúdo da fé — nos primeiros tempos e hoje — encontra-se resumido no *Credo*, que tem a sua origem nos ensinamentos de Jesus, transmitidos pelos apóstolos com a assistência constante do Espírito Santo. Este conteúdo não é uma teoria abstrata acerca de Deus, mas a verdade salvadora revelada pelo Senhor, que tem umas consequências práticas e reais no nosso modo de ser, de pensar, de trabalhar, de agir... Por não resultar de

48 O DEPÓSITO DA FÉ

um convênio humano nem ser uma doutrina inventada pelos homens, "é absolutamente necessário expor com clareza toda a doutrina. Nada é tão alheio ao ecumenismo — ensina o Concílio Vaticano II — como aquele falso irenismo que desvirtua a pureza da doutrina católica e obscurece o seu sentido genuíno"[8].

O verdadeiro objetivo do diálogo ecumênico, bem como de todo o diálogo apostólico, reside, pois, em procurar a comunhão mais perfeita com a verdade salvadora de Cristo. O progresso no conhecimento e na aceitação dessa verdade necessita da contínua assistência do Espírito Santo, a quem pedimos luz nestes dias, e de estudo e reflexão para podermos entender e explicar cada vez de modo mais claro tudo aquilo que Jesus Cristo nos revelou, e que se encontra guardado como um tesouro no seio da Igreja Católica. Só então é que podemos compreender — diz Paulo VI — por que a Igreja, "ontem e hoje, dá tanta importância à rigorosa conservação da autêntica revelação, por que a considera um tesouro inviolável e tem uma consciência tão severa do seu dever fundamental de defender e transmitir em termos inequívocos a doutrina da fé. A ortodoxia é a sua primeira preocupação; o magistério pastoral, a sua função primária e providencial [...]; e o lema do apóstolo Paulo: *Depositum custodi* (1 Tm 6, 20; 2 Tm 1, 14), constitui para ela um compromisso tal, que seria uma traição violá-lo.

"A Igreja, mestra, não inventa a sua doutrina; ela é testemunha, guardiã, intérprete, meio; e naquilo que se refere às verdades próprias da mensagem cristã, pode-se dizer que é conservadora, intransigente; e a quem lhe pede que torne a sua fé mais fácil, mais de acordo com os gostos da cambiante mentalidade dos tempos, responde-lhe com os apóstolos: *Non possumus*, não podemos (At 4, 20)"[9]. Este ensinamento também deve servir de critério na ação apostólica com aqueles católicos que quereriam adaptar a doutrina, às vezes severa, a uma situação particular em que está ausente o espírito de sacrifício e que, portanto, é incompatível com o seguimento do Senhor.

III. SÃO PAULO RECORDAVA aos primeiros cristãos de Éfeso que deviam proclamar a verdade com caridade: *veritatem facientes in caritate*[10], e é isso o que nós devemos fazer: com aqueles que já estão perto da plena comunhão na fé e com os que possuem apenas um vago sentimento religioso.

Sem ceder na doutrina, devemos ser compreensivos, cordiais. E mais do que isso: se por qualquer circunstância nos encontramos num ambiente ou devemos estar com alguém que nos trata com frieza, seguiremos o sábio conselho de São João da Cruz: "Não pense em outra coisa — exortava o Santo a uma pessoa que lhe pedia luz no meio das suas tribulações e dificuldades — senão que Deus ordena todas as coisas; e onde não há amor, ponha amor e tirará amor"[11]. Nas pequenas e grandes circunstâncias da vida, teremos abundantes ocasiões de pôr este conselho em prática. E veremos muitas vezes como, quase sem o percebermos, nos foi possível mudar esse ambiente hostil ou indiferente.

A verdade deve ser apresentada integralmente, sem falsas composições, mas de maneira amável; nunca pode ser uma verdade azeda ou implicante, nem imposta à força ou com violência. Todas as pessoas têm o direito de ser tratadas com respeito, de que se aprecie o que sempre há de positivo nas suas ideias ou na sua conduta, por mais que estejam erradas ou que lhes façamos uma crítica legítima. Não devemos julgar ninguém, e muito menos condenar. A mesma caridade que nos anima a manter-nos firmes na fé é a que nos leva a querer bem às pessoas, a compreender, a desculpar, a deixar agir a graça de Deus, que não força nem tira a liberdade das almas.

A compreensão leva-nos a querer saciar a maior necessidade que o coração humano experimenta: a ânsia de verdade e de felicidade, que Deus imprimiu em cada criatura. As circunstâncias em que cada qual se encontra são diferentes, como também o grau de verdade que se alcançou; e para que todos cheguem à plenitude da fé, o nosso afeto e a nossa amizade podem ser a ponte de que Deus muitas vezes se serve para penetrar mais profundamente nessas almas.

Nossa Senhora, se lhe pedirmos que nos ajude, há de ensinar-nos a tratar a cada um como convém: com infinito carinho e respeito pela pessoa, e ao mesmo tempo com imenso amor pela verdade, com um amor que não nos levará, por falsa compreensão, a ceder na doutrina.

(1) Cf. Conc. Vat. II, Decr. *Unitatis redintegratio*, 4; (2) 1 Tm 6, 20; (3) São Vicente de Lérins, *Commonitorio*, 22; (4) Josemaria Escrivá, *Forja*, n. 456; (5) João Paulo II, *Homilia*, 25-I-1987; (6) *ib.*; (7) 1 Cor 15, 1-6; (8) Conc. Vat. II, *op. cit.*, 11; (9) Paulo VI, *Audiência geral*, 19-I-1972; (10) Ef 4, 15; (11) São João da Cruz, *À Madre Maria da Encarnação*, 6-VII-1591.

OITAVÁRIO PELA UNIDADE DOS CRISTÃOS
21 DE JANEIRO. QUARTO DIA DO OITAVÁRIO

7. O FUNDAMENTO DA UNIDADE

— O primado de Pedro prolonga-se na Igreja através dos séculos na pessoa do Romano Pontífice.
— O *Vigário de Cristo*.
— O Primado, garantia da unidade dos cristãos e caminho para o verdadeiro ecumenismo. Amor e veneração pelo Papa.

I. SÃO JOÃO INICIA a narração da vida pública de Cristo contando-nos como os primeiros discípulos se encontraram com Ele e como André lhe apresentou o seu irmão Pedro. O Senhor deu-lhe as boas-vindas com estas palavras: *Tu és Simão, filho de João; serás chamado Cefas, que quer dizer Pedro*[1].

Cefas é a transcrição grega de uma palavra aramaica que quer dizer *pedra, rocha*, fundamento. Por isso o Evangelista, que escreve em grego, explica o significado do termo empregado por Jesus. Cefas não era nome próprio, mas o Senhor chama assim o apóstolo para aludir à missão que Ele mesmo lhe revelaria mais adiante. Atribuir um nome equivalia a tomar posse da coisa ou da pessoa nomeada. Assim, por exemplo, Deus constituiu Adão como dono da criação e, em sinal desse domínio, mandou-lhe pôr um nome a todas as coisas[2]. O nome de Noé foi-lhe posto como sinal de uma nova esperança depois do Dilúvio[3]. Deus mudou o nome de Abrão para Abraão para lhe dar a entender que seria *pai de muitas gerações*[4].

Os primeiros cristãos consideraram tão significativo o nome *Cefas* que designaram o apóstolo por esse nome sem traduzi-lo[5]; depois, tornou-se corrente chamar-lhe *Pedro*, o que motivou o esquecimento, em boa parte, do seu primeiro nome, Simão. O Senhor o chamará com muita frequência *Simão Pedro*, juntando ao nome próprio a missão e o ofício que lhe confiava.

Desde o princípio, Pedro ocupou um lugar único entre os discípulos de Jesus e depois na Igreja. Nas quatro listas do Novo Testamento em que se enumeram os doze apóstolos, São Pedro ocupa sempre o primeiro lugar. Jesus destaca-o dos outros, apesar de João aparecer como o seu predileto: hospeda-se na sua casa[6], paga o tributo pelos dois[7] e possivelmente aparece-lhe em primeiro lugar depois da Ressurreição[8]. As expressões *Pedro e os seus companheiros*[9], *Pedro e os que o acompanhavam*[10] são significativas... O anjo diz às mulheres: *Ide e dizei aos seus discípulos e a Pedro...*[11] Pedro é com muita frequência o porta-voz dos doze; e também é ele quem pede ao Senhor que explique o sentido das parábolas[12] etc.

Todos sabem desta preeminência de Simão. Assim, por exemplo, os encarregados de arrecadar o tributo dirigem-se a ele para cobrar as dracmas do Mestre[13]. Esta superioridade não se deve à sua personalidade, mas à distinção de que é objeto por parte de Jesus, que lhe concederá de modo solene um poder que será o fundamento da unidade da Igreja e que se prolongará nos seus sucessores até o fim dos tempos: "O Romano Pontífice — ensina o Concílio Vaticano II —, como sucessor de Pedro, é o princípio e fundamento perpétuo e visível da unidade, quer dos bispos, quer da multidão dos fiéis"[14].

Nestes dias em que a nossa oração se propõe obter do Senhor a unidade de todos os cristãos, temos que pedir de modo muito particular pelo Papa, de quem depende toda a unidade. Devemos pedir pelas suas intenções, pela sua pessoa, pelo bom andamento dos assuntos que o ocupam, certos de que será uma oração muito grata ao Senhor.

II. ESTANDO EM CESAREIA de Filipe, enquanto caminhavam, Jesus perguntou aos seus discípulos o que as pessoas pensavam dEle. E eles, com simplicidade, contaram o que se dizia da sua Pessoa. Então Jesus quis saber o que eles próprios pensavam, depois daqueles anos em que o vinham seguindo: *E vós, quem dizeis que eu sou?* Pedro adiantou-se a todos e disse: *Tu és o Cristo, o Filho do Deus vivo.* O Senhor respondeu-lhe com estas palavras tão transcendentais para a história da Igreja e do mundo: *Bem-aventurado és, Simão, filho de João, porque não foram a carne e o sangue que to revelaram, mas meu Pai que está nos céus. E eu te digo que tu és Pedro, e sobre esta pedra edificarei a minha Igreja, e as portas do inferno não prevalecerão contra ela. E eu te darei as chaves do reino dos céus, e tudo quanto ligares na terra será ligado nos céus, e tudo quanto desligares na terra será desligado nos céus*[15].

Este texto encontra-se em todos os códices antigos e é citado já pelos primeiros autores cristãos[16]. O Senhor estabelece a Igreja sobre a própria pessoa de Simão: *Tu és Pedro e sobre esta pedra...* As palavras de Jesus dirigem-se a ele pessoalmente: *Tu...,* e contêm uma clara alusão ao primeiro encontro que tivera com o apóstolo[17]. O discípulo é o alicerce firme sobre o qual se eleva esse edifício em construção que é a Igreja. A prerrogativa própria de Cristo, como a única *pedra angular*[18], comunica-se a Pedro. Eis a razão pela qual mais tarde o sucessor de Pedro será chamado *Vigário de Cristo,* isto é, aquele que o supre e faz as suas vezes. É também a razão pela qual Santa Catarina de Sena dará ao Papa o tocante título de *doce Cristo na terra*[19]. O Senhor vem a dizer a Pedro: "Ainda que Eu seja o fundamento e fora de Mim não possa haver outro, no entanto também tu, Pedro, és pedra, porque Eu mesmo te constituo como alicerce e porque te comunico as minhas prerrogativas, que agora passam a ser comuns aos dois"[20].

Naqueles tempos de cidades amuralhadas, o ato de *entregar as chaves* a alguém significava simbolicamente conferir-lhe a autoridade e o cuidado da cidade. Cristo deposita em Pedro a responsabilidade de guardar a Igreja e de velar por ela, quer dizer, confere-lhe a autoridade suprema sobre ela. Por sua vez, *ligar e desligar*, na linguagem semita da época, significava "proibir e permitir". Além de fundamento, Pedro e os seus sucessores serão, portanto, os encarregados de orientar, mandar, proibir, dirigir... E este poder, como tal, será ratificado no Céu. Além disso, o *Vigário de Cristo*, apesar da sua debilidade pessoal, terá por missão fortalecer os outros apóstolos e todos os cristãos. Na Última Ceia, Jesus dir-lhe-á: *Simão, Simão, eis que Satanás vos buscou para vos joeirar como trigo; mas eu roguei por ti, para que a tua fé não desfaleça, e tu, uma vez convertido, confirma os teus irmãos*[21]. Agora, no momento em que recorda as verdades supremas, em que institui a Eucaristia e em que a sua morte está próxima, Jesus renova a promessa do Primado: a fé de Pedro não pode desfalecer porque se apoia na eficácia da oração de Cristo.

Pela oração de Jesus, Pedro não desfaleceu na sua fé, apesar de ter caído. Levantou-se, confirmou os seus irmãos e foi a *pedra angular* da Igreja. "Onde está Pedro, aí está a Igreja; onde está a Igreja, não há morte, mas vida"[22], comenta Santo Ambrósio. Aquela oração de Jesus, a que hoje unimos a nossa, conserva a sua eficácia através dos séculos[23].

III. A PROMESSA que Jesus fez a Pedro em Cesareia de Filipe cumpre-se depois da Ressurreição, às margens do lago de Genesaré, após uma pesca milagrosa semelhante àquela primeira em que Simão tinha deixado as barcas e as redes para seguir definitivamente Jesus[24].

Pedro é proclamado por Cristo seu continuador, seu vigário, com essa missão pastoral que o próprio Cristo definira como sua missão mais característica e preferida: *Eu sou o Bom Pastor.*

"O carisma de São Pedro passou aos seus sucessores"[25]. Ele morreria uns anos mais tarde, mas era preciso que o seu

21 DE JANEIRO. QUARTO DIA DO OITAVÁRIO

ofício de Pastor supremo durasse eternamente, pois a Igreja — fundada sobre rocha firme — deve permanecer até a consumação dos séculos[26].

O Primado é garantia da unidade dos cristãos e meio pelo qual deve desenvolver-se o verdadeiro ecumenismo. O Papa ocupa o lugar de Cristo na terra; devemos amá-lo, escutá-lo, porque a sua voz traz até nós a verdade. E devemos procurar por todos os meios que essa verdade chegue a todos os cantos mais distantes ou mais difíceis da terra, sem deformações, a fim de que muitos desorientados vejam a luz e muitos aflitos recuperem a esperança. Vivendo a Comunhão dos Santos, devemos rezar todos os dias pelo Sumo Pontífice, cumprindo assim um dos mais gratos deveres da nossa caridade ordenada.

A devoção e o amor ao Papa constituem para os católicos um sinal distintivo único, que implica o testemunho de uma fé vivida até as suas últimas consequências. O Papa é para nós a presença tangível de Jesus, "o doce Cristo na terra"; e incita-nos a amá-Lo, bem como a ouvir essa voz do Mestre interior que fala em nós e nos diz: *Este é o meu eleito, escutai-o*, pois o Papa "faz as vezes do próprio Cristo, Mestre, Pastor e Pontífice, e age em Seu nome"[27].

---

(1) Jo 1, 42; (2) Gn 2, 20; (3) Gn 5, 20; (4) Gn 17, 5; (5) cf. Gl 2, 9; 11; 14; (6) Lc 4, 38-41; (7) Mt 17, 27; (8) Lc 24, 34; (9) Lc 9, 32; (10) Lc 8, 45; (11) Mc 16, 7; (12) Lc 12, 41; (13) Mt 17, 24; (14) Conc. Vat. II, Const. *Lumen gentium*, 23; (15) Mt 16, 16-20; (16) cf. J. Auer e J. Ratzinger, *Curso de teología dogmática*, vol. VIII: *La Iglesia*, Herder, Barcelona, 1986, p. 267 e segs.; (17) Jo 1, 41; (18) cf. 1 Pe 2, 6-8; (19) Santa Catarina de Sena, *Carta 207*; (20) São Leão Magno, *Sermão 4*; (21) Lc 22, 31-32; (22) Santo Ambrósio, *Comentário sobre o Salmo 12*; (23) cf. Conc. Vat. I, Const. *Pastor aeternus*, 3; (24) Jo 21, 15-17; (25) João Paulo II, *Alocução*, 30-XII-1980; (26) Conc. Vat. II, *ib.*, 2; (27) Conc. Vat. II, *ib.*, 21.

OITAVÁRIO PELA UNIDADE DOS CRISTÃOS
22 DE JANEIRO. QUINTO DIA DO OITAVÁRIO

8. CRISTO E A IGREJA

—— Na Igreja encontramos Cristo.
—— Imagens e figuras da Igreja. *Corpo Místico de Cristo*.
—— A Igreja é uma comunhão de fé, de sacramentos e de regime. A *Comunhão dos Santos*.

I. A MISSÃO DE CRISTO não terminou com a sua Ascensão aos Céus. Jesus não é apenas um personagem histórico que nasceu, morreu e ressuscitou para ser exaltado *à direita do Pai*, mas vive atualmente entre nós de um modo real, ainda que misterioso.

Ante o perigo de que os primeiros cristãos vivessem somente da recordação histórica daquele Jesus que muitos deles "tinham visto", e ante a situação de outros que pareciam viver somente preocupados com a nova vinda de Cristo, para eles iminente, o autor da Epístola aos Hebreus escreveu: *Jesus Cristo é o mesmo ontem e hoje, e pelos séculos*[1].

Ainda que os apóstolos e os primeiros guias da fé venham a morrer e chegue um momento em que já não possam dar testemunho direto da sua fé, resta aos fiéis um Mestre e um Guia que não morrerá nunca, que vive para sempre nimbado de glória. Os homens desaparecem; Cristo permanece eternamente conosco. Ele existiu *ontem* entre os homens, num passado histórico concreto; vive *hoje* nos Céus, *à direita do Pai*, e está *hoje* ao nosso lado, dando-nos continuamente a Vida por meio dos sacramentos, acompanhando-

-nos de modo real nas vicissitudes do nosso caminhar. A Santíssima Humanidade de Cristo foi assumida a partir de um tempo determinado, mas a Encarnação foi decretada desde a eternidade, e o Filho de Deus, nascido da Virgem Maria no tempo e na história, nos dias de César Augusto, permanece homem para sempre, com um corpo glorioso em que resplandecem os sinais da sua Paixão[2].

Cristo vive ressuscitado e glorioso no Céu e, de forma misteriosa mas real, na sua Igreja. A Igreja não é um movimento religioso inaugurado pela pregação de Cristo, pois está diretamente relacionada com a própria Pessoa de Jesus. A Igreja torna-nos Cristo presente; é nela que podemos encontrá-lo; a sua grandeza está precisamente nesta íntima relação com Jesus.

Por isso, a Igreja é um mistério que não se exprime com palavras. A sua insondável riqueza resulta da própria Pessoa de Jesus e tem como finalidade perpetuar a sua presença salvadora entre nós. Mais ainda: a sua missão consiste em tornar presente Cristo — que subiu aos Céus, mas anunciou que *estaria conosco até a consumação dos séculos*[3] — e em conduzir-nos até Ele. O Concílio Vaticano II afirma que Jesus Cristo é o autor da salvação e o princípio da paz e da união, e que constituiu a Igreja "a fim de que fosse para todos e cada um o sacramento visível desta unidade salvadora"[4].

II. PAULO VI AFIRMAVA que é indispensável para os que seguem a Cristo conhecerem a natureza da Igreja. "E este conhecimento é deveras importante — especialmente para nós, católicos — quando são tantos os erros, tantas as ideias inexatas, tantas as opiniões particulares que circulam nas discussões do nosso tempo". Quanta ignorância, quanto erro! Muitos esquecem ou desconhecem que "a Igreja é um mistério, não só na profundidade da sua vida, mas também enquanto realidade não apenas humana e histórica e visível, mas divina e superior à nossa capacidade natural de conhecer"[5].

A Sagrada Escritura esclarece-nos a natureza da Igreja mediante diversas figuras que se complementam. Todas têm Jesus Cristo por centro e giram em torno da unidade:

a Igreja é como um *redil*, cuja porta é Cristo; *rebanho*, cujo Bom Pastor — Jesus — nunca o deixará entregue às mãos do inimigo ou sem pastos; *campo e vinha* do Senhor; *edifício*, cuja pedra angular é Cristo e que tem por alicerce os apóstolos e em que os fiéis realizam a função de *pedras vivas*. Também é chamada *Jerusalém do alto* e *Mãe nossa*, e é descrita como *esposa imaculada*[6]. Como explica São Paulo aos primeiros cristãos de Corinto, é o *Corpo Místico de Cristo*[7], imagem por meio da qual se diz claramente que a Igreja pertence a Cristo e está unida a Ele: entre Jesus e a Igreja, entre Jesus e os cristãos, estabelece-se uma corrente de vida que os torna inseparáveis[8].

A união íntima e vital entre Cristo e a Igreja permite afirmar realidades que, tomadas ao pé da letra, só se podem aplicar à Igreja e vice-versa. Assim, pode-se dizer que Cristo é perseguido quando a Igreja é perseguida[9]; que Cristo é amado quando são amados os membros do seu Corpo; que se renega Cristo quando não se quer ajudar os fiéis[10]. Também se pode dizer que a "paixão expiatória de Cristo se renova e de certo modo continua e se completa no Corpo Místico que é a Igreja... Com razão, pois, Jesus Cristo, que padece ainda no seu Corpo Místico, deseja ter-nos por sócios na expiação, e isso é exigido também pela nossa inserção nEle; porque, sendo como somos Corpo Místico de Cristo, é necessário que tudo o que a cabeça padece, padeçam com ela os membros"[11]. Trata-se, pois, de uma união íntima e misteriosa.

Os fiéis recebem do Senhor a mesma vida da graça; e esta participação na vida divina dá lugar à união entre eles. É uma íntima comunhão que abarca tanto o aspecto interior, espiritual e invisível, como o caráter externo e visível da Igreja. "Se a Igreja é um corpo — explicava Pio XII —, deve ser necessariamente uno e indiviso; conforme dizia São Paulo, *muitos formamos um só corpo* (Rm 7, 5). E este corpo não deve ser somente uno e indiviso, mas também algo concreto e claramente visível [...]. Por isso, afastam-se da verdade divina aqueles que forjam uma imagem da Igreja de tal ordem que não seja possível tocá-la nem vê-la, sendo somente um ser "pneumático" (espiritual), como dizem, no qual muitas comunidades de cristãos, ainda que separadas mutuamente na fé, se juntam, no entanto, por um laço invisível. Mas o corpo necessita também de diversos membros, que estejam de tal maneira entrelaçados que mutuamente se auxiliem"[12].

III. A UNIDADE DOS FIÉIS que formam o Corpo Místico de Cristo é constituída por uma comunhão de fé, de sacramentos e de hierarquia cujo centro é o Papa.

A Igreja é uma *comunhão de fé*, isto é, compõe-se de todos os batizados, que receberam uma mesma chamada de Deus e corresponderam com generosidade a essa chamada divina. Em consequência, todos confessam a mesma doutrina e estão unidos pela mesma vida divina que o batismo lhes comunicou. Esta íntima união abrange conjuntamente a doutrina e a vida. Nos primeiros tempos, quando um batizado se separava da doutrina ou da vida professada e vivida por todos na Igreja, era considerado um *ex-comungado*, quer dizer, alguém que tinha rompido a *comum-união* de todos. Só depois é que passou a ser um ato da autoridade eclesiástica pelo qual, em casos extremos e especialmente graves, se excluía alguém do seio da Igreja.

No Corpo Místico de Cristo existe também uma *comunhão de bens espirituais*, de que se participa principalmente por meio dos sacramentos. Por eles, confere-se aos fiéis a vida divina, o alimento e a fortaleza. A Sagrada Eucaristia é o cume da vida da Igreja, pois nela se dá a Comunhão no Corpo e no Sangue de Cristo, alcança-se a mais íntima união entre Cristo e os seus discípulos e, ao mesmo tempo, reforça-se a união entre todos os que compõem a Igreja. A Sagrada Eucaristia é "a fonte e o ápice de toda a vida cristã"[13].

A Igreja é também uma *comunhão de mútuas ajudas sobrenaturais*. Nela se dá uma grande variedade e pluralidade de carismas e vocações, ordenadas para a unidade e sob uma mesma hierarquia cujo centro é o Papa.

A unidade da Igreja concretiza-se na *Comunhão dos Santos*. Este dogma expressa a união dos cristãos entre si, pois *se um membro padece, todos os membros padecem com ele; e se um membro é honrado, todos se alegram com ele*[14]. "A interdependência dos cristãos unidos a Cristo pela caridade sacramental organiza-se à distância. Dá a cada um os tesouros de todos os outros e aos outros os tesouros de cada um"[15]. Todos necessitamos uns dos outros, todos podemos ajudar-nos; de fato, todos estamos beneficiando continuamente dos bens espirituais da Igreja. A nossa oração, o oferecimento do trabalho, das pequenas incomodidades que o dia de hoje nos trará, podem ser uma ajuda eficaz para tantos irmãos que estão a caminho da fé e para aqueles que, estando perto, não possuem ainda a plena comunhão.

A consideração desta ajuda eficaz que prestamos aos outros deve animar-nos a cumprir perfeitamente os nossos deveres e a dar-lhes um sentido sobrenatural, apresentando-os ao Senhor como uma oferenda, pois, "da mesma maneira que num corpo natural a atividade de cada membro repercute em benefício de todo o conjunto, o mesmo acontece com o corpo espiritual que é a Igreja: como todos os fiéis formam um só corpo, o bem produzido por um comunica-se aos outros"[16]. Um dia, poderemos contemplar em Deus, cheios de admiração, o bem tão grande que fizemos a muitos cristãos e à Igreja inteira situados no nosso escritório, na cozinha, na sala de cirurgia ou nos trabalhos do campo. Não deixemos que se perca uma só hora de trabalho, uma contrariedade ou uma longa espera. Podemos converter todas as coisas em graça, e assim vivificar, unidos a Cristo, todo o seu Corpo Místico.

Ó Deus, olhai propício o vosso povo e derramai sobre ele os dons do vosso Espírito, para que cresçamos sempre no amor da verdade e procuremos com empenho a perfeita unidade dos cristãos[17].

---

(1) Hb 13, 8; (2) cf. Sagrada Bíblia, *Epístola a los Hebreos*, EUNSA, Pamplona, 1987, nota a Hb 13, 8; (3) Mt 28, 20; (4) Conc. Vat. II, Const. *Lumen gentium*, 9; (5) Paulo VI, *Alocução*, 27-IV-1966; (6) cf. Conc. Vat. II, Const. *Lumen gentium*, 6; (7) cf. 1 Cor 12, 12-17; (8) cf.

62 CRISTO E A IGREJA

Conc. Vat. II, *ib.*, 7; (9) cf. At 9, 5; (10) cf. Mt 25, 35-45; (11) Pio XI, Enc. *Miserentisimus Redemptor*, 8-V-1928; (12) Pio XII, Enc. *Mystici Corporis*, 29-VI-1943, 7; (13) cf. Conc. Vat. II, Const. *ib.*, 11; Decr. *Presbyterorum ordinis*, 5; (14) 1 Cor 12, 26; (15) Ch. Journet, *Teologia de la Iglesia*, Desclée de Brouwer, Bilbau, 1960, p. 252; (16) São Tomás, *Sobre o Credo*; (17) *Oração coleta* da Missa pela unidade dos cristãos, 3, ciclo C.

OITAVÁRIO PELA UNIDADE DOS CRISTÃOS
23 DE JANEIRO. SEXTO DIA DO OITAVÁRIO

9. A IGREJA, NOVO POVO DE DEUS

— Nós, cristãos, somos *linhagem escolhida, sacerdócio real, povo adquirido por Jesus Cristo*.
— Participação dos leigos na função sacerdotal, profética e real de Cristo. A santificação das tarefas seculares.
— O sacerdócio ministerial.

I. DEUS CHAMA PESSOALMENTE, pelo nome, a cada homem[1]; mas, desde o princípio, "aprouve a Deus santificar e salvar os homens não singularmente, sem nenhuma conexão uns com os outros, mas constituindo-os num povo, que o conhecesse na verdade e santamente o servisse"[2]. Quis escolher entre as nações da terra o povo de Israel para manifestar-se a Si próprio e revelar os desígnios da sua vontade. Estabeleceu uma aliança com ele, que foi renovada diversas vezes. Mas tudo isso sucedeu como figura e preparação do novo povo de Deus, a Igreja, que Jesus resgataria para Si com o seu Sangue derramado na Cruz. Nela cumprem-se plenamente os títulos que se davam no Antigo Testamento ao povo de Israel: é *linhagem escolhida*[3], *povo adquirido para apregoar as maravilhas de Deus*[4].

A qualidade essencial dos que compõem este novo povo "é a dignidade e a liberdade dos filhos de Deus, em cujos corações habita o Espírito Santo como num templo. A sua lei é o preceito novo de amar como o próprio Cristo nos amou (cf. Jo 13, 34). A sua meta é o Reino de Deus, iniciado pelo próprio Deus na terra"[5]. *Vós* — ensina São Pedro aos cristãos da primitiva cristandade — *sois linhagem escolhida, sacerdócio régio, nação santa, povo adquirido para apregoar os grandes feitos daquele que vos chamou das trevas à sua luz admirável. Vós, que outrora não éreis povo, agora sois povo de Deus; não havíeis alcançado misericórdia, mas agora conseguistes misericórdia*[6].

Neste novo povo há um único sacerdote, Jesus Cristo, e um único sacrifício, que teve lugar no Calvário e que se renova todos os dias na Santa Missa. Todos aqueles que compõem este povo são *linhagem escolhida*, participam do sacerdócio de Cristo e ficam habilitados a realizar uma mediação sacerdotal, fundamento de todo o apostolado, e a participar ativamente no culto divino. Desta maneira podem converter todas as suas atividades em *sacrifícios espirituais, agradáveis a Deus*[7].

Trata-se de um sacerdócio verdadeiro, ainda que essencialmente diferente do sacerdócio ministerial, que habilita o sacerdote a fazer as vezes de Cristo, principalmente quando perdoa os pecados e celebra a Santa Missa. No entanto, ambos se ordenam um para o outro e ambos participam, cada um a seu modo, do único sacerdócio de Cristo. Nessa participação do sacerdócio de Cristo, santificamo-nos e encontramos as graças necessárias para ajudar os outros.

II. OS FIÉIS PARTICIPAM da missão de Cristo, e assim impregnam com o espírito do seu Senhor a sua própria vida no meio do mundo e o próprio mundo. As suas orações, a vida familiar e social, as suas iniciativas apostólicas, o trabalho e o descanso, e mesmo as provas e contradições da vida convertem-se numa oferenda santa que chega até Deus principalmente por meio da Santa Missa, "centro e raiz da vida espiritual dos cristãos"[8].

Esta participação dos leigos na *função sacerdotal de Cristo* supõe, pois, uma vida centrada na Santa Missa; mas a sua participação eucarística não se esgota quando assistem ativamente ao Sacrifício do Altar, nem se expressa principalmente em determinadas funções litúrgicas que os leigos também podem desempenhar... O seu campo próprio está na santificação do trabalho cotidiano, no cumprimento dos seus deveres profissionais, familiares, sociais..., que procuram desempenhar com a máxima retidão.

Os leigos participam também da *missão profética de Cristo*. A sua vocação específica leva-os a anunciar a palavra de Deus, não na Igreja, mas na rua: na fábrica, no escritório, no clube, na família[9]. Proclamarão a palavra divina, com o seu exemplo, na condição de colegas de trabalho, de vizinhos, de cidadãos..., e com a sugestão oportuna, com a conversa íntima e profunda que brota da amizade verdadeira: ao aconselharem um livro que orienta e ao desaconselharem um espetáculo que não é próprio de um homem de bem, ao infundirem alento — fazendo as vezes de Cristo — e ao prestarem com alegria um pequeno serviço.

O cristão, participa, por fim, da *função régia de Cristo*. Em primeiro lugar, sendo senhor do seu trabalho profissional, sem se deixar escravizar por ele, mas governando-o e dirigindo-o, com retidão de intenção, para a glória de Deus, para o cumprimento do plano divino sobre toda a criação[10]. O papel dos leigos não se valoriza nem se potencia quando lhe oferecem a possibilidade de participar da autoridade ou do ministério clerical. Talvez um ou outro possa enveredar por esse caminho, mas deve saber que isso não é o mais adequado a uma vocação secular[11]. É no mundo, no meio das estruturas seculares da vida humana, que se desenvolve a sua participação na missão de Jesus Cristo. "A sua tarefa principal e imediata — sublinhava Paulo VI — não é estabelecer e desenvolver a comunidade eclesial — pois esta é uma tarefa específica do clero —, mas aproveitar todas as possibilidades cristãs e evangélicas latentes mas já presentes e ativas nos assuntos temporais"[12].

Dentro deste novo povo de Deus que é a Igreja, a participação na missão real de Cristo leva os leigos a impregnar a ordem social dos princípios cristãos que a humanizam e elevam: a dignidade e primazia da pessoa humana, a solidariedade social, a santidade da família e do casamento, a liberdade responsável, o amor à verdade, a promoção da justiça em todos os níveis, o espírito de serviço, a compreensão mútua e a caridade fraterna... "Os leigos não devem ser a *longa manus* — o braço instrumentalizado — da hierarquia. Não são a extensão de um "sistema" eclesiástico oficial. São — cada um é, por direito próprio e apoiado unicamente na sua piedade, competência e doutrina — a presença de Cristo nos assuntos temporais"[13].

Pensemos hoje se a nossa conduta e a nossa atuação diária refletem este critério e este compromisso de levar o mundo a Deus.

III. ESTE NOVO POVO de Deus tem Cristo como Sumo e Eterno Sacerdote. O Senhor assumiu a tradição antiga, transformando-a e renovando-a: instituiu um sacerdócio eterno. Os sacerdotes de Cristo são, cada um deles, instrumento do Senhor e prolongação da sua Santíssima Humanidade. Não atuam em nome próprio, nem são simples representantes do povo, mas fazem as vezes de Cristo. De cada um deles se pode dizer que, *escolhido entre os homens, está constituído em favor dos homens para as coisas que dizem respeito a Deus...*[14]

Cristo atua realmente através deles, por meio das suas palavras, gestos etc., e o seu sacerdócio está íntima e inseparavelmente unido ao sacerdócio de Cristo e à vida e crescimento da Igreja. O sacerdote é pai, irmão, amigo...; a sua pessoa pertence aos outros, pertence à Igreja, que o ama com um amor inteiramente especial e tem sobre ele direitos de que nenhum outro homem pode ser depositário[15]. "Jesus — ensinava João Paulo II numa numerosa ordenação no Brasil — identifica-nos de tal modo consigo no exercício dos poderes que nos conferiu, que a nossa personalidade como que desaparece diante da sua, já que é Ele quem age por meio de nós. «Pelo sacramento da Ordem, disse alguém com justeza, o sacerdote torna-se efetivamente idôneo para emprestar a Jesus Nosso Senhor a voz, as mãos e todo o

23 DE JANEIRO. SEXTO DIA DO OITAVÁRIO

seu ser. É Jesus quem, na Santa Missa, com as palavras da consagração, muda a substância do pão e do vinho na do seu corpo e do seu sangue» (cf. Josemaria Escrivá, *Sacerdote per l'eternità*, Milão, 1975, p. 30). E podemos acrescentar — continuava o Papa —: É o próprio Jesus Cristo quem, no sacramento da Penitência, pronuncia a palavra autorizada e paterna: *Os teus pecados te são perdoados* (Mt 9, 2; Lc 5, 20; 7, 48; cf. Jo 20, 23). É Ele quem fala quando o sacerdote, exercendo o seu ministério em nome e no espírito da Igreja, anuncia a palavra de Deus. É o próprio Jesus Cristo quem cuida dos enfermos, das crianças e dos pecadores, quando são envolvidos pelo amor e pela solicitude pastoral dos ministros sagrados"[16].

A ordenação sagrada confere o mais alto grau de dignidade que o homem é capaz de receber. Por ela, o sacerdote é constituído ministro de Deus e dispenseiro dos seus tesouros divinos[17]. Estes tesouros são principalmente a celebração da Santa Missa, de valor infinito, e o poder de perdoar os pecados, de devolver a graça à alma. Além disso, pela ordenação, o sacerdote é constituído medianeiro e embaixador entre Deus e os homens, entre o Céu e a terra. Com uma mão recolhe os tesouros da misericórdia divina; com a outra distribui-os entre os seus irmãos os homens.

Um sacerdote é um imenso bem para a Igreja e para toda a humanidade. Por isso, temos de pedir que nunca faltem sacerdotes santos, que se sintam servidores dos seus irmãos os homens, que não esqueçam nunca a sua dignidade e o tesouro que Deus lhes confiou para que o façam chegar generosamente ao resto do povo de Deus. Bem se pode dizer que "se há algum tempo em que um sacerdote é um espetáculo para os homens e para os anjos, esse tempo é aquele que se abre diante de nós"[18]. Não deixemos de rezar por eles.

---

(1) Is 43, 1; (2) Conc. Vat. II, Const. *Lumen gentium*, 9; (3) cf. Ex 19, 5-6; (4) cf. Is 43, 20-21; (5) Conc. Vat. II, *ib.*; (6) 1 Pe 2, 9-10; (7) 1 Pe 2, 5; (8) cf. Josemaria Escrivá, *É Cristo que passa*, n. 87; (9) cf.

João Paulo II, Exort. apost. *Christifideles laici*, 30-XII-1988, 14; (10) cf. idem, *Laborem exercens*, 14-IX-1981, 5; (11) cf. C. Burke, *Autoridad y libertad en la Iglesia*, Rialp, Madri, 1988, p. 196; (12) Paulo VI, Exort. apost. *Evangelii nuntiandi*, 8-XII-1975, 70; (13) Cormac Burke, *op. cit.*, p. 203; (14) cf. Hb 5, 1-4; (15) cf. A. del Portillo, *Escritos sobre el sacerdocio*, Palabra, Madri, 1970, p. 81; (16) João Paulo II, *Homilia*, 2-VII-1980; (17) cf. 1 Cor 4, 1; (18) São John Henry Newman, *Sermão na inauguração do Seminário São Bernardo*, 2-X-1873.

OITAVÁRIO PELA UNIDADE DOS CRISTÃOS
24 DE JANEIRO. SÉTIMO DIA DO OITAVÁRIO

10. MARIA, MÃE DA UNIDADE

—— Mãe da unidade no momento da
Encarnação.
—— No Calvário.
—— Na Igreja nascente de Pentecostes.

I. *SAIRÁS COM JÚBILO ao encontro dos filhos de Deus,
Virgem Maria, porque todos se reunirão para louvar o Senhor do mundo*[1].

A Igreja, animada por um ardente desejo de congregar
na unidade os cristãos e todos os homens, suplica a Deus,
por intercessão da Virgem Maria, que todos os povos se
reúnam *num mesmo povo da nova Aliança*[2]. A Igreja está
convencida de que a causa da unidade dos cristãos se encontra intimamente relacionada com a maternidade espiritual
da Santíssima Virgem sobre todos os homens, e de modo
particular sobre os cristãos[3]. O Papa Paulo VI invocou-a em
diversas ocasiões com o título de *Mãe da unidade*[4]. João
Paulo II dirigia a Nossa Senhora esta oração cheia de amor
e confiança: "Tu que és a primeira servidora da unidade do
Corpo de Cristo, ajuda-nos, ajuda todos os fiéis, que sentem
tão dolorosamente o drama das divisões históricas do cristianismo, a procurar continuamente o caminho da unidade
perfeita do Corpo de Cristo mediante a fidelidade incondicional ao Espírito de Verdade e de Amor..."[5]

De certo modo, a Igreja nasceu com Cristo e cresceu
na casa de Nazaré junto com Ele, já que, na sua realidade

invisível e misteriosa, é o próprio Cristo misticamente desenvolvido e vivo entre nós. E Maria, pela sua maternidade divina, é Mãe de toda a Igreja desde os seus começos[6]. Todos formamos um só Corpo, e Maria é Mãe desse Corpo Místico. E que mãe pode permitir que os seus filhos se separem e se afastem da casa paterna? A quem havemos de recorrer com mais confiança de sermos ouvidos do que a Santa Maria, Mãe?

Numa página belíssima, São Bernardo descreve-nos todas as criaturas em torno de Maria, invocando-a para que pronuncie na Anunciação o *fiat*, o *faça-se* que traria a salvação a todos. Céus e terra, pecadores e justos, presente, passado e futuro congregam-se em Nazaré em volta de Maria[7]. Quando Nossa Senhora deu o seu consentimento, tornou-se realidade a sua Maternidade sobre Cristo e sobre a Igreja e, de certo modo, sobre toda a criação. O pecado tinha desfeito a unidade do gênero humano e destruído a ordem do Universo. Maria foi a criatura escolhida para tornar possível a Encarnação do Filho de Deus, e, com o seu consentimento, foi também a causa da recapitulação de todas as coisas em Cristo que seria levada a cabo por meio da Redenção.

A Igreja, Corpo Místico de Cristo, teve na Encarnação — e, por conseguinte, no seio de Maria — o princípio primordial da sua unidade. A Virgem Santíssima foi a *Mãe da unidade* da Igreja na sua mais profunda realidade, pois deu a vida a Cristo no seu seio puríssimo.

II. CRISTO CONSUMOU A REDENÇÃO no Calvário. A nova aliança, selada com o Sangue derramado na Cruz, unia novamente os homens a Deus e congregava-os ao mesmo tempo entre si. O Senhor — ensina São Paulo — destruiu todos os muros de divisão e formou uma Igreja única, um só povo[8]. A diversidade de raças, de línguas, de condições sociais, não seria obstáculo para essa unidade que Cristo nos alcançou com a sua morte na Cruz. Naquele instante, surgia o novo povo dos filhos de Deus, unificados em torno da Cruz e redimidos com o Sangue de Cristo. "Elevado sobre a terra, na presença da Virgem Mãe, congregou na unidade os teus filhos dispersos, unindo-os a si mesmo com os vínculos do amor"[9].

Nas horas da Paixão, a Virgem alimentava no seu Coração sacratíssimo os mesmos sentimentos do seu Filho, que na tarde anterior se despedira dos seus discípulos com uma mensagem de fraternidade, dirigindo ao Pai uma súplica pela unidade que talvez nós também tenhamos repetido muitas vezes em união com Ele: *Ut omnes unum sint, sicut tu, Pater, in me et ego in te...,* que todos sejam um, assim como tu, Pai, em mim e eu em Ti...[10] Esta unidade que Jesus pede aos seus é reflexo daquela que existe entre as três Pessoas divinas, e de que Nossa Senhora participou num grau incomparável e absolutamente extraordinário[11].

Ao pé da Cruz, Nossa Senhora, estava intimamente unida ao seu Filho, corredimindo com Ele. Ali, Jesus, vendo a sua Mãe e o discípulo que amava, *disse à sua Mãe: Mulher, eis aí o teu filho. Depois disse ao discípulo: Eis aí a tua Mãe. E desde aquela hora o discípulo a recebeu em sua casa*[12]. E no discípulo amado estavam representados todos os homens. Por isso Maria é Mãe de todo o gênero humano e especialmente de todos aqueles que se incorporam a Cristo pelo Batismo. Como poderíamos esquecer-nos dEla nestes dias em que pedimos insistentemente pela unidade, como poderíamos esquecer-nos da Mãe que congrega na única casa todos os filhos?

O Concílio Vaticano II recorda-nos a necessidade de volvermos o nosso olhar para a Mãe comum: "Todos os fiéis cristãos ofereçam súplicas instantes à Mãe de Deus e Mãe dos homens, para que Ela [...] interceda junto do seu Filho até que todas as famílias dos povos, tanto as que estão ornadas com o nome de cristãos, como as que ainda ignoram o seu Salvador, sejam felizmente congregadas na paz e na concórdia, no único povo de Deus, para glória da Santíssima e Indivisa Trindade"[13]. A Ela recorremos pedindo-lhe que este amor à unidade nos leve a crescer cada vez mais num apostolado simples, constante e eficaz: "Invoca a Santíssima Virgem; não deixes de pedir-lhe que se mostre sempre tua Mãe: *«Monstra te esse Matrem»,* e que te alcance, com a graça do seu Filho, luz de boa doutrina na inteligência, e amor e pureza no coração, a fim de que saibas ir para Deus e levar-lhe muitas almas"[14].

III. *VOLTADO PARA TI e sentado à tua direita, enviou sobre a Virgem Maria, em oração com os apóstolos, o Espírito de concórdia e de unidade, de paz e de perdão*[15].

Por vontade de Jesus Cristo, a Igreja teve desde o princípio uma unidade visível, na fé, na única esperança, na caridade, na oração, nos sacramentos, nos pastores pelos quais seria governada, com Pedro à cabeça. Esta unidade visível e externa da Igreja deveria constituir um sinal do seu caráter divino, porque seria uma manifestação da presença de Deus nela. Assim o pedira Cristo na Última Ceia[16]. E foi assim que os primeiros cristãos viveram: unidos entre eles, sob a autoridade dos apóstolos.

E quando os apóstolos se reuniram no Cenáculo para receber o Espírito Santo, Nossa Senhora estava com eles. Aqueles poucos eram a primeira célula da Igreja universal, e "Maria está no centro dela, no mais íntimo, como coração que lhe dá vida"[17]. Os apóstolos perseveraram na oração *com Maria, a Mãe de Jesus*[18]. As pessoas e os pormenores que São Lucas descreve são como que atraídos pela figura de Maria, que ocupa o centro do lugar onde os íntimos de Jesus se encontram congregados. "A tradição contemplou e meditou este quadro e concluiu que nele ressalta a maternidade que a Virgem exerce sobre toda a Igreja, tanto na sua origem como no seu desenvolvimento"[19]. Aqueles que irão receber o Espírito Santo permanecem unidos em torno de Maria. "Maria criava uma atmosfera de caridade, de solidariedade, de unânime conformidade. Ela era, por conseguinte, a melhor colaboradora de Pedro e dos apóstolos na organização e no governo"[20].

Depois da Assunção aos Céus, Maria não deixou de velar pela unidade dos membros do seu Filho, e quando um dia alguns deles recusaram a sua proteção maternal que os mantinha unidos, não cessou e não cessa de interceder para que retornem à plena comunhão no seio da Igreja. Nossa

24 DE JANEIRO. SÉTIMO DIA DO OITAVÁRIO 73

Senhora faz-nos experimentar sentimentos de fraternidade, de compreensão e de paz. "A experiência do Cenáculo não espelharia a hora de graça da efusão do Espírito se não tivesse a graça e a alegria da presença de Maria. *Com Maria, a Mãe de Jesus* (At 1, 14), lê-se no grande momento de Pentecostes [...]. É Ela, Mãe do Amor formoso e da unidade, que nos une profundamente para que, como a primeira comunidade nascida no Cenáculo, sejamos *um só coração e uma só alma*. E a Ela, «Mãe da unidade», em cujo seio o Filho de Deus se uniu ao gênero humano, inaugurando misticamente a união esponsalícia do Senhor com todos os homens, pedimos-lhe que nos ajude a ser "um" e a converter-nos em instrumentos de unidade [...]"[21].

(1) *Antífona de entrada* da Missa de Santa Maria, Mãe e Rainha da unidade; (2) *Oração coleta, ib.*; (3) cf. Leão XIII, Enc. *Auditricem populi*, 5-IX-1895; (4) cf. Paulo VI, *Insegnamenti*, vol. II, p. 69; (5) João Paulo II, *Radiomensagem na comemoração do Concílio de Éfeso*, 7-VI-1981; (6) Paulo VI, *Discurso ao Concílio*, 21-IX-1964; (7) cf. São Bernardo, *Homilias sobre a Virgem Mãe*, 2; (8) cf. Ef 2, 14 e segs.; (9) *Prefácio, ib.*; (10) Jo 17, 21; (11) cf. João Paulo II, *Homilia*, 31-I-1979; (12) Jo 19, 26-27; (13) Conc. Vat. II, Const. *Lumen gentium*, 69; (14) Josemaria Escrivá, *Forja*, n. 986; (15) *Prefácio, ib.*; (16) Jo 17, 23; (17) R. M. Spiazzi, *Maria en el misterio cristiano, Studium*, Madri, 1958, p. 69; (18) At 1, 14; (19) Sagrada Bíblia, *Hechos de los Apóstoles*, nota a At 1, 14; (20) R. M. Spiazzi, *op. cit.*, p. 70; (21) João Paulo II, *Homilia*, 24-III-1980.

24 DE JANEIRO

11. SÃO FRANCISCO DE SALES
Bispo e Doutor da Igreja
Memória

— A amabilidade.
— As virtudes da convivência, essenciais para
o apostolado.
— O respeito pelas pessoas e o cuidado das
coisas.

Francisco de Sales nasceu na Saboia em 1567. Depois de orde-
nado sacerdote, trabalhou pela restauração católica da sua pátria.
Nomeado Bispo de Genebra, fortaleceu com santo zelo a piedade
e a doutrina dos sacerdotes e dos fiéis, dedicando-lhes numerosos
escritos. Faleceu em Lyon, a 28 de dezembro de 1622. A sua festa é
celebrada no dia 24 de janeiro porque, nesse dia do ano de 1623,
os seus restos mortais foram trasladados para a sepultura definiti-
va em Annecy. Foi beatificado em 1661 e canonizado quatro anos
depois. Pio IX declarou-o Doutor da Igreja e Pio XI proclamou-o
padroeiro dos jornalistas e dos escritores católicos.

I. SÃO FRANCISCO DE SALES, já como presbítero, trabalhou intensamente pela fidelidade à Sé Romana de todos os
cristãos da sua pátria. Depois, como bispo, foi um exemplo
de Bom Pastor no relacionamento com os sacerdotes e os
demais fiéis, doutrinando-os incessantemente com a sua palavra e os seus escritos.

A liturgia da Missa anima-nos a pedir ao Senhor a graça
de *imitarmos a caridade e a mansidão de São Francisco de*
Sales, a fim de com ele chegarmos à glória do Céu[1]. Vamos,

pois, meditar nas virtudes da *amabilidade* e da *mansidão*, virtudes que o santo Bispo de Genebra, permanecendo firme na verdade, praticou com esmero no trato com todas as pessoas, mesmo com as que pensavam e agiam de modo bem diferente do seu. Destas virtudes, que tornam possível ou facilitam a convivência, e que são tão necessárias a todos, dizia o Santo: "É necessário tê-las em grande provisão e muito à mão, pois devem ser usadas quase continuamente"[2].

Todos os dias encontramo-nos com pessoas muito diferentes: no trabalho, na rua, entre os parentes... É muito grato ao Senhor que saibamos conviver com todas elas. São Tomás de Aquino fala da necessidade de uma virtude particular — que encerra em si muitas outras aparentemente pequenas —, que "cuide de ordenar as relações dos homens com os seus semelhantes, tanto nos atos como nas palavras"[3].

Estas virtudes levam-nos a esforçar-nos em todas as situações por tornar a vida mais grata aos que estão ao nosso lado. Tornam amáveis as relações entre os homens, e são uma verdadeira ajuda mútua no nosso caminho para o Céu, que é para onde queremos ir. Não provocam talvez uma grande admiração, mas, quando faltam, nota-se, e as relações entre os homens tornam-se tensas e difíceis.

São virtudes que, pela sua própria natureza, se opõem ao egoísmo, ao gesto brusco, ao mau humor, às faltas de educação, à desordem, aos gritos e impaciências. A conversa agradável, o trato cheio de respeito devem estar sempre presentes no trabalho, no trânsito... e, de modo particular, no relacionamento com aqueles com quem convivemos habitualmente. São virtudes "contra as quais faltam grandemente os que na rua parecem anjos, e na própria casa diabos"[4], como dizia o Santo. Examinemos hoje como é o nosso trato, a conversa..., principalmente com todos aqueles que o Senhor colocou ao nosso lado.

II. DA VIRTUDE DA *AMABILIDADE* — de que São Francisco de Sales nos deixou tantos exemplos e conselhos — fazem parte uma série de virtudes que talvez não sejam muito chamativas, mas que constituem o entrançado da caridade: a *benignidade*, que leva a tratar e julgar os outros e as suas atuações com delicadeza; a *indulgência* em face dos defeitos e erros alheios; a *educação* e a *urbanidade* nas palavras e nas maneiras; a *simpatia*, que por vezes será necessário cultivar com especial esmero; a *cordialidade* e a *gratidão*; o elogio oportuno às coisas boas que vemos nos outros...

O cristão sabe converter os múltiplos pormenores destas virtudes humanas em outros tantos atos da virtude da caridade, praticando-os também por amor a Deus. Aliás, a caridade transforma essas virtudes em hábitos mais firmes, mais ricos de conteúdo, e dá-lhes um horizonte mais elevado: com a ajuda da graça, o cristão encara e trata os seus irmãos como filhos de Deus que são.

Para estarmos abertos a todos, para convivermos com pessoas tão diferentes de nós (pela idade, religião, formação cultural, temperamento...), São Francisco de Sales ensina-nos que a primeira condição é sermos humildes, pois "a humildade não é somente caritativa, mas também doce. A caridade é a humildade que se projeta externamente e a humildade é a caridade escondida"[5]; ambas as virtudes estão estreitamente unidas. Se lutarmos por ser humildes, saberemos "venerar a imagem de Deus que há em cada homem"[6], saberemos tratá-los com profundo respeito.

Respeitar é olhar para os outros descobrindo o que valem. A palavra vem do latim *respectus*, que significa olhar com consideração[7]. Saber conviver exige que se respeitem as pessoas, como aliás as coisas, que são bens de Deus e estão a serviço do homem; já se disse com verdade que as coisas só mostram o seu segredo aos que as respeitam e amam; o respeito à natureza atinge o seu sentido mais profundo quando a encaramos como parte da criação e nos propomos dar glória a Deus através dela. O respeito é, enfim, condição que permite contribuir para a melhoria dos outros. Quando subjugamos os outros, inutilizamos os conselhos que lhes podemos dar e as advertências que lhes devemos fazer.

Ficamos gozosamente surpreendidos quando verificamos com que frequência o Evangelho se refere aos olhares de Jesus, como se tivessem algo de muito especial. Podemos ler no texto sagrado que Jesus olhou com carinho para aquele rapaz que se aproximou dEle com desejos de ser melhor; que olhou com ternura para a pobre viúva que se mostrou tão generosa com as coisas de Deus, lançando no cofre do Templo o pouco que tinha para o seu sustento; e que olhou com simpatia para Zaqueu, que estava empoleirado no alto de uma árvore tentando vê-lo... Jesus olhava para todos com imenso respeito, fossem sãos ou doentes, crianças ou adultos, mendigos, pecadores... É esse o exemplo que devemos imitar na nossa convivência diária.

É preciso ver as pessoas — todas — com simpatia, com apreço e cordialidade. Se as olhássemos como o Senhor as olha, não nos atreveríamos a julgá-las negativamente. "Naqueles que não nos são naturalmente simpáticos, veríamos almas resgatadas pelo Sangue de Cristo, que fazem parte do seu Corpo Místico, e que talvez estejam mais perto do que nós do seu divino Coração. Não poucas vezes nos acontece passarmos longos anos ao lado de almas belíssimas, e não notarmos a sua formosura"[8]. Olhemos ao nosso redor e respeitemos aqueles com quem nos damos diariamente na nossa própria casa, no escritório, com quem nos cruzamos no meio do trânsito, que esperam no consultório do dentista ou fazem fila nos correios. Examinemos junto de Jesus se os vemos com olhos amáveis e misericordiosos, como Ele os vê.

III. SÃO FRANCISCO ENSINAVA que "é preciso sentir indignação contra o mal e estar determinados a não transigir com ele; no entanto, é necessário conviver docemente com o próximo"[9]. O Santo teve que levar muitas vezes à prática este espírito de compreensão com as pessoas que estavam no erro e de firmeza diante do próprio erro, pois procurou durante boa parte da sua vida que muitos calvinistas voltassem ao catolicismo. E isso em momentos em que as feridas da separação eram especialmente profundas. Quando, por indicação do Papa, foi visitar um famoso pensador calvinista já octogenário, o Santo começou a conversa com amabilidade e cordialidade, perguntando: "Pode alguém salvar-se na Igreja Católica?" Depois de uns instantes de reflexão,

24 DE JANEIRO

o calvinista respondeu-lhe afirmativamente. Aquilo abriu uma porta que parecia definitivamente fechada[10].

A compreensão, virtude fundamental da convivência e do apostolado, inclina-nos a viver amavelmente abertos aos outros; a olhá-los com essa simpatia que convida a aceitar com otimismo a trama de virtudes e defeitos que existe na vida de qualquer homem e de qualquer mulher. É um olhar que atinge as profundezas do coração e sabe encontrar a parte de bondade que sempre existe nele. Da compreensão nasce uma comunidade de sentimentos e de vida. Pelo contrário, dos juízos negativos, frequentemente precipitados e injustos, resultam sempre o distanciamento e a separação.

O Senhor, que conhece as raízes mais profundas do agir humano, compreende e perdoa. Quando se compreendem os outros, é possível ajudá-los. A samaritana, o bom ladrão, a mulher adúltera, Pedro que nega, Tomé que não crê... e tantos outros naqueles três anos de vida pública e ao longo dos séculos, todos eles se sentiram compreendidos pelo Senhor e deixaram que a graça de Deus penetrasse nas suas almas. Uma pessoa compreendida abre o seu coração e deixa-se ajudar.

Quase no fim da vida, São Francisco escrevia ao Papa sobre a missão que lhe tinha sido encomendada: "Quando chegamos a esta região, não havia nem uma centena de católicos. Hoje há apenas uma centena de hereges"[11]. Queremos pedir-lhe no dia da sua festa que nos ensine a viver esse entrançado das virtudes da convivência; que nos ajude a praticá-las diariamente nas situações mais comuns; e que sejam uma firme ajuda para o apostolado que, com a graça de Deus, devemos realizar. *Ó Deus que, para a salvação dos homens, quisestes que o santo bispo São Francisco de Sales se fizesse tudo para todos, concedei-nos que, a seu exemplo, manifestemos sempre a mansidão do vosso amor no serviço aos nossos irmãos*[12].

---

(1) *Oração depois da Comunhão*, Missa própria de São Francisco de Sales; (2) São Francisco de Sales, *Introdução à vida devota*, III, 1; (3) São Tomás, *Suma teológica*, II-II, q. 114, a. 1; (4) São Francisco

de Sales, *op. cit.*, III, 8; (5) idem, *Conversações espirituais*, 11, 2; (6) Josemaria Escrivá, *Amigos de Deus*, n. 230; (7) cf. J. Corominas, *Diccionário crítico etimológico*, Gredos, Madri, 1987, v. *Respecto*; (8) R. Garrigou-Lagrange, *Las tres edades de la vida interior*, Palabra, Madri, 1982, vol. II, p. 734; (9) São Francisco de Sales, *Epistolário*, frag. 110; (10) cf. idem, *Meditações sobre a Igreja*, Introdução; (11) cf. *ib.; (12) Oração coleta*, Missa própria de São Francisco de Sales.

25 DE JANEIRO

12. CONVERSÃO DE SÃO PAULO
Festa

— No caminho de Damasco.
— A figura de São Paulo, exemplo de esperança. Correspondência à graça.
— Ânsia de almas.

A festa da conversão do "Apóstolo das Gentes" encerra o Oitavário pela Unidade dos Cristãos. A graça de Deus converte São Paulo de perseguidor dos cristãos em mensageiro de Cristo. Este fato ensina-nos que a fé tem a sua origem na graça e se apoia na livre correspondência humana, e que o melhor modo de acelerar a unidade dos cristãos consiste em fomentar todos os dias a conversão pessoal.

I. *SEI EM QUEM ACREDITEI; e estou certo de que o justo juiz conservará a minha fé até o dia da sua vinda*[1].

Paulo, grande defensor da Lei de Moisés, considerava os cristãos como o maior perigo para o judaísmo; por isso, dedicava todas as suas energias a perseguir a Igreja nascente. A primeira vez em que aparece nos Atos dos Apóstolos, verdadeira história da primitiva cristandade, vemo-lo presenciando o martírio de Estêvão, o protomártir cristão[2]. Santo Agostinho faz notar a eficácia da oração de Estêvão pelo seu jovem perseguidor[3]. Mais tarde, Paulo dirige-se a Damasco, *a fim de que, se ali achasse quem seguisse este caminho, fossem homens ou mulheres, os levasse presos a Jerusalém*[4]. O cristianismo tinha-se estendido rapidamente,

82 CONVERSÃO DE SÃO PAULO

graças à ação do Espírito Santo e ao intenso proselitismo dos novos fiéis, mesmo nas condições mais adversas: *Os que se haviam dispersado iam por toda parte pregando a palavra*[5].

Paulo dirigia-se a Damasco *respirando ameaças de morte contra os discípulos do Senhor*; mas Deus tinha outros planos para aquele homem de grande coração. E estando já perto da cidade, por volta do meio-dia, *de repente viu-se rodeado de uma luz refulgente que vinha do céu; e caindo por terra, ouviu uma voz que lhe dizia: Saulo, Saulo, por que me persegues? Respondeu ele: Quem és tu, Senhor? E Ele: Eu sou Jesus, a quem tu persegues*[6]. *E a seguir veio a pergunta fundamental de Saulo, que era já fruto da sua conversão e que marcava o caminho da entrega: Que devo fazer, Senhor?*[7] Paulo já é outro homem. Num instante, viu tudo a uma luz absolutamente clara, e a fé leva-o à disponibilidade total em relação aos planos de Deus. Que devo fazer de agora em diante?, o que esperas de mim?

Muitas vezes, talvez quando mais longe estávamos, o Senhor quis voltar a entrar profundamente na nossa vida e manifestou-nos esses planos grandes e maravilhosos que tem sobre cada homem, sobre cada mulher. "Deus seja louvado!, dizias de ti para ti depois de terminares a tua Confissão sacramental. E pensavas: é como se tivesse voltado a nascer.

"Depois, prosseguiste com serenidade: «*Domine, quid me vis facere?*» — Senhor, que queres que eu faça?

"— E tu mesmo te deste a resposta: — Com a tua graça, por cima de tudo e de todos, cumprirei a tua Santíssima Vontade: «*Serviam!*» — eu te servirei sem condições!"[8] Repetimo-lo agora uma vez mais. Já o dissemos tantas vezes, em tons tão diversos! *Serviam!* Com a tua ajuda, eu te servirei sempre, Senhor.

II. *VIVO NA FÉ do Filho de Deus, que me amou e se entregou por mim*[9].

Sempre recordaremos esses instantes em que Jesus, talvez inesperadamente, nos deteve no nosso caminho para dizer-nos que desejava entrar no nosso coração. São Paulo nunca esqueceu esse momento único em que se encontrou pessoalmente com Cristo ressuscitado: *no caminho de Damasco...*, indica várias vezes, como se dissesse: ali começou tudo. Noutros momentos, menciona que esse foi o instante decisivo da sua existência. *Por último, depois de todos, foi também visto por mim, como por um aborto*[10].

A vida de São Paulo é um apelo à esperança, pois "quem dirá, sob o peso das suas faltas: «Eu não posso vencer-me», quando [...] o perseguidor dos cristãos se transformou em propagador da doutrina deles?"[11] Essa mesma eficácia continua a operar hoje nos corações. Mas a vontade do Senhor de curar-nos e converter-nos em apóstolos no lugar onde trabalhamos e onde vivemos precisa da nossa correspondência; a graça de Deus é suficiente, mas é necessária a colaboração do homem, como no caso de São Paulo, porque o Senhor quer contar com a nossa liberdade. Comentando as palavras do Apóstolo — *não eu, mas a graça de Deus em mim* —, Santo Agostinho sublinha: "Quer dizer, não eu sozinho, mas a graça de Deus comigo; e, por isso, nem a graça de Deus sozinha, nem ele só, mas a graça de Deus com ele"[12].

Contar sempre com a graça levar-nos-á a nunca desanimar, apesar de experimentarmos constantemente a inclinação para o pecado, os defeitos que não acabam de desaparecer, as fraquezas e mesmo as quedas. O Senhor chama-nos continuamente a uma nova conversão e temos que pedir com perseverança *a graça de estar sempre começando*, atitude que nos leva a percorrer com paz e alegria o caminho que conduz a Deus e que mantém em todos os momentos a juventude do coração.

Mas é necessário que correspondamos nesses momentos bem precisos em que, como São Paulo, diremos a Jesus: *Senhor, que queres que eu faça?*, em que coisas devo lutar mais?, que coisas devo mudar? É necessário — escreve Santa Teresa — "encontrar forças de novo para servir, e procurar não ser ingratos, pois é com essa condição que o Senhor as dá. Se não usarmos bem dos seus tesouros e do alto estado em que nos põe, Ele no-los tornará a tomar e ficaremos muito mais pobres; e Sua Majestade dará as joias a quem as preze e tire proveito delas para si e para outros"[13].

Senhor, que queres que eu faça? Se pronunciarmos estas palavras com o coração — como uma jaculatória — muitas vezes ao dia, Jesus nos dará luzes e nos manifestará esses pontos em que o nosso amor se detêve ou não avança como Deus deseja.

III. *SEI EM QUEM ACREDITEI...* Estas palavras explicam toda a vida posterior de São Paulo. Conheceu o Senhor, e desde esse momento todas as outras coisas são como uma sombra, em comparação com essa inefável realidade. Nada tem já algum valor se não é em Cristo e por Cristo. "A única coisa que temia era ofender a Deus; o resto não o preocupava. Por isso mesmo, a única coisa que desejava era ser fiel ao seu Senhor e dá-lo a conhecer a todos os povos"[14]. É o que nós desejamos, a única coisa que queremos.

Paulo converte-se a Deus de todo o coração, e o mesmo ímpeto com que antes perseguia os cristãos, põe-no agora, aumentado e fortalecido pela graça, a serviço do grandioso ideal que acaba de descobrir. Tomará como própria a mensagem que os outros apóstolos receberam e que o Evangelho da Missa nos transmite: *Ide pelo mundo inteiro e pregai o Evangelho a todas as criaturas*[15]. Paulo aceitou esse compromisso e fez dele a razão da sua vida. "A sua conversão consistiu precisamente nisto: em ter aceitado que Cristo, a quem encontrou no caminho de Damasco, entrasse na sua existência e a orientasse para um único fim: o anúncio do Evangelho. *Eu sou devedor tanto aos gregos como aos bárbaros, tanto aos sábios como aos ignorantes... Pois não me envergonho do Evangelho, que é virtude de Deus para a salvação de todo aquele que crê* (Rm 1, 13-16)"[16].

Sei em quem acreditei... Por Cristo, Paulo enfrentará riscos e perigos sem conta, sobrepor-se-á continuamente à fadiga, ao cansaço, aos aparentes fracassos da sua missão, aos temores, desde que possa conquistar almas para Deus.

Cinco vezes recebi dos judeus quarenta açoites menos um; três vezes fui açoitado com varas; uma vez fui apedrejado; três vezes naufraguei; um dia e uma noite passei perdido no alto mar. Nas minhas frequentes viagens, sofri perigos de rios, perigos de ladrões, perigos dos da minha raça, perigos dos gentios, perigos na cidade, perigos no deserto, perigos no mar, perigos entre falsos irmãos; em trabalhos e fadigas, em vigílias prolongadas, em fome e em sede, em frequentes jejuns, no frio e na nudez. E além dessas coisas, que são exteriores, tenho os meus cuidados de cada dia: a preocupação por todas as igrejas. Quem desfalece que eu não desfaleça? Quem é escandalizado que eu não me abrase?[17]

Paulo centrou a sua vida no Senhor. Por isso, apesar de tudo o que padeceu por Cristo, poderá dizer no fim da sua vida, quando se encontrar quase sozinho e um pouco abandonado: *Estou inundado de alegria em todas as minhas tribulações...* A felicidade de Paulo, como a nossa, não consistiu na ausência de dificuldades, mas em ter encontrado Jesus e em tê-lo servido com todo o coração e com todas as forças.

Terminamos esta meditação com uma oração da liturgia da Missa: *Ó Deus, que instruístes o mundo inteiro pela pregação do Apóstolo São Paulo, dai-nos, ao celebrarmos hoje a sua conversão, que caminhemos para Vós seguindo os seus exemplos, e sejamos no mundo testemunhas do Evangelho*[18]. Pedimos a nossa Mãe Santa Maria que nos ajude a não fugir a essas graças bem concretas que o Senhor nos concede para que, ao longo da vida, voltemos a começar uma vez e outra.

---

(1) 2 Tm 1, 12; 4, 8; *Antífona de entrada* da Missa do dia 25 de janeiro; (2) cf. At 7, 60; (3) cf. Santo Agostinho, *Sermão 315*; (4) At 9, 2; (5) At 8, 4; (6) At 9, 3-5; (7) At 22, 10; (8) Josemaria Escrivá, *Forja*, n. 238; (9) Gl 2, 20; *Antífona da comunhão, ib.*; (10) 1 Cor 15, 8-10; (11) São Bernardo, *Primeiro sermão sobre a conversão de São Paulo*, 1; (12) Santo Agostinho, *Sobre a graça e o livre arbítrio*, 5, 12; (13) Santa Teresa, *Vida*, 10; (14) Liturgia das Horas, *Segunda leitura*; São João Crisóstomo, *Segunda homilia sobre os louvores de São Paulo*; (15) Mc 16, 15; (16) João Paulo II, *Homilia*, 25-I-1987; (17) 2 Cor 11, 24-29;

(18) *Oração coleta, ib.*

26 DE JANEIRO

13. SANTOS TIMÓTEO E TITO
Bispos
Memória

—— Conservar a boa doutrina.
—— Conhecer com profundidade as verdades da fé.
—— Difundir a Boa-nova guardada pela Igreja.

Discípulos e colaboradores de São Paulo, Timóteo e Tito foram bispos de Éfeso e Creta respectivamente. São os destinatários das Epístolas do Apóstolo chamadas pastorais.

Timóteo nasceu em Listra, na Ásia Menor, de mãe judia e pai gentio, e converteu-se na primeira viagem de São Paulo àquela cidade. Destacou-se pela fidelidade com que seguia o Apóstolo; devia ser muito jovem quando São Paulo pediu aos cristãos de Corinto que o tratassem com respeito, e ainda não tinha muitos anos quando foi nomeado bispo de Éfeso. A tradição diz que morreu mártir nesta cidade.

Tito foi um dos discípulos mais apreciados por São Paulo. Filho de pais pagãos, foi convertido pelo próprio Apóstolo. Assistiu com ele e com Barnabé ao Concílio de Jerusalém. Nas Epístolas de São Paulo, aparece como um homem cheio de coragem e firmeza contra os falsos mestres e as doutrinas errôneas que já começavam a aparecer. Morreu, quase centenário, por volta do ano 105.

I. TITO E TIMÓTEO foram discípulos e colaboradores de São Paulo. Timóteo acompanhou o Apóstolo — *como um filho ao seu pai*[1] — em muitas tarefas missionárias. São Paulo sempre nutriu um especial afeto por ele. Na sua última viagem pela Ásia Menor, encarregou-o do governo da Igreja de Éfeso, ao mesmo tempo que confiava a de Creta a Tito.

Da prisão de Roma, escreveu a ambos encarecendo-lhes o cuidado do rebanho que lhes fora confiado e a responsabilidade de manterem a doutrina recebida e estimularem a vida cristã dos fiéis, ameaçada pelo ambiente pagão que os rodeava e pelas doutrinas heréticas de alguns falsos mestres. Acima de tudo, deviam conservar intacto o depósito da fé[2] e dedicar-se com esmero ao ensino da doutrina[3], conscientes de que a Igreja é coluna e fundamento da verdade[4]; por isso, deviam rejeitar com firmeza os erros e refutar os que os propagavam[5].

Desde os seus começos, a Igreja procurou que a formação doutrinal dos seus filhos se concentrasse nos conteúdos fundamentais, expostos com clareza, evitando perdas de tempo e possíveis confusões que poderiam resultar do ensino de teorias pouco provadas ou marginais em relação à fé. *Ao partir para a Macedônia* — escreve o Apóstolo a Timóteo —, *roguei-te que ficasses em Éfeso para que advertisses a alguns que não ensinassem doutrinas diferentes, nem se ocupassem com mitos e genealogias intermináveis, coisas que servem mais para gerar disputas do que para edificar o plano salvífico de Deus na fé*[6]. O Papa João Paulo II, comentando esta passagem da Escritura, indica a todos aqueles que se dedicam a tarefas de formação que "se abstenham de turbar o espírito das crianças e dos jovens nesta etapa da sua catequese, com teorias estranhas, problemas inúteis ou discussões estéreis..."[7]

Os que se apresentam como mestres e não ensinam as verdades da fé, mas as suas teorias pessoais, os que semeiam dúvidas ou confusão, constituem um grande perigo para os fiéis. Às vezes, com a intenção de adaptar e tornar mais compreensíveis os conteúdos da fé ao "mundo moderno", não só modificam o modo de explicá-la mas a sua própria essência, de tal maneira que já não ensinam a verdade revelada.

Hoje, existe também uma abundante sementeira de joio no meio do trigo: o joio da má doutrina. O rádio, a televisão, a literatura, as conferências..., são meios poderosos de difusão e de comunicação social, tanto para o bem como para o mal: junto com boas mensagens, difundem erros que afetam de modo mais ou menos direto a doutrina católica sobre a fé e os costumes. Não podemos considerar-nos imunes ao contágio desta enorme epidemia que nos cerca. Os mestres do erro aumentaram em relação àquela primeira época em que São Paulo escrevia. E as suas advertências, apesar do tempo transcorrido, são plenamente atuais. Paulo VI falava de "um terremoto brutal e universal"[8]: *terremoto*, porque subverte; *universal*, porque o encontramos por toda a parte[9].

Conscientes de que a fé é um imenso tesouro, temos de empregar os meios necessários para conservá-la em nós e nos outros, e para ensiná-la de maneira particularmente responsável àqueles que de um modo ou de outro temos a nosso cargo. A humildade de saber que também podemos sofrer o contágio há de levar-nos a ser prudentes, a não comprar ou ler um livro da moda só porque está na moda, a pedir informações e conselho sobre espetáculos, programas de televisão etc. A fé vale mais do que qualquer coisa.

II. *GUARDA O BOM DEPÓSITO pela virtude do Espírito Santo que habita em nós*[10].

No Direito romano, *depósito* eram os bens que se entregavam a uma pessoa com a obrigação de guardá-los e devolvê-los íntegros quando aquele que os tinha entregue os pedisse de volta[11]. São Paulo aplica o mesmo termo ao conteúdo da Revelação, e assim passou à tradição católica.

Este conjunto de verdades que é entregue a cada geração, que por sua vez o transmite à seguinte, não é fruto — como já meditamos muitas vezes — do engenho e da reflexão humana, mas procede de Deus. Por isso, aos que não lhe são fiéis, poder-se-iam dirigir as palavras que o profeta Jeremias põe nos lábios de Javé: *Dois pecados cometeu o meu povo: abandonou-me a Mim, fonte de águas vivas, e cavou para si cisternas, cisternas rotas que não podem reter as águas*[12].

Os que põem de parte o Magistério da Igreja só podem ensinar doutrinas dos homens, que, além de vãs e vazias, são também nocivas — às vezes demolidoras — para a fé e a salvação. O verdadeiro evangelizador é aquele que, "mesmo à custa de renúncias e sacrifícios, sempre procura a verdade que deve transmitir aos outros. Não vende nem dissimula a verdade pelo desejo de agradar aos homens, de causar assombro, nem por originalidade ou pelo desejo de brilhar"[13].

Dentre as verdades que compõem o depósito da fé, a Igreja estabeleceu com todo o cuidado as definições dogmáticas. Muitas delas foram formuladas e definidas por causa dos ataques dos inimigos da fé, em épocas agitadas e obscuras, ou para aumentar a fé dos fiéis. Numa palestra para os universitários católicos de Oxford, Ronald Knox explicava que estas verdades são para nós, que percorremos o caminho da vida, o que são para os navegantes as boias colocadas na desembocadura de um rio. Apontam os limites dentro dos quais se pode navegar com segurança e sem medo; fora deles, há sempre o perigo de tropeçar com algum banco de areia e encalhar. Enquanto se permanece dentro do caminho marcado, tão cuidadosamente balizado, nas matérias que se referem à fé e à moral, pode-se avançar tranquilamente e a boa velocidade. Sair dele equivale a naufragar. Quando deparamos com estas verdades, o nosso pensamento, longe de sentir-se reprimido, discorre em segurança, porque a verdade se tornou mais nítida[14].

Desde tempos muito remotos, a Igreja procurou maternalmente resumir as verdades de fé em pequenos *Catecismos*, que, de uma maneira clara e sem ambiguidades, tornam acessível o tesouro da Revelação divina. A catequese, obra de misericórdia cada vez mais necessária, é uma das principais tarefas da Igreja, e dela devemos todos participar, na medida das nossas possibilidades. Pode ser-nos muito útil, quando ficaram para trás os anos da infância e talvez da adolescência, repassar as verdades contidas e explicitadas de modo simples no Catecismo.

Mas não basta recordar essas ideias fundamentais que um dia aprendemos: "Pouco a pouco — frisa João Paulo II —, vai-se crescendo em anos e cultura, e assomam à consciência problemas novos e exigências novas de clareza e de certeza.

É necessário, pois, procurar responsavelmente as motivações da nossa fé cristã. Se não se chega a ser pessoalmente consciente e não se tem uma compreensão adequada do que se deve crer e dos motivos da fé, tudo pode afundar-se fatalmente em qualquer momento..."[15] Sem fidelidade à doutrina, não se pode ser fiel ao Mestre, e, na medida em que se penetra mais e mais no conhecimento de Deus, torna-se mais fácil cultivar a piedade e o trato com Cristo.

III. *ATTENDE TIBI et doctrinae... Cuida de ti mesmo e da doutrina* — aconselha São Paulo a Timóteo —, *persevera nessa disposição. Se o fizeres, salvar-te-ás a ti mesmo e aos que te escutam*[16].

Devemos aproveitar com empenho os meios de formação que temos ao nosso alcance: estudo de obras de teologia para leigos, que nos são recomendadas por aqueles que as conhecem e nos conhecem bem, cursos de religião ministrados por pessoas merecedoras de confiança, e, no dia a dia, a leitura espiritual... Trata-se de adquirirmos uma boa formação doutrinal de acordo com as nossas circunstâncias particulares, para podermos conhecer melhor a Deus, para evitarmos o contágio de tantas falsas doutrinas que nos atingem diariamente, por um meio ou por outro, e para darmos a conhecer aos outros a doutrina salvadora.

A doutrina dá luz para a vida e, por sua vez, a vida cristã prepara o coração para penetrar no conhecimento de Deus. O Senhor pede-nos constantemente uma adesão da inteligência a todas as verdades que, no seu amor eterno, nos revelou. Não se trata de um conhecimento teórico: deve espraiar-se pela totalidade da existência, para que possamos atuar, até nas coisas mais pequenas, em conformidade com a vontade de Deus. Temos que viver de acordo com a fé que professamos: sabendo-nos filhos de Deus em todas as situações, contando com um Anjo da Guarda que o Senhor quis que nos amparasse, apoiando-nos sempre na ajuda sobrenatural que todos os outros cristãos nos prestam... Com esta vida de fé, quase sem o percebermos, daremos a conhecer a muitos outros o espírito de Cristo.

(1) Fl 2, 22; (2) 1 Tm 6, 20; (3) 1 Tm 6, 16; (4) 1 Tm 3, 15; (5) 1 Tm 1, 13; (6) 1 Tm 1, 3-4; (7) João Paulo II, *Catechesi tradendae*, 16-X-1979, 61; (8) cf. Paulo VI, Exort. apost. *Petrum et Paulum*, 22-II-1967; (9) cf. P. Rodríguez, *Fe y vida de fe*, EUNSA, Pamplona, 1974, p. 151; (10) 2 Tm 1, 14; (11) cf. Sagrada Bíblia, *Epístola a los Tessalonicenses*, vol. IX, nota a 1 Tm 6, 20; (12) Jr 2, 13; (13) Paulo VI, Exort. apost. *Evangelii nuntiandi*, 8-XII-1975, 78; (14) cf. R. A. Knox, *A torrente oculta*, Éfeso, Lisboa, 1954, p. 142; (15) João Paulo II, *Alocução*, 24-III-1979; (16) 1 Tm 4, 16.

28 DE JANEIRO

14. SÃO TOMÁS DE AQUINO
Doutor da Igreja
Memória

— O caminho para chegar a Deus: piedade e doutrina.
— Autoridade de São Tomás. Necessidade de formação.
— A doutrina, alimento da piedade.

Nasceu por volta de 1225 no castelo de Roccaseca, perto de Montecassino, na Itália. Estudou primeiro na abadia beneditina desse lugar e depois em Nápoles; aos vinte anos, entrou na Ordem dos Pregadores, apesar da forte oposição familiar. Foi mestre de Filosofia e Teologia em Roma, Nápoles, Viterbo e, principalmente, em Colônia e Paris. Partindo da filosofia de Aristóteles, da teologia de Santo Agostinho e da Sagrada Escritura, elaborou uma síntese teológica abrangente. A sua grande piedade transparece de modo especial nos seus sermões e no Ofício que compôs para a festa do Corpus Christi. *Desde a sua morte, o Magistério da Igreja adotou a sua doutrina "por estar mais conforme que nenhuma outra com as verdades reveladas, os ensinamentos dos Santos Padres e a reta razão" (João XXIII). A sua autoridade doutrinal é reconhecida universalmente.*

Morreu perto de Terracina no dia 7 de março de 1274, quando se dirigia para o Concílio de Lyon. A sua festa celebra-se no dia em que o seu corpo foi trasladado para Toulouse, no ano de 1639. Foi canonizado e declarado Doutor da Igreja em 1323.

I. *NO MEIO DA IGREJA, o Senhor colocou a palavra nos seus lábios; deu-lhe o espírito de sabedoria e inteligência, revestiu-o de glória*[1].

Quando São Tomás tinha ainda poucos anos de idade, costumava perguntar reiteradamente ao seu mestre de Montecassino: "Quem é Deus?", "explicai-me o que é Deus". E rapidamente compreendeu que, para conhecer o Senhor, não bastam os mestres e os livros. É necessário, além disso, que a alma o procure de verdade e se entregue a Ele com um coração puro, humilde, e mediante uma intensa oração. Em São Tomás juntaram-se em íntima união a doutrina e a piedade. Nunca começou a escrever ou a ensinar sem antes se ter confiado à ação do Espírito Santo. No período em que se concentrou em estudar e expor o sacramento da Eucaristia, costumava descer à capela e permanecer várias horas diante do Sacrário.

Dotado de um talento prodigioso, São Tomás levou a cabo a síntese teológica mais admirável de todos os tempos. A sua vida, relativamente curta (faleceu aos 49 anos de idade), foi uma busca profunda e apaixonada do conhecimento de Deus, do homem e do mundo à luz da Revelação divina. O saber antigo dos autores pagãos e dos Santos Padres proporcionou-lhe elementos para levar a cabo uma síntese harmoniosa da razão e da fé que foi proposta muitas vezes pelo Magistério da Igreja como modelo de fidelidade à Igreja e às exigências de um são raciocínio.

São Tomás é exemplo de humildade e de pureza de intenção no trabalho. Um dia, estando em oração, ouviu a voz de Jesus crucificado que lhe dizia: "Escreveste bem sobre mim, Tomás; que recompensa queres pelo teu trabalho?" E ele respondeu: "Senhor, nada senão Vós mesmo"[2]. Era mais uma manifestação da sua sabedoria e santidade, que nos mostra o que devemos pedir e desejar, por cima de todas as coisas.

Com o seu extraordinário talento e sabedoria, sempre teve consciência da pequenez da sua obra ante a imensidade do seu Deus. Um dia em que tinha celebrado a Santa Missa com particular recolhimento, decidiu não voltar a escrever. E quando os seus colaboradores lhe perguntaram por que resolvera suspender o seu trabalho, o Santo respondeu: "Depois do que Deus se dignou revelar-me no dia de São Nicolau, parece-me palha tudo o que escrevi na minha vida, e por isso não posso escrever mais"[3]. E deixou inacabada a sua obra magna, a *Suma Teológica*. Deus é sempre *mais* do que aquilo que pode pensar a inteligência humana mais poderosa ou do que pode desejar o coração humano mais sedento.

O Doutor Angélico ensina-nos como devemos procurar a Deus: com a inteligência, desenvolvida mediante uma profunda formação, e com uma vida de amor e de oração[4].

II. O MAGISTÉRIO DA IGREJA recomendou vivamente a doutrina de São Tomás como guia dos estudos e da pesquisa teológica. A Igreja fez sua essa doutrina, por ser a mais conforme com as verdades reveladas, com o ensinamento dos Santos Padres e a razão natural[5]. E o Concílio Vaticano II recomenda que se aprofunde nos mistérios da fé e se descubra a sua mútua conexão "sob o magistério de São Tomás"[6]. Os princípios de São Tomás são faróis que projetam luz sobre os problemas mais importantes da filosofia e permitem entender melhor a fé no nosso tempo[7].

A festa de São Tomás recorda-nos, pois, a necessidade de uma sólida formação doutrinal religiosa, alicerce indispensável da nossa fé e de uma vida plenamente cristã. Só assim, meditando e estudando os pontos capitais da doutrina católica, é que estaremos ao abrigo dos estados de ânimo e do sentimento, que pode ser frágil e mutável; só assim poderemos enriquecer a nossa vida cristã e enfrentar melhor essa onda de ignorância religiosa que varre o mundo em todos os níveis.

Num tempo como o nosso, em que proliferam os erros doutrinais, o sincretismo, as religiosidades vagas, servidos por meios de comunicação igualmente desorientados e à busca do exótico, é necessário dizer com fé ardente e reparadora: "Creio em tudo o que Deus revelou". Mas esta fé implica o compromisso de não desleixar o estudo para alcançarmos uma melhor e mais profunda compreensão dos mistérios divinos. Caso contrário, não daríamos importância àquilo que Deus, no seu infinito amor, quis revelar-nos para que pudéssemos crescer na fé, na esperança e na caridade.

Vale a pena repetir uma citação de um autor dos nossos dias, que fazíamos noutro destes volumes de meditações: "Não sei quantas vezes me disseram — escreve esse autor — que um ancião irlandês que só saiba rezar o terço pode ser mais santo do que eu, com todos os meus estudos. É muito possível que seja assim; e para o seu próprio bem, espero que seja assim. No entanto, se o único motivo para fazer tal afirmação é o de que sabe menos teologia do que eu, esse motivo não me convence; nem a mim nem a ele. Não o convence, porque todos os anciãos irlandeses devotos do terço e do Santíssimo Sacramento que conheci (e muitos dos meus antepassados o foram) estavam desejosos de conhecer mais a fundo a sua fé. Não me convence porque, se é evidente que um homem ignorante pode ser virtuoso, é igualmente evidente que a ignorância não é uma virtude. Houve mártires que não foram capazes de enunciar corretamente a doutrina da Igreja, e o martírio é a maior prova do amor. No entanto, se tivessem conhecido mais a Deus, o seu amor teria sido maior"[8].

Santa Teresa de Jesus dizia que "a quem mais conhece a Deus, a esse se lhe tornam mais fáceis as obras"[9]. Sim, um homem ou uma mulher com fome de conhecer a fundo a sua fé interpreta com uma visão mais penetrante os acontecimentos, santifica melhor os seus afazeres — as suas obras — e encontra sentido para a dor que, mais cedo ou mais tarde, atinge todas as vidas.

III. A FORMAÇÃO DOUTRINAL leva-nos a uma piedade profunda, manifestada quase sempre de modo simples. No manuscrito da *Suma contra os Gentios* de São Tomás, encontram-se, por exemplo, trechos da *Ave-Maria* espalhados pelas margens, como jaculatórias que ajudavam o Santo a manter o coração inflamado. E quando queria experimentar a caneta, fazia-o escrevendo essas ou outras jaculatórias[10].

Todos os escritos e ensinamentos orais do Doutor Angélico levam a amar mais a Deus, com maior profundidade e maior ternura. É dele esta sentença: da mesma maneira que quem possuísse um livro em que estivesse contida toda a ciência só procuraria conhecer esse livro, assim cada um de nós só deve procurar Cristo, porque nEle, como diz São Paulo, estão escondidos todos os tesouros da sabedoria e da ciência[11]. Toda a doutrina que aprendemos deve levar-nos a amar Jesus, a desejar servi-lo com maior prontidão e alegria.

"Piedade de crianças e doutrina de teólogos", costumava insistir São Josemaria Escrivá, porque a fé firme, apoiada em sólidos princípios doutrinais, manifesta-se frequentemente numa vida cheia de simplicidade, em que nos sentimos pequenos diante de Deus e nos atrevemos a manifestar-lhe o nosso amor através de coisas muito pequenas; detalhes que Ele abençoa e acolhe com um sorriso, como faz um pai com seu filho. O amor — ensinou São Tomás — leva ao conhecimento da verdade[12], e, por sua vez, todo o conhecimento tem a caridade por fim[13]. O conhecimento de Deus deve levar-nos a dirigir-lhe frequentes atos de amor, sem fórmulas fixas, a conversar com Ele espontaneamente, sem medo. Enquanto a mente se fixa no pequeno dever de cada momento, o coração está em Deus, recebendo o suave impulso da graça que a faz tender para o Pai, no Filho e pelo Espírito Santo.

Uma formação doutrinal mais profunda leva a procurar o trato íntimo com a Santíssima Humanidade do Senhor, com a Virgem, Mãe de Deus e Mãe nossa, com São José, "nosso Pai e Senhor", com os Anjos da Guarda, com as benditas almas do Purgatório... As verdades da fé, que, para muitos, são meros enunciados, passam a partir daí a ganhar vida, tornam-se fonte de pensamentos eficazes, de afetos que movem o coração à confiança em Deus, à pureza do corpo e da alma, ao atrevimento incansável na ação apostólica.

---

(1) Eclo 15, 5; *Antífona de entrada* da Missa do dia 28 de janeiro; (2) cf. *Fontes vitae Sancti Thomae*, 108; (3) Bartolomeu de Cápua, no *Processo napolitano de canonização*, n. 79; *Fontes vitae Sancti Thomae*, 3777; (4) cf. João Paulo II, *Discurso na Pontifícia Universidade de São Tomás de Aquino*, 17-XI-1979; (5) cf. João XXIII, *Alocução*, 28-IX-1960; (6)

98 SÃO TOMÁS DE AQUINO

Conc. Vat. II, Decr. *Optatam totius*, 16; (7) cf. Paulo VI, Carta apost. *Lumen Ecclesiae*, 20-XI-1974, 29; (8) F. J. Sheed, *Teología para todos*, 4ª ed., Palabra, Madri, 1982, pp. 15-16; (9) Santa Teresa, *Fundações*, 3, 5; (10) cf. São Tomás, *Suma contra gentiles*, Leonina, Prefácio; (11) cf. id., *Comentário sobre a Epístola aos Tessalonicenses*, 2, 3, 1; (12) cf. id., *Comentário ao Evangelho de São João*, 5, 6; (13) cf. *ib.*, 15, 2.

31 DE JANEIRO

15. SÃO JOÃO BOSCO
Presbítero
Memória

—— Juventude de espírito e sã rebeldia.
—— A velhice interior, fruto da rotina, do egoísmo e do pecado.
—— Confiança em Deus.

Nasceu em Becchi, na Itália, em 1815. De família pobre, ficou órfão de pai aos dois anos de idade, mas a sua mãe o educou de forma exemplar. Aos 26 anos, ordenou-se sacerdote depois de enfrentar muitas dificuldades. Dedicou-se de forma particular ao cuidado dos jovens abandonados ou que viviam longe das famílias, e em 1864 fundou uma congregação religiosa que pôs sob a proteção de São Francisco de Sales, dando-lhe o nome de Salesianos. Quando faleceu, em 31 de janeiro de 1888, a instituição contava com 64 casas de religiosos em diversas nações e mais de mil sacerdotes.

I. NA ORAÇÃO DA MISSA, a Igreja ressalta que Jesus suscitou São João Bosco como "educador e pai dos adolescentes"[1]. Foi enorme o seu trabalho em favor dos jovens durante a sua vida, e continua a sê-lo ainda hoje naquelas obras que foram impulsionadas pelo seu espírito.

Mas se Dom Bosco — tal como é universalmente conhecido — se empenhou tanto na formação humana e espiritual dos jovens, começando pela cidade de Turim, é porque ele próprio tinha a alma jovem. Dessa juventude de alma decorreu toda a sua tarefa de apóstolo e a sua pregação.

Este pode ser o apelo que a Missa de hoje nos dirige, pois todos nós, independentemente da idade, devemos ter sempre *alma jovem*. Convém, portanto, que examinemos se possuímos aqueles traços positivos que caracterizam a juventude em todas as épocas. Pode-se dizer que a juventude é sobretudo "um *crescimento*, que traz consigo a *integração gradual de tudo aquilo que é verdadeiro, que é bom, que é belo*"[2].

A juventude — tanto a física como a do espírito — pressupõe uma abertura para o crescimento, para o crescimento nos grandes valores transcendentais do ser humano. É saber aderir com firmeza ao que é *verdadeiro*, ainda que isso implique um sacrifício pessoal ou a ruptura com esquemas mentais deteriorados. É ter ânsia daquilo que é *bom*. É amar sinceramente o que é *belo*, na natureza, no homem e sobretudo em Deus.

Característica marcante da juventude é a *rebeldia*. Sempre o foi e sempre o será. Essa atitude pode ser entendida de forma positiva e correta, ou de forma deturpada e negativa.

Têm um falso conceito da rebeldia que deve caracterizar a juventude aqueles que veem nela um mero impulso para a destruição de tudo o que foi construído anteriormente, para o menosprezo de todo o tipo de experiências passadas. Ou os que a identificam com a recusa de todo o tipo de autoridade, pelo simples fato de se tratar de uma autoridade. Ou os que querem chegar até à insubordinação contra a autoridade de Deus e as suas leis, colocando em seu lugar o homem e as obras das suas mãos...

Mas há uma rebeldia que é boa e aconselhável, como se vê nestas expressivas palavras que têm por destinatários os jovens: "Rebelai-vos contra os que pretendem inculcar-vos uma visão materialista da vida. Rebelai-vos contra os que tentam apagar, com mentiras que narcotizam o espírito, as vossas ânsias de verdade e de bem. Rebelai-vos contra os torpes mercadores do sexo e da droga, que tratam de enriquecer-se à vossa custa. Rebelai-vos contra os que querem aproveitar-se da vossa juventude e da vossa carga de ideal para perpetuar sistemas opressivos da dignidade humana. Rebelai-vos contra os que tentam arrancar Deus das vossas mentes e das vossas vidas, das vossas famílias, do estudo ou do trabalho.

"E que significa esta rebelião a que vos convido? Significa negar obediência a essa sementeira de males e injustiças. Significa não se ausentar de tomar posição clara, não ficar numa ambígua neutralidade perante as imposições que mortificam a dignidade do homem. Significa — e esta é a rebelião dos filhos de Deus — não ter medo de dar testemunho da Cruz de Cristo perante um mundo enraizado no egoísmo"[3]. É a sã rebeldia dos filhos de Deus.

II. TRAÇO MARCANTE DA JUVENTUDE e de toda a alma jovem é a busca sempre crescente da perfeição, do ideal. "Por isso é jovem de verdade quem mantém vivos no seu espírito esses impulsos, ainda que o corpo se desgaste pela passagem do tempo; e, pelo contrário, é velho — ainda que tenha poucos anos — quem se deixa subjugar pela rotina, pelo egoísmo, pela velhice do pecado"[4].

Se a juventude é crescimento, a velhice interior é estagnação e deterioração. E este estado de coisas ocorre quando se permite que tomem conta da vida essas três doenças da alma: a rotina, o egoísmo e o pecado.

"A *rotina* não penetra numa alma por fazer as coisas *de* sempre, mas brota do seu interior por realizar as coisas *como* sempre. A rotina é o costume de fazer as coisas por mera prática, sem pensar nelas; é uma repetição de atos praticados sem entusiasmo, com tédio, com monotonia, ao nível do chão, sem altura, sem fervor, sem ideais, sem alegria"[5]. E o perigo acentua-se quando essa rotina chega às coisas de Deus. O cumprimento habitualmente distraído de umas práticas de piedade, a assistência à Missa por mera formalidade, a Comunhão rotineira, são sinais claros de que a alma envelheceu.

O *egoísmo* é sinal de que se perdeu a atitude de abertura tão característica da juventude. É um estigma deixado pelo pecado original em todos os homens e que tende a crescer ao longo da vida. "Inoculado na sua natureza, (o egoísmo) nasce com cada ser humano, cresce ao ritmo da sua infância, acentua-se na adolescência — com os primeiros surtos do sentimento de independência e individualismo — e desenvolve-se à medida que a personalidade vai criando o seu próprio mundo"[6].

A atitude egoísta gera a insinceridade, a hipersensibilidade, a vaidade, a inveja e o egocentrismo em geral. Afasta de Deus e faz com que a alma se feche cada vez mais numa estéril busca de si própria. O mundo interior do egoísta torna-se sombrio e infeliz; não há nele o verdor, a luz e a alegria tão próprias da juventude.

O *pecado* envelhece porque corrompe a alma. O próprio pecado é velho como a história da humanidade e quer continuar fincando as suas garras nos que caminham livres e serenos pelo mundo. Não em vão a Sagrada Escritura fala da *escravidão do pecado*[7]. O que são a sensualidade, o orgulho, a preguiça, a inveja senão diversas formas de escravizar a alma, de fazê-la murchar e por fim morrer?

Repassemos estes três pontos na disposição humilde de combater até os seus menores vestígios na nossa vida diária. Cumpro os meus deveres com espírito sempre jovem, porque através dele manifesto um amor sempre novo por Deus? Que atos de generosidade pratiquei hoje com Deus, com os colegas, na família? Fujo da menor sombra de pecado, mesmo venial? São atitudes que matam os focos de anquilose do espírito e que renovam a juventude da alma.

III. DOM BOSCO QUIS MUDAR o mundo, um mundo que ele percebia não ser cristão como poderia. Para isso procurou empregar todos os meios humanos ao seu alcance, mas sobretudo os sobrenaturais. Por isso sobressai na sua alma jovem, cheia de ideais, uma profunda *confiança em Deus*.

Conta-se que, certa vez, foi intimado a comparecer diante de um ministro que ameaçava fechar todas as obras que o santo empreendera até então. Na sala de espera, numa situação em que qualquer outro estaria inquieto e agitado, Dom Bosco adormeceu tranquilamente, tal era a sua confiança em que tudo sairia bem. E quando o ministro, irritado, foi chamá-lo, encontrou-o assim, dormitando pacificamente...

31 DE JANEIRO

A alma jovem apoia-se com confiança nos braços fortes de Deus que é seu Pai. Sabe-se acompanhada e auxiliada pela Bondade divina. E sabe que a Igreja e o mundo não estão à deriva, mas são guiados a bom porto pela Vontade de Deus.

Narram os Evangelhos que um dia os apóstolos lutavam com dificuldades na barca em que tinham saído para pescar, e estavam *fatigados de remar porque o vento lhes era contrário*[8]. Muito era o esforço, pouco o que progrediam e, sobretudo, corriam o risco de naufragar. Mas Jesus, que estivera entregue à oração no alto de um monte, *vendo-os...*, *veio ter com eles andando sobre o mar*[9], e, subindo à barca, fez com que os ventos cessassem.

Quando o ambiente parece adverso e custa remar contra o vento, quando são difíceis a boa "rebeldia" e o sadio "inconformismo", temos de recordar-nos de que Jesus nunca nos abandona e nos vê do alto, disposto a entrar na nossa barca e a acalmar a tempestade.

Temos que ser muito *realistas*. E isso significa avaliarmos com exatidão as nossas fraquezas, as dificuldades que nos rodeiam, mas sobretudo considerarmos a proximidade de Deus, que acompanha cada um dos nossos passos. É uma atitude de fé que cria em nós uma visão otimista e positiva — jovem —, que contrasta tantas vezes com a visão negativa e derrotista de um mundo envelhecido por ter perdido a esperança em Deus.

Perguntemo-nos se o auxílio divino tem sido uma luz forte que ilumina o equacionamento das coisas da nossa vida, se olhamos para o mundo e enfrentamos as nossas responsabilidades com confiança, porque sabemos que Deus nunca nos abandona, quando caminhamos à luz dos seus preceitos e apoiados na força da oração e dos sacramentos.

Sabemos, além disso, que contamos com o amparo maternal de Maria Santíssima. A confiança de Dom Bosco no seu auxílio foi exemplar. Quando estava empenhado na construção de uma casa para meninos desamparados, a sua mãe fez-lhe notar as dívidas que estava contraindo. O santo serenou-a dizendo: "Maria, minha Mãe do Céu, é riquíssima

104   SÃO JOÃO BOSCO

e muito poderosa e bondosa. Por que não havia de confiar nela plenamente? *Ela pode ajudar-me, quer ajudar-me e vai ajudar-me*"[10]. E assim foi.

(1) *Oração coleta* da Missa de 31 de janeiro; (2) João Paulo II, *Carta aos jovens*, 31-III-1985, 14; (3) A. del Portillo, *Homilia por ocasião do ano internacional da juventude*, 30-III-1985, in *Romana*, vol. I, p. 63; (4) A. del Portillo, *ib.*; (5) J. Urteaga, *Os defeitos dos santos*, Rialp, Madri, 1982, pp. 143-144; (6) R. Cifuentes, *Egoísmo e amor*, Quadrante, São Paulo, 1989, p. 6; (7) cf. Jo 8, 34; (8) Mc 6, 48; (9) *ib.*; (10) M. Meier, *Catequese*, Paulinas, São Paulo, 1985, p. 332.

2 DE FEVEREIRO

16. APRESENTAÇÃO DO SENHOR
Festa

— Maria oferece Jesus ao Pai.
— Iluminar com a luz de Cristo.
— Jesus Cristo, *sinal de contradição*.

Quarenta dias após o nascimento do seu Filho, Nossa Senhora dirigiu-se ao Templo para oferecê-lo ao Senhor e pagar o resgate simbólico estabelecido na Lei de Moisés. Com toda a piedade e amor, Maria ofereceu o Menino a Deus Pai e deu-nos exemplo de como deve ser o oferecimento das nossas obras a Deus.

A Apresentação *do Filho está unida à* Purificação *da Mãe. A Santíssima Virgem quis cumprir o que estava prescrito na Lei, ainda que nunca houvesse entrado naquele Templo criatura alguma tão pura e cheia de graça. Ambos os mistérios estão englobados na liturgia da Missa. Ao longo dos séculos, foi considerado ora festa do Senhor, ora festa mariana. Já era celebrada em Jerusalém em fins do século IV. A partir de então, estendeu-se pelo Oriente e pelo Ocidente, e para a sua celebração fixou-se o dia 2 de fevereiro.*

A procissão com os círios significa a luz de Cristo anunciada por Simeão no Templo — Luz para iluminar as nações — e propagada através da atuação de cada cristão.

I. *E DE REPENTE VIRÁ ao seu Templo o Senhor a quem buscais, o mensageiro da Aliança que desejais: vede-o entrar...*[1]

Quarenta dias após o seu nascimento, Jesus chega ao Templo nos braços de Maria para ser apresentado ao Senhor, como mandava a lei judaica. Só Simeão e Ana, movidos pelo Espírito Santo, reconhecem o Messias naquele Menino. A liturgia recolhe no Salmo responsorial as aclamações que, de modo simbólico, se cantavam muito provavelmente à entrada da Arca da Aliança. Agora atingem a sua mais plena realidade: *Portões, abri os vossos dintéis, levantai-vos portas eternas: eis que vem o Rei da glória!*[2]

Depois da circuncisão, era necessário cumprir duas cerimônias, conforme prescrevia a Lei: o filho primogênito devia ser apresentado ao Senhor e depois resgatado; e a mãe devia purificar-se da impureza legal contraída[3]. Lia-se no Êxodo: *... E o Senhor disse a Moisés: Declara que todo o primogênito me será consagrado. Todo o primogênito dos filhos de Israel, seja homem ou animal, pertence-me sempre.* Esta oferenda recordava a libertação milagrosa do povo de Israel do seu cativeiro do Egito. Todos os primogênitos eram apresentados a Javé, e depois restituídos ao povo.

Nossa Senhora preparou o seu coração, como só Ela o podia fazer, para apresentar o seu Filho a Deus Pai e oferecer-se Ela mesma com Ele. Ao fazê-lo, renovava o seu *faça-se* e punha uma vez mais a sua vida nas mãos de Deus. Jesus foi apresentado ao seu Pai pelas mãos de Maria. Nunca se fez nem se tornaria a fazer uma oblação semelhante naquele Templo.

A festa de hoje convida-nos a entregar ao Senhor, uma vez mais, a nossa vida, pensamentos, obras..., todo o nosso ser. E podemos fazê-lo de muitas maneiras. Hoje, nestes minutos de oração, podemos servir-nos das palavras de Santo Afonso Maria de Ligório, invocando Santa Maria como intercessora: "Minha Rainha, seguindo o vosso exemplo, também eu quereria oferecer hoje a Deus o meu pobre coração [...]. Oferecei-me como coisa vossa ao Pai Eterno, em união com Jesus, e pedi-lhe que, pelos méritos do seu Filho, e em vossa graça, me aceite e me tome por seu"[4]. Por meio de Santa Maria, o Senhor acolherá uma vez mais a entrega que lhe fizermos de tudo o que somos e temos.

2 DE FEVEREIRO

II. MARIA E JOSÉ chegaram ao Templo dispostos a cumprir fielmente o que estava estabelecido na Lei. Apresentaram como resgate simbólico a oferenda dos pobres: duas pombas[5]. E saiu-lhes ao encontro o ancião Simeão, homem justo, *que esperava a consolação de Israel*. O Espírito Santo manifestou-lhe o que estava oculto aos outros. Simeão tomou o Menino em seus braços e, louvando a Deus, disse: *Agora, Senhor, já podes deixar partir o teu servo em paz, segundo a tua palavra; porque os meus olhos viram a tua salvação, que preparaste ante a face de todos os povos, luz para iluminar as nações e glória do teu povo, Israel.* É um cântico de alegria. Toda a sua existência consistira numa ardente espera do Messias.

São Bernardo, num sermão dedicado a esta festa, fala-nos de um costume de antiquíssima tradição, de que temos muitos outros testemunhos[6]: a procissão dos círios. "Hoje — diz-nos o Santo —, a Virgem Maria leva ao templo do Senhor o Senhor do templo. José apresenta a Deus não o seu filho, mas o Filho amado e predileto de Deus; e Ana, a viúva, também o proclama. Estes quatro celebraram a primeira procissão, que depois teria a sua continuação em todos os cantos da terra e por todas as nações"[7].

A liturgia desta festa quer manifestar, com efeito, que a vida do cristão é como uma oferenda ao Senhor, traduzida na procissão dos círios acesos que se consomem pouco a pouco, enquanto iluminam. Cristo é profetizado como a Luz que tira da escuridão o mundo sumido em trevas. A luz, na linguagem corrente, é símbolo de *vida* ("dar à luz", "ver a luz pela primeira vez" são expressões intimamente ligadas ao nascimento), de *verdade* ("caminhar às escuras" é sinônimo de ignorância e de confusão), de *amor* (diz-se que o amor "se acende" quando duas pessoas aprendem a querer-se profundamente...). As trevas, pelo contrário, indicam solidão, desorientação, erro... Cristo é a *Vida* do mundo e dos homens, *Luz* que ilumina, *Verdade* que salva, *Amor* que conduz à plenitude... Levar uma vela acesa — na procissão que hoje se realiza onde é possível, antes da Missa — é sinal de se estar desperto, em vigília, de se participar da luz de Cristo, da vibração apostólica que devemos transmitir aos outros.

Seus pais maravilharam-se do que se dizia dEle. Maria, que guardava no seu coração a mensagem do anjo e dos pastores, escuta novamente admirada a profecia de Simeão sobre a missão universal do seu Filho: a criança que sustenta nos seus braços é a *Luz* enviada por Deus Pai *para iluminar todas as nações:* é *a glória do seu povo.*

É um mistério ligado à oferenda feita no Templo e que nos recorda que a nossa participação na missão de Cristo, que nos foi conferida no batismo, está estritamente ligada à nossa entrega pessoal. A festa de hoje é um convite a darmo-nos sem medida, a "arder diante de Deus, como essa luz que se coloca sobre o candelabro para iluminar os homens que andam em trevas; como essas lamparinas que se queimam junto do altar, e se consomem alumiando até se gastarem"[8]. Meu Deus, dizemos hoje ao Senhor, a minha vida é para Ti; não a quero se não for para gastá-la junto de Ti. Para que outra coisa haveria de querê-la?

O mesmo São Bernardo recorda-nos que "está proibido apresentar-se ao Senhor de mãos vazias"[9]. E como nos vemos somente com coisas pequenas para oferecer (o trabalho do dia, um sorriso no meio da fadiga...), devemos considerar na nossa oração "como a Virgem faz acompanhar esta oferenda de tão alto preço com outra de tão pouco valor como eram aquelas pombas que a Lei mandava oferecer, a fim de que tu aprendas a juntar os teus pobres serviços aos de Cristo e, com o valor e preço dos dEle, sejam recebidos e apreciados os teus [...].

"Junta, pois, as tuas orações às dEle, as tuas lágrimas às dEle, as tuas penitências e vigílias às dEle, e oferece-as ao Senhor, para que o que de per si é de pouco preço, por Ele seja de muito valor.

"Uma gota de água, em si mesma, não é senão água; mas lançada numa grande jarra de vinho, ganha outro ser mais nobre e torna-se vinho; e assim as nossas obras, que por serem nossas são de pouco valor, acrescentadas às de

Cristo adquirem um preço inestimável, em virtude da graça que nEle nos é dada"[10].

III. SIMEÃO ABENÇOOU os pais do Menino *e disse a Maria, sua mãe: Eis que este menino está posto para ruína e ressurreição de muitos em Israel, e para sinal de contradição. E uma espada atravessará a tua alma, a fim de que se descubram os pensamentos escondidos nos corações de muitos*[11].

Jesus traz a salvação a todos os homens; no entanto, para alguns será *sinal de contradição*, porque se obstinam em rejeitá-lo. "Os tempos em que vivemos confirmam com particular veemência a verdade contida nas palavras de Simeão. Jesus é luz que ilumina os homens e, ao mesmo tempo, *sinal de contradição*. E se agora [...] Jesus Cristo se revela novamente aos homens como luz do mundo, porventura não se transformou ao mesmo tempo naquele sinal a que, hoje mais do que nunca, os homens se opõem?"[12] Ele não passa nunca indiferente pelo caminho dos homens, não passa indiferente agora, neste tempo, pela nossa vida. Por isso queremos pedir-lhe que seja a nossa luz e a nossa Esperança.

O Evangelista narra também que Simeão, depois de se referir ao Menino, se dirigiu inesperadamente a Maria, vinculando de certo modo a profecia relativa ao Filho com outra que se relacionava com a mãe: *Uma espada atravessará a tua alma*[13]. "Com estas palavras do ancião, o nosso olhar desloca-se do Filho para a Mãe, de Jesus para Maria. É admirável o mistério deste vínculo pelo qual Ela se uniu a Cristo, àquele Cristo que é *sinal de contradição*"[14].

Estas palavras dirigidas à Virgem anunciavam que Ela estaria intimamente unida à obra redentora do seu Filho. A espada a que Simeão se refere expressa a participação de Maria nos sofrimentos do Filho; é uma dor indescritível, que atravessa a sua alma. O Senhor sofreu na Cruz pelos nossos pecados; e esses mesmos pecados de cada um de nós forjaram a espada de dor da nossa Mãe. Portanto, temos um dever de reparação e desagravo não só em

110　APRESENTAÇÃO DO SENHOR

relação a Jesus, mas também à sua Mãe, que é também Mãe nossa[15].

(1) Ml 3, 1; *Primeira leitura* da Missa do dia 2 de fevereiro; (2) Sl 23, 7; *Salmo responsorial, ib.*; (3) cf. Ex 13, 2; 12-13; Lv 12, 2-8; (4) Santo Afonso Maria de Ligório, *Glórias de Maria Santíssima*, II, 6; (5) cf. Lc 2, 24; (6) cf. *Itinerario de la Virgen Egeria*, BAC, Madri, 1986, p. 271; A. G. Martimort, *La Iglesia en oración*, Herder, Barcelona, 1986, p. 978; (7) São Bernardo, *Sermão na purificação de Santa Maria*, I, 1; (8) Josemaria Escrivá, *Forja*, n. 44; (9) São Bernardo, *Sermão*, II, 2; (10) Frei Luís de Granada, *Vida de Jesus Cristo*, VII; (11) Lc 2, 34-35; (12) K. Wojtyla, *Sinal de contradição*, Ed. Paulinas, São Paulo, 1979, p. 228; (13) Lc 2, 35; (14) K. Wojtyla, *ib.*, p. 232; (15) cf. Sagrada Bíblia, *Santos Evangelhos*, nota a Lc 2, 34-35.

2 DE FEVEREIRO. APRESENTAÇÃO DO SENHOR

17. PURIFICAÇÃO DE NOSSA SENHORA

— Quarto mistério do Santo Rosário.
— A Virgem apresenta-nos Jesus, luz das nações, nossa luz. Necessidade de purificar a vida.
— Oferecer todas as coisas por meio de Nossa Senhora. Recorrer a Ela com tanto maior confiança quanto maiores forem as fraquezas e tentações.

I. A LEI DE MOISÉS, além da oferenda do primogênito, prescrevia a purificação da mãe. Essa lei não obrigava Maria, que é puríssima e que concebeu o seu Filho milagrosamente. Mas a Virgem nunca procurou ao longo da sua vida razões que a eximissem das normas comuns do seu tempo. "Pensas — pergunta São Bernardo — que não podia queixar-se e dizer: Que necessidade tenho eu de purificação? Por que me impedem de entrar no templo se as minhas entranhas, não tendo conhecido varão, se converteram em templo do Espírito Santo? Por que não hei de entrar no templo, se gerei o Senhor do templo? Não há nada de impuro, nada de ilícito, nada que deva submeter-se à purificação nesta concepção e neste parto; este Filho é a fonte da pureza, pois veio purificar os pecados. De que irá purificar-me o rito, se o próprio parto imaculado me fez puríssima?"[1]

No entanto, como em tantas ocasiões, a Mãe de Deus comportou-se como qualquer outra mulher judia da sua época. Quis ser exemplo de obediência e de humildade: uma humildade que a leva a não querer sobressair pelas graças com que Deus a tinha adornado. Com os seus privilégios e dignidade de Mãe de Deus, apresentou-se naquele dia, acompanhada de José, como mais uma entre as mulheres. Guardava no seu coração os tesouros de Deus. Poderia ter feito uso das suas prerrogativas, considerar-se isenta da lei comum, mostrar-se como uma alma singular, privilegiada, eleita para uma missão extraordinária. Mas ensinou-nos a passar inadvertidos entre os nossos companheiros, embora o nosso coração arda em amor de Deus, sem procurar exceções pelo fato de sermos cristãos: somos cidadãos comuns, com os mesmos direitos e deveres que os outros. "Maria Santíssima, Mãe de Deus, passa inadvertida, como mais uma, entre as mulheres do seu povo. — Aprende dEla a viver com naturalidade"[2].

Aprendamos a não buscar o espetáculo, o gesto clamoroso nas nossas atitudes religiosas, levados pela vaidade ou pelo pretexto de fazer o bem. A eficácia não está nos gestos insólitos ou beatos, mas na exemplaridade diária no cumprimento do dever, de *todos* os deveres, que chama a atenção precisamente por não chamá-la: "Naturalidade. — Que a vossa vida de cavalheiros cristãos, de mulheres cristãs — o vosso sal e a vossa luz —, flua espontaneamente, sem esquisitices nem pieguices; levai sempre convosco o nosso espírito de simplicidade"[3].

II. *E DE REPENTE ENTRARÁ no santuário o Senhor a quem buscais... Será como o fogo que derrete os metais, e como a lixívia dos tintureiros; e sentar-se-á como um homem que se senta para fundir e refinar a prata. Assim purificará os filhos de Levi, e os refinará como o ouro e como a prata, e eles oferecerão sacrifícios ao Senhor em justiça[4], lemos na primeira Leitura da Missa.*

"A liturgia de hoje apresenta e atualiza novamente um «mistério» da vida de Cristo: no Templo, centro religioso da nação judaica — onde se sacrificavam animais continuamente, para oferecê-los a Deus —, entra pela primeira vez, humilde e modesto, Aquele que, conforme a profecia de Malaquias, deveria sentar-se para *fundir e purificar* [...]. Faz a sua entrada no templo Aquele que *tinha de parecer-se em tudo aos seus irmãos, a fim de ser diante de Deus um pontífice misericordioso e fiel, para expiar os pecados do povo*"[5], como diz a segunda Leitura[6]. Jesus Cristo vem purificar-nos dos nossos pecados por meio da misericórdia e do perdão.

Hoje é uma festa do Senhor, que é apresentado no Templo e que, apesar de ser uma Criança, é já *luz para iluminar as nações*[7]. Mas "é também a festa dEla: de Maria. Ela carrega o Menino em seus braços e é também luz para as nossas almas, luz que ilumina as trevas do conhecimento e da existência humana, do entendimento e do coração. Quando as suas mãos maternais nos mostram esta grande luz divina, quando a aproximam do homem, descobrem-se os pensamentos de muitos corações"[8].

Nossa Senhora, na festa de hoje, anima-nos a purificar o coração para que a oferenda de todo o nosso ser seja agradável a Deus, para que saibamos descobrir Cristo, nossa *Luz*, em todas as circunstâncias. Ela quis submeter-se ao rito comum da purificação ritual, sem ter necessidade alguma de fazê-lo, para que nós empreendêssemos a limpeza — tão necessária! — da nossa alma.

Desde os começos da Igreja, os Santos Padres falaram com toda a clareza da pureza imaculada de Nossa Senhora, com expressões cheias de beleza, de admiração e de amor. Dizem que Ela é *lírio entre espinhos, virgem, imaculada, sempre bendita, livre de todo o contágio do pecado, árvore imarcescível, fonte sempre pura*, santa e alheia a toda a mancha de pecado, mais formosa que a formosura, mais santa que a santidade, a única santa que — se excetuarmos somente Deus — foi superior a todos os outros. Por natureza mais bela, mais formosa e mais santa que os próprios querubins, mais que todos os exércitos dos anjos...[9]

Contemplamo-la agora, neste tempo de oração, puríssima, isenta de toda a mancha, e olhamos ao mesmo tempo para a nossa vida: fraquezas, omissões, faltas de generosidade, erros, tudo aquilo que deixou um resíduo mau na nossa alma, feridas por curar... "Tu e eu, sim, é que precisamos de purificação! Expiação, e, acima da expiação, o Amor. — Um amor que seja cautério, que abrase a imundície da nossa alma, e fogo que incendeie com chamas divinas a miséria do nosso coração"[10].

"Pede ao Pai, ao Filho e ao Espírito Santo, e à tua Mãe, que te façam conhecer-te e chorar por esse montão de coisas sujas que passaram por ti, deixando — ai! — tanto resíduo...

"E ao mesmo tempo, sem quereres afastar-te dessa consideração, diz-lhe: — Dá-me, Jesus, um Amor qual fogueira de purificação, onde a minha pobre carne, o meu pobre coração, a minha pobre alma, o meu pobre corpo se consumam, limpando-se de todas as misérias terrenas... E, já vazio todo o meu eu, enche-o de Ti: que não me apegue a nada daqui de baixo; que sempre me sustente o Amor"[11].

III. CADA HOMEM, ensina a Sagrada Escritura, é como um *vaso de barro* que contém um tesouro de grande valor[12]. Um vaso desse frágil material pode quebrar-se com facilidade, mas também pode ser recomposto sem muito trabalho. Pela misericórdia divina, tudo o que se quebra tem conserto. O Senhor só nos pede que sejamos humildes, que recorramos à Confissão sacramental e recomecemos com o desejo de purificar as marcas que a má experiência passada nos tenha deixado na alma.

As fraquezas — pequenas ou grandes — são um bom motivo para fomentarmos os desejos de reparação e desagravo. Se não sossegamos enquanto não pedimos perdão e não mostramos de algum modo o nosso arrependimento a uma pessoa querida a quem tenhamos ofendido, como não hão de ser — ardentes, prontos, eficazes — os nossos desejos de reparação se ofendemos o Senhor! Ele nos espera então verdadeiramente ansioso por manifestar-nos o seu amor e a sua misericórdia. "Os filhos, quando estão doentes, têm mais um motivo para serem amados por sua mãe. E também nós, se por acaso estamos feridos pela malícia, por andarmos fora do caminho, temos mais um motivo para sermos amados pelo Senhor"[13].

2 DE FEVEREIRO. APRESENTAÇÃO DO SENHOR

Em todos os momentos da vida, e especialmente quando não nos comportamos como Deus espera, alcançaremos uma profunda paz se pensarmos nos meios sobreabundantes que o Senhor nos deixou para purificarmos e recompormos a vida passada: Ele permaneceu na Sagrada Eucaristia para nos robustecer; deu-nos a Confissão sacramental para recuperarmos a graça — se a perdemos —, e para aumentarmos a resistência contra o mal e a capacidade para o bem; escolheu-nos um Anjo da Guarda para que esteja ao nosso lado e nos proteja em todos os caminhos; contamos com a ajuda dos nossos irmãos na fé, por meio da Comunhão dos Santos; temos o exemplo e a correção fraterna dos bons cristãos que nos rodeiam... De modo especialíssimo, contamos com a ajuda de Santa Maria, Mãe de Deus e Mãe nossa, a quem temos de recorrer com verdadeira urgência quando nos sentimos mais cansados, mais fracos, ou quando se multiplicam as tentações e sobretudo nas quedas, se Deus as permite para nossa humildade.

Recordando a festa de hoje, Santo Afonso Maria de Ligório fala do poder intercessor de Maria servindo-se de uma antiga lenda. Conta-se — diz Santo Afonso — que certa vez Alexandre Magno recebeu uma carta com uma longa lista de acusações contra a sua mãe. Depois de lê-la, o imperador comentou: "Alguém ignora que uma pequena lágrima de minha mãe é suficiente para apagar mil cartas com acusações?" E o Santo põe na boca de Jesus estas palavras: "Não sabes, Lúcifer, que uma simples súplica de minha Mãe, em favor de um pecador, é suficiente para fazer-me esquecer todas as acusações que as faltas desse pecador levantam contra ele?" E conclui: "Deus prometera a Simeão que não morreria sem ver o Messias [...]. Mas ele só recebeu esta graça por intervenção de Maria, porquanto não achou o Salvador senão nos braços de Maria. Vamos, pois, à Mãe de Deus, se queremos achar Jesus"[14].

Hoje pedimos à nossa Mãe que limpe e purifique a nossa alma, e colocamo-nos nas suas mãos para oferecer Jesus ao Pai e para nos oferecermos com Ele: *Pai Santo!, pelo Coração Imaculado de Maria, eu vos ofereço Jesus, vosso Filho*

116

PURIFICAÇÃO DE NOSSA SENHORA

muito amado, e me ofereço nEle e por Ele a todas suas intenções e em nome de todas as criaturas[15].

(1) São Bernardo, *Sermão sobre a purificação de Santa Maria*, III, 2; (2) Josemaria Escrivá, *Caminho*, n. 499; (3) *ib.*, n. 379; (4) Ml 3, 1-4; (5) João Paulo II, *Homilia*, 2-II-1981; (6) Hb 2, 14-18; (7) Lc 2, 32; (8) João Paulo II, *Homilia*, 2-II-1979; (9) cf. Pio XII, Enc. *Fulgens corona*, 8-IX-1953; (10) Josemaria Escrivá, *Santo Rosário*, 2ª ed., Quadrante, São Paulo, 1988, IV mist. gozoso; (11) Josemaria Escrivá, *Forja*, n. 41; (12) cf. 2 Cor 4, 7; (13) João Paulo II, *Ángelus*, 10-IX-1978; (14) Santo Afonso Maria de Ligório, *Glórias de Maria Santíssima*, II, 6; (15) P. M. Sulamitis, *Oração da oferenda ao Amor Misericordioso*, Madri, 1931.

11 DE FEVEREIRO

18. NOSSA SENHORA DE LOURDES
Memória

— As aparições na gruta. Santa Maria, *Salus infirmorum*.
— O sentido da doença e da dor.
— Santificar a dor. Recorrer a Nossa Senhora.

No ano de 1858, a Imaculada Virgem Maria apareceu dezoito vezes a Bernadette Soubirous em Lourdes. A primeira aparição foi no dia 11 de fevereiro. Por meio dessa menina, a Virgem chama os pecadores à conversão e a um maior espírito de oração e caridade, principalmente para com os necessitados. Recomenda a recitação do terço, oração por meio da qual recorremos à nossa Mãe como filhos pequenos e necessitados. Leão XIII aprovou esta festividade e Pio X estendeu-a a toda a Igreja. Bernadette foi canonizada por Pio XI em 1925.

I. QUATRO ANOS DEPOIS de ter sido proclamado o dogma da Imaculada Conceição, a Santíssima Virgem apareceu a uma menina de catorze anos, Bernadette Soubirous, numa gruta perto de Lourdes. A Virgem era de tal beleza que se tornava impossível descrevê-la, conta a Santa[1]. Quando, tempos mais tarde, o escultor da gruta perguntou a Bernadette se a sua obra, que representava a Virgem, se assemelhava à aparição, ela respondeu com grande candura e

118 NOSSA SENHORA DE LOURDES

simplicidade: "Oh, não, senhor, de maneira nenhuma! Não se parece nada!" A Virgem é sempre mais bela.

As aparições sucederam-se durante mais dezessete dias. A menina perguntava à Senhora qual o seu nome, e ela "sorria docemente". Finalmente, Nossa Senhora revelou-lhe que era a Imaculada Conceição.

Ocorreram em Lourdes muitos prodígios nos corpos e muitos mais nas almas. Foram incontáveis as curas, e muitos mais os que regressaram curados das diferentes doenças de que a alma pode sofrer: recuperaram a fé, abriram-se a uma piedade mais profunda e enérgica ou passaram a aceitar amorosamente a vontade divina.

A primeira Leitura da Missa[2] propõe à nossa consideração as palavras com que o profeta Isaías consolava o povo eleito no desterro, animando-o com a esperança do retorno à Cidade Santa, onde encontrariam o consolo que um filho pequeno encontra em sua mãe. *Porque isto é o que diz o Senhor: Eis que eu farei correr a paz sobre ela como um rio, e a opulência das nações como uma torrente que transborda. Sugareis o seu leite, sereis levados ao seu regaço e acariciados no seu colo. Como uma mãe acaricia o seu filhinho, assim Eu vos consolarei...*

Ao meditarmos na festa de hoje, vemos como o Senhor quis colocar nas mãos de Maria todas as verdadeiras riquezas que nós, os homens, devemos implorar, e como nos deixou nEla o consolo de que estamos tão necessitados. As dezoito aparições à pequena Bernadette são uma mensagem que nos recorda a misericórdia de Deus, exercida por meio de Santa Maria.

A Virgem mostra-se sempre como *Saúde dos enfermos* e *Consoladora dos aflitos*. Ao fazermos hoje a nossa oração, expomos-lhe todas as nossas necessidades, que são muitas. Ela conhece-as bem, escuta-nos sem termos de sair do lugar em que nos encontramos e quer que recorramos à sua proteção. E isto cumula-nos de alegria e de consolo, especialmente na festa que celebramos hoje. Recorremos a Maria como filhos pequenos que não querem afastar-se de sua mãe: "Mãe, minha Mãe...", dizemos-lhe na intimidade da nossa oração, pedindo-lhe ajuda para todas as necessidades que nos afligem ou nos preocupam.

II. A SANTÍSSIMA VIRGEM também quis recordar naquela gruta a necessidade da conversão e da penitência. A nossa Mãe quis pôr de relevo que a humanidade foi redimida na Cruz, e que é atual o valor redentor da dor, do sofrimento e da mortificação voluntária.

Aquilo que, com uma visão puramente humana, os homens consideram um grande mal pode ser, com olhos de bons cristãos, um grande bem: a doença, a pobreza, a dor, o fracasso, a difamação, a perda do emprego... Em momentos humanamente muito difíceis, podemos descobrir, com a ajuda da graça, que essas situações de desamparo são um grande *caminho para uma sincera humildade*, abrindo-nos os olhos para a absoluta dependência de Deus em que o homem se encontra. A doença, ou qualquer desgraça, pode ajudar-nos muito a desapegar-nos um pouco mais das coisas da terra, a que talvez estejamos demasiado presos, quase sem o percebermos. Sentimos então a necessidade de olhar para o Céu e de fortalecer a esperança *sobrenatural*, ao verificarmos a fragilidade das esperanças humanas.

A doença ajuda-nos a confiar mais em Deus, que nunca nos prova acima das nossas forças[3], e a abandonar-nos plenamente nos seus braços fortes de pai. Deus conhece bem as nossas forças e nunca nos pedirá mais do que aquilo que podemos dar. Qualquer infelicidade é uma boa ocasião para pormos em prática o conselho de Santo Agostinho: fazer o que se pode e pedir o que não se pode[4], pois o Senhor não manda coisas impossíveis.

A grande prova de amor que podemos dar é aceitar a doença — e a própria morte — entregando a vida como oblação e sacrifício por Cristo, para o bem de todo o seu Corpo Místico, a Igreja. As nossas penas e dores perdem a sua carga de amargura quando se elevam ao Céu. *Poenae sunt pennae*, "as penas são asas", diz uma antiga expressão latina. Uma doença pode converter-se em asas que nos elevam até Deus. Como é diferente uma doença que acolhemos com fé e humildade de uma outra que, pelo contrário, recebemos com pouca fé, mal-humorados, magoados ou tristes!

III. *E ESTAVA LÁ a mãe de Jesus*[5]. Vemos com alegria como é enorme a variedade de tipos e condições de pessoas que se aproximam dos santuários da Virgem e se prostram aos seus pés. Talvez não se aproximassem se não tivessem experimentado a debilidade, a dor ou a necessidade, própria ou alheia.

Referindo-se à festa de hoje, o Papa João Paulo II perguntava-se por que pessoas tão diversas se dirigem à gruta onde ocorreram as aparições, e respondia: "Porque sabem que ali, como em Caná, «está a mãe de Jesus»: e onde Ela está não pode faltar o seu Filho. Esta é a certeza que arrasta as multidões que todos os anos — como uma avalanche — se dirigem a Lourdes à procura de um alívio, de um consolo, de uma esperança [...].

"A cura milagrosa, no entanto, é, apesar de tudo, um acontecimento excepcional. A potência salvífica de Cristo, obtida por intercessão de sua Mãe, revela-se em Lourdes sobretudo no âmbito espiritual. Nos corações dos doentes, Ela faz ouvir a voz do Filho que dissolve prodigiosamente os tumores da acritude e da rebelião, e restitui a vista aos olhos da alma para que possam ver sob uma luz nova o mundo, os outros, o seu próprio destino"[6].

O Senhor, a quem a sua Mãe sempre nos conduz, amava os doentes. São Pedro resume a sua vida nestas poucas palavras: *Jesus de Nazaré... passou fazendo o bem e curando...*[7] Os Evangelhos não se cansam de mencionar a misericórdia do Mestre para com os que sofriam na alma ou no corpo. Grande parte do seu ministério aqui na terra, dedicou-o o Senhor a curar os doentes e a consolar os aflitos. "Era sensível a todo o sofrimento humano, tanto do corpo como da alma"[8].

Ele é compassivo e espera da nossa parte que empreguemos os meios ao nosso alcance para sairmos de uma doença ou de uma situação difícil; e nunca permitirá provas que estejam acima das nossas forças. Dar-nos-á em todos os instantes as graças suficientes para que essas circunstâncias dolorosas não nos afastem dEle. Podemos pedir-lhe a cura ou que se resolvam os problemas que pesam sobre nós, mas devemos sobretudo pedir-lhe docilidade à graça, para que nessas circunstâncias — nessas e não em outras — saibamos crescer na fé, na esperança e na caridade.

Experimentaremos também um grande alívio nos nossos sofrimentos se não pensarmos excessivamente neles, por termos deixado essas penas nas mãos de Deus; como também se não pensarmos nas consequências futuras dos males que nos acometem, pois ainda não temos as graças necessárias para suportá-las... e talvez não se apresentem. *A cada dia basta o seu cuidado*[9]. Não esqueçamos que "todos estamos chamados a sofrer, mas nem todos no mesmo grau e da mesma maneira; cada um seguirá nisto a sua chamada, correspondendo a ela generosamente. O sofrimento, que do ponto de vista humano é tão desagradável, converte-se em fonte de santificação e de apostolado quando o aceitamos com amor e em união com Jesus..."[10], corredimindo com Ele, sentindo-nos filhos de Deus, especialmente nessas circunstâncias.

Recorramos em tudo a Maria. Ela sempre nos atenderá. Alcançar-nos-á o que lhe pedimos, ou conseguir-nos-á graças ainda maiores e mais abundantes para que dos males saibamos tirar bens; e dos grandes males, grandes bens. Seja qual for a nossa situação, experimentaremos sempre o seu consolo. *Consolatrix afflictorum, Salus infirmorum, Auxilium christianorum... ora pro eis..., ora pro me.*

Vinde em auxílio da nossa fraqueza, ó Deus de misericórdia, e fazei que, ao recordarmos hoje a Imaculada Mãe do vosso Filho, nos vejamos livres das nossas culpas por sua intercessão[11].

---

(1) Liturgia das Horas, *Segunda leitura*; carta de Santa Maria Bernadette Soubirous ao padre Godrand, 1861; (2) Is 66, 10-14; (3) cf. 1 Cor 10, 13; (4) cf. Santo Agostinho, *Tratado da natureza e da graça,*

43, 5; (5) cf. Jo 2, 1; (6) João Paulo II, *Homilia*, 11-II-1980; (7) At 10, 38; (8) João Paulo II, Carta apost. *Salvifici doloris*, 11-II-1984, 16; (9) Mt 6, 34; (10) A. Tanquerey, *La divinización del sufrimiento*, Rialp, Madri, 1955, p. 240; (11) Liturgia das Horas, *Oração conclusiva de Laudes*.

22 DE FEVEREIRO

19. CÁTEDRA DE SÃO PEDRO
Festa

—— Sentido da festa.
—— São Pedro em Roma.
—— Amor e veneração pelo Romano Pontífice.

Esta festa era celebrada já antes do século IV, para recordar que Pedro estabeleceu a sua sede em Roma. Encontra-se nos calendários mais antigos sob o título de Natale Petri de Cathedra, *e com a indicação de que se celebrasse no dia 22 de fevereiro. Com a festa de hoje, quis-se expressar desde os começos a unidade de toda a Igreja, que tem o seu fundamento em Pedro e nos seus sucessores na sede romana.*

I. *O SENHOR DISSE a Simão Pedro: Eu roguei por ti, para que a tua fé não desfaleça, e tu, uma vez convertido, confirma os teus irmãos*[1].

O termo *cátedra* significa materialmente a cadeira em que se sentam os mestres, neste caso os bispos. Mas já os Santos Padres utilizavam a expressão como símbolo da autoridade dos bispos, especialmente da Sede de Pedro, isto é, de Roma. São Cipriano, no século III, dizia: "Confere-se o primado a Pedro para mostrar que a Igreja de Cristo é *una* e *una* a Cátedra", quer dizer, o magistério e o governo. E para sublinhar ainda mais a unidade, acrescentava: "Deus é uno, uno o Senhor, una a Igreja e una a Cátedra fundada por Cristo"[2].

124   CÁTEDRA DE SÃO PEDRO

Como símbolo de que Pedro tinha estabelecido a sua sede em Roma, o povo romano tinha grande apreço por uma verdadeira cadeira de madeira onde, conforme uma tradição imemorial, o Príncipe dos Apóstolos se tinha sentado. São Dâmaso, no século IV, mandou colocá-la no batistério do Vaticano, construído por ele. Durante muitos séculos esteve bem visível e foi venerada pelos peregrinos de toda a cristandade que iam a Roma. Quando se construiu a atual Basílica de São Pedro, achou-se conveniente guardá-la como relíquia. Hoje, pode-se ver no fundo da ábside, como imagem principal, a chamada "glória de Bernini", um grande relicário onde se conserva a cadeira do apóstolo coberta de bronze e ouro; sobre ela, o Espírito Santo irradia a sua assistência.

Entre as festas que se encontram nos calendários anteriores ao século IV, as primeiras da Igreja, conta-se a de hoje, com o título de *Natale Petri de Cathedra*, ou seja, o dia da instituição do Pontificado de Pedro. Com esta festa, quis-se realçar o episcopado do Príncipe dos Apóstolos, o seu poder hierárquico e o seu magistério na urbe de Roma e em todo o orbe. Se bem que fosse um costume antigo comemorar a sagração dos bispos e o dia da tomada de posse das respectivas dioceses, essas comemorações realizavam-se somente na própria diocese. Somente à de Pedro foi dado o nome de *Cátedra*, e foi a única que se celebrou, desde os primeiros séculos, em toda a cristandade.

Santo Agostinho, num sermão para a festa deste dia, comenta: "A festividade que hoje celebramos recebeu dos nossos antepassados o nome de *Cátedra*, com o que se recorda que foi entregue ao primeiro dos apóstolos a Cátedra do episcopado"[3]. Para nós, a festa é mais uma ocasião de recordarmos a obediência e o amor que devemos àquele que faz as vezes de Cristo na terra.

II. SABEMOS PELA TRADIÇÃO da Igreja[4] que Pedro residiu durante algum tempo em Antioquia, a cidade onde os discípulos começaram a chamar-se cristãos[5]. Nela pregou o Evangelho, e a seguir retornou a Jerusalém, onde algum tempo depois se desencadeou uma sangrenta perseguição: o rei Herodes mandou degolar Tiago e *vendo que isso agradava aos judeus, mandou também prender Pedro*[6].

Libertado por intervenção de um anjo, Pedro abandonou a Palestina, *indo para outro lugar*[7]. Os Atos dos Apóstolos não nos dizem para onde foi, mas sabemos pela tradição que se dirigiu para a Cidade Eterna. São Jerônimo afirma que Pedro chegou a Roma no ano segundo do reinado de Cláudio — que corresponde ao ano 43 depois de Cristo — e que ali permaneceu durante vinte e cinco anos, até a morte[8]. Alguns falam de duas viagens a Roma: uma, depois de partir de Jerusalém; a outra, por volta do ano 49, data em que participou do Concílio de Jerusalém para logo depois retornar a Roma e empreender algumas viagens missionárias.

São Pedro chegou a Roma, centro do mundo naquele tempo, "para que a luz da verdade, revelada para a salvação de todas as nações, se derramasse mais eficazmente da cabeça para todo o corpo do mundo", afirma São Leão Magno. "Pois, de que raça não havia então homens naquela cidade? Ou que povos podiam ignorar o que Roma ensinasse? Era o lugar apropriado para refutar as teorias da falsa filosofia, para desfazer as loucuras da sabedoria terrena, para destruir a impiedade dos sacrifícios; ali, com suma diligência, tinha-se ido reunindo tudo o que os diferentes erros tinham inventado"[9].

O pescador da Galileia converteu-se assim em alicerce e rocha da Igreja, e estabeleceu a sua sede na Cidade Eterna. Dali anunciou o seu Mestre, como tinha feito na Judeia e na Samaria, na Galileia e em Antioquia. Da cátedra de Roma governou toda a Igreja, instruiu todos os cristãos e, confirmando a sua pregação, derramou o seu sangue a exemplo do seu Mestre.

O túmulo do Príncipe dos Apóstolos situa-se debaixo do altar da Confissão na Basílica vaticana — conforme afirma unanimemente a tradição, ratificada pelas descobertas arqueológicas —, dando assim a entender, também de um modo material e visível, que Simão Pedro é, por expressa vontade divina, a *rocha firme*, segura e inamovível, que sustém o edifício da Igreja através dos séculos. No seu magistério e no dos seus sucessores, ressoa de modo infalível a voz de Cristo e, por isso, a nossa fé está firmemente alicerçada.

III. O EVANGELHO DA MISSA traz-nos as palavras com que Jesus, em Cesareia de Filipe, promete a Pedro e aos seus sucessores o Primado da Igreja: *Tu és Pedro, e sobre esta pedra edificarei a minha Igreja, e as portas do inferno não prevalecerão contra ela. Eu te darei as chaves do reino dos céus, e tudo quanto ligares na terra será ligado nos céus, e tudo quanto desligares na terra será desligado nos céus*[10]. E Santo Agostinho exclama: "Bendito seja Deus, que mandou exaltar o Apóstolo Pedro sobre a Igreja. É digno honrar este fundamento, por meio do qual é possível escalar o Céu"[11].

De Roma, umas vezes pelos seus escritos, outras pessoalmente ou por enviados pessoais, Simão Pedro consola, repreende ou fortalece na fé os cristãos que se espalham já por todas as regiões do Império Romano. Na primeira Leitura da Missa, Pedro dirige-se com certa solenidade aos pastores de diversas igrejas locais da Ásia Menor, exortando-os a cuidar amorosamente daqueles que têm sob os seus cuidados: *Apascentai o rebanho de Deus que vos foi confiado, não constrangidos, mas de bom grado, segundo Deus; nem por sórdido lucro, mas com prontidão de ânimo*[12]. São exortações que nos trazem à mente as palavras com que Jesus falava do Bom Pastor[13] e as que dirigiu ao apóstolo depois da Ressurreição: *Apascenta os meus cordeiros... Apascenta as minhas ovelhas*[14].

Esta é a missão confiada pelo Senhor a Pedro e aos seus sucessores: dirigir e cuidar dos outros pastores que regem o rebanho do Senhor, confirmar na fé o povo de Deus, velar pela pureza da doutrina e dos costumes, interpretar — com a assistência do Espírito Santo — as verdades contidas no depósito da Revelação. *Por isso* — escreve o apóstolo na sua segunda Epístola — *não cessarei de vos trazer à memória estas coisas, embora estejais instruídos e confirmados na presente verdade. Pois tenho por dever, enquanto habito nesta tenda, manter-vos despertos com as minhas exortações, considerando que em breve verei desarmada a minha tenda, segundo me manifestou Nosso Senhor Jesus Cristo. E procurarei que, mesmo depois da minha partida, possais recordar-vos muitas vezes de todas estas coisas*[15].

A festa de hoje oferece-nos uma nova oportunidade de manifestarmos a nossa filial adesão aos ensinamentos do Santo Padre, ao seu magistério, e de examinarmos o interesse que pomos em conhecê-los e levá-los à prática.

O amor ao Papa é sinal do nosso amor a Cristo. E este amor e veneração devem manifestar-se na petição diária pela sua pessoa e intenções: *Dominus conservet eum et vivificet eum et beatum faciat eum in terra...* "O Senhor o conserve e o vivifique e o faça feliz na terra, e não permita que caia nas mãos dos seus inimigos".

É um amor que deve exprimir-se com maior intensidade em determinados momentos: quando os ataques dos inimigos da Igreja se tornam mais duros, quando as normas morais que o Papa recorda ou precisa suscitam críticas e rebeldias no seio dos próprios católicos, quando por qualquer circunstância nos encontramos mais perto da sua pessoa: "Católico, Apostólico, Romano! — Gosto de que sejas muito romano. E que tenhas desejos de fazer a tua «romaria», «videre Petrum», para ver Pedro"[16].

---

(1) Lc 22, 32; *Antífona de entrada* da Missa do dia 22 de fevereiro; (2) São Cipriano, *Epístola*, 43, 5; (3) Santo Agostinho, *Sermão 15 sobre os santos*; (4) cf. São Leão Magno, *Homilia na festa dos Apóstolos Pedro e Paulo*, 82, 5; (5) At 11, 26; (6) At 12, 3; (7) At 12, 17; (8) São Jerônimo, *De viris illustribus*, 1; (9) São Leão Magno, *op. cit.*, 3-4; (10) Mt 16, 13-19; (11) Santo Agostinho, *op. cit.*; (12) 1 Pe 5, 2; (13) Jo 10, 1 e segs.; (14) Jo 21, 15-17; (15) 2 Pe 1, 12-15; (16) Josemaria Escrivá, *Caminho*, n. 520.

Sete Domingos de São José. Primeiro Domingo

20. VOCAÇÃO E SANTIDADE DE SÃO JOSÉ

— O maior dos santos.
— "Àqueles que escolhe para algum fim, Deus prepara-os e dispõe-nos a fim de que sejam idôneos para esse fim".
— A nossa vocação: "Porque temos a graça do Senhor, poderemos superar todas as dificuldades".

A devoção e o culto a São José nasceram e cresceram espontaneamente no coração do povo cristão, que soube descobrir no Santo Patriarca um modelo de humildade, de trabalho e de fidelidade ao cumprimento da vocação.

Entre as devoções mais estendidas por aquele que fez de pai de Jesus aqui na terra e foi o fiel guardião de Maria, está a dos sete domingos que precedem a festa, comemorada no dia 19 de março. Neles costuma-se meditar algum aspecto da personalidade do Santo Patriarca e recorre-se à sua intercessão para pedir as graças de que se necessita.

I. COMEÇAMOS A VIVER hoje o antigo costume de preparar com sete semanas de antecedência a festa do Santo Patriarca São José, que nesta terra cuidou de Jesus e de Maria. Em cada um destes domingos, procuraremos meditar na sua vida, tão repleta de ensinamentos, fomentaremos a devoção por ele e nos colocaremos sob o seu patrocínio.

Depois de Santa Maria, São José é o maior santo do Céu, conforme ensina comumente a doutrina católica[1]. O humilde

130 VOCAÇÃO E SANTIDADE DE SÃO JOSÉ

carpinteiro de Nazaré ultrapassa em graça e bem-aventurança os patriarcas, os profetas, São João Batista, São Pedro, São Paulo, todos os apóstolos, santos, mártires e doutores da Igreja[2]. Na *Oração Eucarística I* (Cânon Romano) do missal, ocupa o primeiro lugar depois de Nossa Senhora.

O Santo Patriarca recebeu de um modo real e misterioso a missão de velar pelos cristãos de todas as épocas. Assim o expressam as belíssimas *Ladainhas de São José* aprovadas pela Igreja, que resumem todas as suas prerrogativas: São José, *ilustre descendente de Davi, luz dos patriarcas, esposo da Mãe de Deus [...], modelo dos que trabalham, honra da vida doméstica, guardião das virgens, amparo das famílias, consolação dos aflitos, esperança dos enfermos, patrono dos moribundos, terror dos demônios, protetor da Santa Igreja...* A nenhuma outra criatura, a não ser Maria, podemos dirigir tantos louvores. A Igreja inteira reconhece em São José o seu protetor e padroeiro.

Este patrocínio "continua sempre a ser necessário à Igreja, não apenas para defendê-la dos perigos que a ameaçam continuamente, mas também e sobretudo para confortá-la no seu renovado empenho de evangelizar o mundo e de reevangelizar os países e nações «onde [...] a religião e a vida cristã foram em tempos tão prósperas», mas se encontram hoje «submetidas a dura provação». Para levar a cabo o primeiro anúncio de Cristo ou para voltar a proclamá-lo onde ele foi descurado ou esquecido, a Igreja precisa de uma particular *força do Alto* (cf. Lc 24, 49), que é dom do Espírito do Senhor, certamente, mas não está desligado da intercessão e do exemplo dos seus Santos"[3]. Especialmente do maior de todos eles.

Ao longo destas sete semanas, em que preparamos a sua festa, podemos renovar e enriquecer essa sólida devoção e obter muitas graças e ajudas do Santo Patriarca. São dias para nos aproximarmos mais dele, para tratá-lo com intimidade e amá-lo.

"Tens de amar muito São José, amá-lo com toda a tua alma, porque é a pessoa que, com Jesus, mais amou Santa

Maria e quem mais privou com Deus: quem mais o amou, depois da nossa Mãe.

"— Ele merece o teu carinho, e a ti convém-te buscar o seu convívio, porque é Mestre de vida interior e pode muito diante do Senhor e diante da Mãe de Deus"[4].

Especialmente nestes dias, aproveitemos o seu poder de intercessão, pedindo-lhe por tudo aquilo que mais nos preocupa.

II. PODE-SE APLICAR a São José o princípio formulado por São Tomás a propósito da plenitude de graça e de santidade de Maria: "Àqueles que Deus escolhe para um fim, prepara-os e dispõe-nos de tal modo que sejam idôneos para realizar esse fim"[5].

Por isso, a Santíssima Virgem, chamada a ser Mãe de Deus, recebeu, juntamente com a imunidade da culpa original, uma plenitude de graça que já no momento da sua Conceição ultrapassava a graça final de todos os santos juntos. Maria, Aquela que mais perto esteve da fonte de todas as graças, beneficiou-se mais dela do que nenhuma outra criatura[6]. E, depois de Maria, ninguém esteve mais perto de Jesus do que São José, que fez junto dEle as vezes de pai aqui na terra.

Depois de Maria, ninguém recebeu uma missão tão singular como José, ninguém amou a Jesus mais do que ele, ninguém lhe prestou tantos serviços. Ninguém esteve tão perto do mistério da Encarnação do Filho de Deus. "Foi precisamente deste mistério que José de Nazaré «participou» como nenhuma outra pessoa humana, à exceção de Maria, a Mãe do Verbo Encarnado. Ele participou desse mistério simultaneamente com Maria, envolvido na realidade do mesmo evento salvífico, e foi depositário do mesmo amor, em virtude do qual o Pai Eterno *nos predestinou para sermos adotados como filhos por intermédio de Jesus Cristo* (Ef 1, 5)"[7].

A alma de José foi sem dúvida preparada com dons excepcionais para que levasse a cabo uma missão tão extraordinária como a de ser fiel guardião de Jesus e de Maria.

Como não havia de ser excepcional a criatura a quem Deus confiou aqueles que mais amava neste mundo? O ministério de José foi de tal importância que todos os anjos juntos não serviram tanto a Deus como ele sozinho[8].

Um antigo autor ensina que São José participou da plenitude de Cristo de um modo até mais excelente e perfeito do que os apóstolos, pois "participava da plenitude divina em Cristo: amando-o, vivendo com Ele, escutando-o, tocando-o. Bebia e saciava-se na fonte sobreabundante de Cristo, formando no seu interior um manancial que jorrava até à vida eterna.

"Participou da plenitude da Santíssima Virgem de um modo singular: pelo mútuo amor conjugal, pela mútua submissão nas obras e pela comunicação das consolações interiores. A Santíssima Virgem não podia consentir que São José estivesse privado da perfeição, alegria e consolos que Ela possuía. Era bondosíssima e, pela presença de Cristo e dos anjos, gozava de alegrias ocultas a todos os mortais, que só podia comunicar ao seu amadíssimo esposo, para que no meio dos seus trabalhos tivesse um consolo divino; e assim, mediante esta comunicação espiritual com o seu esposo, a Mãe intacta cumpria o preceito do Senhor de serem dois numa só carne"[9].

São José — podemos dizer-lhe com uma oração que serve de preparação para a Santa Missa —, *varão feliz, que tivestes a dita de ver e ouvir o próprio Deus, a quem muitos reis quiseram ver e não viram, ouvir e não ouviram; e não só ver e ouvir, mas ainda trazê-lo em vossos braços, beijá-lo, vesti-lo e guardá-lo: rogai por nós*[10]. Atendei-nos naquilo que vos pedimos nestes dias, e que deixamos nas vossas mãos para que o apresenteis a Jesus, que tanto vos amou e a quem tanto amastes na terra e agora amais e adorais no Céu. Ele não nos nega nada.

III. SEGUINDO SÃO TOMÁS, São Bernardino de Sena ensina que "quando, por graça divina, Deus escolhe alguém para uma missão muito elevada, concede-lhe todos os dons necessários para realizar essa missão, o que se verifica em

SETE DOMINGOS DE SÃO JOSÉ. PRIMEIRO DOMINGO

grau eminente em São José, pai nutrício de Nosso Senhor Jesus Cristo e esposo de Maria"[11]. A santidade consiste em cumprir a vocação a que Deus chama cada um. E em São José ela consistiu, principalmente, em preservar a virgindade de Maria, contraindo com Ela um verdadeiro matrimônio, mas santo e virginal. *Um anjo do Senhor disse-lhe: José, filho de Davi, não temas receber Maria, tua esposa, pois o que nela foi concebido é obra do Espírito Santo*[12]. Maria é sua esposa, e José amou-a com o amor mais puro e delicado que podemos imaginar.

Quanto a Jesus, José velou por Ele, protegeu-o, ensinou-lhe o ofício que exercia, contribuiu para a sua educação... "É chamado pai nutrício e também pai adotivo, mas estes nomes não podem expressar plenamente a relação misteriosa e cheia de graça que o unia a Jesus. Um homem converte-se acidentalmente em pai adotivo ou em pai nutrício de uma criança, mas José não se converteu acidentalmente em pai nutrício do Verbo encarnado; foi criado e posto no mundo com esse fim; e esse fim foi o objeto primordial da sua predestinação e a razão de todas as suas graças"[13]. Essa foi a sua vocação: ser pai adotivo de Jesus e esposo de Maria; levar adiante aquela família, muitas vezes com sacrifício e dificuldade!

São José foi tão santo porque correspondeu fidelissimamente às graças que recebeu para cumprir uma missão tão singular. Podemos meditar hoje junto do Santo Patriarca na vocação no meio do mundo que também recebemos e nas graças necessárias que o Senhor nos dá a todo o momento para que a vivamos fielmente.

Não devemos esquecer nunca que *àqueles que Deus escolhe para um fim, prepara-os e dispõe-nos de tal maneira que sejam idôneos para realizar esse fim.* Por que hesitamos quando deparamos com dificuldades para realizar o que Deus quer de nós: levar para diante a família, entregar-nos generosamente a uma tarefa que o Senhor nos pede, viver em celibato apostólico, se foi essa a imensa graça que Deus quis para nós? Seguimos este raciocínio lógico: "Porque conto com a graça de Deus, porque tenho uma vocação,

134 VOCAÇÃO E SANTIDADE DE SÃO JOSÉ

poderei vencer todos os obstáculos"? Cresço perante as dificuldades, apoiando-me em Deus?

"Viste-o claramente: há tanta gente que não O conhece e, no entanto, Deus reparou em ti. Ele quer que sejas fundamento, silhar, em que se apoie a vida da Igreja.

"Medita nesta realidade, e tirarás muitas consequências práticas para a tua conduta habitual: o fundamento, o silhar — talvez sem brilhar, oculto — tem que ser sólido, sem fragilidades; tem que servir de base para a sustentação do edifício... Senão, fica isolado"[14].

São José, que foi fundamento e alicerce seguro em que se apoiaram Jesus e Maria, ensina-nos hoje a ser firmes no seguimento da nossa vocação pessoal, de que dependem a fé e a alegria de tantos. Ele nos ajudará a ser sempre fiéis, se recorrermos frequentemente ao seu patrocínio. *Sancte Ioseph... ora pro nobis..., ora pro me*, podemos repetir muitas vezes no dia de hoje.

---

(1) Cf. Leão XIII, Enc. *Quamquam pluries*, 15-VIII-1899; (2) cf. São Bernardino de Sena, *Sermão I sobre São José*; (3) João Paulo II, Exort. apost. *Redemptoris custos*, 15-VIII-1989, 19; (4) Josemaria Escrivá, *Forja*, n. 554; (5) São Tomás, *Suma teológica*, III, q. 27, a. 4, c; (6) *ib.*, a. 5; (7) João Paulo II, *op. cit.*, 2; (8) cf. B. Llamera, *Teología de San José*, BAC, Madri, 1953, p. 186; (9) Isidoro de Isolano, *Suma dos dons de São José*, III, 17; (10) *Preces selectae*, Adamas, Colônia, 1987, p. 12; (11) São Bernardino de Sena, *op. cit.*; (12) Mt 1, 20; Lc 2, 5; (13) R. Garrigou-Lagrange, *La Madre del Salvador*, p. 389; (14) Josemaria Escrivá, *Forja*, n. 472.

SETE DOMINGOS DE SÃO JOSÉ. SEGUNDO DOMINGO

21. AS VIRTUDES DE SÃO JOSÉ

— As virtudes do Santo Patriarca.
— Fé, esperança e amor.
— Suas virtudes humanas.

I. NESTE SEGUNDO DOMINGO dedicado a São José, podemos contemplar as virtudes pelas quais o Santo Patriarca é modelo para todos os que, como ele, levamos uma vida corrente de trabalho. São Mateus, ao apresentar o Santo Patriarca, escreve: *José, seu esposo, sendo justo...*[1] Esta é a definição que o Evangelho nos dá de São José: *homem justo.*

A justiça não é somente a virtude que consiste em dar a cada um o que lhe pertence: é também santidade, prática da virtude, cumprimento da vontade de Deus. O conceito de *justo* no Antigo Testamento é o mesmo que o Evangelho expressa por meio da palavra *santo.* Justo é aquele que tem um coração puro e reto nas suas intenções, aquele que na sua conduta observa todas as coisas prescritas a respeito de Deus, do próximo e de si mesmo...[2] José foi *justo* em todas as acepções do termo; nele se deram de modo pleno todas as virtudes, numa vida simples, sem especial relevo humano.

Ao considerarmos as virtudes do Santo Patriarca — por vezes ocultas aos olhos dos homens, mas sempre resplandecentes aos olhos de Deus —, devemos ter presente que essas qualidades às vezes não são valorizadas por aqueles que só vivem na superfície das coisas e dos acontecimentos. É um hábito frequente entre os homens "entregarem-se totalmente às coisas exteriores e descuidarem as interiores, trabalharem contra o relógio; aceitarem a aparência e desprezarem o que é efetivo e sólido; preocuparem-se muito com o que parecem e não pensarem no que devem ser. Por isso as virtudes que se apreciam são essas que entram em jogo nos negócios e no comércio dos homens; pelo contrário, as virtudes interiores e ocultas de que o público não participa, em que tudo se passa entre Deus e o homem, não só não se seguem como nem sequer se compreendem. E no entanto, é nesse segredo que reside todo o mistério da virtude verdadeira [...]. José, homem simples, procurou a Deus; José, homem desprendido, encontrou a Deus; José, homem retirado, gozou de Deus"[3]. A nossa vida, como a do Santo Patriarca, consiste em procurarmos a Deus nos afazeres diários, encontrá-lo, amá-lo e alegrar-nos no seu amor.

A primeira virtude que se manifestou na vida de São José, quando descobriu a grandeza da sua vocação e a sua pequenez pessoal, foi a *humildade*. Quantas vezes, ao terminar as suas tarefas, ou no meio delas, enquanto olhava para Jesus ao seu lado, não se perguntaria a si mesmo: Por que Deus me escolheu a mim e não a outro?, quem sou eu para ter recebido este encargo divino? E não encontraria resposta, porque a escolha para uma missão divina é sempre assunto do Senhor. É Ele quem chama e dá graça abundante para que os instrumentos sejam idôneos.

Devemos ter em conta que o "nome de José significa em hebreu *Deus acrescentará*. À vida santa dos que cumprem a sua vontade, Deus acrescenta dimensões inesperadas: o que a torna importante, o que dá valor a tudo — o divino. À vida humilde e santa de José, Deus acrescentou — se assim me é permitido falar — a vida da Virgem Maria e a de Jesus, Senhor Nosso. Deus nunca se deixa vencer em generosidade. José podia tornar próprias as palavras pronunciadas por Santa Maria, sua Esposa: *Quia fecit mihi magna qui potens est*, fez em mim coisas grandes Aquele que é Todo-Poderoso, *quia respexit humilitatem*, porque olhou para a minha pequenez (Lc 1, 48-49). José era efetivamente um homem comum, em quem Deus confiou para realizar coisas grandes"[4].

O conhecimento da chamada, a grandeza e a gratuidade da graça recebida confirmaram a humildade de José. A sua vida esteve repleta de agradecimento a Deus e de assombro perante a missão recebida. O mesmo espera o Senhor de nós: que vejamos os acontecimentos à luz da nossa vocação, vivida na sua mais plena radicalidade[5], que nos enchamos sempre de admiração diante de tanto dom de Deus e agradeçamos ao Senhor a bondade que nos manifestou ao chamar--nos para trabalhar na sua vinha.

II. *A INCRÍVEL PROMESSA de Deus não o fez vacilar, mas, fortalecido pela fé, deu glória a Deus*[6].

A fé do Patriarca, apesar da obscuridade do mistério, manteve-se sempre firme, precisamente porque José foi humilde. A palavra de Deus transmitida pelo anjo esclarece--lhe a concepção virginal do Salvador, e José crê nela com simplicidade de coração. Mas as névoas não tardaram a reaparecer: José era pobre, já dependia do seu trabalho quando recebeu a revelação sobre o mistério da Maternidade divina de Maria; e será ainda mais pobre quando Jesus vier ao mundo. Não poderá oferecer ao Filho do Altíssimo um lugar digno para que nasça, pois não foi recebido em nenhuma casa nem na pousada de Belém; e José sabe que aquele Menino é o Senhor, o Criador dos céus e da terra. Depois, a sua fé será novamente posta à prova na fuga precipitada para o Egito... O Deus Forte foge de Herodes. Quantas vezes não se comprova que a nossa fé tem que reafirmar-se perante acontecimentos em que a lógica de Deus é diferente da lógica dos homens! São José soube ver Deus em cada acontecimento, e para isso foi necessária uma grande santidade, resultado da sua contínua correspondência às graças que recebia.

A sua esperança manifestou-se no anelo crescente com que desejava a chegada do Redentor, que deveria ficar aos seus cuidados. Depois, teve ocasião de praticar esta virtude ao longo dos dias e anos em que viu o Menino crescer ao seu lado..., e se perguntava a si mesmo quando é que Ele se manifestaria ao mundo como o Messias. O seu amor por Jesus e Maria, alimentado pela fé e pela esperança, cresceu de dia para dia. Ninguém os amou tanto como ele. Na vida diária, sim, que pode albergar um amor excepcional.

III. A GRAÇA FAZ com que cada homem chegue à sua plenitude, conforme o plano previsto por Deus; e não só cura as feridas da natureza humana como também a aperfeiçoa. Os inumeráveis dons que São José recebeu para cumprir a missão recebida de Deus e a sua perfeita correspondência fizeram dele um homem cheio de virtudes humanas. "Das narrações evangélicas depreende-se a grande personalidade humana de José [...]. Eu imagino-o — diz São Josemaria Escrivá — jovem, forte, talvez com alguns anos mais do que a Virgem, mas na plenitude da vida e do vigor humano"[7].

A sua justiça, a sua santidade diante de Deus deixava-se ver na sua honradez diante dos homens. São José era um homem bom, na acepção perfeita da palavra: um homem em quem os outros podiam confiar; leal com os amigos, com os clientes; honrado, cobrando o que era justo, executando conscienciosamente os trabalhos que lhe encomendavam. Deus confiou nele a ponto de encarregá-lo de cuidar do seu Filho e de Nossa Senhora. E não se decepcionou.

A vida de São José esteve cheia de trabalho: primeiro em Nazaré, depois talvez em Belém, mais tarde no Egito e por último novamente em Nazaré. O seu ofício requeria naquela época destreza e habilidade. Na Palestina, um "carpinteiro" era um homem hábil, especialmente hábil e muito apreciado[8]. Todos deviam conhecer José pela sua laboriosidade e pelo seu espírito de serviço, que deve ter influído sem dúvida na formação do seu caráter, certamente rijo e enérgico, como se deduz das diversas circunstâncias em que aparece no Evangelho. Não podia ser outro o perfil humano daquele que secundou com prontidão os planos de Deus e se viu submetido às mais difíceis provas, conforme nos relata o Evangelho de São Mateus.

Ainda que o Evangelho não tenha conservado nenhuma palavra sua, descreveu-nos as suas obras: ações simples,

SETE DOMINGOS DE SÃO JOSÉ. SEGUNDO DOMINGO 139

cotidianas, puras e irrepreensíveis, que refletem a sua santidade e o seu amor, e que devem ser o espelho em que nos olhemos, já que devemos santificar a vida normal, como o Santo Patriarca.

"Trata-se em última análise — diz João Paulo II — da santificação da vida quotidiana, que cada qual deve alcançar de acordo com o seu estado, e que pode ser fomentada segundo um modelo acessível a todos: «São José é o modelo dos humildes, que o cristianismo eleva a grandes destinos. São José é a prova de que, para sermos bons e autênticos seguidores de Cristo, não necessitamos de grandes façanhas, mas somente das virtudes comuns, humanas, simples, mas verdadeiras e autênticas» (Paulo VI, *Alocução*, 19-III-1969)"[9].

(1) Cf. Mt 1, 18; (2) cf. J. Dheilly, *Diccionário bíblico*, item *Justicia*, Herder, Barcelona, 1970; (3) Bossuet, *Segundo panegírico de São José*, exórdio; (4) Josemaria Escrivá, *É Cristo que passa*, n. 40; (5) cf. João Paulo II, Exort. apost. *Christifideles laici*, 30-XII-1988, 2; (6) Liturgia das Horas, *Responsório da primeira leitura* da Solenidade de São José; (7) Josemaria Escrivá, *É Cristo que passa*, n. 40; (8) cf. H. Daniel-Rops, *La vie quotidienne en Palestine*, Hachette, Paris, 1961, p. 295; (9) João Paulo II, Exort. apost. *Redemptoris custos*, 15--VIII-1989, 24.

SETE DOMINGOS DE SÃO JOSÉ. TERCEIRO DOMINGO

22. JOSÉ, ESPOSO DE MARIA

— Matrimônio entre São José e Nossa Senhora. O "guardião da sua virgindade".
— O amor puríssimo de José.
— A paternidade do Santo Patriarca sobre Jesus.

I. COSTUMAMOS RECONHECER os santos por determinada qualidade, por determinada virtude em que são especialmente modelo para os demais cristãos e na qual sobressaíram de maneira particular: São Francisco de Assis, pela sua pobreza; o Cura d'Ars, pela sua absoluta dedicação sacerdotal ao serviço das almas; São Thomas More, pela fidelidade às suas obrigações de cidadão e pela fortaleza com que sustentou princípios ditados pela fé, a ponto de ter subido ao cadafalso por isso... De São José diz São Mateus: *José, esposo de Maria*[1]. Foi desta condição que lhe advieram a sua santidade e a sua missão nesta vida. A não ser Jesus, ninguém como ele amou tanto Nossa Senhora, ninguém a protegeu melhor.

A Providência quis que Jesus nascesse no seio de uma verdadeira família. José não foi um mero protetor de Maria, mas seu esposo. Entre os judeus, o matrimônio constava de dois atos essenciais, separados por um período de tempo: os *esponsais* e as *núpcias*. O primeiro não era uma simples promessa de união matrimonial futura: constituía já um verdadeiro matrimônio. O noivo depositava o dote nas mãos da mulher, e a isso seguia-se uma bênção. A partir desse momento, a noiva recebia o nome de *esposa de...*

Segundo o costume vigente, decorria um ano entre os *esponsais* e as *núpcias*, e foi nesse meio tempo que a Virgem recebeu a visita do anjo e que o Filho de Deus se encarnou no seu seio. São José recebeu em sonhos a revelação do mistério divino que se tinha operado em Nossa Senhora, e foi-lhe pedido que a recebesse como esposa. *"Despertando do sono, José fez como lhe ordenara o Anjo do Senhor e recebeu a sua esposa em sua casa* (Mt 1, 24). Recebeu-a em todo o mistério da sua maternidade; recebeu-a junto com o Filho que havia de vir ao mundo por obra do Espírito Santo, e assim demonstrou uma disponibilidade da vontade semelhante à de Maria, em vista daquilo que Deus lhe pedia por meio do seu mensageiro"[2].

As núpcias eram como que a perfeição do contrato matrimonial e da entrega mútua que já se tinha realizado. A esposa — conforme o costume — era conduzida à casa do esposo no meio de grandes festejos e de singular regozijo[3]. De qualquer modo, diante de todos, o enlace era válido a partir dos esponsais, e o fruto reconhecido como legítimo.

O objeto da união matrimonial são os direitos que os cônjuges concedem um ao outro sobre os seus corpos, tendo em vista a geração. Estes direitos existiam na união de Maria e de José (se não existissem, não teria havido verdadeiro matrimônio), embora um e outro tivessem renunciado de mútuo acordo ao seu exercício; e isto, por uma inspiração e graças muito particulares que Deus derramou sem dúvida em suas almas. A exclusão desses direitos teria anulado o casamento, mas o propósito de não os usar não o anulava. Tudo teve lugar num ambiente delicadíssimo, que entendemos bem quando o olhamos com um coração puro. José, virgem por causa da Virgem, cuidou da sua esposa com extrema delicadeza e ternura[4].

São Tomás aponta diversas razões pelas quais convinha que a Virgem estivesse casada com José por meio de um verdadeiro matrimônio[5]: para evitar-lhe a infâmia perante os vizinhos e parentes quando vissem que ia ter um filho; para que Jesus nascesse no seio de uma família e fosse tratado como legítimo pelos que não conheciam o mistério da sua concepção sobrenatural; para que mãe e filho encontrassem apoio e ajuda em São José; para que o demônio não soubesse da chegada do Messias; para que na Virgem fossem honrados simultaneamente o matrimônio e a virgindade...

Nossa Senhora amou José com um amor intenso e puríssimo de esposa. Conheceu-o bem, e deseja que procuremos apoio e fortaleza nele. Em Maria e José, os esposos têm o exemplo perfeito do que devem ser o amor e a delicadeza. Neles encontram também a sua imagem perfeita os que entregaram a Deus todo o seu amor, *indiviso corde*, num celibato apostólico ou na virgindade vividos no meio do mundo: "A virgindade e o celibato pelo Reino de Deus, não só não contradizem a dignidade do matrimônio, como a pressupõem e confirmam. O matrimônio e a virgindade são dois modos de exprimir e de viver o único mistério da aliança de Deus com o seu povo"[6].

II. OS ESPONSAIS DE JOSÉ E MARIA tiveram lugar em Nazaré, e nessa ocasião Maria recebeu um dote composto — segundo o costume[7] — por alguma joia de não muito valor, vestidos e móveis: um pequeno patrimônio, que talvez incluísse até um pedaço de terra... Talvez todo o conjunto não valesse muito, mas quando se é pobre aprecia-se tudo. Sendo carpinteiro, José deve ter oferecido a Maria os melhores móveis que já lhe tinham saído das mãos.

A Virgem quis aqueles esponsais, apesar de ter ofertado a Deus a sua virgindade. "O mais simples é pensar — escreve Lagrange — que o casamento com um homem como José a colocava ao abrigo de propostas que se renovariam constantemente, e garantia assim a sua tranquilidade"[8]. Temos de pensar que José e Maria se deixaram guiar em tudo pelas moções e inspirações divinas. Pode-se aplicar a eles — mais do que a ninguém — uma verdade que é enunciada assim por São Tomás: "Em relação aos justos, é familiar e frequente serem induzidos a atuar em tudo por inspiração do Espírito

Santo"[9]. Deus seguiu muito de perto aquele carinho humano entre Maria e José e alentou-o com a sua graça para que desse lugar aos esponsais entre ambos.

Quando José soube que o filho que Maria trazia no seu seio era fruto do Espírito Santo, que ela seria a Mãe do Salvador, amou-a mais do que nunca, "não como um irmão, mas com um amor conjugal limpo, tão profundo que tornou supérflua toda e qualquer relação carnal, tão delicado que o converteu não só em testemunha da pureza virginal de Maria — virgem antes do parto, no parto e depois do parto, como ensina a Igreja —, mas também em seu guardião"[10]. Deus Pai preparou detidamente a família virginal em que o seu Filho unigênito haveria de nascer.

Não é nada provável que José fosse muito mais velho do que a Virgem, como é representado frequentemente em quadros e imagens, com a boa intenção de destacar a perpétua virgindade de Maria: «Para viver a virtude da castidade — escreve mons. Escrivá —, não é preciso esperar pela velhice ou pelo termo das energias. A castidade nasce do amor, e, para um amor limpo, nem a robustez nem a alegria da juventude representam qualquer obstáculo. Jovem era o coração e o corpo de São José quando contraiu matrimônio com Maria, quando soube do mistério da sua maternidade divina, quando viveu junto dela respeitando a integridade que Deus queria oferecer ao mundo como mais um sinal da sua vinda às criaturas"[11].

Esse é o amor que nós — cada um no estado em que foi chamado por Deus — pedimos ao Santo Patriarca; esse é o amor "que ilumina o coração"[12] e nos anima a levar a cabo com alegria a missão que Deus nos confiou.

III. OS EVANGELHOS DESIGNAM São José como *pai* em várias ocasiões[13]. Assim devia tratá-lo Jesus na intimidade do lar de Nazaré, e assim era Jesus considerado por quem o conhecia: era o *filho de José*[14]. E, efetivamente, José exerceu as funções de *pai* dentro da Sagrada Família: foi ele quem pôs o nome a Jesus, quem empreendeu a fuga para o Egito, quem escolheu o lugar de residência ao voltarem

SETE DOMINGOS DE SÃO JOSÉ. TERCEIRO DOMINGO 145

de lá. E Jesus obedeceu a José como a um pai: *Desceu com eles e veio para Nazaré e era-lhes submisso...*[15]

São José teve para com Jesus verdadeiros sentimentos de pai; a graça acendeu naquele coração bem disposto um amor ardente pelo Filho de Deus, maior do que se se tivesse tratado de um filho por natureza. José cuidou de Jesus amando-o como filho e adorando-o como Deus. E o espetáculo — que tinha constantemente diante dos olhos — de um Deus que dava ao mundo o seu amor infinito era um estímulo para amá-lo ainda mais e para se entregar a Ele cada vez mais, com uma generosidade sem limites.

Amava Jesus como se realmente o tivesse gerado, como um dom misterioso de Deus outorgado à sua pobre vida humana. Consagrou-lhe sem reservas as suas forças, o seu tempo, as suas inquietações, os seus cuidados. Não esperava outra recompensa senão poder viver cada vez melhor essa entrega da sua vida. O seu amor era ao mesmo tempo doce e forte, sereno e ardente, emotivo e terno. Podemos imaginá-lo tomando o Menino em seus braços, embalando-o com canções, ninando-o para que dormisse, fabricando-lhe pequenos brinquedos, tendo-o junto de si como fazem os pais, fazendo-lhe carícias que eram atos de adoração e testemunho do mais profundo afeto[16]. Viveu constantemente surpreendido de que o Filho de Deus tivesse querido ser também seu filho. Temos de pedir-lhe que nos ensine a amar e tratar o Senhor como ele o fez.

---

(1) Mt 1, 16; (2) João Paulo II, Exort. apost. *Redemptoris custos*, 15- -VIII-1989, 3; (3) F. M. Willam, *Maria, Mãe de Jesus*, Apost. da Imprensa, Porto, 1959, p. 56 e segs.; (4) cf. Santo Agostinho, *Tratado sobre a virgindade*, 1, 4; (5) São Tomás, *Suma teológica*, III, q. 29, a. 1; (6) João Paulo II, Exort. apost. *Familiaris consortio*, 22-XII-1981, 16; (7) cf. F. M. Willam, *op. cit.*, p. 61; (8) J. M. Lagrange, *L'Évangile selon Saint Lucas*, 3ª ed., Paris, 1923, p. 33; (9) cf. São Tomás, *Suma teológica*, III, q. 36, a. 5, c. e ad. 2; (10) F. Suárez, *José, esposo de María*, Rialp, Madri, 1988, 50; (11) Josemaria Escrivá, *É Cristo que passa*, n. 40; (12) São Tomás, *Sobre a caridade*; (13) Lc 2, 27.41.48; (14) cf. Lc 3, 23; (15) Lc 2, 51; (16) cf. M. Gasnier, *José, o silencioso*, Éfeso, Lisboa,

1964, p. 157.

Sete Domingos de São José. Quarto Domingo

23. DORES E GOZOS (I)

—— O Senhor ilumina sempre os que se conduzem com retidão de intenção. O mistério da
conceição virginal de Maria.
—— Nascimento de Jesus em Belém. A Circuncisão.
—— A profecia de Simeão.

I. QUANDO CONTEMPLAMOS a vida de São José, descobrimos que esteve cheia de penas e alegrias, de dores e gozos.
Mais ainda: o Senhor quis ensinar-nos por meio da sua vida
que a felicidade nunca está longe da Cruz, e que quando
se encaram com sentido sobrenatural a escuridão e o sofrimento, não demoram a chegar à alma a luz e a paz. Junto de
Cristo, as dores tornam-se gozos.

O Evangelho fala-nos da primeira dor e do primeiro
gozo do Santo Patriarca. Escreve São Mateus: *Estando Maria desposada com José, e antes de conviverem, achou-se
ter concebido por obra do Espírito Santo*[1]. José conhecia
bem a santidade de sua esposa, não obstante os sinais da sua
maternidade. E isso mergulhou-o numa situação de perplexidade, de escuridão interior. Ninguém como ele conhecia a
virtude e a bondade do coração de Maria; amava-a com um
amor humano, limpo, puríssimo, sem medida. Mas, porque
era justo, sentia-se ao mesmo tempo obrigado a proceder de
acordo com a lei de Deus. Para evitar a infâmia pública de
Maria, decidiu em seu coração deixá-la secretamente. Foi
para ele — como o foi para Maria — uma prova duríssima
que lhe despedaçou o coração.

Assim como foi imensa a dor, assim deve ter sido incomensurável o gozo quando se fez luz na sua alma. *Enquanto andava com essas coisas no pensamento*, coisas que não entendia, que lhe traziam a alma mergulhada em trevas e que não podia comunicar a ninguém... Enquanto assim se debatia interiormente, apareceu-lhe um anjo em sonhos e disse-lhe: *José, filho de Davi, não temas receber Maria, tua esposa, pois o que nela foi concebido é obra do Espírito Santo*[2]. Todas as dúvidas desapareceram, tudo passava a ter explicação. A sua alma, cheia de paz, lembrava agora o céu claro e limpo depois de uma grande tormenta. Recebe dois tesouros divinos, Jesus e Maria, que constituirão a razão da sua vida. É-lhe dada por esposa a mais admirável e digna de todas as mulheres, Aquela que é a Mãe de Deus, e é-lhe dado o Filho de Deus, feito seu filho por ser também filho de Maria. José é agora outro homem: "Converteu-se em depositário do mistério *escondido desde o princípio dos séculos em Deus* (cf. Ef 3, 9)"[3].

Desta primeira dor e gozo podemos aprender que o Senhor ilumina sempre os que se conduzem com retidão de intenção e confiança em seu Pai-Deus, perante as situações que ultrapassam a capacidade de compreender da razão humana[4]. Nem sempre entendemos os planos de Deus, as suas disposições concretas, o porquê de muitos acontecimentos; mas, se confiamos nEle, depois da escuridão da noite vem sempre a claridade da aurora. E com ela a alegria e a paz da alma.

II. MESES MAIS TARDE, José, acompanhado por Maria, dirige-se a Belém para recensear-se, conforme o edito de César Augusto[5]. Chegaram muito cansados, depois de três ou quatro dias de caminhada; especialmente a Virgem, devido ao estado em que se encontrava. E ali, na cidade dos seus antepassados, não conseguiram lugar para alojar-se. Não havia lugar para eles na estalagem, nem nas casas em que São José pediu pousada para o Filho de Deus que palpitava no seio puríssimo de Maria. Aflito, José deve ter batido de porta em porta relatando a mesma situação:... acabamos de chegar, minha esposa vai dar à luz... A Virgem, uns metros atrás, talvez ao pé do burrinho em que teriam feito grande parte da viagem, contemplava a mesma negativa à entrada de uma casa e outra. Como podemos penetrar na alma de São José para contemplar tão grande tristeza? Com que pena olharia para a sua esposa, cansada, com as sandálias e o vestido cheios do pó do caminho!

É possível que alguém lhes falasse de umas covas naturais à saída do povoado. E José dirigiu-se a uma delas, que servia de estábulo, acompanhado da Virgem. *Estando eles ali, completaram-se os dias do seu parto, e ela deu à luz o seu filho primogênito, e envolveu-o em panos e deitou-o numa manjedoura...*[6]

Todas as penas ficaram completamente esquecidas no momento em que a Virgem pôde ter nos seus braços o filho de Deus, que já desde o instante da concepção era também filho seu. E então beija-o e adora-o... E no meio de tanta pobreza e simplicidade, o exército celestial louvava a Deus dizendo: *Glória a Deus nas alturas...*[7] José também participou da felicidade radiante dAquela que era sua esposa, da mulher maravilhosa que lhe tinha sido confiada. Viu como a Virgem olhava para o Filho; contemplou a sua felicidade, o seu amor transbordante, cada um dos seus gestos, tão cheios de delicadeza e significado[8].

Esta dor e gozo ensinam-nos a compreender melhor que vale a pena servir a Deus, ainda que enfrentemos dificuldades, pobreza, dor... No final, um só olhar da Virgem compensará abundantemente os pequenos sofrimentos, às vezes um pouco maiores, que teremos de passar se realmente queremos dedicar a vida a Deus.

Quando se completaram os oito dias para circuncidar o Menino, foi-lhe posto o nome de Jesus, como lhe tinha chamado o anjo antes de ser concebido no seio materno[9]. Se para os judeus o nome tinha um significado especial, muito mais no caso de Jesus, pois fora escolhido pelo próprio Deus e comunicado pelo anjo à Virgem: ... *a quem porás o nome de Jesus, porque Ele salvará o povo dos seus pecados*[10].

Ora bem, fora decretado pela Santíssima Trindade que o Filho viesse à terra e nos redimisse sob o sinal da dor; era, pois, necessário que a imposição do seu nome — que significava a missão que iria realizar — estivesse acompanhada de um começo doloroso. E assim, unindo o gesto à palavra, José inaugurou o mistério da Redenção procedendo ao rito da circuncisão. Aquele Menino que chorava ao receber o seu nome iniciava naquele momento o seu ofício de Salvador.

São José sofreu ao ver aquelas primeiras gotas de sangue derramado. Porque, conhecendo a Escritura, sabia, ainda que veladamente, que um dia Aquele que já era seu filho derramaria até a última gota do seu Sangue para levar a cabo o que o seu nome significava. Encheu-se também de gozo ao tê-lo em seus braços e poder chamar-lhe Jesus, nome que depois tantas vezes repetiria cheio de respeito e de amor. Sempre se lembraria do mistério que continha.

III. *ASSIM QUE SE COMPLETARAM os dias da purificação, conforme a Lei de Moisés, levaram-no a Jerusalém para apresentá-lo ao Senhor*[11]. Tiveram então lugar, no recinto do Templo, a *purificação de Maria* de uma impureza legal em que não tinha incorrido, e a *apresentação*, a oferenda de Jesus e o seu resgate, como estava prescrito na Lei de Moisés. Nesse momento, movido pelo Espírito Santo, veio ao encontro da Sagrada Família um homem justo, já entrado em anos. Com imensa alegria, tomou o Messias em seus braços e louvou a Deus.

Simeão anuncia-lhes que aquele Menino de poucos dias será um *sinal de contradição*, porque alguns se obstinarão em rejeitá-lo; e profetiza também que Maria estará intimamente unida à obra redentora do seu Filho: uma *espada* trespassará o seu coração. Essa "espada" prenuncia a participação de Maria nos sofrimentos do Filho; é uma dor indescritível, que atravessa a sua alma. Maria vislumbra imediatamente a imensidade do sacrifício do seu Filho, e portanto, o seu próprio sacrifício. Dor imensa sobretudo porque, naquele momento em que é chamada Corredentora,

SETE DOMINGOS DE SÃO JOSÉ. QUARTO DOMINGO 151

sabe que muitos não quererão participar das graças do sacrifício do seu Filho.

O anúncio de Simeão, "a espada no coração de Maria — e acrescentamos imediatamente: no coração de José, que é uma só coisa com ela, *cor unum et anima una* — não é mais do que o reflexo de uma luta a favor de Jesus ou contra Ele. Maria está, assim, associada [...] ao drama dos diversos atos que constituirão a história dos homens. Mas, para nós, é evidente que também José está associado a ele, na medida em que um pai pode estar associado à vida do seu filho, na medida em que um esposo fiel e amante pode estar associado a tudo o que diz respeito à sua esposa"[12]. Muito mais no caso de José: quando ouviu Simeão, também uma espada atravessou o seu coração.

Naquele dia, descerrou-se um pouco mais o véu do mistério da Salvação que seria levada a cabo por aquele Menino que estava sob os cuidados do Santo Patriarca. Por aquela nova janela aberta na sua alma, José contemplou a dor do Filho e da esposa. E fê-las suas. Nunca esqueceria as palavras que ouviu naquela manhã no Templo.

Junto desta dor, a alegria da profecia da Redenção universal: Jesus estava colocado *diante das nações*, seria *a luz que ilumina todos os povos e a glória de Israel*. Nenhuma pena é tão grande como a de ver a resistência que se opõe à graça; nenhuma alegria é comparável à de ver a Redenção que continua a realizar-se hoje. Não participamos dessa alegria quando um amigo nosso se aproxima novamente de Deus pelo sacramento da Penitência ou decide dedicar a sua vida a Deus sem condições?

"Ó Virgem Santíssima e Amável — pedimos a Nossa Senhora —, ajuda-nos a compartilhar os sofrimentos de Jesus como Tu o fizeste e a sentir no nosso coração um profundo horror ao pecado, um desejo mais vibrante de santidade, um amor mais generoso por Jesus e pela sua Cruz, para que, como Tu, reparemos com o nosso amor ardente e compassivo os imensos padecimentos e humilhações do teu Filho"[13]. São José, nosso Pai e Senhor, ajuda-nos com a tua intercessão poderosa a levar a Jesus muitos que estão afastados ou, pelo menos, não estão suficientemente perto, como Ele deseja.

(1) Mt 1, 18; (2) Mt 1, 20; (3) João Paulo II, Exort. apost. *Redemptoris custos*, 15-VIII-1989, 5; (4) cf. Sagrada Bíblia, *Santos Evangelhos*, nota a Mt 1, 20; (5) cf. Lc 2, 1; (6) Lc 2, 6-7; (7) Lc 2, 13-14; (8) cf. F. Suárez, *José, esposo de Maria*, p. 109; (9) Lc 2, 21; (10) Mt 1, 21; (11) Lc 2, 22; (12) L. Cristiani, *Patrón de la Iglesia universal*, Rialp, Madri, 1978, p. 66; (13) A. Tanquerey, *La divinización del sufrimiento*, p. 116.

SETE DOMINGOS DE SÃO JOSÉ. QUINTO DOMINGO

24. DORES E GOZOS (II)

—— Fuga para o Egito.
—— O regresso a Nazaré.
—— Jesus perdido e achado no Templo.

I. UM DIA, provavelmente quando já se tinha instalado numa modesta casa de Belém, a Sagrada Família recebeu a inesperada e surpreendente visita dos magos, com os seus dons em homenagem ao Menino Jesus. Mas pouco depois de estes ilustres personagens se terem ido embora, um Anjo do Senhor apareceu em sonhos a José e disse-lhe: *Levanta-te, toma o menino e sua mãe, e foge para o Egito, e fica ali até que eu te avise, porque Herodes vai procurar o Menino para tirar-lhe a vida*[1].

À alegria da visita daqueles homens importantes, seguiu-se o abandono da casa recém-instalada e da pequena clientela que José já teria em Belém, a viagem para um país estranho e desconhecido e, sobretudo, o temor de Herodes, que procurava o Menino *para matá-lo*. Uma vez mais, é o misto de luzes e sombras em que Deus tantas vezes deixa aqueles que escolhe: a par de umas alegrias que não têm comparação possível, envia-lhes grandes sofrimentos. Deus não quer os seus longe da alegria, mas também não da Cruz[2]. O Senhor, "que ama os homens — sublinha São João Crisóstomo ao comentar esta passagem — misturava sofrimentos e doçuras, estilo que Ele utiliza com todos os santos. Nem os perigos nem os consolos no-los dá contínuos, mas vai compondo a vida dos justos com uns e outros. E assim foi com José"[3].

A Sagrada Família pôs-se a caminho imediatamente, como o anjo indicara, e certamente não levaram consigo senão o indispensável para a viagem. "José era pobre e por isso foi-lhe fácil partir ao primeiro sinal. Os seus pertences não eram para ele nenhum obstáculo! Nenhum tipo de *impedimenta* (de bagagem), teriam dito os latinos. Empunha o seu bastão de viagem, apresta a sua humilde montaria — um burro — e nela parte sem delongas com Maria e o Menino--Deus. Por essa pobreza, passará inadvertido. E porque, além da pobreza, pratica a humildade e a obediência nos seus mais altos graus, obedece sem demora e sem um protesto às ordens celestiais"[4].

Já no Egito, São José teve que reconstruir o seu lar. Não sabemos quanto tempo tardou a estabelecer-se, mas não temos dúvida de que teria empregado todos os meios humanos ao seu alcance para consegui-lo no mais curto espaço de tempo. Ali permaneceu, em terra estranha, talvez durante anos, mas com o gozo e a alegria — que recordaria pelo resto da sua vida — de conviver com Jesus e sua Mãe. Talvez mais tarde, novamente em Nazaré, evocassem aquela época como "os anos do Egito" e falassem das preocupações e sofrimentos da viagem e dos primeiros meses, mas também da paz de que desfrutaram, eles, os pais, ao verem Jesus crescer e aprender as primeiras orações dos lábios deles.

Jesus aparece-nos junto da Cruz desde os começos e, com Ele, as pessoas que mais amava e que mais o amavam, Maria e José. Diante daqueles planos difíceis de entender, o Santo Patriarca sofreu, mas não se revoltou; como também nós "não devemos surpreender-nos demasiado em face da contradição, da dor ou da injustiça, nem mesmo perder por isso a serenidade. São planos divinos"[5].

II. A SAGRADA FAMÍLIA permaneceu no Egito até a morte de Herodes[6]. *Tendo morrido Herodes, o anjo do Senhor apareceu em sonhos a José, no Egito, e disse-lhe: Levanta-te, toma o menino e sua mãe, e vai para a terra* de Israel, porque morreram os que atentavam contra a vida do menino[7].

José assim o fez. Mas "nas diversas circunstâncias da sua vida, o Patriarca não renuncia a pensar nem desiste da sua responsabilidade. Pelo contrário, coloca toda a sua experiência humana a serviço da fé. Quando volta do Egito, *ouvindo que Arquelau reinava na Judeia em lugar de seu pai Herodes, temeu ir para lá* (Mt 2, 22). Aprendeu a mover-se dentro do plano divino e, como confirmação de que os seus pensamentos vão ao encontro do que Deus realmente quer, recebe a indicação de se retirar para a Galileia"[8]. E foi viver em Nazaré[9].

José levanta uma vez mais o seu lar e pretende dirigir-se para a Judeia, com toda a probabilidade para Belém, de onde tinham partido anos atrás. Mas mais uma vez Deus Pai não quis poupar as dificuldades e o medo àqueles que mais amava na terra. Pelo caminho, José deve ter sabido que quem reinava agora na Judeia era Arquelau, que tinha a mesma fama de ambição e de crueldade que seu pai. E ele levava um tesouro demasiado valioso para expô-lo a qualquer perigo, e *temeu ir para lá*. Enquanto refletia onde seria mais conveniente para Jesus instalar-se — sempre é Jesus quem motiva as decisões da sua vida —, foi avisado em sonhos e partiu para a região da Galileia. Em Nazaré encontrou antigos amigos e parentes, adaptou-se às novas circunstâncias e viveu com Jesus e Maria uns anos de felicidade e de paz.

Nós pedimos hoje a Maria e a José que, para podermos amar mais a Deus, saibamos aproveitar santamente as contrariedades e dificuldades da vida, e que não nos desconcertemos se, por querermos seguir o Senhor um pouco mais de perto, nos sentimos às vezes mais próximos da Cruz, como uma bênção e sinal de predileção divina. "Ó Virgem bendita, que soubeste aproveitar tão bem a tua permanência em terra estrangeira, ajuda-nos a aproveitar bem a nossa neste vale de lágrimas! Que sigamos o teu exemplo e saibamos oferecer a Deus os nossos trabalhos, doenças e dores para que Jesus Cristo reine mais intimamente na nossa alma e na do nosso próximo"[10]. E pedimos a São José que nos torne fortes nas dificuldades, de olhos sempre postos em Jesus, que também está muito perto de nós. Ele será a nossa força.

III. NA ÚLTIMA DOR E GOZO do Santo Patriarca, contemplamos Jesus perdido e achado no Templo.

A Lei prescrevia que todos os israelitas deviam ir em peregrinação ao Templo de Jerusalém nas três principais festas: Páscoa, Pentecostes e Tabernáculos. Esta prescrição obrigava a partir dos doze anos. Quando se vivia a mais de um dia de caminho, bastava comparecer a uma delas. A Lei nada dizia a respeito das mulheres, mas era costume que acompanhassem o marido. Maria e José, como bons israelitas, iam todos os anos a Jerusalém para a festa da Páscoa. Quando Jesus fez doze anos, subiu a Jerusalém com os pais[11].

Se a viagem demorava mais de um dia — era o caso de Nazaré —, costumavam reunir-se várias famílias e percorrer juntas o caminho. Terminada a festa, que durava uma semana, as pequenas caravanas voltavam a reunir-se nos arredores da cidade e empreendiam o regresso. Os homens caminhavam juntos num grupo e as mulheres noutro; as crianças faziam o percurso indistintamente com um ou outro. Homens e mulheres reuniam-se ao entardecer para a refeição da noite.

Quando Maria e José se reuniram ao cabo da primeira etapa da viagem, notaram imediatamente a ausência de Jesus. A princípio, pensaram que ia em algum outro grupo, e começaram a procurá-lo. Ninguém tinha visto Jesus! A jornada seguinte foi gasta em indagar sobre o Menino; procuraram-no entre os parentes e conhecidos. Ninguém tinha a menor notícia!

Maria e José estavam com o coração encolhido, cheios de angústia e de dor. O que teria acontecido? Aquela última noite antes de regressarem a Jerusalém deve ter sido terrível. No dia seguinte, já na cidade, percorreram as ruas perguntando pelo Menino por toda a parte. Perguntam, descrevem o filho, mas ninguém sabe nada. "Continuam a busca — José de rosto contraído, Maria curvada pela dor —, ensinando às gerações futuras como se devem comportar quando se tem a infelicidade de perder Jesus"[12].

Talvez o pior de tudo tenha sido o aparente silêncio de Deus. Ela, a Virgem, era a preferida de Deus; ele, José, fora escolhido para velar por ambos, e tinha também provas mais do que suficientes da intervenção divina nos assuntos dos homens. Como era possível que, ao cabo de dois dias de clamor incessante aos Céus, de busca ansiosa e porfiada, o Céu permanecesse mudo às suas súplicas e aos seus sofrimentos?[13] Há ocasiões na nossa vida em que Deus se cala; parece que o perdemos. Umas vezes, por nossa culpa; outras, para que o procuremos. "Jesus! Que eu nunca mais te perca..."[14], dizemos na intimidade do nosso coração.

No terceiro dia, quando pareciam esgotadas todas as possibilidades, encontraram Jesus. Imaginemos a felicidade que inundaria as almas de Maria e de José, os seus rostos resplandecentes ao voltarem para casa com o autor da alegria, com o próprio Deus, que se tinha perdido e que acabavam de encontrar. Levariam o Menino no meio dos dois, como que temendo perdê-lo de novo; ou, ao menos — se não temiam perdê-lo —, querendo desfrutar mais da sua presença, de que tinham estado privados durante três dias: três dias que tinham parecido séculos pela amargura da dor.

"Jesus! Que eu nunca mais te perca..." Pedimos a São José que nunca percamos Jesus pelo pecado, que não se obscureça o nosso olhar pela tibieza, para podermos ver nitidamente o rosto amável do Senhor. Pedimos-lhe também que nos ensine a procurar Jesus com todas as forças — como *a única coisa necessária* —, se alguma vez temos a desgraça de perdê-lo.

---

(1) Mt 2,13; (2) cf. Sagrada Bíblia, *Santos Evangelhos*, nota a Mt 2, 14; (3) São João Crisóstomo, *Homilias sobre São Mateus*, 8; (4) L. Cristiani, *San José, patrón de la Iglesia universal*, p. 78; (5) F. Suárez, *José, esposo de Maria*, p. 168; (6) Mt 2, 14; (7) Mt 2, 19; (8) Josemaria

Escrivá, *É Cristo que passa*, n. 42; (9) Mt 2, 23; (10) A. Tanquerey, *La divinización del sufrimiento*, p. 120; (11) cf. Lc 2, 41-42; (12) M. Gasnier, *José, o silencioso*, p. 146; (13) F. Suárez, *ib.*, p. 190; (14) Josemaria Escrivá, *Santo Rosário*, V mist. gozoso.

SETE DOMINGOS DE SÃO JOSÉ. SEXTO DOMINGO

25. MORTE E GLORIFICAÇÃO DE SÃO JOSÉ

—— Morte do Santo Patriarca entre Jesus e Maria. Padroeiro da boa morte.
—— Glorificação de São José.
—— Pedir-lhe pelas vocações.

I. *BEM-AVENTURADO FOI JOSÉ, assistido na sua última hora pelo próprio Senhor e por sua Mãe... Vencedor desta mortalidade, aureolada a fronte de luz, emigrou para a Casa do Pai...*[1]

Tinha chegado a hora de deixar este mundo, e com ele, Jesus e Maria, os seus tesouros, que lhe tinham sido confiados e que, com a ajuda de Deus, procurara levar para diante com o seu trabalho diário. Tinha cuidado do Filho de Deus, tinha-lhe ensinado o seu próprio ofício e um sem-fim de coisas que um pai esmiuça ao filho com pequenas explicações. Levara a cabo o seu ofício paterno com a máxima fidelidade. Consumara a tarefa que fora chamado a realizar.

Não sabemos em que momento ocorreu a morte do Santo Patriarca. Da última vez em que aparece no Evangelho, Jesus tinha doze anos. Também não parece haver dúvida de que morreu antes de Jesus ter começado o seu ministério público. Quando Jesus voltou a Nazaré para pregar, as pessoas interrogavam-se: *Por acaso não é este o filho de Maria?*[2] Geralmente, só se fazia referência direta à mãe quando o chefe de família tinha morrido. Quando Maria é convidada para as bodas de Caná, nos primórdios da vida pública de Jesus, não se menciona o nome de José, o que seria insólito, segundo os costumes da época, se o Santo Patriarca ainda vivesse. Também não é mencionado ao longo da vida pública do Senhor. No entanto, os habitantes de Nazaré chamam Jesus em certa ocasião *o filho do carpinteiro*, o que pode indicar que não tinha passado muito tempo desde a sua morte, pois aquelas pessoas ainda se lembravam dele. De qualquer modo, José não aparece no momento em que Jesus está a ponto de expirar; se ainda vivesse, Jesus não teria confiado o cuidado de sua Mãe ao discípulo amado.

São José não pôde com certeza ter uma morte mais serena, acompanhado por Jesus e Maria, que estariam ao seu lado piedosamente. Jesus confortá-lo-ia com palavras de vida eterna, e Maria rodeá-lo-ia dos cuidados e atenções cheias de carinho que se têm com um doente a quem se ama de verdade. "A piedade filial de Jesus acalentou-o na agonia. Ouviu Jesus anunciar-lhe que a separação não seria por muito tempo e que voltariam a ver-se em breve. Ouviu-o falar-lhe do banquete eterno e de que ia ser acolhido por esse Pai de quem tinha sido procurador neste mundo: «Servo bom e fiel, a jornada de trabalho acabou para ti. Vais entrar na casa de Deus para receber o teu salário. Porque tive fome e me deste de comer, tive sede e me deste de beber; não tinha casa e me acolheste, estava nu e me vestiste...»"[3]

Jesus e Maria fecharam os olhos de José e prepararam o seu corpo para o sepultamento... Aquele que mais tarde choraria sobre o túmulo do seu amigo Lázaro derramou certamente lágrimas diante do corpo daquele que durante tantos anos se desvivera por Ele e pela sua Mãe. E os que viram o Senhor chorar nessa ocasião teriam talvez nos lábios as mesmas palavras que em Betânia: Vede como o amava!

É lógico que São José tenha sido proclamado *Padroeiro da boa morte*, pois ninguém teve uma morte tão pacífica e serena, entre Jesus e Maria. A ele recorreremos quando estivermos ajudando alguém a bem morrer. A ele pediremos

SETE DOMINGOS DE SÃO JOSÉ. SEXTO DOMINGO

ajuda quando estivermos prestes a partir para a casa do Pai. Ele nos levará pela mão até a presença de Jesus e de Maria.

II. DEPOIS DA SANTÍSSIMA VIRGEM[4], São José goza da glória máxima em virtude da santidade da sua vida na terra, consumida em favor do Filho de Deus e de sua Santíssima Mãe. Por outro lado,"se Jesus honrou São José na sua vida mais do que a nenhum outro, chamando-lhe *pai*, também o exaltou com certeza por cima de todos depois da sua morte"[5].

Imediatamente após a morte, a *alma* de São José foi certamente para o *seio de Abraão*, onde os patriarcas e os justos de todos os tempos aguardavam a redenção que tinha começado. Ali deve ter anunciado que o Redentor já estava na terra e que em breve se abririam as portas do Céu. "E os justos estremeceriam de esperança e de agradecimento. Rodeariam José e entoariam um cântico de louvor que nunca mais se interromperia"[6].

Muitos autores pensam, com argumentos sólidos, que o *corpo* de São José, unido à sua alma, se encontra também glorioso no Céu, partilhando com Jesus e com Maria da eterna bem-aventurança. Consideram que a plena glorificação de São José se deu provavelmente depois da ressurreição de Jesus. Um dos fundamentos em que se apoia esta doutrina, moralmente unânime desde o século XVI, é a referência de São Mateus aos acontecimentos ocorridos depois da morte do Senhor: *Muitos corpos de santos ressuscitaram*[7]. Diversos Doutores da Igreja e teólogos pensam que Jesus, ao escolher uma escolta de ressuscitados para proclamar a sua própria ressurreição e dar maior realce ao seu triunfo sobre a morte, incluiu nela em primeiro lugar o seu pai adotivo.

Como seria o novo encontro de Jesus com São José! "O glorioso Patriarca — diz São Francisco de Sales — tem no Céu um grandíssimo crédito junto dAquele que tanto o favoreceu conduzindo-o ao Céu em corpo e alma [...]. Como lhe havia de negar esta graça Aquele que durante a vida lhe obedeceu? Eu penso que José, vendo Jesus [...], lhe diria:

"Meu Senhor, lembra-te de que, quando desceste do Céu à terra, eu te recebi na minha família e na minha casa, e, quando apareceste no mundo, abracei-te com ternura nos meus braços. Agora toma-me nos teus e, assim como te alimentei e te conduzi durante a tua vida mortal, cuida de conduzir-me à vida eterna"[8].

Certa vez, São Josemaria Escrivá, Fundador do Opus Dei, respondia com estas palavras a um jovem que lhe perguntou de chofre onde estaria o corpo de São José: "No Céu, meu filho, no Céu. Se houve muitos santos que ressuscitaram — di-lo a Escritura — quando o Senhor ressuscitou, entre eles devia estar com certeza São José". E dizia o mesmo em outra ocasião: "Hoje é sábado e podemos fixar a nossa atenção nos mistérios gloriosos [...]. Ao contemplares rapidamente o quarto mistério — a Assunção de Nossa Senhora —, pensa que a tradição nos diz que São José morreu antes, assistido pela Virgem e por Nosso Senhor. Não há dúvida — porque assim o diz a Sagrada Escritura — de que, quando Cristo saiu vivo do sepulcro, com Ele ressuscitaram muitos justos, que subiram com Ele ao Céu [...]. Não é lógico que quisesse ter ao seu lado aquele que lhe tinha servido de pai na terra?"[9]

Assim podemos contemplar hoje o Santo Patriarca no quarto mistério glorioso do Santo Rosário: novamente junto de Jesus e Maria, com o seu corpo glorioso, intercedendo por nós em qualquer necessidade.

Fecit te Deus quasi patrem Regis et dominum universae domus eius. Deus te constituiu pai do Rei e senhor de toda a sua casa. Roga por nós[10].

III. PODE-SE ADMITIR PIEDOSAMENTE, mas não assegurar — ensina São Bernardino de Sena —, que o piedosíssimo Filho de Deus, Jesus, honrou seu pai nutrício com o mesmo privilégio que concedeu à sua Santíssima Mãe; assim como Ela subiu ao Céu gloriosa em corpo e alma, assim também, no dia da sua ressurreição, Jesus uniu consigo o santíssimo José na glória da Ressurreição; para que, assim como aquela Santa Família — Cristo, a Virgem e

SETE DOMINGOS DE SÃO JOSÉ. SEXTO DOMINGO

José — viveu junta em laboriosa vida e em graça amorosa, assim agora na glória feliz reine com o corpo e a alma nos Céus"[11].

Os teólogos que sustentam esta doutrina, cada vez mais geral, acrescentam outras razões de conveniência: a dignidade especialíssima de São José — fruto da missão que lhe coube exercer na terra e da fidelidade singular com que o fez — ver-se-ia confirmada mediante este privilégio; o amor inefável de Jesus e Maria pelo Santo Patriarca parece pedir que o tenham feito participar imediatamente da ressurreição sem esperar pelo fim dos tempos; convém à santidade sublime de São José — anterior e tão superior à dos outros santos — uma participação antecipada no prêmio final de todos; a sua afinidade com Jesus e Maria, o trato íntimo que manteve com a Humanidade do Redentor, parecem exigir maior isenção da corrupção do sepulcro; a sua missão singularíssima, como Padroeiro universal da Igreja, coloca-o numa esfera superior à de todos os cristãos e parece reclamar que ele não se iguale aos outros na sujeição à morte, mas exerça o seu patrocínio universal na posse da plenitude da imortalidade[12].

São José cumpriu fidelissimamente na terra a missão que Deus lhe tinha confiado. A sua vida foi uma entrega constante e sem reservas à sua vocação divina, para bem da Sagrada Família e de todos os homens[13]. Agora, no Céu, o seu coração continua a nutrir "uma singular e preciosa simpatia por toda a humanidade"[14], particularmente por todos aqueles que, por uma vocação específica, se entregam plenamente a servir sem condições o Filho de Deus no meio do seu trabalho profissional, como ele o fez. Peçamos-lhe hoje que sejam muitos os que recebam a vocação para uma entrega plena a Deus e que correspondam a essa chamada. E que todos sejamos bons instrumentos para fazer chegar às almas esse apelo claro do Senhor, pois a messe continua a ser muita e os operários poucos[15].

164 MORTE E GLORIFICAÇÃO DE SÃO JOSÉ

(1) Liturgia das Horas, Hino *Iste quem laeti*; (2) cf. Mc 6, 3; (3) M. Gasnier, *José, o silencioso*, p. 199; (4) cf. B. Llamera, *Teología de San José*, p. 298; (5) Isidoro de Isolano, *Suma de los dones de San José*, IV, 3; (6) *ib.*; (7) Mt 27, 52; (8) São Francisco de Sales, *Sermão sobre São José*, 7; (9) cit. por L. M. Herran, *La devoción a San José en la vida y enseñanzas de Mons. Escrivá de Balaguer*, Palabra, Madri, 1981, p. 46; (10) cf. Liturgia das Horas, *Responsório da segunda leitura* da Solenidade de São José; (11) São Bernardino de Sena, *Sermão sobre São José*, 3; (12) cf. B. Llamera, *ib.*, pp. 305-306; (13) cf. João Paulo II, Exort. apost. *Redemptoris custos*, 15-VIII-1989, 17; (14) Paulo VI, *Homilia*, 19-III-1969, (15) cf. Mt 9, 37.

SETE DOMINGOS DE SÃO JOSÉ. SÉTIMO DOMINGO

26. O PATROCÍNIO DE SÃO JOSÉ

—— Intercessão dos santos.
—— Recorrer a São José em todas as necessidades.
—— Patrocínio do Santo Patriarca sobre toda a Igreja e sobre cada cristão em particular.

I. O MAGISTÉRIO DA IGREJA declarou muitas vezes que os santos no Céu oferecem a Deus os méritos que alcançaram na terra pelos que ainda se encontram em plena caminhada. Também ensina que é bom e proveitoso invocá-los não só em geral, mas particularmente, como intercessores que são diante de Deus[1]. Ao explicar a intercessão dos santos, São Tomás diz que ela não se deve à imperfeição da misericórdia divina, nem à conveniência de suscitar a sua clemência por esse meio, mas à necessidade de observar a devida ordem, já que os santos estão mais perto de Deus[2]. A ajuda que prestam aos necessitados é um elemento da glória que lhes cabe, pois assim se tornam cooperadores de Deus, "e acima disso não há nada que seja mais divino"[3].

Ainda que os santos não estejam em estado de merecer, podem pedir graças em virtude dos méritos que alcançaram em vida e que apresentam à misericórdia divina. Podem fazê-lo também apresentando as nossas súplicas, reforçadas pelas deles, e oferecendo novamente a Deus as obras boas que praticaram na terra[4] e que duram para sempre.

Ainda que não mereçam para si próprios — o tempo de merecer terminou com a morte —, estão, no entanto, em "estado de merecer para os outros, ou melhor, de ajudá-los em virtude dos seus méritos anteriores, já que, enquanto viveram, mereceram diante de Deus que as suas orações fossem ouvidas depois da morte"[5]. As ajudas ordinárias e extraordinárias que nos conseguem dependem do grau de união com Deus que alcançaram em vida, da perfeição da sua caridade[6], dos méritos que obtiveram na sua vida terrena, e ainda da devoção com que são invocados "ou porque Deus quer declarar a sua santidade"[7].

A intercessão de alguns deles é especialmente eficaz em algumas causas e necessidades. Não se afasta da verdade a piedade das almas simples que recorrem a determinados santos numa necessidade específica. A intercessão dos santos — ensina São Tomás — "depende muito particularmente dos méritos acidentais que adquiriram nos seus diversos estados e ocupações. Aquele que mereceu extraordinariamente padecendo uma doença ou desempenhando determinado ofício, deve ter virtude para ajudar os que padecem e o invocam na mesma doença ou desempenham o mesmo ofício e cumprem os mesmos deveres"[8].

Referindo-se à eficácia da intercessão de São José, diz Santa Teresa que, assim como parece que Deus concedeu a certos santos a capacidade de intercederem por alguma necessidade em particular, "quanto ao glorioso São José, tenho experiência de que socorre em todas. Quer o Senhor dar a entender que, assim como lhe esteve sujeito na terra — pois São José, embora fosse aio, tinha o nome de pai, e portanto podia mandar-lhe —, assim no Céu atende a todos os seus pedidos"[9]. Não deixemos de recorrer a ele em todas as nossas dificuldades.

II. PELA SUA SANTIDADE e pelos méritos singulares que o Santo Patriarca adquiriu no cumprimento da sua missão de fiel guardião da Sagrada Família, a sua intercessão é a mais poderosa de todas, se exceturmos a da Santíssima Virgem. E além disso é a mais universal, estendendo-se às necessidades tanto espirituais como materiais e a todos os homens em qualquer estado em que se encontrem.

Diz Paulo VI: "Assim como a lâmpada doméstica — que difunde uma luz familiar e tranquila, mais íntima e confidencial, convidando à vigilância laboriosa e cheia de graves pensamentos — conforta do tédio do silêncio e do temor à solidão [...], assim a piedosa figura de São José difunde os seus raios benéficos na Casa de Deus que é a Igreja: enche-a de humaníssimas e inefáveis recordações da vinda a este mundo do Verbo de Deus, feito homem por nós e como nós, e que viveu sob a proteção, guia e autoridade do pobre artesão de Nazaré; e ilumina-a com o incompará-vel exemplo que caracteriza o mais afortunado dos santos, pela sua grande comunhão de vida com Cristo e Maria, pelo seu serviço a Cristo, pelo seu serviço amoroso"[10].

Jesus e Maria, com o seu exemplo em Nazaré, convidam--nos a recorrer a São José. A delicadeza com que o trataram é modelo para todos nós. Pelo amor e veneração com que recorriam a ele e recebiam os seus serviços, proclamaram a segura firmeza e confiança com que devemos implorar a sua ajuda poderosa. Quando "nos aproximarmos de São José para implorar o seu auxílio, não hesitemos nem te-mamos, mas tenhamos uma fé firme, pois tais rogos serão gratíssimos ao Deus imortal e à Rainha dos Anjos"[11]. Nos-sa Senhora a ninguém amou mais — depois de Deus — do que a São José, seu esposo, que a ajudou e protegeu, a quem Ela se sentiu feliz de estar submetida. Quem pode imaginar a eficácia de uma súplica dirigida por São José à Virgem, sua esposa, em cujas mãos o Senhor depositou todas as graças? Parte daqui a comparação que os autores se comprazem em repetir: "Assim como Cristo é o único medianeiro diante do Pai, e o caminho para chegar a Cristo é Maria, sua Mãe, assim o caminho seguro para chegar a Maria é São José. De José a Maria, de Maria a Cristo e de Cristo ao Pai"[12].

A Igreja procura em São José o mesmo apoio, fortaleza, defesa e paz que ele soube proporcionar à Sagrada Família de Nazaré[13]. O patrocínio de São José estende-se de modo particular à Igreja universal, às almas que aspiram à santida-de no meio do trabalho cotidiano, às famílias cristãs e àque-les que se encontram prestes a deixar este mundo a caminho da casa do Pai.

"Tens de amar muito São José, amá-lo com toda a tua alma, porque é a pessoa que, com Jesus, mais amou Santa Maria e quem mais privou com Deus: quem mais o amou, depois da nossa Mãe.

"— Ele merece o teu carinho, e a ti convém-te buscar o seu convívio, porque é Mestre de vida interior e pode muito diante do Senhor e diante da Mãe de Deus"[14].

III. O PATROCÍNIO DE SÃO JOSÉ sobre a Igreja é o prolongamento daquele que exerceu sobre Jesus, Cabeça da Igreja, e sobre Maria, Mãe da Igreja. Esta a razão por que foi declarado *Padroeiro universal da Igreja*[15]. Aquela casa de Nazaré, que José governava com autoridade paterna, continha em germe a Igreja nascente. Convém, pois, que José, assim "como em outro tempo cuidou santamente da Família de Nazaré em todas as suas necessidades, assim defenda agora e proteja com celestial patrocínio a Igreja de Cristo"[16].

Esta declaração foi feita em momentos difíceis por que passava a nossa Mãe a Igreja, em circunstâncias e por motivos que subsistem nos dias de hoje[17]. Por isso, se devemos recorrer sempre ao Santo Patriarca, devemos fazê-lo de modo especial quando vemos que a Igreja é mais atacada, desobedecida na pureza da sua doutrina, menosprezada nos seus ditames morais, nos princípios de justiça e de concórdia entre as classes sociais, de respeito aos valores humanos e cristãos na pesquisa científica, de defesa da vida desde que é concebida até que Deus dispõe que cesse. Os Papas encorajaram constantemente esta devoção a São José[18].

A missão de São José prolonga-se através dos séculos, e a sua paternidade alcança cada um de nós. "Quereria persuadir a todos de que fossem devotos deste glorioso santo — escreve Santa Teresa —, pela grande experiência que tenho de quantos bens alcança de Deus. Não conheço pessoa que deveras lhe seja devota e lhe renda particulares obséquios, que não a veja medrar na virtude, porque muitíssimo ajuda ele as almas que se encomendam ao seu patrocínio. Parece-me de alguns anos para cá que, sempre que lhe pedi alguma coisa no dia da sua festa, nunca deixei de a ver realizada.

SETE DOMINGOS DE SÃO JOSÉ. SÉTIMO DOMINGO 169

E se o pedido vai por caminho um pouco torto, ele o endireita para maior bem meu.

"Se eu fosse pessoa com autoridade para escrever, de bom grado me estenderia em narrar muito em detalhe as mercês que este bendito Santo me tem feito a mim e a outros [...]. Só peço por amor de Deus que o prove quem não me crer; e verá por experiência o grande bem que é encomendar-se a este excelso Patriarca e ter-lhe amor... Em particular, as pessoas de oração sempre deveriam ser-lhe afeiçoadas. Não sei como se pode pensar na Rainha dos Anjos, no tempo que tanto passou com o Menino Jesus, sem dar graças a São José pelo auxílio que lhes prestou"[19].

Não se ouve São José no Evangelho; no entanto, ninguém ensinou melhor. "Nas coisas humanas, José foi mestre de Jesus; conviveu diariamente com Ele, com carinho delicado, e cuidou dEle com abnegação alegre. Não será esta uma boa razão para considerarmos este varão justo, este Santo Patriarca, em que culmina a fé da Antiga Aliança, como Mestre de vida interior? A vida interior não é outra coisa senão uma relação de amizade assídua e íntima com Cristo, para nos identificarmos com Ele. E José saberá dizer-nos muitas coisas sobre Jesus"[20].

Recorramos frequentemente ao seu patrocínio e de modo muito particular nestes dias tão próximos da sua festa. Sigamos o exemplo "das almas mais sensíveis aos impulsos do amor divino", as quais "veem com razão em José um luminoso exemplo de vida interior"[21]. *Sê sempre, São José, o nosso protetor. Que o teu espírito interior de paz, de silêncio, de trabalho e oração, a serviço da Santa Igreja, nos vivifique e alegre, em união com a tua Esposa, nossa dulcíssima Mãe imaculada, num solidíssimo e suave amor a Jesus, nosso Senhor*[22].

---

(1) Cf. Conc. de Trento, Ses. 25, *De invocatione et veneratione sanctorum*; Dz 984; Conc. Vat. II, Const. *Lumen gentium*, 49; (2) cf. São Tomás, *Suma teológica*, Supl., q. 72, a. 2 c e ad 1; (3) cf. *Suma teológica*, a. 1; (4) *Suma teológica*, a. 3; (5) *Suma teológica*, ad 4; (6) *Suma*

170 O PATROCÍNIO DE SÃO JOSÉ

teológica, I-II, q. 144, a. 4; (7) *Suma teológica*, II-II, q. 83, a. 11 ad 1 e 4; (8) B. Llamera, *Teología de San José*, p. 312; (9) Santa Teresa, *Vida*, 6; (10) Paulo VI, *Homilia*, 19-III-1966; (11) Isidoro de Isolano, *Suma de los dones de San José*, IV, 8; (12) B. Llamera, *op. cit.*, p. 315; (13) cf. E. S. Gilbert, *San José, un hombre para Dios*, Balmes, Barcelona, 1972, p. 175; (14) Josemaria Escrivá, *Forja*, n. 554; (15) cf. Pio IX, Decr. *Quemadmodum Deus*, 8-XII-1870; Carta apost. *Inclytum Patriarcam*, 7-VII-1871; (16) Leão XIII, Enc. *Quamquam pluries*, 15-VIII-1889; (17) cf. João Paulo II, Exort. apost. *Redemptoris custos*, 15-VIII-1989, 31; (18) São Pio X, *Carta ao Cardeal Lepicier*, 11-II-1908; Bento XV, Breve *Bonum sane*, 25-VII-1920; Pio XI, *Discurso*, 21-VI-1926; (19) Santa Teresa, *Vida*, 6; (20) Josemaria Escrivá, *É Cristo que passa*, n. 56; (21) João Paulo II, Exort. apost. *Redemptoris custos*, 15-VIII-1989, 27; (22) João XXIII, AAS 53, 1961, p. 262.

19 de Março

27. SÃO JOSÉ

Esposo da Beatíssima Virgem Maria.
Padroeiro da Igreja Universal
Solenidade

—— As promessas do Antigo Testamento realizam-
-se em Jesus por meio de José.
—— Fidelidade do Santo Patriarca à missão recebida de Deus.
—— A nossa fidelidade.

A Quaresma interrompe-se, de certo modo, para celebrar a solenidade de São José, esposo de Maria. Esta festa, que já existia em numerosos lugares, fixou-se nesta data durante o século XV, e em 1621 estendeu-se a toda a Igreja universal como dia de preceito. Em 1847, o Papa Pio IX nomeou São José Padroeiro da Igreja universal. A paternidade de São José não diz respeito somente a Jesus — junto de quem fez as vezes de pai —, mas à própria Igreja, que continua na terra a missão salvadora de Cristo. Assim o reconheceu o Papa João XXIII ao incluir o seu nome no Cânon Romano, para que todos os cristãos, no momento em que Cristo se faz presente no altar, venerem a memória daquele que gozou da presença física do Senhor na terra.

I. *EIS O SERVO FIEL E PRUDENTE a quem o Senhor confiou a sua casa*[1].

Esta *casa* mencionada na Antífona de entrada da Missa é a Sagrada Família de Nazaré — o tesouro de Deus na terra —, que foi confiada a São José, *o servo fiel e prudente*, para que a levasse para diante ao longo de uma vida que foi de entrega alegre e sem medida. A "casa" do Senhor é também, por ampliação, a Igreja, que reconhece em São José o seu protetor e padroeiro.

A primeira Leitura evoca as antigas promessas em que se anunciava, de geração em geração, a chegada de um Rei forte e justo, de um bom Pastor que conduziria o rebanho para verdes pastos[2], de um Redentor que nos salvaria[3]. Nesta leitura de hoje comunica-se a Davi, por meio do profeta Natã, que da sua descendência virá o Messias, cujo reinado não terá fim. Por José, Jesus é filho de Davi. Nele se cumpriram as promessas feitas a Abraão[4].

"Com a Encarnação, as «promessas» e as «figuras» do Antigo Testamento tornam-se «realidade»: lugares, pessoas, acontecimentos e ritos entrelaçam-se de acordo com ordens divinas bem precisas, transmitidas mediante o ministério dos anjos e recebidas por criaturas particularmente sensíveis à voz de Deus. Maria é a humilde serva do Senhor, preparada desde toda a eternidade para a missão de ser Mãe de Deus; e José é aquele [...] que tem por missão prover à inserção «ordenada» do Filho de Deus no mundo, pelo respeito às disposições divinas e às leis humanas. Toda a chamada vida «privada» ou «oculta» de Jesus foi confiada à guarda de José"[5].

O Evangelho da Missa tem um especial interesse em sublinhar que José pertencia à casa de Davi, depositária das promessas feitas aos patriarcas: *Jacó gerou José, esposo de Maria, da qual nasceu Jesus, chamado Cristo*[6]. É o Patriarca do Novo Testamento.

José foi um homem simples que Deus cobriu de graças e dons para que cumprisse uma missão singular e entranhável de acordo com os planos salvíficos. Viveu entre alegrias inefáveis, pois tinha junto dele Jesus e Maria, mas também entre incertezas e sofrimentos: perplexidade ante o mistério realizado em Maria, que ele ainda não conhecia; pobreza extrema em Belém; a profecia de Simeão sobre os sofrimentos do Salvador; a angustiosa fuga para o Egito; a vida quase sem recursos num país estranho; o regresso do Egito e os temores em face da subida ao trono de Arquelau... Sempre foi fidelíssimo à vontade de Deus, deixando de lado os planos e raciocínios meramente humanos.

O centro da sua vida foram Jesus e Maria, foi o cumprimento da missão que Deus lhe confiara. "A entrega de São José aparece-nos urdida por um entrelaçado de amor fiel, de fé amorosa, de esperança confiante. A sua festa é, por isso, uma boa oportunidade para que todos renovemos a nossa entrega à vocação de cristãos que o Senhor concedeu a cada um".

"Quando se deseja sinceramente viver de fé, de amor e de esperança, a renovação da entrega não significa retomar uma coisa que estava em desuso. Quando há fé, amor e esperança, renovar-se significa conservar-se nas mãos de Deus, apesar dos erros pessoais, das quedas, das fraquezas. Renovar a entrega [...] é renovar a fidelidade àquilo que o Senhor quer de nós: é amar com obras"[7].

Pedimos especialmente hoje ao Santo Patriarca que nos alcance o desejo eficaz de cumprir a vontade de Deus em tudo, numa entrega alegre, sem condições, que além disso sirva de luz para que muitos encontrem o caminho que conduz ao Céu.

II. *SERVO BOM E FIEL, entra no gozo do teu Senhor*[8]. Estas palavras da Antífona da Comunhão da Missa seriam ouvidas um dia por São José depois de ter cumprido amorosa e alegremente a sua missão na terra. São palavras cheias de alegria que o Senhor também nos dirá se formos fiéis à nossa vocação, ainda que nos tenha sido necessário recomeçar muitas vezes, com humildade e simplicidade de coração. Em outro momento da Missa do dia, repete-se a palavra *fidelidade* aplicada a São José: *Deus Todo-poderoso, que confiastes os primeiros mistérios da salvação dos homens à fiel custódia de São José...*[9], rezamos na Oração coleta. É como se o Senhor quisesse recordar-nos hoje a fidelidade aos nossos compromissos para com Ele e para com os outros, a fidelidade à vocação recebida de Deus, à chamada que cada cristão recebeu, aos seus afazeres no mundo conforme o querer de Deus.

174 SÃO JOSÉ

A nossa vida não tem outro sentido senão sermos fiéis ao Senhor, em qualquer idade ou circunstância em que nos encontremos. Disso dependem, sabemo-lo bem, a nossa felicidade nesta vida e, em boa parte, a felicidade dos que estão ao nosso lado. São José passou por situações bastante díspares e nem todas foram humanamente gratas, mas o Santo Patriarca foi firme como a rocha e sempre contou com a ajuda de Deus.

Nada desviou José do caminho que lhe tinha sido traçado: foi o homem que Deus, num gesto de absoluta confiança, colocou à frente da sua família aqui na terra. "Que outra coisa foi a sua vida senão uma total dedicação ao serviço para que tinha sido chamado? Esposo da Virgem Maria, pai de Jesus segundo a lei [...], consumiu a sua vida com a atenção posta neles, entregando-se por inteiro ao cumprimento da sua missão. E como um homem que se entregou é um homem que já não se pertence, José deixou de se preocupar consigo próprio a partir do momento em que, ilustrado pelo anjo naquele primeiro sonho, aceitou plenamente o desígnio de Deus sobre ele [...]. O Senhor confiou-lhe a sua família e José não o decepcionou; Deus apoiou-se nele, e ele manteve-se firme em toda a espécie de circunstâncias"[10]. Deus, para muitas coisas grandes, apoia-se em nós... Iremos decepcioná-lo?

Dizemos hoje ao Senhor que queremos ser fiéis, devotados aos nossos afazeres divinos e humanos na terra, como o foi São José, sabendo que disso depende o sentido de toda a nossa vida. Examinemos devagar em que coisas poderíamos ser mais fiéis à nossa missão na terra: compromissos com Deus, com os que estão sob os nossos cuidados, na ação apostólica, na tarefa profissional...

III. *CONCEDEI-NOS, SENHOR, que possamos servir-vos... com um coração puro como São José, que se entregou para servir o vosso Filho...*[11]

Ao longo dos sete domingos em que preparávamos a solenidade de hoje, meditávamos no princípio enunciado por São Tomás que se aplica à vocação de São José e à de todos os que são chamados por Deus: "Àqueles que Deus escolhe para um fim, prepara-os e dispõe-nos de tal modo que sejam idôneos para esse fim"[12]. A fidelidade de Deus mostra-se nas ajudas que nos concede continuamente em qualquer situação de idade, trabalho, saúde etc., em que nos encontremos, para que cumpramos fielmente a nossa missão na terra. São José correspondeu delicada e prontamente às inumeráveis graças que recebeu da parte de Deus.

Devemos considerar com frequência que o Senhor jamais nos haverá de falhar; em contrapartida, espera sempre que saibamos corresponder com toda a firmeza: na juventude, na maturidade, na velhice; quando parece que tudo nos ajuda a ser leais e quando ficamos com a impressão de que tudo nos convida a romper com os compromissos contraídos.

O fato de não *sentirmos* a assistência de Deus — numa ou noutra ocasião ou por longos períodos —, de não nos sentirmos inclinados a dedicar a Deus o melhor tempo do nosso dia, pode dever-se, talvez, a que a alma está voltada para si mesma e para tudo o que acontece à sua volta. Nesses momentos, a fidelidade a Deus é fidelidade ao recolhimento interior, ao esforço por sair desse estado, à vida de oração, a essa oração em que a alma fica só, despida diante de Deus, e pede-lhe ou simplesmente o fita...

Deus espera de todos nós uma atitude desperta, amorosa, cheia de iniciativas. O coração do Santo Patriarca esteve sempre inundado de alegria, mesmo nos momentos mais difíceis! Temos de conseguir que o nosso quefazer divino na terra, o nosso caminhar para Deus seja sempre novo, como novo e original é sempre o amor, porque, como diz o poeta: *Ninguém foi ontem / nem vai hoje / nem irá amanhã / para Deus / por este mesmo caminho / pelo qual eu vou /. Para cada homem o sol guarda / um novo raio de luz / e Deus um caminho virgem.* Sempre eternamente novo.

Pedimos hoje a São José essa *juventude* interior que nunca falta quando há uma entrega verdadeira aos firmes compromissos que um dia se assumiram, e uma *renovação* ardente desses compromissos contra vento e maré, numa

176   SÃO JOSÉ

fidelidade que é felicidade. Pedimos também ao Santo Patriarca por todos aqueles que esperam de nós essa permanente alegria interior, consequência necessária da entrega a Deus, e que os há de arrastar até Jesus, a quem sempre encontrarão muito perto de Maria.

(1) Lc 12, 42; *Antífona de entrada* da Missa do dia 19 de março; (2) Ez 34, 23; (3) Gn 3, 15; (4) Rm 4, 18; *Segunda leitura, ib.*; (5) João Paulo II, Exort. apost. *Redemptoris custos*, 15-VIII-1989, 8; (6) Mt 1, 16; (7) Josemaria Escrivá, *É Cristo que passa*, n. 43; (8) Mt 25, 21; *Antífona da comunhão, ib.*; (9) *Oração coleta, ib.*; (10) F. Suárez, *José, esposo de María*, pp. 276-277; (11) *Oração sobre as oferendas, ib.*; (12) São Tomás, *Suma teológica*, III, q. 27, a. 4 c.

25 DE MARÇO

28. ANUNCIAÇÃO DO SENHOR
Solenidade

— Verdadeiro Deus e perfeito homem.
— A culminância do amor divino.
— Consequências da Encarnação na nossa vida.

A Igreja celebra hoje o mistério da Encarnação do Verbo de Deus e, ao mesmo tempo, a vocação de Nossa Senhora, que conhece através do anjo a vontade de Deus a respeito dela. Com a sua correspondência — o seu fiat, *faça-se — tem início a Redenção. Esta solenidade, tanto nos calendários mais antigos como no atual, é uma festa do Senhor. No entanto, os textos referem-se especialmente à Virgem, e durante muitos séculos foi considerada uma festa mariana. A tradição da Igreja reconhece um estreito paralelismo entre Eva, mãe de todos os viventes, cuja desobediência deu entrada ao pecado no mundo, e Maria — a nova Eva —, Mãe da humanidade redimida, por quem chegou a Vida ao mundo: Jesus Cristo Nosso Senhor.*

A data de hoje, 25 de março, fixada para esta festa, está relacionada com o Natal; além disso, conforme uma antiga tradição, deviam coincidir no equinócio da primavera a criação do mundo e o início e o fim da Redenção. Nos anos em que coincide com algum dia da Semana Santa, costuma ser transferida para a segunda-feira da segunda semana do Tempo Pascal.

I. *CHEGADA A PLENITUDE DOS TEMPOS*, Deus enviou o seu Filho ao mundo, nascido de uma mulher[1].

Como culminância do seu amor por nós, Deus enviou ao mundo o seu Filho Unigênito, que se fez homem para

178   ANUNCIAÇÃO DO SENHOR

nos salvar e nos dar a incomparável dignidade de filhos. Com a sua vinda, podemos afirmar que chegou a *plenitude dos tempos*.

São Paulo diz literalmente que Jesus nasceu *de uma mulher*[2]. Não apareceu na terra como uma visão fulgurante: fez-se realmente homem, como nós, assumindo a natureza humana nas entranhas puríssimas da Virgem Maria. A festa de hoje é propriamente não só de Jesus como de sua Mãe. Por isso, "em primeiro lugar — diz frei Luís de Granada —, é preciso pôr os olhos na pureza e santidade desta Senhora que Deus escolheu *ab aeterno* para tomar carne dela.

"Porque assim como, quando decidiu criar o primeiro homem, lhe preparou primeiro a casa que deveria habitar, que foi o Paraíso terreal, assim, quando quis enviar ao mundo o segundo, que foi Cristo, primeiro preparou-lhe o lugar em que hospedar-se: que foi o corpo e a alma da Sacratíssima Virgem"[3]. Deus preparou a morada do seu Filho, Santa Maria, com a maior dignidade criada, com todos os dons possíveis e cumulando-a de graça.

Nesta Solenidade, Jesus aparece mais unido do que nunca a Maria. Quando Nossa Senhora deu o seu consentimento, "o Verbo Divino assumiu a natureza humana: a alma racional e o corpo formado no seio puríssimo de Maria. A natureza divina e a natureza humana uniram-se numa única pessoa: Jesus Cristo, verdadeiro Deus e, desde então, verdadeiro homem; Unigênito eterno do Pai e, a partir daquele momento, como Homem, filho verdadeiro de Maria. Por isso Nossa Senhora é Mãe do Verbo encarnado, da segunda Pessoa da Santíssima Trindade que uniu a si para sempre — sem confusão — a natureza humana. Podemos dizer bem alto à Virgem Santa, como o melhor dos louvores, estas palavras que expressam a sua mais alta dignidade: Mãe de Deus"[4]. Quantas vezes não teremos repetido: *Santa Maria, Mãe de Deus, rogai por nós...*!

II. *E O VERBO SE FEZ CARNE e habitou entre nós...*[5]

Ao longo dos séculos, houve santos e teólogos que, para compreenderem melhor o mistério, refletiram sobre as razões que poderiam ter levado Deus a tomar uma decisão tão extraordinária.

De maneira nenhuma era necessário que o Filho de Deus se fizesse homem, nem sequer para redimi-lo, pois Deus — como afirma São Tomás de Aquino — "podia restaurar a natureza humana de muitas maneiras"[6]. A Encarnação é a manifestação suprema do amor divino pelo homem, e só a imensidão desse amor a pode explicar. *Tanto amou Deus o mundo que lhe enviou o seu Filho Unigênito...*[7], o objeto único do seu Amor. Com esse aniquilamento, Deus tornou mais fácil o diálogo do homem com Ele. Mais ainda: toda a história da salvação é a história da busca deste encontro por parte de Deus, até que culmina na Encarnação. O *Emmanuel*, o *Deus conosco*, tem, pois a sua máxima expressão no acontecimento que hoje nos cumula de alegria.

O Filho Unigênito de Deus faz-se homem, como nós, e assim permanece: de modo nenhum a assunção de um corpo nas puríssimas entranhas de Maria foi algo precário e provisório. O Verbo encarnado, Jesus Cristo, permanece *para sempre* Deus perfeito e homem verdadeiro. Este é o grande mistério que nos deixa abismados: Deus, no seu amor, quis tomar o homem a sério. Em correspondência a esse ato de amor gratuito, quis que o homem se comprometesse seriamente com Cristo, que é da sua mesma raça. "Ao recordarmos que o Verbo de Deus se fez carne, ou seja, que o Filho de Deus se fez homem, devemos tomar consciência da grandeza que atinge todos os homens através deste mistério [...]. Efetivamente, Cristo foi concebido no seio de Maria e fez-se homem para revelar o eterno amor do Criador e Pai, bem como para manifestar a dignidade de cada um de nós"[8].

A Igreja, ao expor ao longo dos séculos a verdadeira realidade da Encarnação, tinha consciência de que estava defendendo não só a Pessoa de Cristo, mas a si própria, bem como o homem e o mundo. "Aquele que é *a imagem do Deus invisível* (Cl 1, 15) é também homem perfeito que restituiu aos filhos de Adão a semelhança divina, deformada pelo primeiro pecado. A natureza humana nele assumida, não absorvida, foi elevada também a uma dignidade sem igual. Com efeito, pela sua encarnação, o Filho de Deus uniu-se de algum modo a todo o homem. Trabalhou com mãos humanas, agiu com vontade humana, amou com coração humano. Nascido da Virgem Maria, tornou-se verdadeiramente um de nós, semelhante a nós em tudo, exceto no pecado"[9].

Que valor deve ter a criatura humana diante de Deus, "se mereceu ter tão grande Redentor"[10]! Ao longo do dia de hoje, demos graças a Deus por este bem tão imenso que nunca chegaremos a entender.

III. A ENCARNAÇÃO DEVE TER muitas consequências na vida de um cristão. É, na realidade, o fato que decide o seu presente e o seu futuro. Sem Cristo, a vida carece de sentido. Só Cristo "revela plenamente o homem ao próprio homem"[11]. Só em Cristo conhecemos o nosso ser mais profundo e tudo o que mais nos afeta: o sentido da dor e do trabalho bem acabado, a alegria e a paz verdadeiras — que não dependem dos estados de ânimo e dos acontecimentos da vida —, a serenidade, e mesmo o júbilo perante o pensamento da outra vida, pois Jesus, a quem agora procuramos imitar e servir, nos espera... Foi Cristo quem "devolveu definitivamente ao homem a dignidade e o sentido da sua existência no mundo"[12].

Ao assumir todas as coisas humanas nobres (o trabalho, a família, a dor, a alegria), o Filho de Deus indica-nos que todas essas realidades devem ser amadas e elevadas: o humano converte-se em caminho para a união com Deus. A luta interior passa então a ter um caráter eminentemente positivo, pois não se trata de aniquilar o homem para que o divino resplandeça, nem de fugir das realidades correntes para levar uma vida santa. Não é o humano que se choca com o divino, mas o pecado e as marcas que o pecado original e os pecados pessoais deixaram na alma.

O empenho por chegar à semelhança com Cristo implica, pois, uma luta contra tudo aquilo que nos torna menos humanos ou infra-humanos: os egoísmos, as invejas, a sensualidade, a mesquinhez de espírito... Isto é, o verdadeiro empenho do cristão pela santidade traz consigo a purificação e por conseguinte o desabrochar da verdadeira personalidade em todos os sentidos.

Assim como em Cristo o humano não deixou de sê-lo pela sua união com o divino, do mesmo modo as realidades terrenas não deixaram de sê-lo em virtude da Encarnação; mas a partir desse instante podem e devem ser orientadas para o Senhor. *Et ego, si exaltatus fuero a terra, omnia traham ad meipsum*[13]. E Eu, quando for levantado da terra, tudo atrairei a Mim.

"Cristo, com a sua Encarnação, com a sua vida de trabalho em Nazaré, com a sua pregação e milagres pelas terras da Judeia e da Galileia, com a sua morte na Cruz, com a sua Ressurreição, é o centro da Criação, Primogênito e Senhor de todas as criaturas.

"[...] O Senhor quer os seus em todas as encruzilhadas da terra. Chama alguns ao deserto, para que se desentendam dos avatares da sociedade dos homens e com o seu testemunho recordem aos demais que Deus existe. Confia a outros o ministério sacerdotal. Mas quer a grande maioria dos homens no meio do mundo, nas ocupações terrenas. Estes cristãos devem, pois, levar Cristo a todos os ambientes em que desenvolvem as suas tarefas humanas: à fábrica, ao laboratório, ao cultivo da terra, à oficina do artesão, às ruas das grandes cidades e aos caminhos de montanha"[14]. Essa é a nossa tarefa.

Terminamos a nossa oração recorrendo à Mãe de Jesus, nossa Mãe. "Ó Maria! Hoje a tua terra fez germinar o Salvador... Ó Maria! Bendita sejas entre as mulheres por todos os séculos... Hoje a Divindade uniu-se e amassou-se com a nossa humanidade com laços tão fortes que jamais poderão ser rompidos, nem pela morte nem pela nossa ingratidão"[15]. Bendita sejas!

---

(1) Cf. Gl 4, 4-5; Liturgia das Horas, *Antífona 1 do Ofício das leituras*; (2) cf. Sagrada Bíblia, *Epístolas de San Pablo a los Romanos y a los Gálatas*, vol. VI, nota a Gl 4, 4; (3) Frei Luís de Granada, *Vida de Jesus*

Cristo, 1; (4) Josemaria Escrivá, *Amigos de Deus*, n. 274; (5) Jo 1, 14; (6) São Tomás, *Suma teológica*, III, q. 1, a. 2; (7) Jo 3, 16; (8) João Paulo II, *Ângelus no Santuário de Jasna Gora*, 5-VI-1979; (9) Conc. Vat. II, Const. *Gaudium et spes*, 22; (10) Hino *Exsultet*, Missa da Vigília Pascal; (11) idem, Enc. *Redemptor hominis*, 4-III-1979, 11; (12) *ib.*; (13) Jo 12, 32; (14) Josemaria Escrivá, *É Cristo que passa*, n. 105; (15) Santa Catarina de Sena, *Elevações*, 15.

25 DE MARÇO. ANUNCIAÇÃO DO SENHOR

29. A VOCAÇÃO DE NOSSA SENHORA

—— O exemplo de Nossa Senhora.
—— Corresponder à nossa vocação.
—— O *sim* que o Senhor nos pede.

I. *ENTRANDO NESTE MUNDO, disse o Senhor: Eis que venho, ó Deus, para fazer a tua vontade*[1].

A Anunciação e Encarnação do Filho de Deus é o acontecimento mais maravilhoso e extraordinário, o mistério mais tocante das relações entre Deus e os homens e o mais transcendental da humanidade: Deus faz-se homem para sempre!

No entanto, esse evento deu-se num pequeno povoado de um país praticamente desconhecido no seu tempo. Em Nazaré, "aquele que é Deus verdadeiro nasce como homem verdadeiro, sem que nada falte à integridade da sua natureza humana, conservando a totalidade da essência que lhe é própria e assumindo a totalidade da nossa essência humana, para restaurá-la"[2].

São Lucas narra com simplicidade esse supremo acontecimento: *Estando Isabel no sexto mês, foi o anjo Gabriel enviado por Deus a uma cidade da Galileia chamada Nazaré, a uma virgem desposada com um varão chamado José, da casa de Davi; e o nome da virgem era Maria*[3]. A piedade popular representou Santa Maria recolhida em oração no momento em que recebia a embaixada do anjo: *Salve, cheia de graça, o Senhor é contigo*. A nossa Mãe perturbou-

-se ao ouvir essas palavras, mas a perturbação não a deixou paralisada. Maria conhecia bem a Escritura pela instrução que todos os judeus recebiam desde os primeiros anos e, sobretudo, pela clareza e penetração que lhe davam a sua fé incomparável, o seu profundo amor e os dons do Espírito Santo. Por isso entendeu a mensagem daquele enviado de Deus e a sua alma abriu-se completamente ao que o Senhor lhe ia pedir.

O anjo apressa-se a tranquilizá-la e desvenda-lhe os desígnios de Deus sobre Ela, a sua vocação: *Não temas, Maria, pois achaste graça diante de Deus. Eis que conceberás no teu seio e darás à luz um filho, a quem porás o nome de Jesus. Ele será grande e será chamado Filho do Altíssimo, e o Senhor Deus lhe dará o trono de Davi, seu pai; e Ele reinará eternamente na casa de Jacó, e o seu reino não terá fim.*

"O mensageiro saúda Maria como a *cheia de graça*; e chama-a assim como se esse fosse o seu verdadeiro nome. Não a chama pelo nome próprio: "*Miryam*" (Maria), mas por um nome novo: *cheia de graça*. E o que significa esse nome? Por que é que o arcanjo chama desse modo a Virgem de Nazaré?

"Na linguagem da Bíblia, «graça» significa um dom especial que, segundo o Novo Testamento, tem a sua fonte na vida trinitária do próprio Deus, que é amor (cf. 1 Jo 4, 8)"[4]. Maria é chamada *cheia de graça* porque esse nome designa o seu verdadeiro ser. Quando Deus muda o nome de uma pessoa ou lhe acrescenta um sobrenome, destina-a para algo de novo ou descobre-lhe a sua verdadeira missão na história da Salvação. Maria é chamada *cheia de graça*, agraciadíssima, em virtude da sua Maternidade divina.

O anúncio do anjo descobre a Maria a sua missão no mundo, a chave de toda a sua existência. A Anunciação foi para Ela uma iluminação perfeitíssima que banhou toda a sua vida e a tornou plenamente consciente do seu papel excepcional na história da humanidade. "Maria é introduzida definitivamente no mistério de Cristo por meio desse acontecimento"[5].

Todos os dias — no *Angelus* —, muitos cristãos em todo o mundo recordam à Virgem esse acontecimento que foi inefável para Ela e para toda a humanidade. Procuremos introduzir-nos nessa cena e contemplar a Senhora que abraça com amorosa piedade a santa vontade de Deus. "Como enamora a cena da Anunciação! — Maria — quantas vezes temos meditado nisso! — está recolhida em oração..., aplica os seus cinco sentidos e todas as suas potências na conversa com Deus. Na oração conhece a Vontade divina; e com a oração converte-a em vida da sua vida. Não esqueças o exemplo de Nossa Senhora!"[6]

II. *EIS-ME AQUI para fazer a tua vontade*[7].

A Santíssima Trindade tinha traçado um plano para Nossa Senhora, um destino único e absolutamente excepcional: ser a Mãe do Deus encarnado. Mas Deus pede a Maria que o aceite livremente. Maria não duvidou das palavras do anjo, como tinha feito Zacarias; manifesta, no entanto, a incompatibilidade entre a sua decisão de viver sempre a virgindade, que o próprio Deus lhe inspirara, e a concepção de um filho. É então que o anjo lhe anuncia em termos claros e sublimes que será mãe sem perder a virgindade: *O Espírito Santo descerá sobre ti e a virtude do Altíssimo te cobrirá com a sua sombra; por isso o Santo que de ti há de nascer será chamado Filho de Deus.*

Maria escuta e pondera no seu coração essas palavras. Não há a menor resistência na sua inteligência e no seu coração: tudo está aberto à vontade divina, sem restrição nem limitação alguma. Este abandono em Deus é o que faz a alma de Maria ser *boa terra*, capaz de receber a semente divina[8]. *Ecce ancilla Domini...*, eis a escrava do Senhor, faça-se em mim segundo a tua palavra. Nossa Senhora aceita com imensa alegria não ter outro querer senão o do seu Amo e Senhor, que desde aquele momento é também seu Filho, feito homem nas suas entranhas puríssimas.

Entrega-se sem limitação alguma, sem querer fixar condições, com júbilo e livremente. "Assim Maria, filha de Adão, consentindo na palavra divina, converteu-se em Mãe de Jesus. E, abraçando a vontade salvífica de Deus de todo o coração e sem obstáculo de pecado algum, consagrou-se totalmente como serva do Senhor à pessoa e obra do seu Filho, servindo o mistério da redenção sob Ele e com Ele, por graça de Deus onipotente. É por isso que os Santos Padres pensam com razão que Maria não foi um instrumento puramente passivo nas mãos de Deus, mas cooperou para a salvação humana com livre fé e obediência"[9].

A vocação de Santa Maria é o exemplo perfeito de toda a vocação, da chamada divina à luz da qual se entende a vida e os acontecimentos que a rodeiam, e que abre à pessoa o caminho para o Céu e para a sua plenitude sobrenatural e humana. A vocação não é tanto a escolha que a pessoa faz, como a que Deus faz da pessoa, por meio de mil circunstâncias que ela deve interpretar com fé e com um coração limpo e reto. *Não fostes vós que me escolhestes, mas eu que vos escolhi*[10].

"Toda a vocação, toda a existência, é por si mesma uma graça que encerra em si muitas outras. Uma graça, isto é, um dom, algo que se nos dá, que nos é presenteado sem direito algum da nossa parte, sem mérito próprio que o motive ou — menos ainda — justifique. Não é necessário que a vocação, a chamada para o cumprimento de um desígnio, a missão atribuída por Deus, seja grande ou brilhante: basta que Deus tenha querido servir-se de nós, basta o fato de que confia na nossa colaboração. Isto é já em si mesmo tão inaudito, tão grandioso, que toda uma vida dedicada ao agradecimento não seria suficiente para corresponder"[11].

Hoje será muito grato a Deus que agradeçamos as incontáveis luzes com que Ele foi balizando o itinerário da nossa chamada, e que o façamos por meio dAquela que correspondeu tão fiel e prontamente ao que o Senhor lhe pedia.

III. *NE TIMEAS...* "*Não temas*. Aqui radica o elemento constitutivo da vocação. Com efeito, o homem teme. Teme ser chamado não só ao sacerdócio, mas também à vida, às suas obrigações, a uma profissão, ao matrimônio. Este temor põe a descoberto um sentido de responsabilidade imaturo. É preciso

25 DE MARÇO. ANUNCIAÇÃO DO SENHOR 187

superar o temor para chegar a uma responsabilidade madura: é preciso aceitar a chamada, escutá-la, assumi-la, ponderá-la conforme as nossas luzes e responder: *Sim, sim*.

"Não temas, não temas, pois achaste a graça, não temas a vida, não temas a tua maternidade, não temas o teu matrimónio, não temas o teu sacerdócio, pois encontraste a graça. Esta certeza, esta consciência ajuda-nos da mesma forma que ajudou Maria. Efetivamente, «a terra e o paraíso esperam o teu *sim*, ó Virgem Puríssima». São palavras de São Bernardo, famosas e formosíssimas palavras. Esperam o teu *sim*, Maria. Esperam o teu *sim*, mãe de família que vais ter mais um filho; esperam o teu *sim*, homem que deves assumir uma responsabilidade pessoal, familiar e social... Esta é a resposta de Maria, a resposta de uma mãe, a resposta de um jovem: um *sim* para toda a vida"[12], que nos compromete gozosamente.

Mas Deus não quer um "sim" qualquer. A resposta de Maria — *fiat*, faça-se — é muito mais definitiva que um simples *sim* dito impensadamente, ou pela emoção do momento, ou com reservas mentais. A resposta de Maria significou a entrega total da sua vontade ao que Deus lhe pedia naquele momento e ao longo de toda a vida. Este *fiat* terá a sua culminância no Calvário quando, junto da Cruz, a Mãe se oferecer juntamente com o Filho. O *sim* que o Senhor nos pede, a cada um no seu próprio caminho, prolonga-se por toda a vida em chamadas sucessivas que, ao longo dos acontecimentos, são por sua vez preparação para as seguintes.

O *sim* a Jesus leva-nos a não pensar em nós mesmos e a estar atentos, com o coração vigilante, ao lugar de onde vem a voz do Senhor que nos vai detalhando o caminho que nos traça. E nesta correspondência amorosa vão-se entrelaçando, a cada momento e em perfeita harmonia, a nossa liberdade e a vontade divina.

Peçamos hoje a Nossa Senhora o desejo sincero e grande de conhecermos em toda a sua profundidade a vocação a que nos chama, e depois luz e força para correspondermos aos sucessivos desdobramentos dessa chamada. Que saibamos dar sempre — é o que pedimos — uma resposta rápida

188 A VOCAÇÃO DE NOSSA SENHORA

e firme em cada circunstância, pois somente a vocação fielmente sustentada ao longo dos dias e dos anos é que preenche uma vida e lhe dá sentido.

(1) Hb 10, 5-7; (2) Liturgia das Horas, *Segunda Leitura*, São Leão Magno, *Carta 28 a Flaviano*, 3; (3) Lc 1, 26-37; (4) João Paulo II, Enc. *Redemptoris Mater*, 25-III-1987, 8; (5) *ib.*; (6) Josemaria Escrivá, *Sulco*, n. 481; (7) Sl 39, 7; *Salmo responsorial* da Missa do dia 25 de março; (8) cf. M. D. Phillipe, *Mistério de María*, Rialp, Madri, 1986, p. 108; (9) Conc. Vat. II, Const. *Lumen gentium*, 56; (10) Jo 15, 16; (11) F. Suárez, *A Virgem Nossa Senhora*; (12) João Paulo II, *Alocução*, 25-III-1982.

25 DE ABRIL

30. SÃO MARCOS
EVANGELISTA
Festa

— Colaborador de São Pedro.
— Recomeçar sempre para se chegar a ser bom instrumento do Senhor.
— O mandato apostólico.

Marcos, ainda que de nome romano, era judeu de nascimento e conhecido também pelo nome de João. É muito provável que tenha conhecido o Senhor, ainda que não tenha sido um dos doze apóstolos. Muitos autores eclesiásticos veem no episódio do rapaz que largou o lençol, a única roupa com que estava coberto, e fugiu na hora da prisão de Jesus no Getsêmani (Mc 14, 51-52), uma espécie de assinatura velada do próprio Marcos no seu Evangelho, pois somente ele o relata. Este dado é corroborado pelo fato de que Marcos era filho de Maria, segundo parece uma viúva de posição econômica desafogada, em cuja casa se reuniam os primeiros cristãos de Jerusalém. Uma antiga tradição afirma que foi nessa casa que Jesus celebrou a Última Ceia e instituiu a Sagrada Eucaristia.

Era primo de São Barnabé. Acompanhou São Paulo na primeira viagem apostólica e esteve ao seu lado na hora da morte. Em Roma, foi também discípulo de São Pedro e, inspirado pelo Espírito Santo, expôs fielmente no seu Evangelho os ensinamentos do Príncipe dos Apóstolos. Segundo uma antiga tradição referida por São Jerônimo, São Marcos — depois do martírio de São Pedro e de São Paulo, sob o imperador Nero — dirigiu-se para Alexandria, cuja Igreja o reconhece como seu evangelizador e primeiro bispo. De Alexandria, no ano de 825, as suas relíquias foram trasladadas para Veneza, onde é venerado como Padroeiro.

I. DESDE MUITO NOVO, São Marcos foi um daqueles primeiros cristãos de Jerusalém que viveram ao lado da Virgem e dos apóstolos. Conheceu-os intimamente: sua mãe foi uma das primeiras mulheres que auxiliaram Jesus e os Doze, sustentando-os com os seus bens. Era, além disso, primo de Barnabé, uma das grandes figuras daquela primeira hora, que o iniciou na tarefa de propagar o Evangelho. Acompanhou Paulo e Barnabé na primeira viagem apostólica[1], ainda que, ao chegarem a Chipre, talvez por não se sentir com forças para seguir adiante, os tivesse abandonado e regressado a Jerusalém[2]. Esta falta de constância aborreceu São Paulo, a tal ponto que, ao planejarem a segunda viagem, e tendo Barnabé querido levar novamente Marcos, encontrou a oposição de Paulo. A dificuldade foi de tal ordem que, por causa de Marcos, a expedição se dividiu. Paulo e Barnabé separaram-se e empreenderam viagens diferentes.

Dez anos mais tarde, vemo-lo em Roma, desta vez ajudando São Pedro, que o chama *meu filho*[3] e dá assim a entender que era antiga e íntima a relação que os unia. Marcos encontra-se ao lado do Príncipe dos Apóstolos na qualidade de seu intérprete, circunstância excepcional que se refletirá no seu Evangelho escrito anos mais tarde. Ainda que não refira alguns dos grandes discursos do Mestre, deixou-nos, como que em compensação, descrições muito vivas dos episódios da vida de Jesus com os seus discípulos.

Pelos seus relatos, podemos aproximar-nos das pequenas cidades ribeirinhas do lago de Genesaré, sentir o bulício das multidões que seguem Jesus, quase conversar com alguns dos circunstantes, contemplar os gestos admiráveis do Senhor, a espontaneidade do seu relacionamento com os Doze...; numa palavra, assistir à história evangélica como se fôssemos um dos protagonistas dos diversos episódios.

Com esses relatos tão vivos, o Evangelista consegue deixar na nossa alma o atrativo — avassalador e sereno ao mesmo tempo — da figura de Jesus Cristo, um pouco daquilo que os próprios apóstolos sentiam ao conviverem com o Mestre. E a razão está em que Marcos nos transmite o que São Pedro explicava emocionadamente aos seus ouvintes, com uma emoção que não passa com os anos, antes se torna cada vez mais profunda e consciente, mais aguda e entranhada. Pode-se afirmar que a mensagem de Marcos é o espelho vivo da pregação de São Pedro[4].

Diz-nos São Jerônimo que "Marcos, discípulo e intérprete de Pedro, passou a escrito o seu Evangelho a pedido dos irmãos que viviam em Roma, conforme o que tinha ouvido pregar ao apóstolo. E o próprio Pedro, tendo-o escutado, aprovou-o com a sua autoridade para que fosse lido na Igreja"[5]. Foi sem dúvida a principal missão da vida de Marcos: transmitir fielmente os ensinamentos de São Pedro. Quanto bem não fez ao longo dos séculos! Como devemos agradecer hoje o amor com que levou a cabo o seu trabalho e a correspondência fiel com que se deixou conduzir pelo Espírito Santo!

A festa que hoje celebramos é, pois, uma ocasião para examinarmos com que pontualidade, atenção e amor temos lido diariamente um trecho do Santo Evangelho, que é a Palavra de Deus dirigida expressamente a cada um de nós. Se não nos tem faltado essa atenção amorosa, esse *protagonizar* as cenas evangélicas ao lermos o texto sagrado, quantas vezes não nos teremos sentido no lugar do filho pródigo, ou não nos teremos servido da oração do cego Bartimeu — *Domine, ut videam!*; Senhor, que eu veja! — ou da do leproso — *Domine, si vis, potes me mundare!*; Senhor se queres, podes limpar-me...! — Quantas vezes não teremos sentido no fundo da alma que Cristo olhava para nós e nos convidava a segui-lo mais de perto, a romper com um hábito que nos afastava dEle, a viver melhor a caridade, como verdadeiros discípulos seus!

II. MARCOS PERMANECEU vários anos em Roma. Além de estar a serviço de São Pedro, vemo-lo como colaborador de São Paulo no seu ministério[6]. Aquele que o Apóstolo, magoado por ter sido abandonado em Chipre por ocasião da primeira viagem apostólica, impedira de acompanhá-lo na segunda, serve-lhe agora de *profundo consolo*[7], sendo-lhe muito fiel. O incidente de Chipre, que teve tanta ressonância naqueles primeiros momentos, está já completamente esquecido. Mais ainda: Paulo e Marcos são amigos e colaboradores naquilo que é verdadeiramente importante: a difusão do reino de Cristo. Por volta do ano 66, o Apóstolo pede a Timóteo que venha ter com ele trazendo Marcos, pois este lhe será *muito útil para o Evangelho*[8]. Que exemplo para que nunca formemos juízos definitivos sobre as pessoas! Que ensinamento para sabermos, se for preciso, reconstruir uma amizade que parecia rompida para sempre!

A Igreja propõe-nos hoje a figura de Marcos como modelo. E pode ser um grande consolo e um bom motivo de esperança para muitos de nós contemplarmos a vida deste santo Evangelista, pois, apesar das nossas fraquezas, podemos, como ele, confiar na graça divina e na solicitude de que a nossa Mãe a Igreja nos rodeia. As derrotas, as covardias, pequenas ou grandes, devem servir-nos para sermos mais humildes, para nos unirmos mais a Cristo e obtermos dele a fortaleza que não temos.

As nossas imperfeições não nos devem afastar nunca de Deus e da nossa missão apostólica, mesmo que num ou noutro momento vejamos que não correspondemos totalmente às graças do Senhor, ou que fraquejamos, talvez quando os outros esperavam de nós maior firmeza... Nessa e em outras circunstâncias, se vierem a acontecer, não deveremos nunca surpreender-nos, "pois não tem nada de estranho que a enfermidade seja enferma, a debilidade débil e a miséria mesquinha. No entanto — aconselha São Francisco de Sales —, detesta com todas as tuas forças a ofensa que fizeste a Deus e, com valor e confiança na sua misericórdia, prossegue no caminho da virtude que tinhas abandonado"[9].

As derrotas e as covardias têm a sua importância, e por isso recorremos ao Senhor e lhe pedimos perdão e ajuda. Mas, precisamente porque Deus confia em nós, devemos recomeçar quanto antes e dispor-nos a ser mais fiéis, porque contamos com uma nova graça. E junto do Senhor aprenderemos a tirar fruto das nossas fraquezas precisamente quando o inimigo, que nunca descansa, pretendia desalentar-nos e, com o desânimo, fazer-nos abandonar a luta. Jesus nos quer muito seus, seja qual for a história anterior das nossas debilidades.

III. *IDE PELO MUNDO INTEIRO e pregai o Evangelho a toda a criatura*[10], lemos hoje na Antífona de entrada. É o mandato apostólico transmitido por São Marcos. E nas últimas linhas do seu relato, o Evangelista, movido pelo Espírito Santo, dá testemunho de que esse mandato de Cristo já se estava cumprindo no momento em que escrevia o seu Evangelho: os apóstolos, *partindo dali, pregaram por toda a parte, e o Senhor cooperava com eles e confirmava-lhes a pregação com os milagres que a acompanhavam*[11]. São as palavras finais do Evangelho de Marcos.

São Marcos foi fiel ao mandato apostólico que tantas vezes teria ouvido de Pedro: *Ide pelo mundo inteiro...* Ele mesmo, pessoalmente e através do seu Evangelho, foi fermento eficaz no seu tempo, como nós o devemos ser. Se após a sua primeira derrota não tivesse reagido com humildade e firmeza, talvez não tivéssemos hoje o tesouro das palavras e ações de Jesus que nos transmitiu e que tantas vezes meditamos, com o acento particular que nele descobrimos.

A missão de Marcos — como a dos apóstolos e a dos evangelizadores de todos os tempos, bem como a do cristão que é consequente com a sua vocação — não deve ter sido fácil, como o prova o seu martírio. Deve ter estado repleta de alegrias, mas também de incompreensões, fadigas e perigos, em seguimento das pegadas do Senhor.

Graças a Deus, e também a essa geração que viveu junto dos apóstolos, chegaram até nós a força e a alegria superabundantes de Cristo. Mas cada geração de cristãos, cada homem, deve receber essa pregação do Evangelho e transmiti-lo por sua vez. A graça do Senhor não nos faltará nunca: *Non est abbreviata manus Domini*[12], o poder de Deus não diminuiu. "O cristão sabe que Deus faz milagres: que o fez há séculos, que continuou a fazê-los depois e que continua a fazê-los agora"[13]. Nós — cada cristão —, com a ajuda do Senhor, faremos esses milagres nas almas dos nossos parentes, amigos e conhecidos, se permanecermos unidos a Cristo

194 SÃO MARCOS EVANGELISTA

pela humildade fiel, pelos recomeços generosos, pelo espírito de serviço sob a ação do Espírito Santo.

(1) Cf. At 13, 5-13; (2) cf. At 13, 13; (3) 1 Pe 5, 13; (4) cf. Sagrada Bíblia, *Santos Evangelhos*, pp. 468-469; (5) São Jerônimo, *De script. eccl.*; (6) cf. Fl 24; (7) Col 4, 10-11; (8) 2 Tm 4, 9; (9) São Francisco de Sales, *Introdução à vida devota*, 3, 9; (10) Mc 16, 15; *Antífona de entrada* da Missa de 25 de abril; (11) Mc 16, 20; (12) Is 59, 1; (13) Josemaria Escrivá, *É Cristo que passa*, n. 50.

29 DE ABRIL

31. SANTA CATARINA DE SENA
Virgem e Doutora da Igreja
Memória

— Amor à Igreja e ao Papa, o "doce Cristo na terra".
— Santa Catarina ofereceu a sua vida pela Igreja.
— Empenho em dar a conhecer a verdade com clareza e em influir positivamente na opinião pública.

Santa Catarina nasceu em Sena no ano de 1347. Ainda muito jovem, ingressou na Ordem Terceira de São Domingos, sobressaindo pelo seu espírito de oração e penitência. Levada pelo seu amor a Deus, à Igreja e ao Romano Pontífice, trabalhou incansavelmente pela paz e unidade da Igreja nos tempos difíceis do desterro de Avignon. Foi a esta cidade e pediu ao Papa Gregório XI que voltasse quanto antes para Roma, de onde o Vigário de Cristo na terra deveria governar a Igreja. "Se morrer, sabei que morro de paixão pela Igreja", declarou uns dias antes da sua morte, ocorrida no dia 30 de abril de 1380.

Escreveu inúmeras cartas, das quais se conservam cerca de quatrocentas, algumas orações e elevações, e um só livro, o Diálogo, *que relata as conversas íntimas da Santa com o Senhor. Foi canonizada por Pio II e o seu culto estendeu-se rapidamente por toda a Europa. Santa Teresa diz que, depois de Deus, devia a Santa Catarina, muito singularmente, o progresso da sua alma. Pio IX nomeou-a segunda padroeira da Itália e Paulo VI declarou-a Doutora da Igreja.*

I. SEM PARTICULAR INSTRUÇÃO (aprendeu a escrever quando já era bastante crescida), e numa existência muito curta, Santa Catarina teve uma vida cheia de frutos, "como se tivesse pressa de chegar ao eterno tabernáculo da Santíssima Trindade"[1]. Para nós, é um modelo de amor à Igreja e ao Romano Pontífice, a quem chamava "o doce Cristo na terra"[2], e de clareza e valentia para se fazer ouvir por todos.

Os Papas residiam naquela altura em Avignon, e Roma, o centro da cristandade, ia-se transformando numa grande ruína; como é evidente, tal situação acarretava inúmeras dificuldades à Igreja universal. E o Senhor fez com que Santa Catarina compreendesse a necessidade de que os Papas voltassem à sede romana para darem início à ansiada e imprescindível reforma. E ela correspondeu: orou incansavelmente, entregou-se à penitência, escreveu ao Papa, aos cardeais, aos príncipes cristãos...

Ao mesmo tempo, proclamou por todo o mundo a obediência e o amor ao Romano Pontífice, acerca do qual escreve: "Quem não obedece a Cristo na terra, àquele que está no lugar de Cristo no Céu, não participa do fruto do sangue do Filho de Deus"[3].

Com enorme vigor, dirigiu prementes exortações a cardeais, bispos e sacerdotes, implorando-lhes a reforma da Igreja e a pureza dos costumes. E não deixou de censurá-los gravemente, embora sempre com humildade e respeito pela dignidade de que estavam revestidos, pois "são ministros do sangue de Cristo"[4]. Estava convencida de que da conversão e do exemplo dos pastores da Igreja dependia a saúde espiritual do rebanho.

Pedimos hoje a Santa Catarina de Sena que saibamos alegrar-nos com as alegrias da nossa Mãe a Igreja e sofrer com as suas dores. E nos perguntamos como é a nossa oração pelos pastores que a governam, se oferecemos diariamente algum sacrifício, horas de trabalho, contrariedades suportadas com serenidade... pelas intenções do Santo Padre, desejosos de ajudá-lo a enfrentar essa imensa carga que Deus colocou sobre os seus ombros. Pedimos também a

Santa Catarina que nunca faltem bons colaboradores ao lado do "doce Cristo na terra".

"Para tantos momentos da história, que o diabo se encarrega de repetir, parece-me uma consideração muito acertada aquela que me escrevias sobre lealdade: «Trago o dia todo, no coração, na cabeça e nos lábios, uma jaculatória: Roma!»"[5] Esta única palavra é suficiente para nos ajudar a manter a presença de Deus durante o dia e a manifestar a nossa unidade com o Romano Pontífice e a nossa oração por ele.

II. SANTA CATARINA revelou sempre uma requintada sensibilidade, foi profundamente feminina[6]. Ao mesmo tempo, foi extraordinariamente enérgica — como são as mulheres que amam o sacrifício e permanecem junto da Cruz de Cristo —, e não permitia desfalecimentos e fraquezas no serviço de Deus. Estava convencida de que, tratando-se da salvação própria e da salvação das almas, resgatadas por Cristo com o seu Sangue, não tinha cabimento algum enveredar por caminhos de excessiva indulgência, adotar por comodismo ou covardia atitudes de débil filantropia, e por isso gritava: "Basta de unguentos! Pois com tanto unguento estão-se apodrecendo os membros da Esposa de Cristo!"

Foi sempre fundamentalmente otimista, e não desanimava se, depois de ter feito o que estava ao seu alcance, os assuntos não se resolviam à medida dos seus desejos. Durante toda a sua vida, foi uma mulher profundamente delicada. Os seus discípulos recordaram sempre o seu sorriso aberto e o seu olhar franco; andava sempre bem arrumada, amava as flores e costumava cantar enquanto caminhava. Quando um personagem da época, incitado por um amigo, a procurou para conhecê-la, esperava encontrar uma pessoa de olhar oblíquo e sorriso ambíguo. Teve a grande surpresa de encontrar uma mulher jovem, de olhar claro e sorriso cordial, que o acolheu "como a um irmão que voltava de uma longa viagem".

Pouco tempo depois de ter retornado a Roma, o Papa morreu. E com a eleição do sucessor iniciou-se o cisma que tantos rasgões e tantas dores havia de produzir na Igreja. Santa Catarina falou e escreveu a cardeais e reis, a príncipes e bispos... Tudo em vão. Exausta e cheia de pena, ofereceu-se a Deus como vítima pela Igreja. Num dia do mês de Janeiro, quando rezava diante do túmulo de São Pedro, sentiu sobre os seus ombros o imenso peso da Igreja, como aconteceu com outros santos. Mas o tormento durou poucos meses: no dia 29 de abril, por volta do meio-dia, Deus a chamou para a sua glória.

Do leito de morte, dirigiu ao Senhor esta comovente oração: "Ó Deus eterno!, recebe o sacrifício da minha vida em benefício deste Corpo Místico da Santa Igreja. Não tenho outra coisa para oferecer-te a não ser aquilo que me deste"[7]. Uns dias antes, tinha dito ao seu confessor: "Asseguro-lhe que, se morrer, a única causa da minha morte será o zelo e o amor à Igreja que me abrasa e me consome..."

Os nossos dias são também de provas e dor para o Corpo Místico de Cristo. Por isso, "temos de pedir ao Senhor, com um clamor que não cesse (cf. Is 58, 1), que os abrevie, que olhe com misericórdia para a sua Igreja e conceda novamente a luz sobrenatural às almas dos pastores e às de todos os fiéis"[8]. Ofereçamos a nossa vida diária, com as suas mil pequenas incidências, pelo Corpo Místico de Cristo. O Senhor haverá de abençoar-nos e Santa Maria — *Mater Ecclesiae* — derramará a sua graça sobre nós com particular generosidade.

III. SANTA CATARINA ensina-nos a falar com clareza e valentia quando se debatem assuntos que afetam a Igreja, o Sumo Pontífice ou as almas. Não serão poucos os casos em que teremos a grave obrigação de esclarecer a verdade, e, nessas ocasiões, poderemos aprender de Santa Catarina, que nunca retrocedeu diante do fundamental, porque tinha a sua confiança posta em Deus.

Na primeira Leitura da Missa, diz-nos o apóstolo São João: *A nova que ouvimos dEle e que vos anunciamos é esta: Deus é luz e não há nele nenhuma treva*[9]. Aqui estava a origem da força dos primeiros cristãos, bem como da dos santos de todos os tempos: não ensinavam uma verdade própria, mas a mensagem de Cristo que nos foi transmitida de geração em geração. É o vigor de uma Verdade que está por cima das modas, da mentalidade de uma época concreta. Devemos aprender cada vez mais a falar das coisas de Deus com naturalidade e simplicidade, mas ao mesmo tempo com a segurança que Cristo pôs na nossa alma.

Perante a campanha sistematicamente organizada para obscurecer a verdade ou silenciar tudo o que sejam obras boas e retas, que às vezes quase não têm eco nos grandes meios de comunicação, nós, cada um no seu ambiente, temos de atuar como porta-vozes da verdade. Alguns Papas falaram da *conspiração do silêncio*[10], que se tece em torno das boas obras — literárias, cinematográficas, religiosas, de benemerência social — promovidas por bons católicos ou por instituições organizadas por católicos. São silenciadas ou deixadas na penumbra pelo fato de serem promovidas por católicos, enquanto se orquestram louvores a obras ou iniciativas que atentam contra os valores humanos, que pregam uma falsa liberdade e a antissolidariedade, ou que cancelam do horizonte do homem as ânsias de Deus.

Nós podemos fazer muito bem neste apostolado da opinião pública. Às vezes, não conseguiremos esclarecer senão os vizinhos, os amigos que visitamos ou nos visitam, os colegas de trabalho... Noutros casos, poderemos ir um pouco mais longe por meio de uma carta aos jornais, de uma chamada telefônica a uma emissora de rádio ou de televisão, não nos furtando a responder ao questionário de uma pesquisa de opinião pública... Devemos afastar a tentação do desalento, o sentimento de que "pouco podemos fazer". Um rio caudaloso é alimentado por pequenos regatos que, por sua vez, se formaram talvez gota a gota. Que não falte a nossa. Assim começaram os primeiros cristãos.

Peçamos hoje a Santa Catarina que nos comunique um pouco do seu amor à Igreja e ao Sumo Pontífice, e que tenhamos ânsias de dar a conhecer a doutrina de Cristo em todos os ambientes, por todos os meios ao nosso alcance, com imaginação e com amor, com sentido otimista e positivo, sem negligenciar uma única oportunidade. E, com palavras da Santa, peçamos também a Nossa Senhora: "A ti recorro, Maria! Ofereço-te a minha súplica pela *doce Esposa de Cristo* e pelo seu *Vigário na terra*, a fim de que lhe seja concedida luz para governar a Santa Igreja com discernimento e prudência"[11].

(1) João Paulo II, *Homilia em Sena*, 14-X-1980; (2) Santa Catarina de Sena, *Cartas*, III; (3) idem, *Carta 207*, III; (4) cf. Paulo VI, *Homilia na proclamação de Santa Catarina de Sena como Doutora da Igreja*, 4-X-1970; (5) Josemaria Escrivá, *Sulco*, n. 344; (6) cf. João Paulo II, *Homilia*, 29-IV-1980; (7) Santa Catarina de Sena, *Carta 371*, V; (8) Josemaria Escrivá, *Amar a Igreja*, Prumo-Rei dos Livros, Lisboa, 1990, p. 59; (9) 1 Jo 1, 5; (10) cf. Pio XI, Enc. *Divini Redemptoris*, 10-III-1937; (11) Santa Catarina de Sena, *Oração*, XI.

1º DE MAIO

32. SÃO JOSÉ OPERÁRIO
Memória

— O trabalho, um dom de Deus.
— Sentido humano e sobrenatural do trabalho.
— Amar a nossa ocupação profissional.

A memória de São José Operário vem-se celebrando liturgicamente desde 1955. A Igreja recorda assim — seguindo o exemplo de São José e sob o seu patrocínio — o valor humano e sobrenatural do trabalho. Todo o trabalho humano é colaboração com a obra de Deus Criador, e por Jesus Cristo converte-se — na medida do amor a Deus e da caridade com os outros — em verdadeira oração e em apostolado.

I. *VIVERÁS DO TRABALHO das tuas mãos...*[1]

A Igreja, ao apresentar-nos hoje São José como modelo, não se limita a louvar uma forma de trabalho, mas a dignidade e o valor de todo o trabalho humano honrado. Na primeira Leitura da Missa[2], lemos a narração do Gênesis em que o homem surge como participante da Criação. A Sagrada Escritura também nos diz que Deus colocou o homem no jardim do Éden para *que o cultivasse e guardasse*[3].

O trabalho foi desde o princípio um preceito para o homem, uma exigência da sua condição de criatura e expressão da sua dignidade. É a forma como colabora com a Providência divina sobre o mundo. Com o pecado original, a forma dessa colaboração, o *como*, sofreu uma alteração: *A terra será maldita por tua causa* — lemos também no

Gênesis[4] —; *com fadiga te alimentarás dela todos os dias da tua vida... Comerás o pão com o suor do teu rosto...*

O que deveria ser realizado de um modo sereno e aprazível, tornou-se depois da queda original trabalhoso, e muitas vezes esgotador. No entanto, permanece inalterada a realidade de que o trabalho em si está relacionado com o Criador e colabora com o plano de redenção dos homens. As condições que o rodeiam fizeram com que alguns o considerassem um castigo, ou que, pela malícia do coração do homem, se convertesse numa simples mercadoria ou num "instrumento de opressão", a tal ponto que por vezes se torna impossível compreender a sua grandeza e dignidade. E há ainda os que pensam que é um meio de ganhar dinheiro, a serviço da vaidade, da autoafirmação, do egoísmo... Em todas essas atitudes, esquece-se que o trabalho é de per si *obra divina*, porque é colaboração com Deus e oferenda que se lhe faz, meio por excelência de adquirir e desenvolver as virtudes humanas e sobrenaturais.

É frequente observar que a sociedade materialista dos nossos dias aprecia os homens "pelo que ganham", pela sua capacidade de obter um maior nível de bem-estar econômico. "É hora de que todos nós, cristãos, anunciemos bem alto que o trabalho é um dom de Deus, e que não faz nenhum sentido dividir os homens em diferentes categorias, conforme os tipos de trabalho, considerando umas ocupações mais nobres do que outras. O trabalho, todo o trabalho, é testemunho da dignidade do homem, do seu domínio sobre a criação; é meio de desenvolvimento da personalidade; é vínculo de união com os outros seres; fonte de recursos para o sustento da família; meio de contribuir para o progresso da sociedade em que se vive e para o progresso de toda a humanidade"[5].

Tudo isto no-lo recorda a festa de hoje[6], ao propor-nos São José como modelo e padroeiro: um homem que viveu do seu ofício, a quem devemos recorrer com frequência para que não se degrade nem se distorça o trabalho que temos entre mãos, pois não raras vezes, quando se esquece Deus, "a matéria sai da oficina enobrecida, ao passo que os homens

1º DE MAIO

se envilecem"[7]. O nosso trabalho, com a ajuda de São José, deve sair das nossas mãos como uma oferenda gratíssima ao Senhor, convertido em oração.

II. O EVANGELHO DA MISSA[8] mostra-nos, uma vez mais, como Jesus é conhecido em Nazaré pelo seu trabalho. Quando voltou à sua terra, os seus conterrâneos comentavam: *Não é este o filho do carpinteiro? A sua mãe não é Maria?...* Em outro lugar, a Escritura diz que, como acontece em tantas ocasiões, Jesus continuou o ofício daquele que na terra fez junto dEle as vezes de pai: *Não é este o carpinteiro, filho de Maria?...*[9]

Ao ser assumido pelo Filho de Deus, o trabalho ficou santificado e, desde então, pode converter-se numa tarefa redentora se o unirmos a Cristo, Redentor do mundo. A fadiga, o esforço, as dificuldades, que são consequências do pecado original, convertem-se com Cristo em algo de imenso valor sobrenatural. Sabemos que o homem foi associado à obra redentora de Jesus Cristo, "o qual conferiu uma dignidade eminente ao trabalho quando trabalhou em Nazaré com as suas próprias mãos"[10].

Qualquer trabalho nobre pode chegar a ser uma tarefa que aperfeiçoa aquele que o realiza bem como toda a sociedade, e pode converter-se em meio de ajudar os outros através da comunhão que existe entre todos os membros do Corpo Místico de Cristo que é a Igreja. Mas, para isso, é necessário não esquecer o fim sobrenatural que devem ter todos os atos da vida, mesmo os que se apresentam como muito duros ou difíceis: "O condenado às galés bem sabe que rema a fim de mover um barco, mas, para reconhecer que isso dá sentido à sua existência, terá que aprofundar no significado que a dor e o castigo têm para um cristão; quer dizer, terá que encarar a sua situação como uma possibilidade de identificar-se com Cristo. Pois bem, se por ignorância ou por desprezo não o consegue, chegará a odiar o seu "trabalho". Um efeito similar pode dar-se quando o fruto ou o resultado do trabalho (não a sua retribuição econômica, mas aquilo que se "trabalhou", "elaborou" ou "fez") se perde numa lonjura de que quase não se tem notícia"[11]. Quantas pessoas, infelizmente, se dirigem todas as manhãs ao seu "trabalho" como se fossem para as galés! Vão remar um barco que não sabem para onde se dirige, e aliás sem se importarem com isso. Só esperam o fim de semana e o ordenado. Esse trabalho, evidentemente, não dignifica, não santifica; dificilmente servirá para desenvolver a personalidade.

Pensemos hoje, junto de São José, no valor que damos às nossas ocupações, no esforço que pomos em acabá-las com perfeição, na pontualidade, na competência profissional, na serenidade — não contraposta à urgência — com que as realizamos... Se o nosso trabalho for sempre humanamente bem feito, poderemos dizer com a liturgia da Missa de hoje: *Ó Deus, fonte de todos os benefícios, olhai as oferendas que vos apresentamos na festa de São José, e fazei que estes dons se transformem em fonte de graça para aqueles que vos invocam*[12].

III. OBRA BEM FEITA é aquela que se executa com amor. Ter apreço pelo trabalho profissional, pelo ofício que se exerce, é talvez o primeiro passo para dignificá-lo e para elevá-lo ao plano sobrenatural. Devemos pôr o coração nas tarefas que temos entre mãos, e não fazê-lo "porque não há outro remédio". "Meu filho, aquele homem que veio ver-me esta manhã — aquele de blusão cor de terra — não é um homem honesto [...]. Exerce a profissão de caricaturista num jornal ilustrado. Isso lhe dá de que viver, ocupa-lhe as horas do dia. E, no entanto, sempre fala com repugnância do seu ofício e diz: «Se eu pudesse ser pintor! Mas é indispensável que desenhe essas bobagens para poder comer. Não olhe para os bonecos, homem, não os veja! Comércio puro...» Quer dizer que trabalha unicamente pelo lucro. E deixou que o seu espírito se ausentasse daquilo em que ocupa as mãos. Porque tem o seu trabalho na conta de coisa muito vil. Mas eu te digo, filho, que se o trabalho do meu amigo é tão vil, se os seus desenhos podem ser chamados bobagens, a razão está justamente em que ele não pôs neles o seu espírito. Não há tarefa que não se torne nobre e santa quando o espírito nela reside.

É nobre e santa a tarefa do caricaturista, como a do carpinteiro e a do lixeiro [...]. Há uma maneira de fazer caricaturas, de trabalhar a madeira [...], que revela que se pôs amor nessa atividade, cuidados de perfeição e harmonia, e uma pequena chispa de fogo pessoal: isso que os artistas chamam estilo próprio, e que não há obra nem obrinha humana em que não possa florescer. Essa é a boa maneira de trabalhar. A outra, a de menosprezar o ofício, tendo-o por vil, ao invés de redimi--lo e secretamente transformá-lo, é má e imoral. O visitante de blusão cor de terra é, pois, um homem imoral, porque não ama o seu ofício"[13].

São José ensina-nos a realizar bem o ofício que nos ocupa tantas horas: as tarefas domésticas, o laboratório, o arado ou o computador, o trabalho de carregar pacotes ou de cuidar da portaria de um edifício... A categoria de um trabalho reside na sua capacidade de nos aperfeiçoar humana e sobrenaturalmente, nas possibilidades que nos oferece de levar adiante a família e de colaborar nas obras em favor dos homens, na ajuda que através dele prestamos à sociedade...

São José, enquanto trabalhava, tinha Jesus diante de si. Pedia-lhe que segurasse uma madeira enquanto ele a serrava, ensinava-lhe a manejar o formão e a plaina... Quando se sentia cansado, olhava para o seu filho, que era o Filho de Deus, e aquela tarefa adquiria aos seus olhos um novo vigor, porque sabia que com o seu trabalho colaborava com os planos misteriosos, mas reais, da salvação. Peçamos-lhe hoje que nos ensine a ter essa presença de Deus que ele teve enquanto exercia o seu ofício. E não nos esqueçamos de Santa Maria, a quem vamos dedicar com muito amor este mês de Maio que hoje começa. Não nos esqueçamos de oferecer em sua honra todos estes dias, alguma hora de trabalho ou de estudo, mais intensa, mais bem acabada.

---

(1) Sl 127, 1-2; cf. *Antífona de entrada* da Missa de 1º de maio; (2) Gn 1, 26; 2, 3; (3) Gn 2, 15; (4) Gn 3, 17-19; (5) Josemaria Escrivá, *É Cristo que passa*, n. 47; (6) João Paulo II, Exort. apost. *Redemptoris custos*, 15-VIII-1989, 22; (7) Pio XI, Enc. *Quadragesimo anno*, 15-V-

206 SÃO JOSÉ OPERÁRIO

-1931; (8) Mt 13, 54-58; (9) Mc 6, 3; (10) Conc. Vat. II, Const. *Gaudium et spes*, 67; (11) P. Berglar, *Opus Dei*, Rialp, Madri, 1987, p. 309; (12) *Oração sobre as oferendas* da Missa de 1º de maio; (13) E. D'Ors, *Aprendizaje y heroísmo: grandeza y servidumbre de la inteligencia*, EUNSA, Pamplona, 1973, pp. 19-20.

3 DE MAIO

33. SANTOS FILIPE E TIAGO, APÓSTOLOS

Festa

—— A chamada destes apóstolos.
—— Jesus sempre esteve perto dos seus discípulos, como está agora junto de nós.
—— Difundir a mesma mensagem que os apóstolos pregaram. Contar sempre com os meios sobrenaturais na ação apostólica.

Filipe era de Betsaida, como Pedro e André. Primeiro foi discípulo do Batista e depois seguiu Jesus, que o chamou para fazer parte dos Doze. Do relato da multiplicação dos pães pode-se concluir que estava encarregado dos víveres: é ele que calcula rapidamente o dinheiro necessário para aplacar a fome das pessoas reunidas em torno do Mestre. Intervém, junto com André, no caso dos peregrinos gregos, gentios piedosos que desejavam ver Jesus. É considerado pela tradição como o Evangelizador da Frígia (Ásia Menor), onde sofreu o martírio por crucifixão.

Tiago, parente do Senhor, é chamado o Menor *para distingui-lo do irmão de João. Foi o primeiro bispo de Jerusalém e desenvolveu uma intensa atividade evangelizadora entre os judeus dessa cidade. A tradição apresenta-o como um homem austero, exigente consigo mesmo e cheio de bondade para com os outros. Foi a "coluna da Igreja primitiva", junto com Pedro e João. Morreu mártir em Jerusalém por volta do ano 62. É autor de uma das* Epístolas Católicas.

I. ENTRE AQUELES GALILEUS que tiveram a felicidade de serem escolhidos por Jesus para fazerem parte do grupo mais íntimo que o acompanhava, encontram-se Filipe, filho de Alfeu, e Tiago o Menor.

Tiago nasceu em Caná da Galileia, perto de Nazaré, e era parente do Senhor. O Evangelho não refere o momento em que Jesus o chamou. A Sagrada Escritura sublinha que Tiago veio a ocupar um lugar proeminente na Igreja de Jerusalém[1]. E teve o privilégio de que o Senhor ressuscitado lhe aparecesse pessoalmente, como lemos na primeira Leitura da Missa[2].

Filipe era natural de Betsaida, a terra de Pedro e André[3], uma pequena cidade próxima do lago de Genesaré. Muito provavelmente, já era amigo desses dois irmãos. Um dia, nas margens do Jordão, encontrou Jesus que, em companhia dos seus primeiros discípulos, se dirigia para a Galileia. O Mestre disse-lhe: *Segue-me*[4]. Era o termo que Jesus empregava para chamar os seus discípulos, à semelhança do que faziam os rabinos com os seus seguidores. Filipe seguiu o Senhor imediatamente. E não demorou a fazer com que os seus amigos conhecessem também o Senhor. *Filipe encontrou-se com Natanael e disse-lhe: Encontramos aquele de quem escreveram Moisés na Lei e os Profetas: Jesus de Nazaré, filho de José*[5]. *E como visse que o amigo duvidava, deu-lhe o maior argumento: Vem e vê*. E Natanael foi, viu e permaneceu também com Cristo para sempre.

Jesus nunca decepciona. O apostolado consistirá sempre em levarmos à presença do Senhor os nossos parentes, amigos e conhecidos, em limparmos o caminho e retirarmos os obstáculos para que vejam Jesus, que nos chamou e que sabe penetrar na alma dos que dEle se aproximam, como aconteceu com Natanael. Este discípulo chegou a ser um dos *Doze*, apesar da aparente incredulidade inicial e da relutância em aceitar a mensagem do amigo: *De Nazaré pode sair coisa que seja boa?*, foi a sua resposta ao convite de Filipe. Quantas vezes não teremos dito também aos que queríamos aproximar de Deus: Vem e vê! E ninguém que se tenha aproximado de Jesus saiu decepcionado.

Hoje, Filipe e Tiago são nossos intercessores diante de Jesus. Pomos sob a proteção de ambos o apostolado que estamos realizando com os nossos amigos e parentes.

II. O EVANGELHO DA MISSA[6] conta-nos que Jesus, durante a Última Ceia, comunicou aos seus discípulos que lhes estava reservado um lugar no Céu, para que estivessem eternamente com Ele, e que já conheciam o caminho... A conversa prolongou-se com as perguntas dos discípulos e as respostas do Mestre. Em certo momento, Filipe interveio com uma pergunta que todos devem ter achado insólita: *Senhor, mostra-nos o Pai e isso nos basta*. E Jesus, num tom de censura carinhosa, respondeu-lhe: *Filipe, há tanto tempo estou convosco, e não me conheces? Quem me viu, viu o Pai; como dizes: Mostra-nos o Pai?*

Quantas vezes não terá tido Jesus que dirigir-nos a mesma censura que dirigiu a Filipe! Tantas vezes estive junto de ti e não o percebeste! E o Senhor poderia lembrar-nos uma ocasião e outra, circunstâncias difíceis em que talvez nos tenhamos sentido sozinhos e perdido a serenidade porque nos faltou o sentido da nossa filiação divina, da proximidade amorosa de Deus. Quanto bem não nos pode fazer hoje meditar na resposta de Jesus a este apóstolo! Nele estamos representados todos nós.

Jesus revela o Pai; a Santíssima Humanidade de Cristo é o caminho para conhecermos e chegarmos ao trato íntimo com Deus Pai, Deus Filho e Deus Espírito Santo. Em Cristo temos a suprema revelação de Deus aos homens. "Ele, com a sua presença e manifestação, com as suas palavras e obras, sinais e milagres, e sobretudo com a sua Morte e gloriosa Ressurreição, com o envio do Espírito de Verdade, leva à plenitude toda a Revelação e a confirma com testemunho divino, isto é, que Deus está conosco para nos livrar das trevas do pecado e da morte, e para nos fazer ressuscitar para uma vida eterna"[7]. Ele preenche completamente a nossa vida. "Ele é suficiente para ti — afirma Santo Agostinho —; fora dEle, nenhuma coisa o é. Bem o sabia Filipe quando dizia: *Senhor, mostra-nos o Pai e isso nos basta*"[8]. Vivemos com essa convicção?

III. NA PRIMEIRA LEITURA da Missa destes apóstolos, lemos as palavras que São Paulo dirigiu aos primeiros cristãos de Corinto: *Eu vos transmiti em primeiro lugar aquilo que eu mesmo recebi: que Cristo morreu pelos nossos pecados, segundo as Escrituras, que foi sepultado, ressuscitou ao terceiro dia, segundo as Escrituras, e apareceu a Cefas...*[9]

Paulo recebeu dos apóstolos uma mensagem divina que por sua vez transmitiu aos que o seguiam. Foi o que fizeram também Filipe e Tiago, que deram a vida em testemunho dessa verdade. Como o Apóstolo das gentes, sabem muito bem qual deve ser o núcleo da sua pregação: Jesus Cristo, caminho para o Pai. É a Boa-nova que se transmite de geração em geração: *Um dia transmite ao outro a mensagem, e uma noite sussurra-a a outra*[10], lemos no Salmo responsorial. Nós não temos coisas novas que dar a conhecer. É sempre a mesma Boa-nova: que Cristo morreu pelos nossos pecados..., que ressuscitou..., que vive ao nosso lado..., que nos ama como nunca ninguém será capaz de fazê-lo..., que nos destinou a uma eterna felicidade junto dEle..., a quem veremos cara a cara.

Este é o nosso apostolado: proclamar aos quatro ventos e de todas as maneiras possíveis a mesma doutrina que os apóstolos pregavam: que Cristo vive e que só Ele pode saciar as ânsias da inteligência e do coração humano, que somente junto de Cristo se pode ser feliz, que Ele revela o Pai...

Os apóstolos, como nós, depararam com dificuldades e obstáculos para estender o Reino de Cristo; mas não ficaram à espera de ocasiões propícias para fazê-lo, pois nesse caso não nos teria chegado provavelmente essa mensagem que dá sentido à nossa existência. É possível que, diante da falta de meios e da resistência das pessoas, os apóstolos — e especialmente Filipe — recordassem aquele dia em que se tinham encontrado com o grande compromisso de alimentar uma multidão, sem terem provisões nem meios para adquiri-las[11]. Jesus viu aquela multidão que o seguia e disse a Filipe: *Onde compraremos pão para dar de comer a estes?* E Filipe fez os cálculos e respondeu ao Mestre: *Duzentos denários de pão não seriam suficientes para que cada um comesse um pouco.* Fez as contas, e os meios de que dispunham estavam muito longe de cobrir as necessidades.

Jesus sente-se comovido e, mais uma vez, enche-se de sentimentos de misericórdia perante aquela multidão tão necessitada de compreensão e alívio. Mas, além disso, quer que os seus discípulos não esqueçam que sempre o terão ao seu lado. *Eu estarei convosco eternamente*[12], dirá no final da sua vida aqui na terra. *Filipe, estou há tanto tempo convosco e ainda não me conheces?*

Deus é a parcela indispensável com que devemos contar para fecharmos as nossas contas. Na nossa ação apostólica pessoal, temos de contar com os duzentos denários — os meios humanos, sempre insuficientes —, mas não devemos esquecer que Jesus está sempre ao nosso lado com o seu poder e a sua misericórdia. Agora também o temos bem junto de nós. Quanto maiores forem as nossas dificuldades pessoais, as nossas necessidades na atividade apostólica e as nossas preocupações com a educação e a formação religiosa dos filhos, maior será a ajuda que Jesus nos prestará. Não deixemos de recorrer a Ele.

A Virgem, nossa Mãe, pela sua poderosa intercessão diante de Deus, jamais deixa de facilitar-nos o caminho.

---

(1) Gl 1, 18-19; At 21, 15-18; Gl 2, 19; (2) 2 Cor 15, 7; (3) Jo 1, 44; (4) Jo 1, 43; (5) Jo 1, 45; (6) Jo 14, 6-14; (7) Conc. Vat. II, Const. *Dei Verbum*, 4; (8) Santo Agostinho, *Sermão 334*, 4; (9) 1 Cor 15, 3-5; (10) Sl 18, 3; *Salmo responsorial* da Missa de 3 de maio; (11) cf. Jo 6, 4 e segs.; (12) cf. Mt 28, 20.

13 DE MAIO

34. NOSSA SENHORA DE FÁTIMA
Memória

— As aparições de Nossa Senhora.
— A Virgem pede penitência pelos pecados
dos homens.
— Consagração do mundo ao Coração Imaculado de Maria.

De 13 de maio a 13 de outubro de 1917, a Virgem apareceu em Fátima a três crianças: Lúcia, Francisco e Jacinta. No dia 13 de outubro, milhares de pessoas puderam observar um prodígio que fora anunciado por Nossa Senhora: o Sol começou a girar sobre si mesmo, assemelhando-se a uma roda de fogo, durante uns dez minutos.

A Virgem também pediu que o mundo fosse consagrado ao seu Coração Imaculado. Esta Consagração, a pedido do episcopado português, foi realizada solenemente por Pio XII no dia 31 de outubro de 1942 e renovada por João Paulo II.

I. NO DIA 13 DE MAIO de 1917, por volta do meio-dia, Nossa Senhora apareceu pela primeira vez, numa região do centro de Portugal, a três pastorzinhos — Lúcia, Jacinta e Francisco — que tinham levado as suas ovelhas para pastar numa depressão coberta de azinheiras e de oliveiras que os habitantes do lugar conheciam por *Cova da Iria*[1]. A Virgem pediu aos meninos que voltassem ali no dia treze de cada mês, durante seis meses consecutivos. A mensagem que Nossa Senhora foi desfiando ao longo desses meses era uma mensagem de *penitência* pelos pecados que se cometem diariamente; a recitação do *terço* por essa mesma intenção; e a *consagração do mundo ao seu Imaculado Coração.*

Em cada aparição, a doce Senhora insistiu na recitação do terço, e ensinou aos videntes uma oração para que a repetissem muitas vezes, oferecendo a Deus as suas obras e, em especial, pequenas mortificações e sacrifícios: *Ó Jesus!..., por teu amor, pela conversão dos pecadores e em reparação das ofensas feitas ao Imaculado Coração de Maria.*

Em agosto, a Virgem prometeu um sinal público, visível por todos, como prova da veracidade dessas mensagens, e no dia 13 de outubro aconteceu o chamado *prodígio do sol.* Dezenas de milhares de peregrinos, presentes na Cova da Iria, foram testemunhas desse fato extraordinário, que chegou a ser visto por pessoas que estavam a muitos quilômetros do lugar. Nossa Senhora declarou então aos meninos que era a *Virgem do Rosário.* Também lhes disse: "É preciso que os homens se emendem, que peçam perdão dos seus pecados e não ofendam mais a Nosso Senhor, que já é muito ofendido".

O Papa João Paulo II, recordando a sua peregrinação a Fátima, onde esteve "com o terço na mão, o nome de Maria nos lábios e o canto de misericórdia no coração", para dar graças a Nossa Senhora por ter saído com vida do atentado sofrido no ano anterior, sublinhou que "as aparições de Fátima, comprovadas por sinais extraordinários em 1917, vêm a ser como que um ponto de referência e de irradiação para o nosso século. Maria, nossa Mãe celestial, apareceu para sacudir as consciências, para iluminar o autêntico significado da vida, para estimular à conversão do pecado e ao fervor espiritual, para inflamar as almas de amor a Deus e de caridade com o próximo. Maria veio socorrer-nos, porque muitos, infelizmente, não querem acolher o convite do Filho para regressarem à casa do Pai.

"Do seu Santuário de Fátima, Maria renova ainda hoje o seu apelo materno e premente: a conversão à Verdade e à Graça; a vida sacramental, especialmente a Penitência e a

13 DE MAIO   215

Eucaristia, e a devoção ao seu Coração Imaculado, acompanhada pelo espírito de penitência"[2].

Hoje podemos perguntar-nos como anda a nossa correspondência às frequentes inspirações do Espírito Santo para que purifiquemos a alma, como desagravamos o Senhor pelos pecados pessoais e pelos de todos os homens, como rezamos o terço — especialmente neste mês de maio —, oferecendo-o por "intenções ambiciosas", pedindo que muitos amigos e colegas se aproximem novamente de Cristo.

II. "A MENSAGEM DE FÁTIMA é, no seu núcleo fundamental, uma chamada à conversão e à penitência [...]. A *Senhora da mensagem* parecia ler com uma perspicácia especial os sinais dos tempos, os sinais do nosso tempo"[3]. Hoje, na nossa oração, chega-nos essa voz doce, maternal, e ao mesmo tempo enérgica e decidida da Virgem, que é premente, como que dirigida pessoalmente a cada um de nós.

Sabemos bem como ao longo de todo o Evangelho ressoam as palavras: *Arrependei-vos e fazei penitência*[4]. Jesus começará a sua missão pedindo penitência: *Fazei penitência, porque o Reino dos Céus está próximo*[5]. E acrescentará noutra ocasião: *"Se não fizerdes penitência, todos perecereis"*[6]. É por isso que a pregação desta virtude ocupará também um lugar essencial na mensagem que os apóstolos irão difundir, recém-nascida a Igreja[7]. Todo o tempo da Igreja peregrina, no qual nos encontramos, configura-se como *spatium verae poenitentiae*, um tempo de verdadeira penitência concedido pelo Senhor para que ninguém pereça[8].

A penitência é necessária porque existe o pecado, porque é preciso reparar tantas faltas e fraquezas pessoais e dos nossos irmãos os homens, e porque ninguém, sem um privilégio especial e extraordinário, está confirmado na graça, antes deve ter uma consciência muito viva de que é um pecador. O Cura d'Ars costumava dizer que a penitência nos é tão necessária para a alma como a respiração para o corpo[9].

A primeira manifestação desta virtude é o *amor à confissão frequente*, que nos leva a desejá-la e a vivê-la com esmero, com uma contrição verdadeira das nossas faltas atuais e passadas. A virtude da penitência deve também estar presente de alguma maneira nas ações correntes de todos os dias: "no cumprimento exato do horário que marcaste, ainda que o corpo resista ou a mente pretenda evadir-se em sonhos quiméricos. Penitência é levantar-se na hora. E também não deixar para mais tarde, sem um motivo justificado, essa tarefa que te é mais difícil ou trabalhosa.

"A penitência está em saberes compaginar todas as tuas obrigações — com Deus, com os outros e contigo próprio —, sendo exigente contigo de modo que consigas encontrar o tempo de que cada coisa necessita. És penitente quando te submetes amorosamente ao teu plano de oração, apesar de estares esgotado, sem vontade ou frio.

"Penitência é tratar sempre com a máxima caridade os outros, começando pelos da tua própria casa. É atender com a maior delicadeza os que sofrem, os doentes, os que padecem. É responder com paciência aos maçantes e inoportunos. É interromper ou modificar os programas pessoais, quando as circunstâncias — sobretudo os interesses bons e justos dos outros — assim o requerem.

"A penitência consiste em suportar com bom humor as mil pequenas contrariedades da jornada: em não abandonares a tua ocupação, ainda que de momento te tenha passado o gosto com que a começaste; em comer com agradecimento o que nos servem, sem importunar ninguém com caprichos.

"Penitência, para os pais e, em geral, para os que têm uma missão de governo ou educativa, é corrigir quando é preciso fazê-lo, de acordo com a natureza do erro e com as condições de quem necessita dessa ajuda, sem fazer caso de subjetivismos néscios e sentimentais.

"O espírito de penitência leva a não nos apegarmos desordenadamente a esse bosquejo monumental de projetos futuros, em que já previmos quais serão os nossos traços e pinceladas mestras. Que alegria damos a Deus quando sabemos renunciar às nossas garatujas e broxadas de mestrinho, e permitimos que seja Ele a acrescentar os traços e as cores que mais lhe agradem!"[10] Que maravilhosa obra-prima não surge então, com a ajuda da graça, aos olhos de Deus!

13 DE MAIO   217

III. UMA PARTE DA MENSAGEM de Fátima era o desejo
da Virgem de que se consagrasse o mundo ao seu Coração Imaculado. Onde haverá de estar mais seguro o mundo?
Onde estaremos mais bem defendidos e amparados? Esta
consagração "significa aproximarmo-nos, por intercessão
da Mãe, da própria fonte da Vida, que brotou do Gólgota.
Esta fonte corre ininterruptamente, e dela jorram a Redenção e a graça. Nela se realiza constantemente a reparação
dos pecados do mundo. Este manancial é fonte incessante
de vida e de santidade"[11].

Pio XII (cuja ordenação episcopal teve lugar precisamente a 13 de maio de 1917, dia da primeira aparição)
consagrou o gênero humano e especialmente os povos da
Rússia ao Coração Imaculado de Maria[12]. João Paulo II quis
renová-la e a ela podemos unir-nos hoje: "Ó Mãe dos homens e dos povos, Vós que conheceis todos os seus sofrimentos e esperanças, Vós que sentis maternalmente todas
as lutas entre o bem e o mal, entre a luz e as trevas que
invadem o mundo contemporâneo, acolhei este clamor que,
como que movidos pelo Espírito Santo, elevamos diretamen-
mente ao vosso coração, e abraçai com o amor da Mãe e da
Serva este nosso mundo, que colocamos sob a vossa confiança e Vos consagramos, cheios de inquietação pela sorte
terrena e eterna dos homens e dos povos.

"De modo particular, colocamos sob a vossa confiança
e Vos consagramos os homens e nações que necessitam especialmente desta consagração. Sob a vossa proteção nos
acolhemos, Santa Mãe de Deus. Não desprezeis as súplicas
que Vos dirigimos nas nossas necessidades!

"Não as desprezeis!

"Acolhei a nossa humilde confiança e entrega!"[13]

Santa Maria, sempre atenta ao que lhe pedimos, fará
com que encontremos refúgio e amparo no seu Coração
Puríssimo.

(1) C. Barthas, *Fátima*, Aster, Lisboa, p. 426; (2) João Paulo II, *Angelus*, 26-VII-1987; (3) idem, *Homilia em Fátima*, 13-V-1982; (4) cf. Mc
1, 15; (5) Mt 4, 17; (6) Lc 13, 3; (7) cf. At 2, 38; (8) cf. 2 Pe 3, 9; (9)

Cura d'Ars, *Sermão sobre a Penitência*; (10) Josemaria Escrivá, *Amigos de Deus*, n. 138; (11) João Paulo II, *Homilia em Fátima*, 26-VII--1987; (12) Pio XII, *Radiomensagem Benedicite Deum*, 31-X-1942; (13) João Paulo II, *Consagração à Virgem de Fátima*, 13-V-1982.

14 DE MAIO

35. SÃO MATIAS APÓSTOLO
Festa

— É Deus quem escolhe.
— Nunca nos faltam as graças necessárias para levarmos a bom termo a nossa vocação.
— A felicidade e o sentido da vida estão em seguir a chamada que Deus faz a cada homem.

Depois da Ascensão, enquanto esperavam a vinda do Espírito Santo, os apóstolos escolheram Matias para que ocupasse o lugar de Judas e se completasse o número dos Doze, que representavam as doze tribos de Israel. Matias fora discípulo do Senhor e testemunha da Ressurreição. Segundo diz a tradição, evangelizou a Etiópia, onde sofreu o martírio. As suas relíquias foram levadas a Tréveris por ordem de Santa Helena. É o padroeiro da cidade.

I. *NÃO FOSTES VÓS que me escolhestes, mas eu que vos escolhi e vos enviei para que vades e deis fruto, e o vosso fruto permaneça*[1].

Depois da traição de Judas, tinha ficado um lugar vago entre os Doze Apóstolos. Com a eleição do novo apóstolo, viria a cumprir-se o que o próprio Espírito Santo tinha profetizado e o que Jesus tinha instituído expressamente. O Senhor quis que fossem doze os seus apóstolos[2]. O novo povo de Deus devia estar alicerçado sobre doze colunas, como o antigo tinha estado sobre as doze tribos de Israel[3].

São Pedro, exercendo o seu primado diante dos cento e vinte discípulos, declara as condições que devia ter aquele que completaria o Colégio Apostólico, conforme aprendera do Mestre: o discípulo devia ter convivido com Jesus. Por isso diz no seu discurso: *É necessário que, destes homens que nos acompanharam durante todo o tempo em que o Senhor Jesus viveu entre nós, desde o batismo de João até o dia em que foi arrebatado dentre nós, um deles seja constituído testemunha conosco da sua ressurreição*[4]. O apóstolo ressalta a necessidade de que o novo eleito tivesse sido testemunha ocular da pregação e dos atos de Jesus ao longo da sua vida pública, e de modo muito especial da Ressurreição. Trinta anos mais tarde, dirá nas últimas palavras que dirigiu a todos os cristãos: *Porque não foi seguindo fábulas engenhosas que vos demos a conhecer o poder e a vinda de Nosso Senhor Jesus Cristo, mas depois de termos sido testemunhas oculares da sua grandeza*[5].

Pedro não escolhe, mas deixa a sorte nas mãos de Deus, conforme se fazia por vezes no Antigo Testamento[6]. *Lançam-se sortes, mas é Deus quem decide*, lê-se no Livro dos Provérbios[7]. Mencionaram-se dois: José, chamado Barsabás, que tinha por sobrenome o Justo, e Matias, forma abreviada de Matatias, que significa *presente de Deus*. *Tiraram os seus nomes à sorte, e a sorte caiu sobre Matias, que foi associado aos onze apóstolos*. Um historiador antigo alude a uma tradição segundo a qual este discípulo pertencia ao grupo dos setenta e dois que, enviados por Jesus, tinham ido pregar pelas cidades de Israel[8].

Antes da eleição, Pedro e toda a comunidade oraram a Deus, porque a eleição não seria feita por eles: a vocação é sempre uma escolha divina. Por isso disseram: *Tu, Senhor, que conheces os corações de todos, mostra-nos qual destes dois escolheste*. Os onze e os outros discípulos não se atreveram a tomar por si próprios, levados por considerações ou simpatias pessoais, a responsabilidade de indicar um sucessor para Judas. São Paulo, quando se sentir movido a declarar a origem da sua missão, dirá que foi constituído *não pelos homens nem pela autoridade de um homem, mas somente por Jesus Cristo, e por Deus, seu Pai*[9]. É o Senhor quem escolhe e envia. Também agora.

Cada um de nós tem uma vocação divina, uma chamada para a santidade e para o apostolado, recebida no batismo e especificada depois nas sucessivas intervenções de Deus na sua história pessoal. E há momentos em que esta chamada se torna especialmente intensa e clara. "Eu também não pensava que Deus me apanharia como o fez. Mas o Senhor [...] não nos pede licença para nos «complicar a vida». Mete-se e... pronto!"[10] E depois cabe a cada um a responsabilidade de corresponder. Hoje podemos perguntar-nos na nossa oração: Sou fiel ao que o Senhor quer de mim? Procuro cumprir a vontade de Deus em todos os meus projetos? Estou disposto a corresponder ao que o Senhor me vai pedindo ao longo da vida?

II. ... *ET CECIDIT SORS super Matthiam...*, a sorte caiu sobre Matias... A chamada de Matias recorda-nos que a vocação recebida é sempre um dom imerecido. Deus chama-nos para que nos assemelhemos cada vez mais a Cristo, para que participemos da vida divina; atribui-nos uma missão na existência e quer que permaneçamos bem ao seu lado, numa vida felicíssima, já aqui na terra e depois na eterna. Cada um é chamado por Deus para estender o seu reinado no lugar em que se encontra e de acordo com as suas circunstâncias.

Mas, além dessa chamada universal à santidade e à dedicação apostólica, Jesus faz chamadas especiais. E chama muitos: uns para que deem dEle um testemunho particular afastando-se do mundo, ou para que prestem um serviço particular pelo exercício do sacerdócio; outros, a imensa maioria, para que, permanecendo no mundo, o vivifiquem por dentro, mediante a vida matrimonial, que é um "caminho de santidade"[11], ou mediante o celibato, pelo qual se entrega a Deus o coração inteiro, por amor a Ele e às almas.

A vocação não nasce de bons desejos ou de grandes aspirações. Não foram os apóstolos, e agora Matias, que escolheram o Senhor como Mestre, conforme o costume judeu de selecionar o rabino com quem se queria aprender.

Foi Cristo quem os escolheu: a quase todos, diretamente, e, no caso de Matias, por meio dessa eleição que a Igreja depositou nas mãos de Deus. *Não fostes vós que me escolhestes* — recordará Jesus na Última Ceia, conforme lemos hoje no Evangelho da Missa —, *mas eu que vos escolhi e vos destinei para que vades e deis fruto, e o vosso fruto permaneça*[12]. Por que estes homens gozaram desse imenso dom? Por que precisamente eles e não outros? Não tem cabimento fazer uma pergunta dessas. Foram escolhidos simplesmente porque o Senhor os chamou. E nessa libérrima escolha de Cristo — *chamou os que quis*[13] — reside toda a honra e a essência da vida dos escolhidos.

Desde o primeiro momento em que Jesus fixa o seu olhar numa alma e a convida a segui-lo, passa a haver muitas outras chamadas, que talvez pareçam pequenas, mas que sinalizam o caminho: "Ao longo da vida, ordinariamente pouco a pouco, mas de modo constante, Deus propõe-nos — com convites exigentes — muitas «determinações» dessa chamada radical, que implicam sempre uma relação de pessoa a pessoa com Cristo. Deus pede-nos desde o princípio a decisão de segui-lo, mas, com uma sábia pedagogia, oculta-nos a totalidade dos posteriores desdobramentos daquela decisão, talvez porque não seríamos capazes de aceitá-los *in actu*"[14], naquele momento. O Senhor vai dando à alma luzes e graças particulares, mediante novos impulsos através dos quais o Espírito Santo parece puxá-la para cima, em desejos de ser melhor, de servir mais os homens.

Segundo a tradição, Matias morreu mártir, como os outros apóstolos. A essência da sua vida consistiu em realizar a doce e por vezes dolorosa a tarefa que naquele dia o Espírito Santo colocou sobre os seus ombros. Na fidelidade à nossa vocação, desde o momento em que o Senhor nos chama e ao longo dos seus contínuos detalhamentos, está também a nossa maior felicidade e o sentido da nossa vida.

III. JESUS ESCOLHE os seus discípulos, chama-os. Esta chamada é o seu maior bem, o que lhes dá direito a uma especial união com o Mestre, a graças especiais, a serem amorosamente escutados na intimidade da oração. "A vocação de cada um funde-se até certo ponto com o seu próprio ser: pode-se dizer que vocação e pessoa tornam-se uma coisa só. Isto significa que na iniciativa criadora de Deus está presente um particular ato de amor para com os que são chamados não apenas à salvação, mas ao ministério da salvação.

Por isso, desde a eternidade, desde que começamos a existir nos desígnios do Criador e Ele nos quis criaturas, também nos quis chamados, predispondo em nós os dons e as condições para a resposta pessoal, consciente e oportuna, ao apelo de Cristo ou da Igreja. Deus, que nos ama, que é Amor, é também «Aquele que chama» (cf. Rm 9, 11)"[15].

Paulo começa as suas cartas assim: *Paulo, servo de Cristo Jesus, chamado a ser Apóstolo, escolhido para o Evangelho de Deus*[16]. Chamado e eleito *não pelos homens, nem pela autoridade de um homem, mas por Jesus Cristo e por Deus Pai*[17]. O Senhor chama-nos como chamou Moisés[18], Samuel[19], Isaías[20]. É uma chamada que não se baseia em méritos pessoais: *O Senhor chamou-me antes de eu ter nascido*[21]. E Paulo dirá ainda mais categoricamente: *Deus chamou-nos com uma vocação santa, não em virtude das nossas obras, mas segundo o seu desígnio*[22].

Jesus chamou os seus discípulos para que partilhassem com Ele o seu cálice, isto é, a sua vida e a sua missão. Agora convida-nos a cada um de nós: temos de estar atentos para não abafar essa voz com o ruído das coisas, que, se não são nEle e por Ele, não têm o menor interesse. Quando se ouve a voz de Cristo que convida a segui-lo completamente, nada mais importa... E Ele, ao longo da vida, vai-nos descobrindo a imensa riqueza contida na primeira chamada, a daquele dia em que passou mais perto de nós.

Mal foi eleito, Matias mergulhou novamente no silêncio. Como os outros apóstolos, experimentou o ardente transporte de Pentecostes. Calcorriou caminhos, pregou e curou doentes, mas o seu nome não volta a aparecer na Sagrada Escritura. Como os outros apóstolos, deixou um

224 SÃO MATIAS APÓSTOLO

rasto luminoso de fé inquebrantável que dura até os nossos dias. Foi uma luz viva que Deus contemplou do Céu, com imensa alegria.

(1) Jo 15, 16; *Antífona da entrada* da Missa de 14 de maio; (2) cf. Mt 19, 28; (3) cf. Ef 2, 20; (4) At 1, 21-22; (5) 2 Pe 1, 16; (6) cf. Lv 16, 8-9; Nm 26, 55; (7) Pr 16, 33; (8) cf. Eusébio, *História Eclesiástica*, 1, 12; (9) Gl 1, 1; (10) Josemaria Escrivá, *Forja*, n. 902; (11) Josemaria Escrivá, *Entrevistas com Mons. Josemaria Escrivá*, Quadrante, São Paulo, 2016, n. 92; (12) Jo 15, 16; (13) Mc 3, 13; (14) P. Rodríguez, *Vocatión, trabajo, contemplación*, EUNSA, Pamplona, 1986, p. 28; (15) João Paulo II, *Alocução em Porto Alegre*, 5-VII-1980; (16) Rm 1, 1; Cor 1, 1; (17) Gl 1, 1; (18) Ex 3, 4; 19, 20; 24, 16; (19) 1 Sm 3, 4; (20) Is 49, 1; (21) Is 48, 8; (22) 2 Tm 1, 9.

31 DE MAIO

36. VISITAÇÃO DE NOSSA SENHORA

Festa

— Serviço alegre aos outros.
— Procurar Jesus por intermédio de Maria. Fé.
— O *Magnificat*.

A festa de hoje, instituída por Urbano VI em 1389, situa-se entre a Anunciação do Senhor e o nascimento de João Batista, de acordo com o relato evangélico. Comemora-se a visita de Nossa Senhora à sua prima Santa Isabel, já avançada em idade, para ajudá-la na esperança da sua maternidade, e ao mesmo tempo para partilhar com ela o júbilo das maravilhas realizadas por Deus em ambas. Esta festa da Virgem, com a qual terminamos o mês que lhe é dedicado, manifesta-nos a sua ação medianeira, o seu espírito de serviço e a sua profunda humildade. Ensina-nos a levar a alegria cristã aos lugares aonde vamos. Como Maria, temos de ser causa de alegria para os outros.

I. *VINDE E ESCUTAI, todos os que temeis a Deus, e eu vos contarei as maravilhas que o Senhor fez em mim*[1], lemos na Antífona de entrada da Missa.

Pouco depois da Anunciação, Nossa Senhora foi visitar sua prima Isabel, que vivia na região montanhosa da Judeia, a quatro ou cinco dias de caminho. *Naqueles dias* — diz São Lucas —, *Maria levantou-se e foi com presteza à montanha, a uma cidade de Judá*[2]. A Virgem, ao conhecer por meio do anjo o estado de Isabel, apressa-se a ir ajudá-la nas lides da casa. Ninguém a obriga; Deus, através do anjo, não

226 VISITAÇÃO DE NOSSA SENHORA

lhe exigira nada nesse sentido, e Isabel não lhe solicitara ajuda. Maria poderia ter permanecido na sua própria casa, para preparar a chegada do seu Filho, o Messias. Mas põe--se a caminho *cum festinatione*, com alegre prontidão, para prestar os seus singelos serviços à sua prima[3].

Nós acompanhamo-la por aqueles caminhos nestes momentos de oração e dizemos-lhe com as palavras que lemos na primeira Leitura da Missa: *Entoa cânticos de louvor, filha de Sião, alegra-te e exulta de todo o coração, filha de Jerusalém [...]. O Senhor, que é o rei de Israel, está no meio de ti [...]. Ele se regozijará em ti com júbilo eterno*[4].

É fácil imaginar a imensa alegria que dominava a nossa Mãe desde o dia da Anunciação, e o grande desejo que teria de comunicá-la. Por outro lado, o anjo dissera-lhe: *Eis que Isabel, tua prima, também concebeu um filho...*, e, segundo esse testemunho expresso, tratava-se de uma concepção prodigiosa, relacionada de algum modo com o Messias que estava para vir[5].

Nossa Senhora entrou em casa de Zacarias e saudou sua prima. *E aconteceu que, quando Isabel ouviu a saudação de Maria, a criança saltou no seu seio, e Isabel ficou repleta do Espírito Santo*. Toda a casa se transformou pela presença de Jesus e de Maria. A saudação da Virgem "foi eficaz porquanto cumulou Isabel do Espírito Santo. Com as suas palavras, mediante a profecia, Maria fez brotar na sua prima, como de uma fonte, um rio de dons divinos [...]. Com efeito, onde quer que esteja a *cheia de graça*, tudo fica repleto de alegria"[6]. É um prodígio que Jesus realiza por meio de Maria, dAquela que esteve associada desde os começos à Redenção e à alegria que Cristo traz ao mundo.

A festa de hoje apresenta-nos uma faceta da vida interior de Maria: a sua atitude de serviço humilde e de amor desinteressado pelos que se encontram em necessidade[7], uma atitude que se traduz numa maravilhosa sementeira de alegria. Maria convida-nos sempre à entrega pronta, alegre e simples aos outros. Mas isto só será possível se nos mantivermos muito unidos ao Senhor, trazendo-o dentro de nós pelo estado de graça e pelo espírito de oração: "A união com Deus, a vida sobrenatural, comporta sempre a prática atraente das virtudes humanas: Maria leva a alegria ao lar de sua prima, porque «leva» Cristo"[8]. Nós «levamos» Cristo conosco, e com Ele a alegria, aos lugares onde vamos..., ao trabalho, aos vizinhos, a um doente...? Somos habitualmente causa de alegria para os outros?

II. À CHEGADA DE NOSSA SENHORA, Isabel, repleta do Espírito Santo, proclama em voz alta: *Bendita és tu entre as mulheres, e bendito é o fruto do teu ventre! De onde a mim esta dita, que venha a Mãe do meu Senhor visitar-me? Porque assim que a voz da tua saudação chegou aos meus ouvidos, a criança saltou de alegria no meu ventre.*

Isabel não se limita a chamá-la *bendita*, mas relaciona o seu louvor com o fruto do ventre de Maria, que é *bendito* pelos séculos. Maria e Jesus estarão sempre juntos. Os momentos mais prodigiosos da vida de Jesus transcorrerão — como neste caso — em íntima união com a sua Mãe, Medianeira de todas as graças: "Esta união entre Mãe e Filho na obra da Salvação — diz o Concílio Vaticano II — manifesta-se desde o tempo da conceição virginal de Cristo até a sua morte"[9].

Devemos aprender hoje, uma vez mais, que cada encontro com Maria representa um novo encontro com Jesus. "Se procurarmos Maria, encontraremos Jesus. E aprenderemos a entender um pouco do que há no coração de um Deus que se aniquila [...]"[10], que se torna acessível no meio da simplicidade dos dias correntes de uma cena doméstica como a visita de Maria à sua prima Santa Isabel.

Lembremo-nos, porém, de que esse dom imenso — podermos conhecer e amar a Cristo — teve o seu começo na fé de Santa Maria: *Bem-aventurada a que acreditou*, diz Isabel a Maria. "A plenitude de graça, anunciada pelo anjo, significa o dom do próprio Deus; a fé de Maria, proclamada por Isabel na Visitação, significa que a Virgem de Nazaré correspondeu a esse dom"[11].

Manter a fé, robustecê-la no meio da vida diária, não é fácil. Tudo parece tão banal ou tão necessário, tão dependente dos nossos esforços ou de leis meramente naturais, que tendemos a perder de vista que é Deus quem produz em nós o querer e o agir[12]. *Sem mim, nada podeis fazer*[13], disse--nos o Senhor: *nada*. O nosso Deus é um *Deus escondido*[14], que prefere atuar por meio de causas segundas. Seremos tão insensatos — e tão infelizes — que não descubramos a sua mão amorosa, os seus desígnios eternos, tanto nos eventos mais clamorosos como no suceder "mecânico" das horas de trabalho, da vida familiar? Para um homem de fé, para uma mulher de fé, *tudo é Providência*.

III. O CLIMA QUE RODEIA e empapa o episódio da Visitação é de alegria; o mistério da Visitação é um mistério jubiloso. João Batista exulta de alegria no seio de Santa Isabel; Isabel, cheia de alegria pelo dom da maternidade, prorrompe em aclamações ao Senhor; e, enfim, Maria eleva aos céus o *Magnificat*, um hino transbordante de alegria messiânica[15]. O *Magnificat* é "o cântico dos tempos messiânicos, onde confluem a alegria do antigo e do novo Israel"[16]. E é a manifestação mais pura do segredo íntimo da Virgem, que lhe fora revelado pelo anjo. Não há nele rebuscamento nem artificialismo: é o espelho da alma de Nossa Senhora, uma alma cheia de grandeza e tão próxima do seu Criador: *A minha alma glorifica o Senhor, e o meu espírito rejubila em Deus, meu Salvador*.

E com este canto de alegria humilde, a Virgem deixou--nos uma profecia: *Eis que desde agora me chamarão bem--aventurada todas as gerações*. "Desde remotíssimos tempos a Bem-aventurada Virgem é venerada sob o título de Mãe de Deus, sob cuja proteção os fiéis se refugiam súplices em todos os seus perigos e necessidades. Por isso, sobretudo a partir do Concílio de Éfeso, o culto do povo de Deus a Maria cresceu maravilhosamente em veneração e amor, em invocações e desejos de imitação, de acordo com as suas próprias palavras proféticas: *Eis que me chamarão bem--aventurada todas as gerações, porque fez em mim grandes coisas aquele que é Todo-Poderoso*"[17].

A nossa Mãe Santa Maria não se distinguiu por nenhum feito prodigioso; o Evangelho não nos dá a conhecer nenhum milagre que tenha realizado enquanto esteve na terra; poucas, muito poucas são as palavras que dEla nos conservou o texto inspirado. A sua vida aos olhos dos outros foi a de uma mulher corrente, que devia levar adiante a sua família. No entanto, a profecia cumpriu-se fielmente. Quem pode contar os louvores, as invocações, as oferendas e os santuários em sua honra, as devoções marianas...? Ao longo de vinte séculos, chamaram-na bem-aventurada pessoas de todo o gênero e condição: intelectuais e gente que não sabia ler, reis, guerreiros, artesãos, pessoas de idade avançada e crianças que começavam a balbuciar... Nós estamos cumprindo agora aquela profecia. *Ave Maria, cheia de graça [...], bendita sois vós entre as mulheres...*, dizemos-lhe na intimidade do nosso coração.

De modo particular, tivemos ocasião de invocá-la ao longo dos dias deste mês de maio, "mas o mês de maio não pode terminar; deve continuar na nossa vida, porque a veneração, o amor, a devoção à Virgem não podem desaparecer do nosso coração, e, além disso, devem crescer e manifestar-se num testemunho de vida cristã, modelada conforme o exemplo de Maria, *o nome da formosa flor que sempre invoco, manhã e tarde*, como canta Dante Alighieri (Paraíso 23, 88)"[18].

Pelo trato íntimo com Maria, descobrimos Jesus. "Como seria o olhar alegre de Jesus! O mesmo que brilharia nos olhos de sua Mãe, que não pode conter a alegria — *«Magnificat anima mea Dominum!»* —, e a sua alma glorifica o Senhor desde que o traz dentro de si e a seu lado. — Ó Mãe! Que a nossa alegria, como a tua, seja a alegria de estar com Ele e de o possuir"[19].

---

(1) Sl 65, 16; *Antífona de entrada* da Missa de 31 de maio; (2) Lc 1, 39-59; (3) cf. M. D. Philippe, *Misterio de María*, p. 142; (4) Sf 3, 14.17-18; (5) cf. F. M. Willam, *Maria, Mãe de Jesus*, p. 85; (6) Pseudo-Gregório Taumaturgo, *Homilia II sobre a Anunciação*; (7) João Paulo II, *Homilia*, 31-V-1979; (8) Josemaria Escrivá, *Sulco*, n. 566; (9) Conc. Vat. II, Const. *Lumen gentium*, 57-58; (10) Josemaria Escrivá, *É Cristo que passa*,

230 VISITAÇÃO DE NOSSA SENHORA

n. 144; (11) João Paulo II, Enc. *Redemptoris Mater*, 25-III-1987, 12; (12) Fl 2, 13; (13) Jo 15, 5; (14) Is 45, 15; (15) cf. id., *Homilia*, 31-V-1979; (16) Paulo VI, Exort. apost. *Marialis cultus*, 2-II-1974, 18; (17) Conc. Vat. II, Const. *Lumen gentium*, 66; (18) João Paulo II, *Homilia*, 25-V-1979; (19) Josemaria Escrivá, *Sulco*, n. 95.

QUINTA-FEIRA DEPOIS DE PENTECOSTES

37. NOSSO SENHOR JESUS CRISTO, SUMO E ETERNO SACERDOTE
Memória

— Jesus, supremo Sacerdote para sempre.
— A alma sacerdotal de todos os cristãos.
A dignidade do sacerdócio.
— O Sacerdote, instrumento de unidade.

Toda a Igreja participa da missão redentora de Cristo Sacerdote. Por meio dos sacramentos da iniciação cristã, os fiéis leigos participam do sacerdócio de Cristo e habilitam-se a santificar o mundo através das suas tarefas seculares. Os presbíteros, de um modo essencialmente diferente — diferente não apenas em grau —, participam do sacerdócio de Cristo e são constituídos medianeiros entre Deus e os homens, especialmente pelo Sacrifício da Missa, que realizam in persona Christi. *Hoje é um dia em que devemos rezar de maneira especial por todos os sacerdotes.*

I. *O SENHOR JUROU e não se arrepende: Tu és sacerdote para sempre, segundo a ordem de Melquisedec*[1].

A Epístola aos Hebreus define com exatidão o sacerdote quando diz que é *tomado dentre os homens* e *constituído em favor dos homens naquelas coisas que dizem respeito a Deus, a fim de oferecer oblações e sacrifícios pelos pecados*[2]. Por isso, o sacerdote, mediador entre Deus e os homens, está intimamente ligado ao Sacrifício que oferece, pois este é o principal ato de culto: nele se expressa a adoração que a criatura tributa ao seu Criador.

No Antigo Testamento, os sacrifícios eram oferendas que se faziam a Deus, em reconhecimento da sua soberania e em agradecimento pelos dons recebidos, mediante a destruição total ou parcial da vítima sobre um altar. Eram símbolo e imagem do autêntico sacrifício que, chegada a plenitude dos tempos, Jesus Cristo ofereceria no Calvário. Constituído Sumo Sacerdote para sempre, Jesus ofereceu-se naquele momento como Vítima gratíssima a Deus, de valor infinito: *quis ser ao mesmo tempo sacerdote, vítima e altar*[3].

No Calvário, Jesus fez a oferenda de louvor e ação de graças mais grata a Deus que se pode conceber; foi um sacrifício tão perfeito que não se pode pensar em outro maior[4]. Ao mesmo tempo, levou a cabo uma oferenda de caráter expiatório e propiciatório pelos nossos pecados. Uma só gota do seu Sangue teria sido suficiente para redimir todos os pecados da humanidade de todos os tempos.

Agora, Cristo continua no Céu *sempre vivo para interceder por nós*[5]. "Jesus Cristo é verdadeiramente sacerdote, mas sacerdote para nós, não para si próprio, ao oferecer ao Pai Eterno os desejos e sentimentos religiosos em nome de todo o gênero humano. É igualmente vítima, mas para nós, ao oferecer-se a si próprio em lugar do homem sujeito à culpa. Pois bem, aquelas palavras do Apóstolo: *Tende nos vossos corações os mesmos sentimentos de Cristo Jesus* exigem que todos os cristãos reproduzam nas suas vidas, tanto quanto é possível ao homem, aquele sentimento que o divino Redentor tinha quando se ofereceu em sacrifício, isto é, que imitem a sua humildade e elevem à Suma Majestade de Deus a sua adoração, honra, louvor e ação de graças. Exigem, além disso, que de alguma maneira adotem a condição de vítimas, abnegando-se a si próprios conforme os preceitos do Evangelho, entregando-se de maneira voluntária e alegre à penitência, detestando e confessando cada um dos seus pecados [...]"[6]. Este é hoje o nosso propósito.

II. TODA A IGREJA PARTICIPA da missão redentora de Cristo Sacerdote, "e o seu cumprimento é confiado a todos os membros do povo de Deus que, pelos sacramentos da iniciação, se fazem partícipes do sacerdócio de Cristo para oferecerem a Deus um sacrifício espiritual e darem testemunho de Cristo perante os homens"[7].

Além dos presbíteros, todos os fiéis leigos participam, pois, do sacerdócio de Cristo, ainda que de um modo essencialmente diferente, não apenas quanto ao grau, do dos presbíteros. Com *alma verdadeiramente sacerdotal*, santificam o mundo por meio das suas tarefas seculares, realizadas com perfeição humana, e procuram em tudo a glória de Deus: a mãe de família, levando adiante as tarefas do lar; o militar, dando exemplo de amor à pátria, o operário e o empregado, trabalhando como devem; o empresário, fazendo progredir a sua empresa e vivendo a justiça social... Todos, reparando pelos pecados que se cometem no mundo, oferecendo a Deus na Santa Missa as suas vidas e os seus trabalhos diários.

Os sacerdotes — bispos e presbíteros — foram chamados expressamente por Deus "não para se separarem, quer do povo, quer de homem algum, mas para se consagrarem totalmente à obra para a qual o Senhor os assume. Não poderiam ser ministros de Cristo se não fossem testemunhas e dispenseiros de outra vida que não a terrena, como também não poderiam servir aos homens se se mantivessem alheios à existência e condições de vida dos mesmos"[8]. O sacerdote foi *assumido dentre os homens* para ser investido de uma dignidade que causa assombro aos próprios anjos, e é novamente devolvido aos homens para servi-los especialmente *naquelas coisas que dizem respeito a Deus*, com uma missão de salvação peculiar e única.

O sacerdote faz em muitas circunstâncias as vezes de Cristo na terra: tem os poderes de Cristo para perdoar os pecados, mostra o caminho do Céu..., e sobretudo empresta as suas mãos e a sua voz a Cristo no momento sublime da Santa Missa. Não há dignidade comparável à do sacerdote. "Somente a divina maternidade de Maria supera este divino ministério"[9].

O sacerdote é, pois, "instrumento imediato e diário dessa graça salvadora que Cristo nos conquistou. Se o compreendemos, se o meditamos no silêncio ativo da oração, como podemos considerar o sacerdócio uma renúncia? É um lucro que não se pode calcular. A nossa Mãe Santa Maria, a mais santa das criaturas — mais do que Ela, só Deus —, trouxe Jesus Cristo ao mundo uma vez; os sacerdotes trazem-no à nossa terra, ao nosso corpo e à nossa alma, todos os dias: Cristo vem para nos alimentar, para nos vivificar, para ser, já desde agora, penhor da vida futura"[10].

Hoje é uma dia para agradecermos a Jesus um dom tão grande. Obrigado, Senhor, pelas chamadas ao sacerdócio que diriges diariamente aos homens! E fazemos o propósito de tratá-los com mais amor, com mais reverência, vendo neles *Cristo que passa*, que traz o mais precioso de todos os dons que um homem pode desejar: a vida eterna.

III. SÃO JOÃO CRISÓSTOMO, bem consciente da dignidade e da responsabilidade dos sacerdotes, resistiu a princípio a receber o sacramento da ordem, e justificava-se com estas palavras: "Se o capitão de um grande navio, cheio de remadores e carregado de preciosas mercadorias, fizesse com que eu me sentasse ao leme e me mandasse atravessar o Mar Egeu ou o Tirreno, eu resistiria à primeira indicação. E se alguém me perguntasse por quê, responderia imediatamente: porque não quero afundar o navio"[11]. Mas, como bem compreendeu o Santo, Cristo está sempre muito perto do sacerdote, perto da barca. Ele quis que os sacerdotes se vissem continuamente amparados pelo apreço e pela oração de todos os fiéis da Igreja. "Cerquem-nos de amor filial, como pastores e pais que são — insiste o Concílio Vaticano II —. Partilhando das suas preocupações, auxiliem-nos pela oração e ação tanto quanto puderem, para que possam vencer as suas dificuldades com mais galhardia e cumprir os seus deveres com mais proveito"[12]; para que sejam sempre exemplares e procurem a raiz da sua eficácia na oração; para que celebrem a Santa Missa com muito amor e cuidem das coisas santas de Deus com o esmero e respeito que merecem; para que visitem os doentes e cuidem com empenho da catequese; para que conservem sempre essa alegria que

QUINTA-FEIRA DEPOIS DE PENTECOSTES

brota da entrega e que tanto ajuda mesmo os que estão mais afastados do Senhor...

O sacerdote é instrumento de unidade. O desejo do Senhor é *ut omnes unum sint*[13], que todos sejam um, pois todo o reino dividido contra si será destruído e toda a cidade ou casa que perca a sua unidade desabará. Os sacerdotes devem ser *solícitos em conservar a unidade*[14]; e esta exortação de São Paulo "refere-se sobretudo aos que foram investidos na ordem sagrada para continuarem a missão de Cristo"[15]. O sacerdote é quem deve velar mais do que ninguém pela concórdia entre os irmãos, quem deve vigiar para que a unidade na fé seja mais forte que os antagonismos provocados pelas diferenças de ideias em coisas terrenas[16]. Cabe ao sacerdote, com o seu exemplo e a sua palavra, manter entre os seus irmãos a consciência de que nenhuma coisa humana é tão importante que valha a pena sacrificar-lhe a maravilhosa realidade do *cor unum et anima una*[17] que os primeiros cristãos viveram e que nós temos também de viver. Conseguirá cumprir essa missão de unidade com maior facilidade se estiver aberto a todos, se for apreciado pelos seus irmãos. "Tens de pedir a Deus para os sacerdotes — os de agora e os que virão — que amem de verdade, cada dia mais e sem discriminações, os seus irmãos os homens, e que saibam fazer-se querer por eles"[18].

O Papa João Paulo II, dirigindo-se a todos os sacerdotes do mundo, exortava-os com estas palavras: "Ao celebrarmos a Eucaristia em tantos altares do mundo, agradecemos ao eterno Sacerdote o dom que nos deu no sacramento do Sacerdócio. E que nesta ação de graças se possam escutar as palavras proferidas por Maria por ocasião da visita à sua prima Isabel: *O Todo-Poderoso fez em mim maravilhas, e o seu nome é santo* (Lc 1, 49). Demos também graças a Maria pelo inefável dom do Sacerdócio, pelo qual podemos servir na Igreja a cada homem. Que o agradecimento desperte também o nosso zelo [...]!

"Demos graças incessantemente por isto, com toda a nossa vida, com tudo aquilo de que somos capazes. Juntos demos graças a Maria, Mãe do sacerdotes. *Como poderei*

236 NOSSO SENHOR JESUS CRISTO

retribuir ao Senhor todo o bem que me fez? Erguerei o cá-
lice da salvação e invocarei o nome do Senhor (Sl 115, 12-
-13)"[19].

(1) Sl 109, 4; *Antífona de entrada* da Missa de Nosso Senhor Jesus Cristo, Sumo e Eterno Sacerdote; (2) Hb 5, 1; (3) *Prefácio pascal V*; (4) cf. São Tomás, *Suma teológica*, III, q. 48, a. 3; (5) Hb 7, 25; (6) Pio XII, Enc. *Mediator Dei*, 20-II-1947, 22; (7) A. del Portillo, *Escritos sobre el sacerdocio*, p. 39; (8) Conc. Vat. II, Decr. *Presbiterorum ordinis*, 3; (9) R. Garrigou-Lagrange, *La unión del sacerdote con Cristo, Sacerdote y Víctima*, 2ª ed., Rialp, Madri, 1962, p. 173; (10) Josemaria Escrivá, *Amar a Igreja*, pp. 73-74; (11) São João Crisóstomo, *Tratado sobre o sacerdócio*, III, 7; (12) Conc. Vat. II, *op. cit.*, 9; (13) Jo 17, 21; (14) Ef 4, 3; (15) Conc. Vat. II, Decr. *Unitatis redintegratio*, 7; (16) cf. F. Suárez *El sacerdote y su ministerio*, Rialp, Madri, 1969, pp. 24-25; (17) At 4, 32; (18) Josemaria Escrivá, *Forja*, n. 964; (19) João Paulo II, *Carta aos sacerdotes*, 25-III-1988.

DOMINGO DEPOIS DE PENTECOSTES

38. SANTÍSSIMA TRINDADE
Solenidade

— Revelação do mistério trinitário.
— O trato com cada uma das Pessoas divinas.
— Oração à Santíssima Trindade.

A Igreja celebra hoje o mistério central da nossa fé, a Santíssima Trindade, fonte de todos os dons e graças, mistério inefável da vida íntima de Deus. A liturgia da Missa convida-nos a chegar ao trato íntimo com cada uma das Três Divinas Pessoas: o Pai, o Filho e o Espírito Santo. A festa foi estabelecida para todo o Ocidente em 1334 pelo Papa João XXII, e ficou fixada para o domingo depois da vinda do Espírito Santo.

I. *TIBI LAUS, tibi gloria, tibi gratiarum actio...* "A Ti o louvor, a Ti a glória, a Ti a ação de graças pelos séculos dos séculos, ó Trindade Beatíssima"[1].

Depois de ter renovado os mistérios da salvação — desde o nascimento de Cristo em Belém até a vinda do Espírito Santo no dia de Pentecostes —, a liturgia propõe-nos o mistério central da nossa fé: a Santíssima Trindade, fonte de todos os dons e graças, mistério inefável da vida íntima de Deus.

Pouco a pouco, com uma pedagogia divina, Deus foi manifestando a sua realidade íntima, foi-nos revelando como Ele é em si, independente de todas as coisas criadas. No Antigo Testamento, dá a conhecer sobretudo a Unidade do seu Ser, bem como a sua completa distinção do mundo e o seu modo de relacionar-se com ele, como Criador e Senhor. Ensina-nos de muitas maneiras que é *incriado*, que não está limitado a um espaço (é *imenso*), nem ao tempo (é *eterno*). O seu poder não tem limites (é *onipotente*): *Reconhece, pois, e medita hoje no teu coração* — convida-nos a liturgia — *que o Senhor é o único Deus desde o alto dos céus até ao mais profundo da terra, e que não há outro*[2]. Somente Tu, Senhor.

O Antigo Testamento proclama sobretudo a grandeza de Javé, único Deus, Criador e Senhor de todo o Universo. Mas também revela-o como *pastor que busca o seu rebanho*, que cuida dos seus com mimo e ternura, que perdoa e esquece as frequentes infidelidades do povo eleito... Ao mesmo tempo, vai manifestando a paternidade de Deus Pai, a Encarnação de Deus Filho, que é anunciada pelos profetas, e a ação do Espírito Santo, que vivifica todas as coisas.

Mas é Cristo quem nos revela a intimidade do mistério trinitário e o convite para que participemos dele. *Ninguém conhece o Pai senão o Filho e aquele a quem o Filho o quiser revelar*[3]. Ele revelou-nos também a existência do Espírito Santo junto com o Pai e enviou-o à Igreja para que a santificasse até o fim dos tempos; e revelou-nos a perfeitíssima Unidade de vida entre as Pessoas divinas[4].

O mistério da Santíssima Trindade é o ponto de partida de toda a verdade revelada e a fonte de que procede a vida sobrenatural e para a qual nos encaminhamos: somos filhos do Pai, irmãos e co-herdeiros do Filho, santificados continuamente pelo Espírito Santo para nos assemelharmos cada vez mais a Cristo. Assim crescemos no sentido da nossa filiação divina. Assim nos convertemos em templos vivos da Santíssima Trindade.

Por ser o mistério central da vida da Igreja, a Santíssima Trindade é continuamente invocada em toda a liturgia. Fomos batizados em nome do Pai, e do Filho, e do Espírito Santo, e em seu nome perdoam-se os pecados; ao começarmos e ao terminarmos muitas orações, dirigimo-nos ao Pai, por mediação de Jesus Cristo, na unidade do Espírito Santo.

Muitas vezes ao longo do dia, nós, os cristãos, repetimos: *Glória ao Pai e ao Filho e ao Espírito Santo.*

"— Deus é meu Pai! — Se meditares nisto, não sairás dessa consoladora consideração.

"— Jesus é meu Amigo íntimo! (outra descoberta), que me ama com toda a divina loucura do seu Coração.

"— O Espírito Santo é meu Consolador!, que me guia nos passos de todo o meu caminho.

"Pensa bem nisso. — Tu és de Deus..., e Deus é teu"[5].

II. A VIDA DIVINA — da qual fomos chamados a participar — é fecundíssima. O Pai gera o Filho eternamente, e o Espírito Santo procede do Pai e do Filho. Esta geração do Filho e a espiração do Espírito Santo não são algo que tenha acontecido num momento determinado, deixando como fruto estável as Três Divinas Pessoas: essas procedências (os teólogos chamam-nas "processões") são eternas.

No caso das gerações humanas, um pai gera um filho, mas esse pai e esse filho permanecem depois do ato gerador; o homem que é pai não é somente "pai": antes e depois de gerar, é "homem". Mas a essência de Deus Pai está em que todo o seu ser consiste em dar a vida ao Filho. Isso é o que o determina como Pessoa Divina, distinta das outras. Na vida natural, o filho que é gerado tem a sua realidade própria, mas a essência do Unigênito de Deus é precisamente ser Filho[6]. Em Deus, a Paternidade, a Filiação e a Espiração constituem todo o ser do Pai, do Filho e do Espírito Santo[7].

Desde que o homem é chamado a participar da própria vida divina pela graça recebida no Batismo, está destinado a participar cada vez mais dessa Vida. É um caminho que é preciso percorrer continuamente. Do Espírito Santo recebemos constantes impulsos, moções, luzes, inspirações para avançarmos mais depressa por esse caminho que conduz a Deus, para estarmos numa "órbita" cada vez mais próxima do Senhor. "O coração necessita então de distinguir e adorar cada uma das Pessoas divinas. De certa maneira, o que a alma realiza na vida sobrenatural é uma descoberta semelhante às de uma criaturinha que vai abrindo os olhos à existência. E entretém-se amorosamente com o Pai e com o Filho e com o Espírito Santo; e submete-se facilmente à atividade do Paráclito vivificador, que se nos entrega sem o merecermos: os dons e as virtudes sobrenaturais!

"Corremos *como o cervo, que anseia pelas fontes das águas* (Sl 41, 2); com sede, gretada a boca, ressequida. Queremos beber nesse manancial de água viva. Sem esquisitices, mergulhamos ao longo do dia nesse veio abundante e cristalino de frescas linfas que saltam até a vida eterna (cf. Jo 4, 14). Sobram as palavras, porque a língua não consegue expressar-se; começa a serenar-se a inteligência. Não se raciocina, fita-se! E a alma rompe outra vez a cantar com um cântico novo, porque se sente e se sabe também fitada amorosamente por Deus, em todos os momentos"[8].

III. A SANTÍSSIMA TRINDADE habita na nossa alma como num templo. E São Paulo faz-nos saber que o *amor de Deus foi derramado em nossos corações pelo Espírito Santo que nos foi dado*[9]. E aí, na intimidade da alma, temos de nos acostumar a relacionar-nos com Deus Pai, com Deus Filho e com Deus Espírito Santo. "Vós, Trindade eterna, sois mar profundo, no qual quanto mais penetro, mais descubro, e quanto mais descubro, mais vos procuro"[10], dizemos-lhe no recolhimento da nossa alma.

"Ó meu Deus, Trindade Santíssima! Extraí do meu pobre ser o máximo rendimento para a vossa glória e fazei de mim o que quiserdes no tempo e na eternidade. Que eu jamais levante o menor obstáculo voluntário à vossa ação transformadora [...]. Segundo a segundo, com intenção sempre *atual*, quereria oferecer-vos tudo quanto sou e tenho; e que a minha pobre vida fosse, *em união íntima com o Verbo Encarnado*, um sacrifício incessante de louvor de glória à Santíssima Trindade [...].

"Ó meu Deus, como quereria glorificar-vos! Oh, se em troca da minha completa imolação, ou de qualquer outra condição, estivesse em minhas mãos incendiar o coração de todas as vossas criaturas e toda a Criação nas chamas do vosso amor, como quereria fazê-lo de todo o coração! Que

DOMINGO DEPOIS DE PENTECOSTES

241

ao menos o meu pobre coração vos pertença por inteiro, que nada reserve para mim nem para as criaturas, nem uma só das suas pulsações. Que eu ame imensamente todos os meus irmãos, mas unicamente convosco, por Vós e para Vós [...]. Desejaria, sobretudo, amar-vos com o coração de São José, com o Coração Imaculado de Maria, com o Coração adorável de Jesus. Desejaria, finalmente, submergir nesse Oceano infinito, nesse Abismo de fogo que consome o Pai e o Filho na unidade do Espírito Santo e amar-vos com o vosso próprio infinito amor [...].

"Pai Eterno, Princípio e Fim de todas as coisas! Pelo Coração Imaculado de Maria eu vos ofereço Jesus, vosso Verbo Encarnado, e por Ele, com Ele e nEle, quero repetir--vos sem cessar este grito arrancado do mais fundo de minha alma: *Pai, glorificai continuamente o vosso Filho, para que o vosso Filho vos glorifique na unidade do Espírito Santo pelos séculos dos séculos (cf. Jo 17, 1).*

"Ó Jesus, que dissestes: Ninguém conhece o Filho senão o Pai, e ninguém conhece o Pai senão o Filho e aquele a quem o Filho o quiser revelar (Mt 11, 27), "mostrai-nos o Pai, e isso nos basta! (Jo 14, 8).

"E Vós, ó Espírito de Amor!, ensinai-nos todas as coisas (Jo 14, 26) e formai com Maria, em nós, Cristo Jesus (Gl 4, 19), até que sejamos *consumados na unidade* (Jo 17, 23), no *seio do Pai* (Jo 1, 18). Amém"[11].

---

(1) *Triságio Angélico*; (2) Dt 4, 39; *Primeira leitura* da Missa da Solenidade da Santíssima Trindade, ciclo B; (3) Mt 11, 27; (4) Jo 16, 12-15; *Evangelho, ib.*, ciclo C; (5) Josemaria Escrivá, *Forja*, n. 2; (6) cf. J. M. Pero-Sanz, *El Símbolo Atanasiano*, Palabra, Madri, 1976, p. 51; (7) Um Cartuxo, *La Trinidad y la vida interior*, 2ª ed., Rialp, Madri, 1958, pp. 45-47; (8) Josemaria Escrivá, *Amigos de Deus*, ns. 306-307; (9) Rm 5, 5; *Segunda leitura, ib.*, ciclo C; (10) Santa Catarina de Sena, *Diálogo*, 167; (11) Sor Isabel da Trindade, *Elevación a la Santísima Trinidad*, em *Obras completas*, 4ª ed., Ed. Monte Carmelo, Burgos, 1985, pp. 757-758.

DOMINGO DEPOIS DE PENTECOSTES. SANTÍSSIMA TRINDADE

39. A INABITAÇÃO
DA SANTÍSSIMA TRINDADE
NA ALMA

—— Presença de Deus, Uno e Trino, na alma em
graça.
—— A vida sobrenatural do cristão encaminha-se
para o conhecimento e o trato com a Santíssima Trindade.
—— Templos de Deus.

I. *SE ALGUÉM ME AMA, guardará a minha palavra, e meu
Pai o amará, e viremos a ele, e nele faremos morada*[1], respondeu Jesus na Última Ceia a um dos seus discípulos que
lhe tinha perguntado por que haveria de manifestar-se a eles
e não ao mundo, como pensavam os judeus daquele tempo
sobre a aparição do Messias. O Senhor revela que não somente Ele, mas toda a Santíssima Trindade estaria presente
na alma dos que o amam, *como num templo*[2]. Esta revelação
constitui "a substância do Novo Testamento"[3], a essência
dos seus ensinamentos.

Deus — Pai, Filho e Espírito Santo — habita na nossa
alma em graça não só com uma presença de imensidade,
como se encontra em todas as coisas, mas de um modo especial, mediante a graça santificante[4]. Esta nova presença
cumula de amor e de gozo inefável a alma que anda por
caminhos de santidade. E é aí, no centro da alma, que devemos acostumar-nos a procurar a Deus nas situações mais

diversas da vida. Exclamava São João da Cruz: "Eia, pois, alma formosíssima entre todas as criaturas, que tanto desejas saber o lugar onde está o teu Amado a fim de o buscares e a Ele te unires! Já te foi dito que és tu mesma o aposento onde Ele mora, e o recôndito e o esconderijo em que se oculta. Nisto tens motivos de grande contentamento e alegria, vendo como todo o teu bem e esperança se acha tão perto de ti a ponto de estar dentro de ti; ou, para dizê-lo melhor, não podes estar sem Ele. Vede — diz o Esposo — que *o reino de Deus está dentro de vós* (Lc 17, 21). E o seu servo, o apóstolo São Paulo, confirma: *Vós* — diz — *sois templos de Deus* (2 Cor 6, 16)"[5].

Esta alegria da presença da Santíssima Trindade na alma não está reservada somente a pessoas extraordinárias, com carismas e qualidades excepcionais. Destina-se também ao cristão corrente, chamado à santidade no meio dos seus afazeres profissionais e que deseja amar a Deus com todo o seu ser; se bem que, como diz Santa Teresa de Jesus, "há muitas almas que permanecem rondando o castelo (da alma), no lugar onde montam guarda as sentinelas, e nada se lhes dá de penetrar nele. Não sabem o que existe em tão preciosa mansão, nem quem mora dentro dela"[6]. Nessa "preciosa mansão", na alma que resplandece pela graça, está Deus conosco: o Pai, o Filho e o Espírito Santo.

Esta presença, que os teólogos chamam *inabitação*, só difere da bem-aventurança dos que estão no Céu pela condição em que estes se encontram[7]. E ainda que seja própria das Três Pessoas divinas, atribui-se ao Espírito Santo, pois a obra da santificação é própria do Amor.

Trata-se de uma revelação feita por Deus aos homens, como em confidência amorosa, e que sempre causou admiração aos cristãos e inundou os seus corações de paz e de alegria sobrenatural. Quando estamos bem ancorados nesta realidade sobrenatural — o Deus Uno e Trino que habita em nós —, convertemos a vida numa *antecipação do Céu*: é como mergulharmos na intimidade de Deus e conhecermos e amarmos a vida divina, da qual nos fazemos participantes. *Oceano sem fundo da vida divina! / Cheguei às tuas mar-*

gens com ânsias de fé / Diz-me: que tem o teu abismo que a
tal ponto me fascina? / Oceano sem fundo da vida divina! /
As tuas ondas atraíram-me... e vejo-me submergir![8]

II. O CRISTÃO COMEÇA a sua vida em nome do Pai e do
Filho e do Espírito Santo; e nesse mesmo Nome despede-se
deste mundo para encontrar na plenitude da visão no Céu
essas divinas Pessoas, com quem procurou familiarizar-se
aqui na terra.

Um só Deus e Três divinas Pessoas: esta é a nossa profissão de fé, aquela que os apóstolos recolheram dos lábios
de Jesus e depois nos transmitiram, aquela em que todos os
cristãos acreditaram desde o primeiro momento, aquela que
o Magistério da Igreja sempre ensinou.

Os cristãos de todos os tempos, à medida que avança-
vam na sua caminhada para Deus, sentiram a necessidade de meditar nesta verdade fundamental da nossa fé e de
relacionar-se com cada uma três Pessoas. Santa Teresa de
Jesus conta-nos na sua *Vida* que, meditando numa das mais
antigas fórmulas de fé sobre a Trindade — o chamado Símbolo Atanasiano ou *Quicumque* —, recebeu graças especiais
para penetrar nessa maravilhosa realidade: "Certa vez em
que rezava o *Quicumque vult* — escreve a Santa —, foi-me
dado entender com tanta clareza a maneira como era um só
Deus e Três Pessoas, que me espantei e fiquei muito consolada. Foi-me muitíssimo proveitoso para conhecer mais
a grandeza de Deus e as suas maravilhas. E quando penso
nisso ou se trata da Santíssima Trindade, parece que chego
a entender como pode ser, e tenho nisso grande alegria"[9].

Toda a vida sobrenatural do cristão orienta-se para esse
conhecimento e trato íntimo com a Trindade, que é "o fruto
e o fim de toda a nossa vida"[10]. Fomos criados e elevados
à ordem sobrenatural precisamente para conhecer, servir e
amar a Deus Pai, a Deus Filho e a Deus Espírito Santo, que
habitam na alma em graça. Destas divinas Pessoas, o cristão chega a ter nesta vida "um conhecimento experimental"
que, longe de ser uma coisa extraordinária, está dentro da
via normal da santidade[11]. Deus, no seu infinito amor por

cada alma, deseja ardentemente dar-se a conhecer dessa maneira íntima e amorosa aos que seguem verdadeiramente as pegadas do seu Filho.

Neste caminho para a Trindade, temos o Espírito Santo como Guia e Mestre. *Eu rogarei ao Pai* — prometeu-nos o Senhor — *e Ele vos dará outro Advogado, que estará convosco para sempre, o Espírito da verdade, que o mundo não pode receber porque não o vê nem o conhece; mas vós o conheceis, porque Ele permanece convosco e está em vós. Não vos deixarei órfãos; virei a vós*[12]. Neste *vós* incluímo-nos jubilosamente todos os que fomos batizados e, de modo especial, os que queremos seguir Jesus de perto. É doce considerar que este mistério inacessível às forças da razão humana se torna luminoso para os que se colocam sob a luz da fé e a ação do Espírito Santo: *A vós foi-vos dado conhecer os mistérios do reino dos céus*[13]. Peçamos-lhe hoje que nos guie nesse caminho cheio de luz.

III. AO MESMO TEMPO que pedimos ao Espírito Santo um grande desejo de purificar o coração, temos de ansiar por esse encontro íntimo com a Santíssima Trindade, sem nos retrairmos pelo fato de vermos cada vez mais claramente as nossas debilidades e a nossa rudeza no trato com Deus. Santa Teresa conta que, ao considerar certa vez a presença das Três divinas Pessoas na sua alma, "estava espantada de ver tanta majestade em coisa tão baixa como é a minha alma", e então o Senhor disse-lhe: "Não é baixa, minha filha, pois está feita à minha imagem"[14].

Pode fazer-nos um grande bem considerar essas palavras como dirigidas a nós mesmos, pois hão de animar-nos a prosseguir nesse caminho que termina em Deus, como também a tratar as pessoas das nossas relações com a consciência de que possuem uma alma imortal, de que são imagem de Deus, e são ou podem chegar a ser *templos de Deus*. Sor Isabel da Trindade, recentemente beatificada, escrevia à sua irmã, ao ter notícia do nascimento e batizado da sua primeira sobrinha: "Sinto-me penetrada de respeito perante esse pequeno santuário da Santíssima Trindade... Se esti-

DOMINGO DEPOIS DE PENTECOSTES 247

vesse ao lado dela, ajoelhar-me-ia para adorar Aquele que nela mora"[15].

A Igreja recomenda-nos que alimentemos a nossa piedade com alimentos sólidos, e por isso é bom recitarmos ou meditarmos nos símbolos de fé e nas orações compostas em louvor da Trindade: o *Símbolo Atanasiano ou Quicumque* (que antigamente os cristãos recitavam todos os domingos depois da homilia, e que ainda hoje muitos recitam e meditam em honra da Santíssima Trindade), o *Triságio Angélico*, especialmente na festa de hoje, o *Glória ao Pai, ao Filho e ao Espírito Santo...* Quando, com a ajuda da graça, aprendemos a penetrar nestas práticas de devoção, é como se voltássemos a ouvir a palavra do Senhor: *Bem-aventurados os vossos olhos porque veem, e os vossos ouvidos porque ouvem! Pois em verdade vos digo: muitos profetas e justos desejaram ver o que vós vedes e não o viram e ouvir o que vós ouvis e não o ouviram*[16].

Terminamos este tempo de oração repetindo no nosso coração, com Santo Agostinho: "Meu Senhor e meu Deus, minha única esperança, ouve-me para que eu não sucumba ao desalento e deixe de buscar-te. Que eu sempre anseie ver o teu rosto. Dá-me forças para te procurar, Tu que fizeste que eu te encontrasse e que me deste esperanças de um conhecimento mais perfeito. Diante de ti estão a minha firmeza e a minha debilidade: cura-me esta, conserva-me aquela. Diante de ti estão a minha ciência e a minha ignorância: se me abres a porta, recebe quem entra; se a fechas, abre a quem te chama. Faz que eu me lembre de ti, que te compreenda e te ame. Acrescenta em mim estes dons até a minha completa reforma [...].

"Quando estivermos na tua presença, cessarão estas muitas coisas que agora dizemos sem as compreender, e Tu serás tudo em todos, e então incoaremos um cântico eterno, louvando-te unanimemente e transformados também nós mesmos numa só coisa em ti"[17].

A contemplação e o louvor à Santíssima Trindade são a substância da nossa vida sobrenatural, e esse é também o nosso fim: porque no Céu, junto de nossa Mãe Santa Maria —

248 A INABITAÇÃO DA SANTÍSSIMA TRINDADE NA ALMA

Filha de Deus Pai, Mãe de Deus Filho, Esposa de Deus Espírito Santo: mais do que Ela, só Deus![18] —, a nossa felicidade
e o nosso júbilo serão um louvor eterno ao Pai, pelo Filho, no
Espírito Santo.

(1) Jo 14, 23; (2) cf. 1 Cor 6, 19; (3) Tertuliano, *Contra Praxeas*, 31;
(4) cf. São Tomás, *Suma teológica*, I, q. 43, a. 3; (5) São João da Cruz,
Cântico espiritual, I, 7; (6) Santa Teresa, *Primeiras moradas*, 5, 6;
(7) cf. Leão XIII, Enc. *Divini illud munus*, 9-V-1897; (8) Sor Cristina
de Arteaga, *Sembrad*, Ed. Monasterio de Santa Paula, Sevilha, 1982,
LXXXV; (9) Santa Teresa, *Vida*, 39, 25; (10) São Tomás, *Comentário
ao Livro IV das Sentenças*, I, d. 2, q. 1, exord.; (11) cf. R. Garrigou-
-Lagrange, *As três idades da vida interior*, vol. I, p. 118; (12) Jo 14,
16-18; (13) Mt 13, 11; (14) Santa Teresa, *Contas de consciência*, 41, 2;
(15) Sor Isabel da Trindade, *Carta à sua irmã Margarida*; (16) Mt 13,
16-17; (17) Santo Agostinho, *Tratado sobre a Trindade*, 15, 28, 51; (18)
Josemaria Escrivá, *Caminho*, n. 496.

Quinta-feira depois da Santíssima Trindade

40. SANTÍSSIMO CORPO E SANGUE DE CRISTO
Solenidade

—— Amor e veneração por Jesus Sacramentado.
—— Alimento para a vida eterna.
—— A procissão do *Corpus Christi*.

Esta solenidade remonta ao século XIII, quando começou a ser celebrada na diocese de Liège, e o Papa Urbano IV estendeu-a a toda a Igreja em 1264. Tem por fim prestar culto à presença real de Cristo na Eucaristia, um culto que, conforme já era descrito por Urbano IV, deve ser popular, refletido em hinos e em alegria. A pedido do Papa, São Tomás de Aquino compôs para o dia de hoje dois ofícios que alimentaram a piedade de muitos cristãos ao longo dos séculos. A procissão com o ostensório pelas ruas enga-lanadas testemunha a fé e o amor do povo cristão por Cristo que volta a passar pelas nossas cidades e aldeias. A procissão nasceu ao mesmo tempo que a festa.

Nos lugares onde esta festa não é de preceito, celebra-se — como dia próprio — no domingo seguinte ao da Santíssima Trin-dade.

I. *LAUDA, SION, SALVATOREM...* "Louva, Sião, o Salvador; louva o guia e o pastor com hinos e cânticos"[1]. Hoje cele-bramos esta grande Solenidade em honra do mistério eu-carístico. Nela se unem a liturgia e a piedade popular, que não economizaram talento e beleza para cantar o *Amor dos amores*. São Tomás compôs para este dia os belíssimos textos da Missa e do Ofício divino.

Hoje devemos dar muitas graças ao Senhor por ter permanecido entre nós, desagravá-lo e mostrar-lhe a nossa alegria por tê-lo tão perto: *Adoro te, devote, latens Deitas...* adoro-Vos com devoção, Deus escondido..., dir-lhe-emos hoje muitas vezes na intimidade do nosso coração. E na nossa *Visita ao Santíssimo* poderemos continuar a dizer-lhe devagar, com amor: *Plagas, sicut Thomas, non intueor...,* não vejo as chagas como Tomé, mas confesso que sois o meu Deus. Fazei que eu creia mais e mais em Vós, que em Vós espere, que Vos ame.

A fé na presença real de Cristo na Sagrada Eucaristia levou à devoção a Jesus Sacramentado também fora da Missa. Nos primeiros séculos da Igreja, começaram a conservar-se as Sagradas Espécies para se poder ministrar a comunhão aos doentes e aos que, por terem confessado a sua fé, se encontravam nas prisões à espera de serem martirizados. Com o passar do tempo, a fé e o amor dos fiéis enriqueceram a devoção pelo Corpo do Senhor e levaram a tratá-lo com a máxima reverência e a dar-lhe culto público. Desta veneração temos muitos testemunhos nos mais antigos documentos da Igreja, e foi ela que deu origem à festa que hoje celebramos.

O amor à Eucaristia pode manifestar-se de muitas maneiras: é a bênção com o Santíssimo, é a oração diante de Jesus Sacramentado, são as genuflexões feitas como verdadeiros atos de fé e de adoração... E dentre essas devoções e formas de culto "merece especial menção a solenidade do *Corpus Christi*, como ato público tributado a Cristo presente na Eucaristia [...]. A Igreja e o mundo têm uma grande necessidade do culto eucarístico. Jesus espera-nos neste sacramento do amor. Não regateemos o nosso tempo para ir encontrá-lo na adoração, na contemplação cheia de fé e desejosa de reparar as graves faltas e delitos do mundo. Não cesse nunca a nossa adoração"[2].

O dia de hoje deve estar especialmente cheio de atos de fé e de amor a Jesus Sacramentado. Se participarmos da pro-

QUINTA-FEIRA DEPOIS DA SANTÍSSIMA TRINDADE   251

cissão, acompanhando Jesus, deveremos fazê-lo como aquele povo simples que, cheio de alegria, ia atrás do Mestre nos dias da sua vida na terra, manifestando-lhe espontaneamente as suas necessidades e dores, como também a felicidade de estarem com Ele. Se o virmos passar pela rua, exposto no ostensório, dar-lhe-emos a saber do íntimo do coração tudo o que representa para nós... "Adoremo-lo com reverência e com devoção; renovemos na sua presença o oferecimento sincero do nosso amor; digamos-lhe sem medo que o amamos; agradeçamos-lhe esta prova diária de misericórdia, tão cheia de ternura, e fomentemos o desejo de nos aproximarmos da Comunhão com confiança. Eu me surpreendo diante desse mistério de amor: o Senhor procura como trono o meu pobre coração, para não me abandonar se eu não me afasto dEle"[3]. Nesse trono, que é o nosso coração, Jesus está mais alegre do que no mais esplêndido ostensório.

II. *O SENHOR ALIMENTOU o seu povo com a flor do trigo, e com o mel do rochedo o saciou*[4], recorda-nos a Antífona de entrada da Missa.

Durante anos, o Senhor alimentou com o maná o povo de Israel no deserto. Esse povo é imagem e símbolo da Igreja peregrina e de cada homem que caminha para a pátria definitiva, o Céu; e o maná é figura do verdadeiro alimento, a Sagrada Eucaristia. "Este é o sacramento da peregrinação humana [...]. Precisamente por isso, a festa anual da Eucaristia, que a Igreja celebra hoje, contém inúmeras referências à peregrinação do povo da aliança pelo deserto"[5]. Moisés recordará frequentemente aos israelitas essas intervenções prodigiosas de Deus em favor do seu povo: *Para que não esqueças o Senhor teu Deus, que te tirou da escravidão do Egito...*[6]

Hoje é um dia de ação de graças e de alegria porque o Senhor também quis ficar conosco para que nunca nos sentíssemos perdidos, para nos alimentar, para nos fortalecer. A Sagrada Eucaristia é *viático*, isto é, alimento para o longo caminho da vida em direção à verdadeira Vida. Jesus acompanha-nos e robustece-nos aqui na terra, que é como

252 SANTÍSSIMO CORPO E SANGUE DE CRISTO

que uma sombra comparada com a realidade que nos espera; e o alimento terreno é uma pálida imagem do alimento que recebemos na Comunhão. A Sagrada Eucaristia abre o nosso coração para uma realidade totalmente nova[7].

Embora celebremos esta festa apenas uma vez por ano, a Igreja proclama todos os dias esta felicíssima verdade: Jesus Cristo entrega-se todos os dias aos homens como alimento e fica com eles nos Sacrários para ser a fortaleza e a esperança de uma vida nova, sem fim nem termo. É um mistério sempre vivo e atual.

Senhor, obrigado por teres ficado conosco. O que seria de nós sem Ti? Aonde iríamos para restaurar as forças e pedir alívio? Como nos facilitas o caminho permanecendo no Sacrário!

III. CERTO DIA, O SENHOR deixava a cidade a caminho de Jerusalém e passou por um cego que pedia esmola à beira da estrada. Ao ouvir o barulho da pequena comitiva que acompanhava o Mestre, o cego perguntou o que era aquilo. E os que estavam ao seu lado responderam: *É Jesus de Nazaré que passa*[8].

Se hoje, em tantas cidades e aldeias onde se vive esse antigo costume de levar Jesus Sacramentado em procissão pelas ruas, alguém perguntasse, ao ouvir também o rumor da multidão: "O que está acontecendo?", poderiam responder-lhe com as mesmas palavras que se disseram a Bartimeu: *É Jesus de Nazaré que passa*. É Ele mesmo, que percorre as ruas recebendo a homenagem da nossa fé e do nosso amor. É Ele mesmo!

E, como no caso de Bartimeu, também o nosso coração deveria inflamar-se e gritar: *Jesus, Filho de Davi, tem compaixão de mim!* E o Senhor, que passa abençoando e fazendo o bem[9], terá compaixão da nossa cegueira e de tantos males que por vezes afligem a nossa alma. Porque a festa que hoje celebramos, com uma exuberância de fé e de amor, "quer romper o silêncio misterioso que circunda a Eucaristia e tributar-lhe um triunfo que ultrapassa os muros das igrejas para invadir as ruas da cidade e infundir em toda

QUINTA-FEIRA DEPOIS DA SANTÍSSIMA TRINDADE 253

a comunidade humana o sentido e a alegria da presença de Cristo, silencioso e vivo acompanhante do homem peregrino pelos caminhos do tempo e da terra"[10].

E isto cumula-nos o coração de alegria. É lógico que os cânticos que acompanham Jesus Sacramentado, especialmente neste dia, sejam cânticos de adoração, de amor, de profunda alegria. *Cantemos ao Amor dos amores, cantemos ao Senhor. Deus está aqui; vinde, adoradores, adoremos Cristo Redentor... "Pange, lingua, gloriosi"... Canta, ó língua, o mistério do glorioso Corpo de Cristo...*

A procissão solene pelas ruas das aldeias e cidades é de origem muito antiga e constitui um testemunho público da piedade do povo cristão para com o Santíssimo Sacramento[11]. Neste dia, o Senhor toma posse das nossas ruas e praças, atapetadas em muitos lugares com flores e ramos; para esta festa projetaram-se magníficos ostensórios. Muitos serão os cristãos que hoje acompanharão o Senhor que sai em procissão, que sai ao encontro dos que o querem ver, "fazendo-se encontradiço dos que não o procuram. Jesus aparece assim, uma vez mais, no meio dos seus: como reagimos perante essa chamada do Mestre? [...].

"A procissão do Corpo de Deus torna Cristo presente nas aldeias e cidades do mundo. Mas essa presença [...] não deve ser coisa de um dia, ruído que se ouve e se esquece. Essa passagem de Jesus lembra-nos que devemos descobri-lo também nas nossas ocupações habituais. A par da procissão solene desta Quinta-Feira, deve avançar a procissão silenciosa e simples da vida comum de cada cristão, homem entre os homens, mas feliz de ter recebido a fé e a missão divina de se conduzir de tal modo que renove a mensagem do Senhor sobre a terra [...].

"Peçamos, pois, ao Senhor que nos conceda a graça de sermos almas de Eucaristia, que a nossa relação pessoal com Ele se traduza em alegria, em serenidade, em propósitos de justiça. E assim facilitaremos aos outros a tarefa de reconhecerem Cristo, contribuiremos para colocá-lo no cume de todas as atividades humanas. Cumprir-se-á a promessa de

Jesus: *Eu, quando for exaltado sobre a terra, tudo atrairei a mim* (Jo 12, 32)"[12].

(1) Sequência *Lauda, Sion, Salvatorem*; (2) João Paulo II, Carta *Dominicae Cenae*, 24-II-1980, 3; (3) Josemaria Escrivá, *É Cristo que passa*, n. 161; (4) Sl 80, 17; *Antífona de entrada* da Missa de Corpus Christi; (5) João Paulo II, *Homilia*, 4-VI-1988; (6) cf. Dt 8, 2-3; 14-16; *Primeira leitura, ib.*, ciclo A; (7) Lc 9, 11-17; cf. *Evangelho da Missa, ib.*, ciclo C; (8) Lc 18, 37; (9) cf. At 10, 38; (10) Paulo VI, *Homilia*, 11-VIII-1964; (11) cf. J. Abad e M. Garrido, *Iniciación a la liturgia de la Iglesia*, Palabra, Madri, 1988, pp. 656-657; (12) Josemaria Escrivá, *op. cit.*, n. 156.

MEDITAÇÕES SOBRE A SAGRADA EUCARISTIA.
PRIMEIRA MEDITAÇÃO

41. UM DEUS ESCONDIDO

—— Jesus oculta-se para que a nossa fé e o nosso amor o descubram.
—— A Sagrada Eucaristia transforma-nos.
—— Cristo entrega-se a cada um de nós, pessoalmente.

I. *ADORO TE DEVOTE, latens Deitas...* "Adoro-Vos com devoção, Deus escondido, que sob estas aparências estais presente. A Vós se submete meu coração por inteiro, e ao contemplar-Vos se rende totalmente"[1]. Assim começa o hino que São Tomás escreveu para a festa do *Corpus Christi*, e que tem servido a tantos fiéis para meditarem e expressarem a sua fé e o seu amor à Sagrada Eucaristia.

"Adoro-Vos com devoção, Deus escondido"...

Tu, verdadeiramente, és um Deus escondido[2], tinha proclamado o profeta Isaías. O Criador do universo começou por deixar-nos apenas vestígios da sua obra; foi como se tivesse querido permanecer num segundo plano. Mas chegou um momento na história da humanidade em que decidiu revelar-nos o seu ser mais íntimo. Mais do que isso: na sua bondade, quis habitar entre nós, estabelecer a sua morada no meio dos homens, e encarnou-se no seio puríssimo de Maria.

Veio à terra e permaneceu oculto aos olhos da maioria das pessoas, que por sua vez estavam preocupadas com outras coisas. Conheceram-no alguns que tinham o coração simples e o olhar vigilante para as coisas divinas: Maria, José, os pastores, os Magos, Ana, Simeão... Este, particularmente, tinha esperado durante toda a vida pela chegada do Messias anunciado, e pôde exclamar diante de Jesus Menino: *Agora, Senhor, já podes deixar ir em paz o teu servo segundo a tua palavra; porque os meus olhos viram a tua salvação...*[3] Se pudéssemos dizer o mesmo sempre que nos aproximamos do Sacrário!

E depois, na vida pública, apesar dos milagres por meio dos quais Jesus manifestava o seu poder divino, muitos não souberam descobri-lo. Por vezes, era o próprio Senhor quem se escondia e mandava aos que curava que nada divulgassem. Em Getsêmani e na Paixão, a divindade parecia completamente oculta aos olhos dos homens. Na Cruz, a Virgem sabia com certeza que aquele que morria era Jesus, Deus feito homem, mas, aos olhos de muitos, morria como um malfeitor.

Na Sagrada Eucaristia, sob as aparências do pão e do vinho, Jesus torna a ocultar-se para que a nossa fé e o nosso amor o descubram. Dizemos-lhe na nossa oração: "Senhor, a Ti, que nos fazes participar do milagre da Eucaristia, nós te pedimos que não te escondas", que o teu rosto esteja sempre cheio de luz aos nossos olhos; "que vivas conosco", porque sem Ti a nossa vida não tem sentido; "que te vejamos", com os olhos purificados no sacramento da Penitência; "que te toquemos", como aquela mulher que se atreveu a tocar a orla do teu manto e ficou curada; "que te sintamos", sem querermos acostumar-nos nunca ao milagre; "que queiramos estar sempre junto de Ti", pois em nenhum outro lugar seremos plenamente felizes; "que sejas o Rei das nossas vidas e dos nossos trabalhos"[4], por te havermos entregado o nosso ser e todas as nossas coisas.

II. O AMOR NECESSITA DA PRESENÇA, e o Mestre, que tinha deixado aos seus discípulos o supremo mandamento do amor, não podia subtrair-se a esta característica da verdadeira amizade: o desejo de estar conosco. Para realizá-lo, permaneceu nos nossos Sacrários e assim tornou possíveis aquelas vivas recomendações que fizera antes da sua partida: *Permanecei em mim como eu em vós. Já não vos chamo servos [...], mas chamei-vos amigos... Permanecei no meu amor*[5].

Por meio de tantas Comunhões, em que Cristo nos visitou, e em tantas ocasiões em que fomos visitá-lo no Sacrário, foi crescendo em nós uma profunda amizade por Cristo. Assim, oculto aos sentidos, mas tão claro à nossa fé, Ele nos esperava; aos seus pés, fomos fortalecendo os nossos melhores ideais, e nEle fomos abandonando as nossas preocupações, tudo o que podia angustiar-nos... O Amigo compreende bem o amigo. Ali, na fonte, fomos beber o modo de praticar as virtudes. E procuramos que a sua fortaleza fosse a nossa fortaleza, e a sua visão do mundo e das pessoas, a nossa... Se um dia pudéssemos chegar a dizer, como São Paulo: *Já não vivo eu, mas é Cristo que vive em Mim!*[6]

São Tomás afirma que a virtude do sacramento da Eucaristia é levar a cabo uma certa transformação do homem em Cristo pelo amor[7]. Todos sabemos por experiência que, em boa medida, cada um vive segundo aquilo que ama. Os homens apaixonados pelo estudo, pelo esporte, pela sua profissão, dizem que essas atividades são a *sua vida*. De maneira semelhante, se amarmos a Cristo e nos unirmos a Ele, viveremos *por Ele e para Ele*, tanto mais profundamente quanto mais profundo e verdadeiro for o amor. Mais ainda: a graça configura-nos por dentro e endeusa-nos. "Amas a terra? — exclama Santo Agostinho —. Serás terra. Amas a Deus? Que te direi? Que serás Deus? Não me atrevo a dizê-lo, mas é a Escritura que te diz: *Eu disse: sereis deuses, e todos filhos do Altíssimo* (Sl 81, 6)"[8].

Fitamos Jesus oculto no Sacrário, e anulam-se as distâncias, e até o tempo perde os seus limites perante essa Presença que é vida eterna, semente de ressurreição e antecipação da bem-aventurança celestial. É por meio da Eucaristia que a vida do cristão irradia a vida de Jesus; no meio do trabalho, no sorriso habitual, no modo como enfrenta as contrariedades e as dores, o cristão reflete a vida de Cristo. O

Senhor, que permanece no Sacrário, manifesta-se e torna-se presente aos homens através da vida corrente dos cristãos.

Sacrários de prata e ouro, / que abrigais a onipresença / de Jesus, nosso tesouro, / nossa vida, nossa ciência. / Eu vos bendigo e vos adoro / com profunda reverência...[9] Há dois mil anos que o Filho de Deus habita no meio dos homens. "Ele, em quem o Pai encontra delícias inefáveis, em quem os bem-aventurados bebem uma eternidade de venturas! O Verbo encarnado está aí, na Hóstia, como no tempo dos apóstolos e das multidões da Palestina, com a infinita plenitude de uma graça capital, que não quer outra coisa senão derramar-se sobre os homens para transformá-los nEle. Teríamos que aproximar-nos deste Verbo salvador com a fé dos humildes do Evangelho, que se precipitavam sobre Cristo para tocar a franja do seu manto e voltavam curados"[10].

III. *A VÓS SE SUBMETE MEU CORAÇÃO por inteiro, e ao contemplar-Vos se rende totalmente.*

As aparências sensíveis não devem confundir-nos. Nem todo o real, nem sequer todas as realidades criadas deste mundo são captadas pelos sentidos, que são fonte de conhecimento, mas ao mesmo tempo limitação da nossa inteligência. A Igreja, na sua peregrinação para o Pai, possui na Sagrada Eucaristia a Segunda Pessoa da Santíssima Trindade — que os sentidos não percebem —, a qual assumiu a Humanidade Santíssima de Cristo. *O Verbo se fez carne*[11] para habitar entre nós e fazer-nos participar da sua divindade.

Ele veio para o mundo inteiro, mas ter-se-ia encarnado mesmo pelo menor e mais indigno dos homens. São Paulo saboreava esta realidade e dizia: o Filho de Deus *amou-me e entregou-se por mim*[12]. Jesus teria vindo ao mundo e padecido somente por mim. Esta é a grande realidade que impregna a minha vida. No plano da Redenção, a Eucaristia foi o meio providencial escolhido por Deus para permanecer pessoalmente, de modo único e irrepetível, em cada um de nós. E é com alegria que cantamos na intimidade do nosso coração: *Pange, lingua, gloriosi Corporis mysterium...*

1ª MEDITAÇÕES SOBRE A SAGRADA EUCARISTIA 259

"Canta, ó língua, o mistério do Corpo glorioso e do Sangue precioso, que o Rei das nações, Filho de Mãe fecunda, derramou para resgatar o mundo"[13].

Jesus não está oculto. Vemo-lo todos os dias, recebemo-lo, amamo-lo... Que clara e diáfana é a sua Presença quando o contemplamos com o olhar limpo, cheio de fé!

Pensemos nas disposições com que vamos comungar, talvez dentro de poucos minutos ou de algumas horas, e peçamos a Deus Pai, nosso Pai, que aumente a fé e o amor do nosso coração. Talvez nos possa servir para isso aquela oração de São Tomás com que provavelmente já nos tenhamos preparado para receber Jesus em outras ocasiões: "Ó Deus eterno e todo-poderoso, eis que me aproximo do sacramento do vosso Filho único, Nosso Senhor Jesus Cristo. Enfermo, abeiro-me do médico que me dará a vida; impuro, venho à fonte de misericórdia; cego, à luz do eterno resplendor; pobre e indigente, ao Senhor do Céu e da terra. Imploro, pois, a abundância da vossa liberalidade, para que vos digneis curar a minha fraqueza, lavar as minhas manchas, iluminar a minha cegueira, enriquecer a minha pobreza, vestir a minha nudez. Ó Deus de mansidão, fazei-me acolher com tais disposições o Corpo que o vosso Filho único, Nosso Senhor Jesus Cristo, recebeu da Virgem Maria, que seja incorporado ao seu Corpo Místico e contado entre os seus membros".

(1) Hino *Adoro te devote*; (2) Is 45, 15; (3) Lc 2, 29-30; (4) cf. Josemaria Escrivá, *Forja*, n. 542; (5) Jo 15, 4.9.15; (6) Gl 2, 20; (7) cf. São Tomás de Aquino, *Comentários aos IV Livros das Sentenças*, dist. 12, q. 2, a. 2 ad 1; (8) Santo Agostinho, *Comentário à Carta de São João aos Partos*, 2, 14; (9) Sor Cristina de Arteaga, *Sembrad*, XCIX; (10) M. M. Philipon, *Los sacramentos de la vida cristiana*, Palabra, Madri, 1980, p. 132; (11) Jo 1, 14; (12) Gl 2, 20; (13) Hino *Pange lingua*.

MEDITAÇÕES SOBRE A SAGRADA EUCARISTIA.
SEGUNDA MEDITAÇÃO

42. A EUCARISTIA, PRESENÇA SUBSTANCIAL DE CRISTO

— A transubstanciação.
— O Sacrário: presença real de Cristo.
— Confiança e respeito diante de Jesus Sacramentado.

I. *VISUS, TACTUS, GUSTUS in te fallitur...* "A vista, o tato, o gosto enganam-se sobre Vós, mas basta o ouvido para crer com firmeza. Creio em tudo o que disse o Filho de Deus; nada mais verdadeiro que esta palavra de verdade"[1].

Quando a vista, o gosto e o tato se põem a avaliar a presença — verdadeira, real, substancial — de Cristo na Eucaristia, falham totalmente: veem as aparências externas, os acidentes; percebem a cor do pão ou do vinho, o odor, a forma, a quantidade, mas nada podem concluir sobre a realidade ali presente porque lhes falta o dado da fé, que chega exclusivamente pelas palavras com que a divina revelação nos foi transmitida: "basta o ouvido para crer com firmeza". Por isso, quando contemplamos com os olhos da alma este mistério inefável, devemos fazê-lo "com humilde reverência, sem nos deixarmos guiar por razões humanas, que devem então calar-se, mas aderindo firmemente à Revelação divina"[2], que dá a conhecer a verdadeira e misteriosa realidade.

Ensina a Igreja que Cristo se torna realmente presente na Sagrada Eucaristia "pela conversão de toda a substância do pão no seu Corpo e de toda a substância do vinho

262 A EUCARISTIA, PRESENÇA SUBSTANCIAL DE CRISTO

no seu Sangue, permanecendo íntegras somente as propriedades do pão e do vinho, que percebemos com os nossos sentidos. Esta conversão misteriosa é chamada pela Igreja «conveniente e propriamente» *transubstanciação*[3]. E a própria Igreja nos adverte que qualquer explicação que se dê para uma maior compreensão deste mistério inefável "deve sempre ressalvar que, pela própria natureza das coisas, independentemente do nosso espírito, o pão e o vinho, uma vez realizada a consagração, deixaram de existir, de modo que o adorável Corpo e Sangue de Cristo, depois dela, estão verdadeiramente presentes diante de nós, sob as espécies sacramentais do pão e do vinho"[4].

"Pela própria natureza das coisas", "independentemente do nosso espírito"... Depois da Consagração, no Altar ou no Sacrário onde se reservam as Formas consagradas, Jesus está presente, ainda que eu, por cegueira, não faça o menor ato de fé ou, por dureza de coração, não tenha nenhuma manifestação de amor. Não é o "meu fervor" que o torna presente; Ele está ali.

Quando, no século IV, São Cirilo de Jerusalém quis explicar esta extraordinária verdade aos cristãos recém-convertidos, serviu-se como exemplo do milagre que o Senhor realizou em Caná da Galileia, onde converteu a água em vinho[5]. Se Cristo, comenta São Cirilo, fez tal maravilha ao converter a água em vinho..., "como podemos pensar que é pouco digno de crer o fato de que convertesse o vinho no seu Sangue? Se fez numas bodas este milagre estupendo, não devemos pensar com maior razão que deu aos filhos do tálamo nupcial o seu Corpo e o seu Sangue para os alimentar? [...] Por isso, não olhes para o pão e para o vinho como simples elementos comuns... e, ainda que os sentidos possam sugerir-te o contrário, a fé deve dar-te a certeza daquilo que é na realidade"[6]: esta realidade é o próprio Cristo que se nos entrega inerme. Os sentidos enganam-se completamente, mas a fé dá-nos a maior das certezas.

II. NO MILAGRE DE CANÁ, a cor da água foi alterada e adquiriu a do vinho; o sabor da água mudou igualmente e

2ª MEDITAÇÕES SOBRE A SAGRADA EUCARISTIA

transformou-se para adquirir o sabor de vinho; as propriedades naturais da água mudaram... Tudo mudou naquela água
que os servos levaram a Jesus. Não somente as aparências,
os acidentes, mas o próprio ser da água, a sua substância:
a água foi convertida em vinho pelas palavras do Senhor.
Todos provaram daquele vinho excelente que poucos momentos antes era água comum.

Na Sagrada Eucaristia, Jesus, por meio das palavras do
sacerdote, não muda, como em Caná, os acidentes do pão
e do vinho (a cor, o sabor, a forma, a quantidade), mas somente a substância, o próprio ser do pão e do vinho, que
deixam de sê-lo para se converterem de modo admirável e
sobrenatural no Corpo e no Sangue de Cristo. Permanece a
aparência de pão, mas ali já não há pão; mantêm-se as aparências do vinho, mas ali nada mais resta do vinho. Mudou
a substância, aquilo que faz uma coisa ser o que é aos olhos
do Criador, aquilo que ela era antes em si. Deus, que pode
criar e aniquilar, pode também transformar uma coisa em
outra; na Sagrada Eucaristia, quis que esta milagrosa transformação do pão e do vinho no Corpo e no Sangue de Cristo
pudesse ser percebida somente por meio da fé.

No milagre da multiplicação dos pães e dos peixes[7], a
substância e os acidentes não sofreram alteração alguma;
havia a princípio pães e peixes, e esses mesmos pães e peixes foram o alimento que aqueles cinco mil homens come-
ram, ficando saciados. Em Caná, o Senhor transformou uma
quantidade de água em outra igual de vinho sem a multiplicar: nesse outro lugar afastado aonde o tinha seguido aquela
multidão, Jesus aumentou a quantidade sem transformá-la.
No Santíssimo Sacramento, por meio do sacerdote, Jesus
transforma a própria substância, deixando intactos os acidentes, as aparências. Cristo não vem ao Altar por um movimento local, como quando alguém se muda de um lugar
para outro. Torna-se presente mediante a admirável *conversão* do pão e do vinho no seu Corpo e no seu Sangue. *Quod
non capis / quod non vides / animosa firmat fides...* "O que
não compreendes e não vês, uma fé viva o atesta, fora de
toda a ordem da natureza..."[8]

Cristo está presente na Sagrada Eucaristia com o seu Corpo, o seu Sangue, a sua Alma e a sua Divindade. É o mesmo Cristo que nasceu em Belém, que teve de fugir para o Egito nos braços de José e de Maria, que cresceu e trabalhou duramente em Nazaré, que morreu e ressuscitou ao terceiro dia, e que agora, glorioso, está à direita de Deus Pai. O mesmo! Mas é lógico que não possa estar do mesmo modo, ainda que a sua presença seja a mesma. "Naquilo que se refere a Cristo — escreve São Tomás de Aquino —, o seu ser natural não é a mesma coisa que o seu ser sacramental"[9]. Mas a realidade da sua presença não é menor no Sacrário do que no Céu: "Cristo, todo inteiro, está presente na sua realidade física, mesmo corporalmente, ainda que não do mesmo modo como os corpos estão no seu lugar"[10]. Pouco mais podemos dizer desta admirável presença.

Quando vamos ver o Senhor no Sacrário, podemos dizer no sentido estrito das palavras: "Estou diante de Jesus, estou diante de Deus", tal como podiam dizê-lo aquelas pessoas cheias de fé que se cruzavam com Ele pelos caminhos da Palestina. Podemos dizer: "Senhor, olho para o Sacrário e a vista falha, como falham o tato e o gosto..., mas a minha fé transpõe o véu que recobre esse pequeno Sacrário e aí te descubro, realmente presente, esperando de mim um ato de fé, de amor, de agradecimento..., como o esperavas daqueles sobre os quais derramavas o teu poder e a tua misericórdia. Senhor, creio, espero, amo".

III. A EUCARISTIA não esgota os modos de presença de Jesus entre nós. O Senhor anunciou-nos: *Eu estarei convosco todos os dias, até o fim dos tempos*[11]. E está de muitas maneiras. A Igreja recorda-nos que Ele está presente nos mais necessitados da família e dos que não conhecemos; está presente quando nos reunimos em seu nome[12]; de uma maneira especial, está na Palavra divina...[13] Todos estes modos de presença são reais, mas atingem o grau máximo de excelência na Sagrada Eucaristia, visto que neste sacramento Cristo está presente na sua própria Pessoa, de uma maneira *verdadeira, real e substancial*. É uma presença — ensinava

2ª MEDITAÇÕES SOBRE A SAGRADA EUCARISTIA 265

Paulo VI — "que se chama real não por exclusão, como se as outras não fossem reais, mas por antonomásia, já que é substancial, já que por ela certamente se faz presente Cristo, Deus e Homem, inteiro ou íntegro"[14].

Pensemos hoje como devemos comportar-nos diante do Sacrário, com que confiança e respeito. Vejamos se a nossa fé se torna mais penetrante nesses momentos, ou se prevalece a obtusidade dos sentidos. Quantas vezes teremos dito a Jesus: "Meu Senhor e meu Deus, creio firmemente que estás aqui, que me vês, que me ouves; adoro-te com profunda reverência..."! Com que fé o fazemos?

Os milagres das bodas de Caná e da multiplicação dos pães e dos peixes, que considerávamos atrás, podem também ajudar-nos a compreender melhor este prodígio do amor divino. Nesses dois milagres, Jesus pediu a colaboração de outras pessoas. Os discípulos distribuíram o alimento pela multidão e todos se saciaram. Em Caná, o Senhor dirá aos servidores: *Enchei de água as talhas*; e eles encheram--nas *até a borda*, até que não coubesse uma gota mais. Se tivessem sido remissos e posto menos água, a quantidade de vinho também teria sido menor. Coisa parecida acontece na Sagrada Comunhão. Ainda que a graça seja sempre imensa e a honra imerecida, Jesus pede também a nossa colaboração; convida-nos a corresponder, com a nossa devoção, à graça que recebemos; recompensa-nos na proporção das boas disposições que encontra na nossa alma.

O desejo cada vez mais ardente, traduzido em frequentes comunhões espirituais, a pureza interior, a consciência da presença eucarística no Sacrário ao longo do dia e de modo particular ao passarmos por uma igreja..., haverão de capacitar-nos para receber mais graça e para crescer no amor, quando Jesus vier ao nosso coração.

---

(1) Hino *Adoro te devote*, 2; (2) Paulo VI, Enc. *Mysterium fidei*, 3-IX--1965; (3) idem, *Credo do Povo de Deus*, 30-VI-1968, 25; (4) *ib.*; (5) cf. São Cirilo de Jerusalém, *Catequeses mistagógicas*, 4, 2; (6) *ib.*, 4, 2 e 5; (7) cf. Jo 6, 1 e segs.; (8) Sequência *Lauda, Sion, Salvatorem*; (9) São

266 A EUCARISTIA, PRESENÇA SUBSTANCIAL DE CRISTO

Tomás, *Suma teológica*, III, q. 76, a. 6; (10) Paulo VI, Enc. *Mysterium fidei*; (11) Mt 28, 20; (12) cf. Mt 18, 20; (13) cf. Conc. Vat. II, Const. *Sacrossanctum Concilium*, 7; (14) Paulo VI, Enc. *Mysterium fidei*.

Meditações sobre a Sagrada Eucaristia.
Terceira Meditação

43. COMO O LADRÃO ARREPENDIDO

— Os Sacrários no nosso caminho habitual.
— Imitar o bom ladrão.
— Purificação das nossas faltas.

I. *IN CRUCE LATEBAT sola Deitas...* "Na Cruz estava oculta a divindade, mas aqui se esconde também a humanidade; creio, porém, e confesso ambas as coisas, e peço o que pediu o ladrão arrependido".

O Bom Ladrão soube ver em Jesus moribundo o Messias, o Filho de Deus. A sua fé, por uma graça extraordinária de Deus, venceu a dificuldade representada por aquelas aparências, que só falavam de um justiçado. A divindade ocultara-se aos olhos de todos, mas aquele homem podia ao menos contemplar a Santíssima Humanidade do Salvador: o seu olhar amabilíssimo, o perdão derramado abundantemente sobre os que o insultavam, o seu silêncio comovedor diante das ofensas. Jesus, mesmo na Cruz, no meio de tanto sofrimento, esbanja amor.

Nós olhamos para a Hóstia santa e os nossos olhos nada percebem: nem o olhar amável de Jesus, nem a sua compaixão... Mas com a firmeza da fé, proclamamo-lo nosso Deus e Senhor. Muitas vezes, exprimindo a certeza da nossa alma e o nosso amor, ter-lhe-emos dito: *Creio firmemente que estás aqui, que me vês, que me ouves...*

O teu olhar é tão amável como aquele que o Bom Ladrão contemplou e a tua compaixão continua a ser infinita. Sei que estás atento à menor das minhas súplicas, das minhas penas e das minhas alegrias.

Ainda que de modo distinto, Jesus está presente tanto no Céu como na Hóstia consagrada. "Não há dois Cristos, mas um só. Nós possuímos na Hóstia o Cristo de todos os mistérios da Redenção: o Cristo de Madalena, do filho pródigo e da samaritana, o Cristo do Tabor e do Getsêmani, o Cristo ressuscitado dos mortos, sentado à direita do Pai [...]. Esta maravilhosa presença de Cristo no meio de nós deveria revolucionar a nossa vida [...]; está aqui conosco: em cada cidade, em cada aldeia"[1].

Com muita frequência, ao irmos de um lado para outro da cidade, passamos com certeza a poucos metros do lugar onde o Senhor se encontra. Quantos atos de fé fazemos — da rua ou entrando por uns instantes na igreja —, a essas horas da manhã ou da tarde, perto ou diante desse Sacrário? Quantos atos de amor?... Que pena se passamos ao largo! Jesus não é indiferente à nossa fé e ao nosso amor. "Não sejas tão cego ou tão estouvado que deixes de meter-te dentro de cada Sacrário quando divisares os muros ou as torres das casas do Senhor. — Ele te espera"[2]. Quanto bem nos faz este conselho cheio de sabedoria e de piedade!

No meio de tantos insultos, Jesus escutou emocionado aquela voz que o reconhecia como Deus. Era a voz de um ladrão que, diante de um Deus tão escondido, soube vê-lo e confessá-lo em voz alta. O amor repele a cegueira, o estouvamento, a tibieza. Esse amor vivo — muitas vezes traduzido numa jaculatória ardente — deve atear-se ainda mais quando estamos a poucos instantes de receber Jesus na Sagrada Comunhão ou quando passamos por uma igreja a caminho do trabalho ou de casa. E a nossa alma encher-se-á de alegria. "Não te alegras quando descobres, no teu caminho habitual pelas ruas da cidade, outro Sacrário!?"[3] É a alegria de todo o encontro desejado! Se o coração nos bate mais depressa quando divisamos ao longe uma pessoa amada, podemos passar indiferentes por um Sacrário?

3ª MEDITAÇÕES SOBRE A SAGRADA EUCARISTIA   269

II. "PEÇO O QUE PEDIU o ladrão arrependido"...*Senhor, lembra-te de mim quando estiveres no teu Reino*[4].

Com esta breve súplica — tão grande foi a sua fé — o Bom Ladrão mereceu purificar toda a sua vida. Dirigiu-se humildemente a Jesus, como nós o temos feito tantas vezes, chamando-o pelo seu nome. E Ele "sempre dá mais do que aquilo que lhe pedem. O Bom Ladrão pedia ao Senhor que se lembrasse dele quando estivesse no seu Reino, e o Senhor respondeu-lhe: *Em verdade te digo: hoje estarás comigo no Paraíso*"[5]. Temos de imitar este homem que reconheceu as suas faltas[6] e soube merecer o perdão das suas culpas e a sua completa purificação.

"Tenho repetido muitas vezes aquele verso do hino eucarístico: *Peto quod petivit latro poenitens*. E sempre me comovo: pedir como o ladrão arrependido! — Reconheceu que ele, sim, é que merecia aquele castigo atroz... E com uma palavra roubou o coração a Cristo e abriu para si as portas do Céu"[7]. Quanto proveito tiraríamos se, diante do próprio Jesus, conseguíssemos detestar todo o pecado venial deliberado e purificar esse fundo da alma onde há tantas coisas que obscurecem a sua imagem: egoísmos, preguiça, sensualidade, apegamentos desordenados...! "Jesus no Sacramento é essa fonte aberta a todos, onde sempre que queiramos podemos lavar as nossas almas de todas as manchas dos pecados que cometemos todos os dias"[8].

A Comunhão frequente, realizada com as devidas disposições, há de levar-nos a desejar uma Confissão também frequente e contrita. E esta maior pureza de coração cria, por sua vez, desejos muito vivos de receber o Senhor Sacramentado[9]. O próprio sacramento eucarístico, recebido com fé e amor, purifica a alma das suas faltas, debilita-lhe a inclinação para o mal, diviniza-a e prepara-a para os grandes ideais que o Espírito Santo inspira ao cristão.

Peçamos ao Senhor um grande desejo de nos purificarmos nesta vida para que possamos livrar-nos do Purgatório e estar quanto antes na companhia de Jesus e de Maria. "Oxalá, meu Jesus, fosse verdade que eu nunca vos tivesse ofendido! Mas já que o mal está feito, peço-vos que vos esqueçais dos desgostos que vos causei e, pela morte amarga que por mim padecestes, levai-me ao vosso reino depois da morte; e enquanto a vida me durar fazei que o vosso amor reine sempre na minha alma"[10]. Ajudai-me, Senhor, a detestar todo o pecado venial deliberado; dai-me um grande amor à Confissão frequente.

III. O SANTO CURA D'ARS alude num dos seus sermões à piedosa lenda de Santo Aleixo, e tira dela algumas consequências a propósito da Eucaristia. Conta-se deste Santo que um dia, em obediência a uma chamada particular do Senhor, saiu de casa e foi viver longe como um humilde mendigo. Passados muitos anos, retornou à sua cidade natal, fraco e desfigurado pelas penitências, e foi acolhido no próprio palácio de seus pais sem no entanto se dar a conhecer. Viveu dezessete anos no desvão de uma escada. No momento em que foi amortalhado, a mãe reconheceu-o e exclamou cheia de dor: "Ó meu filho, que tarde te conheci...!"

O Cura d'Ars comentava que a alma, ao sair desta vida, verá finalmente Aquele que possuía todos os dias na Sagrada Eucaristia, com quem falava, com quem desabafava as suas mágoas quando já não aguentava mais. Oxalá sejamos almas verdadeiramente apaixonadas, de fé sólida e crescente, para que um dia, diante da visão de Jesus glorioso, não tenhamos que exclamar: *Ó Jesus, que pena ter-te conhecido tão tarde...,* tendo estado tão perto de Ti!

Jesus revelou-nos que os puros de coração verão a Deus[11]. Quando o coração se enche de sujidade, a figura de Cristo obnubila-se e perde os seus contornos, e a capacidade de amar encolhe. "Esse Cristo que tu vês não é Jesus. — Será, quando muito, a triste imagem que podem formar teus olhos turvos... — Purifica-te. Clarifica o teu olhar com a humildade e a penitência. Depois... não te hão de faltar as luzes límpidas do Amor. E terás uma visão perfeita. A tua imagem será realmente a sua: Ele!"[12] Poderemos então reconhecê-lo em qualquer circunstância, como o Bom Ladrão.

Que alegria podermos ter Cristo tão perto!..., e vê-lo..., e amá-lo..., e servi-lo. Ele nos escuta quando lhe dizemos

3ª MEDITAÇÕES SOBRE A SAGRADA EUCARISTIA 271

na intimidade do nosso coração: "Senhor, Tu que estás realmente presente no Céu e nesse Sacrário, lembra-te de mim".

Para isso devemos purificar nesta vida as sequelas deixadas pelos pecados e cultivar um espírito de penitência mais ardente e um amor mais vivo pelo sacramento do perdão; e aceitar também as dores e contrariedades da vida com espírito de reparação, e procurar muitas ocasiões de nos negarmos a nós mesmos por meio dessas pequenas mortificações que vencem o nosso egoísmo, que ajudam os outros, que permitem uma maior perfeição na tarefa profissional.

Se formos fiéis a essas graças que nos convidam a uma purificação mais enérgica, ouviremos Jesus dizer-nos no último dia da nossa existência aqui na terra: *Hoje estarás comigo no Paraíso*. E chegaremos a vê-lo e a amá-lo com uma felicidade sem fim.

Ao terminarmos a nossa oração, dizemos a Jesus Sacramentado: *Ave verum Corpus natum ex Maria Virgine...* "Ave, verdadeiro Corpo, nascido da Virgem Maria... Faz que te tenhamos ao nosso lado no transe da morte". Pedimos ao Anjo da Guarda que nos recorde a proximidade de Cristo, para que jamais passemos ao largo. E a nossa Mãe Santa Maria, se recorrermos a Ela, aumentará a nossa fé e nos ensinará a tratar o seu Filho com mais delicadeza, com mais amor.

---

(1) M. M. Philipon, *Los sacramentos de la vida cristiana*, p. 116; (2) Josemaria Escrivá, *Caminho*, n. 269; (3) *ib.*, n. 270; (4) Lc 23, 42; (5) Santo Ambrósio, *Tratado sobre o Evangelho de São Lucas*; (6) cf. Lc 23, 41; (7) Josemaria Escrivá, *Via Sacra*, Quadrante, São Paulo, 1984, XII, n. 4; (8) Santo Afonso Maria de Ligório, *Visitas ao Santíssimo Sacramento*, 20; (9) cf. João Paulo II, *Alocução à Adoração Noturna*, Madri, 31-X-1982; (10) Santo Afonso Maria de Ligório, *Meditações sobre a Paixão*, Med. XII para a Quarta-Feira Santa, I; (11) cf. Mt 5, 8; (12) Josemaria Escrivá, *Caminho*, n. 212.

MEDITAÇÕES SOBRE A SAGRADA EUCARISTIA.
QUARTA MEDITAÇÃO

44. AS CHAGAS VISTAS POR TOMÉ

— Fé com obras.
— Fé e Eucaristia.
— Intimidade com Jesus presente no Sacrácio.

I. *PLAGAS, SICUT THOMAS, non intueor, Deum tamen meum te confiteor...* "Não vejo as chagas como Tomé, mas confesso que sois o meu Deus. Fazei que eu creia mais e mais em Vós, que em Vós espere, que Vos ame".

Tomé não estava presente quando Jesus apareceu aos seus discípulos. E apesar do testemunho de todos, que lhe asseguravam com firmeza: *Vimos o Senhor!*[1], este apóstolo não quis acreditar na Ressurreição do Mestre: *Se eu não lhe vir nas mãos o sinal dos cravos, e não puser o meu dedo no lugar dos cravos e a minha mão no seu lado, não creio*[2].

Oito dias mais tarde, o Senhor apareceu novamente aos seus discípulos. Tomé estava entre eles. Então Jesus dirigiu-se ao apóstolo e, num tom de censura singularmente amável, disse-lhe: *Põe aqui o teu dedo e vê as minhas mãos, aproxima também a tua mão e mete-a no meu lado, e não sejas incrédulo, mas fiel.* Diante de tanta delicadeza de Jesus, o apóstolo exclamou: *Meu Senhor e meu Deus!*[3] Não foi uma simples exclamação de surpresa, mas uma afirmação, um profundo ato de fé na divindade de Jesus Cristo.

Nós, à diferença de Tomé, não vemos nem tocamos as chagas sacratíssimas de Jesus, mas temos uma fé tão firme como a do apóstolo depois de ter visto o Senhor, porque o Espírito Santo nos sustém com a sua constante ajuda. Comenta São Gregório Magno: "Alegra-nos muito o que o Senhor disse a seguir: *Bem-aventurados os que não viram e creram.* Sentença na qual, sem dúvida, estamos incluídos todos nós que confessamos com a alma aquilo que não vimos na carne. Alude-se a nós, desde que vivamos de acordo com a fé; porque só crê de verdade aquele que pratica o que crê"[4].

Quando estivermos diante do Sacrário, olhemos para Jesus, que se dirige a nós para nos fortalecer a fé, para que ela se manifeste nos nossos pensamentos, palavras e obras: em todo o nosso modo de julgar o próximo com espírito impregnado de caridade; na conversa que sempre anima os outros a serem pessoas honradas, a seguirem Jesus de perto; nas obras, sempre exemplares em terminar com perfeição o que nos foi encomendado, fugindo dos trabalhos deixados a meio e das obras mal acabadas. "Fixemos o nosso olhar no Mestre. Talvez também tu escutes neste momento a censura dirigida a Tomé: *Mete aqui o dedo e vê as minhas mãos* [...]; e, com o apóstolo, sairá da tua alma, com sincera contrição, aquele grito: *Meu Senhor e meu Deus!* (Jo 20, 28), eu te reconheço definitivamente por Mestre, e já para sempre — com o teu auxílio — vou entesourar os teus ensinamentos e esforçar-me por segui-los com lealdade"[5].

II. JESUS DISSE A TOMÉ que eram mais felizes aqueles que, sem terem visto com os olhos da carne, possuem, no entanto, a penetrante visão da fé. Por isso anunciou-lhes durante a Última Ceia: *Convém que eu vá*[6]. Quando percorria os caminhos da Palestina, a sua divindade estava oculta, a ponto de os próprios discípulos terem de recorrer constantemente à fé. Ver, ouvir, tocar, pouco significam se a graça não atua na alma e não se tem um coração limpo e preparado para crer. Nem sequer os milagres em si mesmos são decisivos para a fé, se não há boas disposições. Depois da ressurreição de Lázaro, muitos judeus creram em Jesus, mas outros foram procurar os fariseus, resolvidos a perdê-lo[7]. O resultado da reunião do Sinédrio, motivado justamente por esse acontecimento, resume-se numa frase referida por São João: *Desde aquele dia, pois, decidiram matá-lo*[8].

No fundo, a situação daqueles que conviveram com o Senhor, que o viram e ouviram, que falaram com Ele, é a mesma que a nossa. O que conta decisivamente é a fé. Por isso escreve Santa Teresa: "Quando ouvia algumas pessoas dizer que quereriam ter vivido no tempo em que Cristo nosso Bem andava no mundo, ria-me de mim para mim. Parecia-me que, possuindo-o no Santíssimo Sacramento tão verdadeiramente como então, que diferença faz?"[9]

E o Santo Cura d'Ars sublinha que nós temos até mais sorte do que aqueles que viveram com o Senhor durante a sua vida terrena, pois às vezes tinham de andar horas ou dias para encontrá-lo, ao passo que nós o temos tão perto em cada Sacrário[10]. Normalmente, é bem pouco o esforço que temos de fazer para encontrar o próprio Jesus.

Podemos vê-lo nesta vida através dos véus da fé, e, um dia, se formos fiéis, vê-lo-emos glorioso, numa visão inefável. "Depois desta vida, desaparecerão todos os véus para que possamos ver cara a cara"[11]. *Todos os olhos o verão*[12], diz São João no Apocalipse, e *os seus servos o servirão e verão a sua face*[13]. Um dia, vê-lo-emos com o seu corpo glorificado, com aquelas santíssimas chagas que mostrou a Tomé. Mas desde já o confessamos como nosso Deus e Senhor: *Meu Senhor e meu Deus!*, cremos nEle, amamo--lo sem o termos visto[14] e pedimos-lhe: "Fazei que eu creia mais e mais em Vós", com uma fé mais firme; "que em Vós espere", com uma esperança mais segura e alegre; "que Vos ame" com todo o meu ser.

Hoje, ao considerarmos uma vez mais essa proximidade de Jesus na Sagrada Eucaristia, fazemos o propósito de viver muito unidos ao Sacrário mais próximo. E teremos sempre esse referencial no nosso coração: quando praticamos esporte, enquanto viajamos... "pois é muito boa companhia a do bom Jesus, para não nos separarmos dEle e de sua Sacratíssima Mãe"[15].

"Acorre perseverantemente ao Sacrário, de modo físico ou com o coração, para te sentires seguro, para te sentires sereno: mas também para te sentires amado... e para amar!"[16]

III. QUANDO JESUS IA A UM LUGAR, os seus amigos fiéis permaneciam atentos à sua chegada. Não podia ser de outro modo. São Lucas narra que, certa vez, Jesus chegava a Cafarnaum, numa barca, vindo da margem oposta, e *todos o estavam esperando*[17]. Podemos imaginá-los, alegres, à espera do Mestre, desejosos de estar com Ele e de fazer-lhe os seus pedidos. Nessa ocasião — diz o Evangelista —, Jesus fez dois portentosos milagres: a cura de uma mulher que se atreveu a tocar a orla do seu manto, e a ressurreição da filha de Jairo. Mas todos se sentiram reconfortados com as suas palavras, com um olhar ou com uma pergunta pessoal. Talvez algum deles se tivesse decidido naquele dia a segui-lo com mais generosidade... Os amigos estavam pendentes do Amigo.

Nós, que não o vemos fisicamente, estamos tão perto dEle como aqueles que o esperavam e foram ao seu encontro ao desembarcar. Temos também de adquirir cada vez mais um vivo sentido da sua presença nas nossas cidades e aldeias. Temos de tratá-lo — Ele assim o quer — como nosso Deus e Senhor, mas também como nosso Amigo por excelência. "Cristo, Cristo ressuscitado, é o companheiro, o Amigo. Um companheiro que se deixa ver apenas entre sombras, mas cuja realidade inunda toda a nossa vida e nos faz desejar a sua companhia definitiva"[18].

Saímos diariamente ao seu encontro. E Ele nos espera. E sente a nossa falta se alguma vez — que enorme pena! — nos esquecemos de tratá-lo com intimidade, "sem anonimato", tal como tratamos as pessoas que encontramos no trabalho, no elevador ou na rua. Para encontrá-lo, pouca ajuda podemos receber dos sentidos, nos quais tanto nos apoiamos na vida corrente; muitas vezes teremos a sensação de estarmos "como cegos diante do Amigo"[19], mas essa escuridão inicial ir-se-á transformando numa claridade jamais alcançada pelos sentidos. Diz Santa Teresa que foi tanta a

4ª MEDITAÇÕES SOBRE A SAGRADA EUCARISTIA 277

humildade do bom Jesus, que quis como que pedir licença para ficar conosco[20]. Como não havemos de agradecer-lhe tanta bondade, tanto amor?

Dizemos-lhe, ao terminarmos a nossa oração: Senhor, nós procuraríamos a tua presença "por muitas salas que tivéssemos de fazer, por muitas audiências que tivéssemos de pedir. Mas não é preciso pedir nenhuma! És tão todo-poderoso, também na tua misericórdia, que, sendo o Senhor dos Senhores e o Rei dos que dominam, te humilhas até esperares como um pobrezinho que se arrima à ombreira da nossa porta. Não esperamos nós; és Tu que nos esperas constantemente.

"Tu nos esperas no Céu, no Paraíso. Tu nos esperas na Hóstia Santa. Tu nos esperas na oração. És tão bom que, quando estás aí escondido por Amor, oculto sob as espécies sacramentais — eu assim o creio firmemente —, permanecendo nelas real, verdadeira e substancialmente, com o teu Corpo e o teu Sangue, com a tua Alma e a tua Divindade, também está presente a Trindade Beatíssima: o Pai, o Filho e o Espírito Santo. Além disso, pela inabitação do Paráclito, Deus encontra-se no centro das nossas almas, procurando por nós"[21]. Não o façamos esperar.

E a nossa Mãe Santa Maria anima-nos constantemente a sair ao encontro do seu Filho. Como temos de cuidar da visita diária ao Santíssimo Sacramento!

---

(1) Jo 20, 25; (2) *ib.*; (3) Jo 20, 26-29; (4) São Gregório Magno, *Homilias sobre o Evangelho*, 26, 9; (5) Josemaria Escrivá, *Amigos de Deus*, n. 145; (6) Jo 16, 7; (7) cf. Jo 11, 45-46; (8) Jo 11, 53; (9) Santa Teresa, *Caminho de perfeição*, 34, 6; (10) cf. Cura d'Ars, *Sermão sobre a Quinta-Feira Santa*; (11) Santo Agostinho, em *Catena aurea*, vol. VIII, p. 86; (12) Ap 1, 7; (13) Ap 22, 4; (14) cf. 1 Pe 1, 8; (15) Santa Teresa, *Moradas*, VI, 7, 13; (16) Josemaria Escrivá, *Forja*, n. 837; (17) Lc 8, 40; (18) Josemaria Escrivá, *É Cristo que passa*, n. 116; (19) Paulo VI, *Audiência geral*, 13-I-1971; (20) cf. Santa Teresa, *Caminho de perfeição*, 33, 2; (21) S. Bernal, *Perfil do Fundador do Opus Dei*, Quadrante, São Paulo, 1977, pp. 417-418.

MEDITAÇÕES SOBRE A SAGRADA EUCARISTIA.
QUINTA MEDITAÇÃO

45. ALIMENTO PARA OS FRACOS

— A Sagrada Eucaristia, memorial da Paixão.
— O Pão vivo.
— Sustento para o caminho. Grandes desejos de receber a Comunhão. Evitar qualquer rotina.

I. *O MEMORIALE MORTIS Domini! Panis vivus...* "Ó memorial da morte do Senhor! Ó Pão vivo que dais a vida ao homem! Que a minha alma sempre de Vós viva, que sempre lhe seja doce o vosso sabor"[1].

Desde o início da Igreja, os cristãos conservaram como um tesouro as palavras que o Senhor pronunciou na Última Ceia e por meio das quais o pão e o vinho se converteram pela primeira vez no seu Corpo e no seu Sangue sacratíssimos. Uns anos depois daquela grande noite em que foi instituída a Sagrada Eucaristia, São Paulo recordava aos primeiros cristãos de Corinto o que já lhes tinha ensinado. Diz que recebeu essa doutrina do Senhor, quer dizer, de uma tradição zelosamente guardada e que remontava ao próprio Jesus: *Porque eu recebi do Senhor o que também vos transmiti* (é nisto que consiste a tradição da Igreja: em "receber" e "transmitir"): *o Senhor Jesus, na noite em que foi entregue, tomou o pão e, depois de dar graças, partiu-o e disse: Isto é o meu corpo, que é dado por vós; fazei isto em memória de mim. E do mesmo modo, depois de cear, tomou o cálice, dizendo: Este cálice é o Novo Testamento no meu sangue; todas as vezes que o beberdes, fazei-o em memória de mim*[2]. São substancialmente as mesmas palavras que cada sacerdote repete ao tornar Cristo presente sobre o altar.

Fazei isto em memória de mim. A Santa Missa, a renovação incruenta do sacrifício do Calvário, é um banquete em que o próprio Cristo se dá como alimento, e uma recordação — um memorial — que se torna realidade em cada altar onde se renova o mistério eucarístico[3].

A palavra *memória* tem um sentido diferente do de mera evocação subjetiva de um fato. O Senhor não encarregou os apóstolos e a Igreja de simplesmente *recordarem* o acontecimento que presenciaram, mas de o *atualizarem*. A palavra toma o seu sentido de um termo hebreu que se usava para designar a essência da festa da Páscoa, como recordação da saída do Egito e da aliança que Deus fizera com o seu povo. Com o rito pascal, os israelitas não só recordavam um acontecimento passado, mas também tinham consciência de atualizá-lo e de revivê-lo, para participarem dele ao longo das gerações[4]. Na ceia pascal, atualizava-se o pacto que Deus tinha feito com o seu povo no Sinai.

Quando Jesus disse aos seus: *Fazei isto em memória de mim*, não lhes indicava, pois, que simplesmente recordassem a ceia pascal daquela noite, mas que renovassem o seu próprio sacrifício pascal no Calvário, que já estava presente, antecipadamente, naquela Última Ceia. São Tomás ensina que "Cristo instituiu este sacramento como memorial perene da sua paixão, como cumprimento das antigas figuras e a mais maravilhosa das suas obras; e deixou-o aos seus como singular consolo nas tristezas da sua ausência"[5].

A Santa Missa é o memorial da Morte do Senhor, em que tem realmente lugar o banquete pascal, "em que Cristo nos é comunicado como alimento, e o espírito se cumula de graça, e nos é dado o penhor da glória vindoura"[6].

Meditando na Sagrada Eucaristia, unimo-nos à oração que a liturgia nos propõe: *Senhor Jesus Cristo, que neste admirável Sacramento nos deixastes o memorial da vossa Paixão, dai-nos a graça de venerarmos com tão grande amor o mistério do vosso Corpo e do vosso Sangue que possamos colher continuamente os frutos da vossa Redenção.*

II. *DESTE-LHES O PÃO DO CÉU[7]*, escreveu o Salmista, pensando naquela maravilha, branca como o orvalho, que um dia os israelitas encontraram no deserto quando as provisões escasseavam. Mas aquilo, como declarou Jesus na sinagoga de Cafarnaum, não era o verdadeiro *Pão do Céu. Em verdade, em verdade vos digo: Moisés não vos deu o pão do céu; meu Pai é quem vos dá o verdadeiro pão do céu; porque o pão de Deus é aquele que desceu do céu e dá a vida ao mundo. Disseram-lhe, pois, eles: Senhor, dá-nos sempre desse pão[8]*.

A verdadeira realidade está no Céu; aqui na terra encontramos muitas coisas que consideramos definitivas e na realidade são cópias passageiras daquelas que nos aguardam. Quando, por exemplo, Jesus falava à Samaritana da *água viva*, não queria dizer água fresca ou água corrente, como a mulher supôs a princípio; queria indicar-nos que não saberemos o que realmente significa *água* enquanto não tivermos uma experiência direta daquela realidade da graça de que a água é apenas uma pálida imagem[9].

O mesmo acontece com o *pão*, que durante muitos séculos foi o alimento básico, e muitas vezes quase único, de muitos povos. E o maná que os israelitas recolhiam diariamente no deserto, tal como o pão, era sinal e imagem esvaída para que pudéssemos entender o que a Eucaristia, *Pão vivo* que dá a vida ao homem, deve representar na nossa existência. Aqueles que ouviam Jesus sabiam que o maná que os seus antepassados recolhiam todas as manhãs[10] era símbolo dos bens messiânicos; por isso pediram a Jesus naquela ocasião um milagre semelhante. Mas não podiam suspeitar que o maná fosse figura do dom inefável da Eucaristia, *o pão que desceu do Céu e dá a vida ao mundo*[11]. "Aquele maná caía do céu, este está acima do Céu; aquele era corruptível, este não só é imune a qualquer corrupção como comunica a incorrupção a todos os que o comem com reverência [...]. Aquele era a sombra, este é a realidade"[12].

Este sacramento admirável é sem dúvida a ação mais amorosa de Jesus, que se entrega não só a toda a humanidade, mas a cada homem em particular. A Comunhão é sempre única e irrepetível; cada uma é um prodígio de amor; a de hoje será sempre diferente da de ontem; a delicadeza de Jesus para conosco nunca se repete do mesmo modo, como também não deve repetir-se o amor incessantemente renovado com que nos aproximamos do banquete eucarístico.

Ecce panis angelorum..."Eis o pão dos anjos, feito alimento dos caminhantes; é verdadeiramente o Pão dos filhos, que não deve ser lançado aos cães"[13], canta a liturgia. Dia após dia, ano após ano, esse é o nosso alimento indispensável. O profeta Elias andou pelo deserto durante quarenta dias com a energia proporcionada por uma única refeição que lhe foi enviada por meio de um anjo do Senhor[14]. Aos cristãos que vivem em lugares onde lhes é impossível comungar, o Senhor haverá de conceder-lhes as graças necessárias. Mas é a Sagrada Eucaristia que normalmente restabelece o nosso vigor em cada dia de caminhada por esta terra em que nos encontramos como peregrinos.

III. "Ó PÃO VIVO que dais a vida ao homem! Que a minha alma sempre de Vós viva, que sempre lhe seja doce o vosso sabor".

Jesus Cristo, que se entrega na Eucaristia, é o nosso alimento absolutamente imprescindível. Sem Ele, facilmente caímos numa extrema debilidade. "A comida material converte-se naquele que a come e, em consequência, restaura as suas perdas e aumenta as suas forças vitais. A comida espiritual, porém, converte em si aquele que a come, e assim o efeito próprio deste sacramento é a conversão do homem em Cristo, para que não viva ele, mas Cristo nele; e, por conseguinte, tem o duplo efeito de reparar as perdas espirituais causadas pelos pecados e deficiências, e de aumentar as forças das virtudes"[15].

Deus, no final da nossa vida, tem de encontrar-nos na posse da plenitude do amor. Mas o "alimento para a caminhada destina-se precisamente à caminhada, e devemos

5ª MEDITAÇÕES SOBRE A SAGRADA EUCARISTIA 283

estirar bem os músculos se queremos beneficiar dele. Não há nada tão insípido como o farnel preparado para uma excursão que, por causa do mau tempo, tivemos de comer em casa. *Estejam cingidos os vossos rins*, diz Nosso Senhor; temos de ser peregrinos *bona fide*, se queremos encontrar o alimento adequado na Sagrada Eucaristia"[16].

O nosso desejo de melhorar cada dia — de estar em cada dia de marcha um pouco mais perto do Senhor — é a melhor preparação para a Comunhão. A "fome de Deus", os desejos de santidade impelem-nos a tratar Jesus com esmero, a desejar vivamente que chegue o momento de recebê-lo. Contaremos então as horas... e os minutos que faltam para tê-lo no nosso coração. Recorreremos ao Anjo da Guarda para que nos ajude a preparar-nos bem, a dar graças. Ficaremos com pena pela brevidade desses momentos em que Jesus Sacramentado permanece na alma depois de se ter comungado. E, durante o dia, lembrar-nos-emos com saudade desses momentos em que tivemos Jesus tão dentro de nós que nos identificamos com Ele; e esperaremos, impacientes, que chegue a nova oportunidade de recebê-lo. Não permitamos jamais que se introduzam a rotina, o desleixo ou a precipitação nesses instantes que são os maiores da vida de um homem!

É de bem-nascidos ser agradecidos, diz o ditado, e nós devemos agradecer a Jesus "o fato maravilhoso de que Ele próprio se entrega a nós. Que o Verbo encarnado venha ao nosso peito!... Que se encerre na nossa pequenez Aquele que criou os céus e a terra!... A Virgem Maria foi concebida imaculada para albergar Cristo no seu seio. Se a ação de graças deve ser proporcional à diferença entre o dom e os méritos, não deveríamos converter todo o nosso dia numa Eucaristia contínua? Não vos afasteis do templo mal tenhais recebido o Santo Sacramento. É tão importante o que vos espera lá fora, que não podeis dedicar dez minutos a dar-lhe graças? Não sejamos mesquinhos. Amor com amor se paga"[17]. Que jamais andemos com pressas ao darmos graças a Jesus depois da Comunhão! Nada pode ser mais importante do que saborear esses minutos com Ele!

(1) Hino *Adoro te devote*, 5; (2) 1 Cor 11, 23-25; (3) cf. Conc. Vat. II, Const. *Sacrossanctum Concilium*, 47; (4) cf. Sagrada Bíblia, *Epístolas de San Pablo a los Corintios*, nota a 1 Cor 11, 24; cf. L. Bouyer, *Diccionario de teología*, v. *Memorial*, p. 441; (5) São Tomás de Aquino, *Sermão para a festa do Corpus Christi*; (6) Conc. Vat. II, *op. cit.*; (7) Sl 77, 24; 104, 40; (8) Jo 6, 32-34; (9) cf. R. A. Knox, *Sermones pastorales*, Rialp, Madri, 1963, p. 432 e segs.; (10) cf. Ex 15, 13 e segs.; (11) cf. Jo 6, 33; (12) Santo Ambrósio, *Tratado sobre os mistérios*, 48; (13) Sequência *Lauda, Sion, Salvatorem*; (14) cf. 3 Rs 19, 6; (15) São Tomás de Aquino, *Comentários aos IV Livros das Sentenças*, d. 12, q. 2, a. 11; (16) R. A. Knox, *op. cit.*, p. 469; (17) Josemaria Escrivá, *Amar a Igreja*, p. 81.

MEDITAÇÕES SOBRE A SAGRADA EUCARISTIA.
SEXTA MEDITAÇÃO

46. "SENHOR JESUS, LIMPAI-ME..."

— A entrega de Cristo na Cruz, renovada na Eucaristia, purifica as nossas fraquezas.
— Jesus em pessoa vem curar-nos, consolar-nos, dar-nos forças.
— A Santíssima Humanidade de Cristo na Eucaristia.

I. *PIE PELLICANE, IESU DOMINE, me immundum munda tuo sanguine...* "Bom pelicano, Senhor Jesus! Limpai-me a mim, imundo, com o vosso Sangue, com esse Sangue do qual uma só gota pode salvar do pecado o mundo inteiro"[1].

Conta uma antiga lenda que o pelicano restituía a vida aos seus filhos mortos ferindo-se a si mesmo e aspergindo-os com o seu sangue[2]. Esta imagem foi aplicada a Jesus Cristo pelos cristãos, desde tempos muitos remotos. Uma só gota do Sangue de Jesus, derramado no Calvário, teria bastado para reparar todos os crimes, ódios, impurezas, invejas... de todos os homens de todos os tempos, dos passados e dos que virão. Mas Cristo quis ir além: derramou até a última gota do seu Sangue não só pela humanidade como um todo, mas por cada homem, como se só um homem tivesse existido na terra:... *Este é o cálice do meu sangue, o sangue da nova e eterna aliança, que será derramado por vós e por todos os homens para o perdão dos pecados,* disse Jesus na Última Ceia. E no dia seguinte, no Calvário, *um dos soldados atravessou-lhe o lado com uma lança, e imediatamente saiu sangue e água*[3], a última gota de sangue que lhe restava. Os Padres da Igreja ensinam que os sacramentos e a própria vida da Igreja brotaram desse lado aberto de Cristo. "Ó morte que dá a vida aos mortos! — exclama Santo Agostinho —. Haverá coisa mais pura do que este sangue? Haverá ferida mais salutar do que esta?"[4] Por ela nós somos curados.

Comentando esta passagem do Evangelho, São Tomás de Aquino ressalta que São João diz de um modo significativo *aperuit, non vulneravit*, que o lado lhe foi aberto, não ferido, "porque por esse lado se abriu para nós a porta da vida eterna"[5]. Tudo isso aconteceu — afirma o Santo no mesmo lugar — para nos mostrar que, por meio da Paixão de Cristo, conseguimos a purificação dos nossos pecados e manchas.

Os judeus consideravam que a vida estava no sangue. Jesus derrama o seu Sangue por nós, entrega a sua vida pela nossa. Demonstrou o seu amor por nós ao lavar os nossos pecados com o seu próprio Sangue, ressuscitando-nos assim para uma vida nova[6]. São Paulo diz que Jesus foi exposto publicamente na Cruz por nossa causa: pendeu da Cruz como um anúncio para chamar a atenção de todos o que por ali passassem, para chamar a nossa atenção. Por isso dizemos-lhe hoje, na intimidade da nossa oração: *Bom pelicano, Senhor Jesus! Limpai-me a mim, imundo*, que me encontro cheio de fraquezas, *limpai-me com o vosso Sangue*.

II. O SENHOR ESTÁ NA EUCARISTIA como Médico para limpar e curar as feridas que tanto mal fazem à alma. Quando vamos visitá-lo, no Sacrário, o seu olhar purifica-nos. Mas, se quisermos, pode fazer muito mais: vir ao nosso coração e enchê-lo de graças.

Antes de comungar, o sacerdote apresenta-nos a Sagrada Forma e repete-nos umas palavras ditas por São João Batista a João e André, referindo-se a Jesus que passava: *Eis o Cordeiro de Deus que tira os pecados do mundo*. E os fiéis respondem com aquelas outras do centurião de Cafarnaum,

6ª MEDITAÇÕES SOBRE A SAGRADA EUCARISTIA

cheias de fé e de amor: *Senhor, eu não sou digno de que entreis em minha morada...*

Naquela ocasião, Jesus curou à distância o servo desse homem elogiado por Cristo pela sua grande fé. Mas na Comunhão, apesar de dizermos a Jesus que não somos dignos, que nunca teremos a alma suficientemente preparada, Ele deseja vir em pessoa, com o seu Corpo e a sua Alma, ao nosso coração manchado por tantas indelicadezas. Todos os dias repete as palavras que dirigiu aos seus discípulos ao começar a Última Ceia: *Desiderio desideravi...* Desejei ardentemente comer esta Páscoa convosco...[7] Meditar com frequência no imenso desejo que Jesus tem de vir à nossa alma, apesar das nossas misérias, pode cumular o nosso coração de alegria e de amor.

Bem se pode pensar que "o milagre da transubstanciação se realizou exclusivamente para nós. Jesus veio e habitou na terra só para nós [...]. Nenhum intermediário, nenhum agente secundário nos comunicará a influência de que a nossa alma necessita; virá Ele mesmo. Quanto o Senhor não nos deve amar para fazer isto! Como deve estar decidido a que não falte nada da sua parte, e não tenhamos nenhuma desculpa para rejeitar o que nos oferece, quando Ele mesmo o traz! E nós tão cegos, tão vacilantes, tão pouco interessados, tão pouco dispostos a dar-nos plenamente Àquele que se dá totalmente a nós!"[8]

As faltas e misérias cotidianas, de que ninguém está livre, não são obstáculo para recebermos a Comunhão. "Pelo fato de nos reconhecermos pecadores, não só não devemos abster-nos da Comunhão do Senhor, como devemos antes aproximar-nos dela cada vez com maior desejo: para remédio da alma e purificação do espírito, mas com tal humildade e fé que, julgando-nos indignos de receber tão grande favor, nos aproximemos para buscar remédio para as nossas feridas"[9]. Só os pecados graves impedem a digna recepção da Sagrada Eucaristia, se não se procura antes o perdão na Confissão sacramental. E no momento da Comunhão, a alma converte-se num segundo Céu, cheio de resplendor e de glória, que provoca surpresa e admiração nos próprios anjos: "Quando O receberes, diz-lhe: — Senhor, espero em Ti; adoro-te, amo-te, aumenta-me a fé. Sê o apoio da minha debilidade, Tu, que ficaste na Eucaristia, inerme, para remediar a fraqueza das criaturas"[10].

III. *ME IMMUNDUM, MUNDA TUO SANGUINE...*, "limpai-me a mim, imundo, com o vosso Sangue..."

Devemos pedir ao Senhor um grande desejo de pureza no nosso coração. Deve ser um desejo tão intenso como o daquele leproso que um dia, em Cafarnaum, se prostrou diante de Jesus e lhe suplicou que o limpasse da sua doença. O mal devia ter-se alastrado por todo o seu corpo, pois o Evangelista diz que estava *coberto de lepra*[11]. E Jesus estendeu a mão, tocou na sua podridão e disse-lhe: *Quero, sê limpo. E no mesmo instante desapareceu dele a lepra*. E isso é o que Jesus fará conosco, pois não somente nos toca, mas vem habitar na nossa alma e nela derrama os seus dons e graças.

No momento da Comunhão, estamos realmente na posse da Vida. "Possuímos o Verbo encarnado todo inteiro, com tudo o que Ele é e faz, isto é, Jesus Deus e homem, todas as graças da sua Humanidade e todos os tesouros da sua Divindade, ou, para falar com São Paulo, *a insondável riqueza de Cristo* (Ef 3, 8)"[12].

Em primeiro lugar, Jesus está em nós como homem. A Comunhão derrama em nós a vida atual, celestial e glorificada da sua Humanidade, do seu Coração e da sua Alma. Alguns santos tiveram a visão do Corpo glorificado de Cristo como Ele está no Céu, resplandecente de glória, e como está na alma no momento da Comunhão, enquanto permanecem em nós as sagradas espécies. Diz Santa Ângela de Foligno: "Era uma formosura que fazia a palavra humana morrer", e durante muito tempo conservou desta visão "uma alegria imensa, uma luz sublime, um deleite indescritível e contínuo, um deleite deslumbrante que ultrapassa todo o deslumbramento"[13]. Este é o mesmo Jesus que nos visita diariamente no sacramento e que realiza as mesmas maravilhas.

6ª MEDITAÇÕES SOBRE A SAGRADA EUCARISTIA 289

O Senhor vem à nossa alma também como Deus. Especialmente nesses momentos em que o temos dentro de nós, estamos unidos à sua vida divina, à sua vida como Filho Unigênito do Pai. "Ele mesmo nos diz: *Eu vivo pelo Pai* (Jo 6, 58). Desde a eternidade, o Pai dá ao Filho a vida que tem no seu seio. E a dá totalmente, sem medida, e com tal generosidade de amor que, permanecendo distintos, não formam senão uma divindade com uma mesma vida, na plenitude do amor, da alegria e da paz. Esta é a vida que nós recebemos"[14].

Diante de um mistério tão insondável, diante de tantos dons, como não havemos de desejar a Confissão, que nos prepara para receber melhor Jesus? Como não havemos de pedir-lhe, quando estiver na nossa alma em graça, que nos purifique tantas manchas, tantas fraquezas? Se o leproso ficou curado quando Jesus estendeu a mão sobre ele, como não purificará o nosso coração, se a nossa falta de fé e de amor não o impedir?

Dizemos hoje a Jesus na intimidade da oração: "Senhor, se quiseres — e Tu queres sempre —, podes curar-me. Tu conheces a minha debilidade; sinto estes sintomas e experimento estas outras fraquezas. E descobrimos com simplicidade as chagas; e o pus, se houver pus. Senhor, Tu, que curaste tantas almas, faz com que, ao ter-te no meu peito ou ao contemplar-te no Sacrário, te reconheça como Médico divino"[15].

---

(1) Hino *Adoro te devote*; (2) cf. Santo Isidoro de Sevilha, *Etimologías*, 12, 7, 26; (3) Jo 19, 34; (4) Santo Agostinho, *Tratado sobre o Evangelho de São João*, 120, 2; (5) São Tomás, *Leitura sobre o Evangelho de São João*, n. 2458; (6) cf. Ap 1, 5; (7) Lc 22, 15; (8) R. A. Knox, *Sermones pastorales*, pp. 516-517; (9) Cassiano, *Colaciones*, 23, 21; (10) Josemaria Escrivá, *Forja*, n. 832; (11) cf. Lc 5, 12 e segs.; (12) P. M. Bernadot, *De la Eucaristia a la Trinidad*, 7ª ed., Palabra, Madri, 1976, pp. 22-23; (13) cf. *ib.*; (14) *ib.*, p. 24; (15) Josemaria Escrivá, *É Cristo que passa*, n. 93.

MEDITAÇÕES SOBRE A SAGRADA EUCARISTIA.
SÉTIMA MEDITAÇÃO

47. PENHOR DE VIDA ETERNA

— Uma antecipação do Céu.
— Participação na vida que nunca acaba.
— Maria e a Eucaristia.

I. *IESU, QUEM VELATUM nunc aspicio...* "Jesus, a quem contemplo escondido, rogo-Vos que se cumpra o que tanto desejo: que, ao contemplar-Vos face a face, seja eu feliz vendo a vossa glória. Amém"[1].

Um dia, pela misericórdia divina, veremos Jesus cara a cara, sem véu algum, tal como está no Céu, com o seu Corpo glorificado, com os sinais dos cravos, com o seu olhar amável, com o seu rosto acolhedor de sempre. Distingui-lo--emos imediatamente, e Ele nos reconhecerá e virá ao nosso encontro, depois de tanta espera.

Mas encontramo-lo já agora, escondido, oculto aos sentidos, nas mil situações da vida diária: no trabalho profissional, nos pequenos serviços que prestamos aos que estão junto de nós, em todos os que compartilham conosco a mesma fadiga e as mesmas alegrias... Encontramo-lo sobretudo na Sagrada Eucaristia, onde nos espera e se entrega inteiramente a cada um de nós, numa antecipação da glória do Céu, quando comungamos. Adoramo-lo dentro do nosso peito, e então tomamos parte na liturgia que se celebra na *Jerusalém celestial*, para a qual nos dirigimos como peregrinos e onde Cristo está sentado à direita de Deus Pai; e unimo-nos ao coro dos anjos que o louvam eternamente no Céu, pois o sacramento da Eucaristia "conjuga o tempo e a eternidade"[2].

A Sagrada Eucaristia é uma garantia do amor que nos aguarda; nela "recebemos um penhor da glória futura"[3]. Dá-nos forças e consolo, mantém viva a recordação de Jesus, é o *viático*, o "farnel" necessário para percorrermos o caminho, que por vezes pode tornar-se íngreme. "A Igreja, ao anunciar na celebração eucarística a morte do Senhor, proclama também a sua vinda. É um anúncio dirigido ao mundo e aos seus próprios filhos, quer dizer, a si mesma"[4]. Os nossos corpos, pela recepção deste sacramento, "deixam de ser corruptíveis e passam a possuir a esperança da ressurreição para sempre"[5]. O Senhor revelou-o claramente na sinagoga de Cafarnaum: *Quem come a minha carne e bebe o meu sangue tem a vida eterna e Eu o ressuscitarei no último dia*[6].

Jesus, a quem agora contemplamos escondido — *Iesu quem velatum nunc aspicio...* —, não quis esperar pelo encontro definitivo, que acontecerá depois da jornada de trabalhos aqui na terra, para se unir intimamente conosco. Agora, no Santíssimo Sacramento, permite-nos entrever o que será a bem-aventurança no Céu. "Está no Sacrário como por trás de um muro, e dali nos olha como através de estreitas grades (Ct 2, 9). Ainda que se oculte aos nossos olhos, está realmente presente para ficar ao nosso alcance; oculta-se para se fazer desejar. E enquanto não chegarmos à pátria celestial, quer dar-se por inteiro e viver completamente unido a nós"[7].

II. COM FREQUÊNCIA, O SENHOR ensina-nos no Evangelho que muitas das coisas que consideramos reais e definitivas são simples imagens ou cópias das que nos aguardam no Céu. Cristo é a verdadeira realidade, e o Céu é a Vida autêntica e definitiva, a felicidade eterna, aquela que realmente tem conteúdo, comparada com a qual a felicidade desta vida não é senão um mau sonho. Quando o Senhor nos diz: *Quem comer deste pão viverá eternamente*[8], refere-se a um *Alimento* por excelência e a uma *Vida* que nunca acaba e que é a plenitude do existir.

7ª MEDITAÇÕES SOBRE A SAGRADA EUCARISTIA

Para agradecermos de todo o coração a imensa dádiva que é a presença de Jesus Cristo na Sagrada Eucaristia, pensemos que Ele se entrega a cada um de nós como Vida definitiva, como antecipação daquela que teremos um dia para sempre na eternidade. Perante esta consideração, "toda a agitação e estrépito das ruas, todas as grandes fábricas que dominam as nossas paisagens — escreve R. Knox —, não passam de ecos e sombras, se nelas pensarmos por um momento à luz da eternidade; a realidade está aqui, sobre o altar, nessa parte dele que os nossos olhos não podem ver nem os nossos sentidos distinguir. O epitáfio colocado sobre o túmulo do Cardeal Newman deveria ser o de todo o católico: *Ex umbris et imaginibus in veritatem*, das sombras e aparências até à verdade. Quando a morte nos levar deste mundo, o efeito não será o de uma pessoa que dorme e tem sonhos, mas o de alguém que desperta de um sonho para a plena luz do dia. Neste mundo, estamos tão cercados pelas coisas sensíveis, que as tomamos como realidades absolutas. Mas de vez em quando temos um clarão de luz que corrige essa perspectiva errônea. E, sobretudo, quando vemos o Santíssimo Sacramento entronizado, devemos olhar para esse disco branco que brilha no ostensório como se fosse uma janela através da qual, por um momento, chega até aqui a luz do outro mundo"[9], Aquele que contém toda a plenitude.

Quando contemplamos a Sagrada Hóstia no altar ou no ostensório, vemos o próprio Cristo que nos anima a viver na terra com os olhos postos no Céu, Aquele que um dia veremos glorioso, rodeado pelos anjos e pelos santos. Aqui na terra, é Cristo em pessoa quem acolhe o homem, maltratado pelas asperezas do caminho, e o conforta com o calor da sua compreensão e do seu amor. Na Eucaristia, encontram a sua plena realização aquelas dulcíssimas palavras: *Vinde a mim todos os que estais fatigados e sobrecarregados, e eu vos aliviarei*[10]. Este alívio pessoal e profundo, que é o único remédio verdadeiro para todas as nossas fadigas pelos caminhos do mundo, podemos encontrá-lo — ao menos como participação e antecipação — nesse Pão divino que Cristo nos oferece na mesa eucarística[11]. Não deixemos de recebê-lo como merece, pensando no Céu.

III. JUNTO DE JESUS encontramos sempre Nossa Senhora: no Céu e aqui na terra, na Sagrada Eucaristia. Os Atos dos Apóstolos referem que, depois da Ascensão de Jesus ao Céu, Maria se encontrava junto dos apóstolos, unida a eles — exercendo já o seu ofício de Mãe da Igreja — *na oração e na fração do pão*[12], isto é, "comungando no meio dos fiéis com o Corpo, o Sangue, a Alma e a Divindade do seu próprio Filho [...]. Maria reconhecia no Cristo da Missa e das suas comunhões eucarísticas o Cristo de todos os mistérios da Redenção. Que olhar humano ousaria medir as profundezas da intimidade em que a alma da Mãe e a do Filho voltavam a encontrar-se na Eucaristia?"[13] Como seriam as comunhões de Nossa Senhora enquanto permaneceu aqui na terra?

Depois da sua Assunção aos Céus, Maria contempla novamente Jesus glorioso, cara a cara; está intimamente unida a Ele, e nEle conhece todo o plano redentor, no centro do qual se encontram a Encarnação e a sua Maternidade divina. Em torno dEle, no Céu e na terra, os anjos e os santos louvam-no sem cessar. Maria, mais do que todos juntos, ama e adora o seu Filho realmente presente no Céu e na Eucaristia, e ensina-nos a cultivar os mesmos sentimentos que Ela teve em Nazaré, em Belém, no Calvário, no Cenáculo; anima-nos a tratá-lo com o amor com que Ela o adora no Céu e no Sacramento do Altar[14].

Olhando para esta imensa piedade de Nossa Senhora, podemos repetir: *Eu quisera, Senhor, receber-Vos, com aquela pureza, humildade e devoção com que Vos recebeu a vossa Santíssima Mãe...* A Santíssima Virgem, sempre perto do seu Filho, anima-nos a recebê-lo, a visitá-lo, a tê-lo como centro do nosso dia, a dirigir-lhe frequentemente os nossos pensamentos, a procurá-lo nas nossas necessidades.

E não nos esqueçamos também de que, no Céu, muito perto de Jesus, veremos não somente Maria, mas, muito junto dEla, São José, nosso Pai e Senhor. A glória do Céu será,

7ª MEDITAÇÕES SOBRE A SAGRADA EUCARISTIA

de certo modo, a continuação do trato que tivermos mantido aqui na terra com Jesus, Maria e José.

"Muitas vezes os autores medievais compararam Maria à Nau bíblica que traz o Pão de longe. Realmente, assim é. Maria é quem nos traz o Pão eucarístico; é a Medianeira; é a Mãe da vida divina que Ele dá às almas. Alegra-nos considerar sobretudo, à luz da sua Maternidade espiritual, as relações que há entre Ela e a Eucaristia; como Mãe, Maria diz a todos nós: Vinde, comei o pão que vos preparei; comei bastante, que ele vos dará a verdadeira vida"[15].

É o convite maternal que Nossa Senhora nos envia nestes dias em que ainda temos presente a festa do *Corpus et Sanguis Christi*. E sempre.

(1) Hino *Adoro te devote*; (2) Paulo VI, *Breve apost. ao Cardeal Lercaro*, 16-VII-1968; (3) Conc. Vat. II, Const. *Sacrossanctum Concilium*, 47; (4) M. Schmaus, *Teología dogmática*, vol. VI; (5) Santo Irineu, *Contra as heresias*, I, 4, 18; (6) Jo 6, 54; (7) Santo Afonso Maria de Ligório, *Prática do amor a Jesus Cristo*, 2; (8) Jo 6, 58; (9) R. A. Knox, *Sermones pastorales*, p. 435; (10) Mt 11, 28; (11) cf. João Paulo II, *Homilia*, 9-VII-1980; (12) At 2, 42; (13) M. M. Philipon, *Los sacramentos en la vida cristiana*, pp. 139-140; (14) cf. R. M. Spiazzi, *María en el misterio cristiano*, p. 202; (15) *ib.*, pp. 203-204.

SEXTA-FEIRA DA SEGUNDA SEMANA DEPOIS DE PENTECOSTES

48. SAGRADO CORAÇÃO DE JESUS

Solenidade

— Origem e sentido da festa.
— O amor de Jesus por cada um de nós.
— Amor reparador.

A devoção ao Coração de Jesus já existia na Idade Média. Como festa litúrgica, aparece em 1675, após as aparições do Senhor a Santa Margarida Maria Alacoque. Nestas revelações, a Santa ganhou uma consciência extremamente viva da necessidade de reparar pelos pecados pessoais e de todo o mundo, e de corresponder ao amor de Cristo. A festa celebrou-se pela primeira vez em 21 de junho de 1686. Pio IX estendeu-a a toda a Igreja. Pio XI, em 1928, deu-lhe o esplendor atual.

Sob o símbolo do Coração humano de Jesus, considera-se sobretudo o Amor infinito de Cristo por cada homem; por isso, o culto ao Sagrado Coração "nasce das próprias fontes do dogma católico", como o Papa João Paulo II expôs na sua abundante catequese sobre este mistério tão consolador.

I. *OS PROJETOS DO CORAÇÃO do Senhor permanecem ao longo das gerações, para libertar da morte todos os homens e conservar-lhes a vida em tempo de penúria*[1], lemos no começo da Missa.

O caráter desta Solenidade que hoje celebramos é duplo: de ação de graças pelas maravilhas do amor de Deus e de reparação, porque frequentemente este amor é pouco ou mal correspondido[2], mesmo por aqueles que têm tantos motivos para amar e agradecer. A consideração do amor de Jesus por todos os homens sempre foi o fundamento da piedade cristã; por isso, o culto ao Sagrado Coração de Jesus "nasce das próprias fontes do dogma católico"[3]. Por outro lado, recebeu um forte impulso da devoção e piedade de numerosos santos a quem o Senhor mostrou os segredos do seu Coração amabilíssimo, movendo-os a difundir esse culto e a fomentar o espírito de reparação.

Numa sexta-feira da oitava da festa do Corpus Christi, o Senhor pediu a Santa Margarida Maria de Alacoque que promovesse o amor à comunhão frequente, sobretudo nas primeiras sextas-feiras de cada mês. Devia ser uma prática reparadora, e o Senhor prometeu-lhe fazê-la participar — nas noites dessa primeira quinta para sexta-feira de cada mês — do seu sofrimento no Horto das Oliveiras. Tornou a aparecer-lhe um ano mais tarde e, mostrando-lhe o seu Coração Sacratíssimo, dirigiu-lhe estas palavras, que têm alimentado a piedade de tantas almas: *Olha este Coração que tanto amou os homens e que a nada se poupou até esgotar-se e consumir-se para lhes manifestar o seu amor; e em reconhecimento, Eu não recebo da maioria dos homens senão ingratidões pelas suas irreverências e sacrilégios e pela frieza e desprezo com que me tratam neste sacramento de amor. Mas o que mais me dói é ver-me tratado assim por almas que me estão consagradas. Por isso te peço que se dedique a primeira sexta-feira depois da oitava do Santíssimo Sacramento a uma festa particular destinada a honrar o meu Coração, comungando nesse dia e desagravando-me com algum ato de reparação...*

Em muitos lugares, existe o costume privado de desagravar o Sagrado Coração de Jesus com algum ato eucarístico ou com a recitação das ladainhas do Sagrado Coração, na primeira sexta-feira de cada mês. Além disso, "o mês de junho é especialmente dedicado à veneração do Coração divino.

Não apenas um dia — a festa litúrgica cai normalmente dentro do mês de junho —, mas todos os dias do mês"[4].

O Coração de Jesus é fonte e expressão do seu infinito amor por cada homem, seja qual for a sua situação: *Eu*

SEXTA-FEIRA DA 2ª SEMANA DEPOIS DE PENTECOSTES   299

mesmo — diz um belíssimo texto do profeta Ezequiel — *cuidarei das minhas ovelhas e velarei por elas. Assim como o pastor se preocupa com o seu rebanho, quando vê as ovelhas dispersarem-se, assim eu me preocuparei com o meu; eu o reconduzirei de todos os lugares por onde se tenha dispersado num dia de nuvens e de trevas*[5]. Cada um de nós é uma criatura que o Pai confiou ao Filho para que não pereça, ainda que tenha ido para longe.

Jesus, Deus e Homem verdadeiro, ama o mundo com "coração de homem"[6], um Coração que serve de vazão ao amor infinito de Deus. Ninguém nos amou mais do que Jesus, ninguém nos amará mais. *Ele me amou e se entregou por mim*[7], diz São Paulo, e cada um de nós pode repeti-lo. O seu Coração está repleto do amor do Pai: repleto à maneira divina e ao mesmo tempo humana.

II. O CORAÇÃO DE JESUS amou como nenhum outro; experimentou alegria e tristeza, compaixão e pena. Os Evangelistas anotam com muita frequência: *Tinha compaixão da multidão*[8], *tinha compaixão deles, porque eram como ovelhas sem pastor*[9]. O pequeno êxito dos apóstolos na sua primeira missão evangelizadora fez com que Jesus se sentisse como nós quando recebemos uma boa notícia: *Encheu-se de alegria*, diz São Lucas[10]; e chora quando a morte lhe arrebata um amigo[11].

Também não ocultou as suas desilusões: *Jerusalém, que matas os profetas! [...] Quantas vezes eu quis reunir os teus filhos...*[12] Jesus vê a história do Antigo Testamento e de toda a humanidade: uma parte do povo judeu e dos gentios de todos os tempos rejeitará o amor e a misericórdia divina. De alguma maneira podemos dizer que Deus chora com os seus olhos humanos por causa do sofrimento que aflige o seu coração de homem. E este é o significado real da devoção ao Sagrado Coração: traduzir-nos a natureza divina em termos humanos. Não foi indiferente para Jesus — não lhe é agora no nosso trato diário com Ele — ver que uns leprosos não voltavam para agradecer-lhe a cura, ou que um anfitrião omitia as mostras de delicadeza ou hospitalidade que se têm com um convidado, como dirá a Simão o fariseu. Em contrapartida, experimentou em muitas ocasiões a imensa alegria de ver que alguém se arrependia dos seus pecados e o seguia, ou a generosidade dos que deixavam tudo para segui-lo, e contagiou-se com a alegria dos cegos que começavam a enxergar, talvez pela primeira vez.

Antes de celebrar a Última Ceia, ao pensar que ficaria para sempre conosco mediante a instituição da Eucaristia, manifestou aos seus mais íntimos: *Desejei ardentemente comer esta Páscoa convosco, antes de padecer*[13]; emoção que deve ter sido muito mais profunda quando *tomou o pão, deu graças, partiu-o e deu-o aos seus discípulos, dizendo: Isto é o meu Corpo...*[14] E quem poderá explicar os sentimentos do seu Coração amabilíssimo quando nos deu no Calvário a sua Mãe como Mãe nossa?

Mal expirou, *um dos soldados atravessou-lhe o lado com uma lança, e imediatamente saiu sangue e água*[15]. Essa ferida recorda-nos hoje o imenso amor que Jesus tem por nós, pois derramou voluntariamente até à última gota do seu precioso Sangue por cada um de nós, por mim, como se não houvesse mais ninguém no mundo. Como não havemos de aproximar-nos dEle com confiança? Que misérias humildemente reconhecidas podem impedir o nosso amor?

III. DEPOIS DA ASCENSÃO AOS CÉUS com o seu Corpo glorioso, Jesus não cessa de amar-nos, de chamar-nos para que vivamos sempre muito perto do seu Coração amabilíssimo. "Mesmo na glória do Céu, ostenta nas feridas das suas mãos, dos seus pés e do seu lado os resplandecentes troféus da sua tríplice vitória: sobre o demônio, sobre o pecado e sobre a morte; traz, além disso, no seu Coração, como numa arca preciosíssima, os imensos tesouros dos seus méritos, fruto da sua tríplice vitória, que agora distribui generosamente pelo gênero humano já redimido"[16].

Hoje, nesta Solenidade, adoramos o Coração Sacratíssimo de Jesus "como participação e símbolo natural — o mais expressivo — daquele amor inexaurível que o nosso Divino Redentor sente ainda hoje pelo gênero humano. Já não está

SEXTA-FEIRA DA 2ª SEMANA DEPOIS DE PENTECOSTES 301

submetido às perturbações desta vida mortal; no entanto, vive e palpita e está unido de modo indissolúvel à Pessoa do Verbo divino, e nela e por ela, à sua divina vontade. E porque o Coração de Cristo transborda de amor divino e humano, e porque está cheio dos tesouros de todas as graças que o nosso Redentor adquiriu pelos méritos da sua vida, padecimentos e morte, é, sem dúvida, a fonte perene daquele amor que o seu Espírito comunica a todos os membros do seu Corpo Místico"[17].

Ao meditarmos hoje sobre o amor que Cristo tem por nós, sentir-nos-emos movidos a agradecer profundamente tanto dom, tanta misericórdia imerecida. E ao vermos como muitos vivem de costas para Deus, como nós mesmos não somos muitas vezes plenamente fiéis, que são muitas as nossas fraquezas, iremos ao seu Coração amabilíssimo e ali encontraremos a paz. Teremos que recorrer muitas vezes ao seu amor misericordioso em busca dessa paz, que é fruto do Espírito Santo: *Cor Iesu sacratissimum et misericors, dona nobis pacem*, Coração sacratíssimo e misericordioso de Jesus, dai-nos a paz.

E a certeza de que Jesus está tão perto das nossas preocupações e dos nossos problemas e ideais levar-nos-á a dizer-lhe: "Obrigado, meu Jesus!, porque quiseste fazer-te perfeito Homem, com um Coração amante e amabilíssimo, que ama até à morte e sofre; que se enche de gozo e de dor; que se entusiasma com os caminhos dos homens e nos mostra aquele que conduz ao Céu; que se submete heroicamente ao dever e se guia pela misericórdia; que vela pelos pobres e pelos ricos; que cuida dos pecadores e dos justos... — Obrigado, meu Jesus, e dá-nos um coração à medida do Teu!"[18]

Muito perto de Jesus, encontramos sempre a sua Mãe. Recorremos a Ela ao terminarmos a nossa oração e pedimos-lhe que torne firme e seguro o caminho que nos conduz ao seu Filho.

(1) Sl 32, 11.19; *Antífona de entrada* da Missa da Solenidade do Sagrado

Coração de Jesus; (2) cf. A. G. Martimort, *La Iglesia en oración*, p. 97; (3) Pio XII, Enc. *Haurietis aquas*, 15-V-1956, 27; (4) João Paulo II, *Ângelus*, 27-VI-1982; (5) Ez 34, 11-16; *Primeira leitura, ib.*, ciclo C; (6) Conc. Vat. II, Const. *Gaudium et spes*, 22; (7) Gl 2, 20; (8) Mc 8, 2; (9) Mc 6, 34; (10) Lc 10, 21; (11) cf. Jo 11, 35; (12) Mt 23, 17; (13) Lc 22, 15; (14) cf. Lc 22, 19-20; (15) Jo 19, 34; (16) Pio XII, *op. cit.*, 22; (17) *ib.*; (18) Josemaria Escrivá, *Sulco*, n. 813.

SEXTA-FEIRA DA SEGUNDA SEMANA DEPOIS DE PENTECOSTES.
SAGRADO CORAÇÃO DE JESUS

49. O AMOR DE JESUS

—— Amor único e pessoal por cada criatura.
—— Desagravo e reparação.
—— Um *forno ardente de caridade*.

I. *NÓS CONHECEMOS E CREMOS no amor que Deus tem por nós. Deus é amor; e quem permanece no amor, permanece em Deus, e Deus nele*, podemos ler numa das Leituras da Missa[1].

A plenitude da misericórdia de Deus para com os homens manifesta-se pela encarnação do seu Filho Unigênito. Soubemos que Deus nos amava não só por ser esse o contínuo ensinamento de Jesus, mas pela sua presença entre nós, que é a prova máxima desse amor. Ele próprio é a plena revelação de Deus e do seu amor aos homens[2]. Santo Agostinho ensina que a fonte de todas as graças é o amor de Deus por nós, revelado não só por meio de palavras, mas por atos, isto é, pela sua encarnação[3].

Hoje temos de pedir novas luzes para entendermos de um modo mais profundo o amor de Deus por todos os homens, por cada um. Devemos suplicar ao Espírito Santo que, com a sua graça e a nossa correspondência, possamos dizer pessoalmente e de um modo muito vivo: "Eu conheci o amor de Deus por mim". Chegaremos a essa sabedoria — a única que verdadeiramente importa — se, com a ajuda da graça, meditarmos muitas vezes na Santíssima Humanidade de Jesus: na sua vida, nas suas obras, nos seus padecimentos para nos redimir da escravidão em que nos encontrávamos e nos elevar a uma amizade com Ele que durará pelos séculos sem fim. O Coração de Jesus, um coração com sentimentos humanos, foi o instrumento unido à Divindade que nos fez chegar o seu amor indizível; o Coração de Jesus é o coração de uma Pessoa divina, quer dizer, do Verbo Encarnado, e "por conseguinte, representa e coloca diante dos nossos olhos todo o amor que Ele teve e tem por nós. E aqui está a razão pela qual, na prática, se considera o culto ao Sagrado Coração como a mais completa profissão de fé cristã. Verdadeiramente, a religião de Jesus Cristo fundamenta-se totalmente no Homem-Deus, Medianeiro; de maneira que não se pode chegar ao Coração de Deus a não ser passando pelo Coração de Cristo, conforme o que Ele mesmo afirmou: *Eu sou o Caminho, a Verdade e a Vida. Ninguém vem ao Pai senão por Mim* (Jo 14, 6)"[4].

Não houve um só ato da alma de Cristo ou da sua vontade que não tivesse por fim a nossa redenção, que não se propusesse conseguir-nos todas as ajudas para que jamais nos separássemos dEle ou para que voltássemos, se nos extraviamos. Não houve sequer uma só parte do seu corpo que não tivesse padecido pelo nosso amor. Todo o tipo de penas, injúrias e opróbrios, aceitou-os o Senhor alegremente pela nossa salvação. Não restou uma só gota do seu preciosíssimo Sangue que não fosse derramado por nós.

Deus me ama. Esta é a verdade mais consoladora de todas e a que mais ressonâncias práticas deve ter na minha vida. Quem poderá compreender o infinito abismo da bondade de Jesus, manifestada na chamada que recebemos para compartilhar com Ele a sua própria Vida, a sua amizade...? Uma Vida e uma amizade que nem a morte conseguirá romper, antes as tornará mais fortes e mais seguras.

"Deus me ama... E o apóstolo João escreve: *Amemos, pois, a Deus, porque Deus nos amou primeiro.* — Como se fosse pouco, Jesus dirige-se a cada um de nós, apesar das nossas inegáveis misérias, para nos perguntar como a Pedro: «Simão, filho de João, tu me amas mais do que estes?»...

SEXTA-FEIRA DA 2ª SEMANA DEPOIS DE PENTECOSTES   305

"— É o momento de responder: «Senhor, Tu sabes tudo, Tu sabes que eu te amo!», acrescentando com humildade: — Ajuda-me a amar-te mais, aumenta o meu amor!"[5]

II. NA MISSA DESTA SOLENIDADE rezamos: *Ó Deus, que no Coração do vosso Filho ferido pelos nossos pecados, depositastes infinitos tesouros de caridade, nós Vos pedimos que, ao prestar-lhe a homenagem do nosso amor, lhe ofereçamos uma generosa reparação"*[6].

Ao considerarmos uma vez mais, neste tempo de oração, o amor vivo e atual de Jesus por todos os homens, deve brotar dentro de nós uma imensa alegria. Um Deus com um coração de carne como o nosso! Jesus de Nazaré continua a passar pelas nossas ruas e praças fazendo o bem[7], como quando estava em carne mortal entre os homens: ajudando, curando, consolando, perdoando, concedendo a vida eterna por meio dos sacramentos... Os tesouros do seu Coração são infinitos, e Ele continua a derramá-los a mãos cheias.

São Paulo ensina que o Senhor, *subindo às alturas, levou cativo o cativeiro, e derramou os seus dons sobre os homens*[8]. São incomensuráveis as graças, as inspirações, as ajudas, espirituais e materiais, que recebemos diariamente do Coração amantíssimo de Jesus. No entanto, Ele "não se impõe com atitudes de domínio, mas mendiga um pouco de amor, mostrando-nos em silêncio as suas mãos chagadas"[9]. Quantas vezes não lhe teremos dito *não*! Quantas vezes não terá Ele esperado de nós um pouco de amor, de fervor, nessa visita ao Santíssimo, naquela Comunhão...!

Devemos desagravar muito o Coração Sacratíssimo de Jesus: pela nossa vida passada, por tanto tempo perdido, por tantas indelicadezas, por tanta falta de amor... "Peço-te, Senhor — dizemos-lhe com palavras escritas por São Bernardo —, que acolhas a oferenda dos anos que me restam. Não desprezes, meu Deus, este coração contrito e humilhado, por todos os anos que malbaratei"[10]. Dá-me, Senhor, o dom da contrição por tanta torpeza atual no meu trato e no meu amor por Ti, aumenta-me a aversão por todo o pecado venial deliberado, ensina-me a oferecer-te como expiação as contrariedades físicas e morais de cada dia, o cansaço no trabalho, o esforço por concluir com esmero os trabalhos começados, como Tu desejas.

Diante de tantos e tantos que parecem fugir da graça, não podemos permanecer indiferentes.

"Não peças perdão a Jesus apenas das tuas culpas; não o ames com o teu coração somente...

"Desagrava-o por todas as ofensas que lhe têm feito, que lhe fazem e lhe hão de fazer...; ama-o com toda a força de todos os corações de todos os homens que mais o tenham amado.

"Sê audaz: diz-lhe que estás mais louco por Ele que Maria Madalena, mais que Teresa e Teresinha..., mais apaixonado que Agostinho e Domingos e Francisco, mais que Inácio e Xavier"[11].

III. AQUELES DOIS DISCÍPULOS que Jesus acompanhou enquanto iam a caminho de Emaús reconheceram-no por fim ao partir o pão, depois de umas horas de caminhada. *E disseram um para o outro: Não ardia o nosso coração dentro de nós enquanto nos falava pelo caminho e nos explicava as Escrituras?*[12] Os seus corações, que pouco antes estavam apagados, desalentados, tristes, agora estão cheios de fervor e de alegria. Isto teria sido motivo suficiente para reconhecerem que Cristo os acompanhava, pois esse é o efeito produzido por Jesus naqueles que estão perto do seu Coração amabilíssimo. Foi o que aconteceu naquela ocasião e é o que acontece todos os dias.

Nessa "arca preciosíssima" que é o Coração de Jesus, encontra-se a plenitude de toda a caridade. Dom por excelência do Coração de Cristo e do seu Espírito, "foi a caridade que deu aos apóstolos e aos mártires a fortaleza necessária para anunciarem e testemunharem a verdade evangélica, até derramarem o seu sangue por ela"[13]. Pela caridade teremos a firmeza necessária para dar a conhecer Cristo, pois é no trato com Cristo que se ateia o verdadeiro zelo apostólico, capaz de perdurar por cima dos aparentes fracassos, dos obstáculos de um ambiente que às vezes parece fugir de Jesus.

O amigo faz chegar ao amigo aquilo que tem de melhor, e é por isso que temos que dar a conhecer Jesus aos nossos parentes, amigos e colegas de profissão. Não possuímos nada que se possa comparar ao fato de termos conhecido Jesus, e nEle encontramos uma *fogueira acesa de caridade* pelas almas, como rezamos na *Ladainha do Sagrado Coração*.

"A fogueira arde — comentava o Papa João Paulo II —, e, ao arder, queima todo o material, quer seja lenha ou outra substância facilmente combustível. Pois bem, o Coração de Jesus, o Coração humano de Jesus, queima com o amor que possui, o amor ao Pai Eterno e o amor aos homens, aos seus filhos e filhas adotivos.

"A fogueira, queimando, apaga-se pouco a pouco, mas o Coração de Jesus é fogo inextinguível. Nisto se parece com a *sarça ardente* do livro do Êxodo, no meio da qual Deus se revelou a Moisés: com essa sarça que ardia com o fogo..., mas *não se consumia* (Ex 3, 2).

"Efetivamente, o amor que arde no Coração de Jesus é sobretudo o Espírito Santo, em quem Deus-Filho se une eternamente ao Pai. O Coração de Jesus, o Coração humano de Deus-Homem, está abrasado pela *chama viva* do Amor trinitário que jamais se extingue.

"Coração de Jesus, *fogueira ardente de caridade*. A fogueira, enquanto arde, ilumina as trevas da noite e aquece os corpos dos viajantes que tiritam de frio.

"Hoje, queremos dirigir-nos à Mãe do Verbo Eterno e suplicar-lhe que, no horizonte da vida de cada um de nós, jamais cesse de arder o Coração de Jesus, *fogueira ardente de caridade*; que Ele nos revele o Amor que não se extingue nem dormita, o Amor eterno; que ilumine as trevas da noite terrena e aqueça os corações.

"Agradecidos pelo único amor capaz de transformar o mundo e a vida humana, dirigimo-nos com a Virgem Imaculada, no momento da Anunciação, ao Coração Divino que não cessa de ser *fogueira ardente de caridade*. Ardente: como a *sarça* que Moisés viu no monte Horeb"[14].

(1) 1 Jo 4, 16; *Segunda leitura* da Missa da Solenidade do Sagrado Coração de Jesus, ciclo A; (2) cf. Jo 1, 18; Hb 1, 1; (3) cf. Santo Agostinho, *Tratado sobre a Trindade*, 9, 10; (4) Pio XII, Enc. *Haurietis aquas*, 15-V-1956; (5) Josemaria Escrivá, *Forja*, n. 497; (6) *Oração coleta, ib.*; (7) cf. At 10, 38; (8) Ef 4, 8; (9) Josemaria Escrivá, *É Cristo que passa*, n. 179; (10) São Bernardo, *Sermão 20*, 1; (11) Josemaria Escrivá, *Caminho*, n. 402; (12) Lc 24, 32; (13) Pio XII, *op. cit.*, 23; (14) João Paulo II, *Ângelus*, 23-VI-1985.

SÁBADO DA SEGUNDA SEMANA DEPOIS DE PENTECOSTES

50. IMACULADO CORAÇÃO DE MARIA

Memória

— O Coração de Maria.
— Um Coração materno.
— *Cor Mariae dulcissimum, iter para tutum.*

Depois da consagração do mundo ao dulcíssimo e maternal Coração de Maria, feita em 1942, chegaram ao Romano Pontífice numerosos pedidos para que estendesse a toda a Igreja esse culto que já existia em alguns lugares. Pio XII acedeu em 1945, "na certeza de encontrarmos no seu amantíssimo Coração [...] o porto seguro no meio das tempestades que por toda a parte nos oprimem". Por meio do símbolo do coração, veneramos em Maria o seu amor puríssimo e perfeito por Deus e o seu amor maternal por cada homem. Nele encontramos refúgio no meio de todas as dificuldades e tentações da vida e o caminho seguro — iter para tutum — para chegarmos rapidamente ao seu Filho.

I. *EM MIM ESTÁ TODA A GRAÇA do caminho e da verdade, em mim toda a esperança de vida e de virtude,* lemos na Antífona de entrada da Missa[1].

Como considerávamos na festa de ontem, o coração expressa e simboliza a intimidade da pessoa. A primeira vez que se menciona o Coração de Maria no Evangelho é para revelar toda a riqueza da vida interior da Virgem: *Maria* — escreve

São Lucas — *guardava todas estas coisas, meditando-as no seu coração*[2].

O Prefácio da Missa proclama que o Coração de Maria é *sábio*, porque entendeu como nenhuma outra criatura o sentido das Escrituras e conservou a recordação das palavras e das coisas relacionadas com o mistério da salvação; *imaculado*, quer dizer, imune de toda a mancha de pecado; *dócil*, porque se submeteu fidelissimamente ao querer de Deus em todos os seus desejos; *novo*, conforme a profecia de Ezequiel — *Eu vos darei um coração novo e um espírito novo*[3] —, porque está revestido da novidade da graça merecida por Cristo; *humilde*, pois imitou o de Cristo, que disse: *Aprendei de mim, que sou manso e humilde de coração*[4]; *simples*, livre de toda a duplicidade e cheio do Espírito de verdade; *limpo*, capaz de ver a Deus, conforme a bem-aventurança do Senhor[5]; *firme* na aceitação da vontade divina quando Simeão lhe anunciou que uma espada de dor atravessaria o seu coração[6], quando se desencadeou a perseguição contra o seu Filho[7], ou quando chegou o momento da sua Morte; *preparado*, já que, enquanto Cristo dormia no sepulcro, Maria — à semelhança da esposa do Cântico dos Cânticos[8] — permaneceu em vigília à espera da ressurreição de Cristo.

O Coração Imaculado de Maria é chamado sobretudo *santuário do Espírito Santo*[9], em virtude da sua Maternidade divina e da inabitação contínua e plena do Espírito divino na sua alma. É uma maternidade excelsa, que coloca Maria acima de todas as criaturas, e que teve lugar no seu Coração Imaculado antes de se ter realizado nas suas entranhas puríssimas. O Verbo que Maria deu à luz segundo a carne foi antes concebido segundo a fé no seu coração, afirmam os Santos Padres[10]. Foi em vista do seu Coração Imaculado, cheio de fé e de amor humilde, que Maria mereceu trazer o Filho de Deus no seu seio virginal. Como não havemos de recorrer continuamente a esse Coração dulcíssimo?

"*Sancta Maria, Stella maris* — Santa Maria, Estrela do mar, conduz-nos Tu!

SÁBADO DA 2ª SEMANA DEPOIS DE PENTECOSTES 311

"Clama assim com energia, porque não há tempestade que possa fazer naufragar o Coração Dulcíssimo da Virgem. Quando vires chegar a tempestade, se te abrigares nesse Refúgio firme que é Maria, não haverá perigo algum de que venhas a soçobrar ou a afundar-te"[11]. Nele encontraremos um porto seguro que tornará impossível naufragar.

II. *MARIA CONSERVAVA todas estas coisas, meditando-as no seu coração*[12].

O Coração de Maria conservava como um tesouro o anúncio do anjo sobre a sua Maternidade divina. Guardou também para sempre todas as coisas que aconteceram na noite de Belém: o revoar dos anjos, o que os pastores disseram diante do presépio, a chegada dos Magos com os seus dons...; depois, a profecia de Simeão e as dificuldades da viagem ao Egito... Mais tarde, afligiu-se profundamente com a perda do Menino-Deus no Templo e impressionaram-na as palavras que Ela e José lhe ouviram quando, por fim, angustiados, o encontraram[13].

Maria jamais esqueceu, nos anos em que viveu na terra, os acontecimentos que envolveram a morte do seu Filho na Cruz, bem como as palavras que o Senhor lhe dirigiu naquele instante supremo: *Mulher, eis aí o teu filho*[14]. Desde aquele momento, amou-nos no seu Coração com um amor de mãe, com o mesmo amor com que amou Jesus. Reconheceu o seu Filho não só em João, mas em cada um de nós, conforme Ele mesmo tinha dito: *Todas as vezes que o fizestes a um destes meus irmãos mais pequeninos, a mim o fizestes*[15].

Mas Nossa Senhora exerceu a sua maternidade mesmo antes de se ter consumado a redenção no Calvário, pois passou a ser nossa Mãe desde o momento em que, com o seu *faça-se*, prestou a sua colaboração para a salvação de todos os homens. No relato da bodas de Caná, São João revela-nos um traço verdadeiramente maternal do Coração de Maria: a sua delicada solicitude para com os outros. Um coração maternal é sempre um coração atento, vigilante: nada do que diz respeito ao filho passa inadvertido à mãe. Em Caná, o Coração maternal de Maria estendeu a sua vigilante solicitude a uns parentes ou amigos, para solucionar uma situação certamente embaraçosa, mas sem consequências graves. Por inspiração divina, o Evangelista quis mostrar-nos que nada de humano lhe é indiferente, que ninguém é excluído da sua zelosa ternura. As nossas pequenas carências, tanto como as nossas culpas, são objeto dos seus desvelos. Debruça-se sobre os nossos lapsos e preocupações passageiras, como se debruça sobre as grandes angústias que às vezes podem sufocar-nos a alma. *Não têm vinho*[16], diz ao seu Filho. Todos estavam distraídos; ninguém o tinha percebido. E ainda que não parecesse ter chegado a hora dos milagres, Ela soube adiantá-la. Maria conhece bem o Coração do seu Filho e sabe como chegar até Ele.

Agora, no Céu, a sua atitude não mudou; pela sua intercessão, as nossas súplicas chegam "antes, mais e melhor" à presença do Senhor. Por isso, podemos dirigir-lhe hoje uma antiga oração da Igreja: *Recordare, Virgo Mater Dei, dum steteris in conspectu Domini, ut loquaris pro nobis bona*, lembra-te, ó Virgem Mãe de Deus, Tu que estás continuamente na presença do Senhor, de falar bem de nós[17]. Como necessitamos disso!

Ao meditarmos no Coração Imaculado de Maria, reparemos que não se trata de acrescentar mais uma devoção às que já temos, mas de aprender a tratar a Virgem com mais confiança, com a simplicidade das crianças que recorrem às suas mães a cada momento: não se dirigem a elas apenas quando estão numa grande aflição, mas também nos pequenos percalços com que tropeçam a cada instante. As mães ajudam-nas com alegria a resolver os menores problemas. Elas — as mães — aprenderam da nossa Mãe do Céu.

III. AO CONSIDERARMOS o esplendor e a santidade do Coração Imaculado de Maria, podemos examinar hoje a nossa própria intimidade: se estamos abertos e somos dóceis às graças e às inspirações do Espírito Santo, se guardamos zelosamente o coração de tudo aquilo que possa separá-lo de Deus, se arrancamos pela raiz os pequenos rancores, as invejas... que tendem a aninhar-se nele. Sabemos que da riqueza ou pobreza do nosso coração falam as palavras e as obras, *pois o homem bom, do bom tesouro do seu coração tira coisas boas*[18].

Do coração de Nossa Senhora brotam torrentes de graças de perdão, de misericórdia, de ajuda nas situações difíceis... Por isso queremos pedir-lhe hoje que nos dê um coração puro, humano, compreensivo com os defeitos dos que convivem conosco, amável com todos, capaz de suportar a dor em qualquer situação em que a encontremos, sempre disposto a ajudar os que precisam. *"Mater Pulchrae dilectionis*, Mãe do Amor Formoso, roga por nós! Ensina-nos a amar a Deus e aos nossos irmãos como tu os amaste: faz com que o nosso amor pelos outros seja sempre paciente, benigno, respeitoso [...]; faz com que a nossa alegria seja sempre autêntica e plena, para podermos comunicá-la a todos"[19].

Recordamos hoje como a Igreja e os seus filhos, quando as necessidades se tornaram mais prementes, sempre recorreram ao Coração Dulcíssimo de Maria, para consagrar-lhe o mundo, as nações ou as famílias[20]. Sempre tivemos a intuição de que somente nesse Doce Coração estamos seguros. Hoje voltamos a entregar-lhe, uma vez mais, tudo o que somos e temos. Deixamos no seu regaço os dias bons e os que parecem maus, as doenças e as fraquezas, o trabalho, o cansaço e o repouso, os ideais nobres que o Senhor despertou na nossa alma; pomos especialmente nas suas mãos o nosso caminhar para Cristo, a fim de que Ela o preserve de todos os perigos e o guarde com ternura e fortaleza, como fazem as mães. *Cor Mariae dulcissimum, iter para tutum*, "Coração dulcíssimo de Maria, prepara-me..., prepara-nos um caminho seguro"[21].

Terminamos a nossa oração pedindo ao Senhor, com a liturgia da Missa: *Ó Deus, que preparastes no Imaculado Coração de Maria uma digna morada para o vosso Filho e um santuário para o Espírito Santo, concedei-nos um coração limpo e dócil, para que, sempre submissos aos vossos preceitos, Vos amemos sobre todas as coisas e ajudemos os nossos irmãos em todas as suas necessidades"[22].

314 IMACULADO CORAÇÃO DE MARIA

(1) *Antífona de entrada* da Missa do Imaculado Coração de Maria; (2) Lc 2, 19; (3) cf. Ez 36, 26; (4) Mt 11, 29; (5) cf. Mt 5, 8; (6) cf. Lc 2, 35; (7) cf. Mt 2, 13; (8) cf. Ct 5, 2; (9) cf. Conc. Vat. II, Const. *Lumen gentium*, 53; (10) cf. Santo Agostinho, *Tratado sobre a virgindade*, 3; (11) Josemaria Escrivá, *Forja*, n. 1055; (12) Lc 2, 19; *Antífona de comunhão*, *ib.*; (13) Lc 2, 51; (14) Jo 19, 26; (15) Mt 25, 40; (16) cf. Jo 2, 3; (17) Missal de São Pio V, *Oração sobre as oferendas da Missa de Santa Maria, medianeira de todas as graças*, cf. Jr 18, 20; (18) Mt 12, 35; (19) João Paulo II, *Homilia*, 31-V-1979; (20) cf. Pio XII, Alocução *Benedicite Deum*, 31-X-1942; João Paulo II, *Homilia em Fátima*, 13-V-1982; (21) cf. Hino *Ave Maris Stella*; (22) *Oração coleta, ib.*

1º DE JUNHO

51. SÃO JUSTINO
Mártir
Memória

— Defesa da fé em momentos de incompreensão.
— Quanto maiores forem as dificuldades, mais intensa a ação apostólica.
— Viver a caridade sempre, mesmo com os que não nos estimam.

Justino nasceu na região da Samaria nos começos do século II. Como outros pensadores da época, abriu uma escola de filosofia em Roma. Depois da sua conversão, exerceu um apostolado fecundo precisamente por meio das suas aulas. Defendeu a fé cristã com a sua sabedoria em momentos difíceis para o cristianismo. Conservam-se as suas Apologias dirigidas aos imperadores Antonino e Marco Aurélio. Morreu mártir em Roma durante a perseguição deste último. Pelo empenho com que defendeu a fé com a sua ciência, e pelo valor da sua vida, Leão XIII estendeu a sua festa litúrgica a toda a Igreja universal.

I. NOS COMEÇOS, A FÉ arraigou entre pessoas de profissões simples: tintureiros, cardadores de lã, soldados, ferreiros... As numerosas inscrições encontradas nas catacumbas mostram-nos a variedade de ofícios e de trabalhos: taberneiros, barbeiros, alfaiates, marmoristas, tecelões... Uma dessas inscrições representa um auriga, de pé na sua biga, tendo na mão direita uma coroa e na esquerda a palma do martírio.

Em breve o cristianismo estendeu-se a todas as classes sociais. No século II, existiam senadores cristãos, como Apolônio; altos magistrados, como o cônsul Liberal; advogados do foro romano, como Tertuliano; filósofos, como São Justino, cuja festa celebramos hoje, e que se converteu à fé cristã em idade bastante adulta.

Os primeiros cristãos não se separavam dos seus concidadãos, vestiam-se como as pessoas do seu tempo e da sua região, exerciam os seus direitos e cumpriam os seus deveres cívicos. Como os outros, frequentavam as escolas públicas sem se envergonharem da sua fé, embora o ambiente pagão fosse durante muito tempo adverso à Boa-nova. A defesa da fé — o direito de vivê-la, sendo ao mesmo tempo cidadãos romanos iguais aos seus semelhantes — seria levada a cabo com uma constância admirável nas circunstâncias mais diversas, que iam das conversas espontâneas no mercado ou no foro ao recurso às armas da inteligência, como o fizeram São Justino e outros nas suas *apologias* do cristianismo.

Todos, cada um no seu lugar, souberam dar um testemunho sereno de Jesus Cristo, e essa foi a melhor apologia da fé. Um desses exemplos vivos da fé ficou registrado num grafito que chegou até aos nossos dias. No Palatino, a colina ocupada pelo palácio do Imperador e pelas vilas dos nobres romanos, existia uma escola em que se formavam os pajens da corte imperial. Devia haver entre os alunos um cristão chamado Alexamenos, pois alguém desenhou na parede um homem com cabeça de asno, cravado numa cruz muito tosca e tendo ao lado uma figura humana. Junto do desenho pode-se ler esta inscrição: *Alexamenos adora o seu deus.* Pois bem, abaixo dessa inscrição, o jovem escreveu como resposta: *Alexamenos fiel*[1].

Este grafito é também um eco das calúnias que circulavam frequentemente em torno dos cristãos. Entre as pessoas do povo abundavam rumores, mexericos, intrigas, histórias incríveis... Entre as classes mais cultas repetiam-se com desdém frases como as que nos transmitiu Tertuliano: "É um bom homem, esse Caio Sexto. Só é pena que seja cristão!" Ou esta outra: "Estou verdadeiramente surpreendido de que

Lúcio Tício, um homem tão inteligente, se tenha feito cristão". E Tertuliano comenta: "Não lhes passa pela cabeça perguntar-se se Caio é um homem bom e Lúcio inteligente precisamente por serem cristãos; ou se não se terão feito cristãos precisamente por um deles ser um homem bom e o outro inteligente"[2].

São Justino soube mostrar onde estava a grandeza da fé cristã, em comparação com todos os pensamentos e ideologias em voga: "Porque — diz — ninguém acreditou em Sócrates a ponto de dar a vida pela sua doutrina; mas creram em Cristo não só os filósofos e homens cultos, mas também artesãos e pessoas totalmente ignorantes, que souberam desprezar a opinião do mundo, o medo e até a morte"[3]. O próprio Justino morrerá mais tarde em testemunho da sua fé. O Senhor pede-nos a mesma firmeza em qualquer situação em que nos encontremos, mesmo que tenhamos de enfrentar vez por outra um ambiente completamente adverso à doutrina de Cristo.

II. NOS MOMENTOS DE PERSEGUIÇÃO ou de maiores tribulações, os cristãos continuavam a atrair muitos outros para a fé. As próprias dificuldades eram ocasião para uma ação apostólica mais intensa, com o aval do exemplo e da coragem pessoal. As palavras cobravam então uma força particular: a da Cruz. O martírio era um testemunho cheio de vigor sobrenatural e de grande eficácia apostólica. Às vezes, os próprios verdugos abraçavam a fé cristã[4].

Se formos verdadeiramente fiéis a Cristo, é possível que encontremos dificuldades de diferentes gêneros: desde a calúnia e a perseguição aberta até a frieza com que nos recebem, a discriminação na provisão de cargos públicos, a ironia ou o comentário leviano no trabalho ou no meio social... O discípulo não é maior do que o Mestre[5]. A vida do cristão e o seu sentido da existência — queiramos ou não — chocarão com um mundo que pôs o seu coração nos bens materiais.

Esses momentos de dificuldade são especialmente aptos para exercermos uma atividade apostólica eficaz: comentando a verdadeira natureza da Igreja, esclarecendo as consciências sobre os pontos mais vivos da doutrina moral cristã, falando claramente de Cristo e da vida de fé... E tudo isso sem polêmicas, em clima de amizade, com argumentos objetivos e serenos, pois a verdade impõe-se necessariamente. Os primeiros cristãos foram vitoriosos no seu empenho e ensinaram-nos o caminho: a sua fidelidade incondicional a Cristo foi mais forte que a atmosfera pagã que os rodeava. "Submersos na massa hostil, não procuraram no isolamento o remédio para o contágio e a garantia para a sobrevivência; eram conscientes de serem fermento de Deus, e a sua ação calada e eficaz acabou por transformar aquela mesma massa. Souberam, sobretudo, estar serenamente presentes no seu mundo, não desprezar os valores da sociedade nem desdenhar as realidades terrenas"[6].

Se nos momentos de incompreensão, de recusa ou de indiferença, perseverarmos com firmeza na tarefa apostólica, os frutos não demorarão a surgir nos lugares mais inesperados. O apostolado é tanto mais eficaz quanto mais longe se projeta a sombra redentora da Cruz. Disse-o o Senhor: *Quando eu for levantado ao alto, tudo atrairei a mim*[7].

III. NEM AS MURMURAÇÕES e calúnias, nem o próprio martírio, conseguiram que os cristãos se fechassem em si mesmos, se isolassem do seus concidadãos e se sentissem exilados no seu próprio meio social. Mesmo nos momentos mais duros da perseguição, a presença cristã no mundo foi viva e operante. Os cristãos defenderam o seu direito de serem consequentes com a sua fé: os intelectuais, como Justino, com os seus escritos cheios de ciência e de senso comum; as mães de família, certamente com as suas conversas amáveis e com o seu exemplo de vida...

E foi no meio desse vendaval de contradições que viveram com especial empenho o mandamento novo de Jesus[8]: "Foi por meio do amor que eles abriram caminho naquele mundo pagão e corrompido"[9]. "É sobretudo esta prática da caridade que nos imprime um selo peculiar aos olhos de muitos. *Vede como se amam*, dizem de nós, já que eles se odeiam mutuamente. E como estão dispostos a morrer uns pelos outros, quando eles estão antes preparados para se matarem uns aos outros"[10], escreveu-nos Tertuliano.

Os cristãos não reagiram com rancor ante os que de uma forma ou de outra os maltratavam[11]. E, como os nossos primeiros irmãos na fé, também nós devemos procurar afogar o mal em abundância de bem[12]. João Paulo I, na catequese que realizou no seu curto pontificado, mencionou a exemplar história das dezesseis carmelitas martirizadas durante a Revolução francesa e beatificadas por Pio X. Consta que durante o processo se pediu que fossem condenadas à morte "por fanatismo". Uma delas perguntou ao juiz: "Que quer dizer fanatismo?", e ele respondeu: "A vossa tola pertença à religião". Pronunciada a sentença, enquanto eram conduzidas ao cadafalso, cantavam hinos religiosos; chegando ao lugar da execução, ajoelharam-se uma após a outra diante da Superiora para renovarem o seu voto de obediência. Depois entoaram o *Veni Creator*; o canto ia-se tornando mais fraco à medida que as cabeças caíam sob a guilhotina. Ficou por último a Superiora, cujas derradeiras palavras foram estas: "O Amor sempre será vitorioso, o amor tudo pode"[13]. Sempre foi assim.

Mas a melhor caridade dos primeiros cristãos exercia-se com os irmãos mais fracos, com os que se tinham convertido recentemente e com todos os que se encontravam mais necessitados, a fim de fortalecê-los. As *Atas dos Mártires*[14] registram em todas as suas páginas pormenores concretos dessa preocupação pela fidelidade dos mais fracos. Não deixemos de fazer o mesmo nos momentos de contradição, de calúnia, de deserção: amparar, "agasalhar" aqueles que, pela idade ou pelas suas circunstâncias particulares, mais precisem de ajuda. A nossa firmeza e alegria nesses momentos será de grande utilidade para os outros.

Ao terminarmos este tempo de oração, dirigimo-nos a Nossa Senhora com uma oração que os primeiros cristãos recitaram muitas vezes: *Sub tuum praesidium confugimus, Sancta Dei Genitrix...* "À vossa proteção nos acolhemos, Santa Mãe de Deus; não desprezeis as súplicas que em nos-

320 SÃO JUSTINO

sas necessidades vos dirigimos, mas livrai-nos de todos os perigos, ó Virgem gloriosa e bendita"[15].

(1) Cf. A. G. Hamman, *La vida cotidiana de los primeros cristianos*, Palabra, Madri, 1986, p. 108; (2) cf. Tertuliano, *Sobre a idolatria*, 20; (3) São Justino, *Apologia*, II, 10; (4) cf. D. Ramos, *El testimonio de los primeros cristianos*, Rialp, Madri, 1969, p. 32; (5) Mt 10, 24; (6) J. Orlandis, *La vocación cristiana del hombre de hoy*, 3ª ed., Rialp, Madri, 1973, p. 48; (7) Jo 12, 32; (8) cf. Jo 13, 34; (9) Josemaria Escrivá, *Amigos de Deus*, n. 172; (10) Tertuliano, *Apologético*, 39; (11) cf. *Didaché*, I, 1-2; (12) cf. Rm 12, 21; (13) cf. João Paulo I, *Ângelus*, 24-IX-1978; (14) cf. *Actas de los martires*, BAC, Madri, 1962; (15) A. G. Hamman, *Oraciones de los primeros cristianos*, Rialp, Madri, 1956, n. 107 e nota 60.

11 DE JUNHO

52. SÃO BARNABÉ APÓSTOLO
Memória

— Magnanimidade no apostolado.
— Saber compreender para poder ajudar.
— Alegria e espírito positivo no apostolado com os nossos amigos.

Natural de Chipre, Barnabé é contado entre os primeiros fiéis de Jerusalém. Foi quem apresentou São Paulo aos apóstolos, e depois acompanhou-o na sua primeira viagem apostólica. Participou do Concílio de Jerusalém e foi uma figura de grande importância na Igreja de Antioquia, o primeiro núcleo cristão numeroso fora de Jerusalém. Era parente de Marcos, sobre o qual exerceu uma influência decisiva. Tendo retornado à sua pátria, evangelizou-a e morreu mártir por volta do ano 63. O seu nome figura na Oração Eucarística I.

I. BARNABÉ SIGNIFICA *filho da consolação*, e foi o sobrenome dado pelos apóstolos a José, levita e cipriota de nascimento[1], pelo seu espírito conciliador e pela sua simpatia, segundo comenta São João Crisóstomo[2].

Depois do martírio de Estêvão e da perseguição que se seguiu, alguns cristãos chegaram até Antioquia, e lá propagaram a fé cristã. Quando os apóstolos tiveram notícia em Jerusalém das maravilhas que o Espírito Santo realizava nessa região, resolveram enviar para lá Barnabé[3]. Profundamente empenhado na expansão do Reino, Barnabé quis contar desde o primeiro momento com instrumentos idôneos para empreender aquele imenso trabalho que lhe era confiado, e dirigiu-se a Tarso a fim de convidar Paulo a acompanhá-lo. *Tendo-o encontrado, levou-o a Antioquia. Passaram juntos um ano inteiro nesta Igreja e instruíram uma grande multidão*, narram os Atos dos Apóstolos[4]. Barnabé soube, pois, descobrir no recém-convertido aquelas qualidades que o levariam a transformar-se, pela graça, no apóstolo das gentes. Pouco tempo antes, apresentara Paulo aos Apóstolos de Jerusalém, num momento em que muitos cristãos continuavam a ter receio do seu antigo perseguidor[5].

Em companhia de São Paulo, Barnabé realizou a primeira viagem missionária, que tinha por objetivo a ilha de Chipre[6]. Ia com eles o seu primo Marcos, que, no entanto, desistiu a meio do caminho e regressou a Jerusalém. Quando São Paulo projetou a segunda grande viagem missionária, Barnabé quis novamente que Marcos os acompanhasse, mas Paulo achou que *não devia ser admitido um homem que se tinha separado deles na Panfília, e não os tinha acompanhado naquela tarefa*[7]. Produziu-se uma forte dissensão entre ambos, de sorte que se separaram um do outro...[8]

Barnabé não abandonou o seu primo Marcos, talvez então muito jovem, depois daquela defecção em que as forças lhe falharam. Soube reanimá-lo e fortalecê-lo, e fazer dele um grande evangelizador e um eficacíssimo colaborador de São Pedro e do próprio Paulo, com quem Barnabé continuou unido[9]. Mais tarde, Paulo demonstrará a maior estima por Marcos[10], "como se visse refletida nele a simpatia e as gratas recordações de Barnabé, o amigo da juventude"[11].

São Barnabé convida-nos hoje a ter um *coração grande* na tarefa apostólica, um coração que nos leve a não desanimar facilmente perante os defeitos e retrocessos dos amigos ou parentes que queremos levar ao Senhor, a não deixá-los de lado quando fraquejam ou talvez não correspondam às nossas atenções e à nossa oração. Essa possível falta de correspondência, às vezes aparente, deve levar-nos a exceder-

-nos no trato com eles, a ter um sorriso mais aberto, a multiplicar o recurso aos meios sobrenaturais.

II. *IDE E PREGAI, DIZENDO: Aproxima-se o reino dos Céus. Curai os enfermos, ressuscitai os mortos, limpai os leprosos, expulsai os demônios...*

Este mandato do Senhor, que lemos no Evangelho da Missa[12], deve ressoar no coração de todos os cristãos. É a missão apostólica que cada um deve empreender pessoalmente no lugar onde se vai desenvolvendo a sua vida: a cidade, o bairro, a empresa, a Universidade... Encontraremos *mortos*, que teremos de levar ao sacramento da Penitência para que recuperem a vida sobrenatural; *enfermos*, que não podem valer-se a si mesmos e é preciso ajudar para que se aproximem de Cristo; *leprosos*, que ficarão limpos pela graça através da nossa amizade; *endemoninhados*, cuja cura exigirá de nós uma generosa oração e penitência...

Além da constância — não podemos esquecer que "as almas melhoram com o tempo"[13] —, devemos ter presentes as diversas situações e circunstâncias em que se encontram as pessoas que precisam da nossa ajuda. Sabemos que Barnabé era *um homem bom*, que mereceu o sobrenome de *filho da consolação* e levou a paz a muitos corações. Da sua grandeza de coração, falam-nos os Atos dos Apóstolos na primeira notícia que nos dão dele: *Possuía um campo, vendeu-o e levou o preço e depositou-o aos pés dos apóstolos*[14]. Assim pôde seguir mais livremente o Senhor. Ora bem, uma alma benévola e desprendida está em condições de acolher a todos e de compreender o verdadeiro estado em que as almas se encontram. Quando alguém se sente compreendido, é mais fácil que se deixe ajudar. A melhor arma do cristão na sua ação apostólica é precisamente esta atitude aberta, acolhedora, a única que sabe captar a fundo a situação dos outros, pois "ninguém pode ser conhecido a não ser em função da amizade que lhe têm"[15].

Para compreender, é preciso olhar os outros pelo ângulo das muitas coisas positivas que têm e ver as suas faltas somente num contexto de boas qualidades, reais ou possíveis, e com o desejo de ajudá-los. "Procuremos sempre olhar as virtudes e as coisas boas que vemos nos outros, e tapar-lhes os defeitos com os nossos grandes pecados"[16], aconselhava Santa Teresa de Jesus. E São Bernardo exortava vivamente: "Ainda que vejais algo de mau no vosso próximo, não o julgueis num instante, antes desculpai-o no vosso interior. Desculpai a intenção, se não puderdes desculpar a ação. Pensai que a terá praticado por ignorância, por surpresa ou por infelicidade. Se a coisa for tão clara que não possais dissimulá-la, mesmo então procurai pensar assim e dizei no vosso íntimo: a tentação deve ter sido muito forte"[17].

Temos que aprender do Senhor a saber conviver com todos, a não levar muito em conta as faltas de correspondência, de educação ou de generosidade daqueles que nos rodeiam, fruto muitas vezes da ignorância, da solidão ou do cansaço. O bem que pretendemos realizar está acima dessas ninharias que, encaradas na presença de Deus, deixam de ter importância.

"Procuras relacionar-te com esse colega que mal te dá os bons dias..., e isso custa-te. — Persevera e não o julgues; deve ter os «seus motivos», da mesma maneira que tu alimentas os teus para rezar mais por ele em cada dia"[18].

Esses nossos "motivos" têm a sua origem e o seu centro no Sacrário.

III. *SALMODIAI O SENHOR com a cítara, / ao som do saltério e com a lira. / Com a tuba e a trombeta / elevai aclamações na presença do Senhor-Rei...*[19]

É possível que alguns cristãos, à vista de um ambiente afastado de Deus e perante modos de vida tíbios ou escandalosos naqueles que deveriam ser exemplares, se deixem levar por um "zelo amargo". Procuram fazer o bem, sem dúvida, mas lamentam-se continuamente do mal que prolifera, reprovam a cada instante a sociedade e aqueles que — no seu entender — deveriam tomar medidas drásticas para atalhar esses males... O Senhor não nos quer assim: Ele deu a sua vida na Cruz, com serenidade e paz, por todos os homens. Seria um grande fracasso se os cristãos adotassem uma atitude negativa em face do mundo que devem salvam.

As primeiras gerações que seguiram Jesus Cristo estavam cheias de alegria, apesar das frequentes tribulações que tiveram de sofrer. Quando São Lucas, nos Atos dos Apóstolos, se propõe fazer um resumo das pequenas comunidades que iam aparecendo por toda a parte, diz que a Igreja *se fortalecia e caminhava no temor do Senhor, e aumentava em número com o consolo do Espírito Santo*[20]. É a paz do Senhor, que nunca nos faltará se o seguirmos de perto; é a paz que devemos dar a todos.

Imitando o Senhor, devemos fugir das atitudes condenatórias, severas, com travos de amargura. Se nós, cristãos, viemos trazer a alegria ao mundo, como podemos julgar os outros se não temos os elementos de juízo necessários e, sobretudo, se ninguém nos deu essa missão? A nossa atitude diante de todos deve ser sempre de salvação, de paz, de compreensão, de alegria..., mesmo diante daqueles que num momento ou noutro possam ter-nos tratado injustamente. "Compreensão, caridade real. Quando a tiveres conseguido de verdade, terás o coração grande para com todos, sem discriminações, e viverás — também com os que te maltratam — o conselho de Jesus: «Vinde a mim todos os que andais abatidos..., e Eu vos aliviarei»"[21]. Cada cristão é "Cristo que passa" no meio dos seus, que lhes alivia as cargas e lhes mostra o caminho da salvação.

Ao terminarmos a nossa oração, pedimos ao Senhor, com a liturgia da Missa, *aquele amor ardente que impeliu o apóstolo Barnabé a levar às nações a luz do Evangelho*[22]. Ele no-lo concederá se o pedirmos além disso por intermédio de Nossa Senhora: *Sancta Maria, Regina Apostolorum, ora pro nobis...*, ajuda-nos na tarefa apostólica que queremos realizar com os nossos parentes, amigos e conhecidos.

326 SÃO BARNABÉ APÓSTOLO

(1) Cf. At 4, 36; (2) cf. São João Crisóstomo, *Homilias sobre os Atos dos Apóstolos*, 21; (3) At 11, 23; (4) At 11, 26; (5) cf. At 9, 26; (6) cf. At 13, 1-4; (7) At 15, 38; (8) At 15, 40; (9) cf. 1 Cor 9, 5-6; (10) cf. Cl 4, 10; Fl 24; 2 Tm 4, 11; (11) J. Prado, em *Gran Enciclopedia Rialp*, v. *Barnabé*, vol. IV, 5ª ed., Madri, 1989, p. 91; (12) Mt 10, 7-13; (13) Josemaria Escrivá, *Amigos de Deus*, n. 78; (14) At 4, 37; (15) Santo Agostinho, *Sermão 83*; (16) Santa Teresa, *Vida*, 13, 6; (17) São Bernardo, *Sermão 40 sobre o Cântico dos Cânticos*; (18) Josemaria Escrivá, *Forja*, n. 843; (19) Sl 98, 56; *Salmo responsorial* da Missa do dia 11 de junho; (20) At 9, 31; (21) Josemaria Escrivá, *Forja*, n. 867; (22) *Oração sobre as oferendas, ib.*

13 DE JUNHO

53. SANTO ANTÔNIO DE PÁDUA

Presbítero e Doutor da Igreja
Memória

— Pregar com as obras. A responsabilidade de dar exemplo.
— Dar exemplo de virtudes nas situações mais corriqueiras.
— O escândalo.

Santo Antônio nasceu em Lisboa em 1195, e por isso é conhecido também como Santo Antônio de Lisboa. Ingressou na Ordem dos Franciscanos quando São Francisco de Assis ainda era vivo, e tornou-se célebre como pregador exímio e profundo conhecedor da Sagrada Escritura. Faleceu perto de Pádua a 13 de junho de 1231, e era tal a sua fama de santidade que foi canonizado menos de um ano depois. A sua figura permanece muito viva na memória do povo como a daquele que auxilia na busca de coisas perdidas, que cuida dos que buscam um santo casamento e, principalmente, como intercessor dos pobres e necessitados.

I. SANTO ANTÔNIO DE PÁDUA notabilizou-se em vida como grande pregador. A princípio teve dificuldades, encontrando forte oposição, e foi pregar aos peixes que — segundo narram as biografias — tiraram a cabeça fora da água para ouvi-lo. O milagre despertou grande entusiasmo, e em breve reuniam-se multidões à volta do pregador. A tal ponto despertava o fervor dos fiéis com a sua pregação que por vezes era necessário protegê-lo da massa entusiástica que queria tocá-lo.

Pelo seu domínio da Sagrada Escritura e pela riqueza da sua pregação, recebeu o título de *Doutor Evangélico*. Mas Santo Antônio salientava que a pregação não deve ser mera questão de oratória, e sim de luz de Deus e de vida pessoal.

Dizia nos seus *Sermões*: "Quem está cheio do Espírito fala várias línguas. Várias línguas são os vários testemunhos sobre Cristo, a saber, a humildade, a pobreza, a paciência, a obediência; falamos estas línguas quando os outros as veem em nós mesmos. *É viva a palavra quando são as obras que falam*"[1].

Na vida do cristão, a palavra que anima, reconforta ou traz de volta ao sentido sobrenatural, tem que estar alicerçada na vivência pessoal. E nisso não fazemos mais do que seguir o Mestre, que *começou a fazer e a ensinar*[2]; o seu ensinamento esteve precedido de longos anos de vida escondida, de cumprimento fidelíssimo do dever, no trabalho e na vida doméstica, de convivência repassada de caridade e de mansidão divinas. As multidões notavam que a sua palavra estava amparada no exemplo pessoal.

Jesus comparava aqueles que o seguiam ao *sal* e à *luz*. Dizia: *Vós sois o sal da terra. Mas se o sal se desvirtuar, com que se salgará? Vós sois a luz do mundo. Não se acende uma lâmpada e se põe debaixo do alqueire, mas no candelabro, para que alumie todos os que estão na casa*[3].

O sal e a luz têm em comum o seu poder comunicativo: o sal comunica o sabor a todo o alimento e transforma-o, a luz permite ver tudo o que há à volta: os objetos, com a sua cor, o seu tamanho etc. O sal não se destina a dar sabor a si próprio, nem a luz a iluminar-se a si própria; ambos devem difundir-se.

O cristão tem que ser sal, tem que ser luz, tem que *dar exemplo*. Exemplo que anime, que eleve, que arraste. Isso se faz especialmente necessário quando se tem presente que são muitos os que se desvirtuaram e perderam o sabor, que são muitos os que têm o coração em trevas. Com maior razão, portanto, devemos avivar o nosso espírito de luta. "Tu és sal, alma de apóstolo. — «*Bonum est sal*» — o sal é bom, lê-se no Santo Evangelho, «*si autem evanuerit*» — mas se o sal se desvirtua..., de nada serve, nem para a terra, nem para o esterco; joga-se fora como inútil.

"Tu és sal, alma de apóstolo. — Mas se te desvirtuas..."[4] Se nos desvirtuamos, tornamo-nos infelizes, tiramos à palavra divina a fecundidade que lhe é própria e permitimos que o mundo fique nas mãos daqueles que têm o mau fermento.

Não existe uma vida cristã que seja exclusivamente individual, sem nenhuma transcendência, incomunicável. Nenhum cristão é uma ilha; pode e deve comunicar alegria, sentido sobrenatural, senso de responsabilidade, amizade autêntica e tantas virtudes mais. Mas para isso é preciso que seja um sal não desvirtuado pelo comodismo à hora do sacrifício ou pela preguiça à hora do cumprimento do dever, grato ou ingrato. É preciso que não seja uma luz fraca, que não soube alimentar-se com a oração junto de Jesus no Sacrário, ou que se esvaiu por não ter recorrido à direção espiritual no momento oportuno.

Olhemos para a nossa vida diária e pensemos, diante de Deus, se Cristo poderia aplicar-nos com justiça o qualificativo de sal e de luz.

II. "CESSEM, PEÇO, OS DISCURSOS, falem as obras"[5], dizia Santo Antônio aos que o ouviam, e bem podemos aplicar essas palavras a nós mesmos. Que sejam as nossas obras quem fale.

As obras são um dos grandes meios de aprendizado e de ensino. Quantos elementos da nossa educação, dos nossos juízos morais, dos nossos modos de nos comportarmos não aprendemos através do exemplo? O exemplo dos nossos pais, dos colegas, dos professores, certamente teve uma influência decisiva na nossa vida. Talvez eles nem sequer reparassem em que, com a sua atuação, estavam deixando em nós uma impressão indelével; mas o fato é que ela se gravou profundamente em nós e nos levou a pautar a nossa maneira de agir pela deles, a mudar para melhor.

"A todo o cristão deveria poder aplicar-se a expressão que se usou nos primeiros tempos: «portador de Deus».

"— Deves atuar de tal modo que possam atribuir-te «com verdade» esse admirável qualificativo"[6]. Todos deveríamos ter uma viva consciência de que somos *teóforos*, portadores de Deus, empenhando-nos ao mesmo tempo em tornar realidade esse título pela nossa atuação.

Temos que dar exemplo de *honestidade*, num mundo que está mergulhado na mentira, na hipocrisia e no engano. Devemos dar exemplo de *lealdade*, sendo consequentes com todos os nossos compromissos, ainda que muitos não o sejam. Espera-se de nós um exemplo vivo de compreensão, de saber ouvir, de uma firmeza na doutrina cristã que se compagine com a compreensão para com cada pessoa. Devemos ser exemplo de *temperança*, evitando lançar-nos desmedidamente à busca de bens materiais, sendo comedidos na alimentação e na bebida, cuidando a guarda da vista diante da televisão e na rua. Deve ter caráter exemplar também o nosso *trabalho* bem feito, acabado, pontual, realizado na presença de Deus.

"Com o bom exemplo semeia-se boa semente; e a caridade obriga todos a semear"[7]. Não podemos desculpar-nos sob nenhum título e de nenhuma forma; dar bom exemplo é obrigação de todos, e muito particularmente dos cristãos.

Consideremos atentamente o nosso dia a dia, para ver se realmente somos um exemplo atraente, positivo e vigoroso nos diversos ambientes em que nos movemos: o pai cuidando com esmero dos demais membros da família; a mãe, vivendo a serenidade, a paciência, uma visão positiva que nunca se queixa; o filho, sendo prestativo nos pequenos serviços, adiantando-se nas tarefas caseiras ou aliviando a tensão quando o ambiente tende a tornar-se mais carregado; o chefe, dando mostras contínuas de cordialidade e valorizando os funcionários; o empregado, sendo responsável, sendo pontual, auxiliando os colegas; o estudante, vivendo com seriedade o seu horário de estudo, a atenção às aulas monótonas e auxiliando os companheiros que tenham maior dificuldade... Cada atuação que tenha uma transcendência externa pode ser ocasião — mesmo que não nos apercebamos disso — de semear naqueles que nos observam a boa semente, a qual dará muitos mais frutos do que tudo o que poderíamos imaginar.

III. *AO QUE ESCANDALIZAR um destes pequeninos que creem em mim, mais valeria que lhe pendurassem ao pescoço uma pedra de moinho e o atirassem ao fundo do mar. Ai do mundo por causa dos escândalos!"*[8] *O Senhor alerta para o duro tratamento que terão aqueles que desviarem as almas do reto caminho pelo mau exemplo. Grande é a gravidade do escândalo.*

Devido à natureza ferida pelo pecado original e inclinada para o mal, um só mau exemplo pode desfazer mil bons exemplos. A saúde não é contagiosa, mas a doença o é. Às vezes, basta que uma pessoa transgrida uma lei de trânsito para que logo muitas outras a imitem; basta que se tenha notícia de um caso de desonestidade que ficou impune no ambiente de trabalho, para que logo sirva de desculpa a quem quer agir da mesma forma; basta que seja público o comportamento errôneo de um cristão, para que alguns se sintam justificados ao cometerem a mesma falta.

"Não podes destruir, com a tua negligência ou com o teu mau exemplo, as almas dos teus irmãos, os homens. — Tens — apesar das tuas paixões! — a responsabilidade da vida cristã dos teus próximos, da eficácia espiritual de todos, da sua santidade!"[9] Pesam sobre a minha consciência as desedificações que produzi com os meus maus exemplos? Mentiras, comportamentos duplos, preguiças, reações bruscas, omissões nos deveres religiosos, críticas... Só Deus sabe qual a repercussão que tudo isso terá nas almas dos que me rodeiam.

Não pensemos que a nossa parte é pequena ou insignificante quando comparada com a magnitude dos erros e ofensas feitas a Deus pelos outros. Fica como um sinal de alerta para nós aquela passagem do *Gênesis* em que Deus dialoga com Abraão e o informa de que pretende destruir a cidade de Sodoma porque "o seu pecado é muito grande"[10]. Abraão pede-lhe, a princípio, que não a destrua se houver pelo menos cinquenta justos na cidade; em seguida, preocupado, vai reduzindo o número a quarenta, a trinta, a vinte, a dez, e Deus aceita uma e outra vez as suas propostas. Mas mesmo assim Sodoma acabou por ser destruída, porque Deus não achou ali nem sequer dez justos. É possível que, se três ou quatro pessoas mais daquela cidade tivessem procurado comportar-se dignamente, todos fossem poupados. Mas não as houve.

Talvez Deus esteja contando com o nosso bom exemplo para contrabalançar inúmeras ofensas, pecados e atuações escandalosas que se praticam contra Ele. Não percamos de vista que "estas crises mundiais são crises de santos"[11], resultam da falta de um número relativamente pequeno de almas que se decidam a levar plenamente a sério a mensagem de Cristo.

A palavra, mas sobretudo a atuação, de Santo Antônio foi uma grande força de transformação no mundo do seu tempo. E a onda de bem que iniciou continua a propagar-se até hoje, em tantos e tantos que recorrem à sua intercessão.

---

(1) Santo Antônio de Pádua, *Sermões*, I, 226; (2) At 1, 1; (3) Mt 5, 13-15; (4) Josemaria Escrivá, *Caminho*, n. 921; (5) Santo Antônio de Pádua, *ib.*; (6) Josemaria Escrivá, *Forja*, n. 94; (7) Josemaria Escrivá, *Caminho*, n. 795; (8) Mt 18, 6-7; (9) Josemaria Escrivá, *Forja*, n. 955; (10) cf. Gn 18, 20-33; (11) cf. Josemaria Escrivá, *Caminho*, n. 301.

22 DE JUNHO

54. SANTOS JOÃO FISHER E THOMAS MORE
Mártires
Memória

— Um testemunho de fé até o martírio.
— Fortaleza e vida de oração.
— Coerência cristã e unidade de vida.

João Fisher foi ordenado sacerdote em 1491. Exerceu diversos cargos na Universidade de Cambridge, ao mesmo tempo que assumia a direção espiritual da Rainha Margarida, mãe de Henrique VII, passando a ocupar mais tarde a cátedra de Teologia que a rainha fundara nessa Universidade. Em princípios de 1504, foi nomeado reitor de Cambridge, e no final do ano sagrado bispo de Rochester, a menor e mais pobre diocese da Inglaterra; dois dias mais tarde, tomou posse do seu posto como membro do Conselho do Rei.

Thomas More fez estudos de Literatura e Filosofia em Oxford e de Direito em New Inn. Em 1504, foi eleito membro do Parlamento e ocupou diversos cargos públicos, alcançando um grande prestígio pelo seu conhecimento das leis e pela sua honradez. Apesar da sua intensa vida profissional, sempre arranjou tempo para se dedicar à família, sua grande ocupação, e aos estudos literários ou históricos; publicou vários livros e ensaios. Em 1529, foi nomeado Lord-Chanceler da Inglaterra, apesar de já ter respondido claramente ao Rei que não podia estar de acordo com a dissolução do casamento real.

Ambos morreram decapitados em 1535 por se terem negado a reconhecer a supremacia de Henrique VIII sobre a Igreja da Ingla-

terra e a anulação do casamento do Rei.

I. EM 1534, NA INGLATERRA, exigiu-se de todos os cidadãos que jurassem a *Ata de Sucessão*, pela qual se reconhecia como verdadeiro casamento a união de Henrique VIII com Ana Bolena. O Rei era proclamado Chefe supremo da Igreja na Inglaterra, negando-se ao Papa qualquer autoridade. João Fisher, bispo de Rochester, e Thomas More, chanceler do reino, recusaram-se a jurar a *Ata*, e foram encarcerados em abril de 1534 e decapitados no ano seguinte.

Num momento em que muitos se dobraram à vontade real, incluídos os bispos, o juramento desses homens teria passado despercebido e eles teriam conservado a vida, os bens e os cargos, como tantos outros[1]. No entanto, ambos foram fiéis à fé até o martírio. Souberam dar a vida porque foram homens que viveram plenamente a sua vocação cristã, até as últimas consequências.

Thomas More é uma figura muito próxima de nós, pois foi um cristão corrente, que soube compaginar bem a sua vocação de pai de família com a profissão de advogado e mais tarde com a responsabilidade de chanceler do reino, logo abaixo do Rei, numa perfeita unidade de vida. Desenvolvia-se no mundo como se estivesse na sua própria casa; amava todas as realidades humanas que constituíam a trama da sua vida, onde Deus o quis. Ao mesmo tempo, viveu um desprendimento dos bens e um amor à Cruz tão grandes que se pode dizer que deles extraiu toda a sua fortaleza e coragem.

Thomas More tinha o costume de meditar todas as sextas-feiras nalguma passagem da Paixão de Nosso Senhor. Quando os filhos ou a esposa se queixavam das dificuldades e contrariedades do dia-a-dia, dizia-lhes que não podiam pretender "ir para o Céu num colchão de penas" e recordava-

22 DE JUNHO   335

-lhes os sofrimentos padecidos por Cristo, e que o servo não é maior do que o seu senhor. Além de aproveitar as contrariedades para identificar-se com a Cruz, More fazia outras penitências. Levava frequentemente à flor da pele, escondida, uma camisa de pelo áspero. Foi fiel a esta prática durante a prisão na Torre de Londres, apesar de não serem pequeno incômodo o frio, a umidade da cela e as privações de todo o tipo que passou naqueles longos meses[2]. Encontrou na Cruz a sua fortaleza.

Nós, que procuramos seguir Cristo de perto no meio do mundo e dar dEle um testemunho silencioso, encontramos forças e coragem no desprendimento, no sacrifício diário e na oração?

II. QUANDO THOMAS MORE teve que pedir demissão do seu cargo de Lord-Chanceler, por não concordar em jurar a Ata, reuniu os familiares para expor-lhes o futuro que os aguardava e tomar medidas em relação à situação econômica. "Vivi — disse-lhes, resumindo a sua carreira — em Oxford, na hospedaria da Chancelaria..., e também na Corte do rei..., do mais baixo ao mais alto. Atualmente, disponho de pouco mais de cem libras por ano. Se temos de continuar juntos, todos devemos contribuir com a nossa parte; penso que o melhor para nós é não descermos de uma só vez ao nível mais baixo". E sugere-lhes uma acomodação gradual, recordando-lhes que se podia viver feliz em cada nível. E se nem sequer pudessem sustentar-se no nível mais baixo, aquele que vivera em Oxford, "então — disse-lhes com paz e bom humor — resta-nos a esperança de irmos juntos pedir esmola, com sacolas e bolsas, e confiar em que alguma boa pessoa sinta compaixão de nós [...]; mas mesmo então haveremos de manter-nos juntos, unidos e felizes"[3].

Nunca permitiu que nada quebrasse a unidade e a paz familiar, nem mesmo quando se ausentava ou quando foi preso. Viveu desprendido dos bens enquanto os teve, e alegre quando deixou de contar com o indispensável. Sempre soube estar à altura das circunstâncias. Sabia como celebrar um acontecimento, mesmo na prisão. Um biógrafo, seu contemporâneo, diz que, estando preso na Torre, costumava vestir-se com mais elegância nos dias de festa importantes, na medida em que o seu escasso vestuário lho permitia. Sempre manteve a alegria e o bom humor, mesmo no momento em que subia ao cadafalso, porque se apoiou firmemente na oração.

"Dai-me, meu bom Senhor, a graça de esforçar-me por conseguir as coisas que te peço na oração", rezava. Não esperava que Deus fizesse por ele o que, com um pouco de esforço, podia conseguir por si mesmo. Trabalhou com empenho ao longo de toda a vida até chegar a ser um advogado de prestígio antes de ser nomeado Chanceler, mas nunca esqueceu a necessidade da oração, ainda que muitas vezes não lhe fosse fácil, sobretudo nas circunstâncias tão dramáticas do processo e dos meses de absoluto isolamento na prisão, enquanto esperava o dia da execução. Nesses dias derradeiros, escreveu uma longa oração em que, entre muitas piedosas e comovedoras considerações de um homem ciente de que vai morrer, exclamava: "Dai-me, meu Senhor, um anelo grande de estar convosco, não para evitar as calamidades deste pobre mundo, nem as penas do purgatório ou tampouco as do inferno, nem para alcançar as alegrias do Céu, nem por consideração do meu proveito, mas simplesmente por autêntico amor a Ti"[4].

São Thomas More apresenta-se sempre aos nossos olhos como um homem de oração; assim pôde ser fiel aos seus compromissos como cidadão e como fiel cristão em todas as circunstâncias, em perfeita unidade de vida. Assim devemos ser todos e cada um de nós. "Católico, sem oração?... É como um soldado sem armas", diz Mons. Escrivá[5].

III. *GIVE ME THY GRACE, good Lord, to set the world at nought...* "Dai-me a vossa graça, meu bom Senhor, para que tenha o mundo em nada, para que a minha mente esteja bem unida a Vós e não dependa das variáveis opiniões alheias [...]; para que pense em Deus com alegria e implore ternamente a sua ajuda; para que me apoie na fortaleza de Deus e me esforce ansiosamente por amá-lo...; para lhe dar graças sem cessar pelos seus benefícios; para redimir o tempo que perdi..."[6] Assim escrevia o Santo nas margens do *Livro das Horas* que tinha na Torre de Londres. Eram os dias em que se consagrava a contemplar a Paixão, preparando assim a sua própria morte em união com Cristo na Cruz.

Mas São Thomas More não viveu de olhos postos em Deus somente naqueles momentos supremos. O seu amor a Deus manifestara-se diariamente no seu comportamento em casa, sempre simples e afável, no exercício da advocacia, e por fim no mais alto cargo público da Inglaterra, como Lord-Chanceler. Cumprindo à risca os seus deveres diários, umas vezes importantes, outras menos, santificou-se e ajudou os outros a encontrar a Deus.

Entre os muitos exemplos de um apostolado eficaz que nos deixou, destaca-se o que levou a cabo com o seu genro, que tinha caído na heresia luterana. "Tive paciência com o teu marido — dizia à sua filha Margaret — e argumentei e debati com ele sobre esses pontos da religião. Dei-lhe além disso o meu pobre conselho paterno, mas vejo que de nada serviu para que voltasse novamente ao redil. Por isso, Meg, não tornarei a discutir com ele, mas vou deixá-lo inteiramente nas mãos de Deus, e vou rezar por ele"[7]. As palavras e as orações de Thomas More foram eficazes, e o marido da sua filha voltou à plenitude da fé, foi um cristão exemplar e sofreu muito por ter sido consequente com a fé católica.

São Thomas More está diante de nós como modelo vivo da nossa conduta de cristãos. É "semente fecunda de paz e de alegria, como o foi a sua passagem pela terra entre a sua família e amigos, no foro, na cátedra, na Corte, nas embaixadas, no Parlamento e no Governo. É também o padroeiro silencioso da Inglaterra, que derramou o seu sangue em defesa da unidade da Igreja e do poder espiritual do Vigário de Cristo. E como o sangue dos cristãos é semente que germina, o de Thomas More vai lentamente penetrando e impregnando as almas dos que dele se aproximam, atraídos pelo seu prestígio, doçura e fortaleza. More será o apóstolo silencioso do retorno à fé de todo um povo"[8].

338 SANTOS JOÃO FISHER E THOMAS MORE

Pedimos a João Fisher e a Thomas More que saibamos imitá-los na sua coerência cristã para sabermos viver em todas as circunstâncias da nossa vida como o Senhor espera que vivamos, nas coisas grandes e nas pequenas. Pedimos com palavras da liturgia da festa: *Senhor, Vós que quisestes que o testemunho do martírio fosse expressão perfeita da fé, concedei-nos, Vos pedimos, que por intercessão de São João Fisher e de São Thomas More, ratifiquemos com uma vida santa a fé que professamos com os lábios*[9].

---

(1) Cf. A. Prévost, *Tomás Moro y la crisis del pensamiento europeo*, Palabra, Madri, 1972, p. 392; (2) cf. T. J. McGovern, *Tomás Moro, un hombre para la eternidad*, Madri, 1984, pp. 22-23; (3) *Roper's Life of More*, cit. por T. J. Govern, *op. cit.*, p. 31; (4) Thomas More, *Cartas da Torre*; (5) Josemaria Escrivá, *Sulco*, n. 453; (6) Thomas More, *op. cit.*; (7) N. Haspsfield, *Sir Thomas More*, Londres, 1963, p. 102; (8) A. Vázquez de Prada, *Sir Tomás Moro*, 3ª ed., Rialp, Madri, 1975, pp. 15-16; (9) *Oração coleta* da Missa do dia 22 de junho.

24 DE JUNHO

55. NATIVIDADE DE SÃO JOÃO BATISTA

Solenidade

— A missão do Batista.
— A nossa missão: preparar os corações para que Cristo possa entrar neles.
— *Oportet illum crescere...* Convém que Cristo cresça mais e mais na nossa vida e que diminua a estima própria.

Esta solenidade era celebrada já no século IV. João, filho de Zacarias e Isabel, parente da Virgem, é o Precursor de Jesus Cristo, e coloca a serviço dessa missão toda a sua vida, cheia de austera penitência e de zelo pelas almas. Como Ele próprio nos disse: Convém que Ele cresça e eu diminua. *Esse é também o processo que deve verificar-se na vida de todo o fiel cristão.*

I. *HOUVE UM HOMEM enviado por Deus, de nome João. Veio para dar testemunho da luz e preparar para o Senhor um povo bem disposto*[1].

Santo Agostinho faz notar que "a Igreja celebra o nascimento de João como algo sagrado, e é o único nascimento que se festeja: celebramos o nascimento de João e o de Cristo"[2]. É o último profeta do Antigo Testamento e o primeiro que indica o Messias. O seu nascimento "foi motivo de alegria para muitos"[3], para todos aqueles que pela sua pregação conheceram a Cristo; foi a aurora que anuncia a chegada do dia. Por isso São Lucas faz constar expressamente a época em que o Batista iniciou a sua missão, num momento histórico bem determinado: *No ano décimo quinto do reinado de Tibério Cesar, sendo governador da Judeia Pôncio Pilatos, tetrarca da Galileia Herodes...*[4] João representa a linha divisória entre os dois Testamentos. A sua pregação foi *o começo do Evangelho de Jesus Cristo, Filho de Deus*[5]. E o seu martírio, um presságio da Paixão do Salvador[6]. Contudo, "João era uma voz passageira; Cristo é a palavra eterna desde o princípio"[7].

Os quatro Evangelistas não duvidam em aplicar a João o belíssimo oráculo de Isaías: *Eis que eu envio o meu mensageiro para que te preceda e te prepare o caminho. Voz do que clama no deserto: Preparai o caminho do Senhor, endireitai as suas veredas*[8]. O profeta refere-se em primeiro lugar ao regresso dos judeus à Palestina, depois do cativeiro da Babilônia: vê Javé como rei e redentor do seu povo, depois de tantos anos no desterro, caminhando à sua frente pelo deserto da Síria para conduzi-lo com firmeza à pátria. Conforme o antigo costume do Oriente, é precedido por um arauto, que anuncia a proximidade da sua chegada e faz com que se preparem os caminhos, de que ninguém naqueles tempos costumava cuidar a não ser em circunstâncias muito relevantes. Esta profecia, além de se ter cumprido com o fim do cativeiro, viria a ter um segundo cumprimento, mais pleno e profundo, ao chegarem os tempos messiânicos. O Senhor também teria o seu arauto na pessoa do Precursor, que o precederia preparando os corações para a sua vinda[9].

Contemplando hoje a grande figura do Batista, que cumpriu tão fielmente a sua missão, podemos pensar se também nós aplainamos os caminhos do Senhor, para que Ele entre na alma dos nossos amigos e parentes que ainda estão longe da sua amizade, e para que os que estão próximos se deem mais generosamente. Nós, cristãos, somos os arautos de Cristo no mundo de hoje. "O Senhor serve-se de nós como tochas, para que essa luz ilumine... Depende de nós que muitos não permaneçam nas trevas, mas andem por caminhos que levam até à vida eterna"[10].

II. A MISSÃO DE JOÃO caracteriza-se sobretudo por ser o Precursor, aquele que anuncia outro: *Veio para dar testemunho da luz, a fim de que todos cressem por ele. Ele não era a luz, mas veio para dar testemunho da luz*[11]. Assim diz no início do seu Evangelho aquele discípulo que conheceu Jesus graças à preparação e à indicação expressa que recebeu do Batista: *No dia seguinte, achando-se João outra vez com dois dos seus discípulos, fixou os olhos em Jesus que passava e disse: Eis o Cordeiro de Deus. Ouvindo as suas palavras, os dois discípulos seguiram Jesus*[12]. Que grandes recordações e que imenso agradecimento não teria o apóstolo São João quando, quase no fim da vida, evocava no seu Evangelho aquele tempo passado junto do Batista, que foi instrumento do Espírito Santo para que conhecesse Jesus, seu tesouro e sua vida!

A pregação do Precursor estava em perfeita harmonia com a sua vida austera e mortificada: *Fazei penitência* — clamava sem descanso —, *porque o reino dos Céus está próximo*[13]. Tais palavras, corroboradas pela sua vida exemplar, causaram uma forte impressão em toda a região, e em breve João se viu rodeado por um numeroso grupo de discípulos, dispostos a ouvir os seus ensinamentos. Um forte movimento religioso sacudiu toda a Palestina. As multidões, como agora, estavam sedentas de Deus, e a esperança do Messias era muito viva. São Mateus e São Marcos sublinham que iam ter com João pessoas de todos os lugares: de Jerusalém e das outras aldeias da Judeia[14], como também da Galileia, pois os primeiros discípulos que Jesus encontrou eram galileus[15]. Diante dos enviados do Sinédrio, João dá-se a conhecer com as palavras de Isaías: *Eu sou a voz que clama*.

Com a sua vida e as suas palavras, João deu testemunho da verdade: sem covardias perante os que ostentavam o poder, sem se deixar afetar pelos louvores das multidões, sem ceder às contínuas pressões dos fariseus. Deu a vida em defesa da lei de Deus contra todas as conveniências humanas: *Não te é lícito ter a mulher do teu irmão*[16], disse a Herodes.

A força de João era pouca para conter os desvarios do tetrarca, e o alcance da sua voz muito limitado para preparar para o Messias um povo bem disposto. Mas a palavra de Deus ganhava força nos seus lábios. Na segunda Leitura da Missa[17], a liturgia aplica ao Batista as palavras do profeta: *Tornou a minha boca semelhante a uma espada afiada, cobriu-me com a sombra da sua mão. Fez de mim uma flecha penetrante, guardou-me na sua aljava.* E enquanto Isaías pensa: *Foi em vão que padeci, foi em vão que gastei as minhas forças*, o Senhor diz-lhe: *Vou converter-te em luz das nações, para propagar a minha salvação até os confins da terra.*

O Senhor deseja que o anunciemos por meio da nossa conduta e da nossa palavra no ambiente em que nos desenvolvemos, ainda que nos pareça que esse apostolado não tem grande alcance. A missão que o Senhor nos encomenda atualmente é a mesma de João: preparar os caminhos, sermos seus arautos, os que o anunciam aos corações. A coerência entre a doutrina e a conduta é a melhor prova da validade daquilo que proclamamos; e é, em muitas ocasiões, a condição imprescindível para falarmos de Deus às almas.

III. A MISSÃO DO ARAUTO é desaparecer, ficar em segundo plano quando chega aquele que foi anunciado. "Tenho para mim — diz São João Crisóstomo — que por isso foi permitida quanto antes a morte de João, para que, desaparecido ele, todo o fervor da multidão se dirigisse para Cristo, ao invés de se repartir entre os dois"[18]. Um erro grave de qualquer precursor seria deixar que o confundissem com aquele que esperam, ainda que fosse por pouco tempo.

Uma virtude essencial em quem anuncia Cristo é, pois, a humildade. Dos doze apóstolos, cinco, conforme menção expressa do Evangelho, tinham sido discípulos de João. E é muito provável que os outros sete também o fossem; ao menos, todos eles o tinham conhecido e podiam dar testemunho da sua pregação[19]. No apostolado, a única figura que deve ser conhecida é Cristo. Ele é o tesouro que anunciamos e é a Ele que temos de levar os outros.

A santidade de João, as suas virtudes rijas e atraentes, a sua pregação..., tinham contribuído para que pouco a pouco ganhasse corpo a ideia de que era ele o Messias esperado. Profundamente esquecido de si mesmo, João só deseja a glória do seu Senhor e do seu Deus; por isso protesta abertamente: *Eu vos batizo em água, mas eis que está para chegar outro mais forte do que eu, a quem não sou digno de desatar a correia das sandálias; Ele vos batizará no Espírito Santo e no fogo*[20]. João, diante de Cristo, considera-se indigno de prestar-lhe os serviços mais humildes, reservados ordinariamente aos escravos de ínfima categoria: trazer e levar as sandálias, desatar-lhes as correias. Diante do Batismo instituído pelo Senhor, o seu não é senão água, símbolo da limpeza interior que deveriam efetuar nos seus corações aqueles que esperavam o Messias. O Batismo de Cristo é o do Espírito Santo, que purifica à semelhança do fogo[21].

Olhemos novamente para o Batista: um homem de caráter firme, como Jesus recorda à multidão: *Que saístes a ver no deserto? Uma cana agitada pelo vento?* O Senhor sabia, e as pessoas também, que a personalidade de João não se compaginava com a falta de caráter. A humildade não é falta de caráter, mas hombridade enérgica que se apaga diante do Senhor, porque sabe que é Ele que produz em nós o querer e o agir[22].

Quando os judeus foram dizer aos discípulos de João que Jesus reunia mais discípulos que o seu mestre, e o comentário chegou aos ouvidos do Batista, este respondeu: *Eu não sou o Messias, mas fui enviado adiante dEle... É necessário que Ele cresça e eu diminua*[23]. Esta é a tarefa da nossa vida: que Cristo tome conta do nosso viver. *Convém que Ele cresça...* Então a nossa felicidade não terá limites, pois poderemos dizer com o Apóstolo: *Eu vivo, mas não sou eu; é Cristo que vive em mim*[24]. Na medida em que Cristo for penetrando mais e mais nas nossas pobres vidas, a nossa alegria será irreprimível.

Peçamos ao Senhor, com o poeta: "Que eu seja como uma flauta de cana, simples e oca, onde só Tu possas soprar. Ser somente a voz de outro que clama no deserto". Ser a

344 NATIVIDADE DE SÃO JOÃO BATISTA

tua voz, Senhor, no meio do mundo, no ambiente e no lugar onde queres que transcorra a minha vida.

(1) Jo 1, 6-7; Lc 1, 17; *Antífona de entrada* da Missa do dia 24 de junho; (2) Liturgia das Horas, *Segunda leitura, ib.*; Santo Agostinho, *Sermão 293*, 1; (3) *Prefácio, ib.*; (4) cf. Lc 3, 1 e segs.; (5) cf. Mc 1, 1; (6) cf. Mt 17, 12; (7) Santo Agostinho, *op. cit.*, 3; (8) Mc 1, 2; (9) cf. L. Cl. Fillion, *Vida de Nosso Senhor Jesus Cristo*, 8ª ed., Fax, Madri, 1966, p. 260; (10) Josemaria Escrivá, *Forja*, n. 1; (11) Jo 1, 6; (12) Jo 1, 29-30; (13) Mt 3, 2; (14) cf. Mt 3, 5; Mc 1, 1-5; (15) cf. Jo 1, 40-43; (16) Mc 6, 18; (17) Is 49, 1-6; *Segunda leitura, ib.*; (18) São João Crisóstomo, *Homilias sobre o Evangelho de São João*, 29, 1; (19) cf. At 1, 22; (20) Jo 3, 15-16; (21) cf. São Cirilo de Alexandria, *Catequese*, 20, 6; (22) cf. Fl 2, 13; (23) cf. Jo 3, 27-30; (24) Gl 2, 20.

29 DE JUNHO. SÃO PEDRO E SÃO PAULO APÓSTOLOS

56. SÃO PEDRO APÓSTOLO
Solenidade

— A vocação de Pedro.
— O primeiro discípulo de Jesus.
— A sua fidelidade até o martírio.

Esta solenidade data dos primeiros tempos do cristianismo. "Os apóstolos Pedro e Paulo são considerados por todos os fiéis cristãos, com todo o direito, como as primeiras colunas, não somente da Santa Sé romana, mas também da Igreja universal do Deus vivo, disseminada por toda a terra" (Paulo VI). Fundadores da Igreja de Roma, Mãe e Mestra das demais comunidades cristãs, foram eles que impulsionaram o seu crescimento com o supremo testemunho do "seu martírio, padecido em Roma com fortaleza: Pedro, a quem Nosso Senhor Jesus Cristo escolheu como fundamento da sua Igreja e bispo desta esclarecida cidade, e Paulo, o Doutor das gentes, mestre e amigo da primeira comunidade aqui fundada" (Paulo VI). No Brasil, transfere-se esta festa para o primeiro domingo depois de 29 de junho.

I. SIMÃO PEDRO, como a maior parte dos seguidores de Jesus, era natural de Betsaida, cidade da Galileia, às margens do lago de Genesaré. Era pescador, como o resto da família. Conheceu Jesus por intermédio de seu irmão André, que pouco tempo antes, talvez naquele mesmo dia, tinha passado uma tarde inteira em companhia de Cristo, juntamente com João. André não guardou para si o tesouro que

346   SÃO PEDRO APÓSTOLO

tinha encontrado, "mas, cheio de alegria, correu a contar ao seu irmão o bem que tinha recebido"[1].

Pedro chegou à presença do Mestre. *Intuitus eum Iesus...* "Jesus, fitando-o..." O Mestre cravou o olhar no recém-chegado e penetrou até o mais íntimo do seu coração. Como teríamos gostado de contemplar esse olhar de Cristo, capaz de mudar a vida de uma pessoa! Jesus olhou para Pedro de um modo imperioso e tocante. Nesse pescador galileu, ou melhor, para além dele, Jesus via toda a sua Igreja através dos tempos. O Senhor mostrou conhecê-lo desde sempre: *Tu és Simão, filho de João!* E também conhece o seu futuro: *Tu te chamarás Cefas, que quer dizer Pedro.* Nestas poucas palavras condensavam-se a vocação e o destino de Pedro, a sua tarefa neste mundo.

Desde o começo, "a situação de Pedro na Igreja é a da *rocha* sobre a qual se levanta o edifício"[2]. Toda a Igreja — e a nossa própria fidelidade à graça — tem como pedra angular, como alicerce firme, o amor, a obediência e a união com o Sumo Pontífice; "em Pedro, robustece-se a nossa fortaleza"[3], ensina São Leão Magno. Olhando para Pedro e para toda a Igreja na sua peregrinação terrena, vemos que lhes podem ser aplicadas as palavras pronunciadas por Jesus: *Caiu a chuva, transbordaram os rios, sopraram os ventos e investiram contra aquela casa, mas ela não desabou porque estava fundada sobre rocha*[4]. Rocha que, com as suas debilidades e defeitos, um dia foi escolhida pelo Senhor: um pobre pescador da Galileia e os seus sucessores ao longo dos séculos.

O encontro de Pedro com Jesus deve ter impressionado profundamente os que o presenciaram, familiarizados como estavam com as cenas do Antigo Testamento. O próprio Deus tinha mudado o nome do primeiro Patriarca: *Chamar-te-ás Abraão, que quer dizer Pai de uma multidão*[5]. Também mudara o nome de Jacó pelo de Israel, que quer dizer *Forte diante de Deus*[6]. Agora, a mudança de nome de Simão não deixava de revestir-se de certa solenidade, no meio da simplicidade do encontro. "Eu tenho outros desígnios a teu respeito", foi o que Jesus lhe deu a entender.

29 DE JUNHO. SÃO PEDRO E SÃO PAULO APÓSTOLOS   347

Mudar o nome equivalia a tomar posse de uma pessoa, ao mesmo tempo que era designar-lhe uma missão divina no mundo. *Cefas* não era nome próprio, mas o Senhor impõe--no a Pedro para indicar-lhe a função que desempenharia como seu Vigário e que lhe seria revelada de modo pleno mais tarde[7]. Nós podemos examinar hoje, na nossa oração, como é o nosso amor por aquele que faz as vezes de Cristo na terra: se rezamos diariamente por ele, se difundimos os seus ensinamentos, se o defendemos prontamente quando é questionado ao recordar a doutrina da Igreja, que é a mesma de sempre e que jamais mudará, ainda que mude o que os homens e as sociedades acham ou deixam de achar. Que alegria damos a Deus quando Ele vê que amamos, com obras, o seu Vigário aqui na terra!

II. ESTE PRIMEIRO ENCONTRO de Pedro com o Mestre não foi a chamada definitiva. Mas desde aquele instante o apóstolo sentiu-se cativado pelo olhar de Jesus e por toda a sua Pessoa. Não abandona o seu ofício de pescador, mas acompanha Jesus e escuta os seus ensinamentos. É bem provável que tenha presenciado o primeiro milagre do Senhor em Caná, onde conheceu Maria, a Mãe de Jesus.

Um dia, às margens do lago, depois de uma pesca excepcional e milagrosa, Jesus convidou-o a segui-lo definitivamente[8]. Pedro obedeceu imediatamente — o seu coração fora sendo preparado pouco a pouco pela graça — e, *deixando tudo*, seguiu o Senhor, como discípulo disposto a compartilhar em tudo a sorte do Mestre.

Tempos depois, encontravam-se em Cesareia de Filipe e, enquanto caminhavam, Jesus perguntou aos seus: *E vós, quem dizeis que eu sou? Respondeu Simão Pedro e disse: Tu és o Cristo, Filho do Deus vivo*[9]. Mal pronunciou estas palavras, Cristo prometeu-lhe solenemente o primado sobre toda a Igreja[10]. Como Pedro se lembraria então do que Jesus lhe dissera uns anos antes, quando seu irmão André o levara até Ele: *Tu te chamarás Cefas...*!

Pedro não mudou de maneira de ser tão rapidamente como mudou de nome. Não manifestou do dia para a noite

348   SÃO PEDRO APÓSTOLO

a firmeza que o seu novo nome indicava. A par de uma fé firme como rocha, vemos nele um caráter às vezes vacilante. Certa vez, chegou até a ser motivo de escândalo para o Senhor, ele que seria o fundamento da Igreja de Cristo[11].

Deus conta com o tempo para formar cada um dos seus instrumentos, como conta também com a boa vontade de cada um deles. Nós, se tivermos a boa vontade de Pedro, se formos dóceis à graça, iremos convertendo-nos em instrumentos idôneos para servir o Mestre e para levar a cabo a missão que nos confiou. Até os acontecimentos que parecem mais adversos, os nossos próprios erros e vacilações, se recomeçarmos uma vez e outra, se abrirmos o coração ao sacerdote na direção espiritual, haverão de ajudar-nos a estar mais perto de Jesus, que não se cansa de suavizar e polir os nossos modos rudes e toscos. E é provável que, em momentos difíceis, cheguemos a ouvir como Pedro: *Homem de pouca fé, por que duvidaste?*[12] E veremos Jesus ao nosso lado, estendendo-nos a mão.

III. JESUS TEVE especiais manifestações de afeto para com Pedro; no entanto, nos momentos dramáticos da Paixão, quando Jesus mais precisava dele, quando estava só e abandonado, Pedro negou-o.

Depois da Ressurreição, porém, numa ocasião em que Pedro e os outros apóstolos tinham voltado ao antigo ofício de pescadores e se achavam em plena faina, Jesus foi procurá-lo especialmente a ele, e manifestou-se através de uma segunda pesca milagrosa, que lhe evocaria aquela outra após a qual o Mestre o convidara definitivamente a segui-lo e lhe prometera que seria *pescador de homens*. Agora, Jesus espera os discípulos nas margens do lago e, servindo-se de coisas materiais — uns peixes, umas brasas... —, sublinha diante deles o realismo da sua presença e reata ao mesmo tempo o tom familiar que imprimia ao seu convívio com os discípulos. *Quando acabaram de comer, Jesus disse a Simão Pedro: Simão, filho de João, amas-me mais do que estes?...*[13]

Depois anunciou-lhe: *Em verdade te digo: Quando eras jovem, tu te cingias e ias aonde querias; quando fo-*

29 DE JUNHO. SÃO PEDRO E SÃO PAULO APÓSTOLOS

res velho, estenderás as mãos e outro te cingirá e te levará aonde não queres ir[14]. Quando São João escreveu o seu Evangelho, esta profecia já se tinha cumprido; é por isso que o Evangelista acrescenta: *Jesus disse isto para indicar com que morte Pedro havia de glorificar a Deus.* Depois o Senhor recordou a Pedro aquelas palavras memoráveis que um dia, anos atrás, nas margens daquele mesmo lago, tinham mudado para sempre a vida de Simão: *Segue-me.*

Uma piedosa tradição conta que, durante a cruenta perseguição de Nero, Pedro saía de Roma, a instâncias da própria comunidade cristã, em busca de um lugar mais seguro. Junto às portas da cidade, cruzou-se com Jesus que carregava a Cruz. E quando Pedro lhe perguntou: "Aonde vais, Senhor?" (*Quo vadis, Domine?*), ouviu a resposta do Mestre: "Vou a Roma para deixar-me crucificar novamente". Pedro entendeu a lição e voltou para a cidade, onde o esperava a sua cruz.

Esta lenda parece um último eco daquele protesto de Pedro contra a Cruz, quando o Senhor anunciou pela primeira vez a sua paixão[15]. Pedro morreu pouco tempo depois. Um historiador antigo refere que o apóstolo pediu para ser crucificado de cabeça para baixo, por sentir-se indigno de morrer como o seu Mestre, de cabeça para o alto. O martírio do Príncipe dos Apóstolos é recordado por São Clemente, seu sucessor no governo da Igreja romana[16]. Pelo menos desde o século III, a Igreja comemora neste dia, 29 de junho, o martírio de São Pedro e São Paulo[17], o *dies natalis*, o dia em que aqueles que foram as duas colunas da Igreja viram novamente a Face do seu Senhor e Mestre.

Apesar das suas fraquezas, Pedro foi fiel a Cristo, até dar a vida por Ele. Isto é o que lhe pedimos ao terminarmos esta meditação: fidelidade, apesar das contrariedades e de tudo o que nos seja adverso. Pedimos-lhe *fortaleza na fé*, como o próprio Pedro pedia aos primeiros cristãos da sua geração: que saibamos resistir *fortes in fide*[18]. "Que podemos pedir a Pedro para nosso proveito, que podemos oferecer em sua honra senão esta fé, na qual têm as suas origens a nossa saú-

350 SÃO PEDRO APÓSTOLO

de espiritual e a nossa promessa, por ele exigida, de sermos *fortes na fé?*"[19]

Esta fortaleza é a que pedimos também à nossa Mãe Santa Maria, para sabermos conservar a nossa fé sem ambiguidades, com serena firmeza, seja qual for o ambiente em que tenhamos de viver.

---

(1) São João Crisóstomo, em *Catena aurea*, vol. VII, p. 113; (2) Paulo VI, *Alocução*, 24-XI-1965; (3) São Leão Magno, *Homilia na festa de São Pedro Apóstolo*, 83, 3; (4) Mt 7, 25; (5) cf. Gn 17, 5; (6) cf. Gn 32, 28; (7) cf. Mt 16, 16-18; (8) cf. Lc 5, 11; (9) Mt 16, 15-16; (10) Mt 16, 18-19; (11) cf. Mt 16, 23; (12) Mt 14, 31; (13) Jo 21, 15 e segs.; (14) Jo 21, 18-19; (15) cf. Otto Hophan, *Los apóstoles*, Palabra, Madri, 1982, p. 88; (16) cf. Paulo VI, Exort. apost. *Petrum et Paulum*, 22-II-1967; (17) João Paulo II, *Angelus*, 29-VI-1987; (18) 1 Pe 5, 9; (19) Paulo VI, Exort. apost. *Petrum et Paulum*, 22-II-1967.

29 DE JUNHO. SÃO PEDRO E SÃO PAULO APÓSTOLOS

57. SÃO PAULO APÓSTOLO
Solenidade

—— O Senhor escolhe os seus discípulos.
—— Chamada de Deus e vocação apostólica.
—— O apostolado, uma tarefa sacrificada e alegre.

I. *QUE DEVO FAZER, Senhor?*[1], perguntou São Paulo no momento da sua conversão. Jesus respondeu-lhe: *Levanta-te e entra em Damasco, e ali te será dito tudo o que deves fazer.*

O perseguidor, transformado pela graça, receberá a instrução cristã e o batismo por meio de um homem — Ananias —, de acordo com os caminhos normais da Providência. E depois, tendo Cristo por eixo da sua vida, dedicar-se-á com todas as suas forças a espalhar a Boa-nova, sem se importar com os perigos, as tribulações, os sofrimentos e os aparentes fracassos. Sabe-se instrumento escolhido para levar o Evangelho a muitas gentes: *Quando aprouve Àquele que me segregou desde o ventre de minha mãe, e me chamou pela sua graça, revelar em mim o seu Filho, para anunciá-lo aos gentios...*[2], lemos na segunda Leitura da Missa.

Santo Agostinho afirma que o zelo apaixonado de Paulo, anterior à sua conversão, era como uma selva impenetrável, mas, apesar de constituir um grande obstáculo, era ao mesmo tempo indício da fecundidade do solo. O Senhor semeou aí a semente do Evangelho, e os frutos foram inumeráveis[3]. O que aconteceu com Paulo pode acontecer com cada homem, mesmo que as suas faltas tenham sido muito graves. É a ação misteriosa da graça, que não muda a natureza, mas exerce sobre ela um poder curativo e purificador, e depois a eleva e aperfeiçoa.

São Paulo estava convencido de que Deus contava com ele desde o momento em que fora concebido, *desde o ventre materno*, conforme insiste em diversas ocasiões. A Sagrada Escritura mostra-nos como Deus escolhe os seus enviados mesmo antes de nascerem[4], pondo assim de manifesto que a iniciativa é dEle e antecede qualquer mérito pessoal. O Apóstolo diz expressamente aos primeiros cristãos de Éfeso: *Escolheu-nos antes da constituição do mundo*[5]. E concretiza ainda mais na Epístola a Timóteo: *Chamou-nos com vocação santa, não em virtude das nossas obras, mas em virtude do seu desígnio*[6].

A vocação é um dom que Deus preparou desde toda a eternidade. Por isso, quando o Senhor se manifestou em Damasco, Paulo não pediu conselho "nem à carne nem ao sangue", *não consultou nenhum homem*, porque tinha a certeza de que fora chamado pelo próprio Deus. Não atendeu aos conselhos da *prudência carnal*, antes foi plenamente generoso com o Senhor. A sua entrega foi imediata, total, sem condições. E o mesmo aconteceu com os demais apóstolos, quando ouviram o convite de Jesus: deixaram as redes *imediatamente*[7] e, *relictis omnibus*, abandonando todas as coisas[8], seguiram o Mestre. Saulo, antigo perseguidor dos cristãos, segue agora o Senhor com toda a prontidão.

Todos nós recebemos, de diversas maneiras, uma chamada concreta para servir o Senhor. E ao longo da vida chegam-nos novos convites para segui-lo, e temos de ser generosos com Ele em cada novo encontro. Temos de saber perguntar a Jesus na intimidade da oração, como São Paulo: Que devo fazer, Senhor?, que queres que eu deixe por Ti?, em que desejas que eu melhore? Neste momento da minha vida, que posso fazer por Ti?

II. SÃO PAULO FOI CHAMADO por meio de sinais extraordinários, mas o efeito que esses sinais produziram nele foi o mesmo que ocasiona a chamada específica que Deus faz a muitos para que o sigam no meio das suas tarefas diárias. O Senhor chama todos os cristãos à santidade; e é uma vocação exigente, muitas vezes heroica, pois Ele não quer seguidores tíbios, discípulos de segunda classe. E há os que são chamados a uma particular entrega para estenderem o seu reinado entre todos os homens, sem que por isso tenham que abandonar os seus afazeres no mundo. Em qualquer caso, cada um, respondendo à vocação específica a que foi chamado, se quiser ser discípulo do Mestre, deve imprimir um sentido apostólico à sua vida: um sentido que o levará a não deixar passar nenhuma oportunidade de aproximar os outros de Cristo, que é aproximá-los da fonte da alegria, da paz e da plenitude.

Para um cristão que quer fazer da sua vida uma imitação de Cristo, o apostolado torna-se, portanto, parte da sua vida, ou melhor, a sua própria vida, como o foi para São Paulo. O trabalho converte-se em ocasião de apostolado; e o mesmo acontece com a dor ou com o tempo de descanso... Esse cristão que participa da intimidade do Senhor experimenta a necessidade de comunicar o seu achado, "a necessidade de expandir-se, de fazer, de dar, de falar, de transmitir aos outros o seu tesouro, o seu fogo [...]. O apostolado converte-se na expansão contínua de uma alma, na exuberância de uma personalidade possuída por Cristo e animada pelo seu Espírito. Sente-se a urgência de correr, de trabalhar, de promover de todas as maneiras possíveis a difusão do reino de Deus, a salvação dos outros, de todos"[9]. *Ai de mim se não evangelizar!*[10], exclama o Apóstolo.

Identificado com Cristo — a suprema descoberta da sua vida —, *que não veio para ser servido, mas para servir e dar a vida em redenção de muitos*[11], o Apóstolo faz-se servo de todos para conquistar todos os que puder. *Com os judeus* — diz aos de Corinto —, *fiz-me judeu para ganhar os judeus... Com os fracos, fiz-me fraco para ganhar os fracos; fiz-me tudo para todos para salvar a todos*[12].

Pedimos hoje ao Apóstolo das gentes um coração grande como o seu, para sabermos passar por cima das pequenas

354 SÃO PAULO APÓSTOLO

humilhações ou dos aparentes fracassos que acompanham necessariamente a ação apostólica. E dizemos a Jesus que estamos dispostos a conviver com todos, a oferecer a todos a possibilidade de conhecê-lo e amá-lo, sem nos importarmos com os sacrifícios nem pretendermos êxitos imediatos.

III. SÃO PAULO EXORTAVA Timóteo a falar de Deus *opportune et importune*[13], isto é, tivesse ou não ocasião de fazê-lo; também, portanto, quando as circunstâncias fossem adversas. *Pois virá um tempo em que não suportarão a sã doutrina, antes se rodearão de mestres à medida das suas próprias paixões, levados pelo prurido de ouvir*[14]. Era como se o Apóstolo estivesse presente nos nossos dias. *Mas tu —* adverte a Timóteo, e nele a cada cristão — *sê circunspecto em tudo, sê valente no sofrimento, esforça-te na propagação do Evangelho, cumpre perfeitamente o teu ministério*[15].

Os sacerdotes levarão a cabo essa missão no exercício do seu munus: com a pregação da palavra de Deus, com o seu exemplo, com a sua caridade, com os conselhos no sacramento da Penitência. Os leigos — a imensa maioria do povo de Deus —, por meio da amizade, com o conselho amável, com a conversa a sós com aquele amigo que parece afastar-se do Senhor ou com aquele outro que nunca quis saber dEle... E tudo isso à saída do trabalho, da Faculdade, no lugar em que se passam as férias..., os pais com os filhos..., aproveitando o melhor momento ou criando a ocasião.

João Paulo II animava os jovens — e todo o cristão que tem Cristo consigo é sempre jovem — a um apostolado vivo, direto e alegre. "Sede profundamente amigos de Jesus e levai à família, à escola, ao bairro, o exemplo da vossa vida cristã, limpa e alegre. Sede sempre jovens cristãos, verdadeiras testemunhas da doutrina de Cristo. Mais ainda: sede portadores de Cristo nesta sociedade perturbada, necessitada dEle hoje mais do que nunca. Anunciai a todos com a vossa vida que somente Cristo é a verdadeira salvação da humanidade"[16].

Temos de pedir hoje a São Paulo que saibamos converter em *oportuna* qualquer situação que se nos apresente.

Quando se chega a um trato verdadeiramente amistoso com uma pessoa, é absolutamente natural que mais cedo ou mais tarde lhe falemos de Deus, em clima de confidência. Não se deve temer nesse caso a inoportunidade. E, para nossa confusão, muitas vezes a reação será exatamente a contrária daquela que temíamos: "Como é que você não me falou antes disso?" E nesse ambiente de simplicidade, surgem sempre confidências íntimas de antigas frustrações, de carências atuais, de inquietações sobre o futuro... que desembocam na necessidade de uma vida de fé.

É surpreendente, ditosamente surpreendente, o infatigável trabalho apostólico de São Paulo. E quem verdadeiramente ama a Cristo sentirá a necessidade de o dar a conhecer, pois — como diz São Tomás de Aquino — aquilo que os homens muito admiram divulgam-no logo, porque da abundância do coração fala a boca[17].

Peçamos a Nossa Senhora — *Regina Apostolorum* — a graça de compreendermos cada vez melhor que o apostolado é uma tarefa sacrificada mas alegre, porque é alimento e ao mesmo tempo fruto da intimidade com Cristo, de um amor irreprimível que não pode deixar de comunicar-se aos outros como uma feliz notícia.

(1) At 22, 10; (2) Gl 1, 15-16; (3) cf. Santo Agostinho, *Contra Fausto*, 22, 70; (4) cf. Jr 1, 5; Is 49, 1-5 etc.; (5) Ef 1, 4; (6) 2 Tm 1, 9; (7) Mt 4, 20-22; Mc 1, 18; (8) Lc 5, 11; (9) Paulo VI, *Homilia*, 14-X-1968; (10) cf. 1 Cor 9, 16; (11) Mt 20, 28; (12) cf. 1 Cor 9, 19-22; (13) 2 Tm 4, 2; (14) 2 Tm 4, 3-4; (15) 2 Tm 4, 5; (16) João Paulo II, *Homilia*, 3-XII-1978; (17) cf. São Tomás, em *Catena aurea*, vol. IV, p. 37.

30 DE JUNHO

58. SANTOS PROTOMÁRTIRES DA IGREJA DE ROMA
Memória

—— Vida exemplar no meio do mundo.
—— Atitude perante as contradições.
—— Apostolado em todas as circunstâncias.

Depois de Jerusalém e de Antioquia, Roma foi o núcleo primitivo cristão mais importante. Muitos cristãos provinham da colônia judaica existente em Roma; os outros vieram do paganismo.
Hoje comemoram-se os cristãos que sofreram a primeira perseguição sob o imperador Nero, depois do incêndio de Roma no ano 64.

I. A FÉ CRISTÃ chegou bem cedo a Roma, que era naqueles tempos o centro do mundo civilizado. Talvez os primeiros seguidores do cristianismo na capital do Império fossem judeus que se tinham convertido em Jerusalém ou em outras cidades da Ásia Menor evangelizadas por São Paulo. Por sua vez, a presença de São Pedro entre eles, por volta do ano 43, veio a significar o fortalecimento definitivo da pequena comunidade romana. O certo é que a fé cristã se difundiu a partir de Roma por muitos lugares do Império.

A paz de que se desfrutava nessa época e a excelente rede de comunicações, que facilitava as viagens e a rápida transmissão das ideias e notícias, foi outro fator que favoreceu a expansão do cristianismo: as vias romanas, que partindo da Urbe chegavam até os mais remotos confins do Império, bem como os navios comerciais que cruzavam regularmente as águas do Mediterrâneo, foram veículos de difusão da Boa-nova cristã por toda a extensão do mundo romano[1].

É difícil descrever o modo como cada qual se convertia ao cristianismo naquela Roma do século I, como aliás é difícil dizê-lo hoje, pois cada conversão é sempre um milagre da graça e da correspondência pessoal. Um elemento decisivo foi sem dúvida a vida exemplar dos cristãos — o *bonus odor Christi*[2] —, que se notava no modo como trabalhavam, na alegria, na caridade, na austeridade de vida e na simpatia humana com que se comportavam com todos. Eram homens e mulheres que procuravam viver plenamente a sua fé no meio dos seus afazeres diários em todos os estratos da sociedade: "Daniel era jovem; José, escravo; Áquila exercia uma profissão manual; a vendedora de púrpura encarregava-se de uma loja; outro era guarda de uma prisão; outro centurião, como Cornélio; outro estava doente, como Timóteo; outro era um escravo fugitivo, como Onésimo. E, no entanto, nada disso foi obstáculo para nenhum deles, e todos brilharam pela sua virtude: homens e mulheres, jovens e velhos, escravos e livres, soldados e civis"[3].

Os Atos dos Apóstolos deixaram-nos um maravilhoso testemunho da caridade e da hospitalidade dos cristãos romanos, ao relatarem o modo como acolheram São Paulo quando este chegou preso a Roma. *Tendo os irmãos sabido da nossa chegada* — diz São Lucas —, *saíram ao nosso encontro até o Foro de Ápio e até as Três Tabernas. Ao vê-los, Paulo deu graças a Deus e cobrou ânimo*[4]. O Apóstolo das Gentes sentiu-se confortado por essas demonstrações de caridade fraterna.

Os primeiros cristãos não abandonaram as suas ocupações profissionais ou sociais (coisa que só alguns viriam a fazer, por uma chamada concreta de Deus, passados mais de dois séculos), e consideravam-se parte integrante dessa sociedade da qual se sentiam *sal e luz*, com as suas vidas e com as suas palavras: "O que a alma é para o corpo, isso são os cristãos para o mundo"[5], resumia um escrito dos primeiros tempos.

Nós podemos examinar hoje se, como aqueles primeiros cristãos, damos também bom exemplo a cada instante, a ponto de arrastarmos os outros para Cristo: na temperança, nos gastos, na alegria, no trabalho bem feito, no cumprimento fiel da palavra dada, no modo de vivermos as exigências da justiça com a empresa em que trabalhamos, com os subordinados e com os colegas, na prática das obras de misericórdia, na firmeza com que nunca falamos mal de ninguém...

II. OS PRIMEIROS CRISTÃOS tiveram de enfrentar com muita frequência graves obstáculos e incompreensões, e em não poucos casos a própria morte, para defenderem o direito de proclamarem a sua fé no Mestre. Hoje celebramos o testemunho dos primeiros mártires romanos, que caíram em consequência do incêndio de Roma no ano 64[6], pois esta catástrofe desencadeou a primeira grande perseguição contra os cristãos. Ao testemunho de São Pedro e São Paulo, cuja festa celebramos ontem, "acrescentou-se o de uma grande multidão de eleitos que, padecendo muitos suplícios e tormentos por inveja, foram o melhor modelo entre nós", lemos num testemunho vivo recolhido num dos primeiros escritos cristãos, a *Carta aos Coríntios* do papa São Clemente[7].

Os obstáculos e incompreensões que cercaram os que se convertiam à fé nem sempre os levaram ao martírio, mas fizeram-nos experimentar com frequência a verdade daquelas palavras do Espírito Santo que a Escritura nos transmite: *E todos os que aspiram a viver piedosamente em Cristo Jesus sofrerão perseguição*[8]. Muitas vezes essas atitudes dos pagãos contra os seguidores de Cristo provinham daqueles que não podiam suportar a louçania e o resplendor da vida cristã. Noutros casos, os fiéis à nova doutrina eram perseguidos e caluniados simplesmente "por não serem como os outros", pois tinham o dever de abster-se das manifestações religiosas tradicionais, estreitamente ligadas à vida pública e consideradas provas máximas da fidelidade cívica a Roma e ao Imperador.

É mais do que provável que o Senhor não nos venha a pedir que derramemos o sangue por professarmos e confessarmos a fé, embora devamos ter a certeza de que, se Deus alguma vez o permite, saberemos pedir-lhe e obter dEle a graça necessária para darmos a nossa vida em testemunho do nosso amor por Ele. Mas o que não deixamos de encontrar é a contrariedade sob formas as mais diversas, pois, "estar com Jesus é, certamente, topar com a sua Cruz. Quando nos abandonamos nas mãos de Deus, é frequente que Ele nos permita saborear a dor, a solidão, as contradições, as calúnias, as difamações, os escárnios, por dentro e por fora: porque quer moldar-nos à sua imagem e semelhança, e tolera também que nos chamem loucos e que nos tomem por néscios [...]. Assim esculpe Jesus as almas dos seus, sem deixar de lhes dar interiormente serenidade e alegria"[9].

As calúnias, o fato de vermos que talvez nos fechem as portas no terreno profissional, que os amigos e colegas nos viram as costas, que há no ar palavras displicentes e irônicas a nosso respeito..., são situações que, se o Senhor as permite, nos devem servir para viver a caridade de modo mais heroico, justamente com aqueles que não nos apreciam. Essa atitude é sempre compatível com a autodefesa justa, sobretudo quando se trata de evitar escândalo ou danos a terceiros.

À parte esses casos, devemos, porém, ver nessas situações uma ocasião de purificarmos os pecados e faltas pessoais, de repararmos pelos pecados alheios e, em última análise, de crescermos nas virtudes e no amor a Deus. Deus quer, por vezes, purificar-nos como se purifica o ouro no cadinho. "O fogo limpa o ouro da sua escória, tornando-o mais autêntico e precioso. O mesmo faz Deus com o servo bom que espera e se mantém constante no meio das tribulações"[10].

Se pelo fato de seguirmos Jesus de perto, chocamos com a contradição e com dificuldades, temos de estar especialmente alegres e dar graças ao Senhor, que nos considera

30 DE JUNHO 361

dignos de padecer por Ele, como fizeram os apóstolos: *Eles retiraram-se da presença do Conselho, contentes por terem sido dignos de padecer ultrajes pelo nome de Jesus*[11]. Nessa ocasião, os apóstolos lembraram-se sem dúvida das palavras do Mestre, como nós as meditamos nesta festa dos santos mártires romanos da primeira geração: *Bem-aventurados sereis quando vos insultarem e perseguirem, e mentindo disserem contra vós todo o gênero de mal por minha causa. Alegrai-vos e regozijai-vos, porque será grande a vossa recompensa, pois assim foram perseguidos os profetas que vos precederam*[12].

III. APESAR DAS CALÚNIAS GROSSEIRAS, das infâmias, das perseguições abertas, os nossos primeiros irmãos na fé não deixaram de levar a cabo um proselitismo eficaz, dando a conhecer Cristo, o tesouro que haviam tido a sorte de encontrar. Além disso, o seu comportamento sereno e alegre diante da contradição e da própria morte foi a causa de que muitos encontrassem o Senhor.

O sangue dos mártires foi semente de cristãos[13]. A própria comunidade romana, depois da morte de tantos homens, mulheres e crianças que deram a vida nesta grande perseguição, continuou adiante mais fortalecida. Anos mais tarde, Tertuliano escrevia: "Somos de ontem e já enchemos o orbe e todos os vossos lugares: as cidades, as ilhas, os povoados, as vilas, as aldeias, o exército, o palácio, o senado, o foro. Só vos deixamos os vossos templos..."[14]

No nosso próprio âmbito, nas atuais circunstâncias, se sofremos alguma contradição, talvez pequena, por permanecermos firmes na fé, temos de entender que disso só poderá advir um grande bem para todos. É então que mais devemos falar, serenamente, das maravilhas da fé, do imenso dom dos sacramentos, da beleza e dos frutos da castidade bem vivida. Temos de entender que escolhemos "a parte vencedora" neste combate da vida, e também na outra, que nos espera um pouco mais adiante. Nada se pode comparar a esse estar com Cristo. Ainda que nos tirem tudo, ainda que nos atormentem com as calúnias mais vis, se tivermos Je-

362 SANTOS PROTOMÁRTIRES DA IGREJA DE ROMA

sus Cristo, teremos tudo. E isto deve notar-se até no porte externo, na consciência de sermos em todos os momentos — também nessas circunstâncias — o *sal da terra* e a *luz do mundo*, como nos disse o Mestre.

São Justino, referindo-se aos filósofos do seu tempo, afirmava que "tudo o que de bom disseram todos eles, pertence-nos a nós, cristãos, porque nós adoramos e amamos, depois de Deus, o Verbo que procede do próprio Deus, ingênito e inefável; pois Ele, por nosso amor, se fez homem para participar dos nossos sofrimentos e curar-nos"[15].

Com a liturgia da Missa, pedimos hoje: *Senhor, nosso Deus, que santificastes os começos da Igreja Romana com o sangue abundante dos mártires, concedei-nos que a sua valentia no combate nos infunda o espírito de fortaleza e a santa alegria da vitória*[16] neste nosso mundo que temos de levar para Ti.

(1) Cf. J. Orlandis, *Historia de la Iglesia*, 3ª ed., Palabra, Madri, 1977, vol. I, p. 11 e segs.; (2) 2 Cor 2, 15; (3) São João Crisóstomo, *Homilias sobre São Marcos*, 43, 5; (4) At 28, 15; (5) *Epístola a Diogneto*, 6, 1; (6) cf. Tácito, *Annales* 15, 44; (7) São Clemente Romano, *Carta aos Coríntios*, 5; (8) 2 Tm 3, 12; (9) Josemaria Escrivá, *Amigos de Deus*, n. 301; (10) São Jerônimo Emiliano, *Homilia aos seus irmãos de religião*, 21-VI-1535; (11) At 5, 41; (12) Mt 5, 11-12; (13) cf. Tertuliano, *Apologético*, 50; (14) *ib.*, 37; (15) São Justino, *Apologia*, 11, 13; (16) Oração coleta da Missa do dia 30 de junho.

3 DE JULHO

59. SÃO TOMÉ APÓSTOLO
Festa

— Na ausência de Tomé.
— A sua incredulidade.
— A sua fé.

O apóstolo São Tomé é conhecido por não ter acreditado na notícia da Ressurreição de Jesus. A sua falta de fé, que se desvaneceu com a aparição de Cristo, deu ocasião ao Senhor para nos convidar a fortalecer-nos nessa virtude, cujo ponto de apoio é o fato histórico da Ressurreição. Pouco sabemos da vida do apóstolo, pois não dispomos de outros dados a não ser as breves referências contidas no Evangelho. Segundo a Tradição, evangelizou a Índia. Desde o século VI, celebra-se a sua festa no dia 3 de julho, data do traslado do seu corpo para Edessa.

I. QUANDO JESUS se dispunha a partir para a Judeia, onde enfrentaria o ódio e os ataques dos judeus, Tomé disse aos outros discípulos: *Vamos nós também e morramos com Ele*[1]. São as primeiras palavras do apóstolo que o Evangelho nos relata, por meio de São João. O Senhor acolheria com gratidão esse gesto generoso e cheio de coragem.

Mais tarde, durante o discurso de despedida na Última Ceia, Tomé fez uma pergunta ao Mestre que nos deve deixar agradecidos, pois permitiu que Jesus nos legasse uma das grandes definições de Si próprio. O discípulo perguntou-lhe: *Senhor, não sabemos para onde vais; como podemos saber o caminho?* Jesus respondeu-lhe com estas palavras, tantas vezes meditadas: *Eu sou o caminho, a verdade e a vida; ninguém vai ao Pai senão por mim*[2].

Na própria tarde do domingo em que ressuscitou, Jesus apareceu aos seus discípulos. Apresentou-se no meio deles sem necessidade de abrir nenhuma porta, pois o seu Corpo estava glorificado; mas, para desfazer a possível impressão de que era apenas um espírito, mostrou-lhes as mãos e o lado. Saudou-os duas vezes com a fórmula usual entre os judeus, no mesmo tom de voz de sempre. Os apóstolos, pouco propensos a admitir o que excedesse o âmbito da sua experiência e da sua razão, já não podiam alimentar a menor dúvida de que estavam diante do próprio Jesus e de que tinha ressuscitado. Com a sua conversa amistosa e cordial, dissipavam-se o temor e a vergonha que deviam sentir por terem abandonado o Amigo quando mais tinha precisado deles. Assim se criou novamente o ambiente de intimidade em que Jesus lhes iria comunicar os seus poderes transcendentais[3].

Mas Tomé não estava com eles. Era o único que faltava. Por que estava ausente? Foi por simples acaso? São João, o Evangelista que nos narra esta cena com todo o detalhe, talvez tenha calado por delicadeza que Tomé não somente sofrera com a paixão do Senhor, como os outros, mas tinha-se afastado do grupo e estava mergulhado num verdadeiro desespero[4].

Pelos relatos de São Mateus e de São Marcos, sabemos que os apóstolos receberam de Jesus a indicação de partir para a Galileia, onde o veriam novamente. Por que permaneceram mais oito dias em Jerusalém, quando já nada mais os retinha ali? É muito possível que não quisessem partir sem Tomé. Procuraram-no imediatamente e tentaram convencê-lo de mil formas diferentes de que o Mestre tinha ressuscitado e os esperava uma vez mais junto ao mar de Tiberíades. Ao encontrá-lo, disseram-lhe com uma alegria irreprimível: *Vimos o Senhor!*[5] Devem ter-lhe repetido isso ao longo de vários dias, de todas as maneiras possíveis, tentando a todo o custo recuperá-lo para Cristo. O Senhor, que sempre nos procura como Bom Pastor, certamente aprovou essa demora.

Mais tarde, Tomé agradeceria que tivessem feito com ele todas essas tentativas, e que, apesar da sua teimosia, não o tivessem deixado sozinho em Jerusalém. É uma lição que pode servir-nos para que examinemos como é a qualidade da nossa fraternidade e da nossa fortaleza junto daqueles cristãos, nossos irmãos, que num dado momento podem cair no desalento e na solidão. Não podemos abandoná-los.

II. O DESALENTO E A INCREDULIDADE de Tomé não eram fáceis de vencer. Diante da insistência dos outros apóstolos, respondeu-lhes: *Se eu não vir nas suas mãos a abertura dos cravos, e não meter o meu dedo no lugar dos cravos, e a minha mão no seu lado, não acreditarei*[6]. Estas palavras parecem uma resposta definitiva, inamovível. É uma réplica dura à solicitude dos amigos. Mas sem dúvida a alegria dos que lhe falavam abriu-lhe uma porta à esperança. Por isso retornou e não voltou a separar-se deles.

A sombria obstinação de Tomé contrasta com a grandeza de Jesus e com o seu amor por todos. O Senhor não permite que nenhum dos seus se perca; tinha rogado pelos seus discípulos na Última Ceia, e a sua oração é sempre eficaz[7]. Ele mesmo vai em socorro de Tomé. São João relata-o assim: *Oito dias depois, estavam os seus discípulos outra vez em casa, e Tomé com eles.* Ao menos conseguiram que ficasse com eles! *Veio Jesus, estando as portas fechadas, pôs-se no meio e disse: A paz seja convosco.* Dirigiu-se depois a Tomé e disse-lhe: *Mete aqui o teu dedo e vê as minhas mãos, aproxima também a tua mão, e mete-a no meu lado; e não sejas incrédulo, mas fiel*[8].

Saber que o Senhor nunca nos abandonará, se nós não o abandonarmos, é para nós um forte motivo de esperança: Ele também rezou por nós[9]. E aqueles que o Senhor colocou ao nosso lado também não nos deixarão desamparados. Se alguma vez ficarmos às escuras, seja qual for a nossa situação interior, poderemos apoiar-nos na fé dos que nos cercam, no seu comportamento exemplar e na fortaleza da sua caridade.

Nós temos o dever de "agasalhar" aqueles que de alguma maneira o Senhor nos confiou ou que compartilham conosco a mesma fé e os mesmos ideais, se alguma vez passam por um mau momento. A responsabilidade pela fidelidade dos outros será sempre um bom ponto de apoio para a nossa própria fidelidade. "Tudo andaria melhor e seríamos mais felizes se nos propuséssemos conhecer sempre mais a fundo — para podermos amar mais — essas verdades e essas pessoas às quais nos vinculamos com laços de responsabilidade permanente. Refletir sobre os deveres próprios, sobre as circunstâncias que afetam a vida e a paz dos outros, meditar nas consequências da nossa conduta, avaliar o mal que a deserção pode causar, é a primeira garantia da nossa fidelidade. E a ela deve-se acrescentar sempre uma consideração sobrenatural: *Fiel é Deus, que não permitirá que sejais tentados acima das vossas forças* (1 Cor 10, 13)"[10].

O Senhor nunca nos falhará. Não falhemos nós aos nossos irmãos. Não nos esqueçamos de que todos — nós também — podemos passar por fases de cegueira e de desalento. Ninguém na nossa família e entre os nossos amigos é irrecuperável para Deus, porque contamos com a poderosa ajuda da graça, da caridade e da oração, de uma oração que adquire nestes casos manifestações e acentos tão diversos, mas sempre eficazes diante do Senhor.

III. QUANDO TOMÉ VIU e ouviu Jesus, exprimiu em poucas palavras o que sentia no seu coração: *Meu Senhor e meu Deus!*, exclama comovido até o mais fundo do seu ser. É um ato simultâneo de fé, de entrega e de amor. Confessa abertamente que Jesus é Deus e reconhece-o como seu Senhor. Jesus respondeu-lhe: *Tu creste, Tomé, porque me viste; bem-aventurados os que não viram e creram*[11]. E comenta João Paulo II: "Esta é a fé que nós devemos renovar, na esteira de incontáveis gerações cristãs que ao longo de dois mil anos confessaram a Cristo, Senhor invisível, chegando até ao martírio. Devemos fazer nossas, como muitos outros fizeram suas, as palavras de Pedro na sua primeira *Epístola*: Este Jesus, vós não o vistes, mas o amais; *vós também agora credes nEle sem o ver; e, crendo, exultais com uma alegria inefável* (1 Pe 1, 8). Esta é a autêntica fé: entrega absoluta às coisas que não se veem, mas são capazes de satisfazer e enobrecer toda uma vida"[12].

A partir daquele momento, Tomé foi outro homem, graças em boa parte à caridade fraterna que os demais apóstolos tiveram com Ele. A sua fidelidade ao Mestre, que parecia impossível naqueles dias de trevas, foi para sempre firme e incondicional. Essas suas palavras têm-nos servido muitas vezes para fazer um ato de fé — *Meu Senhor e meu Deus!* — ao passarmos diante de um Sacrário ou no momento da Consagração na Santa Missa. A sua figura é hoje para nós um motivo de confiança no Senhor, que vela por nós constantemente, e um motivo de esperança em relação aos que temos mais perto de nós, se por vontade divina passam por momentos de desconcerto na sua fidelidade a Deus. Nessa situação, o nosso alento e a graça divina farão milagres.

Pedimos hoje ao Senhor com a Liturgia: *Concedei-nos a graça de celebrarmos com alegria a festa do Apóstolo São Tomé; que sejamos sempre sustentados pela sua proteção e tenhamos em nós vida abundante pela fé em Jesus Cristo, a quem o vosso Apóstolo reconheceu como seu Senhor e seu Deus.*

A Virgem, que estava naqueles dias tão perto dos apóstolos, deve ter seguido atentamente a evolução da alma de Tomé. Talvez tenha sido Ela quem impediu que o apóstolo se afastasse definitivamente. Nós confiamos-lhe hoje a nossa fidelidade ao Senhor e a daqueles que de alguma maneira Deus colocou sob os nossos cuidados. Virgem fiel..., rogai por eles..., rogai por mim!

---

(1) Jo 11, 16; (2) Jo 14, 5-6; (3) cf. Sagrada Bíblia, *Santos Evangelhos*, nota a Jo 20, 19-20; (4) cf. O. Hophan, *Los apóstoles*, p. 216; (5) Jo 2, 25; (6) Jo 20, 25; (7) cf. Jo 17, 9; (8) Jo 20, 26-27; (9) cf. Jo 17, 20; (10) J. Abad, *Fidelidade*, Quadrante, São Paulo, 1989, pp. 39-40; (11) Jo 20, 29; (12) João Paulo II, *Homilia*, 9-IV-1983.

11 DE JULHO

60. SÃO BENTO ABADE, PADROEIRO DA EUROPA
Memória

— Raízes cristãs da Europa.
— Necessidade de uma nova evangelização.
— Tarefa de todos. Fazer o que estiver ao nosso alcance.

São Bento nasceu em Núrsia (Itália) por volta do ano 480. Depois de ter recebido uma formação esmerada em Roma, começou a praticar a vida eremítica em Subíaco, onde reuniu alguns discípulos. Mais tarde, mudou-se para Cassino, onde fundou o célebre Mosteiro de Montecassino. Escreveu a Regra da vida monástica, cuja difusão lhe valeu o título de Pai dos monges do Ocidente, e que teve e continua a ter grande influência em muitos estatutos da vida religiosa. Morreu em Montecassino no dia 21 de março de 547, mas desde os fins do século VIII a sua festa começou a ser celebrada em muitos lugares. Paulo VI, pela Carta Apostólica Pacis nuntius *(24-X-1964), proclamou São Bento Padroeiro da Europa, dada a extraordinária influência que exerceu pessoalmente e através dos seus monges no estabelecimento das raízes cristãs no velho Continente. João Paulo II, pela Carta Apostólica* Egregiae virtutis *(31-XII-1980), proclamou os Santos Cirilo e Metódio copadroeiros da Europa (cf. Encíclica* Slavorum Apostoli, *2-VI-1985).*

I. AO COMEMORAR o décimo quinto centenário do nascimento de São Bento, o Papa João Paulo II recordou o "trabalho gigantesco" desse Santo, que contribuiu extraordinariamente para a configuração do que mais tarde seria a Europa[1]. Era um tempo em que "corriam grande perigo não só a Igreja, mas também a sociedade civil e a cultura. Com obras insignes e com a sua santidade, São Bento testemunhou a perene juventude da Igreja". Além disso, "ele e os seus seguidores arrancaram da barbárie e levaram à vida civilizada e cristã os povos bárbaros; e, conduzindo-os à virtude, ao trabalho e ao pacífico exercício das letras, uniram-nos na caridade como se fossem irmãos"[2]. São Bento contribuiu em grande medida para forjar a alma e as raízes da Europa, que são essencialmente cristãs e sem as quais não se entendem nem se explicam a nossa cultura e o nosso modo de ser[3]. A própria identidade europeia "é incompreensível sem o Cristianismo" e "é precisamente nele que se encontram essas raízes comuns das quais brotaram a civilização do Continente, a sua cultura, o seu dinamismo, a sua atividade, a sua capacidade de estender-se construtivamente aos outros Continentes"[4].

Hoje assistimos, infelizmente, a um empenho decidido e sistemático por eliminar o aspecto mais essencial dos costumes ocidentais: o seu profundo sentido cristão. "Por um lado, a orientação quase exclusiva para o consumo dos bens materiais tira à vida humana o seu sentido mais profundo. Por outro, em muitos casos, o trabalho vem-se tornando praticamente uma coação alienante para o homem, submetido ao coletivismo e separado da oração quase a qualquer preço, excluindo-se a dimensão ultraterrena da vida humana"[5]. É como se povos inteiros se encaminhassem para uma nova barbárie, pior que a dos tempos passados. O materialismo prático "impõe hoje ao homem o seu domínio de diversas maneiras e com uma agressividade que não exclui ninguém. Os princípios mais sagrados, que foram guia seguro do comportamento dos indivíduos e da sociedade, vêm sendo deslocados por falsos argumentos a propósito da liberdade, da sacralidade da vida, da indissolubilidade do matrimônio, do autêntico sentido da sexualidade humana, da atitude correta perante os bens materiais que o progresso trouxe consigo"[6].

Não parece exagerado pensar que, se não se lançar mão do remédio oportuno, as ideias que se vêm cristalizando em muitos lugares farão surgir uma nova sociedade pagã. Por influência do laicismo, que prescinde de toda a relação com Deus, não são poucas as legislações em que os direitos e deveres do cidadão se estabelecem sem nenhuma referência a uma lei moral objetiva. E tudo isso com uma aparência de bondade, que só engana as pessoas de formação sofrível e os que perderam o sentido da dignidade humana.

Perante esta situação, o Papa João Paulo II fez sucessivos apelos para uma nova evangelização da Europa e do mundo, na qual todos estamos comprometidos. Vejamos hoje, nesta festa de São Bento, qual é o nosso sentido cristão da vida e o espírito apostólico que deve animar todas as nossas ações. Não nos esqueçamos de que "nas vésperas do terceiro milênio da Redenção, Deus está preparando uma grande primavera cristã, cuja aurora já se entrevê"[7]. E Ele quer que sejamos protagonistas deste renascer da fé. Sentiremos a alegria de dar a conhecer Cristo aos nossos colegas de trabalho, amigos, familiares... E o Senhor premiará esse esforço com graças abundantes e uma eficácia contagiosa.

II. PERANTE UM PANORAMA que parece adverso, muitos cristãos preferiram colocar entre parênteses tudo o que pudesse entrar em choque com a opinião mais generalizada, que muitas vezes se autointitula "moderna" e "progressista". E "à força de colocarmos entre parênteses o que nos incomoda num problema — escreve um pensador dos nossos dias —, para não nos separarmos dos nossos companheiros, corremos o risco de enterrar em nós aquilo que é essencial"[8], aquilo que explica o sentido do nosso viver cotidiano.

Nenhum cristão pode permanecer à margem das grandes questões humanas que o mundo suscita. "Não podemos cruzar os braços, quando uma sutil perseguição condena a Igreja a morrer de inanição, relegando-a para fora da vida pública e, sobretudo, impedindo-a de intervir na educação, na cultura, na vida familiar. — Não são direitos nossos: são de Deus, e foi Ele que os confiou a nós, os católicos..., para que os exerçamos!"[9]

Perante esta situação, cujas consequências observamos todos os dias, temos que sentir a urgência de recristianizar o mundo, essa parcela do mundo, talvez pequena, em que se desenvolve a nossa vida: "Cada um de nós deve perguntar-se de verdade: Que posso fazer — na minha cidade, no meu lugar de trabalho, na minha escola ou na minha Universidade, nessa agremiação social ou esportiva a que pertenço etc. — para que Jesus Cristo reine efetivamente nas almas e nas atividades? Pensem-no diante de Deus, peçam conselho, rezem... e lancem-se com santa agressividade, com valentia espiritual, à conquista desse ambiente para Deus"[10].

A tarefa de recristianização da Europa e do mundo não pode ser encarada como missão exclusiva dos que exercem uma influência política ou pública considerável. Pelo contrário, é tarefa de todos.

Voltamos a evangelizar de novo o nosso mundo quando vivemos como Deus quer: quando os pais e as mães de família — começando pela sua conduta, pelo modo de conviverem com os vizinhos e com as pessoas que os ajudam no serviço doméstico... — educam os seus filhos no desprendimento das coisas pessoais, no sentido do dever, na austeridade de vida, no espírito de sacrifício em prol dos mais idosos e dos mais necessitados...

Cooperam na recristianização do mundo os pregadores e catequistas que recordam, sem cansaço e sem reducionismos oportunistas, toda a mensagem de Cristo; os colégios que, tendo em conta os objetivos para os quais foram fundados, formam realmente os seus alunos no espírito cristão; os profissionais que, embora isso lhes acarrete prejuízos econômicos, se negam a práticas imorais: comissões injustas, aproveitamento desleal de informações e influências, intervenções médicas que contradizem a Lei de Deus, mensagens publicitárias que ajudam a sustentar emissoras ou publicações claramente anti-cristãs...

Evangelizamos, enfim, o mundo quando nos empenhamos sem desfalecimentos num apostolado pessoal baseado na amizade, que é eficaz em todas as circunstâncias. Que fazemos?

III. EXISTE UM ANTIGO PROVÉRBIO que diz: "Vale mais acender um fósforo do que reclamar da escuridão". Além de que não é próprio de um filho de Deus queixar-se sistematicamente do mal, do clima pessimista e negativo que o rodeia, se nos decidíssemos a levar a cabo o que está ao alcance da nossa mão, mudaríamos novamente o mundo. Assim fizeram os primeiros cristãos, que eram numericamente poucos, mas tinham uma fé viva e operante. *É um grande erro não fazer nada por pensar que talvez se possa fazer pouco*. O bem é difusivo por natureza, isto é, tem um efeito multiplicador que ultrapassa de longe a sua eficácia imediata... Com a graça de Deus, todas as nossas ações, por mais pequenas que sejam, têm repercussões insuspeitadas.

Por outro lado, contamos com o auxílio da Virgem e dos Santos Anjos da Guarda para levarmos adiante os nossos propósitos de bem-fazer, e contamos também com a fortaleza que nos confere a ajuda da Comunhão dos Santos, que se estende mesmo aos que estão longe.

São, pois, muitas as razões para sermos otimistas, "com um otimismo sobrenatural que mergulha as suas raízes na fé, que se alimenta da esperança e a que o amor concede asas. Temos de impregnar de sentido cristão todos os ambientes da sociedade. Não fiquem simplesmente no desejo: cada uma, cada um, ali onde trabalha, deve dar um conteúdo divino à sua tarefa e deve preocupar-se — com a sua oração, com a sua mortificação, com o seu trabalho profissional bem acabado — em formar-se e formar outras almas na Verdade de Cristo, para que seja proclamado Senhor de todos os afazeres terrenos"[11].

Para isso aproveitaremos todas as situações, mesmo as viagens por motivos de descanso ou de trabalho, como fizeram os primeiros cristãos, que "viajando ou tendo de estabelecer-se em outras regiões onde Cristo não tinha sido anunciado, testemunhavam corajosamente a sua fé e fundavam aí as primeiras comunidades"[12].

Recomendamos hoje a São Bento esta tarefa de recristianização da sociedade e pedimos-lhe que saibamos proclamar com a nossa vida e a nossa palavra "a perene juventude da Igreja". Pedimos-lhe sobretudo essa santidade pessoal que está na base de todo o apostolado. "Vejo alvorecer — diz o Papa João Paulo II — uma nova época missionária, que chegará a ser dia radioso e rico de frutos se todos os cristãos e, em particular, os missionários e as jovens Igrejas corresponderem, generosa e santamente, aos apelos e desafios do nosso tempo"[13].

Santa Maria, Rainha do mundo, rogai por todos aqueles que estão a caminho de encontrar-se com Cristo..., rogai por nós.

(1) João Paulo II, *Homilia*, 1-I-1980; (2) Pio XII, Enc. *Fulgens radiatur*, no centenário da morte de São Bento, 21-III-1947; (3) cf. L. Suárez, *Raíces cristianas de Europa*, Palabra, Madri, 1986, p. 16 e segs.; (4) João Paulo II, *Discurso em Santiago de Compostela*, 9-XI-1982; (5) idem, *Homilia em Núrsia*, 23-III-1980; (6) idem, *Homilia no Phoenix Park*, Dublin, 29-IX-1979; (7) idem, Enc. *Redemptoris missio*, 7-XII-1990, n. 86; (8) J. Guitton, *Silencio sobre lo essencial*, EDICEP, Valência, 1988, p. 20; (9) São Josemaria Escrivá, *Sulco*, Quadrante, São Paulo, 1987, n. 310; (10) A. del Portillo, *Carta*, 2-X-1985; (11) idem, *Carta*, 25-XII-1985, n. 10; (12) João Paulo II, Enc. *Redemptoris missio*, n. 82; (13) *ib.*, n. 92.

16 DE JULHO

61. NOSSA SENHORA DO CARMO
Memória

— O amor à Virgem e o escapulário do Carmo.
— As graças e as ajudas especiais de Nossa Senhora no momento da morte.
— O escapulário, símbolo da *veste nupcial*.

Esta festa, instituída em 1726, comemora o dia em que, conforme as tradições carmelitas, a Virgem apareceu a São Simão Stock, primeiro Superior Geral da ordem. Maria prometeu abençoar especialmente todos aqueles que, no decorrer dos séculos, usassem o seu escapulário. A Igreja aprovou solene e repetidamente esta devoção mariana nascida na Inglaterra, e os Papas concederam-lhe numerosos privilégios espirituais.

A Virgem do Carmo é padroeira dos marinheiros. Ela é o Porto seguro *onde devemos refugiar-nos em todas as tempestades da vida.*

I. O CULTO E A DEVOÇÃO à Virgem do Carmo remonta às origens da Ordem Carmelita, cuja tradição mais antiga a relaciona com a *pequena nuvem, como a palma da mão de um homem, que se levantava do mar*[1] e que era vista do cume do Monte Carmelo, enquanto o profeta Elias suplicava ao Senhor que pusesse fim a um longo período de estiagem. A nuvem cobriu rapidamente o céu e trouxe chuva abundante à terra sedenta há tanto tempo. Nessa nuvem carregada de bens viu-se uma figura da Virgem Maria[2], que, dando o Salvador ao mundo, foi portadora da água vivificante de que

376 NOSSA SENHORA DO CARMO

toda a humanidade estava sedenta. Ela nos traz continuamente bens sem número.

A 16 de julho de 1251, a Santíssima Virgem apareceu a São Simão Stock, Superior da Ordem dos Carmelitas, e prometeu graças e bênçãos especiais a todos os que usassem o escapulário. Esta devoção "fez correr sobre o mundo um rio caudaloso de graças espirituais e temporais"[3], e a Igreja aprovou-a diversas vezes com numerosos privilégios espirituais. Durante séculos, os cristãos acolheram-se a essa proteção de Nossa Senhora. "Traz sobre o teu peito o santo escapulário do Carmo. — Poucas devoções (há muitas e muito boas devoções marianas) estão tão arraigadas entre os fiéis e têm tantas bênçãos dos Pontífices. Além disso, é tão maternal este privilégio sabatino!"[4]

A Virgem prometeu aos que vivessem e morressem com o escapulário — ou com a medalha, devidamente abençoada, do Sagrado Coração e da Virgem do Carmo, que o substitui — a graça de obterem a *perseverança final*[5], isto é, uma ajuda particular para se arrependerem nos últimos momentos da sua vida, se não estiverem em graça. A esta promessa acrescenta-se o chamado *privilégio sabatino* — que consiste em a alma se libertar do Purgatório no sábado seguinte à morte[6] — e muitas outras graças e indulgências. Maria, "pela sua caridade maternal, cuida dos irmãos do seu Filho que ainda peregrinam rodeados de perigos e dificuldades, até que sejam conduzidos à pátria bem-aventurada"[7]. Não deixemos de recorrer a Ela diariamente, para que nos ajude e proteja. O próprio escapulário pode recordar-nos frequentemente que pertencemos à nossa Mãe do Céu e que Ela nos pertence, pois somos seus filhos e foi muito o que cada um de nós lhe custou.

II. POR MEIO DESTA DEVOÇÃO, exprimimos uma especial dedicação de todo o nosso ser a Nossa Senhora, pois "na aparição em que a Santíssima Virgem entregou o escapulário a São Simão Stock, a Mãe de Deus manifestou-se como Senhora da graça e como Mãe que protege os seus filhos na vida e na morte.

"O povo cristão venerou a Virgem do Carmo, especialmente por meio do santo escapulário, como Mãe de Deus e Mãe nossa, que se apresenta com estas credenciais: "Na vida, protejo; na morte, ajudo; e, depois da morte, salvo"[8]. Ela é *vida, doçura e esperança nossa*, como repetimos tantas vezes na recitação da Salve-Rainha.

A devoção ao santo escapulário do Carmo manifesta a certeza com que confiamos no auxílio maternal da Virgem. Assim como se utilizam troféus e medalhas para exprimir relações de amizade, evocar recordações ou triunfos, nós damos um sentido muito íntimo ao escapulário para nos lembrarmos frequentemente do nosso amor à Virgem e da sua bendita proteção. Ela toma-nos pela mão e, ao longo de todos os dias da nossa vida aqui na terra, leva-nos por um *caminho seguro*, ajuda-nos a vencer as dificuldades e tentações: nunca nos abandona, "pois é seu costume favorecer os que se querem valer do seu amparo"[9].

Chegará um dia em que soará a hora do nosso encontro definitivo com o Senhor. Precisaremos então, mais do que nunca, da sua proteção e ajuda. A devoção à Virgem do Carmo e ao seu santo escapulário é penhor de esperança no Céu, pois a Santíssima Virgem prolonga a sua proteção maternal além da própria morte. "Maria guia-nos para esse futuro eterno; faz que ansiemos por ele e o descubramos; dá-nos a esperança da vida bem-aventurada, a sua certeza, o seu desejo. Animados por tão esplendorosa realidade, dominados por uma alegria indizível, a nossa humildade e fatigante peregrinação terrena, iluminada por Maria, transforma-se em caminho seguro — *iter para tutum* — para o Paraíso"[10]. Ali a veremos, com a graça divina.

Em 1605, foi eleito Papa o Cardeal De Médicis, que tomou o nome de Leão XI. Quando o revestiam com as vestes pontifícias, quiseram tirar-lhe um grande escapulário do Carmo que trazia entre a roupa. Mas o Papa disse aos que o ajudavam: "Deixem-me Maria, para que Maria não me deixe". Nós também não queremos deixá-la, pois necessitamos muito da sua proteção. Por isso trazemos sempre o seu escapulário. E agora dizemos-lhe que, quando chegar o nosso último momento, iremos abandonar-nos nos seus braços. Temos-lhe pedido tantas vezes que rogue por nós *agora e na hora da nossa morte* que Ela não se esquecerá!

Na sua visita a Santiago de Compostela, o Papa João Paulo II desejava a todos: "Que a Virgem do Carmo [...] vos acompanhe sempre. Seja Ela a estrela que vos guie, a que nunca desapareça do vosso horizonte, a que vos conduza a Deus, ao porto seguro"[11]. Pelas mãos de Maria, chegaremos à presença do seu Filho. E se nos restar alguma coisa por purificar, Ela adiantará o momento em que, totalmente limpos, possamos ver a Deus.

Antigamente, representava-se a Virgem do Carmo com um grupo de pessoas aos seus pés, formado por almas rodeadas de chamas no Purgatório, para indicar que Ela intercede particularmente pelos que se encontram nesse lugar de purificação[12]. "A Virgem é boa para aqueles que estão no Purgatório, porque por Ela obtêm alívio"[13], ensinava com frequência São Vicente Ferrer. O seu amor ajudar-nos-á a purificar-nos nesta vida para podermos estar com o seu Filho imediatamente depois da morte.

III. O ESCAPULÁRIO é também imagem da *veste nupcial*, da graça divina que deve revestir sempre a alma.

O Papa João Paulo II, falando aos jovens numa paróquia romana dedicada à Virgem do Carmo, recordava-lhes em confidência como recebera especial socorro e amparo da sua devoção à Virgem do Carmo. "Devo dizer-vos — comentava-lhes — que na minha juventude, quando era como vós, Ela me ajudou. Não poderia dizer-vos em que medida, mas penso que foi numa medida imensa. Ajudou-me a encontrar a graça própria da minha idade, da minha vocação". E acrescentava: a missão da Virgem, essa que se encontra prefigurada e "começa no Monte Carmelo, na Terra Santa, está ligada a uma veste. Esta veste chama-se santo escapulário. Eu devo muito, nos anos da minha juventude, a este escapulário carmelitano. Que a mãe se mostre sempre solícita e se preocupe com a roupa dos seus filhos, de que se apresentem bem vestidos, é algo encantador". E quando essas vestes se rasgam, "a mãe procura consertá-las". "A Virgem do Carmo, Mãe do santo escapulário, fala-nos desse cuidado maternal, dessa sua preocupação por vestir-nos. Vestir--nos em sentido espiritual. Vestir-nos com a graça de Deus e ajudar-nos a conservar essa roupa sempre limpa". O Papa aludia às vestes brancas usadas pelos catecúmenos dos primeiros séculos, como símbolo da graça santificante que recebiam com o batismo. E depois de exortar a conservar a alma sempre limpa, concluía: "Sede também vós solícitos em colaborar com a Mãe boa, que se preocupa com as vossas vestes, e especialmente com as vestes da graça, que santifica a alma dos seus filhos e filhas"[14]. Essas vestes com que um dia nos apresentaremos ao *banquete nupcial*.

O escapulário do Carmo pode ser uma grande ajuda para amarmos mais a nossa Mãe do Céu, um lembrete para que não nos esqueçamos de que lhe estamos dedicados e de que, num momento de dificuldade, no meio de uma tentação, contamos com a sua ajuda. Com palavras do Gradual da festa de hoje, pedimos a Nossa Senhora: *Recordare Virgo Mater Dei [...] ut loquaris pro nobis bona*. "Lembrai-vos, ó Virgem Mãe de Deus, quando estiverdes na presença de Deus, de dizer-lhe coisas boas de nós"[15]; também nesses dias em que não tenhamos sido tão fiéis como Deus espera dos seus filhos.

---

(1) 1 Rs 18, 44; (2) cf. Professores de Salamanca, *Bíblia comentada*, BAC, Madri, 1961, vol. II, p. 450; (3) Pio XII, *Alocução*, 6-VIII-1950; (4) São Josemaria Escrivá, *Caminho*, n. 500; (5) cf. Inocêncio IV, Bula *Ex parte dilectorum*, 13-I-1252; (6) cf. João XXII, Bula *Sacratissimo uti culmine*, 3-III-1322; (7) Conc. Vat. II, Const. *Lumen gentium*, 62; (8) Card. Gomá, *María Santísima*, 2ª ed., R. Casulleras, Barcelona, 1947; (9) Santa Teresa, *Fundações*, 23, 3; (10) Paulo VI, *Homilia*, 15--VIII-1966; (11) João Paulo II, *Alocução*, 9-XI-1982; (12) cf. M. Trens, *María, iconografía de la Virgen en el arte español*, Plus Ultra, Madri, 1946, p. 378; (13) São Vicente Ferrer, *Sermão II sobre o Natal*; (14) João Paulo II, *Alocução*, 15-I-1989; (15) *Graduale romanum*, p. 580.

22 DE JULHO

62. SANTA MARIA MADALENA
Memória

— Maria Madalena ensina-nos a procurar Jesus em todas as circunstâncias.
— Reconhece Jesus quando Ele a chama pelo seu nome. A sua alegria ao ver Cristo ressuscitado.
— É enviada pelo Senhor aos apóstolos. A alegria de todo apostolado.

Era originária de Magdala, pequena cidade da Galileia a noroeste do lago de Tiberíades. Fez parte do grupo de mulheres que seguiam Jesus e o serviam com os seus bens. Esteve presente no Calvário, e na madrugada do dia da Páscoa teve o privilégio de ser a primeira, depois da Virgem, a ver o Redentor ressuscitado, a quem reconheceu quando a chamou pelo seu nome. O seu culto estendeu-se consideravelmente na Igreja do Ocidente durante a Idade Média. Não parece provável que fosse a mesma que derramou sobre os pés de Jesus um frasco de alabastro na casa de Simão o fariseu.

I. *Ó DEUS, Vós sois o meu Deus! Busco-Vos com solicitude; de Vós está sedenta a minha alma, deseja-Vos a minha carne, como a terra árida e sedenta, sem água*[1], lemos no *Salmo* responsorial da Missa.

Ao cabo de vinte séculos, continuam a comover-nos a delicadeza, a fidelidade e o amor de Maria Madalena por Jesus. São João narra-nos no Evangelho da Missa[2] como esta mulher se dirigiu ao sepulcro logo que lho permitiu o descanso sabático, *quando ainda estava escuro*, em busca do Corpo morto do seu Senhor. Ele tinha-a libertado do Maligno[3], a graça frutificara no seu coração, e ela seguira fielmente o Mestre em algumas das suas viagens apostólicas e servira-o generosamente com os seus bens. Nos momentos terríveis da crucifixão, permaneceu no Calvário[4], bem perto dAquele que a tinha curado dos seus males. E quando depositaram Jesus no sepulcro, continuou por ali, fazendo-lhe companhia, como talvez já tenhamos feito com o corpo de uma pessoa amada. Testemunha-o São Mateus: *E Maria Madalena e a outra Maria estavam ali sentadas, defronte do sepulcro*[5].

Passado o sábado, *ao amanhecer do primeiro dia da semana*[6], dirigiu-se com outras santas mulheres ao lugar onde se encontrava o Corpo de Jesus, a fim de embalsamá-lo. Mas o Senhor já não está ali: tinha ressuscitado! Viu a pedra retirada e o sepulcro vazio. *Correu, pois, e foi ter com Simão Pedro e com o outro discípulo, a quem Jesus amava, e disse-lhes: Levaram o Senhor do sepulcro e não sabemos onde o puseram*[7]. Pedro e João foram correndo ao sepulcro. São João conta-nos que aquele momento foi definitivo na sua vida: *viu e creu*[8]. Os dois *voltaram novamente para casa*[9], mas Maria ficou ali, chorando a ausência do Corpo do Mestre. Com uma tristeza indescritível, sem ainda acreditar na ressurreição, persevera, não quer afastar-se do lugar onde viu pela última vez o Corpo adorável do Senhor.

Consideramos hoje "a intensidade do amor que ardia no coração daquela mulher, que não se afastou do sepulcro do Senhor mesmo quando os discípulos se retiraram. Procurava Aquele a quem não tinha encontrado, procurava-o chorando e, inflamada no fogo do seu amor, ardia em desejos de encontrar Aquele que julgava terem tirado. E assim aconteceu que foi a única que o viu naquele momento; porque, na verdade, o que dá força às boas obras é a perseverança nelas"[10].

Não deixemos nós de procurar sempre Jesus, mesmo nos momentos em que — se o Senhor o permite — o desalento e a escuridão penetrem na alma. Não esqueçamos nunca que

Ele sempre está muito perto da nossa vida, ainda que não o vejamos. Está sempre perto, porque, como diz o Apóstolo, *"Dominus prope est! —* o Senhor me acompanha de perto. Caminharei com Ele, portanto, bem seguro, já que o Senhor é meu Pai..., e com a sua ajuda cumprirei a sua amável Vontade, ainda que me custe"[11].

II. PELA SUA PERSEVERANÇA em procurá-lo, pelo seu grande amor, Maria Madalena recebeu o dom de ser a primeira pessoa a quem Jesus apareceu[12]. A princípio, não reconheceu Jesus, apesar de estar ao seu lado. São João diz que *voltou-se para trás e viu Jesus em pé, mas não sabia que era Jesus*[13]. Apesar de tê-lo visto, não percebeu que era Cristo — vivo! — que estava ao seu lado. *Mulher —* disse-lhe Jesus —, *por que choras? A quem procuras?*[14] As lágrimas impediram-na de ver o Mestre, a quem adivinhamos sorrindo, feliz com o encontro, como quando se dirige a nós, que o procuramos sem cessar, porque Ele é o mesmo então e agora. *Ela, julgando que era o hortelão, disse-lhe: Senhor, se tu o tiraste, dize-me onde o puseste, e eu o levarei*[15].

Então Jesus chamou-a pelo nome, com a entoação própria que empregava quando se dirigia a ela. *Disse-lhe Jesus: Maria!*[16] Todas as nuvens, acumuladas no seu coração durante os três dias, dissiparam-se instantaneamente. "Quantas penas interiores, quantos tormentos do espírito causados por um grande amor e para os quais não parecia haver consolo, se desfizeram como a espuma ante uma só palavra de Jesus!"[17] E como um rio incontrolável, como se tudo tivesse sido um pesadelo, Maria olhou-o e disse-lhe: *Rabboni!* Mestre![18] Como se fosse uma realidade impossível de traduzir, São João quis conservar-nos o termo hebreu, familiar, com que Maria chamara tantas vezes o Senhor.

"Procurava-o entre os mortos — comenta Santo Agostinho —, e Ele apresentou-se vivo. Como vivo? Chama-a pelo nome: *Maria*, e ela responde imediatamente, mal ouve o seu nome: *Rabboni*. O hortelão podia ter dito: «A quem procuras? Por que choras?» Mas só Cristo podia ter dito: *Maria*. Chamou-a pelo nome Aquele que a chamou ao

384 SANTA MARIA MADALENA

Reino dos Céus. Pronunciou o nome que tinha escrito no seu livro: *Maria*. E ela: *Rabboni*, que significa Mestre. Reconheceu Aquele que a iluminava para que o reconhecesse; viu Cristo em quem antes tinha visto um hortelão. E o Senhor disse-lhe: *Não me toques, porque ainda não subi para meu Pai* (Jo 20, 17)"[19].

Como desaparecem os nossos pesares quando descobrimos Jesus vivo e glorioso, que está ao nosso lado e nos chama pelo nosso nome! Que alegria encontrá-lo tão perto, vê-lo tão familiar, poder chamá-lo com o nosso acento peculiar, que Ele conhece tão bem! A nossa oração é a nossa felicidade mais profunda, e também o sustentáculo em que se apoia toda a nossa vida. Não deixemos de procurar o Senhor se alguma vez não o vemos; se perseverarmos, Ele virá ao nosso encontro e nos chamará pelo nosso nome familiar, e recuperaremos a paz e a alegria, se as tivermos perdido. Uma só palavra de Jesus devolve-nos a esperança e a vontade de recomeçar.

Não esqueçamos em situação nenhuma que "o dia do triunfo do Senhor, da sua Ressurreição, é definitivo. Onde estão os soldados que a autoridade tinha destacado? Onde estão os selos que tinham colocado sobre a pedra do sepulcro? Onde estão os que condenaram o Mestre? Onde estão os que crucificaram Jesus?... Perante a sua vitória, produz-se a grande fuga dos pobres miseráveis. Enche-te de esperança: Jesus Cristo vence sempre"[20]. Também vence na nossa vida e triunfa sobre os nossos defeitos e fraquezas, por mais inamovíveis que nos pareçam ser, se sabemos procurá-lo a todo o custo.

III. DEPOIS DE CONSOLAR MARIA, o Senhor encarrega-a de transmitir uma mensagem aos apóstolos, a quem chama carinhosamente *irmãos*. E *foi Maria Madalena e anunciou aos discípulos: Vi o Senhor!*; a seguir, contou-lhes tudo o que tinha acontecido[21]. Podemos imaginar a alegria com que Maria teria pronunciado essas palavras: *Vi o Senhor!* É o gozo e a alegria de todo o apostolado em que se anuncia aos outros, de mil formas diversas, que Jesus vive. São Tomás de Aquino comenta a este propósito: "Por esta mulher, que foi a mais solícita em reconhecer o sepulcro de Cristo, designa-se toda a pessoa que anseia por conhecer a verdade divina e que, portanto, é digna de anunciar aos outros o conhecimento de tal graça — como Maria o anunciou aos discípulos —, para que não deva ser repreendida por ter escondido o talento". E o santo Doutor conclui: "Esse gozo não nos foi concedido para que o ocultemos no segredo do nosso coração, mas para que o mostremos aos que amam"[22], para que o publiquemos aos quatro ventos.

Quem encontra Cristo na sua vida, encontra-o para todos. A notícia da Ressurreição propagou-se como um incêndio nos primeiros séculos; os cristãos eram conscientes de serem portadores da *Boa-nova*, discípulos gozosos dAquele que, tendo morrido por todos, ressuscitara ao terceiro dia, *como tinha anunciado*. Eram um povo feliz no meio de um mundo triste; e a sua alegria, como a nossa, procedia de estarem perto de Cristo vivo. O apostolado é sempre a comunicação de uma mensagem alegre, a mais gozosa de todas.

Pedimos hoje a Santa Maria Madalena que nos consiga do Senhor o seu amor e a sua perseverança em procurá-lo. E uma vez que foi a ela, *antes que a ninguém*, que Jesus confiou *a missão de anunciar aos seus a alegria pascal*, alcancemos a alegria de *anunciar sempre que Cristo ressuscitou e de vê-lo um dia glorioso no reino dos céus*[23]. Ali o contemplaremos, como também veremos Santa Maria, Mãe de Deus e Mãe nossa, que nunca se separou do nosso lado. E veremos com particular alegria todos aqueles a quem tivermos anunciado, em clima de amizade, que Cristo ressuscitado continua entre nós.

(1) Sl 62, 2; *Salmo responsorial* da Missa do dia 22 de julho; (2) Jo 20, 1-2, 11-18; (3) Lc 8, 2; (4) cf. Mt 27, 56; (5) Mt 27, 61; (6) cf. Mt 28, 1; (7) Jo 20, 2; (8) cf. Jo 20, 8; (9) Jo 20, 10; (10) Liturgia das Horas, *Segunda leitura*, São Gregório Magno, *Homilias sobre o Evangelho*, 25, 1-2; (11) cf. São Josemaria Escrivá, *Sulco*, n. 53; (12) Mc 16, 9; (13) Jo 20, 14; (14) Jo 20, 15; (15) Jo 20, 15; (16) Jo 20,

16; (17) M. J. Indart, *Jesus en su mundo*, Herder, Barcelona, 1963, p. 124; (18) Jo 20, 16; (19) Santo Agostinho, *Sermão 246*, 3-4; (20) São Josemaria Escrivá, *Forja*, n. 660; (21) cf. Jo 20, 18; (22) São Tomás, em *Catena aurea*, vol. VIII, p. 400; (23) cf. *Oração coleta* da Missa.

25 DE JULHO

63. SÃO TIAGO (MAIOR) APÓSTOLO

Festa

—— Beber o cálice do Senhor.
—— Não desanimar com as nossas fraquezas.
Recorrer ao Senhor.
—— Recorrer à Virgem nas dificuldades.

São Tiago era natural de Betsaida, filho de Zebedeu e irmão de São João. Foi um dos três discípulos que estiveram presentes na Transfiguração, na agonia do Getsêmani e em outros acontecimentos importantes da vida pública de Jesus. Foi o primeiro apóstolo que morreu por pregar a mensagem salvadora de Cristo. A sua energia e firmeza fizeram que o Senhor o chamasse filho do trovão. A sua atividade apostólica desenvolveu-se na Judeia e na Samaria e, segundo uma venerável tradição, levou-o até à Espanha. Retornando à Palestina, sofreu o martírio por volta do ano 44, por ordem de Herodes Agripa. Os seus restos mortais foram trasladados para Santiago de Compostela, centro de peregrinação durante a Idade Média e foco de fé para toda a Europa.

I. *CAMINHANDO JESUS ao longo do mar da Galileia, viu Tiago, filho de Zebedeu, e João, seu irmão, que consertavam as redes; e chamou-os e deu-lhes o nome de "Boanerges", que quer dizer "filhos do trovão"*[1].

"Tudo começou quando alguns pescadores do lago de Tiberíades foram chamados por Jesus de Nazaré. Acolheram a chamada, seguiram-no e viveram com Ele aproximadamente três anos. Participaram da sua vida cotidiana,

388 SÃO TIAGO (MAIOR) APÓSTOLO

foram testemunhas da sua pregação, da sua bondade misericordiosa com os pecadores e com os que sofriam, do seu poder. Escutaram atentos a sua palavra, uma palavra jamais ouvida". Durante esse tempo, os discípulos tiveram conhecimento "de uma realidade que, desde então, os possuiria para sempre: a experiência da *vida com Jesus*. Foi uma experiência que rompeu a trama da existência anterior; tiveram que deixar tudo: a família, a profissão, os bens. Foi uma experiência que os introduziu numa nova maneira de existir"[2].

Um dia, o convidado a seguir Jesus foi Tiago, irmão de João e filho de Salomé, uma das mulheres que serviam o Senhor com os seus bens e que estaria presente no Calvário. O apóstolo conhecia Jesus antes de Ele o ter chamado definitivamente, e gozou da sua predileção juntamente com Pedro e seu irmão: esteve presente no Tabor[3], presenciou o milagre da ressurreição da filha de Jairo e foi um dos três que o Mestre tomou consigo para que o acompanhassem no Horto das Oliveiras[4], no começo da Paixão. Pelo seu zelo impetuoso, Tiago e seu irmão receberam do Senhor a alcunha de *Boanerges*, filhos do trovão.

O Evangelho da Missa narra-nos um acontecimento singular da vida deste apóstolo. Jesus acabava de anunciar que se aproximava o momento da sua Paixão e Morte em Jerusalém: *Eis que subimos a Jerusalém* — disse-lhes —, *e o Filho do homem será entregue aos príncipes dos sacerdotes e aos escribas, que o condenarão à morte e o entregarão aos gentios para ser escarnecido, açoitado e crucificado; mas ao terceiro dia ressuscitará*[5]. O Mestre sente necessidade de compartilhar com os seus discípulos esses sentimentos que embargam a sua alma. Nessa altura, *aproximou-se dele a mãe dos filhos de Zebedeu com os seus filhos, e prostrou-se para pedir-lhe alguma coisa*[6]. Pede-lhe que reserve para os filhos dois lugares de importância no novo reino cuja chegada parecia iminente. Jesus dirige-se aos irmãos e pergunta-lhes se podem partilhar com Ele *o seu cálice*, o seu mesmo destino. Oferecer a taça própria a outra pessoa era considerado na Antiguidade como uma grande prova de amizade. Eles responderam: *Podemos*[7]. "Era a palavra da disponibilidade, da força; uma atitude que é própria não só de pessoas jovens, mas de todos os cristãos, especialmente de todos os que aceitam ser apóstolos do Evangelho"[8]. Jesus aceita a resposta generosa dos dois discípulos e diz-lhes: *Efetivamente, haveis de beber o meu cálice*, participareis dos meus sofrimentos, completareis em vós a minha Paixão. Alguns anos mais tarde, por volta do ano 44, Tiago morreria decapitado por ordem de Herodes[9], e João seria provado com inúmeros padecimentos e perseguições ao longo da sua vida.

Desde que Cristo nos redimiu na Cruz, todo o sofrimento cristão consistirá em *beber o cálice do Senhor*, em participar da sua Paixão, Morte e Ressurreição. Por meio das nossas dores, completamos de certo modo a Paixão de Cristo[10], que se prolonga no tempo, com os seus frutos salvíficos. A dor humana torna-se redentora, porque se acha associada à que o Senhor padeceu. É o mesmo cálice de que Ele, na sua misericórdia, nos faz participar. Perante as contrariedades, a doença, a dor, Jesus faz-nos a mesma pergunta: *Podeis beber o meu cálice?* E nós, se estivermos unidos a Ele, saberemos responder-lhe afirmativamente, e acolheremos com paz e alegria aquilo que humanamente não é agradável. Com Cristo, até a dor e o fracasso se convertem em gozo e em paz. "Esta foi a grande revolução cristã: converter a dor em sofrimento fecundo; fazer, de um mal, um bem. Despojamos o diabo dessa arma...; e, com ela, conquistamos a eternidade"[11].

II. NO ESPAÇO DE TEMPO que transcorreu entre o momento em que Tiago manifestou as suas ambições — não inteiramente nobres — e o seu martírio, tem lugar um longo processo interior. O próprio zelo do apóstolo, dirigido contra aqueles samaritanos que não tinham querido receber Jesus *por dar a impressão de ir para Jerusalém*[12], transformar-se-á mais tarde em ânsia de almas. Pouco a pouco, sem perder a sua própria personalidade, Tiago irá aprendendo que o zelo pelas coisas de Deus não pode ser áspero nem violento, e que a única ambição que vale a pena é a glória de Deus. Conta São Clemente de Alexandria que, quando o apóstolo era levado ao tribunal onde ir ser julgado, foi tal a sua inteireza que o seu acusador se aproximou dele para lhe pedir perdão. São Tiago refletiu... Depois, abraçou-o dizendo: "A paz esteja contigo"; e os dois receberam a palma do martírio[13].

Ao meditarmos hoje sobre a vida do apóstolo, serve-nos de grande ajuda considerarmos os seus defeitos, bem como os dos outros onze que o Senhor tinha escolhido. Não eram poderosos, nem sábios, nem simples. Vemo-los às vezes ambiciosos, discutidores[14], com pouca fé[15]. Mas, a par dessas deficiências e falhas, tinham uma alma e um coração grandes. São Tiago será o primeiro apóstolo mártir[16]. Tanto pôde a graça divina naquele coração generoso, que o levou a enveredar por caminhos bem diversos dos que ele tinha sonhado e pedido.

O Mestre sempre foi paciente com Tiago e com todos, e contou com o tempo para ensiná-los e formá-los com uma sábia pedagogia divina. "Observemos — escreve São João Crisóstomo — como a maneira de o Senhor os interrogar equivale a uma exortação e a um aliciante. Não diz: "Podeis suportar a morte? Sois capazes de derramar o vosso sangue?" As suas palavras são: *Podeis beber o cálice?* E, para animá-los a dar o passo, acrescenta: *...que eu irei beber?* Deste modo, a consideração de que se tratava do mesmo cálice que o Senhor iria beber havia de estimulá-los a uma resposta mais generosa. E chama à sua Paixão *batismo*, mostrando assim que os seus sofrimentos haviam de ser causa de uma grande purificação para o mundo inteiro"[17].

O Senhor também nos chamou a cada um de nós. Não nos deixemos invadir pelo desalento se alguma vez as nossas fraquezas e defeitos se tornam patentes. Se recorrermos a Jesus, Ele nos dará ânimos para seguirmos adiante com humildade, mais fielmente. O Senhor tem paciência também conosco, e conta com o tempo.

III. NA SEGUNDA LEITURA da Missa, São Paulo recorda-nos: *Trazemos, porém, este tesouro em vasos de barro, para que se veja que a superioridade da virtude é de Deus, e não nossa*[18]. Somos algo quebradiço e pouco resistente, que no entanto pode conter um tesouro de incomparável valor, porque Deus realiza maravilhas nos homens, apesar das suas debilidades. E precisamente para que se veja que é Ele quem atua e dá a eficácia, escolheu *as coisas fracas segundo o mundo para confundir as fortes; e as coisas vis e desprezíveis segundo o mundo, e aquelas que não são, para destruir as que são, a fim de que nenhum homem se vanglorie na sua presença*[19]. Isto escreve aquele que outrora perseguira a Igreja. Ao trazermos Deus nas nossas almas, podemos viver ao mesmo tempo "no Céu e na terra, endeusados; mas sabendo que somos do mundo e que somos terra, com a fragilidade própria do que é terra: um pote de barro que o Senhor se dignou aproveitar para o seu serviço. E quando se quebrou, recorremos aos grampos, como o filho pródigo: *Pequei contra o Céu e contra Ti...*"[20], a esses grampos que se punham antigamente nos vasos que se quebravam, para que continuassem a ser úteis.

Deus torna eficazes os que têm a humildade de sentir-se como um *vaso de argila*, os que trazem no seu corpo a mortificação de Jesus[21], os que bebem o cálice da Paixão, que o Senhor bebeu e convidou São Tiago a beber.

Diz-nos a tradição que este apóstolo pregou o Evangelho na Espanha. A sua ânsia de almas levou-o ao extremo do mundo então conhecido. A mesma tradição fala-nos das dificuldades que encontrou nessas terras nos começos da sua evangelização, e como Nossa Senhora lhe apareceu em carne mortal para animá-lo. É possível que também nós sejamos assaltados pelo desalento numa ou noutra ocasião, e que nos sintamos um pouco abatidos diante dos obstáculos que dificultam os nossos desejos de levar outras almas a Cristo. Podemos até encontrar incompreensões, zombarias, oposições. Mas Jesus não nos abandona. Recorreremos a Ele, e poderemos dizer com São Paulo: *Estamos cercados de dificuldades, mas não desesperamos; somos afligidos, mas não nos sentimos desamparados; somos acossados, mas não perecemos...*[22] E recorreremos a Santa Maria, e

392   SÃO TIAGO (MAIOR) APÓSTOLO

nEla, como o apóstolo São Tiago, encontraremos sempre alento e alegria para prosseguirmos o nosso caminho.

(1) Cf. Mt 4, 18; *Antífona de entrada* da Missa do dia 25 de julho; (2) C. Caffarra, *Vida en Cristo*, EUNSA, Pamplona, 1988, pp. 19-20; (3) Mt 17, 1 e segs.; (4) Mt 26, 37; (5) Mt 20, 17-19; (6) Mt 20, 20; (7) Mt 20, 22; (8) João Paulo II, *Homilia em Santiago de Compostela*, 9-XI-1982; (9) At 12, 2; (10) cf. Col 1, 24; (11) São Josemaria Escrivá, *Sulco*, n. 887; (12) Lc 9, 53; (13) cf. Clemente de Alexandria, *Hypotyposeis*, VII, citado por Eusébio, *História eclesiástica*, 11, 9; (14) Lc 22, 24-27; (15) Mt 14, 31; (16) cf. At 12, 2; (17) Liturgia das Horas, *Segunda leitura*. São João Crisóstomo, *Homilias sobre o Evangelho de São Mateus*, 65, 3-4; (18) 2 Cor 4, 7; (19) 1 Cor 1, 27-29; (20) S. Bernal, *Perfil do Fundador do Opus Dei*, p. 420; (21) 2 Cor 4, 10; cf. *Segunda leitura* da Missa do dia 25 de julho; (22) 2 Cor 4, 8; *Segunda leitura* da Missa do dia 25 de julho.

26 DE JULHO

64. SANTOS JOAQUIM E ANA, PAIS DE MARIA SANTÍSSIMA
Memória

—— O lar dos pais de Nossa Senhora.
—— Famílias cristãs.
—— A educação dos filhos. Rezar em família.

Uma antiga tradição, de que há referências já no século II, atribui esses nomes aos pais da Santíssima Virgem Maria. A devoção por São Joaquim e Santa Ana é uma prolongação da piedade que os fiéis sempre professaram pela Santíssima Virgem. O Papa Leão XIII dignificou esta festa, que era celebrada separadamente até a última reforma litúrgica.

I. *FESTEJEMOS ANA E JOAQUIM, pais da Virgem Maria: Deus concedeu-lhes a bênção prometida a todos os povos*[1].

Uma antiquíssima tradição conservou-nos os nomes dos pais de Santa Maria, que foram, "dentro do seu tempo e das suas circunstâncias históricas concretas, um elo precioso do projeto de salvação da humanidade"[2]. Por meio deles, chegou-nos a bênção que um dia Deus prometera a Abraão e à sua descendência, pois foi através da sua Filha que recebemos o Salvador. São João Damasceno afirma que os conhecemos pelos seus frutos: a Virgem Maria é o grande fruto que deram à humanidade. Ana concebeu-a puríssima e imaculada no seu seio. "Ó formosíssima criança, sumamente amável! — exclama o Santo Doutor —. Ó filha de Adão e

Mãe de Deus! Felizes as entranhas e o ventre de que saíste! Felizes os braços que te carregaram e os lábios que tiveram o privilégio de beijar-te!..."[3]

São Joaquim e Santa Ana tiveram a imensa sorte de terem podido cuidar e acolher no seu lar a Mãe de Deus. Quantas graças não terá Deus derramado sobre eles! Santa Teresa de Jesus, que costumava pôr os conventos que fundava sob a proteção de São José e Santa Ana, argumentava: "A misericórdia de Deus é tão grande que por nada deixará de favorecer a casa da sua gloriosa avó"[4]. Jesus, por via materna, descendia diretamente desses santos esposos cuja festa celebramos hoje.

Podemos confiar à intercessão dos pais de Nossa Senhora as nossas necessidades, especialmente as que se referem à santidade dos nossos lares: *Senhor, Deus dos nossos pais* — suplicamos com uma oração da Liturgia da Missa —, *Vós que concedestes a São Joaquim e Santa Ana a graça de darem a vida à Mãe do vosso Filho Jesus, fazei que, pela intercessão destes santos, alcancemos a salvação prometida ao vosso povo*[5]. Ajudai-nos, por sua intercessão, a velar por aqueles que pusestes especialmente sob os nossos cuidados. Ensinai-nos a criar ao nosso redor um clima humano e sobrenatural em que seja mais fácil encontrar-vos a Vós, nosso fim último e nosso tesouro.

II. O PAPA JOÃO PAULO II ensina que São Joaquim e Santa Ana são "uma fonte constante de inspiração na vida cotidiana, na vida familiar e social". E exorta: "Transmiti mutuamente de geração em geração, junto com a oração, todo o patrimônio da vida cristã"[6]. Santa Maria recebeu no lar formado por seus pais todo o tesouro de tradições da Casa de Davi que passavam de uma geração para outra; foi nele que aprendeu a dirigir-se ao seu Pai-Deus com imensa piedade; foi nele que conheceu as profecias relativas à chegada do Messias, ao lugar do seu nascimento...

Por sua vez, a Virgem ensinaria a Jesus formas de falar, refrões populares cheios de sabedoria, que anos mais tarde o Senhor empregaria na sua pregação. Dos seus lábios maternais, Jesus terá ouvido com imensa piedade aquelas primeiras orações que os hebreus ensinavam aos seus filhos mal começavam a pronunciar as primeiras palavras. Que boa mestra não teria sido a Virgem! Com que ternura não teria manifestado a riqueza da sua alma cheia de graça!

É muito provável que nós também tenhamos recebido o incomparável dom da fé e muitos bons costumes dos nossos ascendentes, que os foram conservando e transmitindo como um tesouro. Por nossa vez, temos o grato dever de conservar esse patrimônio para transmiti-lo a outros.

Agora que os ataques contra a família parecem recrudescer, devemos preservar com fortaleza esse patrimônio recebido, e procurar enriquecê-lo com a prática das virtudes cristãs e com a nossa fé. Temos de tornar Deus presente no nosso lar mediante esses costumes cristãos de sempre: a bênção dos alimentos, as orações da noite com os filhos mais pequenos..., a leitura de alguns versículos do Evangelho com os mais velhos, alguma breve oração pelas pessoas falecidas, pelas intenções da família e do Papa..., a assistência à Missa do domingo, todos juntos... E a recitação do *terço*, a oração que os Sumos Pontífices tanto recomendaram que fosse rezada em família. Não é necessário que as práticas de piedade em família sejam numerosas, mas seria pouco natural que não se estabelecesse nenhuma num lar em que todos, ou quase todos, professam ser cristãos.

Já se disse que os pais que sabem rezar com os seus filhos encontram mais facilmente o caminho que os leva ao coração desses filhos. E os filhos nunca se esquecem das ajudas que receberam em crianças dos seus pais: para que rezassem, para que recorressem à Virgem em todas as situações. Como agradecemos as orações que os nossos pais nos ensinaram quando éramos pequenos, as formas práticas de dirigir-nos a Jesus Sacramentado...! É, sem dúvida, a melhor herança que recebemos.

Será também muito grato à nossa Mãe Santa Maria que renovemos uma vez mais o propósito tantas vezes formulado de procurarmos ser sempre instrumentos de união entre os diversos membros da família. Este empenho santo levar-

-nos-á a pedir todos os dias pelo membro da família que mais precise, a ter maiores atenções com o mais arisco, com aquele que parece fraquejar ou que está doente.

III. SÃO JOAQUIM E SANTA ANA devem ter pensado muitas vezes que Deus queria algo de grande daquela sua filha, cumulada de tantos dons humanos e sobrenaturais, e oferecê-la-iam a Deus como os hebreus costumavam fazer com os seus filhos.

Os pais que fortalecem o seu amor na oração saberão respeitar a vontade de Deus a respeito dos seus filhos, sobretudo quando eles recebem uma vocação de entrega plena a Deus — muitos pais saberão até pedi-la ao Senhor e desejá-la para esses filhos —, porque "não é sacrifício entregar os filhos ao serviço de Deus — costumava dizer São Josemaria Escrivá —: é honra e alegria"[7], a maior honra, a maior alegria. E os filhos "sentirão toda a beleza de dedicarem as suas energias ao serviço do Reino de Deus", por assim o terem aprendido de muitas maneiras no lar paterno.

O amor no casamento "pode ser também um caminho divino, vocacional, maravilhoso, instrumento para uma completa dedicação ao nosso Deus"[8]. Esse amor deve ser eficaz e operativo no que se refere ao seu fruto, que são os filhos. O verdadeiro amor manifestar-se-á no empenho em formá-los para que sejam trabalhadores, austeros, bem educados no sentido pleno da palavra..., e assim venham a ser bons cristãos. Que lancem raízes nas suas almas as sementes das virtudes humanas: a rijeza, a sobriedade no uso dos bens, a responsabilidade, a generosidade, a laboriosidade... E sempre a alegria de uma alma transparente.

Os pais não devem esquecer nunca que são administradores de um imenso tesouro de Deus e que, por serem cristãos, formam uma família na qual está presente o próprio Cristo, o que lhe dá umas características próprias. Não devem ter receio de singularizar-se num ambiente em que muitas vezes a vida familiar nada mais é do que uma sucessão de transigências e permissivismos covardes: pais sem autoridade, filhos rebeldes, que convivem todos como se estivessem numa pensão. Um lar cristão é um remanso de paz e alegria, em que os filhos desenvolvem a sua personalidade própria com uma liberdade amadurecida na responsabilidade e no conselho oportuno e firme dos pais.

Peçamos hoje a São Joaquim e Santa Ana que os lares cristãos sejam lugares onde se encontre facilmente a Deus. Recorramos também a Nossa Senhora. "Todos unidos, elevemos a Ela os nossos corações e, por sua mediação, digamos a Maria, filha e Mãe: Mostra-te como Mãe para todos, oferece a nossa oração, que Cristo a aceite benigno, Ele, que se fez teu Filho"[9].

(1) *Antífona de entrada* da Missa do dia 26 de julho; (2) João Paulo II, *Homilia*, 26-VII-1983; (3) Liturgia das Horas; São João Damasceno, *Dissertação 6, sobre a Natividade da Virgem Maria*, 6; (4) cf. M. Auclair, *Teresa de Ávila*, Quadrante, São Paulo, 1996, p. 373; (5) *Oração coleta* da Missa do dia 26 de julho; (6) João Paulo II, *No Santuário do Monte de Santa Ana*, Polônia, 21-VI-1983; (7) São Josemaria Escrivá, *Sulco*, n. 22; (8) São Josemaria Escrivá, *Entrevistas com Mons. Josemaria Escrivá*, n. 121; (9) João Paulo II, *Homilia*, 10-XII-1978.

29 DE JULHO

65. SANTA MARTA
Memória

—— Confiança e amor ao Mestre.
—— A Santíssima Humanidade de Cristo.
—— A amizade com o Senhor torna mais fácil o caminho.

Santa Marta vivia em Betânia, perto de Jerusalém, com sua irmã Maria e seu irmão Lázaro. Na última etapa da vida pública de Jesus, o Senhor hospedou-se com frequência em sua casa. Fortes laços de amizade uniam aqueles irmãos a Jesus.

I. A FESTIVIDADE DE SANTA MARTA permite-nos entrar uma vez mais no lar de Betânia, tantas vezes abençoado pela presença de Jesus. Ali, numa família formada pelos três irmãos, Marta, Maria e Lázaro, o Senhor encontrava carinho, e também descanso para o seu corpo fatigado pelo incessante ir-e-vir entre aldeias e cidades. Jesus procurava refúgio nesse lar, sobretudo quando tropeçava mais frequentemente com a incompreensão e o desprezo, como aconteceu na última época da sua vida na terra. Os sentimentos do Mestre para com os irmãos de Betânia foram anotados por São João no seu Evangelho: *Jesus amava Marta e sua irmã Maria e Lázaro*[1]. Eram amigos!

O Evangelho da Missa[2] relata-nos a chegada de Jesus a casa dessa família, quatro dias após a morte de Lázaro. Pouco tempo antes, quando Lázaro já estava gravemente doente, as irmãs tinham enviado ao Mestre um recado cheio de confiança: *Senhor, eis que está enfermo aquele que tu amas*[3]. E Jesus, que se encontrava na Galileia, a vários dias de caminho, *tendo ouvido que Lázaro estava enfermo, ficou ainda dois dias no mesmo lugar. Depois, passados esses dias, disse aos seus discípulos: Vamos outra vez à Judeia*[4]. Quando chegou a Betânia, havia quatro dias que Lázaro tinha sido sepultado.

Marta, sempre atenta e ativa, soube que Jesus vinha chegando e foi ao seu encontro. Aparentemente, o Senhor não tinha atendido ao seu recado, mas o seu amor e a sua confiança não diminuíram. *Senhor* — disse Marta —, *se tivesses estado aqui, meu irmão não teria morrido...*[5] Censura-o com suma delicadeza por não ter chegado antes, pois esperava que o Senhor curasse o seu irmão quando ainda estava doente. E Jesus, com um gesto amável, talvez com um sorriso nos lábios, surpreende-a: *Teu irmão ressuscitará*[6]. Marta recebe essas palavras como um consolo, pensa na ressurreição definitiva e responde: *Eu sei que há de ressuscitar no último dia*[7]. Estas palavras provocam uma portentosa declaração de Jesus acerca da sua divindade: *Eu sou a ressurreição e a vida; o que crê em mim, ainda que esteja morto, viverá; e todo o que vive e crê em mim não morrerá eternamente*[8]. E pergunta-lhe: *Crês nisto?* Quem poderia subtrair-se à autoridade soberana dessa declaração? *Eu sou a ressurreição e a vida!* Eu...! Eu sou a razão de ser de tudo o que existe! Jesus é a Vida, não só a que começa no além, mas também a vida sobrenatural infundida pela graça na alma do homem ainda nesta terra. São palavras extraordinárias que nos enchem de segurança, que nos aproximam cada vez mais de Cristo e que nos levam a responder como Marta: *Eu creio que tu és o Cristo, Filho do Deus vivo, que vieste a este mundo*[9]. O Senhor, momentos depois, ressuscita Lázaro.

Admiramos a fé de Marta e quereríamos imitá-la na sua amizade cheia de confiança com o Mestre. "Viste com que carinho, com que confiança os amigos de Cristo o tratavam? Com toda a naturalidade, as irmãs de Lázaro lançam-lhe em rosto a sua ausência: — Nós te avisamos! Se tivesses estado aqui!...

"Confia-lhe devagar: — Ensina-me a tratar-te com aquele amor de amizade de Marta, de Maria e de Lázaro; como te tratavam também os primeiros Doze, ainda que a princípio te seguissem talvez por motivos não muito sobrenaturais"[10].

II. TEMPOS DEPOIS, estando já próxima a Páscoa, Jesus visitou novamente aqueles amigos: *Foi a Betânia onde vivia Lázaro, que Jesus ressuscitara dentre os mortos. E deram-lhe lá uma ceia; e Marta servia, e Lázaro era um dos que estavam à mesa com Ele*[11].

Marta servia... Com que amor agradecido o faria! Ali estava o Messias, na sua casa, ali estava Deus necessitado das suas atenções. E Ela podia servi-lo. Deus faz-se homem para estar muito perto das nossas necessidades, para que aprendamos a amá-lo através da sua Santíssima Humanidade, para que possamos servi-lo e ser seus amigos íntimos.

Não podemos deixar de considerar muitas vezes que o mesmo Jesus de Nazaré, de Cafarnaum, de Betânia, é quem nos espera no Sacrário mais próximo, "necessitado" das nossas atenções. "É verdade que ao nosso Sacrário chamo sempre Betânia... — Faz-te amigo dos amigos do Mestre: Lázaro, Maria, Marta. — E depois não me perguntarás mais por que chamo Betânia ao nosso Sacrário"[12]. Ali está Ele. Não podemos deixar de visitá-lo todos os dias..., e de permanecer em sua companhia durante esses minutos de ação de graças após a Comunhão, sem pressas, sem inquietações. Não há nada mais importante.

Ensina São Tomás que não houve outro modo mais conveniente de redimir os homens que o da Encarnação[13]. E aduz estas razões: quanto à fé, porque se tornava mais fácil crer, já que era o próprio Deus quem falava; quanto à esperança, porque a Encarnação era a maior prova da vontade divina de salvar os homens; quanto à caridade, porque *ninguém tem maior amor que aquele que dá a vida pelos seus amigos*[14]; quanto às obras, porque o próprio Deus nos ia servir de exemplo: assumindo a nossa carne, mostrava-nos a importância da criatura humana; com a sua humilhação, curava a nossa soberba...

Na Santíssima Humanidade de Jesus, o amor que Deus tem por nós toma forma humana, abrindo-nos assim um plano inclinado que nos leva suavemente a Deus Pai. Por isso, a vida cristã consiste em amar a Cristo, em imitá-lo, em segui-lo de perto, atraídos pela sua vida. A santificação não tem por eixo a luta contra o pecado, não é algo negativo; está centrada em Jesus Cristo, objeto do nosso amor: não consiste apenas em evitar o mal, mas em amar e imitar o Mestre, que *passou fazendo o bem...*[15]

A vida cristã é profundamente humana: o coração tem um lugar importante na obra da nossa santificação porque Deus se pôs ao seu alcance. E quando descuramos a vida de piedade, a amizade pessoal com o Mestre, deixando que o coração se disperse pelas criaturas, a força da vontade não basta para assegurar o progresso no caminho da santidade. Por isso, temos de esforçar-nos por ver Cristo sempre próximo da nossa vida, e servir-nos da imaginação para representá-lo vivo: uma criança que nasceu em Belém, um adolescente e homem feito que trabalhou em Nazaré, que teve amigos que amava e a quem procurou muitas vezes porque a sua companhia o confortava.

Aprendamos dos amigos de Jesus a tratá-lo com imenso respeito, porque é Deus, e com grande confiança, porque é o Amigo de sempre, que procura continuamente o nosso convívio.

III. EM OUTRA OCASIÃO, Jesus e os seus discípulos detiveram-se em casa desses amigos de Betânia antes de irem a Jerusalém. As duas irmãs começaram a preparar todas as coisas necessárias para hospedá-los. Mas Maria, talvez poucos minutos depois da chegada do Mestre, sentou-se aos seus pés e *ouvia a sua palavra*[16], enquanto Marta cuidava sozinha do trabalho da casa. Maria despreocupou-se das inúmeras tarefas que ainda restavam por fazer e entregou-se completamente às palavras do Mestre. "A familiaridade com que se instalou aos seus pés [...], a fome de ouvir as suas palavras, demonstram que este não era o primeiro encontro, mas que existia uma verdadeira intimidade"[17].

Marta não se mostra, com certeza, indiferente às palavras de Jesus; ela também as escuta, mas está mais ocupada nas tarefas domésticas. Sem perceber, deixou Jesus passar para um segundo plano: está absorvida nas coisas que tem de preparar para atendê-lo bem. E inquieta-se ao sentir-se sozinha, a braços com mais trabalho talvez do que aquele que podia realizar. Contempla então a sua irmã aos pés de Jesus e, presa de um certo desassossego, mas com grande confiança, posta-se diante de Jesus — como nota São Lucas — e diz-lhe: *Senhor, não se te dá que minha irmã me tenha deixado só com o serviço da casa? Dize-lhe, pois, que me ajude*[18]. Que grande confiança tem com o Mestre!: *Dize-lhe que me ajude...*

Jesus responde-lhe no mesmo tom familiar, como parece indicar a própria repetição do nome: *Marta, Marta* — diz-lhe —, *tu te afadigas e andas inquieta com muitas coisas. No entanto, uma só coisa é necessária*[19]. Maria, que deveria sem dúvida prestar ajuda à sua irmã, não esqueceu contudo o essencial, aquilo que é verdadeiramente necessário: ter Jesus como centro das atenções. O Senhor não louva toda a sua atitude, mas o principal: o seu amor.

Nem sequer *as coisas que se referem ao Senhor* devem fazer-nos esquecer o *Senhor das coisas*. Marta nunca esqueceria a amável censura do Senhor. Se o seu trabalho era importante, mais importante ainda era estar com o Senhor.

Nem sequer nas tarefas que se referem diretamente a Deus devemos esquecer que o principal, *a única coisa necessária*, é a sua Pessoa. E na nossa vida ordinária devemos ter presente que os assuntos que parecem primordiais, como o trabalho, também não podem antepor-se à família e muito menos a Deus. De pouco serviriam os nossos progressos — econômicos, sociais... — se a própria vida familiar viesse a deteriorar-se por ficar em segundo plano. Se um pai ou mãe de família ganha mais dinheiro, mas descuida o relacionamento com os filhos, de que adianta? Por maioria de razão, se os nossos deveres profissionais nos levam a esquecer as nossas orações habituais — uma breve leitura do Evangelho e outras práticas de piedade, que se intercalam com facilidade no meio das ocupações mais absorventes —, que sentido têm para um cristão?

Santa Marta, que goza para sempre no Céu da presença inefável de Cristo, alcançar-nos-á a graça de valorizarmos mais a amizade com o Mestre; ensinar-nos-á a cuidar com diligência das coisas do Senhor, sem esquecer o Senhor das coisas.

(1) Jo 11, 5; (2) Jo 11, 17-27; (3) Jo 11, 3; (4) Jo 11, 67; (5) Jo 11, 21; (6) Jo 11, 23; (7) Jo 11, 24; (8) Jo 11, 25; (9) Jo 11, 27; (10) São Josemaria Escrivá, *Forja*, n. 495; (11) Jo 12, 1-2; (12) São Josemaria Escrivá, *Caminho*, n. 322; (13) cf. São Tomás, *Suma teológica*, III, q. 1, a. 2; (14) Jo 15, 13; (15) At 10, 38; (16) Lc 10, 39; (17) M. J. Indart, *Jesus en su mundo*, p. 36; (18) Lc 10, 40; (19) Lc 10, 41.

31 DE JULHO

66. SANTO INÁCIO DE LOYOLA
Presbítero
Memória

— A influência da leitura na conversão de Santo Inácio.
— Importância da leitura espiritual.
— Cuidado com o que lemos. Modo de fazer a leitura espiritual.

Nasceu em 1491, em Loyola; seguiu a carreira das armas. Foi ferido quando defendia a cidade de Pamplona. Levado para a sua terra natal, converteu-se durante a convalescença ao ler uma vida de Cristo e a vida de alguns santos. Partiu para Paris onde estudou teologia e reuniu os seus primeiros seguidores, com os quais fundaria mais tarde, em Roma, a Companhia de Jesus. Morreu nesta cidade em 1556.

I. SANTO INÁCIO DE LOYOLA conta na sua *Autobiografia* que, "até os vinte e seis anos de idade, foi um homem dado às vaidades do mundo, que se deleitava principalmente no exercício das armas, com um grande e vão desejo de conquistar honras"[1]. Ferido numa perna quando defendia a cidade de Pamplona, foi levado para a sua terra natal numa maca e esteve a ponto de morrer; depois de uma longa convalescença, recuperou a saúde. Nesse tempo, "e porque era muito dado a ler livros mundanos e falsos, que costumam chamar-se de cavalaria, sentindo-se curado, pedia que lhe dessem alguns deles para passar o tempo. Mas naquela casa não se encontrou nenhum dos que costumava ler, e assim deram-lhe uma *Vita Christi* e um livro da vida dos santos em língua romance"[2]. Ganhou gosto por essas leituras, refletiu sobre elas durante o tempo em que teve de continuar de cama, e "lendo a vida de Nosso Senhor e dos santos, detinha--se a pensar consigo: — Que aconteceria se eu fizesse isto que fez São Francisco, e isto que fez São Domingos? — E assim discorria sobre muitas coisas que achava boas..."[3]

Alegrava-se quando se decidia a seguir a vida dos santos e entristecia-se quando abandonava esses pensamentos. "E alcançada não poucas luzes desta lição, começou a pensar mais seriamente na sua vida passada, e quanta necessidade tinha de fazer penitência"[4]. Assim, pouco a pouco, Deus foi--se introduzindo na sua alma, e, de cavaleiro valoroso de um senhor desta terra, passou a "heroico cavaleiro do Rei Eterno, Jesus Cristo. A ferida que sofrera em Pamplona, a longa convalescença em Loyola, as leituras, a reflexão e a meditação sob o influxo da graça, os diversos estados de ânimo pelos quais o seu espírito passava, produziram nele uma conversão radical: dos sonhos de uma vida mundana para uma plena consagração a Cristo, que aconteceu aos pés de Nossa Senhora de Montserrat e amadureceu no retiro de Manresa"[5].

O Senhor valeu-se da leitura espiritual para a conversão de Santo Inácio. E assim sucedeu na vida de muitos outros: Deus penetrou em muitas almas por meio de um bom livro. Verdadeiramente, "a leitura tem feito muitos santos"[6]. Nela encontramos uma grande ajuda para a nossa formação e para o nosso colóquio diário com Deus. "Na leitura — escreves — preparo o depósito de combustível. Parece um montão inerte, mas é dali que muitas vezes a minha memória tira espontaneamente material, que enche de vida a minha oração e inflama a minha ação de graças depois de comungar"[7]. Um livro de leitura espiritual bem escolhido é um grande amigo, do qual custa separar-nos porque nos mostra o caminho que conduz a Deus e nos anima e ajuda a percorrê-lo.

II. A LEITURA ESPIRITUAL é um dos meios mais importantes para adquirirmos boa doutrina, útil tanto para alimentar-

31 DE JULHO   407

mos a nossa piedade como para darmos a conhecer a fé num mundo dominado por uma profunda ignorância.

Frequentemente, na nossa conversa diária com amigos, parentes, conhecidos, percebemos que desconhecem as noções mais elementares da fé e os critérios mais fundamentais para avaliar os problemas do mundo. Infelizmente, continua a ser atual o que escrevia São João Crisóstomo nos primeiros séculos do cristianismo, lamentando a ignorância religiosa de muitos cristãos da sua época: "Às vezes, acontece — escreve o Santo — que consagramos todo o nosso esforço a coisas, não só supérfluas, mas até inúteis ou prejudiciais, enquanto se abandona e se despreza o estudo da Escritura. Os que se excitam até o excesso com as competições hípicas podem dizer rapidamente o nome, a filiação, a raça, a nação, o nome do treinador, a idade dos animais, a sua velocidade de corrida e quem com quem, se fizessem parelha, conseguiria a vitória; e que cavalos, entre estes ou aqueles, se participassem da corrida e se fossem montados por tal ginete, venceriam a prova... Se, pelo contrário, nos perguntamos quantas são as Epístolas de São Paulo, nem sequer sabemos dizer o seu número"[8]. O Senhor insta-nos a iluminar com a doutrina católica a escuridão e a cegueira de tantos que ignoram por completo as verdades fundamentais da fé e da moral.

Quando são tantas as publicações, as imagens que recebemos a cada passo, e que por si mesmas não nos aproximam de Deus e muitas vezes tendem a afastar-nos dEle, vemos como é imprescindível que tenhamos uns momentos de reflexão suscitados por uma leitura adequada, que nos recorde o nosso fim último, o sentido da vida e dos acontecimentos à luz dos ensinamentos da Igreja[9].

Um bom livro pode chegar a ser um excelente amigo "que nos põe diante dos olhos os exemplos dos santos, condena a nossa indiferença, recorda-nos os juízos de Deus, fala-nos da eternidade, dissipa as ilusões do mundo, responde aos falsos pretextos do amor próprio, proporciona-nos os meios necessários para resistirmos às nossas paixões desordenadas. É um monitor discreto que nos põe secretamente de sobreaviso, um amigo que nunca nos engana..."[10] Podemos aplicar à leitura as palavras que a Escritura reserva para uma boa amizade: podemos dizer que, quando encontramos um bom livro, achamos um tesouro[11]. Em muitos casos, uma boa leitura espiritual pode ser decisiva na vida de uma pessoa, como aconteceu na vida de Santo Inácio de Loyola e na de tantos cristãos.

III. *VIM TRAZER FOGO à terra*, diz o Senhor, *e que quero senão que se ateie!*[12]

Para espalharmos o fogo do amor a Deus pelo mundo, devemos tê-lo no coração, como Santo Inácio o teve. E a leitura espiritual dá-nos luzes para progredirmos na vida interior, propõe-nos exemplos vivos de virtude, acende-nos em desejos de amor e é uma grande ajuda para a oração, além de ser um meio excelente para uma boa formação doutrinal.

Os Santos Padres dão-nos ensinamentos frequentes e concretos sobre a leitura espiritual. São Jerônimo, por exemplo, aconselha que se leiam diariamente uns versículos da Sagrada Escritura, bem como "escritos espirituais de homens doutos, cuidando, no entanto, de que sejam autores de fé segura, porque não se pode procurar ouro no meio do lodo"[13]. A leitura espiritual deve ser feita com livros cuidadosamente escolhidos, de modo que constitua com toda a segurança o alimento de que a nossa alma necessita conforme as suas circunstâncias pessoais. Neste caso, como em tantos outros, a ajuda que recebemos na direção espiritual pode ser inestimável. Em geral, mais do que ir à busca de obras que apresentem *novos problemas teológicos* (que provavelmente só interessarão a especialistas da ciência teológica), o que é preciso é escolher livros que ilustrem os fundamentos da doutrina comum, que exponham claramente o conteúdo da fé, que nos ajudem a contemplar a vida de Jesus Cristo.

Para tirarmos proveito da leitura espiritual — às vezes, será suficiente dedicar-lhe quinze minutos diários, incluindo alguns versículos do Novo testamento —, será necessário lermos devagar, com atenção e recolhimento, "detendo-nos a considerar, ruminar, pensar e saborear as verdades que nos

31 DE JULHO 409

tocam mais de perto, para gravá-las mais profundamente na alma e delas tirar atos e afetos"[14] que nos levem a amar mais a Deus. São Pedro de Alcântara costumava dar um conselho parecido: a leitura "não deve ser apressada nem corrida, mas atenta e pausada; aplicando-lhe não só a inteligência para entender o que se lê, mas muito mais a vontade para saborear o que se entende. E quando encontrarmos alguma passagem mais devota, detenhamo-nos um pouco mais nela para melhor senti-la"[15].

A leitura é muito mais proveitosa quando feita com continuidade, com o mesmo livro; pode ser útil levá-lo conosco quando nos ausentamos nos fins de semana, nalguma viagem profissional etc., como fazemos com outros objetos, talvez mais volumosos e menos úteis. Em determinadas épocas, poderá ser-nos também muito útil "voltar a ler as obras que em outras épocas fizeram bem à nossa alma. A vida é curta; por isso devemos contentar-nos com ler e reler aqueles escritos que verdadeiramente trazem gravada a marca de Deus, e não perder o tempo em leituras de coisas sem vida e sem valor"[16].

Pedimos a Santo Inácio que nos ajude do Céu a tirar abundante proveito da nossa leitura espiritual e que converta o nosso coração para um maior serviço a Deus.

---

(1) Santo Inácio de Loyola, *Autobiografia*, em *Obras completas*, BAC, Madri, 1963, I, 1; (2) *ib.*, I, 5; (3) *ib.*, I, 7; (4) *ib.*, I, 9; (5) João Paulo II, *Mensagem para o Ano Inaciano*, 31-VII-1990; (6) cf. São Josemaria Escrivá, *Caminho*, n. 116; (7) *ib.*, n. 117; (8) São João Crisóstomo, *Homilias sobre algumas passagens do Novo Testamento*, 1, 1; (9) cf. E. Boylan, *El amor supremo*, Rialp, Madri, 1963, p. 181 e segs.; (10) Berthier, cit. por A. Royo Marin em *Teología de la perfección cristiana*, 4ª ed., BAC, Madri, 1962, p. 737; (11) cf. Ecl 6, 14; (12) Lc 12, 49; *Antífona da Comunhão* da Missa do dia 31 de julho; (13) São Jerônimo, *Epístola 54*, 10; (14) São João Eudes, *Royaume de Jésus*, II, 15, 196; (15) São Pedro de Alcântara, *Tratado da oração e meditação*, I, 7; (16) R. Garrigou-Lagrange, *Las tres edades de la vida interior*, Palabra, Madri, 1982, vol. I, p. 291.

1º DE AGOSTO

67. SANTO AFONSO MARIA DE LIGÓRIO

Bispo e Doutor da Igreja
Memória

—— Sua devoção à Virgem.
—— A mediação de Nossa Senhora.
—— Eficácia dessa mediação.

Santo Afonso Maria de Ligório nasceu em Nápoles em 1696. Doutorou-se em Direito civil e em Direito Canônico. Recebeu a ordenação sacerdotal e fundou a Congregação do Santíssimo Redentor. Para fomentar a vida cristã no povo, dedicou-se à pregação e publicou diversas obras, especialmente sobre a Virgem, a Eucaristia, a vida cristã, e de Teologia Moral, matéria pela qual recebeu o título de Doutor da Igreja. A sua vida longeva constitui um admirável exemplo de trabalho, de simplicidade, de espírito de sacrifício e de preocupação por ajudar os outros a alcançar a salvação eterna. Foi eleito Bispo de Sant'Ágata de Goti, mas uns anos depois renunciou ao cargo e morreu entre os seus em Pagani, perto de Nápoles, em 1787.

I. *O ESPÍRITO DO SENHOR está sobre mim; por isso me ungiu e me enviou para anunciar a Boa-nova aos pobres e curar os doentes*[1].

A longa vida de Santo Afonso "esteve repleta de um trabalho incessante: trabalho de missionário, de bispo, de teólogo e de escritor espiritual, de fundador e superior de uma congregação religiosa"[2]. Viveu num tempo em que a descristianização aumentava continuamente. Por isso, o Senhor levou-o a entrar em contato com o povo, culturalmente desatendido e espiritualmente necessitado, por meio de missões populares. Pregou incansavelmente, ensinando a doutrina e animando a todos, com a palavra e com os seus escritos, à oração pessoal, "que devolve às almas a tranquilidade da confiança e o otimismo da salvação. Entre outras coisas, escreveu: «Deus não nega a ninguém a graça da oração, mediante a qual se obtém ajuda para vencer toda a concupiscência e toda a tentação. E digo, e repito, e repetirei sempre enquanto viver — sublinhava o Santo —, que toda a nossa salvação está na oração». Daí o famoso axioma: «Quem reza salva-se, quem não reza condena-se»"[3]. A oração sempre foi o grande remédio para todos os males; é ela que nos abre as portas do Céu. É um ensinamento contínuo das almas que estiveram muito perto de Deus.

Santo Afonso procurou que os fiéis cristãos orientassem a sua vida para o Sacrário, que desenvolvessem uma íntima piedade para com Jesus Sacramentado, e deu particular importância às *visitas ao Santíssimo*, chegando a escrever um pequeno tratado sobre elas[4]. Pela retidão e profundidade da sua doutrina, especialmente em matéria moral, foi declarado *Doutor da Igreja*[5].

Compreendeu também que o caminho que leva à perda da fé começa muitas vezes pela tibieza e frialdade na devoção à Virgem. E, em sentido contrário, o retorno a Jesus começa por um grande amor a Maria. Por isso, difundiu por toda a parte a devoção mariana e preparou para os fiéis, e em especial para os sacerdotes, um arsenal de "materiais para a pregação e propagação da devoção a essa Mãe divina". A Igreja sempre entendeu que "um ponto totalmente particular na economia da salvação é a devoção à Virgem, Medianeira das graças e Corredentora, e por isso Mãe, Advogada e Rainha. Na verdade — afirma o Papa João Paulo II —, Afonso sempre foi todo de Maria, desde o começo da sua vida até à morte"[6].

Cada um de nós deve ser também "todo de Maria", tendo-a presente nos seus afazeres ordinários, por pequenos que sejam. E não devemos esquecer-nos nunca, sobretudo se alguma vez tivermos a desgraça de afastar-nos, de que "a Jesus sempre se vai e se «volta» por Maria"[7]. Ela conduz--nos ao seu Filho rápida e eficazmente.

II. SANTO AFONSO morreu muito idoso, e o Senhor permitiu que os últimos anos da sua vida fossem de purificação. Entre as provas pelas quais passou, uma muito dolorosa foi a perda da vista. E o Santo distraía as horas rezando e pedindo que lhe lessem algum livro piedoso. Conta-se que certo dia, entusiasmado com um livro que lhe liam, perguntou quem tinha escrito tais maravilhas, tão cheias de piedade e de amor a Nossa Senhora. Como resposta, quem o acompanhava leu o título: "*As Glórias de Maria*, por Afonso Maria de Ligório". O venerável ancião cobriu o rosto com as duas mãos, lamentando uma vez mais a perda da memória[8], mas alegrando-se imensamente com aquele testemunho de amor à Santíssima Virgem. Foi um grande consolo que o Senhor lhe concedeu no meio de tantas trevas.

Os conhecimentos teológicos do Santo e a sua experiência pessoal levaram-no à convicção de que a vida espiritual e a sua restauração nas almas devem ser alcançadas — conforme o plano divino que o próprio Deus preestabeleceu e realizou na história da salvação — por meio da mediação de Nossa Senhora, por quem nos veio a Vida e que é o caminho fácil de retorno ao próprio Deus.

Deus quer — afirma o Santo — que todos os bens que procedem dEle nos cheguem por meio da Santíssima Virgem[9]. E cita a conhecida sentença de São Bernardo: "É vontade de Deus que tudo obtenhamos por Maria"[10]. Ela é a nossa principal intercessora no Céu, quem consegue tudo aquilo de que necessitamos. Mais ainda: muitas vezes, a Virgem adianta-se às nossas orações, protege-nos, sugere no fundo da alma essas santas inspirações que nos levam a viver mais delicadamente a caridade; anima-nos e dá-nos forças nos momentos de desânimo, vem em nossa defesa quando recorremos a Ela nas tentações... É a nossa grande aliada no apostolado: concretamente, permite que as nossas

414   SANTO AFONSO MARIA DE LIGÓRIO

palavras, tantas vezes ineptas e mal amanhadas, encontrem eco no coração dos nossos amigos. Foi esta a frequente descoberta de muitos santos: com Maria, chegamos "antes, mais e melhor" às metas sobrenaturais que nos tínhamos proposto.

III. A FUNÇÃO DO *MEDIADOR* consiste em unir ou pôr em comunicação os dois extremos entre os quais se encontra. Jesus Cristo é o único e perfeito Mediador entre Deus e os homens[11], porque, sendo verdadeiro Deus e Homem verdadeiro, ofereceu um sacrifício de valor infinito — a sua própria morte — para reconciliar os homens com Deus[12].

Mas isto não impede que os anjos e os santos, e de modo inteiramente singular Nossa Senhora, exerçam essa função. "A missão maternal de Maria a favor dos homens não obscurece nem diminui de maneira nenhuma a mediação única de Cristo, antes mostra a sua eficácia. Porque todo o salutar influxo da Bem-aventurada Virgem a favor dos homens não é exigido por nenhuma necessidade interna, mas resulta do beneplácito divino e flui dos superabundantes méritos de Cristo"[13]. A Virgem, por ser Mãe espiritual dos homens, é chamada especialmente Medianeira, pois apresenta ao Senhor as nossas orações e as nossas obras, e faz-nos alcançar os dons divinos.

Maria corrige muitas das nossas petições que não estão totalmente bem orientadas, a fim de que obtenham o seu fruto. Pela sua condição de Mãe de Deus, faz parte, de um modo peculiar, da Trindade de Deus, e, pela sua condição de Mãe dos homens, tem a missão confiada por Deus de cuidar dos seus filhos que ainda somos peregrinos[14]. Quantas vezes não a teremos encontrado no nosso caminho! Em quantas ocasiões não terá saído ao nosso encontro, oferecendo-nos a sua ajuda e o seu consolo! Onde estaríamos se Ela não nos tivesse tomado pela mão em circunstâncias bem determinadas?

"Por que as súplicas de Maria têm tanta eficácia diante de Deus?", pergunta-se Santo Afonso. E responde: "As orações dos santos são orações de servos, mas as de Maria são orações de Mãe, e daí procedem a sua eficácia e o seu caráter de autoridade; e como Jesus ama imensamente a sua Mãe, Ela não pode pedir sem ser atendida". E, para prová-lo, recorda as bodas de Caná, em que Jesus realizou o seu primeiro milagre por intercessão de Nossa Senhora: "Faltava vinho, com a consequente aflição dos esposos. Ninguém pediu à Santíssima Virgem que intercedesse junto do seu Filho pelos consternados esposos. Mas o coração de Maria, que não pode deixar de compadecer-se dos infortunados [...], impeliu-a a encarregar-se pessoalmente do ofício de intercessora e a pedir ao Filho o milagre, apesar de ninguém lho ter pedido". E o Santo conclui: "Se a Senhora agiu assim sem que lho pedissem, o que teria feito se lhe tivessem suplicado?"[15] Como não há de atender às nossas súplicas?

Pedimos hoje a Santo Afonso Maria de Ligório que nos alcance a graça de amarmos Nossa Senhora tanto como Ele a amou enquanto esteve nesta terra, e nos anime a difundir a sua devoção por toda a parte. Aprendamos que, com Ela, alcançamos *antes, mais e melhor* aquilo que, sozinhos, nunca alcançaríamos: metas apostólicas, defeitos que devemos dominar, intimidade com o seu Filho.

---

(1) Lc 4, 18; cf. Is 61, 1; *Antífona de entrada* da Missa; (2) João Paulo II, Carta apost. *Spiritus Domini*, no segundo centenário da morte de Santo Afonso Maria de Ligório, 1-VIII-1987; (3) *ib.*; (4) Santo Afonso Maria de Ligório, *Visitas ao Santíssimo Sacramento*; (5) Pio IX, Decr. *Urbis et orbis*, 23-III-1871; (6) João Paulo II, *op. cit.*; (7) São Josemaria Escrivá, *Caminho*, n. 495; (8) P. Ramos, no Prólogo de *As glórias de Maria*, Perpétuo Socorro, Madri, 1941; (9) cf. Santo Afonso Maria de Ligório, *As glórias de Maria*, V, 3-4; (10) São Bernardo, *Sermão sobre o Aqueduto*; (11) cf. 1 Tm 2, 51; (12) cf. São Tomás, *Suma teológica*, III, q. 26, a. 2; (13) Conc. Vat. II, Const. *Lumen gentium*, 60; (14) cf. *ib.*, n. 62; João Paulo II, Enc. *Redemptoris Mater*, 2-IV-1987, n. 40; (15) Santo Afonso Maria de Ligório, *Sermões abreviados*, 48.

4 DE AGOSTO

68. SÃO JOÃO BATISTA MARIA VIANNEY
Presbítero
Memória

— Sacerdotes santos. Dignidade incomparável. Amor ao sacerdócio.
— Necessidade de sacerdotes. Oração e mortificação pelos sacerdotes.
— O sacerdote, em nome do Senhor, acompanha a vida do homem. Apreço por aqueles que tanto nos deram. Confiar muito na oração dos sacerdotes.

São João Batista Maria Vianney nasceu perto de Lyon no dia 8 de maio de 1786. Teve que vencer muitas dificuldades até chegar à ordenação sacerdotal. Foi-lhe confiada a paróquia de Ars, onde esteve aproximadamente 42 anos. Sobressaiu pelo seu afã de almas, espírito de oração e de mortificação, e sobretudo pela sua infatigável dedicação à administração do sacramento da Penitência. Morreu em 1859. Foi canonizado e declarado Padroeiro do clero universal por Pio XI em 1929.

I. QUANDO JOÃO MARIA VIANNEY foi enviado à pequena paróquia de Ars (230 habitantes), o Vigário geral da diocese disse-lhe: "Não há muito amor a Deus nessa paróquia; procure introduzi-lo"[1]. E foi isso o que ele fez: inflamar no amor ao Senhor que lhe embargava o coração todos aqueles camponeses e muitas outras almas. Não possuía grande ciência, nem muita saúde, nem dinheiro..., mas a sua santidade pessoal, a sua união com Deus fez o milagre. Poucos anos depois, levas de gente de todas as regiões da França acorriam a Ars e por vezes tinham de esperar vários dias para ver o pároco e confessar-se. O que atraía as multidões não era a curiosidade de uns milagres que ele procurava ocultar. Era antes o pressentimento de encontrarem um sacerdote santo, "surpreendente pela sua penitência, tão familiar com Deus na oração, notável pela sua paz e humildade no meio dos êxitos populares, e sobretudo tão intuitivo em ir ao encontro das disposições interiores das almas e livrá-las dos seus fardos, especialmente no confessionário"[2]. O Senhor escolheu "como modelo dos pastores aquele que teria podido parecer pobre, fraco, indefeso e desprezível aos olhos humanos (cf. 1 Cor 1, 27-29). Deus premiou-o com os seus melhores dons como guia e médico das almas"[3].

Certa vez, perguntaram a um advogado de Lyon que regressava de Ars o que tinha visto ali. Ele respondeu: "Vi Deus num homem"[4]. É o que devemos pedir ao Senhor que se possa dizer de cada sacerdote, pela sua santidade de vida, pela sua união com Deus, pela sua preocupação pelas almas. No sacramento da Ordem, o sacerdote é constituído ministro de Deus e dispensador dos seus tesouros, como o chama São Paulo[5]. Esses tesouros são: a Palavra divina na pregação; o Corpo e o Sangue de Cristo, que administra na Santa Missa e na Comunhão; e a graça de Deus nos sacramentos.

Confia-se ao sacerdote a salvação das almas, a tarefa divina por excelência, "a mais divina das obras divinas", conforme ensina um antigo Padre da Igreja. É constituído embaixador, medianeiro entre Deus e os homens, entre Deus que está nos Céus e o homem que ainda se encontra de passagem pela terra; com uma mão, toma os tesouros da misericórdia divina; com a outra, distribui-os generosamente. Pela sua missão de medianeiro, participa da autoridade com que Cristo constrói, santifica e governa o seu Corpo[6], e confecciona o sacramento da Eucaristia, que é a ação mais santa que os homens podem realizar sobre a terra.

Que querem, que esperam os homens do sacerdote? "Atrevemo-nos a afirmar que precisam, desejam e esperam — ainda que muitas vezes não pensem conscientemente nessa necessidade e nessa esperança — um sacerdote-sacerdote, um homem que se desviva por eles, para lhes abrir os horizontes da alma, que exerça sem cessar o seu ministério, que tenha um coração grande, capaz de compreender e de amar a todos, ainda que às vezes não seja correspondido; um homem que dê com simplicidade e alegria, oportunamente e mesmo *inoportunamente* (cf. 2 Tm 4, 2), aquilo que apenas ele pode dar: a riqueza da graça, da intimidade divina, que Deus quer distribuir aos homens por meio dele"[7].

Hoje é um dia muito oportuno para que, por meio do santo Cura d'Ars, peçamos muito pela santidade dos sacerdotes, especialmente daqueles que de alguma maneira foram colocados por Deus para ajudar-nos no caminho que conduz a Ele.

II. O CURA D'ARS costumava dizer com certa frequência: "Que coisa tão grande é ser sacerdote! Se o compreendesse totalmente, morreria"[8]. Deus chama alguns homens a essa grande dignidade para que sirvam os seus irmãos. No entanto, "a missão salvífica da Igreja no mundo é levada a cabo não só pelos ministros em virtude do sacramento da Ordem, mas também por todos os fiéis leigos"[9]. Todos devem ser, cada um segundo a sua própria vocação e no meio dos seus afazeres, como *astros do mundo*[10], que brilham na noite, pois "em virtude da sua condição de batizados e da sua vocação específica, participam do ofício sacerdotal, profético e real de Jesus Cristo, cada um na sua própria medida"[11].

A participação dos leigos na vida da Igreja não consiste de maneira nenhuma em ajudar o clero, ainda que alguma vez o façam. O elemento especificamente laical não se encontra na sacristia, mas na família, na empresa, na moda, no esporte..., que procuram levar a Deus sem tirá-los da sua estrutura própria. A missão dos fiéis leigos deve impeli-los a impregnar a família, o trabalho e a ordem social daqueles princípios cristãos que o elevam e tornam mais humano: a dignidade e a primazia da pessoa humana, a solidariedade social, a santidade do casamento, a liberdade responsável, o amor à verdade, a justiça em todos os níveis, o espírito de serviço, a prática da compreensão mútua e da caridade...

Mas, para que possam exercer no meio do mundo "esse papel profético, sacerdotal, real, os batizados necessitam do sacerdócio ministerial pelo qual lhes é comunicado de forma privilegiada e tangível o dom da vida divina recebido de Cristo, Cabeça de todo o Corpo. Quanto mais cristão é o povo e quanto mais consciência toma da sua dignidade e do seu papel ativo dentro da Igreja, tanto mais sente a necessidade de sacerdotes que sejam verdadeiramente sacerdotes"[12].

Pedimos hoje ao Senhor sacerdotes santos, amáveis, doutos, que tratem as almas como joias preciosas de Jesus Cristo, que saibam renunciar aos seus planos pessoais por amor aos outros, que amem profundamente a Santa Missa, principal fim da sua ordenação e centro de todo o seu dia, e que concentrem os seus melhores esforços pastorais, "como fez o Cura d'Ars, no anúncio explícito da fé, do perdão, da Eucaristia"[13].

III. DEUS COLOCOU O SACERDOTE junto da vida do homem para ser dispensador da misericórdia divina.

"Mal o homem nasce, o sacerdote regenera-o por meio do Batismo, infunde-lhe uma vida mais nobre e preciosa, a vida sobrenatural, e fá-lo filho de Deus e da Igreja de Jesus Cristo.

"Para fortalecê-lo e torná-lo mais apto para pelejar valorosamente na vida espiritual, um sacerdote revestido de especial dignidade fá-lo soldado de Cristo por meio da Confirmação.

"Mal é capaz de discernir e apreciar o Pão dos Anjos, o sacerdote alimenta-o e fortifica-o com esse manjar vivo e vivificante descido do céu.

"Se teve a desgraça de cair, o sacerdote levanta-o em nome de Deus e reconcilia-o por meio do sacramento da Penitência.

"Se Deus o chama a formar uma família e a colaborar com Ele na transmissão da vida humana no mundo, com o fim de aumentar primeiro o número de fiéis sobre a terra e depois o dos eleitos no Céu, aí está o sacerdote para abençoar--lhe as núpcias e o seu amor casto.

"E quando o cristão, chegando aos umbrais da eternidade, necessita de fortaleza e auxílio para se apresentar diante do Juiz divino, o sacerdote inclina-se sobre os membros doloridos do enfermo, e de novo perdoa-lhe e fortalece-o com o sagrado crisma da Unção.

"Assim, depois de ter acompanhado os cristãos durante a sua peregrinação pela terra até às portas do Céu, o sacerdote acompanha-lhes o corpo até à sepultura com os ritos e orações em que se reflete a esperança imortal, e segue a alma até mais além das portas da eternidade, para ajudá-la com sufrágios no caso de ainda necessitar de purificação e de refrigério.

"Portanto, desde o berço até à sepultura, mais ainda, até o Céu, o sacerdote é para os fiéis guia, consolo, ministro da salvação, distribuidor de graças e de bênçãos"[14].

É de justiça que os fiéis rezem todos os dias — e de modo particular hoje que celebramos a festa do santo Cura d'Ars — por todos os sacerdotes, especialmente pelos que receberam de Deus a tarefa de atendê-los espiritualmente: por aqueles de quem recebem o ouro da boa doutrina, o pão dos anjos e o perdão dos pecados. Com palavras de São Josemaria Escrivá, eles ensinam-nos a tratar com Cristo, a encontrar-nos com Ele no tribunal amoroso da Penitência e na renovação incruenta do Sacrifício do Calvário, na Santa Missa[15].

Temos de confiar nas suas orações, pedindo-lhes que rezem pelas nossas necessidades, e unir-nos às suas intenções, que dizem respeito habitualmente às exigências mais prementes da Igreja e das almas. Também devemos venerá--los e tratá-los com todo o afeto, "já que ninguém é tão verdadeiramente nosso próximo como aquele que curou as nossas feridas. Amemos o sacerdote, vendo nele o próprio Jesus Cristo, e amemo-lo como ao nosso próximo"[16]. Assim o pedimos ao santo Cura d'Ars.

(1) F. Trochu, *El Cura de Ars*, 6ª ed., Palabra, Madri, 1991, p. 141; (2) João Paulo II, *Carta aos sacerdotes na Quinta-feira Santa*, 16-III--1978, 5; (3) *ib.*; (4) cit. por João Paulo I, *Alocução*, 7-IX-1978; (5) cf. 1 Cor 4, 1; (6) cf. Conc. Vat. II, Decr. *Presbyterorum ordinis*, 12; (7) A. del Portillo, *Escritos sobre o sacerdócio*, 2ª ed., Palabra, Madri, 1990, pp. 109-110; (8) B. Nodet, *Jean-Marie Vianney, Curé d'Ars, sa pensée, son coeur*, Le Puy, p. 99; (9) João Paulo II, Exort. apost. *Christifideles laici*, 30-XII-1988, 23; (10) cf. Fl 2, 15; (11) João Paulo II, *op. cit.*; (12) idem, *Retiro em Ars*, 6-X-1986, 4; (13) *ib.*; (14) Pio XI, Enc. *Ad catholici sacerdotii*, 20-XII-1935; (15) cf. São Josemaria Escrivá, *Amar a Igreja*, p. 75; (16) Santo Ambrósio, *Tratado sobre o Evangelho de São Lucas*, 7, 84.

5 DE AGOSTO

69. NOSSA SENHORA DAS NEVES
Dedicação da Basílica de Santa Maria Maior
Memória facultativa

— Origem do templo dedicado a Santa Maria, Mãe de Deus, em Roma.
— Mãe de Deus e Mãe nossa.
— Maria é o *aqueduto* pelo qual nos chegam todas as graças.

Depois da proclamação do dogma da Maternidade divina de Maria no Concílio de Éfeso (ano 431), o Papa Sixto III consagrou em Roma uma Basílica em honra da Virgem, chamada posteriormente Santa Maria Maior. *É a mais antiga igreja dedicada a Nossa Senhora.*

A festa de hoje também é conhecida como de Nossa Senhora das Neves, *devido a uma antiga lenda segundo a qual um casal romano, que pedia à Virgem luzes para saber como empregar a sua fortuna, recebeu em sonhos a mensagem de que Santa Maria desejava que lhe fosse erigido um templo precisamente num lugar do monte Esquilino que aparecesse coberto de neve. Isto aconteceu na noite de 4 para 5 de agosto, em pleno verão: no dia seguinte, o terreno onde hoje se ergue a Basílica amanheceu inteiramente nevado.*

I. CELEBRAMOS HOJE a Dedicação da Basílica de Santa Maria Maior de Roma, a mais antiga igreja do Ocidente consagrada à Virgem Maria, onde se deram tantos acontecimentos relacionados com a história da Igreja; especialmente, relaciona-se com essa igreja a definição dogmática da Maternidade divina de Maria, proclamada pelo Concílio de Éfeso. O templo foi construído sob essa invocação no século IV, sobre outro já existente, pouco tempo depois de encerrado o Concílio. O povo da cidade de Éfeso celebrou com grande entusiasmo a declaração dogmática dessa verdade, na qual, aliás, acreditava desde sempre. Essa alegria estendeu-se por toda a Igreja, e foi então que se construiu em Roma a grandiosa Basílica. Esse júbilo chega-nos hoje através desta festa em que louvamos Maria como Mãe de Deus.

Segundo uma piedosa lenda, certo patrício romano chamado João, de comum acordo com a sua esposa, resolveu dedicar os seus bens a honrar a Mãe de Deus, mas não sabia ao certo como fazê-lo. No meio da sua perplexidade, teve um sonho — como também o teve o Papa — pelo qual soube que a Virgem desejava que se construísse um templo em sua honra no monte Esquilino, que apareceu coberto de neve — coisa insólita — no dia 5 de agosto. Embora a lenda seja posterior à edificação da Basílica, deu lugar a que a festa de hoje seja conhecida em muitos lugares como de *Nossa Senhora das Neves* e a que os alpinistas a tenham por Padroeira.

Em Roma, desde tempos imemoriais, o povo fiel honra a nossa Mãe nesse templo sob a invocação de *Salus Populi Romani*. Todos acorrem ali para pedir favores e graças, na certeza de estarem num lugar onde sempre são ouvidos. João Paulo II também *visitou* Nossa Senhora nesse templo romano, pouco depois de ter sido eleito Papa. "Maria — disse o Sumo Pontífice nessa ocasião — tem por missão levar todos os homens ao Redentor e dar testemunho dEle, mesmo sem palavras, apenas mediante o amor, com o qual manifesta a *sua índole de mãe*. É chamada a aproximar de Deus mesmo os que lhe opõem mais resistência, aqueles para quem é mais difícil crer no amor [...]. É chamada a aproximar todos — quer dizer, cada um — do seu Filho". E aos seus pés fez a dedicação de toda a sua vida e de todos os seus anseios à Mãe de Deus, com palavras que nós podemos repetir, imitando-o filialmente: "*Totus tuus ego sum et omnia mea tua sunt. Accipio Te in me omnia*; sou todo teu, e todas as minhas coisas são tuas. Sê o meu guia em tudo"[1]. Com a proteção da Virgem, caminhamos bem seguros.

II. O MISTÉRIO DA ENCARNAÇÃO permitiu que a Igreja penetrasse e esclarecesse cada vez melhor o mistério da Mãe do Verbo encarnado. Nesse processo de aprofundamento, o Concílio de Éfeso desempenhou um papel de particular importância (ano 431)[2]. Conta São Cirilo que a proclamação deste dogma mariano comoveu todos os cristãos de Éfeso, como hoje nos comove pensar que a Mãe de Deus é também Mãe nossa. Esse Santo Padre descreveu assim aqueles acontecimentos: "Todo o povo da cidade de Éfeso, desde as primeiras horas da manhã até à noite, permaneceu ansioso à espera da resolução [...]. Quando se soube que o autor das blasfêmias (Nestório) tinha sido deposto, todos começaram unanimemente a glorificar a Deus e a aclamar o Sínodo, porque tinha caído o inimigo da fé. Quando saímos da Igreja, fomos acompanhados com tochas até às nossas casas. Era noite: toda a cidade estava alegre e iluminada"[3]. Como vibravam pela sua fé aqueles cristãos dos primeiros tempos! Como devemos vibrar todos nós!

O próprio São Cirilo, numa homilia pronunciada naquele Concílio, louvou a Maternidade de Nossa Senhora com estas palavras: "Ave, Maria, Mãe de Deus, Virgem Mãe, Estrela da manhã... Ave, Maria, a Joia mais preciosa de todo o orbe..."[4] Por "ser Mãe de Deus, a Virgem tem uma dignidade de certo modo infinita, devido ao bem infinito que é Deus. E nessa linha não se pode imaginar uma dignidade maior, como não se pode imaginar nada maior que Deus"[5], afirma São Tomás de Aquino. Maria está por cima de todos os anjos e de todos os santos. Depois da Santíssima Humanidade do seu Filho, é o reflexo mais puro da glória de Deus. Nela brilha como em nenhuma outra criatura a participação nos dons divinos: a Sabedoria, a Beleza, a Bondade... *Não se pode encontrar nEla a menor impureza, porque Ela é o clarão da luz eterna, o espelho sem mácula da majestade de Deus e a imagem da sua bondade*[6].

Não deixemos hoje de recordar-lhe muitas vezes a sua Maternidade divina, da qual procedem todas as graças, virtudes e perfeições que a adornam e embelezam: Santa Maria, Mãe de Deus, rogai por nós... Não largueis a nossa mão, cuidai de nós como as mães cuidam dos seus filhos mais fracos e necessitados.

III. SÃO BERNARDO AFIRMA que Santa Maria é para nós o *aqueduto* por onde nos chegam todas as graças de que necessitamos diariamente. Devemos procurar constantemente o seu auxílio, "porque esta é a vontade do Senhor, que quis que recebêssemos tudo por Maria"[7], especialmente quando nos sentimos mais fracos, nas dificuldades, nas tentações..., e tanto nas necessidades da alma como nas do corpo.

No Calvário, junto do seu Filho, a maternidade espiritual de Maria atingiu o seu cume. Quando todos desertaram, a Virgem permaneceu *junto à cruz de Jesus*[8], em perfeita união com a vontade divina, sofrendo e padecendo com o seu Filho, corredimindo. "Deus não se serviu de Maria como de um instrumento meramente passivo. Ela cooperou para a salvação humana com livre fé e obediência"[9]. Esta maternidade da Virgem perdura sem cessar, e agora, no Céu, "não abandonou esta missão salvífica, mas pela sua múltipla intercessão continua a obter-nos os dons da salvação eterna"[10].

Temos de agradecer muito a Deus que tenha querido dar-nos uma Mãe a quem recorrer na Vida da graça; e que essa Mãe tenha sido a sua própria Mãe. Maria é nossa Mãe não só porque nos ama como uma mãe ou porque faz as suas vezes; a sua maternidade espiritual é muito superior e mais efetiva que qualquer maternidade legal ou baseada no afeto. É Mãe porque realmente nos gerou na ordem sobrenatural. Se recebemos o poder de chegarmos a ser filhos de Deus, de participarmos da natureza divina[11], foi graças à ação redentora de Cristo, que nos tornou semelhantes a Ele. Mas esse influxo passa por Maria. E assim, do mesmo modo que Deus Pai tem um só Filho segundo a natureza, e inúmeros segundo a graça, por Maria, Mãe de Cristo, chegamos a ser filhos de Deus. Das mãos de Maria recebemos todo o ali-

5 DE AGOSTO 427

mento espiritual, a defesa contra os inimigos, o consolo no meio das aflições.

Para a nossa Mãe do Céu, "jamais deixamos de ser pequenos, porque Ela nos abre o caminho para o Reino dos Céus, que será dado aos que se fazem crianças (cf. Mt 19, 14). De Nossa Senhora não devemos separar-nos nunca. Como a honraremos? Procurando a sua intimidade, falando--lhe, manifestando-lhe o nosso carinho, ponderando no coração as cenas da sua vida na terra, contando-lhe as nossas lutas, os nossos êxitos e os nossos fracassos.

"Descobrimos assim — como se as recitássemos pela primeira vez — o sentido das orações marianas, que sempre se rezaram na Igreja. Que são a *Ave-Maria* e o *Angelus* senão louvores ardentes à Maternidade divina? E no Santo Rosário [...] passam pela nossa cabeça e pelo nosso coração os mistérios da conduta admirável de Maria, que são os mesmos mistérios fundamentais da fé [...].

"Nas festas de Nossa Senhora, não andemos regateando as manifestações de carinho. Levantemos com mais frequência o coração, pedindo-lhe aquilo de que precisamos, agradecendo-lhe a sua solicitude maternal e constante, recomendando-lhe as pessoas que estimamos. Mas, se pretendemos comportar-nos como filhos, todos os dias serão ocasião propícia de amor a Maria, como todos os dias o são para os que se querem de verdade"[12].

Dizemos-lhe hoje com um antigo hino da Igreja: *Monstra te esse matrem!*, "mostra que és Mãe, e que por ti nos atenda Aquele que tomou o sangue das tuas veias para nos redimir"[13].

---

(1) João Paulo II, *Homilia em Santa Maria Maior*, 8-XII-1978; (2) idem, Enc. *Redemptoris Mater*, 25-III-1987, n. 4; (3) São Cirilo de Alexandria, *Epistolas*, 24; (4) idem, *Louvor a Santa Maria Mãe de Deus*; (5) São Tomás, *Suma teológica*, I, q. 25, a. 6, ad 3; (6) cf. Sb 7, 25-26; (7) São Bernardo, *Sermão na Natividade de Santa Maria*, 4-7; (8) Jo 19, 25; (9) Conc. Vat. II, Const. *Lumen gentium*, 56; (10) cf. *ib.*, 62; (11) cf. 2 Pe 1, 4; (12) São Josemaria Escrivá, *Amigos de Deus*, nn. 290-291; (13) Hino *Ave maris stella*.

6 DE AGOSTO

70. TRANSFIGURAÇÃO DO SENHOR
Festa

—— O Senhor conforta os seus discípulos na iminência da sua Paixão e Morte.
—— O próprio Deus será a nossa recompensa.
—— O Senhor está ao nosso lado para nos ajudar a enfrentar as situações mais difíceis e que mais pesam.

Esta festa do Senhor celebrou-se desde os começos nesta mesma data, em muitos lugares do Ocidente e do Oriente. No século XV, o Papa Calixto III estendeu-a a toda a Igreja. A liturgia recorda-nos mais de uma vez durante o ano o milagre da Transfiguração: no segundo domingo da Quaresma, para afirmar a divindade de Cristo, pouco antes da Paixão; e hoje, para festejar a exaltação de Cristo na sua glória. A Transfiguração do Senhor é, além disso, uma antecipação do que será a glória do Céu, onde veremos a Deus cara a cara; em virtude da graça, participamos já nesta terra dessa promessa da vida eterna.

I. *QUANDO CRISTO SE MANIFESTAR, seremos semelhantes a Ele, pois o veremos tal como é*[1].

Jesus tinha anunciado aos seus discípulos a iminência da sua Paixão e os sofrimentos que viria a padecer às mãos dos judeus e dos gentios; e exortara-os a segui-lo pelo caminho da cruz e do sacrifício[2]. Poucos dias depois desses acontecimentos, que tiveram lugar em Cesareia de Filipe, quis confortar-lhes a fé, pois — como ensina São Tomás —, para que uma pessoa ande retamente por um caminho, é preciso que conheça antes de algum modo o fim para o qual se dirige: "como o arqueiro não lança com acerto a seta se primeiro não olha o alvo. E isto é necessário sobretudo quando a via é áspera e difícil e o caminho laborioso... E por isso foi conveniente que o Senhor manifestasse aos seus discípulos a glória da sua claridade, que é o mesmo que transfigurar-se, pois nessa claridade transfigurará os seus"[3].

A nossa vida é um caminho para o Céu. Mas é uma via que passa pela cruz e pelo sacrifício. Até o último momento, teremos de lutar contra a corrente, e é possível que também passemos pela tentação de querer tornar compatível a entrega que o Senhor nos pede com uma vida fácil e talvez aburguesada, como a de tantos que vivem com o pensamento posto exclusivamente nas coisas materiais. "Não sentimos frequentemente a tentação de pensar que chegou o momento de converter o cristianismo em algo fácil, de torná-lo confortável, sem sacrifício algum; de fazê-lo conformar-se com as maneiras cômodas, elegantes e comuns dos outros e com o modo de vida mundano? Mas não é assim!... O cristianismo não pode dispensar a cruz: a vida cristã é inviável sem o peso forte e grande do dever... Se procurássemos tirá-lo da nossa vida, criaríamos ilusões e debilitaríamos o cristianismo; transformá-lo-íamos numa interpretação branda e cômoda da vida"[4]. Não é esse o caminho que o Senhor indicou.

Quando chegassem os momentos dolorosos da Paixão, os discípulos ficariam profundamente desconcertados. Por isso, o Senhor levou três deles — precisamente aqueles que o acompanhariam na sua agonia no horto de Getsêmani — ao cimo do monte Tabor, para que contemplassem a sua glória. Ali mostrou-se "na claridade soberana que quis tornar visível a esses três homens, refletindo o espiritual de uma maneira adequada à natureza humana. Pois era impossível que, revestidos ainda de carne mortal, pudessem ver ou contemplar aquela inefável e inacessível visão da própria

6 DE AGOSTO

divindade que está reservada aos limpos de coração na vida eterna"[5], aquela que nos aguarda se procurarmos ser fiéis todos os dias.

O Senhor também quer confortar-nos com a esperança do Céu especialmente se alguma vez o nosso caminho se torna íngreme e nos deixamos invadir pelo desalento. Pensar nas coisas que nos esperam ajudar-nos-á a ser fortes e a perseverar. Não deixemos de trazer à memória o lugar que o nosso Pai-Deus nos preparou e para o qual nos dirigimos. Cada dia que passa aproxima-nos um pouco mais do Céu. Para um cristão, a passagem do tempo não é, de maneira nenhuma, uma tragédia; pelo contrário, encurta o caminho que temos de percorrer até recebermos o abraço definitivo de Deus, o abraço há tanto tempo esperado.

II. JESUS TOMOU CONSIGO Pedro, Tiago e João, *e levou--os à parte a um monte alto, e transfigurou-se diante deles. E o seu rosto ficou refulgente como o sol, e as suas vestes tornaram-se brancas como a neve. E eis que lhes aparece-ram Moisés e Elias e falavam com Ele*[6]. Esta visão produziu nos apóstolos uma felicidade irreprimível; Pedro expressa-a com estas palavras: *Senhor, é bom estarmos aqui; se queres, façamos aqui três tendas: uma para ti, outra para Moisés e outra para Elias*[7]. Sentia-se tão feliz que nem sequer pensou em si mesmo, nem em Tiago e João, que o acompanhavam. São Marcos, que nos transmite a catequese do próprio São Pedro, acrescenta que o apóstolo *não sabia o que dizia*[8]. *Estando ele ainda a falar, eis que uma nuvem resplandecente os envolveu; e saiu da nuvem uma voz que dizia: Este é o meu filho muito amado, em quem pus todas as minhas com-placências; ouvi-o*[9].

A lembrança desses momentos no Tabor viriam a ser sem dúvida de grande ajuda para os três discípulos em tantas circunstâncias difíceis e dolorosas pelas quais teriam de passar. São Pedro recordá-los-á até o fim da vida. Numa das suas Epístolas, dirigida aos primeiros cristãos para confortá--los num momento de dura perseguição, afirma que eles, os apóstolos, não anunciaram Jesus Cristo seguindo fábulas engenhosas, *mas depois de termos sido espectadores da sua grandeza. Pois Ele recebeu de Deus Pai honra e glória quando a majestosa glória lhe dirigiu estas palavras: Este é o meu Filho muito amado, em quem pus as minhas complacências; ouvi-o. E nós mesmos ouvimos essa voz vinda do Céu, quando estávamos com ele sobre o monte santo*[10].

O Senhor, momentaneamente, permitiu que os três discípulos pudessem entrever a sua divindade, e eles ficaram fora de si, cheios de uma imensa felicidade. "A transfiguração revela-lhes um Cristo que não se mostrava na vida cotidiana. Está diante deles como Alguém no qual se cumpre a Antiga Aliança, e sobretudo como o Filho eleito do Pai Eterno, a quem é preciso prestar fé absoluta e obediência total"[11], a quem devemos buscar ao longo da nossa existência aqui na terra.

O que será o Céu que nos espera, onde contemplaremos Cristo glorioso, não num instante, mas numa eternidade sem fim, se formos fiéis? "Meu Deus, quando te amarei a Ti, por Ti? Se bem que, bem vistas as coisas, Senhor, desejar o prêmio imperecível é o mesmo que desejar-te a Ti, que Te dás como recompensa"[12].

III. *ESTANDO ELE AINDA A FALAR, eis que uma nuvem resplandecente os envolveu; e saiu da nuvem uma voz que dizia: Este é o meu filho muito amado, em quem pus todas as minhas complacências; ouvi-o*[13]. Quantas vezes não o teremos nós ouvido na intimidade do nosso coração!

O mistério que hoje celebramos não foi um sinal e antecipação unicamente da glorificação de Cristo, mas também da nossa, pois, como ensina São Paulo, *o mesmo Espírito dá testemunho ao nosso espírito de que somos filhos de Deus. E, se somos filhos, também herdeiros: herdeiros de Deus e co-herdeiros de Cristo; mas isto, se sofrermos com ele, para com ele sermos glorificados*[14]. E o Apóstolo acrescenta: *Porque eu tenho por certo que os sofrimentos do tempo presente não têm proporção com a glória vindoura, que se há de manifestar em nós*[15]. Qualquer padecimento, pequeno

6 DE AGOSTO

ou grande, que padeçamos por Cristo não é nada se o compararmos com a recompensa que nos espera.

O Senhor abençoa com a Cruz, especialmente quando deseja conceder-nos bens muito grandes. Se alguma vez permite que experimentemos mais intensamente a sua Cruz, isso é sinal de que nos considera filhos prediletos. Podemos padecer humilhações, dores físicas, fracassos, contradições familiares... Não é então o momento de ficarmos tristes, mas de recorrermos ao Senhor e experimentarmos o seu amor paternal e o seu consolo. Nunca nos faltará a sua ajuda para convertermos esses males aparentes em grandes bens para a nossa alma e para toda a Igreja. "Não se carrega já uma cruz qualquer, descobre-se a Cruz de Cristo, com o consolo de que é o Redentor quem se encarrega de suportar o peso"[16]. É Ele, o Amigo inseparável, quem carrega os fardos duros e difíceis. Sem Ele, qualquer peso nos esmaga.

Se nos mantivermos sempre perto de Jesus, nada poderá causar-nos verdadeiro mal: nem a ruína econômica, nem a prisão, nem a doença grave..., muito menos as pequenas contrariedades diárias que tendem a tirar-nos a paz se não estamos alerta. O próprio São Pedro recordava-o aos primeiros cristãos: *Quem poderá fazer-vos mal, se vós fordes zelosos em praticar o bem? E até se alguma coisa sofreis pela justiça, sois bem-aventurados*[17].

Peçamos a Nossa Senhora que saibamos oferecer com paz a dor e o cansaço que cada dia traz consigo, com o pensamento posto em Jesus, que nos acompanha nesta vida e que nos espera, glorioso, no fim do caminho. "E quando do chegar aquela hora / em que se fechem meus humanos olhos, / abri-me outros, Senhor, outros maiores, / para contemplar a vossa face imensa. / Seja a morte um maior nascimento!"[18], o começo de uma vida sem fim.

---

(1) 1 Jo 3, 2; *Antífona da Comunhão* da Missa do dia 6 de agosto; (2) cf. Mt 16, 24 e segs.; (3) São Tomás, *Suma teológica*, III, q. 45, a. 1 c; (4) Paulo VI, *Alocução*, 8-IV-1966; (5) São Leão Magno, *Homilias*

434 TRANSFIGURAÇÃO DO SENHOR

sobre a Transfiguração, 3; (6) Mt 17, 1-3; (7) Mt 17, 4; (8) cf. Mc 9, 6; (9) Mt 17, 5; (10) 2 Pe 1, 16-18; *Segunda leitura* da Missa do dia 6 de agosto; (11) João Paulo II, *Homilia*, 27-II-1983; cf. *Audiência geral*, 27-V-1987; (12) São Josemaria Escrivá, *Forja*, n. 1030; (13) Mt 17, 5; (14) Rm 8, 16-17; (15) Rm 8, 18; (16) São Josemaria Escrivá, *Amigos de Deus*, n. 132; (17) 1 Pe 3, 13-14; (18) J. Maragall, *Canto espiritual*, em *Antologia poética*, Alianza, Madri, 1985, p. 185.

8 DE AGOSTO

71. SÃO DOMINGOS
Presbítero
Memória

— Necessidade da sã doutrina. A ajuda da Virgem.
— O Rosário, arma poderosa.
— A consideração dos mistérios do Santo Rosário.

São Domingos de Gusmão nasceu em Caleruega, por volta do ano 1170. Combateu a heresia albigense com a sua pregação e a sua vida exemplar. Fundou a Ordem dos Pregadores (dominicanos) e estendeu a devoção do Santo Rosário. Morreu em Bolonha no dia 6 de agosto de 1221.

I. NOS COMEÇOS DO SÉCULO XIII, algumas seitas vinham causando sérios estragos na Igreja, sobretudo no sul da França. Durante uma viagem realizada por essa região, acompanhando o seu bispo, São Domingos pôde comprovar pessoalmente os danos que essas novas doutrinas originavam entre o povo de Deus, carente de formação como em tantas épocas. O Santo compreendeu então a necessidade de ensinar as verdades da fé com clareza e simplicidade, e, com grande zelo e amor pelas almas, entregou-se totalmente a essa tarefa.

Pouco tempo depois, decidiu fundar uma nova ordem religiosa, cuja finalidade seria a difusão e a defesa da doutrina cristã em qualquer parte da cristandade. Assim surgiu a *Ordem dos Pregadores*, que teria como um dos seus pilares fundamentais o estudo da Verdade[1]. Desde então, "em qualquer atividade apostólica a serviço da Igreja, podem encontrar-se *dominicanos* ocupados em levar a *verdade* às inteligências dos seus irmãos, os homens [...], atuando com o carisma peculiar que é o mesmo do seu fundador: iluminar as consciências com a luz da palavra de Deus"[2].

A tarefa de ensinar a todos o conteúdo da fé não foi somente uma necessidade do passado: nas atuais circunstâncias, é uma missão de toda a Igreja que se torna talvez mais urgente do que em épocas pretéritas. O Papa João Paulo II tem chamado a atenção para essa situação de ignorância generalizada das verdades mais elementares e para a proliferação de muitos erros doutrinais, cujas consequências não têm tardado em fazer-se notar nas almas: a falta de amor e de piedade para com a Sagrada Eucaristia; o esquecimento da Confissão, sacramento imprescindível para se obter o perdão de Deus e formar a consciência; o desconhecimento do fim transcendente para o qual fomos chamados...; o confinamento da fé no âmbito da vida privada, sem que tenha manifestações públicas; o menosprezo pelo casamento; a introdução da legislação permissiva do aborto, que representa o triunfo do princípio do bem-estar material e do egoísmo sobre o valor sagrado da vida humana; a diminuição da natalidade e a senilidade demográfica, que constituem um verdadeiro *suicídio demográfico* de muitos países e são um grave sintoma do empobrecimento espiritual da humanidade[3].

Não é difícil perceber como muitas pessoas perderam o sentido da amizade com Deus, do pecado, da vida eterna, do significado cristão da dor... Ao mesmo tempo, pode-se verificar até que ponto o mundo se torna menos humano à medida que deixa de ser cristão. E essa *onda de materialismo*, de perda do sentido do sobrenatural, afeta também, e às vezes em grandes proporções, não só as pessoas que vemos todos os dias, como também essas outras que o Senhor pôs sob a nossa responsabilidade direta.

Pensemos hoje junto do Senhor se sentimos no nosso coração essa chamada do Papa para a recristianização do mundo que nos cerca, na medida das nossas forças e com o nosso modo cristão de estar na sociedade. Vejamos hoje na presença do Senhor se nos esforçamos por conhecer a fundo a doutrina de Jesus Cristo, se ajustamos a ela a nossa conduta pessoal, familiar, profissional, social, política etc.; se nos empenhamos em difundi-la; se procuramos conservar esses sinais externos de religiosidade e sentido cristão que são a bênção dos alimentos e da casa, as imagens do Senhor e da Virgem no nosso lar, no lugar de trabalho, o escapulário da Virgem do Carmo...

II. SÃO DOMINGOS DE GUSMÃO, como tantos outros depois dele, contou com uma *arma poderosa*[4] para vencer uma batalha que a princípio parecia perdida: "Empreendeu com ânimo forte a guerra contra os inimigos da Igreja Católica, não com a força nem com as armas, mas com a fé mais acendrada na devoção do Santo Rosário, que foi o primeiro a propagar, e que levou pessoalmente e por meio dos seus filhos aos quatro cantos do mundo"[5].

"Com razão, pois, ordenou Domingos aos seus filhos que, ao pregarem a palavra de Deus ao povo, se entretivessem com frequência e com carinho em inculcar nas almas dos ouvintes essa maneira de orar, de cuja utilidade tinha muita experiência. Sabia bem que Maria, por um lado, tem tanta autoridade diante do seu Filho divino que as graças conferidas aos homens são sempre providas por Ela como administradora e dispensadora; por outro, Ela é naturalmente tão benigna e clemente que, tendo-se acostumado a socorrer espontaneamente os necessitados, não pode de maneira nenhuma recusar ajuda aos que lha pedem. Assim, pois, a Igreja, principalmente através do Rosário, sempre encontrou nela a *Mãe da graça* e a *Mãe da misericórdia*, como costuma saudá-la; por isso os Romanos Pontífices nunca deixaram passar até hoje ocasião alguma de enaltecer com os maiores louvores o Rosário mariano e de enriquecê-lo com indulgências apostólicas"[6].

Por instinto filial e por essa recomendação expressa dos Papas, os cristãos têm recorrido à recitação do terço tanto nas circunstâncias normais da sua vida como nas situações mais difíceis (calamidades públicas, guerras, heresias, problemas familiares importantes...), e como meio excelente de ação de graças. Os conselhos dos últimos Papas têm sido constantes, principalmente no que se refere ao terço em família. O Concílio Vaticano II chamava a atenção de todos os fiéis cristãos para que "deem grande valor às práticas e aos exercícios de piedade recomendados pelo Magistério no curso dos séculos"[7]. E Paulo VI interpretava autenticamente estas palavras como referidas ao Santo Rosário[8].

Nestes tempos em que a humanidade passa por tantas necessidades, vejamos com que amor e confiança recorremos a Nossa Senhora por meio desta devoção tão enriquecida de graças. Pensemos se, à hora de difundirmos a sã doutrina ao nosso redor, e sobretudo de procurarmos impedir que alguém das nossas relações se afaste do Senhor, sabemos procurar com fé a ajuda poderosa da nossa Mãe do Céu.

III. SE PROCURARMOS REZAR todos os dias com amor o terço, atrairemos, como São Domingos, muitas graças para nós e para as pessoas que queremos levar ao Senhor. É uma prece em que, a par das orações vocais, desfilam pela nossa mente os principais mistérios da nossa salvação: desde a Anunciação da Virgem até a Ressurreição e Ascensão do Senhor aos Céus, passando pela sua Paixão e Morte.

Os cinco primeiros, que chamamos *gozosos*, recordam-nos a vida oculta de Jesus e de Maria e ensinam-nos a santificar as realidades da vida corrente. Os cinco seguintes, os mistérios *dolorosos*, permitem-nos contemplar e viver a Paixão e ensinam-nos a santificar a dor, a doença, a cruz. Nos cinco últimos, os *gloriosos*, contemplamos o triunfo do Senhor e de sua Mãe, e enchemo-nos de alegria e de esperança ao meditarmos na glória que o Senhor nos reservou se formos fiéis.

Na consideração destes mistérios, vamos a Jesus por Maria: alegramo-nos com Cristo que passa a habitar entre nós,

8 DE AGOSTO

feito homem como nós; doemo-nos com Cristo paciente; e, por fim, vivemos antecipadamente a sua glória. Para que esta contemplação seja possível, temos de procurar rezar de tal maneira "que se favoreça a meditação dos mistérios da vida do Senhor, através do coração dAquela que esteve perto dEle, e que se desvelem as suas insondáveis riquezas"[9]. Rezar assim o terço ou o rosário, "com a consideração dos mistérios, a repetição do Pai-Nosso e da Ave-Maria, os louvores à Santíssima Trindade e a constante invocação à Mãe de Deus, é um contínuo ato de fé, de esperança e de amor, de adoração e reparação"[10].

Na época de São Domingos, costumava-se saudar a Virgem com o título de *rosa*, símbolo de alegria. Já se adornavam as suas imagens com uma coroa de rosas, e enaltecia-se Maria como *jardim de rosas* (*rosarium* em latim medieval), e daí parece proceder o nome que chegou até nós[11]. Não nos esqueçamos de que cada Ave-Maria é como uma rosa que oferecemos à nossa Mãe do Céu. Não deixemos que, por falta de interesse ou atenção, saia murcha dos nossos lábios. Não deixemos de empregar essa *arma poderosa* para enfrentar os obstáculos que encontramos. Recorramos também a Nossa Senhora, por meio desta devoção, quando sentirmos o peso das nossas fraquezas:

"«Virgem Imaculada, bem sei que sou um pobre miserável, que não faço mais do que aumentar todos os dias o número dos meus pecados...» Disseste-me o outro dia que falavas assim com a Nossa Mãe.

"E aconselhei-te, como plena segurança, que rezasses o terço: bendita monotonia de Ave-Marias, que purifica a monotonia dos teus pecados!"[12]

(1) Cf. J. M. Macias, *Santo Domingos de Guzmán*, BAC, Madri, 1979, p. 230 e segs.; (2) *ib.*, p. 260; (3) cf. João Paulo II, *Alocução*, 11-X--1985; (4) cf. São Josemaria Escrivá, *Santo Rosário*, Quadrante, São Paulo, 1976, pref.; (5) Leão XIII, Enc. *Supremi apostolatus*, 1-IX-1883; (6) Bento XV, Enc. *Fausto appetente*, 29-VI-1921; (7) Conc. Vat. II, Const. *Lumen gentium*, 67; (8) cf. Paulo VI, Enc. *Christi Matri Rosarii*,

15-IX-1966; Exort. apost. *Marialis cultus*, 2-II-1974; (9) idem, Exort. apost. *Marialis cultus*, cit. 46; (10) São Josemaria Escrivá, *Santo Rosário*, Intr.; (11) J. Corominas-J.A. Pascual, *Diccionario crítico etimológico*, Gredos, Madri, 1986, vol. V, verbete *Rosa*; (12) São Josemaria Escrivá, *Sulco*, n. 475.

14 DE AGOSTO

72. ASSUNÇÃO DE NOSSA SENHORA

Véspera

— A Virgem Nossa Senhora, *Arca da Nova Aliança*.
— A esperança do Céu.
— Vale a pena sermos fiéis.

I. *TODAS AS NAÇÕES cantam as vossas glórias, ó Maria! Hoje fostes exaltada acima dos anjos e triunfais com Cristo para sempre*[1].

A primeira Leitura da Missa[2], na Vigília da Solenidade da Assunção de Nossa Senhora, recorda-nos a passagem do Antigo Testamento que narra o traslado da Arca da Aliança para o seu lugar definitivo. Davi convocou todo o povo de Israel, ordenou aos sacerdotes que se purificassem para o traslado, chamou cantores e músicos para que a procissão tivesse o maior realce possível, e, num ambiente de enorme alegria, a Arca foi colocada no meio do Tabernáculo preparado para esse fim na cidade de Davi. Encontrou o seu repouso no monte Sião, que o próprio Deus escolhera para sua perpétua morada[3].

A Arca era sinal da presença de Deus entre o seu povo; no seu interior, guardava-se a sua Palavra, resumida nas *Tábuas da Lei*[4]. Menciona-se hoje esta passagem porque Maria é a *Arca da Nova Aliança*, em cujo seio o Filho de Deus, o

442 ASSUNÇÃO DE NOSSA SENHORA

Verbo, a Palavra de Deus feita carne, habitou durante nove meses[5], e que, com a sua Assunção aos Céus, encontrou a sua morada definitiva no seio da Santíssima Trindade. Ali, "levada no meio de aclamações de alegria e de louvor, foi conduzida até Deus, colocada num trono de glória, por cima de todos os santos e anjos do Céu"[6].

A Arca do Antigo Testamento estava construída com materiais preciosos, revestida de ouro no seu interior; no caso de Maria, Deus cumulou-a de dons incomparáveis, e a sua beleza externa era o reflexo dessa plenitude de graças com que tinha sido adornada[7]. Correspondia assim à nova morada de Deus no mundo.

Não esqueçamos hoje que a Arca era para os judeus um lugar privilegiado onde Deus escutava as orações que lhe dirigiam: *O meu nome estará ali*, lê-se no livro dos Reis[8]. Maria, *Arca da Nova Aliança*, é também um lugar privilegiado onde Deus escuta as nossas súplicas, com a vantagem de que Ela soma a sua voz à nossa. Do Céu, intercede e corrige as nossas súplicas quando não são totalmente acertadas: "Assunta aos céus [...], continua a obter-nos os dons da salvação eterna"[9], reafirma o Concílio Vaticano II.

"A nossa Mãe subiu em corpo e alma aos Céus. Repete-lhe que, como filhos, não queremos separar-nos dEla... Ela te escutará!"[10] Mãe nossa, que estás em corpo e alma tão perto de Deus Pai, de Deus Filho, de Deus Espírito Santo, não nos largues da tua mão... Não me largues..., não os largues, minha Mãe. Que segurança nos dá em todos os momentos a devoção à Santíssima Virgem! Ela nos escutará em qualquer circunstância em que nos encontremos.

II. CONTA UMA ANTIGA TRADIÇÃO JUDAICA que, quando Jerusalém foi destruída pelos exércitos da Babilônia, o profeta Jeremias retirou a Arca e escondeu-a em algum lugar secreto. Desde então, não se voltou a ter nenhuma notícia dela. São João conta-nos que a viu no Céu, conforme relata uma das Leituras da Missa de amanhã, referindo-se claramente ao corpo de Maria Santíssima: *Abriu-se no céu o templo de Deus e a Arca do seu Testamento foi vista no seu templo*[11].

"Ninguém pode dizer-nos com certeza quando e onde, nem de que maneira a Virgem deixou esta terra. Mas sabemos onde está. Quando Elias foi levado ao céu, os filhos dos profetas de Jericó perguntaram a Eliseu se podiam sair em sua busca. «É possível — disseram-lhe — que o espírito do Senhor o tenha transportado para o alto de uma colina ou o tenha deixado em alguma fenda dos vales». Eliseu consentiu a contragosto, e quando regressaram da sua busca infrutífera, recebeu-os com estas palavras: *Não vos tinha dito eu que não fôsseis?* (2 Rs 2, 16-18). O mesmo acontece com o corpo da Santíssima Virgem; em nenhum lugar da cristandade ouvireis nem sequer um rumor acerca dele. Há tantas igrejas em tantos lugares do mundo que afirmam com entusiasmo que possuem as relíquias deste ou daquele santo... Mas nunca de Nossa Senhora. E se algum de vós pensava ainda encontrar tão inestimável tesouro, o Santo Padre ordenou há algum tempo que se pusesse fim à busca. Sabemos onde está o seu corpo: no Céu"[12].

Naturalmente, já sabíamos disso antes. No dia 1 de novembro de 1950, o Papa Pio XII definia como dogma de fé que "a Imaculada Mãe de Deus, sempre Virgem Maria, terminado o curso da sua vida terrena, foi assunta à glória celestial em corpo e alma"[13]. Mas, desde os começos da fé, os cristãos tiveram a convicção de que Santa Maria não experimentou a corrupção do sepulcro, mas foi levada em corpo e alma aos Céus. Como escreve um antigo Padre de Igreja, "convinha que Aquela que guardara ilesa a virgindade no parto, conservasse o seu corpo imune de toda a corrupção mesmo depois da morte. Convinha que Aquela que trouxera no seu seio o Criador feito criança, fosse morar nos tabernáculos divinos [...]. Convinha que Aquela que tinha visto o seu Filho na cruz e recebido no seu coração a dor de que estivera livre no parto, o contemplasse sentado à direita do Pai. Convinha que a Mãe de Deus possuísse tudo o que pertence ao seu Filho e fosse venerada por todas as criaturas como Mãe e Escrava de Deus"[14].

A Assunção de Nossa Senhora cumula-nos de alegria e anima-nos a avançar com garbo por esse trecho do caminho que nos falta percorrer até chegarmos ao Céu. Dá-nos forças para alcançarmos a santidade a que fomos chamados por vocação. Mas é necessário que lutemos por ser bons filhos de Deus, "que procuremos manter a alma limpa, pela Confissão sacramental frequente e pela recepção da Eucaristia. Desta maneira, também chegará para nós o momento de subirmos ao Céu. Não do mesmo modo que a Santíssima Virgem Maria, porque os nossos corpos conhecerão a corrupção do sepulcro, devida ao pecado. No entanto, se morrermos na graça de Deus, as nossas almas irão para o Céu, talvez passando antes pelo Purgatório, a fim de adquirirem a veste nupcial que é indispensável para podermos participar do banquete da vida eterna, a limpeza necessária para sermos dignos de ver a Deus *sicuti est* (1 Jo 3,2), tal como é. Depois, no momento da ressurreição universal, os nossos corpos ressuscitarão e unir-se-ão às nossas almas, glorificados, para receberem o prêmio eterno"[15]. E estaremos junto de Jesus e da sua Santíssima Mãe, com uma alegria sem fim.

III. OLHANDO ESSE FINAL FELIZ da vida da Virgem, compreendemos a alegria de sermos fiéis todos os dias. Percebemos que "vale a pena lutar, dizer ao Senhor que sim; vale a pena — no ambiente pagão em que vivemos, e em que por vocação divina temos de santificar-nos e santificar os outros —, vale a pena repelir com decisão tudo o que possa afastar-nos de Deus, e responder afirmativamente a tudo o que nos aproxime dEle. O Senhor ajudar-nos-á, pois não pede impossíveis. Se nos manda que sejamos santos, apesar das nossas inegáveis misérias e das dificuldades do ambiente, é porque nos concede a sua graça. Portanto, *possumus* (Mc 10, 39), podemos! Podemos ser santos, apesar das nossas misérias e pecados, porque Deus é bom e todo-poderoso, e porque temos por Mãe a própria Mãe de Deus, a quem Jesus não pode dizer «não».

"Vamos, pois, encher-nos de esperança, de confiança: apesar das nossas misérias, podemos ser santos se lutarmos um dia e outro, se purificarmos as nossas almas no Sacramento da penitência, se recebermos com frequência o pão vivo descido dos céus (cf. Jo 6, 41), o Corpo e o Sangue, a Alma e a Divindade de Nosso Senhor Jesus Cristo, realmente presente na Eucaristia.

"E quando chegar o momento de rendermos a nossa alma a Deus, não teremos medo da morte. A morte será para nós o mesmo que mudar de casa. Virá quando Deus quiser, mas será uma libertação, o princípio da Vida com maiúscula. *Vita mutatur, non tollitur* (Prefácio I dos defuntos) [...]. A vida não nos é arrebatada, mas transformada. Começaremos a viver de um modo novo, muito unidos à Santíssima Virgem, para adorar eternamente a Santíssima Trindade, Pai, Filho e Espírito Santo, que é o prêmio que nos está reservado"[16].

Enquanto não chega esse momento, a nossa Mãe ajuda-nos do Céu, todos os dias, em todas as nossas dificuldades. Não deixemos de recorrer a Ela, com a confiança dos filhos muito pequenos.

---

(1) *Antífona de entrada* da Missa vespertina; (2) cf. Cr 15, 3-4; 15-16; 16, 1-2; *Primeira leitura* da Missa do dia 14 de agosto; (3) Sl 131, 14; (4) Dt 10, 15; (5) cf. C. Pozo, *Maria en la Escritura y en la fe da la Iglesia*, BAC, Madri, 1985, p. 160; (6) Santo Amadeu de Lausane, *Oito homilias marianas*, 7; (7) cf. Paulo VI, *Alocução*, 17-V-1975; (8) 1 Rs 8, 29; (9) Conc. Vat. II, Const. *Lumen gentium*, 62; (10) São Josemaria Escrivá, *Sulco*, n. 898; (11) Ap 11, 119; *Segunda leitura* da Missa do dia 15 de agosto; (12) R. A. Knox, *Tiempos y fiestas del año litúrgico*, Rialp, Madri, 1964, p. 243; (13) Pio XII, Const. apost. *Munificentissimus Deus*, 1-XI-1951; (14) São João Damasceno, *Homilia II na dormição da Bem-aventurada Virgem Maria*, 14; (15) A. del Portillo, *Homilia no Santuário de Nossa Senhora dos Anjos de Torreciudad*, 15-VIII-1989, em *Romana*, n. 9; (16) *ib.*

15 DE AGOSTO

73. ASSUNÇÃO DE NOSSA SENHORA
Solenidade

— Maria, assunta em corpo e alma aos Céus. Contemplação do quarto mistério glorioso do Santo Rosário.
— Do Céu, a Santíssima Virgem intercede pelos seus filhos e cuida deles.
— A Assunção de Nossa Senhora, esperança da nossa ressurreição gloriosa.

A Igreja professou unanimemente, desde os primeiros séculos (V-VI), a fé na Assunção de Maria Santíssima em corpo e alma à glória celestial, como se deduz da Liturgia, dos documentos devotos, dos escritos dos Padres e dos Doutores. Esta fé multissecular e universal foi confirmada por todo o Episcopado na Carta apostólica de 1-V-1946, que ilustra as razões da definição dogmática proclamada por Pio XII no dia 1-XI-1950.

I. *POREI INIMIZADE entre ti e a mulher e entre a tua posteridade e a dela*[1]. A Virgem Santa Maria aparece assim associada a Cristo Redentor na luta e no triunfo sobre Satanás. É o plano divino que a Providência tinha preparado desde a eternidade para nos salvar. Esse é o anúncio do primeiro livro da Sagrada Escritura, e no último voltamos a encontrar esta afirmação portentosa: *Apareceu no céu um grande sinal: uma mulher vestida de sol, com a lua debaixo dos pés e uma coroa de doze estrelas sobre a cabeça*[2]. É a Santíssima

Virgem, que entra em corpo e alma no Céu ao terminar a sua vida entre nós. E chega para ser coroada como Rainha do Universo, por ser a Mãe de Deus. *O rei está encantado com a tua formosura*[3], diz o Salmo responsorial.

O apóstolo São João, que certamente foi testemunha do trânsito de Maria — o Senhor a confiara ao discípulo, e ele não estaria ausente nesse momento... —, nada nos diz no seu Evangelho acerca dos últimos instantes de Nossa Senhora aqui na terra. Quem nos falou com tanta clareza e força da morte de Jesus no Gólgota cala-se quando se trata dAquela de quem cuidou como sua mãe e como Mãe de Jesus e de todos os homens[4].

Externamente, deve ter sido como um doce sono: "Saiu deste mundo em estado de vigília", diz um antigo escritor[5]; na plenitude do amor. "Terminado o curso da sua vida terrena, foi assunta em corpo e alma à glória celestial"[6]. Ali a esperava o seu Filho Jesus, com o seu corpo glorioso, tal como Ela o tinha contemplado depois da Ressurreição.

Com o seu divino poder, Deus manteve a integridade do corpo de Maria e não permitiu nele a menor alteração, conservando-o em perfeita unidade e completa harmonia. Nossa Senhora pôde "como supremo coroamento das suas prerrogativas, ver-se isenta da corrupção do sepulcro e, vencendo a morte — como o seu Filho a tinha vencido antes —, ser elevada em corpo e alma à glória celestial"[7]. Quer dizer, a harmonia dos privilégios marianos reclamava a sua Assunção aos Céus.

Teremos contemplado muitas vezes este privilégio de Nossa Senhora no quarto mistério glorioso do Santo Rosário: "Adormeceu a Mãe de Deus. [...] Mas Jesus quer ter a sua Mãe, em corpo e alma, na Glória. — E a Corte celestial mobiliza todo o seu esplendor para homenagear a Senhora. — Tu e eu — crianças, afinal — pegamos a cauda do esplêndido manto azul da Virgem, e assim podemos contemplar aquela maravilha.

"A Trindade Beatíssima recebe e cumula de honras a Filha, Mãe e Esposa de Deus... — E é tanta a majestade da Senhora, que os anjos perguntam: Quem é Esta?"[8] Alegramo-

-nos com os anjos, cheios também de admiração, e felicitamo-
-la na sua festa. E sentimo-nos orgulhosos de ser filhos de tão
grande Senhora.

Neste mistério, a piedade popular e a arte mariana têm
representado com frequência a Virgem *levada pelos Anjos*
e aureolada de nuvens. São Tomás vê nestas intervenções
angélicas, em favor dos que deixaram esta terra e se dirigem para o Céu, a manifestação da reverência que os anjos
e todas as criaturas tributam aos corpos gloriosos[9]. No caso
de Nossa Senhora, tudo o que possamos imaginar é bem
pouco — nada — em comparação com o que deve ter acontecido realmente. Santa Teresa conta que, certa vez, viu a
mão — apenas a mão — glorificada de Nosso Senhor, e
diz que, perto dela, quinhentos mil sóis refletidos no mais
límpido cristal eram como uma noite triste e escura. Como
seria o rosto de Cristo, o seu olhar...? Um dia, se formos
fiéis, contemplaremos Jesus e Santa Maria, a quem tantas
vezes invocamos nesta vida.

II. *HOJE A VIRGEM MARIA, Mãe de Deus, foi elevada à glória do céu. Aurora e esplendor da Igreja triunfante, Ela é
consolo e esperança do nosso povo ainda peregrino*[10].

Fixemos o nosso olhar em Maria, já assunta aos Céus.
"E assim como um caminhante, pondo a mão sobre a testa
como anteparo para contemplar um vasto panorama, procura alguma figura humana que lhe permita fazer uma ideia
daqueles lugares, assim nós, que olhamos para Deus com
olhos deslumbrados, identificamos e damos as boas-vindas
a uma figura humana que está ao lado do seu trono [...].
E ao fitá-la, vemos mais claramente a Deus, através dessa
obra-prima das suas relações com a humanidade"[11].

Todos os privilégios de Maria se relacionam com a sua
Maternidade e, portanto, com a nossa Redenção. Maria assunta aos Céus é imagem e antecipação da Igreja que se encontra ainda a caminho da Pátria. Do Céu, Ela "precede com
a sua luz o povo peregrino como sinal de esperança segura e
de conforto, até que chegue o dia do Senhor"[12]. "Com o mistério da Assunção aos Céus, realizaram-se definitivamente

em Maria todos os efeitos da única mediação de *Cristo Redentor do mundo e Senhor ressuscitado* [...]. No mistério da Assunção, exprime-se a fé da Igreja segundo a qual Maria está unida por um vínculo estreito e indissolúvel a Cristo"[13].

Ela é a certeza e a prova de que os seus filhos estarão um dia com o corpo glorificado junto de Cristo glorioso. A nossa aspiração à vida eterna ganha asas ao meditarmos que a nossa Mãe celeste está lá em cima, que nos vê e nos contempla com o seu olhar cheio de ternura[14], com tanto mais amor quanto mais necessitados nos vê. "Realiza a função, própria da mãe, de medianeira de clemência *na vinda definitiva*"[15].

Ela é a nossa grande intercessora junto do Altíssimo. É verdade que a vida na terra se apresenta aos nossos olhos como um *vale de lágrimas*, porque não nos faltam sacrifícios e sofrimentos, e sobretudo falta-nos o Céu; mas, ao mesmo tempo, o Senhor concede-nos muitas alegrias e temos a esperança da Glória para caminharmos com otimismo. Entre esses motivos de contentamento, sobressai Santa Maria. Ela é *vida, doçura e esperança nossa*. E os seus olhos, como os do seu Filho, são de misericórdia e compaixão: *Esses olhos misericordiosos a nós volvei*, dizemos-lhe.

Maria nunca deixa de ajudar os que recorrem ao seu amparo: *Nunca se ouviu dizer que algum daqueles que tivesse recorrido à vossa proteção [...] fosse por Vós desamparado*[16]. Procuremos confiar mais na sua intercessão, persuadidos de que Ela é a Rainha dos Céus e da terra, o *refúgio dos pecadores*, e peçamos-lhe com simplicidade: *Mostrai-nos Jesus*.

E ponhamo-nos delicada e decididamente ao seu serviço, dispostos a atender aos seus menores desejos, a adivinhá-los até. "Como um instrumento dócil nas mãos do Deus excelso — escreve um Padre da Igreja —, assim desejaria eu estar sujeito à Virgem Maria, integralmente dedicado ao seu serviço. Concede-me esse dom, Jesus, Deus e Filho do homem, Senhor de todas as coisas e Filho da tua Escrava [...]. Faz que eu sirva a tua Mãe de modo que Tu me reconheças por teu servidor; que Ela seja a minha soberana na terra de modo que Tu sejas o meu Senhor por toda a eternidade"[17].

Mas devemos examinar como é o nosso trato diário com Ela. "Se estás orgulhoso de ser filho de Santa Maria, pergunta-te: — Quantas manifestações de devoção a Nossa Senhora tenho durante o dia, da manhã até à noite?"[18]: é nos momentos em que rezamos o terço, o *Angelus* ao meio-dia, as três Ave-Marias antes de nos deitarmos, que a Virgem nos confidencia o que espera de nós e nos inspira obras de serviço.

III. *FELIZES AS ENTRANHAS da Virgem Maria que abrigaram o Filho do Pai eterno*[19].

A Assunção de Maria é uma preciosa antecipação da nossa ressurreição e baseia-se na ressurreição de Cristo, que *transformará o nosso corpo corruptível, fazendo-o semelhante ao seu corpo glorioso*[20]. Por isso São Paulo recorda-nos também na segunda Leitura da Missa[21]: se a morte veio por um homem (pelo pecado de Adão), também por um homem, Cristo, veio a ressurreição. Por Ele, todos retornarão à vida, *mas cada um a seu tempo: como primícias, Cristo; em seguida, quando Ele voltar, todos os que são de Cristo; depois, os últimos, quando Cristo devolver a Deus Pai o seu reino...* Essa vinda de Cristo, de que fala o Apóstolo, "não devia por acaso cumprir-se, neste único caso (o da Virgem), de modo excepcional, por dizê-lo assim, «imediatamente», quer dizer, no momento da conclusão da sua vida terrena? [...] Esse final da vida que para todos os homens é a morte, a Tradição, no caso de Maria, chama-o com mais propriedade *dormição*.

"*Assumpta est Maria in caelum, gaudent Angeli! Et gaudet Ecclesia!* Para nós, a solenidade de hoje é como uma continuação da Páscoa, da Ressurreição e da Ascensão do Senhor. E é, ao mesmo tempo, o sinal e a fonte da esperança da vida eterna e da futura ressurreição"[22].

A Solenidade de hoje enche-nos de confiança nas nossas súplicas. "Subiu aos Céus a nossa Advogada para, como Mãe do Juiz e Mãe de Misericórdia, tratar dos negócios da nossa salvação"[23]. Ela alenta continuamente a nossa esperança. "Somos ainda peregrinos, mas a nossa Mãe precedeu-

452 ASSUNÇÃO DE NOSSA SENHORA

-nos e indica-nos já o termo do caminho: repete-nos que é possível lá chegarmos, e que lá chegaremos, se formos fiéis. Porque a Santíssima Virgem não é apenas nosso exemplo: é auxílio dos cristãos. E ante a nossa súplica — *Monstra te esse Matrem*, mostra que és Mãe —, não sabe nem quer negar-se a cuidar dos seus filhos com solicitude maternal [...].

"*Cor Mariae Dulcissimum, iter para tutum*, Coração Dulcíssimo de Maria, dá força e segurança ao nosso caminho na terra: sê tu mesma o nosso caminho, porque tu conheces as vias e os atalhos certos que, por meio do teu amor, levam ao amor de Jesus Cristo"[24].

(1) Gn 3, 15; (2) Ap 12, 1; *Antífona de entrada* da Missa de 15 de agosto; (3) Sl 44, 12; *Salmo responsorial* da Missa do dia 15 de agosto; (4) M. D. Philippe, *Misterio de María*, Rialp, Madri, 1986, p. 52; (5) São Germano de Constantinopla, *Homilias sobre a Virgem*, 1; (6) Pio XII, Const. *Munificentissimus Deus*, 1-XI-1950; (7) *ib.*; (8) São Josemaria Escrivá, *Santo Rosário*, Quarto mistério glorioso; (9) cf. São Tomás, *Suma teológica*, supl., q. 84, a. 1, ad 1; (10) Missal Romano, *Prefácio* na festa da Assunção; (11) R. A. Knox, *Sermão na festividade da Assunção de Nossa Senhora*, 15-VIII-1954; (12) Conc. Vat. II, Const. *Lumen gentium*, 68; (13) João Paulo II, Enc. *Redemptoris Mater*, 25-III-1987, n. 41; (14) cf. Paulo VI, *Discurso*, 15-VIII-1963; (15) João Paulo II, *op. cit.*; (16) Oração de São Bernardo; (17) Santo Ildefonso de Toledo, *Livro sobre a virgindade perpétua de Santa Maria*, 12; (18) São Josemaria Escrivá, *Forja*, n. 433; (19) cf. Lc 11, 27; *Antífona da Comunhão* da Missa vespertina da Vigília; (20) Fl 3, 21; (21) 1 Cor 15, 20-26; *Segunda leitura* da Missa do dia 15 de agosto; (22) João Paulo II, *Homilia*, 15-VIII-1980; (23) São Bernardo, *Homilia na Assunção da B. Virgem Maria*, 1; (24) São Josemaria Escrivá, *É Cristo que passa*, nn. 177-178.

21 DE AGOSTO

74. SÃO PIO X
Papa
Memória

— A necessidade de dar doutrina. Empregar todos os meios ao nosso alcance.
— Serenidade e bom humor nas dificuldades.
— Amor à Igreja e ao Papa.

São Pio X nasceu na pequena cidade de Riese, no norte da Itália, no dia 2 de junho de 1835. Quando criança, conheceu as estreitezas de uma família simples de dez filhos; seu pai era o meirinho da aldeia. Distinguiu-se pelo seu contínuo serviço à Igreja e às almas como pároco, Patriarca Arcebispo de Veneza e Sumo Pontífice. Mostrou uma energia santa em defender a pureza da doutrina, revalorizou e dignificou a Sagrada Liturgia e difundiu a prática da comunhão frequente. Adotou como lema do seu Pontificado: Instaurare omnia in Christo. *Morreu no dia 20 de agosto de 1914.*

I. *O SENHOR FIRMOU COM ELE uma aliança de paz e designou-o como chefe do seu povo e sacerdote para sempre*[1].

Os anos do Pontificado de São Pio X foram particularmente atribulados devido às transformações internas de muitas nações, que tiveram sérias repercussões na vida dos fiéis cristãos. Contudo, o verdadeiro vendaval que assolou a Igreja no seu tempo foi de caráter ideológico e doutrinal: as tentativas de conciliar a fé com uma filosofia que estava muito longe dela nos seus princípios, desembocaram em numerosos erros muito difundidos. Essas ideologias atacavam

454

SÃO PIO X

os próprios fundamentos da doutrina católica e conduziam diretamente à sua negação[2].

Na sua profunda preocupação por deter o curso desses males que de mil formas atingiam o povo fiel[3], São Pio X tornou realidade o lema do seu Pontificado: *instaurar todas as coisas em Cristo*[4]. Insistiu com frequência no mal que a ignorância causa à fé: "É inútil esperar — costumava dizer — que quem não tem formação possa cumprir os seus deveres de cristão". Exortava constantemente a ensinar o Catecismo.

Dessa sua solicitude pela formação dos cristãos surgiu o chamado *Catecismo de São Pio X*, que tanto bem fez à Igreja. Todo o seu Magistério refletiu a sua ânsia de dar doutrina a um mundo que estava faminto e necessitado dela. E ele próprio, já sendo Papa, não quis abandonar os meios tradicionais de catequese. Até 1911, costumava ensinar o Catecismo no *Cortile de São Dâmaso* e em outros locais do Vaticano. Todos os domingos convidava os fiéis de uma paróquia romana a assistir à Missa que lhes celebrava e em que lhes explicava o Evangelho.

Uma boa parte dos erros que São Pio X combateu parecem ter adquirido foros de cidadania nos nossos dias. E em países evangelizados há quase vinte séculos, são muitos os que desconhecem as verdades mais elementares da fé e se encontram indefesos, deixando-se arrastar por esses erros, com a cumplicidade das suas próprias paixões[5]. Os apelos que São Pio X fez no seu tempo, alertando para a necessidade de conservar e difundir a boa doutrina, continuam a ser plenamente atuais. É especialmente urgente que todos os cristãos, por todos os meios ao seu alcance, deem a conhecer os ensinamentos da Igreja sobre o sentido da vida, o fim do homem e o seu destino eterno, o matrimônio, a generosidade no número de filhos, o direito e dever dos pais de escolherem a formação que os seus filhos devem receber, a doutrina social da Igreja, o amor ao Papa e aos seus ensinamentos... Lembremo-nos de que é preciso pôr remédio à mentalidade laicista que nos envolve, à livre opinião em matéria moral que, virando as costas aos preceitos divinos,

21 DE AGOSTO

acaba por minar as próprias bases da convivência social e por destruir a dignidade humana. É grande a sementeira de bem que temos de espalhar à nossa volta. E assim nós mesmos nos robusteceremos. Como recordou o Papa João Paulo II, "a fé se fortalece dando-a!"[6]

II. SÃO PIO X DISTINGUIU-SE pela grande firmeza com que enfrentou um ambiente frequentemente adverso; ao mesmo tempo, era muito humilde e simples. A primeira Leitura da Missa[7] traz-nos umas palavras de São Paulo aos tessalonicenses que bem podiam ter sido escritas pelo Santo Pontífice: *Tendo sofrido e tolerado afrontas, tivemos confiança no nosso Deus para vos pregar o Evangelho de Deus no meio de uma forte oposição.* No entanto, São Pio X — como São Paulo — manteve-se sereno e alegre no meio das dificuldades, porque a sua vida estava fortemente enraizada na oração.

Também não lhe faltou bom humor. Um soldado da guarda suíça lembra-se de que certa vez lhe coube montar guarda à noite num pátio debaixo da janela do quarto de dormir do Papa. Com a alabarda ao ombro, o soldado caminhava de um lado para o outro. Seus passos ressoavam nas lousas. A certa altura da noite, abriu-se a janela e apareceu a figura do Papa: "Bom homem, que faz aí?" O soldado explicou a sua tarefa como pôde. E São Pio X, benevolente, recomendou-lhe: "Vá descansar, que será melhor. Assim poderemos dormir você e eu"[8].

São Pio X teve fama de fazer milagres em vida. Certo dia, os seus antigos paroquianos foram visitá-lo. E com a simplicidade e confiança que sempre tinham tido com ele — e também com total falta de tato —, perguntaram-lhe: "Dom Beppo (assim o chamavam quando era pároco), é verdade que o senhor faz milagres?" E o Papa, com simplicidade e bom humor, respondeu-lhes: "Vejam..., aqui no Vaticano, é preciso fazer um pouco de tudo"[9]. Mas um bispo brasileiro, tendo ouvido falar da fama de santidade do Pontífice, viajou a Roma nos primeiros meses de 1914 para implorar do Santo a cura de sua mãe, que tinha sido atacada de lepra.

456 SÃO PIO X

Ante a sua insistência, o Papa exortou-o a pedir a cura a Nossa Senhora e a algum outro santo. Mas o bispo insistiu: "Ao menos, digne-se repetir as palavras de Nosso Senhor ao leproso: *Volo, mundare!* (quero, fica limpo). E o Papa, com um sorriso condescendente, repetiu: *Volo, mundare!* Quando o bispo regressou à sua pátria, encontrou a sua mãe curada da lepra"[10].

Entre as graves responsabilidades e a dureza de tantos acontecimentos que São Pio X teve de enfrentar, o Senhor concedeu-lhe a graça de não perder a simplicidade e o bom humor. São duas virtudes humanas que nós que tomamos a sério a nossa fé, vivida no meio do mundo, podemos pedir hoje ao Senhor por intercessão desse Santo Pontífice. Ajudar-nos-ão a sentir-nos filhos de Deus, a estar serenos e alegres perante qualquer dificuldade.

III. SÃO PIO X AMOU e serviu a Igreja com suma fidelidade. Desde o começo do seu Pontificado, empreendeu uma série de profundas reformas. De modo particular, dedicou especial atenção aos sacerdotes, de quem esperava *tudo*. Da santidade deles — disse muitas vezes e de diversas maneiras — dependia em grande medida a santidade do povo cristão. No cinquentenário da sua ordenação sacerdotal, dedicou aos sacerdotes uma exortação[11] que tinha por subtítulo: *Sobre como devem ser os sacerdotes de que a Igreja precisa*. Pedia, sobretudo, sacerdotes santos, inteiramente dedicados ao seu trabalho de almas.

Muitos dos problemas, necessidades e circunstâncias dos onze anos de pontificado de Pio X continuam a ser atuais. Por isso, hoje pode ser uma boa ocasião para examinarmos como é o nosso amor com obras à Igreja; se, no meio dos nossos afazeres temporais, cada um de nós tem "uma viva consciência de ser um membro da Igreja, a quem foi confiada uma tarefa original, insubstituível e intransmissível, que deve levar a cabo para o bem de todos"[12]: dar boa doutrina, aproveitando as ocasiões ou criando-as; ajudar os outros a encontrarem o caminho da sua reconciliação com Deus por meio da confissão sacramental; pedir diariamente e oferecer horas de trabalho bem acabado pela santidade dos sacerdotes; contribuir generosamente para a sustentação da Igreja e das obras de caridade; servir de eco ao Magistério do Papa, principalmente em assuntos relativos à justiça social, à moralidade pública, ao ensino, à família... "Que alegria poder dizer com todas as forças da minha alma: — Amo a minha Mãe, a santa Igreja"[13]. Um amor que se traduz todos os dias em obras concretas.

Examinemos também como é o nosso amor filial ao Papa, que para todos os cristãos deve ser "uma formosa paixão, porque nele vemos Cristo"[14]. Meditemos hoje se rezamos todos os dias pela pessoa do Sumo Pontífice, *para que o Senhor o guarde e o vivifique e o faça feliz na terra...*

Ó Deus — pedimos com a coleta da Missa de hoje —, *que para defender a fé católica e instaurar todas as coisas em Cristo, cumulastes o Papa São Pio X de sabedoria divina e coragem apostólica, concedei-nos que, dóceis às suas instruções e exemplos, alcancemos o prêmio eterno.*

(1) Cf. Eclo 45, 30; *Antífona de entrada* da Missa do dia 21 de agosto; (2) cf. R. Garcia de Haro, *História teológica do modernismo*, EUNSA, Pamplona, 1972; (3) São Pio X, Decr. *Lamentabili*, 3-VII-1907; Enc. *Pascendi*, 8-IX-1907; (4) São Pio X, Carta apost. *Bene nostis*, 14-II-1905; (5) cf. João Paulo II, Exort. apost. *Christifideles laici*, 30-XII-1988, 34; (6) idem, Enc. *Redemptoris missio*, 7-XII-1990, 2; (7) 1 Ts 2, 2-8; (8) cf. J. M. Javierre, *Pio X*, 5ª ed., Juan Flors, Barcelona, 1961, p. 180; (9) cf. L. Ferrari, *Pio X: dalle mie memorie*, Vicenza, 1922, p. 1528; (10) G. Dal-Gal, *Pio X, el Papa santo*, Palabra, Madri, 1988, p. 304; (11) São Pio X, Enc. *Haerent animo*, 4-VIII-1908; (12) João Paulo II, Enc. *Christifideles laici*, cit., 28; (13) São Josemaria Escrivá, *Caminho*, n. 518; (14) São Josemaria Escrivá, *Amar a Igreja*, p. 36.

22 DE AGOSTO

75. NOSSA SENHORA RAINHA
Memória

— Santa Maria, Rainha do Céu e da terra.
— Realeza de Nossa Senhora.
— O reinado de Maria exerce-se no Céu, na terra e no purgatório.

Esta festa foi instituída por Pio XII em 1954, em correspondência à fé unânime de toda a Tradição que desde sempre reconheceu a dignidade régia de Maria por ser Mãe do Rei dos reis e Senhor dos senhores. Santa Maria é uma Rainha sumamente acessível, pois todas as graças nos chegam através da sua mediação maternal. A coroação de Maria como Rainha de todas as coisas criadas — que contemplamos no quinto mistério do Rosário — está intimamente ligada à sua Assunção ao Céu em corpo e alma.

I. "A MÃE DE CRISTO, efetivamente, foi glorificada como *Rainha do Universo*. Ela, que na Anunciação se definiu como *escrava do Senhor*, permaneceu fiel ao que este nome exprime durante toda a sua vida terrena, confirmando desse modo que era uma verdadeira *discípula* de Cristo, o que sublinhava fortemente o caráter de serviço da sua missão: o Filho do homem *não veio para ser servido, mas para servir e dar a vida em resgate de muitos* (Mt 20, 28). Por isso, Maria tornou-se a primeira entre aqueles que «servindo a Cristo também nos outros, conduzem os seus irmãos, com humildade e paciência, àquele Rei a quem servir é reinar» (*Lumen gentium*, 36), e alcançou plenamente aquele *estado de liberdade real* que é próprio dos discípulos de Cristo: servir quer dizer reinar! [...] A *glória de servir* não cessa de ser a exaltação real de Maria; assunta aos Céus, Ela não suspende aquele seu serviço salvífico..."[1]

O dogma da Assunção, que pudemos celebrar na semana passada, leva-nos de modo natural à festa de hoje: a realeza de Maria. Nossa Senhora subiu ao Céu em corpo e alma para ser coroada pela Santíssima Trindade como Rainha e Senhora da Criação: "Terminado o curso da sua vida terrena, foi assunta em corpo e alma à glória celeste. E, para que se assemelhasse mais plenamente ao seu Filho, *Senhor dos senhores* (cf. Ap 19, 16) e vencedor do pecado e da morte, foi exaltada pelo Senhor como Rainha do Universo"[2].

Esta verdade foi afirmada desde tempos antiquíssimos pela piedade dos fiéis e ensinada pelo Magistério da Igreja[3]. Santo Efrém coloca nos lábios de Maria estas belíssimas palavras: "O Céu sustente-me com os seus braços, porque sou mais honrada do que ele mesmo. Pois o Céu foi apenas o teu trono, não a tua mãe. Quantas vezes é mais digna de honra a Mãe do Rei do que o seu trono!"[4]

Foi muito frequente exprimir este título de Maria mediante o costume de *coroar* as suas imagens de forma canônica, por concessão expressa dos Papas[5]. Desde os primeiros séculos, a arte cristã representou Maria como Rainha e Imperatriz, sentada em trono real, ornada com as insígnias da realeza e rodeada de anjos. Não poucas vezes retratam-na no momento em que é coroada pelo seu Filho. E os fiéis recorreram a Ela com orações como a *Salve-Regina, Ave Regina Caelorum, Rainha do céu, alegrai-vos...*, tantas vezes repetidas.

Também não são poucas as vezes em que temos recorrido a Ela recordando-lhe esse formoso título da sua realeza no marco do quinto mistério glorioso do Santo Rosário. Hoje, na nossa oração, fazemo-lo de modo especial.

"És toda formosa, e não há mancha em ti. — És horto cerrado, minha irmã, Esposa, horto cerrado, fonte selada. — *Veni, coronaberis.* — Vem, serás coroada (Ct 4, 7.12 e 8).

"Se tu e eu tivéssemos tido poder, tê-la-íamos feito também Rainha e Senhora de toda a criação.

"Um grande sinal apareceu no céu: uma mulher com uma coroa de doze estrelas sobre a cabeça. — O Pai, o Filho e o Espírito Santo coroam-na como Imperatriz que é do Universo.

"E rendem-lhe preito de vassalagem os anjos..., e os patriarcas e os profetas e os apóstolos..., e os mártires e os confessores e as virgens e todos os santos..., e todos os pecadores, e tu e eu"[6].

II. *EIS QUE CONCEBERÁS e darás à luz um filho, a quem porás o nome de Jesus. Ele será grande e será chamado Filho do Altíssimo, e o Senhor Deus lhe dará o trono de seu pai Davi; e reinará eternamente na casa de Jacó; e o seu reino não terá fim*[7], lemos no texto do Evangelho da Missa de hoje.

A realeza de Maria está intimamente relacionada com a do seu Filho. Jesus Cristo é Rei porque lhe compete um poder pleno e completo, tanto na ordem natural como na sobrenatural; é uma realeza própria e absoluta, além de ser plena. A realeza de Maria é plena e participada da do seu Filho. Os termos *Rainha* e *Senhora* aplicados à Virgem não são uma metáfora; com eles, designamos uma verdadeira superioridade e uma autêntica dignidade e poder nos Céus e na terra. Por ser Mãe do Rei, Maria é verdadeira e propriamente Rainha, encontra-se no cume da criação e é efetivamente a primeira pessoa humana do Universo. "Belíssima e perfeitíssima, tem tal plenitude de inocência e santidade que não pode conceber-se outra maior depois de Deus"[8].

Os títulos da realeza de Maria são a sua união com Cristo como Mãe e a associação com o seu Filho Rei na redenção do mundo. Pelo primeiro título, Maria é Rainha-Mãe de um Rei que é Deus, o que a enaltece sobre todas as criaturas humanas; pelo segundo, Maria Rainha é dispensadora dos tesouros e bens do Reino de Deus, em virtude da sua corredenção.

Na instituição desta festa, Pio XII convidava os fiéis a aproximar-se deste "trono de graça e de misericórdia da nossa Rainha e Mãe para pedir-lhe socorro na adversidade, luz nas trevas, alívio nas dores e penas"; e animava todos os cristãos a pedirem graças ao Espírito Santo e a esforçarem--se por detestar o pecado e livrar-se da sua escravidão, "para poderem render um preito de vassalagem constante, perfumado com a devoção de filhos", a quem é Rainha e tão grande Mãe[9]. *Adeamus ergo cum fiducia ad thronum gratiae, ut misericordiam consequamur...* "Aproximemo-nos, pois, confiadamente do trono da graça, a fim de alcançarmos misericórdia e encontrarmos graça para sermos socorridos no momento oportuno"[10]. Este trono, símbolo da autoridade, é o de Cristo, mas Ele quis que fosse na sua Mãe, *trono de graça*, que mais facilmente alcançássemos a misericórdia, pois Ela nos foi dada "como advogada da graça e Rainha do Universo"[11].

Contemplamos hoje uma grande festa no Céu. A Santíssima Trindade sai ao encontro da nossa Mãe, assunta aos Céus por toda a eternidade.

"É justo que o Pai, o Filho e o Espírito Santo coroem a Virgem Santíssima como Rainha e Senhora de toda a criação. — Aproveita-te desse poder e, com atrevimento filial, une-te a essa festa do Céu. — Eu coroo a Mãe de Deus e minha Mãe com as minhas misérias purificadas, porque não tenho pedras preciosas nem virtudes. — Anima-te!"[12]

A Virgem espera-nos; quer que nos unamos à alegria dos santos e dos anjos. E temos o direito de participar de uma festa tão grande, pois trata-se da nossa Mãe.

III. *APARECEU NO CÉU um grande sinal: uma mulher vestida de sol, com a lua debaixo dos pés e uma coroa de doze estrelas sobre a cabeça*[13]. Essa mulher, além de representar a Igreja, simboliza Maria[14], a Mãe de Jesus, que no Calvário foi entregue a João para ser cuidada por ele. O discípulo cumpriu com esmero esse encargo e pôde contemplá-la muitas vezes. Quando, já velho, passava para o papel as suas visões, Maria já exercia a sua realeza no Céu.

Os três traços com que o Apocalipse descreve Nossa Senhora são símbolo dessa dignidade: *vestida de sol*, quer dizer, resplandecente de graça por ser a Mãe de Deus; com *a lua debaixo dos pés*, como soberana que é de todas as coisas criadas; e *uma coroa de doze estrelas*, expressão da sua coroa real, do seu reinado sobre todos os anjos e santos[15]. Na ladainha do terço, recordamos todos os dias que Ela é *Rainha dos Anjos, dos patriarcas, dos profetas, dos apóstolos, dos Mártires, de todos os santos...* É também a nossa Rainha e Senhora.

O reinado de Maria exerce-se diariamente em toda a terra, pois é Ela que distribui a mãos cheias a graça e a misericórdia do Senhor. Em correspondência, devemos colocar-nos muitas vezes na sua presença, reconhecendo-a como Rainha. Muitos cristãos, aos sábados e quando visitam os seus inumeráveis santuários, cantam-lhe ou rezam-lhe com devoção essa antiga oração que é a Salve-Rainha: *Salve, Rainha, Mãe de misericórdia, vida, doçura, esperança nossa...*

Esse reinado é exercido no Céu sobre os anjos e sobre todos os bem-aventurados, que aumentam a sua glória acidental "pelas luzes que Maria lhes comunica, pelas alegrias que experimentam na sua presença, por tudo quanto Ela faz pela salvação das almas"[16].

O reinado de Maria exerce-se também no Purgatório. "*Salve, Rainha*, cantavam as almas que vi sentadas sobre a relva e entre as flores que não se viam de fora do vale", declara o poeta italiano[17]. A nossa Mãe anima-nos constantemente a pedir e a oferecer sufrágios pelos que ainda se purificam no Purgatório; apresenta a Deus as nossas orações por eles, aumentando assim o seu valor. Aplica a essas almas, em nome do seu Filho, os frutos dos méritos que Ele nos alcançou e os dos seus próprios méritos. A nossa Mãe é uma boa aliada no nosso esforço por ajudar as almas do Purgatório, e, se procurarmos a sua intimidade, estimular-nos-á também a purificar as nossas faltas e pecados já nesta vida, permitindo assim que possamos contemplá-la imediatamente depois da morte, sem termos que passar por esse lugar de espera e de purificação.

464 NOSSA SENHORA RAINHA

Ó Deus, que fizestes a Mãe do vosso Filho nossa Mãe e Rainha, concedei-nos, por sua intercessão, que alcancemos o reino do céu e a glória prometida aos vossos filhos[18].

(1) João Paulo II, Enc. *Redemptoris Mater*, 25-III-1987, n. 41; (2) Conc. Vat. II, Const. *Lumen gentium*, 59; (3) cf. Pio XII, Enc. *Ad coeli Reginam*, 11-X-1954; (4) Santo Efrém, *Hino sobre a Bem-aventurada Virgem Maria*; (5) J. Ibañez-F. Mendoza, *La Madre del Redentor*, Palabra, Madri, 1988, p. 293; (6) São Josemaria Escrivá, *Santo Rosário*, Quinto mistério glorioso; (7) Lc 1, 31-33; (8) Pio IX, Bula *Ineffabilis Deus*, 8-XII-1854; (9) Pio XII, *op. cit.*; (10) Hb 4, 16; (11) Missal Romano, *Prefácio* da Missa da festa; (12) São Josemaria Escrivá, *Forja*, n. 285; (13) Ap 12, 1; (14) São Pio X, Enc. *Ad diem illum*, 2-II-1904; (15) cf. L. Castán, *Las bienaventuranzas de María*, BAC, Madri, 1971, p. 320; (16) R. Garrigou-Lagrange, *La madre del Salvador*, Rialp, Madri, 1976, p. 323; (17) Dante Alighieri, *A divina comédia*, *Purgatório*, 7, 82-84; (18) Missal Romano, *Oração coleta da Missa*.

24 DE AGOSTO

76. SÃO BARTOLOMEU
APÓSTOLO
Festa

— O encontro com Jesus.
— O elogio do Senhor. A virtude da
sinceridade.
— Sinceridade com Deus, na direção
espiritual, no convívio com os outros. A virtude da simplicidade.

*Bartolomeu — ou Natanael, como às vezes o chama o Santo
Evangelho — foi um dos doze apóstolos. Era natural de Caná da
Galileia e amigo do apóstolo Filipe. O Senhor fez-lhe este grande
elogio:* Eis um verdadeiro israelita em quem não há dolo. *Segundo a Tradição, pregou o Evangelho na Arábia e na Armênia, onde
morreu mártir.*

I. A TRADIÇÃO IDENTIFICA o apóstolo Bartolomeu com
Natanael, aquele a quem o seu amigo Filipe comunicou
cheio de alegria ter encontrado o Messias: *Encontramos
aquele de quem escreveram Moisés na lei e os profetas: Jesus de Nazaré, filho de José*[1]. Natanael, como todo o bom
israelita, sabia que o Messias devia vir de Belém, do povo
de Davi[2]. Assim fora anunciado pelo profeta Miqueias: *E
tu, Belém Efrata, tu és a menor entre as principais cidades
de Judá; mas de ti há de sair aquele que reinará em Israel*[3].
Talvez tenha sido por isso que o futuro apóstolo respondeu

num certo tom depreciativo: *De Nazaré pode porventura sair coisa que seja boa?* E Filipe, sem confiar muito nas suas próprias explicações, convidou-o a conhecer pessoalmente o Mestre: *Vem e vê.*

Filipe sabia muito bem, como nós, que Cristo não decepciona ninguém. Foi o próprio Jesus que "chamou Natanael por meio de Filipe, como chamou Pedro por meio do seu irmão André. Essa é a maneira de agir da Providência, que nos chama e nos conduz por meio de outros. Deus não quer trabalhar sozinho; a sua sabedoria e a sua bondade querem que também nós participemos da criação e ordenação das coisas"[4]. Quantas vezes nós mesmos não seremos instrumentos para que os nossos amigos ou familiares recebam a chamada do Senhor! Quantas vezes, como Filipe, não diremos: *Vem e vê.*

Natanael, homem sincero, acompanhou Filipe até Jesus... e ficou deslumbrado. O Mestre conquistou a sua fidelidade para sempre. Ao vê-lo chegar acompanhado do amigo, disse-lhe: *Eis um verdadeiro israelita, em quem não há dolo.* Que grande elogio! Natanael ficou surpreendido e perguntou: *Donde me conheces?* E o Senhor respondeu-lhe com umas palavras que são misteriosas para nós, mas que devem ter sido muito claras e luminosas para ele: *Antes que Filipe te chamasse, eu te vi, quando estavas debaixo da figueira.*

Ao ouvir Jesus, Natanael entendeu claramente. As palavras do Senhor recordaram-lhe algum acontecimento íntimo, talvez a resolução de um propósito firme, e impeliram-no a fazer uma emocionada confissão explícita de fé em Jesus como Messias e Filho de Deus: *Mestre, tu és o Filho de Deus, tu és o Rei de Israel.* E o Senhor prometeu-lhe: *Porque eu te disse que te vi debaixo da figueira, crês? Verás coisas maiores que estas.* E evocou com certa solenidade um texto do profeta Daniel[5] para confirmar e dar maior peso às palavras que o novo discípulo acabara de pronunciar: *Em verdade, em verdade vos digo que vereis o céu aberto e os anjos de Deus subindo e descendo sobre o Filho do homem.*

II. NO ELOGIO DE JESUS a Natanael, descobre-se a atração que uma pessoa sincera exerce sobre o coração de Cristo. O Mestre diz do novo discípulo que nele não há *dolo nem engano*: é um homem sem falsidades. Não tem como que "dois corações e duas pregas no coração, uma para a verdade e outra para a mentira"[6].

Isso é o que deve poder dizer-se de cada um de nós, por sermos homens e mulheres íntegros, que procuramos viver com coerência a fé que professamos. O mentiroso, aquele que tem um espírito duplo, aquele que atua com pouca clareza, soa sempre a sino rachado: "Lias naquele dicionário os sinônimos de insincero: «ambíguo, ladino, dissimulado, matreiro, astuto»... — Fechaste o livro, enquanto pedias ao Senhor que nunca pudessem aplicar-se a ti esses qualificativos, e te propuseste aprimorar ainda mais esta virtude sobrenatural e humana da sinceridade"[7].

Trata-se de uma virtude fundamental para seguir o Senhor, pois Ele é a verdade divina[8] e aborrece toda a mentira. Até os inimigos de Cristo terão de reconhecer o seu amor pela verdade: *Mestre* — dir-lhe-ão numa ocasião —, *sabemos que és sincero e que ensinas o caminho de Deus segundo a verdade, sem te prenderes a ninguém, porque não fazes acepção de pessoas*[9]. E ensina-nos que as manifestações das nossas ideias ou pensamentos devem ser feitas conforme a verdade: *Seja o vosso falar: Sim, sim; não, não; porque tudo o que passa disto procede do mal*[10]. O demônio, pelo contrário, é o pai da mentira[11], pois tenta constantemente levar os homens ao maior de todos os enganos, que é o pecado. O próprio Jesus, que sempre se mostra compreensivo e misericordioso com todas as fraquezas humanas, lança duríssimas condenações contra a hipocrisia dos fariseus. Por isso podemos imaginar a alegria que lhe causou o encontro com Natanael.

A verdade abre-nos a porta para a autêntica liberdade, conforme nos diz o Evangelho[12]. "Jesus Cristo vai ao encontro do homem de todas as épocas — incluída a nossa — com as mesmas palavras que pronunciou certa vez: *Conhecereis a verdade, e a verdade vos fará livres.* Estas palavras encerram uma verdade fundamental e ao mesmo tempo uma advertência: a exigência de uma relação honesta com a verdade, como condição de uma autêntica liberdade"[13]. É a liberdade interior que nos permite agir sempre com a desenvoltura e a alegria próprias dos filhos de Deus.

Não tenhamos nunca medo à verdade, ainda que por vezes pareça que essa atitude nos acarreta um mal que poderíamos evitar com uma mentira. Da verdade só pode nascer o bem. Nunca vale a pena mentir: nem para obtermos um grande benefício econômico, nem para nos livrarmos de um castigo ou sairmos de uma situação difícil.

III. TEMOS DE SER verazes e sinceros na vida corrente, nas nossas relações com os outros: sem essa virtude, a convivência torna-se difícil ou mesmo impossível[14]. "Fora da verdade, a existência do homem acaba por obscurecer-se e, quase insensivelmente, deixa-se invadir pelas trevas do erro, que podem chegar a falsear toda a vida"[15].

De modo particular, devemos ser verazes e sinceros no trato com Deus, dirigindo-nos a Ele "sem anonimato", sem querer ocultar-nos, com a alegria e a confiança com que um bom filho se comporta diante do melhor dos pais. Temos também de aprender a dar a conhecer a intimidade da nossa alma àqueles que, em nome do Senhor, nos ajudam a orientar os nossos passos para o Céu.

Na Confissão, a sinceridade é tão importante que, se o penitente não reconhece a sua culpa, não pode receber a graça: não é, pois, apenas uma atitude perante uma pessoa, o confessor, mas perante o próprio Deus. A atitude contrária — o silêncio, a dissimulação, a mentira — seria tão estéril em relação aos frutos que desejamos obter, como daquele que, no dizer de Santo Agostinho, "indo ao médico para ser curado, perdesse o juízo e a consciência e mostrasse os membros sadios, ocultando os enfermos. Deus é quem deve vendar as feridas, não tu; porque se, por vergonha, queres ocultá-las com bandagens, o médico não te curará. Deves deixar que seja o médico quem te cure e pense as feridas, porque ele as cobre com medicamentos. Enquanto com as bandagens do médico as chagas se curam, com as bandagens do doente ocultam-se. E a quem pretendes ocultá--las? Àquele que conhece todas as coisas"[16]. Se formos sinceros, os nossos próprios pecados serão motivo para que nos unamos mais intimamente a Deus.

Há outra virtude estreitamente relacionada com a sinceridade, e que hoje podemos admirar em São Bartolomeu: a simplicidade, que é consequência necessária de um coração que busca a Deus. Opõem-se a esta virtude a afetação no falar e no agir, o desejo de chamar a atenção, o pedantismo, os ares de suficiência, a jactância..., defeitos que dificultam a união com Cristo e que criam barreiras, às vezes intransponíveis, ao esforço por ajudar os outros a aproximar-se de Jesus. A alma simples não se enreda nem se complica inutilmente por dentro: dirige-se em linha reta para Deus, através de todos os acontecimentos — bons ou maus — que sucedem à sua volta. A par da sinceridade, a naturalidade e a simplicidade constituem outras "duas maravilhosas virtudes humanas, que tornam o homem capaz de receber a mensagem de Cristo. Em contrapartida, tudo o que é emaranhado, complicado, as voltas e mais voltas em torno de nós mesmos, tudo isso constrói um muro que com frequência impede de ouvir a voz do Senhor"[17].

Peçamos hoje a São Bartolomeu que nos alcance do Senhor essas virtudes, que tanto lhe agradam e que são tão necessárias para a oração, para a convivência e para o apostolado. Peçamos a Nossa Senhora que andemos pela vida sem duplicidade, com um coração sincero e simples: "«*Tota pulchra es Maria, et macula originalis non est in te!*» — És toda formosa, Maria, e não há em ti mancha original!, canta alvoroçada a liturgia: não há nEla a menor sombra de duplicidade. Peço diariamente à nossa Mãe que saibamos abrir a alma na direção espiritual, para que a luz da graça ilumine toda a nossa conduta!

"— Se assim lhe suplicarmos, Maria nos obterá a valentia da sinceridade, para que nos cheguemos mais à Trindade Santíssima"[18]. São Bartolomeu será hoje o nosso principal intercessor diante de Nossa Senhora.

470 SÃO BARTOLOMEU APÓSTOLO

(1) Jo 1, 45; (2) cf. São João Crisóstomo, *Homilias sobre o Evangelho de São João*, 20, 1: (3) Mq 5, 2; (4) O. Hophan, *Los Apóstoles*, p. 176: (5) Dn 7, 13; (6) Santo Agostinho, *Comentários ao Evangelho de São João*, 78, 7, 16; (7) São Josemaria Escrivá, *Sulco*, n. 337; (8) cf. Jo 14, 6; (9) Mt 22, 16; (10) Mt 5, 37; (11) cf. Jo 8, 44; (12) cf. Conferência Episcopal Espanhola, Inst. past. *A verdade vos libertará*, 20-XI-1990, n. 38; (13) João Paulo II, Enc. *Redemptor hominis*, 4-III-1979, 12; (14) cf. São Tomás, *Sobre os sacramentos*; (15) Conferência Episcopal Espanhola, *op. cit.*, n. 37; (16) Santo Agostinho, *Comentário ao Salmo 31*; (17) São Josemaria Escrivá, *Amigos de Deus*, n. 90; (18) São Josemaria Escrivá, *Sulco*, n. 339.

27 DE AGOSTO

77. SANTA MÔNICA
Memória

— Oração de Santa Mônica pela conversão do seu filho Agostinho.
— Transmitir a fé na família. Piedade familiar.
— A oração em família.

Santa Mônica nasceu em Tagaste (África), em 331, de família cristã. Muito jovem, foi dada em casamento a um homem pagão chamado Patrício, de quem teve vários filhos, entre eles Agostinho, cuja conversão alcançou da misericórdia divina com muitas lágrimas e orações. É um modelo perfeito de mãe cristã. Morreu em Óstia (Itália) no ano 387.

I. O EVANGELHO DA MISSA de hoje narra-nos a chegada de Jesus à cidade de Naim, acompanhado pelos seus discípulos e por uma numerosa multidão. Ao entrar, cruzou-se com um cortejo fúnebre que acompanhava uma viúva cujo filho único levavam para ser sepultado. *E, tendo-a visto, o Senhor compadeceu-se dela e disse-lhe: Não chores. Aproximou-se e tocou no esquife. Os que o levavam detiveram-se. E ele disse: Jovem, eu te digo, levanta-te. E o que tinha estado morto sentou-se e começou a falar. E Jesus entregou-o à sua mãe*[1].

Durante muitos anos, Agostinho, filho de Santa Mônica, estivera afastado de Deus e morto para a graça pelo pecado. A Santa, cuja memória celebramos hoje, foi a mãe irrepreensível que, com o seu exemplo, lágrimas e orações, obteve do Senhor a ressurreição espiritual daquele que seria um dos maiores santos e doutores da Igreja. A fidelidade de Santa Mônica a Deus, dia a dia, obteve também a conversão do seu marido Patrício, que era pagão, e exerceu uma influência decisiva em todos aqueles que de alguma maneira pertenciam ao núcleo familiar. Santo Agostinho resume com estas palavras a vida de sua mãe: "Cuidou de todos os que vivíamos juntos depois de batizados, como se fosse mãe de todos; e serviu-nos como se fosse filha de cada um de nós"[2].

Santa Mônica sempre esteve preocupada com a conversão do seu filho: chorou muito, suplicou a Deus com insistência e não cessou de pedir a pessoas sábias e boas que falassem com o filho e procurassem convencê-lo a abandonar os seus erros. Certo dia, Santo Ambrósio, bispo de Milão, a quem Santa Mônica tinha recorrido muitas vezes, despediu-se dela com estas palavras, tão consoladoras para tantos pais e mães ao longo dos séculos: "Vá em paz, mulher, e fique tranquila, pois é impossível que se perca o filho de tantas lágrimas"[3]. O exemplo de Santa Mônica ficou gravado de tal modo na mente de Santo Agostinho que, anos mais tarde, certamente lembrando-se da sua mãe, exortava: "Procurai com todo o cuidado a salvação dos da vossa casa"[4].

A família é verdadeiramente o lugar adequado para que os filhos recebam, desenvolvam e muitas vezes recuperem a fé. "Como é grato para o Senhor ver que a família cristã é verdadeiramente uma *igreja doméstica*, um lugar de oração, de transmissão da fé, de aprendizagem — através do exemplo dos mais velhos — de atitudes cristãs sólidas, que se conservam ao longo de toda a vida como o legado mais sagrado! Já se disse de Santa Mônica que foi *duas vezes mãe de Agostinho*, porque não apenas o deu à luz, mas resgatou-o para a fé católica e para a vida cristã. Assim devem ser os pais cristãos: duas vezes progenitores dos seus filhos, na sua vida natural e na sua vida em Cristo e espiritual"[5]. E alcançarão um duplo prêmio do Senhor e uma dupla alegria no Céu.

II. A ORAÇÃO PELOS FILHOS nunca deve desfalecer: é sempre eficaz, ainda que às vezes, como na vida de Santo Agostinho, os frutos tardem em chegar. Essa oração pela família é muitíssimo grata a Deus, especialmente quando é acompanhada por uma vida que procura ser exemplar. Santo Agostinho diz-nos da sua mãe que também "se esforçou por conquistar o seu marido para Deus, servindo-se não tanto de palavras como da sua própria vida"[6]; uma vida cheia de abnegação, de alegria, de firmeza na fé. Se queremos levar a Deus aqueles que nos cercam, devemos abrir caminho pelo exemplo e pela alegria. As queixas, o mau-humor, o zelo amargo pouco ou nada conseguem. A constância, a paz, a alegria e uma oração humilde e perseverante ao Senhor conseguem tudo.

A par da oração e de uma vida exemplar, que é um ensinamento contínuo, os pais devem ensinar aos seus filhos modos práticos de tratar com Deus, especialmente nos primeiros anos da infância, logo que começam a balbuciar as primeiras palavras: orações vocais simples, que se transmitem de geração em geração, fórmulas breves, claramente compreensíveis, capazes de pôr-lhes no coração os primeiros germes do que chegará a ser uma piedade sólida: jaculatórias, palavras de carinho a Jesus, a Maria e a José, invocações ao Anjo da Guarda... Pouco a pouco, aprendem a saudar piedosamente as imagens do Senhor e da Virgem, a abençoar e agradecer os alimentos, a rezar antes de se deitarem. Os pais não podem esquecer que os seus filhos são antes de tudo filhos de Deus, e que devem ensiná-los a comportar-se como tais.

Neste clima de alegria, de piedade e de exercício das virtudes humanas, nas suas múltiplas manifestações de laboriosidade, de sã liberdade, de bom humor, de sobriedade, de preocupação eficaz pelos que passam necessidade..., nascerão facilmente as vocações de que a Igreja precisa e que serão o maior prêmio e honra que os pais podem receber neste mundo. Por isso, o Papa João Paulo II exortava os pais a criarem uma atmosfera humana e sobrenatural em que pudessem surgir essas vocações. E acrescentava: "Ainda que estejam chegando tempos em que vós, como pais e mães, julgueis que os vossos filhos podem sucumbir à fascinação das expectativas e promessas deste tempo, não tenhais dúvida; eles fixarão a atenção em vós para ver se considerais Jesus Cristo como uma limitação ou como um encontro de vida, como alegria e fonte de força na vida cotidiana. Mas sobretudo não deixeis de rezar. Pensai em Santa Mônica, cujas preocupações e súplicas cresciam quando seu filho Agostinho, futuro bispo e Santo, andava longe de Cristo e assim julgava encontrar a sua liberdade. Quantas Mônicas existem hoje! Ninguém pode agradecer devidamente o que muitas mães realizaram e continuam a realizar anonimamente com a sua oração pela Igreja e pelo Reino de Deus, e com o seu sacrifício. Que Deus lhes pague! Se é verdade que a desejada renovação da Igreja depende sobretudo do ministério dos sacerdotes, é indubitável que também depende em grande medida das famílias, e especialmente das mulheres e mães"[7]. Quanto podem elas diante de Deus e diante da família!

III. SE A ORAÇÃO DE UMA MÃE foi tão grata a Deus, como será a de uma família inteira que reza pelos mesmos fins! "A oração familiar — escreve o Papa João Paulo II — tem características próprias. É uma oração *feita em comum*, marido e mulher juntos, pais e filhos juntos [...]. Aos membros da família cristã podem aplicar-se de modo particular as palavras com que Cristo promete a sua presença: *Em verdade vos digo que, se dois de vós se unirem na terra para pedir qualquer coisa, meu Pai que está nos céus vo-la concederá. Pois onde estiverem dois ou três reunidos em meu nome, aí estarei eu no meio deles* (Mt 18, 19 e segs.)"[8]. Os membros da família unem-se com mais força, entre si e com Deus, mediante a oração em comum.

Esta oração tem como conteúdo essencial a própria vida familiar: "Alegrias e dores, esperanças e tristezas, nascimentos e festas de anos, aniversários de núpcias dos pais, partidas, ausências e regressos, escolhas importantes e decisivas, a morte de pessoas queridas etc., marcam a

27 DE AGOSTO 475

intervenção do amor de Deus na história da família, assim como devem marcar o momento favorável para a ação de graças, para a impetração, para o abandono confiante da família ao Pai comum que está nos Céus. A dignidade e a responsabilidade da família cristã como Igreja doméstica só podem, pois, ser vivificadas com a ajuda incessante de Deus, que não faltará, se implorada com humildade e confiança na oração"[9].

O centro da família cristã está posto no Senhor. Por isso, qualquer acontecimento ou circunstância que, numa visão puramente humana, seria incompreensível, é interpretado como algo permitido por Deus, algo que sempre redunda em bem de todos. A doença ou a morte de uma pessoa querida, o nascimento de um irmão com algum defeito grave ou qualquer outra provação, tudo é captado sob a perspectiva da eternidade e não leva ao desalento ou à amargura, mas à confiança no Senhor e ao abandono total em seus braços. Ele é Pai de todos.

Hoje pedimos a Santa Mônica que nos dê a firmeza com que ela perseverou na oração e que ajude todas as famílias a conservar o tesouro da piedade familiar, ainda que em muitos lugares os costumes que se vêm estendendo não sejam favoráveis: temos de ver no ambiente adverso que nos rodeia um motivo mais para nos empenharmos em fazer com que Deus seja realmente o centro do todos os lares, a começar pelo nosso. Assim a vida familiar será uma antecipação do Céu.

(1) Lc 7, 11-7; (2) Santo Agostinho, *Confissões*, 9, 9, 21; (3) *ib.*, 3, 12, 21; (4) idem, *Sermão 94*; (5) João Paulo II, *Aos bispos do Chile em visita "ad limina"*, 10-III-1989; (6) Santo Agostinho, *Confissões*, 9, 9, 19; (7) João Paulo II, *Na inauguração do Seminário de Augsburgo*, 4-V-1987; (8) idem, Exort. apost. *Familiaris consortio*, 22-XI-1981, 59; (9) *ib.*

28 DE AGOSTO

78. SANTO AGOSTINHO

Bispo e Doutor da Igreja
Memória

— A vida, uma contínua conversão.
— *Começar e recomeçar.*
— Ter muito em conta as pequenas coisas que
nos separam do Senhor. A Virgem e a conversão.

*Santo Agostinho nasceu em Tagaste (África) em 354. Depois
de uma juventude conturbada, converteu-se aos 33 anos em Milão,
onde foi batizado pelo bispo Santo Ambrósio. Regressando à sua
pátria e eleito bispo de Hipona, desenvolveu uma enorme atividade por meio da pregação e dos seus escritos doutrinais em defesa
da fé. Durante trinta e quatro anos, nos quais esteve à frente do
seu rebanho, foi um modelo de serviço para todos e exerceu uma
contínua catequese oral e escrita. É um dos grandes Doutores da
Igreja. Morreu no ano 430.*

I. SANTO AGOSTINHO RECEBEU uma educação cristã de
sua mãe, Santa Mônica. Como consequência desse desvelo
materno, ainda que tenha permanecido muitos anos longe da
verdadeira doutrina, sempre manteve viva a recordação de
Cristo, cujo nome "eu bebera — diz ele — com o leite materno"[1]. Quando regressou à fé católica, afirmou que voltava
"à religião que me tinha sido incutida desde criança e que
tinha penetrado até a medula do meu ser"[2].

Essa educação materna e o amor à verdade, que sempre existiu na alma de Agostinho, não o livraram, porém, de cair em graves erros e de levar uma vida moral muito afastada de Deus. Os seus erros consistiram principalmente "no equacionamento errado das relações entre a razão e a fé, como se devesse escolher entre uma e outra; no presumível contraste entre Cristo e a Igreja, com a consequente persuasão de que teria de abandonar a Igreja para aderir de modo mais pleno a Cristo; e no desejo de ver-se livre da consciência de pecado, não pela remissão das faltas por obra da graça, mas pela negação da responsabilidade humana em cometê-las"[3].

Depois de ter passado anos em busca da verdade sem encontrá-la, chegou à convicção, com a ajuda da graça que a sua mãe implorou constantemente, de que só na Igreja Católica é que encontraria a verdade e a paz para a sua alma. Compreendeu que a fé e a razão se ajudam mutuamente para conduzirem o homem ao conhecimento da verdade[4], e que cada uma tem o seu campo próprio. Persuadiu-se de que a fé, para saber-se segura, requer a autoridade divina de Cristo que se encontra na Sagrada Escritura, garantida pela Igreja[5].

Nós também recebemos muitas luzes para podermos chegar à verdade, para conhecermos profundamente a doutrina revelada, e abundantes ajudas na vontade para mantermos na nossa alma um estado de contínua conversão, para nos aproximarmos cada dia um pouco mais do Senhor, pois "para um filho de Deus, cada jornada tem que ser uma ocasião de renovar-se, na certeza de que, ajudado pela graça, chegará ao termo do caminho, que é o Amor"[6].

O Senhor nunca nos nega a sua ajuda. E se tivermos a desgraça de ofendê-lo gravemente, Ele nos esperará em cada instante, como esperou durante tantos anos pelo regresso de Santo Agostinho.

II. AGOSTINHO VIA CLARAMENTE onde estava a verdade, mas isso não bastou para resolver definitivamente o seu drama interior. Procurava desculpas para não dar o passo definitivo, que para ele significava, além disso, uma entrega radical a Deus, com a renúncia, por amor a Cristo, de um

28 DE AGOSTO

amor humano[7]. "Não é que lhe fosse proibido casar-se — Agostinho sabia-o muito bem —, mas o que não queria era ser cristão senão desse modo: renunciando também ao ideal tão almejado da família e dedicando-se com toda a alma ao amor e à posse da Sabedoria [...]. Com grande vergonha, interrogava-se: «Não podes, porventura, fazer o que fizeram estes jovens e estas jovens?» (*Conf.* 8, 11, 27). Surgiu-lhe assim um drama interior, profundo e lancinante, que a graça divina conduziu a bom termo"[8].

Deu esse passo definitivo no verão do ano 386, e nove meses mais tarde, na noite de 24 para 25 de abril do ano seguinte, durante a Vigília pascal, teve o seu encontro definitivo com Cristo, ao receber o batismo das mãos de Santo Ambrósio. Assim conta ele a serena e radical decisão que mudaria completamente a sua vida: "Entramos (ele, seu amigo Alípio e seu filho Adeodato) para ver minha mãe; contamos-lhe tudo e ela encheu-se de alegria. Dissemos-lhe como sucedera, e ela saltava de alegria e cantava vitória, bendizendo a Deus *que é poderoso para nos dar mais do que pedimos ou entendemos* (Ef 3, 20); via que Deus lhe concedera em mim muito mais do que constantemente lhe pedia nas suas queixas lastimosas e chorosas. De tal maneira Deus me converteu a Si que eu já não queria esposa, nem punha já a minha esperança em coisa alguma deste mundo"[9]. Cristo invadira por completo o seu coração.

Santo Agostinho nunca esqueceu aquela noite memorável. "Recebemos o batismo — recorda passados anos — e dissipou-se em nós a inquietação pela vida passada. Naqueles dias, não me cansava de considerar com doçura admirável os profundos desígnios divinos sobre a salvação do gênero humano". E acrescenta: "Quantas lágrimas derramei, Senhor, ouvindo os teus hinos e cânticos, que ressoavam docemente na tua Igreja!"[10]

A vida do cristão — a nossa vida — está semeada de frequentes conversões. Quantas vezes não teremos tido que fazer de *filhos pródigos* e que voltar para a casa do Pai, que sempre nos esperava! Todos os santos sabem dessas mudanças íntimas e profundas, que aproximam de Deus de uma maneira nova, mais sincera e humilde. Para regressarmos ao Senhor, é necessário que não desculpemos as nossas fraquezas e pecados, que não tentemos ajeitar o que não está de acordo com o querer de Deus. Anos mais tarde, sendo já bispo, Santo Agostinho recordava assim a sua conversão num sermão aos fiéis: *"Pois eu reconheço a minha culpa e tenho diante de mim o meu pecado.* Quem ora assim não olha para os pecados alheios, mas examina-se a si próprio, e não de maneira superficial, como quem apalpa, mas aprofundando no seu interior. Não se perdoa a si mesmo, e precisamente por isso pode atrever-se a pedir perdão"[11].

Confiantes na misericórdia divina, não devemos importar-nos de estar sempre recomeçando. "Dizes-me, contrito: — «Quanta miséria vejo em mim! É tal a minha torpeza e tal a bagagem das minhas concupiscências, que me encontro como se nunca tivesse feito nada para me aproximar de Deus. Começar, começar: ó Senhor, sempre começando! Procurarei, no entanto, fazer força com a minha alma em cada jornada»".

"— Que Ele abençoe essas tuas aspirações"[12].

III. *"BUSCAI A DEUS e a vossa alma viverá.* Saiamos ao seu encontro para alcançá-lo, e busquemo-lo depois de encontrá-lo. Para que o busquemos, Ele oculta-se; e para que continuemos a indagar, mesmo depois de encontrá-lo, é inesgotável: sacia os desejos conforme a capacidade de quem investiga"[13].

Assim foi a vida de Santo Agostinho: uma contínua busca de Deus; e assim deve ser a nossa. Quanto mais o encontremos e venhamos a possuí-lo, maior será a nossa capacidade de continuar a crescer no seu amor.

A conversão traz sempre consigo a renúncia ao pecado e ao estado de vida incompatível com os ensinamentos de Cristo e da sua Igreja, e o regresso sincero a Deus. Temos de pedir com frequência à nossa Mãe Santa Maria que nos conceda a graça de dar importância mesmo ao que parece pequeno, mas que nos separa de Deus, a fim de afastá-lo e lançá-lo para longe de nós. Este caminho de conversão parte sempre da fé: movido pela graça, o cristão vê a infinita misericórdia divina e reconhece a sua culpa ou a sua falta de correspondência ao que Deus espera dele. E, ao mesmo tempo, nasce-lhe na alma uma esperança mais firme e um amor mais seguro.

Ao terminarmos hoje a nossa oração, não nos esqueçamos de que "a Jesus sempre se vai e se «volta» por Maria"[14]. Dirige-te a Ela e "pede-lhe que te faça a dádiva — prova do seu carinho por ti — da contrição, da compunção pelos teus pecados, e pelos pecados de todos os homens e mulheres de todos os tempos, com dor de Amor.

"E, com essa disposição, atreve-te a acrescentar: — Mãe, Vida, esperança minha, guiai-me com a vossa mão..., e se há agora em mim alguma coisa que desagrade a meu Pai-Deus, concedei-me que o perceba e que, os dois juntos, a arranquemos".

"Continua sem medo: — Ó clementíssima, ó piedosa, ó doce Virgem Santa Maria!, rogai por mim, para que, cumprindo a amabilíssima Vontade do vosso Filho, seja digno de alcançar e gozar das promessas de Nosso Senhor Jesus Cristo"[15]. Não nos esqueçamos de que Deus nos espera pacientemente. Chama-nos a uma vida de fé e de entrega mais plena. Não adiemos o nosso encontro com Ele.

---

(1) Santo Agostinho, *Confissões*, 3, 4, 8; (2) idem, *Tratado contra os acadêmicos*, 2, 2, 5; (3) João Paulo II, Carta apost. *Agustinum hipponensem*, 28-VIII-1986; (4) Santo Agostinho, *Tratado contra os Acadêmicos*, 3, 20, 43; (5) idem, *Confissões*, 6, 5; 7, 7, 11; (6) São Josemaria Escrivá, *Forja*, n. 344; (7) cf. Santo Agostinho, *Confissões*, 6, 15, 25; (8) João Paulo II, *op. cit.*; (9) Santo Agostinho, *Confissões*, 8, 12, 30; (10) *ib.*, 8, 9, 14; (11) idem, *Sermão 19*; (12) São Josemaria Escrivá, *Forja*, n. 378; (13) Santo Agostinho, *Tratado sobre o Evangelho de São João*, 61, 1; (14) São Josemaria Escrivá, *Caminho*, n. 495; (15) São Josemaria Escrivá, *Forja*, n. 161.

29 DE AGOSTO

79. MARTÍRIO DE SÃO JOÃO BATISTA
Memória

— A fortaleza de João.
— O seu martírio.
— Alegria nas contradições que possamos encontrar por seguirmos fielmente o Senhor.

São João é o único santo de quem a Igreja comemora o nascimento e a morte. Com o seu exemplo cheio de fortaleza, o Precursor ensina-nos a cumprir, apesar de todos os obstáculos, a missão que cada um recebeu de Deus.

I. *E FALAREI DOS TEUS PRECEITOS diante dos reis, sem me envergonhar. E deleitar-me-ei nos teus mandamentos, que amo*[1].

No dia 24 de junho, a Igreja celebrou o nascimento de São João Batista; hoje comemora o seu *dies natalis*, o dia da sua morte, ordenada por Herodes. Este *rei*, como o chama São Marcos, é um dos personagens mais tristes do Evangelho. Foi durante o seu governo que Cristo pregou e se manifestou como o Messias esperado. Também teve oportunidade de conhecer João, incumbido por Deus de mostrar o Messias, e chegou a ouvi-lo com gosto[2]. Podia ter conhecido Jesus, a quem queria ver pessoalmente, mas cometeu a enorme injustiça de mandar decapitar aquele que poderia tê-lo levado até o Senhor. A imoralidade da sua vida, as suas más paixões, impediram-no de descobrir a Verdade e levaram-no a esse grande crime. Foi tal a cegueira da sua mente e do seu coração que, quando realmente se encontrou cara a cara com o Senhor do Céu e da terra[3], pretendeu que o entretivesse, a ele e aos seus amigos, com algum dos seus prodígios.

São João pregava a todos: à multidão do povo, aos publicanos, aos soldados[4]; aos fariseus e saduceus[5], e ao próprio Herodes. Com o seu exemplo humilde, íntegro e austero, avalizava o seu testemunho sobre o Messias, que já tinha chegado[6]. *João dizia a Herodes: Não te é lícito ter a mulher do teu irmão*[7]. E não temeu os grandes e poderosos, nem se importou com as consequências das suas palavras. Tinha presente na alma a advertência do Senhor ao profeta Jeremias, que a primeira Leitura da Missa nos recorda hoje: *Tu, pois, cinge os teus rins, levanta-te e diz-lhes tudo o que te mando. Não lhes tenhas medo, porque eu farei que não temas a sua presença. Porque eu te converto hoje em cidade fortificada, em coluna de ferro e em muro de bronze sobre toda esta terra, diante dos reis de Judá, dos seus príncipes, dos seus sacerdotes e do seu povo. E pelejarão contra ti, mas não prevalecerão, porque eu estou contigo para te livrar*[8].

O Senhor pede-nos também essa fortaleza e coerência, para que saibamos dar na vida diária um testemunho simples por meio do nosso exemplo e da nossa palavra, sem medo nem respeitos humanos.

II. SÃO MARCOS RELATA-NOS que *Herodes mandara prender João, e mantinha-o em ferros no cárcere por causa de Herodíades, mulher de Filipe, seu irmão, que ele tinha tomado ilicitamente por mulher*[9]. Herodíades odiava João porque este reprovava essa união ilegítima e o escândalo que causava entre o povo; por isso procurava ocasião de matá-lo. Mas Herodes *temia João, sabendo que era varão justo e santo; e defendia-o, e a seu conselho fazia muitas coisas, e ouvia-o com gosto.*

A ocasião apresentou-se quando o rei ofereceu no dia do seu aniversário um banquete a que foram convidados os principais da região. A filha de Herodíades dançou diante dos presentes e agradou a Herodes e aos comensais. Então o rei prometeu-lhe: *Pede-me o que quiseres e eu to darei. E jurou-lhe: Dar-te-ei tudo o que me pedires, ainda que seja a metade do meu reino.* Por instigação de sua mãe, a jovem pediu-lhe a cabeça de João Batista. *O rei entristeceu-se, mas, por causa do juramento e dos que com ele estavam à mesa, não quis desgostá-la.* Executada a ordem, os discípulos do Batista recolheram o corpo e deram-lhe sepultura. Muitos deles, com toda a certeza, seriam mais tarde fiéis seguidores de Cristo.

João deu-se inteiramente a Cristo: não somente dedicou todos os seus esforços a preparar a sua chegada e os primeiros discípulos que o Mestre teria, mas sacrificou-lhe a sua própria vida. "Não devemos duvidar — diz São Beda — de que, se São João suportou a prisão e os grilhões, foi em testemunho do nosso Redentor, de quem foi precursor e por quem deu a vida. O seu perseguidor não lhe pediu que negasse Cristo, mas procurou obrigá-lo a calar a verdade. Isso é suficiente para afirmar que morreu por Cristo, porque o próprio Cristo disse: *Eu sou a verdade* [...]. Considerou apetecível aceitar a morte [...], tendo em conta que a sofria pela confissão do nome de Cristo e que com ela alcançaria a palma da vida perene. Bem o diz o Apóstolo: *Porque vos foi dado por Cristo não apenas crer nele, mas ainda sofrer por ele.* E o mesmo Apóstolo explica em outro lugar por que é um dom sofrer por Cristo: *Os sofrimentos desta vida não se comparam à futura glória que se revelará em nós*"[10].

Ao longo dos séculos, todos aqueles que seguiram de perto o Senhor alegraram-se quando tiveram que sofrer perseguições, tribulações ou contrariedades pela fé. Foram muitos os que seguiram o exemplo dos apóstolos, a quem, depois de açoitados, *ordenaram-lhes que não falassem mais no nome de Jesus, e soltaram-nos. Porém, eles saíram gozosos da presença do conselho, por terem sido achados dignos de sofrer afrontas pelo nome de Jesus*[11]. E, longe de viverem acovardados e temerosos, *todos os dias não cessavam de ensinar e de anunciar Jesus Cristo no templo e pelas*

486 MARTÍRIO DE SÃO JOÃO BATISTA

casas[12]. Certamente, lembraram-se das palavras do Senhor relatadas por São Mateus: *Bem-aventurados sereis quando vos injuriarem e vos perseguirem, e, mentindo, disserem todo o mal de vós por minha causa. Alegrai-vos e exultai, porque será grande a vossa recompensa nos céus, pois também assim perseguiram os profetas que vos precederam*[13].

Podemos nós entristecer-nos ou queixar-nos se alguma vez temos que padecer um pouco pela nossa fé ou por sermos fiéis à chamada que recebemos do Senhor?

III. A HISTÓRIA DA IGREJA e dos seus santos mostra-nos como todos aqueles que quiseram seguir de perto os passos de Cristo encontraram de um modo ou de outro a Cruz e a contradição. Para subir ao Calvário e corredimir com Cristo, não existem caminhos fáceis e cômodos.

Já nos primeiros tempos, São Pedro escrevia uma *Epístola* com acentos claros de consolo aos que sofriam. Não se tratava da sangrenta perseguição que viria anos mais tarde, mas da situação incômoda em que muitos se encontravam por serem consequentes com a sua fé: umas vezes, no âmbito familiar, onde os escravos tinham que suportar as injustiças dos seus amos[14], e as mulheres, as intolerâncias dos seus maridos[15]; outras, por causa das calúnias, injúrias ou discriminações... São Pedro recorda-lhes que os contratempos que os afligem não são inúteis: devem servir-lhes para purificar-se, sabendo que é Deus quem julga, não os homens. Sobretudo devem ter presente que — à imitação de Jesus Cristo — alcançarão por esse meio muitos bens, e mesmo o dom da fé para os seus próprios perseguidores, como efetivamente aconteceu. Chama-os bem-aventurados e anima-os a suportar os sofrimentos com alegria. Pede-lhes que considerem que o cristão está incorporado em Cristo e participa da sua Paixão, Morte e Ressurreição. É Ele quem dá sentido e plenitude à cruz de cada dia[16].

Desde São João Batista, foram muitos os que perderam a vida por guardarem fidelidade a Cristo. Também nos nossos dias. "O entusiasmo que Jesus despertou entre os seus seguidores e a confiança infundida pelo contato imediato com Ele

29 DE AGOSTO 487

conservaram-se vivos na comunidade cristã e constituíram a atmosfera em que viviam os primeiros cristãos: [...] Jesus Cristo tem a seu favor o testemunho de uma história quase bimilenária. O cristianismo produziu frutos bons e magníficos. Penetrou no interior dos corações, apesar de todas as oposições externas e de todas as resistências ocultas. O cristianismo mudou o mundo e converteu-se na salvaguarda de todos os valores nobres e sagrados. O cristianismo passou com o maior êxito pela prova da sua persistência, a que Gamaliel se referiu certo dia (At 5, 28). Não é, portanto, obra dos homens, já que, se fosse assim, ter-se-ia desmoronado e extinguido há muito tempo"[17]. Pelo contrário, vemos a força que a fé e o amor a Cristo têm nas nossas almas e nos milhões de corações que o confessam e lhe são fiéis, apesar das dificuldades e contradições.

Não é provável que o Senhor nos peça uma confissão de fé que nos leve à morte. Se no-la pedisse, dá-la-íamos de bom grado. O normal será que nos peça a paz e a alegria no meio das resistências que um ambiente paganizado opõe à fé: a calúnia, a ironia, o desprezo... O nosso júbilo será grande aqui na terra, e muito maior no Céu.

Todos os obstáculos devem ser vistos sempre com sentido positivo. "Cresce perante os obstáculos. — A graça do Senhor não te há de faltar: *«Inter medium, montium pertransibunt aquae!»*: passarás através das montanhas!"[18] Mas é preciso fé, "fé viva e penetrante. Como a fé de Pedro. — Quando a tiveres, disse-o Ele, afastarás as montanhas, os obstáculos, humanamente insuperáveis, que se oponham aos teus empreendimentos de apóstolo"[19].

Além disso, nunca nos faltará o consolo de Deus. E se alguma vez se tornar mais difícil caminharmos ao lado de Cristo, recorreremos a Nossa Senhora, *Auxílio dos cristãos*, para alcançarmos refúgio e amparo.

---

(1) Sl 118, 46-47; *Antífona de entrada* da Missa do dia 29 de agosto; (2) Mc 6, 17-20; (3) Lc 23, 6-9; (4) Lc 3, 10-14; (5) Mt 3, 7-12; (6) Jo 1, 29; 36-37; (7) Mc 6, 18; (8) Jr 1, 17-19; (9) Mc 6, 17 e segs.; (10) Liturgia

das Horas, *Segunda leitura*; São Beda, *Homilia 23*; (11) At 5, 40-41; (12) At 5, 42; (13) Mt 5, 11-12; (14) cf. 1 Pe 2, 18-25; (15) cf. 1 Pe 3, 1-3; (16) cf. Sagrada Bíblia, *Epístolas católicas*, EUNSA, Pamplona, 1988, pp. 116-117; (17) A. Lang, *Teología fundamental*, Rialp, Madri, 1966, vol. I, pp. 319-320; (18) cf. São Josemaria Escrivá, *Caminho*, n. 12; (19) *ib.*, n. 489.

8 DE SETEMBRO

80. NATIVIDADE DE NOSSA SENHORA

Festa

— A alegria no nascimento de Nossa Senhora.
— A festa de hoje leva-nos também a olhar com profundo respeito a concepção e nascimento de todo o ser humano.
— O valor de cada dia.

Temos notícia desta festa de Nossa Senhora há muitos séculos. Foi comemorada primeiro no Oriente e depois em toda a Igreja. É uma festa cheia de alegria, pois celebramos o nascimento dAquela que seria a Mãe de Deus e também Mãe nossa. A sua chegada ao mundo é o anúncio da proximidade da Redenção. Muitas nações e cidades, sob diversas invocações, celebram hoje a sua Padroeira.

I. *CELEBREMOS COM ALEGRIA o nascimento da Virgem Maria: por Ela nos veio o Sol da justiça, Cristo, nosso Deus*[1].

O convite dos textos litúrgicos à alegria é constante desde os antiquíssimos começos desta festa[2]. É lógico que seja assim: se a família, os amigos e vizinhos se alegram quando nasce uma criança, e se os aniversários são celebrados com júbilo, como não havemos de encher-nos de alegria ao comemorarmos o nascimento da nossa Mãe?

Este acontecimento feliz indica que o Messias já está próximo: Maria é a *Estrela da manhã* que, na aurora que precede a saída do sol, anuncia a chegada do Salvador, o *Sol da justiça* na história do gênero humano[3]. "Convinha — escreve um antigo escritor sagrado — que a fulgurante e surpreendente vinda de Deus aos homens fosse precedida por algum acontecimento que nos preparasse para receber com alegria o grande dom da salvação. E este é o significado da festa de hoje, já que a natividade da Mãe de Deus é o exórdio de todo esse cúmulo de bens. Portanto, cante e dance toda a criação e contribua com algo digno do júbilo deste dia. Que se juntem os Céus e a terra nesta celebração, e que a festeje tudo quanto há no mundo e acima do mundo"[4].

A liturgia da Missa de hoje aplica à Virgem recém-nascida a passagem da Epístola aos Romanos[5] em que São Paulo descreve a misericórdia divina que escolhe os homens para um destino eterno: Maria, desde toda a eternidade, é predestinada pela Santíssima Trindade para ser a Mãe de Deus. Para isso, foi adornada de todas as graças. "Inegavelmente, a alma de Maria foi a mais bela que Deus criou. Depois da Encarnação do Verbo, foi esta a obra mais formosa e mais digna de Si que o Onipotente levou a cabo neste mundo"[6].

A graça de Maria no momento da sua concepção ultrapassou as graças de todos os santos e anjos juntos, pois Deus dá a cada um a graça que corresponde à sua missão neste mundo[7]. A imensa graça de Maria foi suficiente e proporcionada à singular dignidade a que Deus a tinha chamado desde toda a eternidade[8]. Maria foi tão grande em santidade e beleza — afirma São Bernardo —, que não convinha que Deus tivesse outra Mãe, como também não convinha que Maria tivesse outro Filho a não ser o próprio Deus[9]. E São Boaventura afirma que Deus podia ter feito um mundo maior, mas não podia ter feito uma Mãe mais perfeita do que a Mãe de Deus[10].

Recordemos hoje que recebemos de Deus uma chamada à santidade, para cumprirmos uma missão concreta no mundo. Ao contemplarmos a plenitude de graça e a beleza de Nossa Senhora, também devemos pensar que Deus nos dá a cada um as graças necessárias e suficientes, sem que falte uma só, para levarmos a cabo a nossa vocação específica no meio do mundo. Podemos considerar também que é lógico que desejemos festejar o aniversário do nosso nascimento porque Deus quis expressamente que nascêssemos, e porque nos chamou a um destino eterno de felicidade.

II. *EXULTE, Ó DEUS, a vossa Igreja [...], pois nos alegramos pelo nascimento de Maria, que foi para o mundo inteiro esperança e aurora da salvação*[11].

Quantos anos celebra hoje a nossa Mãe?... Para Ela, o tempo já não passa, porque alcançou a plenitude da idade, essa juventude eterna e plena que nasce da participação na juventude de um Deus que, conforme diz Santo Agostinho, "é mais jovem do que todos"[12], precisamente por ser eterno e imutável. Talvez tenhamos podido ver de perto a alegria e a juventude interior de alguma pessoa santa, e contemplar como, de um corpo que carregava o peso dos anos, brotava uma juventude de coração com uma energia e uma vida irreprimíveis. Essa juventude interior é tanto mais profunda quanto maior a união com Deus. Maria, por ser a criatura que mais intimamente se uniu a Ele, é certamente a mais jovem de todas as criaturas. Nela, juventude e maturidade confundem-se, como também em nós, quando caminhamos a direito *ad Deum, qui laetificat iuventutem meam*, para Deus que nos rejuvenesce cada dia por dentro e, com a sua graça, nos inunda de alegria[13].

Desde a sua adolescência, a Virgem possuiu uma maturidade interior plena e proporcionada à sua idade. Agora, no Céu, com a plenitude de graça — a inicial e a que alcançou com os seus méritos, unindo-se à obra do seu Filho —, contempla-nos e presta ouvidos aos nossos louvores e súplicas. Hoje escuta o nosso canto de ação de graças a Deus por tê-la criado; olha-nos e compreende-nos porque Ela — depois de Deus — é quem mais sabe da nossa vida, das nossas fadigas, dos nossos anseios[14].

Quando nasce um filho, todos os pais pensam que é incomparável. É o que muito naturalmente devem ter pensado São Joaquim e Santa Ana quando Maria nasceu, e não se enganaram: todas as gerações a chamariam bem-aventurada... "Joaquim e Ana não podiam suspeitar naquele dia o que havia de ser aquele fruto do seu casto amor. Nunca se sabe. Quem pode dizer o que será uma criatura recém-nascida? Nunca se sabe..."[15] Cada uma é um mistério de Deus, que vem ao mundo com uma missão específica do Criador.

A festa de hoje leva-nos a olhar com profundo respeito a concepção e o nascimento de todo o ser humano, a quem Deus deu o corpo através dos pais e infundiu uma alma imortal e irrepetível, criada diretamente por Ele no momento da concepção. "A grande alegria que como fiéis experimentamos pelo nascimento da Mãe de Deus [...] comporta ao mesmo tempo, para todos nós, uma grande exigência: devemos sentir-nos felizes quando se forma uma criança no seio de uma mãe e quando vê a luz do mundo. Mesmo quando o recém-nascido exige renúncias, limitações, sobrecargas, sempre deverá ser acolhido e sentir-se protegido pelo amor de seus pais"[16]. Todo o ser humano concebido é chamado a ser filho de Deus, a dar-lhe glória e a gozar de um destino eterno e feliz.

Deus Pai, ao contemplar Maria recém-nascida, alegrou-se com uma alegria infinita ao ver uma criatura humana sem o pecado original, cheia de graça, puríssima e destinada a ser a Mãe do seu Filho eternamente. Ainda que Deus tenha concedido a São Joaquim e Santa Ana uma alegria particular, como participação da graça derramada sobre a sua filha, o que teriam sentido se, ao menos de longe, tivessem vislumbrado o destino daquela criatura que vinha ao mundo como as outras? Em outra ordem, também nós não podemos fazer ideia da incomensurável eficácia da nossa passagem pela terra, se formos fiéis às graças recebidas para levarmos a cabo a nossa vocação, outorgada por Deus desde toda a eternidade.

III. NENHUM ACONTECIMENTO EXTRAORDINÁRIO acompanhou o nascimento de Maria, e os Evangelhos nada dizem a esse respeito. Nasceu talvez numa cidade da Galileia, provavelmente na própria Nazaré, e naquele dia nada se revelou aos homens. O mundo continuou a dar importância

8 DE SETEMBRO 493

a outros acontecimentos que depois seriam completamente apagados da face da terra sem deixar o menor rasto. Com frequência, as coisas importantes para Deus passam desapercebidas aos olhos dos homens, que sempre procuram o extraordinário para enfrentarem a sua existência. Só no Céu é que houve festa, e festa grande.

Depois, durante muitos anos, a Virgem passou inadvertida. Todo o povo de Israel esperava essa donzela anunciada na Escritura[17], e não sabia que Ela já vivia entre os homens. Externamente, não se distinguia em nada das outras mulheres. Tinha vontade, queria, amava com uma intensidade que nos é difícil abarcar, com um amor que em todas as coisas se amoldava à vontade de Deus. Tinha entendimento para compreender os mistérios que ia descobrindo pouco a pouco, a perfeita relação que havia entre eles, as profecias que falavam do Redentor...; e entendimento para aprender como fiar ou cozinhar... E tinha memória — *guardava as coisas no seu coração*[18] — e passava de umas recordações para outras, valia-se de referências concretas. Possuía ainda uma imaginação viva, que a fez ter uma vida cheia de iniciativas e de singela perspicácia para servir os outros e tornar-lhes a vida mais amável. Deus contemplava-a cheio de amor, ocupada nos pequenos afazeres de cada dia, e alegrava-se com imenso júbilo ao vê-la realizar essas tarefas desprovidas de relevo.

A sua vida tão cheia de normalidade ensina-nos a agir de tal maneira que saibamos ocupar-nos nas nossas tarefas diárias sempre de olhos postos em Deus: que saibamos servir os outros sem alarde, sem fazer valer constantemente os nossos direitos ou os privilégios que nós mesmos nos arrogamos, que saibamos terminar bem o trabalho que temos entre mãos...

Se imitarmos Nossa Senhora, aprenderemos a dar valor às pequenas coisas dos dias sempre iguais, a dar sentido sobrenatural às nossas ações, que talvez ninguém vê: limpar uns móveis, corrigir uns dados no computador, arrumar a cama de um doente, procurar as referências precisas para dar bem uma aula que estamos preparando... É um conjunto

494 NATIVIDADE DE NOSSA SENHORA

de trivialidades que, vividas com amor, atraem a misericórdia divina e aumentam continuamente a graça santificante na alma. Maria é o exemplo perfeito desta entrega diária, "que consiste em fazer da nossa vida uma oferenda ao Senhor"[19].

Sob diversas invocações, muitas cidades e nações celebram hoje esta festa, com uma intuição certeira, pois "se Salomão — ensina São Pedro Damião — celebrou solenemente com todo o povo de Israel um sacrifício tão copioso e magnífico para comemorar a dedicação do templo material, qual e quanta não será a alegria do povo cristão ao celebrar o nascimento da Virgem Maria, em cujo seio, como num templo sacratíssimo, desceu o próprio Deus em pessoa para dela receber a natureza humana, dignando-se viver visivelmente entre os homens?"[20] Não deixemos de festejar a data de hoje com essas delicadezas que são próprias dos bons filhos.

---

(1) *Antífona de entrada*; (2) cf. J. Pascher, *El año liturgico*, BAC, Madri, 1965, p. 689; (3) cf. João Paulo II, Enc. *Redemptoris Mater*, 25-III--1987, 3; (4) Liturgia das Horas, *Segunda leitura*; Santo André de Creta, *Dissertações*, 1; (5) Rm 8, 28-30; (6) Santo Afonso Maria de Ligório, *As glórias de Maria*, II, 2; (7) cf. São Tomás, *Suma teológica*, III, q. 27, a. 5, ad. 1; (8) cf. *ib.*, III, q. 7, a. 10, ad. 1; (9) cf. São Bernardo, *Sermão 4 na Assunção da Beatíssima Virgem Maria*, 5; (10) São Boaventura, *Speculum*, 8; (11) Missal Romano, *Oração depois da comunhão*; (12) Santo Agostinho, *Homilias sobre o Gênesis*, 8, 26, 48; (13) Sl 42, 4; (14) cf. A. Orozco, *En torno a Maria*, Rialp, Madri, 1975, p. 8; (15) *ib.* p. 9; (16) João Paulo II, *Ángelus em Liechtenstein*, 8-IX-1985; (17) Gn 3, 15; Is 7, 14; (18) Lc 2, 51; (19) João Paulo II, *Discurso ao Congresso Mariano internacional de Saragoça*, 12-X-1979; (20) São Pedro Damião, *Sermão 45*, 4.

14 DE SETEMBRO

81. EXALTAÇÃO DA SANTA CRUZ
Festa

—— Origem da festa.
—— O Senhor abençoa com a Cruz os que mais ama.
—— Os frutos da Cruz.

A devoção e o culto à Santa Cruz, na qual Cristo deu a sua vida por nós, remonta aos começos do cristianismo. Na Liturgia, aparece desde o século IV. A Igreja comemora hoje o resgate da Cruz do Senhor pelo imperador Heráclio, na sua vitória sobre os persas. Nos textos da Missa e da Liturgia das Horas, a Igreja canta com entusiasmo a Santa Cruz, pois foi o instrumento da nossa salvação; se a árvore a cuja sombra os nossos primeiros pais pecaram foi causa de perdição, a árvore da Cruz é origem da nossa salvação eterna.

I. PELA PAIXÃO DE NOSSO SENHOR Jesus Cristo, a Cruz não é um patíbulo de ignomínia, mas um trono de glória. *Resplandece a Santa Cruz pela qual o mundo alcança a salvação. Ó Cruz que vences!, Cruz que reinas!, Cruz que limpas todo o pecado! Aleluia*[1].

A festa que celebramos hoje nasceu em Jerusalém, nos primeiros séculos do cristianismo. Conforme um antigo testemunho[2], começou a ser comemorada no aniversário do dia em que foi encontrada a Cruz de Nosso Senhor. A sua celebração estendeu-se com grande rapidez pelo

496 EXALTAÇÃO DA SANTA CRUZ

Oriente e pouco depois por toda a cristandade. Em Roma, era particularmente solene a procissão que, antes da Missa, se dirigia de Santa Maria Maior a São João de Latrão para venerar a Cruz[3].

Nos começos do século VII, os persas saquearam Jerusalém, destruíram muitas basílicas e apoderaram-se das sagradas relíquias da Santa Cruz, que um pouco mais tarde seriam recuperadas pelo imperador Heráclio. Conta uma piedosa tradição que, quando o imperador, vestido com as insígnias da realeza, quis carregar pessoalmente o santo Madeiro até o seu primitivo lugar no Calvário, o seu peso foi-se tornando cada vez mais insuportável. Nesse momento, Zacarias, bispo de Jerusalém, fez-lhe ver que, para levar aos ombros a Santa Cruz, deveria desfazer-se das insígnias imperiais, imitando a pobreza e a humildade de Cristo, que tinha carregado o santo lenho despojado de tudo. Heráclio vestiu então umas humildes roupas de peregrino e, descalço, pôde levar a Santa Cruz até o cimo do Gólgota[4].

É possível que tenhamos aprendido desde a nossa infância a fazer o sinal da Cruz sobre a nossa testa, os nossos lábios e o nosso coração, em sinal externo da fé que professamos. Na Liturgia, a Igreja utiliza o sinal da Cruz nos altares, no culto e nos edifícios sagrados. É a *árvore de riquíssimos frutos*, arma poderosa que afasta todos os males e espanta os inimigos da nossa salvação: *Pelo sinal da Santa Cruz, livrai-nos Deus Nosso Senhor dos nossos inimigos*, dizemos todos os dias ao persignar-nos. A Cruz — ensina um Padre da Igreja — "é o escudo e o troféu contra o demônio. É o sinal para que não sejamos atingidos pelo anjo exterminador, como diz a Escritura (cf. Ex 9, 12). É o instrumento para levantar aqueles que caem, o apoio para os que se mantêm em pé, o bastão dos débeis, o guia dos que se extraviam, a meta dos que avançam, a saúde da alma e do corpo. Afugenta todos os males, acolhe todos os bens, é a morte do pecado, a semente da ressurreição, a árvore da vida eterna"[5]. O Senhor pôs *a salvação da humanidade no lenho da Cruz, para que a vida ressurgisse de onde viera a morte, e aquele que vencera na árvore do Paraíso fosse vencido na árvore da Cruz*[6].

A Cruz apresenta-se na nossa vida de diversas maneiras: doença, pobreza, cansaço, dor, desprezo, solidão... Hoje podemos examinar como é a nossa disposição habitual em face dessa Cruz que às vezes se mostra áspera e dura, mas que, se a levamos com amor, converte-se em fonte de purificação e de Vida, e também de alegria. Queixamo-nos com frequência das contrariedades? Ou, pelo contrário, damos graças a Deus também nos fracassos, na dor, na contradição? Essas realidades afastam-nos ou aproximam-nos de Deus?

II. A PRIMEIRA LEITURA da Missa[7] narra-nos como o Senhor castigou o povo eleito por ter murmurado contra Moisés e contra Deus ao experimentar as dificuldades do deserto; enviou-lhe serpentes que causavam estragos entre os israelitas. Quando se arrependeram, o Senhor disse a Moisés: *Faze uma serpente de bronze e põe-na por sinal; aquele que, tendo sido ferido, olhar para ela, viverá. Moisés fez, pois, uma serpente de bronze e pô-la por sinal; e os feridos que olhavam para ela ficavam curados.*

A serpente de bronze era figura de Cristo na Cruz; quem o olha obtém a salvação. Assim o diz Jesus no diálogo mantido com Nicodemos: *Como Moisés levantou no deserto a serpente, assim também importa que o Filho do homem seja levantado, a fim de que todo o que crê nele não pereça, mas tenha a vida eterna*[8]. Desde então, o caminho da santidade passa pela Cruz, e ganham sentido todas essas realidades que tanto precisam dele, como são a doença, a dor, as aflições econômicas, o fracasso..., a mortificação voluntária. Mais ainda: Deus abençoa com a Cruz quando quer conceder grandes bens a um dos seus filhos, a quem trata então com particular predileção.

Não são poucos os que fogem em debandada da Cruz de Cristo, e se afastam da verdadeira alegria, da eficácia sobrenatural, da própria santidade; fogem de Cristo. Levemo-la nós sem rebeldia, sem queixas, com amor.

498   EXALTAÇÃO DA SANTA CRUZ

"Estás sofrendo uma grande tribulação? Encontras oposição? — Diz, muito devagar, como que saboreando, esta oração forte e viril:

«Faça-se, cumpra-se, seja louvada e eternamente glorificada a justíssima e amabilíssima Vontade de Deus sobre todas as coisas. — Assim seja. Assim seja».

"Eu te garanto que alcançarás a paz"[9].

III. *CRUZ FIEL, tu és a mais nobre de todas as árvores; nenhuma outra pode comparar-se a ti em folhas, em flor, em fruto*[10].

O amor à Cruz produz abundantes frutos na alma. Em primeiro lugar, leva-nos a descobrir Jesus, que sai ao nosso encontro e carrega sobre os seus ombros a parte mais pesada da contradição. A nossa dor, associada à do Mestre, deixa de ser o mal que entristece e arruína, e converte-se em meio de íntima união com Deus. "Se sofres, submerge a tua dor na dele: diz a tua Missa. Mas se o mundo não compreende estas coisas, não te perturbes; basta que te compreendam Jesus, Maria, os santos. Vive com eles e deixa que o teu sangue corra em benefício da humanidade: como Ele!"[11]

A Cruz de cada dia é uma grande oportunidade de purificação, de desprendimento, de aumento de glória[12]. São Paulo ensina com frequência que as tribulações são sempre breves e suportáveis, e que o prêmio desses sofrimentos acolhidos por amor a Cristo é imenso e eterno. Por isso o Apóstolo alegrava-se nas tribulações, gloriava-se nelas e considerava-se feliz de poder uni-las às de Cristo Jesus e assim completar a Sua paixão para bem da Igreja e das almas[13].

A única dor verdadeira é afastar-se de Cristo. Os outros padecimentos são passageiros e convertem-se em alegria e paz. "Não é verdade que, mal deixas de ter medo à Cruz, a isso que a gente chama de Cruz, quando pões a tua vontade em aceitar a vontade divina, és feliz, e passam todas as preocupações, os sofrimentos físicos ou morais?

14 DE SETEMBRO

"É verdadeiramente suave e amável a Cruz de Jesus. Não contam aí as penas: só a alegria de nos sabermos corredentores com Ele"[14].

O trato e a amizade com o Mestre ensinam-nos, por outro lado, a ver e a enfrentar as dificuldades que se apresentam com um espírito jovem e decidido, sem nenhum assomo de tristeza ou de queixa. À semelhança dos santos, encararemos as contrariedades como um estímulo, como um obstáculo que é preciso transpor neste combate que é a vida. Essa disposição de ânimo alegre e otimista, mesmo nos momentos difíceis, não é fruto do temperamento ou da idade: nasce de uma profunda vida interior, da consciência sempre presente da nossa filiação divina. É uma atitude serena, que cria em todas as circunstâncias um bom ambiente à nossa volta — na família, no trabalho, com os amigos... — e constitui uma grande arma para aproximarmos os outros de Deus.

Terminamos a nossa oração junto de Nossa Senhora.

"«*Cor Mariae perdolentis, miserere nobis!*» — invoca o Coração de Santa Maria, com ânimo e decisão de te unires à sua dor, em reparação pelos teus pecados e pelos de todos os homens de todos os tempos.

"E pede-lhe — para cada alma — que essa sua dor aumente em nós a aversão ao pecado, e que saibamos amar, como expiação, as contrariedades físicas ou morais de cada jornada"[15].

---

(1) Liturgia da Horas, *Antífona de Laudes*; (2) cf. Egéria, *Itinerário*, BAC, Madri, 1980, pp. 318-319; (3) cf. A. G. Martimort, *La Iglesia en oración*, 3ª ed., Herder, Barcelona, 1987, pp. 989-990; (4) cf. Croisset, *Año mariano*, Madri, 1846, vol. VII, pp. 120-121; (5) São João Damasceno, *De fide orthodoxa*, IV, 11; (6) *Prefácio* da Missa da Exaltação da Santa Cruz; (7) Nm 21, 4-9; (8) Jo 3, 14-15; (9) São Josemaria Escrivá, *Caminho*, n. 691; (10) Hino *Crux fidelis*; (11) Ch. Lubich, *Meditações*; (12) cf. A. Tanquerey, *La divinización del sufrimiento*, Rialp, Madri, 1955, p. 18; (13) cf. Rm 7, 18; Gl 2, 19-20; 6, 14 etc.; (14) São Josemaria Escrivá, *Via Sacra*, Quadrante, São Paulo, 1981, II; (15) idem, *Sulco*, n. 258.

15 DE SETEMBRO

82. NOSSA SENHORA DAS DORES
Memória

—— A dor de Maria une-se à de Jesus.
—— Corredenção de Nossa Senhora.
—— Santificar as nossas dores e sofrimentos.
Recorrer a Santa Maria, *Consoladora dos aflitos.*

A festa de hoje, imediatamente depois da Exaltação da Santa Cruz, recorda-nos a particular união e participação de Maria no Sacrifício do seu Filho no Calvário. A piedade cristã meditou desde o princípio nos relatos que os Evangelhos nos transmitiram sobre a presença de Nossa Senhora junto da Cruz. A sequência da Missa Stabat Mater Dolorosa *aparece já no século XIV. O Papa Pio VII, em 1814, estendeu esta devoção a toda a Igreja, e em 1912 São Pio X fixou-lhe a data no dia 15 de setembro, oitava da Natividade de Maria. Nossa Senhora ensina-nos no dia de hoje qual é o valor corredentor que podem ter as nossas dores e sofrimentos.*

I. *FAZEI, Ó MÃE, fonte de amor, / que eu sinta a tua dor / para contigo chorar. / Fazei arder o meu coração / por Cristo Deus na sua Paixão, / a fim de que mais viva nEle que comigo*[1].

O Senhor quis associar a sua Mãe à obra da Redenção, fazendo-a participar da sua dor suprema. Ao celebrar hoje esse sofrimento corredentor de Maria, a Igreja convida-nos a oferecer pela nossa salvação e pela de todos os homens as mil dores da vida, quase sempre pequenas, bem como as mortificações voluntárias.

Maria, associada à obra de salvação de Jesus, não sofreu apenas como uma boa mãe que contempla o seu filho nos maiores sofrimentos, até que morre. A sua dor tem o mesmo caráter que a de Jesus: é uma dor redentora. O sofrimento da *Escrava do Senhor*, dAquela que é puríssima e cheia de graça, eleva os seus atos a tal ponto que todos eles, em união profundíssima com o seu Filho, adquirem um valor quase infinito.

Nunca compreenderemos totalmente a grandeza do amor de Maria por Jesus, causa das suas dores. Por isso, a Liturgia aplica à Virgem dolorosa, como ao próprio Jesus, as palavras do profeta Jeremias: *Ó vós todos que passais por aqui, olhai e vede se há dor como a minha dor*[2].

A dor de Nossa Senhora foi imensa devido à sua eminente santidade. O seu amor por Jesus permitiu-lhe sofrer os padecimentos do seu Filho como próprios: "Se rasgam com açoites o corpo de Jesus, Maria sente todas essas feridas; se lhe atravessam com espinhos a cabeça, Maria sente-se dilacerada pela ponta desses espinhos; se lhe apresentam fel e vinagre, Maria experimenta todo esse amargor; se lhe estendem o corpo sobre a cruz, Maria sofre toda essa violência"[3]. Quanto mais se ama uma pessoa, mais se sente a sua perda. "Mais aflige a morte de um irmão que a de um irracional, mais a de um filho que a de um amigo. Pois bem [...], para compreendermos quão grande foi a dor de Maria na morte do seu Filho, teríamos que conhecer a grandeza do seu amor por Ele. Mas quem poderá alguma vez medir esse amor?"[4]

A maior dor de Cristo — a que o sumiu numa profunda agonia no horto de Getsêmani, a que o fez sofrer como nenhuma outra — foi o conhecimento profundo do pecado como ofensa a Deus e da sua maldade diante da santidade de Deus. E a Virgem penetrou e participou mais que nenhuma criatura desse conhecimento da maldade e da fealdade do pecado. O seu coração sofreu uma angústia mortal causada pelo horror ao pecado, aos nossos pecados. Maria viu-se submersa num mar de dor. "E já que cada um de nós con-

15 DE SETEMBRO   503

tribuiu para acrescentá-la, não devemos compadecer-nos e procurar reparar as feridas infligidas ao Coração de Maria e ao Coração de Jesus?"[5]

II. ATRAVÉS DE MARIA e de José, as criaturas que mais amou nesta terra, o Senhor parece ter querido ensinar-nos que a felicidade e a eficácia não estão nunca longe da Cruz. E se bem que toda a vida de Nossa Senhora esteve, junto com a do seu Filho, orientada para o Calvário, há contudo um momento especial em que lhe é revelada com particular clareza a sua participação nos sofrimentos do Messias, seu Filho. Maria, acompanhada de José, foi ao Templo para se purificar de uma mancha legal que não tinha contraído e para oferecer o seu Filho ao Altíssimo. Nessa imolação que fazia de Jesus, vislumbrou a imensidade do sacrifício redentor, conforme tinha sido profetizado. Mas Deus quis também revelar-lhe por meio de um homem justo, Simeão, a profundidade desse sacrifício e a sua participação nele. Movido pelo Espírito Santo, Simeão disse-lhe: *Eis que este menino está posto para ruína e para ressurreição de muitos em Israel, e para ser sinal de contradição. E uma espada trespassará a tua alma, a fim de se descobrirem os pensamentos escondidos nos corações de muitos*[6].

As palavras dirigidas a Maria anunciam claramente que a sua vida estaria intimamente unida à obra do seu Filho. "O anúncio de Simeão — comenta João Paulo II — apresenta-se como um *segundo anúncio a Maria*, pois indica-lhe a dimensão histórica concreta em que o Filho cumpriria a sua missão, ou seja, na incompreensão e na dor [...]. Revela-lhe também que Ela teria de viver a sua obediência de fé no sofrimento, ao lado do Salvador que sofre, e que a sua maternidade seria obscura e marcada pela dor"[7].

O Senhor não quis evitar à sua Mãe a aflição de uma fuga precipitada para o Egito, quando talvez já estivesse instalada numa modesta casa de Belém e começasse a gozar, com José, de uma vida familiar em torno de Jesus. Não a dispensou do exílio numa terra estranha, nem de ter que recomeçar a vida com as poucas coisas que tinha podido reunir

504 NOSSA SENHORA DAS DORES

naquela viagem apressada... E depois de terem regressado a Nazaré, não a poupou da angústia daqueles dias em que teve de procurar Jesus que se deixara ficar em Jerusalém, à idade de doze anos! E, mais tarde, os anos do ministério público do Senhor foram para Ela uma sucessão contínua de preocupações, à medida que tinha notícia da má vontade e dos ataques dos judeus, numa oposição cada vez mais cerrada... Por último, sobrevieram os acontecimentos da Paixão, em ritmo alucinante, que a Virgem acompanhou ou presenciou de coração despedaçado: as humilhações ao longo do processo, a flagelação, os gritos que pediam a condenação do seu Filho à morte, a solidão e o abandono em que o vê, o encontro no caminho do Calvário... Quem poderá jamais compreender a imensidão da dor que invadiu o coração da Santíssima Virgem?... Ali está Nossa Senhora... Vê como pregam o seu Filho na Cruz... E depois os insultos, a longa agonia de um crucificado... *Oh! Quão triste e aflita / entre todas a Mãe bendita, / que só tinha aquele Filho! / Que angústia não sentia / a Mãe piedosa ao ver / as penas do seu Filho! / Quem poderia não chorar, / contemplando a Mãe de Cristo / em tão cruel suplício? / Quem não se entristeceria / vendo a Mãe assim / sofrer com o seu Filho?*[8]

Ao considerarmos que os nossos pecados não são alheios a essa dor da nossa Mãe, mas parte ativa, pedimos-lhe hoje que nos ajude a unir-nos aos seus sofrimentos, a sentir um profundo horror pela menor ofensa a Deus, a ser mais generosos na reparação das nossas faltas e das que se cometem todos os dias no mundo.

III. A FESTA DE HOJE convida-nos a aceitar os sofrimentos e contrariedades da vida para purificarmos o coração e corredimirmos com Cristo. A Virgem ensina-nos a não nos queixarmos dos nossos males, pois Ela nunca o fez; anima-nos a uni-los à Cruz redentora do seu Filho e a convertê-los num bem para a nossa família, para a Igreja, para toda a humanidade.

A dor que teremos de santificar consistirá frequentemente numa soma de pequenas contrariedades diárias: esperas que se prolongam, mudanças de planos, projetos que não se realizam... Noutras ocasiões, apresentar-se-á sob a forma de pobreza, de perda progressiva do nível de vida a que se estava acostumado, e quantas vezes até de falta do necessário. E essa pobreza será um grande meio para nos unirmos mais a Cristo, para imitá-lo no seu desprendimento absoluto das coisas, mesmo das mais imprescindíveis. Olharemos então para a Virgem no Calvário, no momento em que despojam o seu Filho daquela túnica que Ela tecera com as suas mãos, e acharemos consolo e forças para prosseguirmos a nossa caminhada com paz e serenidade.

Pode sobrevir-nos também a doença, e pediremos a graça de aceitá-la como um tesouro, como uma *carícia de Deus*, e de mostrar-nos agradecidos pelo tempo em que talvez não tenhamos sabido apreciar plenamente o dom da saúde. A doença, em qualquer das suas formas — mesmo psíquica —, pode ser a "pedra de toque" que comprove a solidez do nosso amor ao Senhor e da nossa confiança nEle. Enquanto estamos doentes, podemos crescer mais rapidamente nas virtudes, principalmente nas teologais: na *fé*, pois aprendemos a ver nesse estado a mão providente do nosso Pai-Deus; na *esperança*, pois sempre estamos nas mãos do Senhor, especialmente quando nos sentimos mais fracos e necessitados; na *caridade*, oferecendo a dor, sendo exemplares na alegria com que amamos essa situação que Deus quer ou permite para nosso bem.

Frequentemente, o lado mais difícil da doença é a forma em que se apresenta: "a sua inusitada duração, a impotência a que nos reduz, a dependência a que nos obriga, o mal-estar que provém da solidão, a impossibilidade de cumprirmos os deveres de estado... Todas essas situações são duras e angustiantes para a nossa natureza. Apesar de tudo, e depois de termos empregado todos os meios que a prudência aconselha para recuperarmos a saúde, temos de repetir com os santos: «Ó meu Deus! Aceito todas essas modalidades: o que quiseres, quando quiseres e como quiseres»"[9]. Pediremos a Deus mais amor e dir-lhe-emos devagar, com um completo abandono: "Tu o queres, Senhor?... Eu também o quero!"[10]

506 NOSSA SENHORA DAS DORES

Sempre que o fardo nos pareça excessivamente pesado para as nossas poucas forças, recorreremos a Santa Maria pedindo-lhe auxílio e consolo, "pois Ela continua a ser a amorosa consoladora de tantas dores físicas ou morais que afligem e atormentam a humanidade. Ela conhece bem as nossas dores e as nossas penas, pois também sofreu desde Belém até o Calvário: *uma espada trespassará o teu coração*. Maria é a nossa Mãe espiritual, e uma mãe sempre compreende os seus filhos e os consola nas suas necessidades.

"Por outro lado, Ela recebeu de Jesus na Cruz a missão específica de amar-nos, de só e sempre amar-nos para nos salvar. Maria consola-nos sobretudo mostrando-nos o crucifixo e o paraíso [...].

"Ó Mãe Consoladora, consolai-nos, fazei que todos compreendamos que a chave da felicidade está na bondade e no seguimento fiel do vosso Filho Jesus"[11].

(1) *Sequência da Missa*, Hino *Stabat Mater*; (2) Lm 1, 12; (3) A. Tanquerey, *La divinización del sufrimiento*, p. 108; (4) Santo Afonso Maria de Ligório, *As glórias de Maria*, 2, 9; (5) A. Tanquerey, *op. cit.*, p. 110; (6) Lc 2, 34-35; (7) João Paulo II, Enc. *Redemptoris Mater*, 25-III--1987, n. 16; (8) Hino *Stabat Mater*; (9) A. Tanquerey, *op. cit.*, p. 168; (10) cf. São Josemaria Escrivá, *Caminho*, n. 762; (11) João Paulo II, *Homilia*, 13-IV-1980.

21 de Setembro

83. SÃO MATEUS APÓSTOLO E EVANGELISTA
Festa

— Correspondência de São Mateus à chamada do Senhor. A nossa correspondência.
— A alegria da vocação.
— Uma vocação essencialmente apostólica.

São Mateus, Apóstolo e Evangelista, nasceu em Cafarnaum, e quando Jesus o chamou para fazer parte do grupo dos Doze, exercia o ofício de cobrador de impostos. A Tradição é unânime em reconhecê-lo como o autor do primeiro Evangelho, escrito em arameu e traduzido pouco depois para o grego. Segundo a Tradição, pregou e sofreu o martírio no Oriente, provavelmente na Pérsia.

I. SÃO MARCOS, SÃO LUCAS e o próprio São Mateus narram a vocação deste apóstolo imediatamente após o relato da cura do paralítico de Cafarnaum. Provavelmente no mesmo dia ou no dia seguinte, Jesus dirigiu-se às margens do lago seguido por uma grande multidão[1]. E no caminho passou pelo lugar onde se pagavam os tributos pela circulação de mercadorias de uma região para outra. Cafarnaum, além de um pequeno porto de mar, era uma cidade fronteiriça da região da Pereia, situada do outro lado do Jordão.

Mateus, como publicano, estava ao serviço de Herodes e, sem ser funcionário, era arrendatário de impostos. Esse ofício era mal visto e mesmo desprezado pelo povo, embora também fosse muito cobiçado porque permitia enriquecer-

-se em pouco tempo. Mateus devia ter uma boa posição, pois pôde oferecer *um grande banquete em sua casa, de que participou grande número de publicanos e outros, que estavam sentados à mesa com eles*[2].

Passando Jesus, convidou-o a segui-lo. *E ele, levantando-se, seguiu-o*[3]. Foi uma resposta rápida e generosa. Mateus, que certamente conhecia o Mestre de outras ocasiões, devia estar à espera desse grande momento, pois não duvidou à primeira insinuação em deixar todas as coisas para seguir Jesus. Só Deus sabe o que viu em Mateus naquele dia, e só o apóstolo sabe o que viu em Jesus para deixar imediatamente a mesa dos impostos e segui-lo. "Ao manifestar uma decisão pronta e ao desprender-se tão subitamente de todas as coisas da vida, Mateus testemunhava muito bem, pela sua perfeita obediência, que o Senhor o tinha chamado no momento oportuno"[4].

O instante e a situação em que o Senhor se insinua numa alma e lhe pede uma entrega sem reservas são os que Deus previu na sua Providência, e são portanto os mais oportunos. Umas vezes, será em tenra idade e, para essa pessoa, esse será o melhor momento para seguir a chamada do Senhor. Outras, Cristo chama na maturidade e nas circunstâncias mais diversas, de família, trabalho, saúde etc. Com a vocação, Deus concede a graça necessária para se responder prontamente e para sempre. Além disso, pode acontecer que, quando se diz *não* ao Senhor, na esperança de dizer-lhe *sim* mais adiante, num tempo que subjetivamente pareça mais oportuno, esse momento não se apresente, porque toda a resistência à graça endurece o coração[5]. Também é possível que o Senhor não passe uma segunda vez: que a chamada amorosa não volte a repetir-se. Isto levava Santo Agostinho a animar todos os fiéis a corresponderem à graça quando Deus a dá; e acrescentava: *Timeo Iesum praetereuntem et non redeuntem*, temo que Jesus passe e não volte[6].

O Mestre fixa o seu olhar em todos nós, seja qual for a nossa idade e condição. Sabemos bem que Jesus passa perto da nossa vida, que nos olha e se dirige a cada um de nós de maneira singular. Convida-nos a segui-lo mais de perto

21 DE SETEMBRO

e ao mesmo tempo — na maior parte dos casos — deixa-
-nos onde nos encontrávamos: no meio da sociedade, do
trabalho, da família... "Pensa no que diz o Espírito Santo, e
enche-te de pasmo e agradecimento: «*Elegit nos ante mundi
constitutionem*» — escolheu-nos antes de criar o mundo —,
«*ut essemus sancti in conspectu eius!*» — para que sejamos
santos na sua presença.

"Ser santo não é fácil, mas também não é difícil. Ser
santo é ser bom cristão: parecer-se com Cristo. — Aquele
que mais se parece com Cristo, esse é mais cristão, mais de
Cristo, mais santo.

"— E que meios temos? — Os mesmos dos primeiros
fiéis, que viram Jesus ou o entreviram através dos relatos
dos apóstolos ou dos evangelistas"[7].

II. PARA CELEBRAR e agradecer a sua vocação, São Mateus deu um grande banquete, ao qual convidou os seus amigos, muitos dos quais eram tidos por *pecadores*. Esse gesto
reflete a alegria do novo apóstolo pela sua vocação, que é
um grande bem e que deve alegrar-nos sempre.

Se reparamos apenas na renúncia que todo o convite de
Deus para segui-lo com passo mais firme traz consigo, se
nos detemos apenas no que é preciso deixar e não no dom de
Deus, no bem que Ele vai realizar em nós e através de nós,
pode acometer-nos a tristeza do jovem rico, que não quis
deixar as suas riquezas e se retirou triste[8]; pensou apenas nas
coisas que deixava, e não chegou a conhecer a maravilha de
estar com Cristo e de ser instrumento para coisas grandes.
"Talvez ontem fosses uma dessas pessoas amarguradas nos
seus sonhos, decepcionadas nas suas ambições humanas.
Hoje, desde que Ele se meteu na tua vida — obrigado, meu
Deus! —, ris e cantas, e levas o sorriso, o Amor e a felicidade aonde quer que vás"[9].

A vida de quem foi chamado por Cristo — e todos nós
o fomos — não pode ser como a daquele personagem que
Jesus menciona quando já parece ter concluído a parábola
do filho pródigo: o irmão mais velho que permaneceu na
casa paterna, que foi um bom trabalhador, que não saiu dos

limites da fazenda, que foi fiel..., mas sem alegria, sem caridade para com o irmão que por fim acabava de voltar. É a imagem viva do justo que não consegue compreender que a possibilidade de servir a Deus e gozar da sua amizade e presença é já uma contínua festa. Não entende que a recompensa já se encontra no próprio serviço a Deus, que *servir é reinar*. Deus espera de nós um serviço alegre, *não de má vontade nem forçado, porque Deus ama aquele que dá com alegria*[10]. Quando servimos o Senhor, quando dizemos *sim* às suas chamadas, sempre temos suficientes motivos de festa, de ação de graças, de alegria.

São Mateus converteu-se numa testemunha excepcional da vida e dos atos do Mestre. Um pouco mais tarde, seria escolhido como um dos *Doze* que seguiriam o Senhor em todos os seus passos: escutou as suas palavras, contemplou os seus milagres, esteve entre os íntimos que celebraram a Última Ceia, assistiu à instituição da Eucaristia, ouviu o testamento do Senhor centrado no preceito do Amor e acompanhou Cristo no Horto das Oliveiras, onde começaria, com os outros discípulos, um calvário de angústia, especialmente por ter também abandonado Jesus. Depois, muito poucos dias depois, saboreou a alegria da Ressurreição e, antes de Ascensão, recebeu o mandato de levar a Boa-nova até os confins da terra. Mais tarde, também com os discípulos e a Santíssima Virgem, recebeu o fogo do Espírito Santo no dia de Pentecostes.

Ao escrever o seu Evangelho, reviveu sem dúvida todos os gratos momentos passados ao lado do Mestre. Compreendeu que a sua vida tinha valido a pena. Que diferença se tivesse ficado naquela manhã agarrado ao *telônio* dos impostos e não tivesse seguido Jesus que passava! A nossa vida, bem o sabemos, só vale a pena se a vivermos junto de Cristo, com uma correspondência cada vez mais fiel..., se soubermos responder a cada apelo de Jesus com *sim* pronto e alegre.

III. AO BANQUETE oferecido por Mateus assistiram os seus amigos e muitos conhecidos. Alguns eram publicanos. Os fariseus e escribas murmuravam entre si e diziam aos discípulos de Jesus: *Por que comeis e bebeis com os publicanos e pecadores?*[11] São Jerônimo, numa nota à margem do texto e em tom jocoso, anota que aquilo deve ter sido *um festim de pecadores*.

O Mestre assistiu ao banquete em casa do novo discípulo. E deve tê-lo feito de bom grado, com gosto, aproveitando aquela oportunidade para conquistar a simpatia dos amigos de Mateus. E aos comentários mal-intencionados dos fariseus, respondeu-lhes com um ensinamento cheio de sabedoria e simplicidade: *Os sãos não têm necessidade de médico, mas sim os enfermos*[12].

Muitos dos assistentes ao banquete sentiram-se acolhidos pelo Senhor, e é provável que, decorrido algum tempo, tivessem recebido o batismo e passado a ser cristãos fiéis. O Senhor ensina-nos com o seu exemplo a estar abertos a todos para ganhar a todos. "O diálogo de salvação não ficou condicionado pelos méritos daqueles a quem se dirigia, nem pelos resultados favoráveis ou contrários: *Os sãos não têm necessidade de médico, mas sim os enfermos*... O diálogo de salvação abriu-se, é oferecido a todos; abriu-se para todos os homens sem discriminação alguma..."[13]

Ninguém pode ser-nos indiferente; quanto maior a necessidade, maior deve ser o nosso empenho apostólico, maiores os meios sobrenaturais e humanos que temos de empregar. Vejamos agora na nossa oração se mantemos um trato acolhedor com todas as pessoas, mesmo com aquelas que parecem estar mais longe das nossas ideias e do nosso modo cristão de pensar e de ver a vida.

"Tens razão. — Do alto do cume — escreves-me —, em tudo o que se divisa (e é um raio de muitos quilômetros), não se enxerga uma única planície; por detrás de cada montanha, outra ainda. Se em algum lugar a paisagem parece suavizar-se, mal se levanta o nevoeiro, aparece uma serra que estava oculta.

"É assim mesmo, assim tem que ser o horizonte do teu apostolado; é preciso atravessar o mundo. — Mas não há caminhos feitos para vós... Tereis que fazê-los, através das montanhas, à força das vossas passadas"[14].

Agradeçamos hoje ao apóstolo o *Evangelho* que nos legou. E peçamos-lhe, por intercessão da Virgem Maria, que saibamos também ir em busca dos nossos antigos amigos — e procurar sempre outros novos — para que conheçam o Mestre e se sentem à mesa com Ele. Que o Senhor nos torne audazes e nos dê espírito de conquista.

(1) Mc 2, 13; (2) Lc 5, 29; (3) Mt 9, 9; (4) São João Crisóstomo, *Homilias sobre o Evangelho de São Mateus*, 30, 1; (5) cf. Federico Suárez, *A Virgem Nossa Senhora*, Prumo, Lisboa, 1983, p. 64; (6) Sagrada Escritura, *Santos Evangelhos*, Braga, nota a Lc 18, 35-43; (7) São Josemaria Escrivá, *Forja*, n. 10; (8) cf. Lc 18, 18; (9) São Josemaria Escrivá, *Sulco*, n. 81; (10) 2 Cor 9, 7; (11) Lc 5, 30; (12) Mt 9, 12; (13) Paulo VI, Enc. *Ecclesiam suam*, 6-VIII-1964; (14) São Josemaria Escrivá, *Caminho*, n. 928.

24 DE SETEMBRO

84. NOSSA SENHORA DAS MERCÊS

— A nossa Mãe Santa Maria, eficaz intercessora para nos livrar de todos os apegos.
— As suas mãos estão cheias de graças e dons.
— Recorrer sempre a Ela.

Esta festa comemora a fundação da Ordem dos Mercedários, dedicada nas suas origens à redenção dos cativos. Conta uma piedosa tradição que a Santíssima Virgem apareceu certa noite ao Rei Jaime I de Aragão, a São Raimundo de Peñafort e a São Pedro Nolasco, pedindo-lhes que instituíssem uma Ordem para libertar os cristãos que tinham caído em poder dos muçulmanos. Para recordar o episódio, criou-se esta festa, que o Papa Inocêncio XII estendeu a toda a cristandade no século XVII. Atualmente, é celebrada em alguns lugares. Tem uma Missa própria no volume de Missas da Virgem Maria, *publicado por João Paulo II.*

I. *A MINHA ALMA glorifica o Senhor porque Ele auxiliou Israel, seu servo, lembrando-se da sua misericórdia, conforme tinha prometido aos nossos pais*[1].

A Santíssima Virgem é venerada sob o título de *Nossa Senhora das Mercês* em muitos lugares da Espanha e da América Latina. Sob essa invocação, nasceu uma ordem religiosa que teve como missão resgatar os cativos cristãos em poder dos muçulmanos. "Todos os símbolos das imagens de Nossa Senhora das Mercês recordam-nos a sua função libertadora: cadeias quebradas e grilhões abertos, como os seus braços e as suas mãos estendidas oferecendo a liberdade [...], o seu filho Redentor"[2]. Atualmente, a ordem dedica os seus esforços principalmente à libertação das cadeias do pecado, mais fortes do que a pior das prisões.

Nesta festa da nossa Mãe, devemos lembrar-nos dos nossos irmãos que são marginalizados de diferentes maneiras por causa da sua fé, ou que sofrem num ambiente hostil à sua conduta e princípios cristãos. Trata-se por vezes de uma perseguição sem sangue, a da calúnia e da maledicência, que os cristãos já tiveram ocasião de experimentar desde as origens da Igreja e que não é desconhecida nos nossos dias, mesmo em países de forte tradição cristã.

Deus também sofre nos nossos dias, nos seus membros. Naturalmente, "não chora nos Céus, onde habita numa luz inacessível e onde goza eternamente de uma felicidade infinita. Deus chora na terra. As lágrimas deslizam sem cessar pela face divina de Jesus, que, mesmo sendo um com o Pai celestial, sobrevive e sofre aqui na terra [...]. E as lágrimas de Cristo são lágrimas de Deus.

"Deste modo, Deus chora em todos os aflitos, em todos os que sofrem, em todos os que choram no nosso tempo. Não podemos amá-lo se não enxugarmos as suas lágrimas"[3]. A paixão de Cristo continua de certo modo nos nossos dias. Ele continua a passar com a Cruz às costas pelas nossas ruas e praças. E nós não podemos ficar indiferentes, como meros espectadores.

A primeira Leitura da Missa[4] fala-nos de Judite, aquela mulher que, com grande valentia, libertou o povo eleito do assédio de Holofernes. Assim cantavam todos, cheios de alegria: *Tu és a glória de Jerusalém; tu, a alegria de Israel; tu, a honra do nosso povo. Porque o teu coração se encheu de coragem, ó benfeitora de Israel...* A Igreja aplica à Virgem das Mercês este cântico de júbilo, pois Ela é a *nova Judite*, que com o seu *fiat* trouxe a salvação ao mundo e cooperou de modo único e singular na obra da nossa salvação. *Associada à sua Paixão junto da Cruz, é agora elevada à cidade celeste, advogada nossa e dispensadora dos tesouros*

24 DE SETEMBRO

da redenção[5]. Recorremos hoje à Virgem como eficaz intercessora, para que induza os nossos amigos, parentes ou colegas que se encontram afastados do seu Filho a aproximar-se dEle, especialmente por meio do sacramento da Penitência, e para que fortaleça e alivie aqueles que de alguma forma sofrem perseguição por serem fiéis à fé.

Recorremos a Ela para pedir-lhe também pelas nossas pequenas ou grandes necessidades. A nossa Mãe do Céu sempre se distinguiu pela sua generosidade em conceder *mercês*.

II. O EVANGELHO DA MISSA relata-nos o momento em que o Senhor nos deu a sua Mãe como Mãe nossa: *Jesus, pois, tendo visto a sua Mãe, e perto dela o discípulo que ele amava, disse à sua Mãe: Mulher, eis aí o teu filho. Depois, disse ao discípulo: Eis aí a tua Mãe. E, dessa hora em diante, o discípulo a teve em sua casa*[6].

O Senhor deu-nos Maria como *Mãe amantíssima*[7]. Ela *cuida sempre com afeto maternal dos irmãos do seu Filho que se encontram em perigo e ansiedade, para que, quebradas as cadeias de toda a opressão, alcancem a plena liberdade do corpo e do espírito*[8]. As suas mãos estão sempre cheias de graças e de dons — de *mercês* —, para derramá-los sobre os seus filhos. Sempre que nos sintamos preocupados ou aflitos, recorramos como que *por instinto* à nossa Mãe do Céu; e façamo-lo especialmente se em algum momento se apresenta uma complicação interior — esses nós e enredos que o demônio tende a armar nas almas, que separam dos outros e dificultam o caminho que conduz a Deus. Ela é o *Auxílio dos cristãos*, como dizemos na *Ladainha*, nosso auxílio e socorro nessa longa navegação que é a vida, na qual encontramos ventos e tempestades.

Nós, os cristãos, temos mil maneiras de recorrer a Nossa Senhora: olhando com devoção para uma imagem que tenhamos no quarto, no meio da rua, quando se apresenta uma tentação, com a recitação do terço... Um dos mais antigos testemunhos da devoção filial à Virgem é a oração *Sub tuum praesidium confugimus*... "À vossa proteção nos acolhemos, Santa Mãe de Deus, não desprezeis as súplicas que em nossas necessidades Vos dirigimos, mas livrai-nos sempre de todos os perigos, Virgem gloriosa e bendita"[9], e a oração *Memorare* ou *Lembrai-vos*, que podemos rezar todos os dias pela pessoa da família que mais precise de ajuda naquele momento.

Dizemos à nossa Mãe, com versos de um poeta que se leem num nicho de uma rua da cidade de Barcelona, da qual é Padroeira: *Virgem e Mãe, / nosso consolo, / fazei-nos encontrar o bom caminho. / Eu sou homem, sou vosso filho. / Vós sois a estrela, eu o peregrino.* Tu iluminarás sempre o meu caminho.

III. *MULHER, EIS AÍ O TEU FILHO.* Ao aceitar o apóstolo João como filho, a Virgem mostra o seu incomparável amor de Mãe. "E naquele homem — orava o Papa João Paulo II — foi-te confiado cada homem, todos os homens. E Tu, que no momento da Anunciação, naquelas simples palavras: *Eis a escrava do Senhor, faça-se em mim segundo a tua palavra* (Lc 1, 38), concentraste todo o programa da tua vida, abraças a todos, procuras maternalmente a todos [...]. Perseveras de maneira admirável no mistério de Cristo, teu Filho unigênito, porque estás sempre onde quer que estejam os homens seus irmãos, onde quer que esteja a Igreja"[10]. As suas mãos encontram-se sempre cheias de graças, sempre dispostas a derramá-las sobre os homens.

São João recebeu Maria em sua casa e cuidou dela com extrema delicadeza até que subiu aos Céus em corpo e alma: *E, dessa hora em diante, o discípulo a teve em sua casa.* "Os autores espirituais viram nestas palavras do Santo Evangelho um convite dirigido a todos os cristãos para que todos saibamos também introduzir Maria em nossas vidas. Em certo sentido, é um esclarecimento quase supérfluo, porque Maria quer sem dúvida que a invoquemos, que nos aproximemos dEla com confiança, que recorramos à sua maternidade, pedindo-lhe *que se manifeste como nossa Mãe*"[11].

Mostra que és Mãe! Tantas vezes lho temos pedido! E Ela jamais deixou de escutar-nos. Não nos esqueçamos

24 DE SETEMBRO

nunca de que a presença da Virgem na Igreja, e portanto na vida de cada um, é sempre "uma presença materna"[12], que tende a facilitar-nos o caminho, a livrar-nos dos extravios — pequenos ou grandes — a que nos conduz a nossa torpeza. O que seria de nós sem os seus desvelos maternais! Procuremos ser bons filhos.

Nossa Senhora está sempre atenta às necessidades de cada um dos que se confiam à sua intercessão. E o poeta catalão prossegue os seus versos: *Por que nos olhas, Virgem Santa, / com esses olhos tão abertos? / Cria sempre na nossa alma / um santo estremecimento! / Que os milagres de outrora / se repitam hoje em dia, / livra-nos do pecado / e de uma vil covardia!*

(1) Lc 1, 46.54-55; *Antífona de entrada* da Missa do dia 24 de setembro; (2) A. Vázquez, *Santa Maria de la Merced*, Madri, 1988, p. 86; (3) W. van Straten, *Dios llora en la tierra*, BAC, Madri, 1981, p. 7-8; (4) Jdt 15, 8-10; 16, 13-14; (5) *Missas da Virgem Maria*; (6) Jo 19, 26-27; (7) *Oração depois da Comunhão*; (8) cf. *Prefácio* da Missa de Nossa Senhora das Mercês; (9) A. G. Hamman, *Oraciones de los primeros cristianos*, Rialp, Madri, 1956; (10) João Paulo II, *Homilia na Basílica de Nossa Senhora de Guadalupe*, 27-I-1979; (11) São Josemaria Escrivá, *É Cristo que passa*, n. 140; (12) cf. João Paulo II, Enc. *Redemptoris Mater*, 25-III-1987, 24.

29 DE SETEMBRO
S. MIGUEL, S. GABRIEL E S. RAFAEL ARCANJOS

85. SÃO MIGUEL ARCANJO
Festa

— A missão dos anjos. Os três arcanjos que a Igreja honra de maneira particular.
— O Arcanjo São Miguel. A sua ajuda na luta contra o demônio.
— Pedir a esse Santo Arcanjo a sua contínua proteção para a Igreja.

Veneramos hoje a memória dos arcanjos Miguel, Gabriel e Rafael, profundamente arraigada em toda a Tradição da Igreja. O nome de Miguel (em hebreu: Quem como Deus?*) recorda o combate travado por esse Arcanjo e pelos anjos fiéis contra Lúcifer e os seus seguidores, que se rebelaram contra Deus e foram lançados no inferno. Deus escolheu São Gabriel (em hebreu,* fortaleza de Deus*) para anunciar a Maria o mistério da Encarnação. O nome de Rafael (em hebreu:* remédio de Deus*) evoca a sua missão de médico e companheiro de viagem do jovem Tobias.*

I. NO EVANGELHO DA MISSA, lemos estas palavras de Jesus: *Em verdade, em verdade vos digo: vereis o céu aberto e os anjos de Deus subindo e descendo sobre o Filho do homem*[1].

São os anjos que louvam continuamente a Deus e "participam, do modo que lhes é próprio, do governo de Deus sobre a Criação como *poderosos executores das suas ordens*

(Sl 109), conforme o plano estabelecido pela Divina Providência. Os anjos têm por missão cuidar com especial solicitude de todos os homens, em favor dos quais apresentam a Deus as suas súplicas e orações"[2]. A sua função como embaixadores de Deus estende-se a cada um dos homens, principalmente àqueles que têm uma responsabilidade específica no plano salvífico (aos sacerdotes, por exemplo), e a todas as nações[3]. Todos os dias, a todas as horas, no mundo inteiro, "no coração da Santa Missa", apela-se aos anjos e aos arcanjos para cantar a glória de Deus.

Hoje, é particularmente oportuno considerarmos que a Igreja honra na sua liturgia "três figuras angélicas a quem a Sagrada Escritura chama com um nome. O primeiro é o *Arcanjo Miguel* (cf. Dn 10, 13.20; Ap 12, 7; Jd 9). O seu nome expressa em síntese uma atitude essencial dos espíritos bons: Mica-El significa *Quem como Deus?*" O segundo é *Gabriel*, "figura ligada sobretudo ao mistério da Encarnação do Filho de Deus. O seu nome significa: *O meu poder é Deus* ou *Poder de Deus*". Por último, *Rafael*, cujo nome "significa: Deus cura"[4]. Meditando sobre a missão que lhes foi confiada, compreendemos o ensinamento contido na Epístola aos Hebreus: *Porventura não são todos esses espíritos ministros de Deus, enviados para exercer o seu ministério a favor daqueles que hão de receber a herança da salvação?*[5]

A existência dos anjos e a sua proximidade nos nossos afazeres quotidianos movem-nos a pedir com a Liturgia da Missa: *Ó Deus, que organizais de modo admirável o serviço dos anjos e dos homens, fazei que sejamos protegidos na terra por aqueles que Vos assistem continuamente nos céus*[6]. Devemos incontáveis ajudas diárias aos nossos Anjos da Guarda, cuja festa celebraremos dentro de uns dias, bem como aos Santos Arcanjos. São uma prova palpável do amor que Deus Pai tem pelos seus filhos. Recorremos a eles com frequência no meio dos nossos trabalhos diários? Tratamo-los com confiança, pedindo-lhes que nos ajudem a servir a Deus e que nos protejam na nossa luta diária? Sentimo-nos seguros na sua companhia ao longo do dia, especialmente

29 DE SETEMBRO   521

quando chega a tribulação ou quando estamos prestes a perder a serenidade e a paz dos filhos de Deus?

II. LEMOS NA PRIMEIRA LEITURA da Missa: *E houve no céu uma grande batalha: Miguel e os seus anjos pelejavam contra o dragão, e o dragão com os seus anjos pelejavam contra ele; mas estes não prevaleceram e já não houve lugar para eles no céu. E foi precipitado aquele grande dragão, aquela antiga serpente, que se chama demônio e Satanás, que seduz todo o universo; e foi precipitado na terra, e foram precipitados com ele os seus anjos*[7].

Os Santos Padres interpretam estes versículos do Apocalipse como testemunho da luta entre Miguel e o demônio quando os espíritos angélicos foram submetidos a prova. Sob essa luz entenderam também o combate que Satanás sustenta contra a Igreja ao longo dos séculos e que se radicalizará no fim dos tempos[8].

Segundo tradições judaicas perfilhadas por alguns Padres da Igreja, o demônio foi uma criatura angélica que se converteu em inimiga de Deus quando se recusou a aceitar a dignidade concedida ao homem[9]. Então ele e os seus seguidores foram arrojados à terra, e desde então não cessam de tentar o homem para que, pecando, fique também privado da glória de Deus. O Antigo Testamento[10] apresenta o Arcanjo São Miguel como aquele que defende o povo eleito em nome de Deus. A luta constante contra o demônio, que "caracteriza a figura do Arcanjo Miguel, é atual mesmo hoje, porque o demônio ainda está vivo e continua a atuar na terra"[11]. Mais ainda: "Há épocas em que a existência do mal entre os homens se torna singularmente evidente no mundo [...]. Tem-se a impressão de que o homem atual não quer ver esse problema. Faz todo o possível para eliminar da consciência geral a existência desses *dominadores do mundo tenebroso*, desses *astutos ataques do demônio* de que fala a Epístola aos Efésios. Contudo, há épocas históricas em que essa verdade da revelação e da fé cristã, que tanto custa aceitar, se expressa com grande força e se torna quase palpável"[12].

Essa atuação do demônio na sociedade e nas pessoas, que às vezes *se expressa com grande força e se torna quase palpável*, levou a Igreja a invocar São Miguel como seu guardião nas adversidades e contra as ciladas do demônio. *Envia, Senhor, em auxílio do teu povo o Arcanjo Miguel, para que nos sintamos protegidos nas nossas lutas contra Satanás e os seus anjos*[13]. Ciladas reais e terríveis, que procuram aniquilar a vida de Cristo nas almas.

A festa de hoje recorda-nos, além disso, "que ao começar a Criação, brotou essa primeiríssima adoração da profundidade espiritual dos seres angélicos, que mergulharam com todo o seu ser na realidade do *Quem como Deus*: Miguel e os seus anjos (Ap 12, 7). Ao mesmo tempo, a leitura do Livro do *Apocalipse* faz-nos tomar consciência de que a essa adoração, a essa primeiríssima afirmação da majestade do Criador, se contrapôs uma negação. Em oposição a essa orientação cheia de amor de Deus (*quem como Deus!*), irrompeu uma plenitude de ódio em rebelião contra Ele"[14] que ainda parece sentir-se no mundo de mil formas diversas.

Esta ausência de serviço amoroso a Deus e aos outros por Deus lembra-nos que é necessário amá-lo e servi-lo com todo o nosso ser, sem esperar nada em troca. *Serviam! Senhor, eu te servirei!*, diremos muitas vezes, na intimidade do nosso coração. Aproveitemos a festa de hoje para dizer a Jesus: *Senhor, não tenho outra ambição senão servir-te.*

III. CRISTO É O VERDADEIRO VENCEDOR do pecado, do demônio e da morte. E nEle vencemos sempre, com a ajuda dos anjos e dos santos. *Agora é o juízo deste mundo* — dizia Jesus, referindo-se aos últimos acontecimentos da sua vida aqui na terra —, *agora será lançado fora o príncipe deste mundo. E eu, quando for levantado ao alto, atrairei tudo a mim*[15]. E quando os discípulos lhe contaram que, em seu nome, os demônios se lhes submetiam, o Senhor exclamou: *Eu vi Satanás cair do céu como um relâmpago*[16].

No entanto, o triunfo dos cristãos sobre o demônio só terá lugar no fim dos tempos. Por isso, São Pedro, depois de exortar os cristãos à mais plena confiança em Deus —

29 DE SETEMBRO   523

Descarregai sobre Ele, diz-lhes, *todas as vossas preocupações, porque Ele cuida de vós* —, chama-lhes vivamente
a atenção para que se mantenham vigilantes: *Sede sóbrios
e vigiai, porque o demônio, vosso adversário, ronda-vos
como um leão que ruge, buscando a quem devorar*[17]. E São
Cipriano comenta: "Ronda-nos a cada um de nós, como um
inimigo que sitiou uma cidadela e explora as muralhas e
verifica se há algum ponto fraco e pouco seguro por onde
possa penetrar"[18]. Enquanto escrevia essas recomendações,
São Pedro devia recordar-se das palavras do Mestre: *Simão,
Simão, eis que Satanás vos reclamou instantemente para
vos joeirar como o trigo; mas eu roguei por ti, para que a
tua fé não desfaleça...*[19]

O grande triunfo do demônio nos nossos dias consiste
em que muitos o esqueceram ou pensam que se trata de
crenças de outras épocas menos avançadas culturalmente.
Que nós não o esqueçamos, pois a sua ação misteriosa na
vida do mundo e das pessoas é bem real e efetiva. Recorramos com frequência ao Arcanjo São Miguel. No discurso
que citamos, o Papa João Paulo II recitou várias vezes, em
nome da Igreja, uma antiga oração ao Arcanjo: *São Miguel
Arcanjo, defendei-nos no combate, cobri-nos com o vosso
escudo contra os embustes e ciladas do demônio. Subjugue-
-o Deus, instantemente o pedimos; e vós, Príncipe da milícia celeste, pelo divino poder, precipitai no inferno a Satanás e aos outros espíritos malignos que vagueiam pelo
mundo para perder as almas. Amém*[20].

(1) Jo 1, 51; (2) João Paulo II, *Audiência geral*, 30-VII-1986; (3) cf. *ib.*;
(4) cf. idem, *Audiência geral*, 6-VIII-1986; (5) Hb 1, 14; (6) *Oração
coleta* da Missa do dia 29 de setembro; (7) Ap 12, 7-9; (8) cf. São
Gregório Magno, *Moralia*, 31, 12; (9) cf. Sagrada Bíblia, *Apocalipse*,
EUNSA, Pamplona, 1989, nota a Ap 12, 7-9; (10) Dn 10, 13; 12, 1;
(11) João Paulo II, *Alocução no Monte Sant'Angelo*, 24-V-1987; (12)
idem, *Homilia em Munique*, 3-V-1987; (13) Liturgia das Horas, *Preces
de Laudes*; (14) João Paulo II, *Homilia*, 29-IX-1983; (15) Jo 12, 31-33;
(16) Lc 10, 18; (17) 1 Pe 5, 7-8; (18) São Cipriano, *De zelo et livore*,
2; (19) cf. Lc 22, 31-32; (20) cf. João Paulo II, *Alocução*, 24-IV-1987.

29 DE SETEMBRO
S. MIGUEL, S. GABRIEL E S. RAFAEL ARCANJOS

86. SÃO GABRIEL ARCANJO
Festa

—— São Gabriel, *Fortaleza de Deus*.
—— O valor de cada criatura.
—— Os filhos, motivo de alegria.

Deus escolheu São Gabriel para anunciar à Santíssima Virgem o mistério da Encarnação. Anteriormente, fora enviado a Daniel, para comunicar-lhe a época em que Cristo nasceria, e a Zacarias, para anunciar-lhe o nascimento de João Batista. O arcanjo está ligado às mensagens messiânicas, e a sua presença na Sagrada Escritura indica a plenitude dos tempos. "Somente São Gabriel — diz São Bernardo — foi achado digno entre todos os anjos de anunciar a Maria os desígnios de Deus a seu respeito e receber o seu fiat". A saudação do anjo à Virgem, tão simples e tão cheia de sentido — "Ave, Maria, cheia de graça" — converteu--se na oração familiar e incessante do povo cristão.

São Gabriel já era honrado na Liturgia dos primeiros séculos do cristianismo. No século IX, o seu nome aparece no calendário dos santos no dia 24 de março, contíguo à festa da Anunciação. Em 1921, Bento XV estendeu a sua festa a toda a Igreja. Atualmente, é celebrada no 29 de setembro, junto com a de São Miguel e São Rafael.

I. O ARCANJO GABRIEL aparece aos homens para lhes transmitir a Palavra divina. O seu nome significa *Servo de Deus* ou também *Deus mostrou-se forte*. Apresenta-se sempre como portador de gratas notícias[1], e, sobretudo, é encarregado de transmitir da parte de Deus a mais alegre de todas as mensagens: a Encarnação do Filho de Deus. Já no Antigo Testamento tinha sido ele a anunciar ao profeta Daniel a época da vinda do Messias[2]. Chegada a plenitude dos tempos, é ele que comunica a Nossa Senhora, em nome de Deus, o mistério inefável da Encarnação do Filho, que terá lugar no seu seio puríssimo[3]. "Foi por isso que Deus não enviou à Virgem Maria um anjo qualquer, mas o Arcanjo Gabriel, pois uma mensagem de tal transcendência requeria que fosse transmitida por um anjo da máxima categoria [...]. A Maria foi enviado Gabriel, que significa «Força de Deus», porque vinha anunciar Aquele que, apesar da sua aparência humilde, havia de dominar os Principados e Potestades. Portanto, era natural que aquele que é a força de Deus anunciasse a vinda dAquele que é o Senhor dos exércitos e poderoso nas batalhas"[4].

As suas palavras são repetidas inúmeras vezes por dia, num louvor a Nossa Senhora que jamais terá fim: *Ave, Maria, cheia de graça, o Senhor é contigo, bendita és tu entre as mulheres...* É o que agora lhe dizemos na intimidade do nosso coração.

II. SÃO GABRIEL anunciou também a Zacarias o nascimento do Precursor: *Não temas, Zacarias, porque a tua oração foi ouvida e a tua mulher Isabel dará à luz um filho a quem porás o nome de João*[5]. Adianta-lhe além disso três motivos de alegria pelo nascimento de João: Deus concederá ao menino uma graça e santidade extraordinárias; será instrumento para a salvação de muitos; dedicará toda a sua vida a preparar a chegada do Messias esperado[6].

Conhecemos São Gabriel pela sua relação com a vida que nasce: de um modo sobrenatural e misterioso no prodígio que o Espírito Santo realizará no seio de Maria; de forma milagrosa no caso de João. Quando se despedir de Zacarias, depois de transmitir-lhe a sua mensagem, dir-lhe-á: *Eu sou Gabriel, que assisto diante do trono de Deus; e fui enviado para te falar e dar-te esta boa-nova*[7]. Os filhos são sempre uma boa-nova em que Deus intervém diretamente. *E será para ti motivo de gozo e de alegria, e muitos se alegrarão no seu nascimento*[8]. E Santo Ambrósio comenta: "Neste texto, convidam-se os santos a alegrar-se com o nascimento dos seus filhos, e adverte-se aos pais que têm obrigação de dar graças a Deus: não é um benefício pequeno do Senhor gerar filhos que propaguem a espécie e sejam herdeiros da família"[9]. A Sagrada Família de Nazaré e o matrimônio contraído por Isabel e Zacarias tomaram um novo rumo desde que o Arcanjo se apresentou com a sua dupla mensagem. Ele pode ser um grande intercessor de muitos casais que desejam ou são abençoados por Deus com um novo filho.

Cada criatura que vem ao mundo traz consigo um desígnio divino. Por isso, os pais sentem-se colaboradores de Deus e administradores das fontes da vida que lhes foram dadas pelo Senhor para que tenham muitos filhos na terra, filhos que conheçam e amem a Deus, que o sirvam e possam alcançar a vida eterna.

Perante a agressividade da propaganda antinatalista, os pais devem sentir-se responsáveis da sua paternidade diante de Deus, que frequentemente lhes pedirá uma família numerosa. "Para se poder viver uma gozosa vida familiar — sublinhava o Papa João Paulo II —, requerem-se sacrifícios tanto por parte dos pais como dos filhos. Cada membro da família deve converter-se em servo dos outros, compartilhando as cargas. É necessário que cada um se mostre solícito não só a respeito da sua vida, mas também da dos outros membros da família: desvelando-se pelas suas necessidades, esperanças e ideais. As decisões acerca do número de filhos e aos sacrifícios que deles derivam, não devem ser tomadas apenas com as miras postas em aumentar o conforto pessoal e em assegurar uma vida tranquila. Refletindo sobre este ponto diante de Deus, ajudados pela graça que procede do sacramento e guiados pelos ensinamentos da Igreja, os pais recordarão a si próprios que é preferível negar aos filhos certas comodidades e vantagens materiais a privá-los da presença de irmãos e irmãs que podem ajudá-los a desenvolver a sua humanidade e a realizar a beleza da vida em cada uma das suas fases e em toda a sua variedade"[10].

O Senhor premia, já aqui na terra, essa generosidade que é fruto do conhecimento e do cumprimento da vontade de Deus. Não podemos esquecer que o casamento é um caminho divino, grande, maravilhoso, e que, como todas as coisas divinas em nós, tem manifestações concretas de correspondência à graça, de generosidade, de entrega, de serviço[11].

III. NÃO EXISTE MAIOR ALEGRIA numa família do que a chegada de um novo filho, de um novo irmão; não há maior presente que Deus possa conceder. Esta é a gozosa doutrina da Igreja, que todos devemos transmitir ao mundo. Sempre se cumprem as palavras do Arcanjo: *E será para ti motivo de gozo e de alegria, e muitos se alegrarão no seu nascimento.*

O Papa João Paulo II insiste com frequência na ideia de que a civilização cristã é a civilização da vida, que "é preciosa porque é um dom de Deus, cujo amor é infinito; e quando Deus concede a vida, concede-a para sempre. A vida, além disso, é preciosa porque é a expressão e o fruto do amor [...]. O grande perigo para a vida familiar, numa sociedade em que os ídolos são o prazer, as comodidades e a independência, é que os homens fechem o seu coração e se tornem egoístas"[12], que prefiram um pouco mais de bem-estar material à alegria de trazer mais filhos ao mundo e de educá-los para que sejam bons cidadãos e bons filhos de Deus. Não se pode esquecer: "Cada filho que Deus vos concede é uma grande bênção divina: não tenhais medo aos filhos!"[13]

Pedimos ao Arcanjo Gabriel, que anunciou a Nossa Senhora a alegria da chegada da Vida ao mundo, a fortaleza para empreendermos um apostolado alegre em favor da vida, da generosidade, da alegria compartilhada. "Quando o caráter sagrado da vida antes do nascimento for atacado — insiste o Pontífice —, reagiremos proclamando que ninguém tem jamais o direito de destruir a vida antes do nascimento. Quando se falar de uma criança como um peso, ou a considerarem como simples meio de satisfazer uma ne-

29 DE SETEMBRO   529

cessidade emocional, interviremos para sublinhar que cada
criança é um dom de Deus único e irrepetível e que tem direito a uma família unida no amor. Quando a instituição do
casamento estiver abandonada ao egoísmo ou reduzida a um
acordo temporário que se pode rescindir facilmente, reagiremos afirmando a indissolubilidade do vínculo matrimonial.
Quando o valor da família se vir ameaçado por pressões sociais e econômicas, reagiremos não só em favor do bem privado de cada pessoa, mas também do bem comum de toda
a sociedade, nação e Estado. Quando, pois, a liberdade for
utilizada para dominar os fracos, para dilapidar as riquezas
naturais e a energia e para negar aos homens as necessidades essenciais, reagiremos para reafirmar os princípios da
justiça e do amor social. Quando se deixarem sós os doentes, os anciãos e os moribundos, reagiremos proclamando
que eles são dignos de amor, de solicitude e de respeito"[14].

O Senhor quer que sejamos apóstolos de coisas positivas, boas, amáveis, *afogando o mal em abundância de
bem*[15]. Na medida do possível, sejamos como São Gabriel,
portadores de gratas notícias para a família e para o mundo.
São muitos os que estão empenhados em difundir o mal;
ponhamos nós mais empenho em difundir o bem, a começar
pela nossa própria família.

(1) Cf. J. Dheilly, *Diccionario bíblico*, Herder, Barcelona, 1970, pp.
477-478; (2) cf. Dn 8, 15-16; 9, 20-27; (3) Lc 1, 26-38; (4) Liturgia das
Horas, *Segunda leitura*; São Gregório Magno, *Homilias sobre os Evangelhos*, 34, 8-9; (5) Lc 1, 13; (6) cf. Lc 1, 14-17; (7) Lc 1, 19-20; (8) Lc
1, 14; (9) Santo Ambrósio, *Tratado sobre o Evangelho de São Lucas*;
(10) João Paulo II, *Homilia no Capitólio*, Washington, 7-X-1979; (11)
cf. São Josemaria Escrivá, *Entrevistas com Mons. Josemaria Escrivá*,
n. 93; (12) João Paulo II, *op. cit.*; (13) cf. São Josemaria Escrivá, *Forja*,
n. 691; (14) João Paulo II, *op. cit.*; (15) Rm 12, 21.

29 DE SETEMBRO

S. MIGUEL, S. GABRIEL E S. RAFAEL ARCANJOS

87. SÃO RAFAEL ARCANJO

Festa

— A figura de São Rafael na Sagrada Escritura.
— A vocação pessoal.
— Ajudar os outros a encontrar o seu caminho.

São Rafael é um dos Arcanjos mencionados na Sagrada Escritura como um dos sete espíritos que estão diante de Deus. *Rafael significa* Remédio de Deus. *Foi enviado pelo Senhor para acompanhar o jovem Tobias na sua viagem e para socorrer Sara na sua adversidade. A Igreja invoca-o há muito tempo como Padroeiro dos caminhantes; é intercessor especialmente no caminho da vida. A festa de São Rafael encontra-se já nos livros litúrgicos da Idade Média. Foi estendida a toda a Igreja pelo Papa Bento XV em 1921; atualmente, é celebrada no dia 29 de setembro, juntamente com a de São Miguel e São Gabriel.*

I. *DOU-VOS GRAÇAS, Senhor, de todo o coração; eu Vos louvo na presença dos anjos*[1].

Conhecemos São Rafael principalmente pela história de Tobias, "tão significativa por confiar-se aos anjos o cuidado, guarda e proteção dos filhos pequenos de Deus"[2].

A Sagrada Escritura narra que, quando Tobias, ainda jovem, se preparava para empreender uma longa viagem, foi à procura de alguém que o acompanhasse e encontrou Rafael, que era um anjo[3]. A princípio, não soube quem era o seu companheiro, mas durante o trajeto teve ocasião de experimentar várias vezes a sua proteção. O Arcanjo conduziu-o felizmente até seu parente Raguel, com cuja filha Sara se casou, depois de Rafael a ter livrado de um mau espírito. O Arcanjo curou ainda o pai de Tobias da sua cegueira. Por isso, é venerado como Padroeiro dos caminhantes e dos doentes[4]. No fim da viagem, revelou a sua identidade: *Eu sou Rafael, um dos sete anjos que apresentamos as orações dos justos e temos entrada ante a majestade do Senhor*[5].

A vida é uma longa viagem que termina em Deus. Para percorrê-la, precisamos de ajuda, proteção e conselho, pois são muitas as possibilidades de nos extraviarmos ou de nos entretermos desnecessariamente no caminho, perdendo um tempo precioso. Deus mostrou-nos a cada um o caminho — a vocação pessoal — que conduz até Ele. Importa muito não nos enganarmos de rota, pois trata-se de conhecer e seguir a vontade de Deus. Por isso, São Rafael, é especialmente guia daqueles que ainda têm de averiguar o que Deus espera deles.

Para uns, o caminho que conduz a Deus será o casamento — caminho de santidade —, que significa cooperar com Deus para trazer filhos ao mundo e educá-los, sacrificando-se por eles para que sejam bons filhos de Deus. "Estás rindo porque te digo que tens vocação matrimonial? — Pois é verdade: isso mesmo, vocação. — Pede a São Rafael que te conduza castamente ao termo do caminho, como a Tobias"[6].

Para outros, Deus tem uns planos cheios de particular predileção. "Como te rias, nobremente, quando te aconselhei a pôr teus anos moços sob a proteção de São Rafael!: para que ele te leve a um matrimônio santo, como ao jovem Tobias, com uma moça que seja boa e bonita e rica — disse-te, gracejando.

"E depois, que pensativo ficaste quando continuei a aconselhar-te que te pusesses também sob o patrocínio daquele apóstolo adolescente, João, para o caso de o Senhor te pedir mais"[7], para o caso de Ele te pedir tudo, numa entrega sem reservas.

II. *...E DAR-LHE-EI uma pedra branca, e um nome novo escrito nessa pedra, o qual ninguém conhece a não ser quem o recebe*[8]. São João alude aqui ao costume de mostrar uma pedra, marcada de forma adequada, como contrassenha ou bilhete de entrada para se poder participar de uma festa ou banquete. Manifesta a vocação única e pessoal e as particulares relações com Deus que essa graça traz consigo.

Deus chama-nos a cada um de nós para que, de modo voluntário, participemos do seu projeto divino de salvação. É sempre Ele quem chama, quem verdadeiramente sabe quais são os melhores planos. *Não fostes vós que me escolhestes, mas eu que vos escolhi*[9]. Acontece algo de semelhante ao que faz um diretor de cinema que procura os atores para o seu filme. "Está sentado diante da mesa de trabalho, sobre a qual se encontram espalhadas dezenas de fotografias enviadas pelos agentes cinematográficos. Depois de repassá-las durante um certo tempo, escolhe uma delas, contempla-a detidamente e diz à secretária: «Sim, este é o tipo de mulher de que necessito. Telefone-lhe e marque um encontro com ela para amanhã» [...].

"Através deste exemplo — imperfeito — podemos ter uma ideia da razão de ser da nossa existência. No mais profundo da eternidade — falando em termos humanos —, Deus projetou todo o universo e escolheu os protagonistas — todos — do grande enredo que deveria desenvolver-se até o final dos tempos. Pela sua mente divina foram desfilando as fotografias das almas — ilimitadas em número — que Ele podia criar. Quando deparou com a tua imagem, deteve-se e disse: «Aqui está uma alma que me cativa. Necessito dela para que desempenhe um papel único, pessoal, e, depois, goze da minha presença durante toda a eternidade...»"[10]

Deus deteve-se com amor, cheio de interesse, diante da possibilidade de criar-nos; depois, chamou-nos à vida e, por fim, à entrega, ao cumprimento fiel dos seus planos, através do qual alcançaremos a plenitude, a felicidade. "Efetivamente — diz o Papa João Paulo II —, Deus pensou em nós desde toda a eternidade e amou-nos como pessoas únicas e irrepetíveis, chamando-nos a cada um pelo nome, como o Bom Pastor que *chama as ovelhas pelo seu nome* (Jo 10, 3)"[11].

A vocação é esse projeto divino a respeito das nossas vidas, que se apresenta como um caminho a percorrer e no fim do qual Deus nos espera. É muito importante darmos com esse caminho, com esse papel que Deus quer que desempenhemos na sua obra de salvação. "Ao escolhermos, ao decidirmos, «aquilo que Deus quer» sempre se antepõe «àquilo que eu quero», àquilo de que eu gosto ou que me apetece. Isto não significa que a Vontade de Deus e a minha tenham que estar sempre em conflito. Frequentemente, fazer a Vontade divina é algo sumamente atrativo. Há casos, porém, em que a nossa vontade pode não corresponder exatamente àquilo que Deus quer. Pode surgir então o conflito, e devemos estar dispostos a retificar sempre que ganhemos consciência de que a nossa vontade e a dEle seguem caminhos diferentes. Estará aí uma prova infalível de que amamos a Deus, será essa a melhor maneira de correspondermos ao seu amor"[12].

Peçamos hoje a São Rafael que nos guie para que, no meio das muitas decisões que temos de tomar na nossa vida, saibamos procurar sempre a Vontade do nosso Pai-Deus. Peçamos também pelos nossos amigos, especialmente pelos mais jovens, para que saibam acertar com o seu caminho; procuremos, como fez o Arcanjo, acompanhá-los de modo discreto e simples, como um bom amigo, nos momentos mais difíceis: que nunca lhes falte o nosso conselho e a firmeza da nossa amizade, sem esquecer que a tarefa mais divina é cooperar com Deus na salvação de outras almas.

III. AJUDAR OS OUTROS no seu caminho para Deus é um dos mais nobres objetivos da nossa vida. Nós queremos ir em linha reta para o Senhor, e no caminho encontramos frequentemente outras pessoas que vacilam, duvidam ou desconhecem a rota. Deus dá-nos luz para os outros: *Vós sois a luz do mundo*[13], disse Jesus a todos os que o seguem. E teremos mais luz quanto mais perto estivermos dEle. Nós, os cristãos, quando nos mantemos perto do Senhor, quando

29 DE SETEMBRO   535

a nossa amizade com Ele é verdadeira, somos "portadores
da única chama capaz de iluminar os caminhos terrenos das
almas, do único fulgor em que nunca se poderão dar escuri-
dões, penumbras ou sombras.

"— O Senhor serve-se de nós como tochas, para que
essa luz ilumine... De nós depende que muitos não permaneçam em trevas, mas andem por caminhos que levam até à
vida eterna"[14]. Que alegria termos sido ocasião para que um
amigo encontrasse a sua vocação, ou para que alguém que
vacilava firmasse os seus passos!

Muitas vezes, acontece o que lemos no livro de Tobias:
foi procurar alguém que o acompanhasse. Os nossos amigos devem encontrar-nos sempre dispostos a percorrer com
eles o caminho que leva a Deus. A nossa amizade será o instrumento habitual que Deus utilizará para que muitas pessoas se aproximem dEle, ou para que descubram que Deus
os chama a segui-lo mais de perto. Daí a importância das
virtudes que são o suporte do relacionamento amistoso com
os outros: a alegria, a cordialidade, o otimismo, a compreensão, o desinteresse...

A Sagrada Escritura qualifica a amizade como um tesouro: *O amigo fiel é uma forte proteção; quem o encontra
acha um tesouro. Nada se pode comparar a um amigo fiel;
o seu preço é incalculável...*[15] Isso é o que devem os outros
poder dizer de cada um de nós: que fomos esse *amigo fiel*
de valor incalculável, sobretudo porque a nossa amizade
sempre lhes serviu para que se aproximassem mais de Deus
e, em muitos casos, para que descobrissem e seguissem o
seu caminho, aquele a que o Senhor os chamava desde a
eternidade.

Cor Mariae dulcissimum iter para tutum... Coração dulcíssimo de Maria, prepara-lhes, prepara-nos um caminho
seguro.

(1) Sl 123, 1; *Antífona da comunhão* da Missa do dia 29 de setembro;
(2) João Paulo II, *Audiência geral*, 6-VIII-1986; (3) Tb 5, 4; (4) cf.
B. Baur, *Sed luz*, Herder, Barcelona, 1959, vol. IV, p. 476; (5) Tb 12,

536   SÃO RAFAEL ARCANJO

15; (6) São Josemaria Escrivá, *Caminho*, n. 27; (7) *ib.*, n. 360; (8) Ap 2, 17; (9) Jo 15, 16; (10) Leo J. Trese, *A caminho do Céu*, Quadrante, São Paulo, 1989, pp. 5-6; (11) João Paulo II, Exort. apost. *Christifideles laici*, 30-XII-1988, 58; (12) Leo J. Trese, *op. cit.*, p. 19; (13) Mt 5, 14; (14) cf. São Josemaria Escrivá, *Forja*, n. 1; (15) Ecl 6, 14.

1º DE OUTUBRO

88. SANTA TERESA DO MENINO JESUS
Virgem
Memória

—— Desejo vivo de santidade.
—— Santidade grande através de atos pequenos.
—— Infância espiritual e abandono.

Teresa de Lisieux, ou Teresinha do Menino Jesus, nasceu em Alençon, na França, em 1873. Perdeu a mãe aos quatro anos de idade; seu pai mudou-se então para Lisieux, com as cinco filhas. Em peregrinação feita a Roma, Teresa pediu ao Papa Leão XIII autorização para entrar aos quinze anos no Carmelo de Lisieux.

Por indicação das Superioras, escreveu a História de uma alma, *em que narra a sua vida antes e depois da sua entrada no Carmelo. Esta obra teve uma difusão assombrosa, fazendo bem a uma multidão incontável de almas.*

Morreu depois de uma longa e dolorosa doença, aos vinte e quatro anos de idade, a 30 de setembro de 1897. Foi beatificada em 1923 e canonizada em 1925, cerca de 50 anos após o seu nascimento, quando a sua santidade já havia alcançado fama mundial.

I. SANTA TERESA DE LISIEUX albergou em seu coração, ao longo dos seus vinte e quatro anos de existência, um desejo profundo de santidade, que, sob o impulso da graça divina, a levou a empenhar toda a sua vontade na realização desse ideal.

Nas notas que escreveu sobre a sua infância, recorda um episódio do seu relacionamento com as irmãs, aparentemente insignificante, que viria a ser para ela como um resumo da sua vida. "Um dia, Leônia, achando-se demasiado crescida para brincar com bonecas, veio ter conosco trazendo uma cesta cheia de vestidos e de lindos retalhos, sobre os quais estava deitada a sua boneca. «Tomai, irmãzinhas, disse-nos, *escolhei*, dou-vos tudo isto». Celina estendeu a mão e tomou um novelo de cordões que lhe agradaram. Após um momento de reflexão, estendi a mão, por minha vez, dizendo: «*Eu escolho tudo!*», e puxei para mim a cesta sem a menor cerimônia [...].

"Este pequeno traço da minha infância é o resumo de toda a minha vida; mais tarde, quando me foi desvendada a perfeição, compreendi que, para me tornar *santa*, tinha de sofrer muito, procurar sempre o mais perfeito e esquecer-me de mim mesma; compreendi que havia muitos degraus na perfeição e que cada alma é livre de responder às solicitações de Nosso Senhor, de fazer pouco ou muito por Ele, numa palavra, de *escolher* entre os sacrifícios que Ele pede. Então, como nos dias da minha infância, exclamei: «Meu Deus, *escolho tudo*. Não quero ser *santa pela metade*, não tenho medo de sofrer por Vós; a única coisa que temo é guardar a minha *vontade*; tomai-a, pois *eu escolho tudo* o que quiserdes!...»"[1]

"Escolher tudo" é o resumo do desejo de santidade. Escolher tudo o que Deus queira para nós, sem deixar nada de fora, esse deve ser o desejo de todo o cristão que queira viver realmente a sua fé. Não basta contentarmo-nos com "alguma coisa", nem sequer com "mais do que faz a maioria"... O que verdadeiramente santifica a alma é a resposta total aos apelos de Deus.

Perto do fim da sua curta vida, Teresa do Menino Jesus podia escrever: "Sabeis, ó meu Deus, que nunca desejei senão *amar-Vos*: não ambiciono outra glória. O vosso amor acompanhou-me desde a infância, cresceu comigo, e agora é um abismo cuja profundidade não posso sondar. O amor atrai o amor"[2].

O desejo vivo de santidade e de amor total a Deus não se confunde com o orgulho, nem com o egoísmo, porque é cumprir da maneira mais plena a Vontade de Deus para a nossa vida. Aproveitemos a nossa oração para reafirmar, diante de Jesus Cristo, o desejo de amá-lo *com todo o coração, com toda a alma e com toda a mente*[3]. Avivemos a meta que almejamos — a santidade —, para assim sermos plenamente fiéis aos compromissos assumidos com o Batismo.

II. SANTA TERESA não realizou milagres em vida e passou a quase totalidade da sua vida entre as paredes da sua casa ou do convento de Lisieux. A sua existência passou oculta, à margem do ruído da multidão ou do brilho diante dos homens. A sua santidade construiu-se à base de uma infinidade de pequenos atos de virtude.

Atos pequenos de obediência, quando, por exemplo, ao tocar a sineta que indicava a hora de recolher-se, interrompia a carta que estava escrevendo à família, deixando uma palavra a meio. Ou de mortificação, oferecendo a Deus, na época mais crua do inverno, o sacrifício de andar com as mãos desprotegidas. Ou ainda de desprendimento, não se queixando a ninguém quando encontrava desarrumados os seus utensílios de pintura...

Mas exigiu-se, sobretudo, nos pequenos atos de caridade na convivência diária, como mostra com simplicidade ao descrever as lutas interiores que travava para viver heroicamente o amor às suas irmãs de religião. "Há na comunidade uma irmã que tem o talento de desagradar-me em todas as coisas. As suas maneiras, palavras e caráter pareciam-me *muito desagradáveis*. É, no entanto, uma santa religiosa que deve ser *muito agradável* a Nosso Senhor. Por isso, não querendo ceder à antipatia natural que sentia por ela, pensei que a caridade não devia consistir nos sentimentos, mas nas obras. Apliquei-me então a fazer por essa irmã o que teria feito pela pessoa mais amada. Cada vez que a encontrava, rezava por ela, oferecendo a Deus todas as suas virtudes e méritos [...]. Não me contentava em rezar muito por ela; procurava prestar-lhe todos os serviços possíveis e, quando tinha a tentação de responder-lhe de uma maneira desagradável, dirigia-lhe o sorriso mais amável e desviava a conversa.

"[...] Como ignorasse absolutamente o que eu sentia por ela, [essa irmã] nunca imaginou os motivos da minha conduta e está persuadida de que o seu caráter me agrada. Certo dia, no recreio, disse-me mais ou menos estas palavras, com um ar muito satisfeito: «Diz-me, minha Irmã Teresa do Menino Jesus, o que é que te atrai tanto em mim, que de cada vez que me olhas te vejo sorrir?» Ah! o que me atraía era Jesus escondido no fundo da sua alma... Jesus, que torna doce o que há de mais amargo..."[4]

A grandeza da sua vida não resultou da espetacularidade das suas obras, mas do amor que as impulsionava. O grande amor de Deus que abrigava no seu coração fazia com que aproveitasse todas as pequenas oportunidades para abraçar a Cruz na realidade do dia-a-dia, sem se perder em sonhos.

Explicava esse caminho às jovens cuja formação lhe fora confiada, servindo-se de uma experiência pessoal. Contava que certa vez lhe tinham dado um caleidoscópio e que, intrigada com a beleza dos efeitos, se pusera a verificar como funcionava. Um dia, depois de o examinar com muita atenção, viu que se tratava apenas de pedaços de papel e lã cortados ao acaso e misturados. Continuou a pesquisar e descobriu três espelhos no interior do tubo. Já tinha a chave do enigma, que foi para ela o símbolo de um grande segredo. "Enquanto as nossas ações, mesmo a menos importante de todas, não saem do foco do Divino Amor, a Santíssima Trindade, simbolizada pelos três espelhos, permite-lhes refletir uma beleza maravilhosa. Jesus [...] vê sempre beleza em tudo o que fazemos. Mas se saímos do foco do inexprimível amor, que verá Ele? Pedaços de palha..., ações baixas e indignas"[5].

Examinemos a nossa atuação para ver se temos sabido transformar — pelo Amor — as pequenas incidências do dia-a-dia em ocasião de glória a Deus. Não estaremos talvez perdendo muitas oportunidades esplêndidas, à espera de alguma situação especial, que não se dará, para demonstrarmos o nosso amor a Deus?

Ordem nas tarefas, cuidado no acabamento do trabalho, sorriso constante, amabilidade no trato, esmero nas orações habituais... É aí que Deus nos espera. É subindo cada um desses degraus que chegaremos ao Céu.

III. "COMPREENDO MUITO BEM que só o amor pode tornar-nos agradáveis a Deus, e esse amor é o único bem que ambiciono. Jesus apraz-se em mostrar-me o único caminho que conduz à fornalha divina. Este caminho é o *abandono* da criança que adormece, sem temor, nos braços de seu Pai... «Aquele que é *pequenino*, venha a mim»[6], disse o Espírito Santo pela boca de Salomão. Este mesmo Espírito de Amor disse ainda que *a misericórdia é concedida aos pequenos*[7]. [...] Ah! se todas as almas fracas e imperfeitas sentissem o que sente a mais pequenina de todas, a alma da vossa Teresinha, nenhuma delas desesperaria de chegar ao cume da montanha do amor, já que Jesus não pede grandes ações, mas unicamente o abandono e a gratidão"[8].

A atitude da alma que quer aproximar-se de Deus deve ser a da criança; consciente da sua fraqueza e incapacidade, recorre a uns braços muito mais poderosos que os seus.

Não se pode confundir, no entanto, essa atitude de abandono confiante com a acomodação ou o sentimentalismo vazio. "A infância espiritual não é idiotice espiritual nem moleza piegas; é caminho sensato e rijo que, por sua difícil facilidade, a alma tem que empreender e prosseguir, levada pela mão de Deus"[9].

Infância espiritual não significa ausência de sofrimento ou de dor, ingredientes que Deus fez estar muito presentes na vida de Santa Teresa de Lisieux: os obstáculos que enfrentou para abraçar a vida religiosa, os escrúpulos, a incompreensão, a doença e morte do pai, a sua própria doença prolongada, as securas do espírito, foram algumas das inúmeras provas a que Deus a sujeitou.

A alma que se sabe criança, perto de Deus, exercita então a fé e a confiança no Senhor. "Quem me dera dizer a todas as *almas pequeninas* quão inefável é a tua condescendência!... Sinto que, se encontrasses uma alma mais fraca, mais pequenina do que a minha, se fosse possível, a cumularias de favores ainda maiores, contanto que ela se abandonasse com uma inteira confiança à tua misericórdia infinita!"[10] Esta confiança, de que deve estar permeada a nossa oração, diante de um crucifixo ou do Sacrário, fortalecerá o nosso ânimo perante as adversidades da vida, na doença ou na luta contra os nossos defeitos...

Nas crianças, é espontâneo e natural recorrerem à sua mãe nos momentos de alegria e dificuldade. Por isso, sentimos a necessidade da oração mariana, ainda que com as falhas próprias de uma criança. "Sozinha (envergonho-me de confessá-lo), a recitação do terço custa-me mais do que servir-me de um instrumento de penitência... Sinto que o rezo tão mal! Esforço-me em vão por meditar os mistérios do rosário, não consigo fixar o meu espírito... Fiquei durante muito tempo desolada com esta falta de devoção que me espantava, pois *amo tanto a Santíssima Virgem* que me deveria ser fácil recitar em sua honra orações que lhe são agradáveis. Agora, desconsolo-me menos, penso que a Rainha dos Céus, sendo *minha Mãe*, deve ver a minha boa vontade e contentar-se com isso"[11].

(1) Santa Teresa do Menino Jesus, *História de uma alma. Manuscritos autobiográficos*, man. A, fol. 10; (2) *ib.*, man. B, fol. 35; (3) cf. Mt 22, 37; (4) *História de uma alma*, man. B, fol. 13-14; (5) cit. em Ida Goerres, *Teresa de Lisieux*, Aster, Lisboa, pp. 115-116; (6) Ct 8, 7; (7) Pr 9, 4; (8) *História de uma alma*, man. B, fol. 1; (9) São Josemaria Escrivá, *Caminho*, n. 855; (10) *História de uma alma*, man. B, fol. 5; (11) *ib.*, man. B, fol. 25.

2 DE OUTUBRO

89. SANTOS ANJOS DA GUARDA

Memória

—— Existência.
—— Contínuos serviços que os Anjos da Guarda nos prestam.
—— Tratá-los como amigos íntimos.

A devoção aos Anjos da Guarda foi cultivada desde os começos do cristianismo. A sua festa, com caráter universal para toda a Igreja, foi instituída pelo Papa Clemente X no século XVII. Os Anjos da Guarda são mensageiros de Deus encarregados de velar por cada um de nós, protegendo-nos no nosso caminho na terra e compartilhando com os cristãos a preocupação apostólica de aproximar as almas de Deus.

I. *ANJOS TODOS DO SENHOR, bendizei o Senhor; cantai a sua glória, louvai-o eternamente*[1].

Os anjos aparecem frequentemente na Sagrada Escritura como ministros ordinários de Deus. São as criaturas mais perfeitas da Criação, penetram com a sua inteligência onde nós não podemos, e contemplam a Deus face a face, como criaturas já glorificadas.

Nos momentos mais importantes da história humana, um anjo, que se manifestava por vezes em forma corpórea, foi o embaixador de Deus para anunciar os seus desígnios, mostrar um caminho ou comunicar a vontade divina.

544 SANTOS ANJOS DA GUARDA

Vemo-los atuar constantemente como mensageiros do Altíssimo, iluminando, exortando, intercedendo, preservando do perigo, castigando. O próprio significado da palavra *anjo — enviado —* exprime a sua função de mensageiro de Deus junto dos homens[2].

Sempre receberam veneração e respeito por parte do povo eleito. *Porventura não são todos esses espíritos ministros de Deus, enviados para exercerem o seu ministério em favor daqueles que hão de receber a herança da salvação?*[3] Foi a fé nesta missão protetora dos anjos, ligada a pessoas particulares, que fez Jacó exclamar enquanto abençoava os seus netos, filhos de José: *Que o anjo que me livrou de todos os males abençoe estes meninos*[4]. E a primeira Leitura da Missa[5] transmite-nos as palavras do Senhor a Moisés, que hoje podemos considerar dirigidas a cada um de nós: *Eu enviarei o meu anjo adiante de ti para que te guarde pelo caminho e te faça chegar ao lugar que te preparei.* E o profeta Eliseu dirá ao seu servo, que se assustara ao verem-se sitiados pelos inimigos: *Nada temas, pois muitos mais estão conosco do que com eles. E Eliseu orou e disse: Senhor, abre os olhos deste, para que veja. E o Senhor abriu os olhos do servo, e ele viu a montanha cheia de cavalos e de carros de fogo que rodeavam Eliseu*[6].

Que segurança nos deve inspirar a presença dos Anjos da Guarda na nossa vida! Eles nos consolam, iluminam e lutam a nosso favor: no mais aceso do combate, *apareceram do céu aos inimigos cinco homens resplandecentes, montados em cavalos com freios de ouro, que se puseram à testa dos judeus. Dois desses homens levaram o Macabeu para o meio deles, cobriram-no com as suas armas, guardavam--no incólume e lançavam dardos e raios contra os inimigos que, feridos de cegueira e cheios de espanto, iam caindo*[7]. Os santos anjos intervêm todos os dias de formas e modos muito diversos na nossa vida corrente. Que providência tão singular e cheia de bondade e quanta solicitude a de Deus para conosco, seus filhos, por meio desses santos protetores! Procuremos neles a fortaleza de que necessitamos para a nossa luta ascética habitual, e ajuda para que acendam em nossos corações as chamas do Amor de Deus.

II. *NA PRESENÇA DOS ANJOS, eu Vos louvo, Senhor meu Deus*[8].

A vida e os ensinamentos de Jesus estão repletos da presença ministerial dos anjos. Gabriel comunica a Maria que vai ser Mãe do Salvador. Um anjo ilumina e tranquiliza José; também há anjos que anunciam o nascimento de Jesus aos pastores de Belém. A fuga para o Egito, as tentações do Senhor no deserto, a longa agonia no Horto de Getsêmani, a Ressurreição e a Ascensão são igualmente presenciadas por esses servidores de Deus que, por sua vez, velam constantemente pela Igreja e por cada um dos seus membros, como testemunham os Atos dos Apóstolos[9] e a Tradição primitiva. *Em verdade, em verdade vos digo que vereis o céu aberto e os anjos de Deus subirem e descerem sobre o Filho do homem*[10].

Muitos santos e muitas almas que estiveram bem perto de Deus distinguiram-se na sua vida aqui na terra pela sua amizade com o seu Anjo da Guarda, a quem recorriam muito frequentemente[11]. São Josemaria Escrivá teve uma particular devoção pelos Anjos da Guarda. E foi precisamente na festa que a Igreja celebra hoje, que o Senhor lhe fez ver com toda a clareza a fundação do Opus Dei, por meio do qual ressoaria em pessoas de todas as condições humanas e sociais a chamada à santidade no mundo, no meio dos afazeres habituais, através das circunstâncias em que se desenvolve a vida corrente. Mons. Escrivá tratava com toda a intimidade o seu Anjo da Guarda e cumprimentava o da pessoa com quem conversava[12]; dizia do Anjo da Guarda que era um "grande cúmplice" nas tarefas apostólicas, e também pedia-lhe favores materiais. Em certa época da sua vida, chamou-lhe o *meu relojoeiro*, pois o seu relógio parava com frequência e, como não tinha dinheiro para mandá-lo consertar, encarregava-o de que o fizesse funcionar[13]. Dedicava um dia da semana — a terça-feira — a cultivar essa devoção com mais empenho[14].

Certa vez, vivendo em Madri, no meio de um ambiente de perseguição religiosa agressivamente anticlerical, avançou para ele, na rua, um sujeito de péssima catadura com a clara intenção de agredi-lo. De repente, interpôs-se inexplicavelmente outra pessoa, que repeliu o agressor. Foi coisa de um instante. Já a salvo, o seu protetor aproximou-se dele e disse-lhe ao ouvido: "Burrinho sarnento, burrinho sarnento!", palavras com as quais o santo se definia humildemente a si mesmo, na intimidade da sua alma, e que apenas o seu confessor conhecia. A paz e a alegria de reconhecer a visível intervenção do seu Anjo da Guarda invadiram-lhe a alma[15]. "Ficas pasmado porque o teu Anjo da Guarda te tem prestado serviços patentes. — E não devias pasmar; para isso o colocou o Senhor junto de ti"[16].

Hoje pode ser um bom dia para reafirmarmos a nossa devoção ao Anjo da Guarda, pois temos muita necessidade dele: *Ó Deus, que na vossa misteriosa providência mandais os vossos Anjos para nos guardarem* — dizemos ao Senhor com uma oração da Liturgia da Missa —, *concedei que nos defendam de todos os perigos e gozemos eternamente do seu convívio*[17].

III. *ORDENOU AOS SEUS ANJOS que te guardassem em todos os teus caminhos...* E São Bernardo comenta numa das leituras da Liturgia das Horas de hoje: "Estas palavras devem inspirar-te uma grande reverência, infundir-te uma grande devoção e conferir-te uma grande confiança. Reverência pela presença dos anjos, devoção pela sua benevolência, confiança pela sua proteção. Estão aqui, portanto, e estão junto de ti, não apenas contigo, mas para teu bem. Estão aqui para te protegerem, para te serem úteis. E embora tenham sido enviados porque Deus lhes deu essa ordem, nem por isso devemos estar-lhes menos agradecidos, pois cumprem essa ordem com muito amor e nos auxiliam nas nossas necessidades, que são tão grandes"[18].

Eles te levarão nas suas mãos, para que o teu pé não tropece em pedra alguma[19]. Sustentam-nos nas suas mãos como um precioso tesouro que Deus lhes confiou. Como os irmãos mais velhos cuidam dos mais novos, assim os anjos nos assistem até nos introduzirem felizmente na casa paterna. Então terão cumprido a sua missão.

O nosso trato com o Anjo da Guarda deve ter um caráter amistoso, que ao mesmo tempo reconheça a sua superioridade em natureza e em graça. Ainda que a sua presença seja menos sensível que a de um amigo na terra, tem uma eficácia muito maior. Os seus conselhos e sugestões vêm de Deus e penetram mais profundamente que a voz humana. E, ao mesmo tempo, a sua capacidade de ouvir-nos e compreender-nos é muito superior à do amigo mais fiel; não apenas porque a sua permanência ao nosso lado é contínua, mas porque capta mais fundo as nossas intenções, desejos e pedidos.

O Anjo da Guarda pode influir na nossa imaginação diretamente — sem palavra alguma —, suscitando imagens, recordações, impressões, que nos indicam o caminho a seguir. Quantas vezes nos terá ajudado a continuar o nosso caminho como a Elias que, perseguido por Jezabel, se preparava para morrer, tal o seu cansaço, sob um arbusto da estrada! Podemos estar certos de que o nosso anjo, como o de Elias, se aproximará de nós e nos fará entender: *Levanta-te e come, porque te resta ainda um longo caminho*[20].

Nunca nos sentiremos sozinhos se nos acostumarmos a tratar intimamente esse amigo fiel e generoso, com quem podemos conversar com toda a familiaridade[21]. Além disso, ele une a sua oração à nossa ao apresentá-la a Deus[22]. É necessário, no entanto, que lhe contemos mentalmente as coisas, porque não lhe é possível penetrar no nosso entendimento como Deus o faz. E então, ele poderá deduzir do nosso interior mais do que nós mesmos somos capazes. "Não podemos ter a pretensão de que os anjos nos obedeçam... Mas temos a absoluta certeza de que os Santos Anjos nos ouvem sempre"[23]. Já é suficiente.

O nosso Anjo da Guarda acompanhar-nos-á até o fim do caminho e, se formos fiéis, contemplaremos com ele a nossa Mãe, *Rainha dos Anjos*, a quem todos eles louvam numa eternidade sem fim. A esse coro angélico, com a ajuda da graça, nos uniremos nós também.

548   SANTOS ANJOS DA GUARDA

(1) Dn 3, 58; *Antífona de entrada* da Missa do dia 2 de outubro; (2) cf.
João Paulo II, *Audiência geral*, 30-VII-1986; (3) Hb 1, 14; (4) Gn 48,
16; (5) Ex 23, 20-23; (6) 4 Rs 6, 16-17; (7) 2 Mac 10, 29-30; (8) *Antífona da comunhão* da Missa do dia 2 de outubro; (9) At 5, 19-20; 12,
7-17; (10) Jo 1, 51; (11) cf. G. Huber, *Meu anjo caminhará à tua frente*,
Prumo-Rei dos Livros, Lisboa, 1990, pp. 33-50; (12) A. Vázquez de
Prada, *O Fundador do Opus Dei*, Quadrante, São Paulo, 1989, p. 138;
(13) *ib.*; (14) *ib.*, p. 138, nota 40; (15) cf. *ib.*; (16) São Josemaria Escrivá, *Caminho*, n. 565; (17) *Oração coleta* da Missa de 2 de outubro; (18)
Liturgia das Horas, *Segunda Leitura*; São Bernardo, *Sermão 12 sobre
o Salmo "Qui habitat"*, 3, 6-8; (19) Sl 90, 2; (20) 1 Rs 19, 7; (21) cf.
Tanquerey, *Compendio de teología ascética y mística*, Palabra, Madri,
1990, n. 187, pp. 131-132; (22) cf. Orígenes, *Contra Celso*, 5, 4; (23)
São Josemaria Escrivá, *Forja*, n. 339.

4 DE OUTUBRO

90. SÃO FRANCISCO DE ASSIS
Memória

— A pobreza de São Francisco. A pobreza no cristão corrente.
— A necessidade desta virtude nos nossos dias. Manifestações e modos de vivê-la.
— Frutos desta virtude.

São Francisco nasceu em 1182 na cidade de Assis (Itália), no seio de uma família abastada. Viveu e pregou infatigavelmente a pobreza e o amor de Deus a todos os homens. Fundou a Ordem dos Franciscanos; com Santa Clara, as Damas Pobres (Clarissas); e a Ordem Terceira, para os leigos. Morreu em 1226.

I. NUMA ÉPOCA em que eram grandes o brilho externo e o poder político e social de muitos eclesiásticos, o Senhor chamou São Francisco para que a sua vida pobre fosse um fermento novo naquela sociedade que, pelo seu apego aos bens materiais, se afastava cada vez mais de Deus. Com ele — afirma Dante — "nasce um sol para o mundo"[1], um instrumento de Deus para ensinar a todos que a esperança deve estar posta apenas no Senhor.

Certo dia, rezando na igreja de São Damião, ouviu estas palavras: *Vai e reconstrói a minha casa em ruínas.* Tomando essa locução divina ao pé da letra, empregou todas as suas forças em recuperar aquela capela derruída e depois dedicou-se a reparar outros templos. Mas em breve compreendeu que a pobreza como expressão de toda a sua vida haveria de ser um grande bem para a Igreja. Chamava-a *Senhora*[2], tal como os cavaleiros medievais chamavam as suas damas e como os cristãos se dirigem à Mãe de Deus.

A restauração da cristandade deveria vir pelo desprendimento dos bens materiais, pois a pobreza bem vivida permite colocar a esperança em Deus e apenas nEle. Num dia de fevereiro de 1209, em que ouviu as palavras do Evangelho: *Não leveis ouro, nem prata, nem alforje...*, Francisco teve um gesto insólito: para mostrar que nada tem valor quando se antepõe a Deus, despojou-se das suas roupas e do seu cinturão de couro, vestiu um basto saial, cingiu-se com uma corda e pôs-se a percorrer os caminhos, confiado na Providência.

A pobreza é uma virtude cristã que o Senhor pede a todos — religiosos, sacerdotes, mães de família, profissionais, estudantes... —, mas é evidente que os cristãos que estão no meio do mundo devem vivê-la de um modo bem diferente de como a viveu São Francisco e de como a vivem os religiosos que, pela sua vocação, devem dar um testemunho de certo modo público e oficial da sua consagração a Deus. O mesmo acontece com as demais virtudes cristãs — a temperança, a obediência, a humildade, a laboriosidade... —, que, *sendo virtudes que devem ser vividas por todos os que querem seguir a Cristo*, cada um deve aprender a viver de acordo com a sua vocação.

A pobreza do cristão corrente tem por base "o desapego, a confiança em Deus, a sobriedade, a disposição de compartilhar"[3]. O simples leigo deve aprender — como se aprende um caminho, uma rota que se deseja seguir — a compatibilizar "dois aspectos que, à primeira vista, podem parecer contraditórios: *pobreza real*, que se note e que se toque — feita de coisas concretas —, que seja uma profissão de fé em Deus, uma manifestação de que o coração não se satisfaz com coisas criadas, mas aspira ao Criador, desejando saturar-se de amor a Deus e depois dar a todos desse mesmo amor"[4]; e, ao mesmo tempo, a sua condição secular, que lhe exige que seja "*mais um entre os seus irmãos os homens*, de cuja vida participa, com quem se alegra, com quem colabora, amando o mundo e todas as coisas criadas, a fim de resolver os problemas da vida humana e estabelecer o ambiente espiritual e material que facilite o desenvolvimento das pessoas e das comunidades"[5].

A virtude da pobreza e do desprendimento traduz-se na minha vida em pormenores concretos? Amo-a e pratico-a dentro das minhas condições pessoais? Estou plenamente convencido de que, sem ela, não posso seguir a Cristo? Posso dizer "sou verdadeiramente pobre em espírito", por estar realmente desprendido daquilo que uso..., ainda que tenha bens, dos quais devo ser um simples administrador que prestará contas a Deus?

"Desapega-te dos bens do mundo. — Ama e pratica a pobreza de espírito. Contenta-te com o que basta para passar a vida sóbria e temperadamente.

"— Senão, nunca serás apóstolo"[6].

II. AS PALAVRAS DO SENHOR ressoam em todos os tempos: *Não podeis servir a Deus e às riquezas*[7]. É impossível agradar a Deus, levá-lo por todos os caminhos da terra, se ao mesmo tempo não estamos dispostos a algumas renúncias — às vezes custosas — na posse e no gozo dos bens materiais. Esse aviso do Senhor pode parecer estranho numa época em que um desmedido afã de comodidades alimenta diariamente a cobiça das pessoas e das famílias. São muitos os que aspiram obsessivamente a ter mais, a gastar mais, a conseguir o maior número de prazeres possíveis, como se esse fosse o fim do homem na terra.

Na prática, essa *pobreza real* tem muitas manifestações. Em primeiro lugar, estar desprendidos dos bens materiais, desfrutando deles como bondade criada de Deus que são, mas sem considerar necessárias para a saúde e para o descanso coisas de que podemos prescindir com um pouco de boa vontade. "Temos que ser exigentes conosco na vida cotidiana, para não inventar falsos problemas, necessidades artificiais que, em último termo, procedem da arrogância, do capricho, de um espírito comodista e preguiçoso. Devemos caminhar para Deus a passo rápido, sem bagagem e

552 SÃO FRANCISCO DE ASSIS

sem pesos mortos que dificultam a marcha"[8]. Essas *necessidades artificiais* podem referir-se a instrumentos de trabalho, artigos esportivos, peças de vestuário, viagens de lazer bizarras, carros sempre do último modelo, objetos eletrônicos sofisticados etc.

Santo Agostinho aconselhava aos cristãos do seu tempo: "Procurai o suficiente, procurai o que basta. O resto é aflição, não alívio; esmaga, não levanta"[9]. Como o bispo de Hipona conhecia bem o coração humano! Porque a verdadeira pobreza cristã é incompatível com o supérfluo, com o excessivo. Se se desse esse apetite desordenado..., indicaria que a vida espiritual está deslizando a passo rápido para a tibieza, para a falta de amor.

A pobreza manifesta-se em cumprir acabadamente os afazeres profissionais; em cuidar dos instrumentos de trabalho — nossos ou dos outros —, da roupa, do lar modestamente instalado...; em evitar gastos desproporcionados, ainda que quem os pague seja a empresa onde trabalhamos; em "não considerar — de verdade — coisa alguma como própria"[10]; em escolher para nós o pior, se a escolha passa inadvertida[11] (quantas oportunidades na vida familiar!); em evitar gastos pessoais motivados pelo capricho, pela vaidade, pela ânsia de luxo, pela comodidade; em sermos austeros conosco — na comida e na bebida — e sempre generosos com os outros.

Certo dia, São Francisco mandou erguer na capela do convento uma grande cruz e, ao colocá-la, disse aos seus frades: "Este deve ser o vosso livro de meditação". O *Poverello* de Assis tinha compreendido bem onde estavam as verdadeiras riquezas da vida e o caráter relativo dos bens terrenos. Oxalá cheguemos a amar a virtude da pobreza com verdadeira paixão.

III. DA POBREZA DERIVAM muitos frutos. Em primeiro lugar, a alma prepara-se para os bens sobrenaturais e o coração dilata-se para ocupar-se sinceramente dos outros.

Peçamos hoje ao Senhor, por intercessão de São Francisco, a graça de compreendermos com maior profundidade que a pobreza cristã, vivida até às suas últimas consequências, é um dom que já tem o seu prêmio nesta vida. O Senhor dá à alma desprendida uma especial alegria, mesmo que lhe chegue a faltar o que lhe parece mais necessário. "Muitos se sentem infelizes, precisamente por terem demasiado de tudo. — Os cristãos, se verdadeiramente se comportam como filhos de Deus, poderão passar incomodidades, calor, fadiga, frio... Mas jamais lhes faltará a alegria, porque isso — tudo! —, quem o dispõe ou permite é Ele, e Ele é a fonte da verdadeira felicidade"[12].

A verdadeira pobreza permite que nos desprendamos de nós mesmos para nos entregarmos a Cristo; é uma *forma suprema de liberdade*, que nos abre sem reservas nem restrições à amorosa Vontade de Deus, como nos ensina o próprio Cristo. Para amá-la — *querermos ser pobres*, quando tudo parece induzir-nos a *querer ser ricos*[13] —, é necessário compreendermos bem que a pobreza enquanto virtude — como acontece com todas as virtudes — é algo bom e positivo: situa o homem em condições de viver segundo o querer de Deus, servindo-se dos bens materiais para conquistar o Céu e ajudar o mundo a ser mais justo, mais humano. "*Divitiae, si affluant, nolite cor apponere* — Se vierem às tuas mãos as riquezas, não queiras pôr nelas o teu coração. — Anima-te a empregá-las generosamente. E, se for preciso, heroicamente.

"— Sê pobre em espírito!"[14]

A virtude da pobreza é consequência da vida de fé. Na Sagrada Escritura, a pobreza expressa a condição de quem se colocou absolutamente nas mãos de Deus, deixando nelas as rédeas da sua vida, sem querer outra segurança. É a retidão de espírito de quem não quer depender dos bens da terra, ainda que os possua. É o firme propósito de não ter senão um só Senhor, porque ninguém pode servir a dois senhores[15]. Quando servimos as riquezas, o dinheiro, os bens terrenos — sejam de que tipo forem —, todos eles se convertem em ídolos. É essa idolatria da qual São Paulo dizia aos cristãos que nem sequer deveria ser mencionada entre eles.

554   SÃO FRANCISCO DE ASSIS

Muitos cristãos veem-se hoje tentados por essa idolatria moderna do consumo, que os leva a esquecer a imensa riqueza do amor de Deus. Nessa sociedade manietada e verdadeiramente carente, a nossa vida sóbria e desprendida servirá de fermento para levá-la a Deus, como São Francisco fez no seu tempo.

Ao terminarmos a nossa oração, pedimos ao Santo de Assis, com palavras de João Paulo II, que saibamos ser esse fermento no meio do mundo. Assim pedia o Papa diante do túmulo onde repousam as relíquias do Santo: "Tu, que tanto aproximaste de Cristo a tua época, ajuda-nos a aproximar de Cristo a nossa, os nossos tempos difíceis e críticos. Ajuda-nos! Aproximamo-nos do ano 2000 depois de Cristo. Não serão tempos que nos preparem para um renascimento de Cristo, para um novo Advento?"[16] A Virgem Nossa Senhora há de ensinar-nos a ser protagonistas deste novo renascer, mediante uma vida sóbria e austera.

---

(1) Dante Alighieri, *A divina comédia*, *Paraíso*, XI, 5, 54; (2) cf. São Francisco de Assis, *Testamento de Sena*, 4; (3) S. C. para a Doutrina da Fé, Instr. *Sobre a liberdade cristã e a libertação*, 22-III-1986, 66; (4) São Josemaria Escrivá, *Entrevistas com Mons. Josemaria Escrivá*, n. 110; (5) *ib.*; (6) São Josemaria Escrivá, *Caminho*, n. 631; (7) Lc 16, 13; (8) São Josemaria Escrivá, *Amigos de Deus*, n. 125; (9) Santo Agostinho, *Sermão 85*, 6; (10) cf. São Josemaria Escrivá, *Forja*, n. 524; (11) cf. São Josemaria Escrivá, *Caminho*, n. 635; (12) São Josemaria Escrivá, *Sulco*, n. 82; (13) Conferência Episcopal Espanhola, Instr. past. *La verdad os hará libres*, 20-XI-1990, n. 18; (14) São Josemaria Escrivá, *Caminho*, n. 636; (15) cf. Mt 6, 24; (16) João Paulo II, *Homilia* em Assis, 5-XI-1978.

ÚLTIMA QUINTA-FEIRA DE NOVEMBRO

91. DIA DE AÇÃO DE GRAÇAS E DE PETIÇÃO

—— Ser agradecidos. Imitar o Senhor.
—— Inúmeros motivos para dar graças continuamente.
—— Pedir com confiança. Recorrer à Virgem nos nossos pedidos.

Hoje a Igreja convida-nos a fazer um balanço dos benefícios que recebemos de Deus, para dar graças, e do muito que ainda nos falta, tanto no plano material como no espiritual, para pedi-lo ao nosso Pai-Deus, que está sempre disposto a conceder-nos aquilo de que precisamos.

I. *COROASTE O ANO com a tua bondade, Senhor, e serás a esperança de todos os confins da terra*[1].

As *Têmporas* são dias de ação de graças que a Igreja eleva a Deus quando terminam no hemisfério Norte as colheitas e o período anual de descanso. É também um dia propício para pedirmos ao Senhor que nos ajude a recomeçar com brio as tarefas profissionais[2].

Agradecer e pedir são dois modos de nos relacionarmos diariamente com o nosso Pai-Deus. É muito o que precisamos; é muito o que devemos agradecer. Em primeiro lugar, temos de ser conscientes dos dons do Senhor, "porque se não conhecemos aquilo que recebemos, não despertamos pa-

556 DIA DE AÇÃO DE GRAÇAS E DE PETIÇÃO

ra o amor"[3]. Não sabemos amar se não somos agradecidos. *Toma cuidado e não te esqueças do Senhor teu Deus* — lemos na primeira Leitura da Missa — *[...] Não suceda que, depois de teres comido e estares saciado, e teres edificado belas casas e morares nelas, e teres manadas de bois e rebanhos de ovelhas e abundância de prata e de ouro e de todas as coisas, o teu coração se empertigue, e não te lembres do Senhor teu Deus, que te tirou da terra do Egito, da casa da servidão, e que foi o teu guia no imenso e terrível deserto, onde havia dragões de sopro ardente e escorpiões, e falta completa de água; e que fez brotar arroios da pedra duríssima*[4].

A vida de Jesus, nosso modelo, é uma contínua ação de graças ao Pai. No momento em que vai ressuscitar Lázaro, o Senhor exclama: *Pai, dou-te graças porque me tens ouvido*[5]. Na multiplicação dos pães, *Jesus tomou os pães e, tendo dado graças, distribuiu-os pelos que estavam sentados; e igualmente os peixes, quantos eles queriam*[6]. Na instituição da Eucaristia, *deu graças*[7] antes de pronunciar as palavras sobre o pão e o vinho. E fez o mesmo em muitas outras ocasiões. Por isso, "podemos dizer — afirma o Papa João Paulo II — que a sua oração e toda a sua existência terrena se converteram em revelação dessa verdade fundamental enunciada pela Epístola de São Tiago: *Toda a dádiva excelente e todo o dom perfeito procedem do alto e descem do Pai das luzes...* (Tg 1, 17)".

A ação de graças "é como uma restituição, porque todas as coisas têm em Deus o seu princípio e a sua fonte. *Gratias agamus Domino Deo nostro*: é o convite que a Igreja coloca no centro da liturgia eucarística"[8]. Não há nada mais justo e necessário do que darmos graças ao Senhor durante todos os dias da nossa vida, sem esquecermos que a "maior prova de agradecimento a Deus é amarmos apaixonadamente a nossa condição de filhos seus"[9]. Hoje, a Igreja no-lo recorda especialmente.

II. A PRINCIPAL CENSURA que São Paulo dirige aos pagãos é que, tendo conhecido a Deus, *não o glorificaram como Deus nem lhe deram graças*[10]. Não sejamos ingratos.

Este ano — pelo qual damos graças — esteve repleto de dons do Senhor. Uns foram claros e visíveis; outros, às vezes mais valiosos, ficaram ocultos: perigos para a alma e para o corpo de que o Senhor nos livrou; pessoas que conhecemos e que terão uma importância decisiva na nossa salvação; graças e ajudas que nos passaram desapercebidas; e até acontecimentos que nos pareceram negativos (uma doença, um fracasso profissional...) e que não demoraremos a ver que foram um presente de Deus. Toda a nossa vida é um bem imerecido.

As ações de graças devem, pois, ser contínuas: devem ser atos de piedade e de amor praticados sem interrupção. Compreendemos que, no Prefácio da Santa Missa, a Igreja nos recorde diariamente que *é nosso dever e salvação dar-Vos graças, Senhor, nosso Pai, sempre e em todo o lugar*, mesmo quando chegam a dor e a doença. *Meu Deus, obrigado!* E a alma enche-se de paz, porque compreende que Deus tirará muito fruto daquilo que parece pouco grato ou indesejável. "Esse *obrigado* é como o lenho que Deus mostrou a Moisés e que, lançado nas águas amargas, as transformou em água doce (cf. Ex 15, 25)"[11].

O Fundador do Opus Dei costumava recomendar aos seus filhos que dessem graças ao Senhor *pro universis beneficiis tuis... etiam ignotis*, por todos os seus benefícios, incluídos os que nos passaram despercebidos[12]. Possivelmente "um dos nossos maiores rubores ao chegarmos ao Juízo procederá daí: da imensa quantidade de presentes divinos que não soubemos apreciar e agradecer como tais; dos desgostos desnecessários que tivemos com acontecimentos que nos pareceram indiferença divina para com as nossas orações. Ao menos então daremos graças ao Senhor, envergonhados por Ele ter tido a bondade de não escutar tantos pedidos néscios que lhe fizemos. É muito possível que, se tivesse feito caso das nossas orações e atendido literalmente aos nossos pedidos, tivéssemos que escutar no último dia as mesmas

558 DIA DE AÇÃO DE GRAÇAS E DE PETIÇÃO

palavras que dirigiu ao atormentado epulão, triunfador nesta terra: *Filho, lembra-te de que recebeste os teus bens em vida* (Lc 16, 25)"[13].

Que surpresa quando descobrirmos que os homens, com um pouco mais de fé e de sentido sobrenatural, teriam podido ver um grande bem em muitos dos acontecimentos que lhes pareceram um mal! A nossa gratidão está muito relacionada com o Céu, do qual é já uma antecipação, mas também com o Purgatório. "Como agradeceremos ao Senhor os dissabores que permitiu na nossa vida! São delicadezas de um Pai que deseja ver os seus filhos limpos, purificados, prontos para comparecer diante dEle, imediatamente, ao concluírem a sua viagem por este mundo. Como nos ama, não quer para nós a dilação de um imprescindível Purgatório, e faz-nos o favor de facilitá-lo nesta vida. No fim, dar-lhe-emos graças sobretudo por ter acolhido em particular uma das nossas orações: essa pela qual pedimos com a Igreja *spatium verae poenitentiae*, oportunidade para uma verdadeira e frutuosa penitência"[14].

Damos graças ao Senhor *em todo o tempo e lugar*, em qualquer circunstância, mas de modo muito particular na Santa Missa, a *ação de graças* por excelência. E com a Liturgia da Missa, dizemos-lhe: *Ó Deus, nós Vos oferecemos este sacrifício de louvor pelos benefícios recebidos; ajudai--nos a atribuir ao vosso nome o que nos concedestes sem o merecermos*[15].

III. E COM A AÇÃO DE GRAÇAS contínua, a petição reiterada, porque são muitos os auxílios de que necessitamos. Se bem que o Senhor nos concede efetivamente muitos dons sem que nós lho peçamos, dispôs que nos concederia outros tendo em conta a força da oração dos seus filhos. E como não sabemos qual a medida da oração que a sua insondável Providência espera para nos conceder essas graças, é necessário que peçamos incansavelmente: *É preciso orar sempre e não desfalecer*[16]. E do Evangelho da Missa[17] tiramos a plena certeza de que as nossas orações serão sempre atendidas. O próprio Senhor se apresenta como fiador da sua palavra: tudo o que pedirmos e for para nosso bem, ser-nos-á sempre concedido. *Pedi e ser-vos-á dado; buscai e achareis; batei e abrir-se-vos-á. Porque todo o que pede recebe; e o que busca encontra; e a quem bate, abrir-se-lhe-á.*

Há, além disso, uma outra razão para sermos perseverantes nas nossas súplicas: quanto mais pedimos, mais nos aproximamos de Deus, mais cresce a nossa amizade com Ele. Na terra, quando temos de pedir um favor a uma pessoa, procuramos alguém que sirva de intermediário, esperamos pelo momento oportuno, em que a pessoa esteja bem disposta... No caso do nosso Pai-Deus, sempre o encontramos disposto a escutar-nos. *Há porventura algum de vós que, se o seu filho lhe pedir pão, lhe dará uma pedra? E, se lhe pedir um peixe, dar-lhe-á uma serpente? Se vós, pois, sendo maus, sabeis dar coisas boas aos vossos filhos, quanto mais o vosso Pai, que está nos céus, dará o bom espírito aos que lho pedirem?* Dispomos de todos os motivos para recorrer com confiança a Deus. Nada pode enfraquecer essa fé, nada pode legitimamente atenuá-la.

E o que devemos pedir? "Quem não tem coisas a pedir? Senhor, essa doença... Senhor, esta tristeza... Senhor, aquela humilhação que não sei suportar pelo teu amor... Queremos o bem, a felicidade e a alegria das pessoas da nossa casa; oprime-nos o coração a sorte dos que padecem fome e sede de pão e de justiça; dos que experimentam a amargura da solidão; dos que, no fim dos seus dias, não recebem um olhar de carinho nem um gesto de ajuda.

"Mas a grande miséria que nos faz sofrer, a grande necessidade que queremos remediar, é o pecado, o afastamento de Deus, o risco de que as almas se percam por toda a eternidade"[18].

Temos um caminho, que a Igreja sempre nos mostrou, para que as nossas orações cheguem mais prontamente à presença de Deus. Esse caminho é a mediação de Maria, Mãe de Deus e Mãe nossa. E entre as orações que a piedade cristã dirigiu a Santa Maria ao longo dos séculos, o Santo Rosário, que a Igreja nos propõe como devoção particular neste mês de outubro, sempre foi um caminho eficaz para todas as petições, para todas as necessidades. "Não deixeis

560 DIA DE AÇÃO DE GRAÇAS E DE PETIÇÃO

de inculcar com todo o cuidado a prática do Rosário —
aconselhava Pio XI —, a oração tão querida da Virgem e
tão recomendada pelos Sumos Pontífices, por meio da qual
os fiéis podem cumprir mais suave e eficazmente o preceito divino do Mestre: *Pedi e recebereis, buscai e achareis,
batei e abrir-se-vos-á*"[19]. Não façamos ouvidos surdos ao
conselho.

(1) Cf. Sl 64, 12.6; *Antífona da comunhão* da Missa do dia 5 de outubro;
(2) cf. J. A. Abad-M. Garrido Boñano, *Iniciación a la liturgia de la
Iglesia*, Palabra, Madri, 1988, p. 666; (3) Santa Teresa, *Vida*, 10, 3; (4)
Dt 8, 11-15; *Primeira leitura* da Missa do dia 5 de outubro; (5) Jo 11,
41; (6) Jo 6, 11; (7) Lc 22, 17; (8) João Paulo II, *Audiência geral*, 29-
VII-1987; (9) São Josemaria Escrivá, *Forja*, n. 333; (10) Rm 1, 21; (11)
J. Tissot, *La vida interior*, Herder, Barcelona, 1971, p. 321; (12) cf. S.
Bernal, *Perfil do Fundador do Opus Dei*, p. 151; (13) J. M. Pero-Sanz,
La hora sexta, Rialp, Madri, 1978, p. 274; (14) *ib.*, p. 275; (15) *Oração
sobre as oferendas* da Missa do dia 5 de outubro; (16) Lc 18, 1; (17) Mt
7, 7-11; (18) São Josemaria Escrivá, *Amar a Igreja*, pp. 77-78; (19) Pio
XI, Enc. *Ingravescentibus malis*, 29-IX-1937.

7 DE OUTUBRO

92. NOSSA SENHORA DO ROSÁRIO
Memória

—— O Rosário, *arma poderosa.*
—— Contemplar os mistérios do Rosário.
—— A ladainha lauretana.

Esta festa foi instituída por São Pio V para comemorar e agradecer à Virgem a sua ajuda na vitória sobre os turcos em Lepanto, no dia 7 de outubro de 1571. É famoso o seu Breve Consueverunt *(14-IX-1569), que via no Rosário um preságio da vitória. Clemente XI estendeu a festa a toda a Igreja no dia 3-X-1716. Leão XIII conferiu-lhe um nível litúrgico mais elevado e publicou nove admiráveis Encíclicas sobre o Santo Rosário. São Pio X fixou definitivamente a festa no dia 7 de outubro. A celebração deste dia é um convite para que todos rezemos e meditemos os mistérios da vida de Jesus e de Maria, que se contemplam nesta devoção mariana.*

I. *E, ENTRANDO O ANJO onde ela estava, disse-lhe: Salve, cheia de graça, o Senhor é contigo*[1]. Com estas palavras, o anjo saudou Nossa Senhora, e nós as vimos repetindo incontáveis vezes em tons e circunstâncias muito diferentes.

Na Idade Média, saudava-se a Virgem Maria com o título de rosa (*Rosa mystica*), símbolo de alegria. Adornavam-se as suas imagens — como agora — com uma coroa ou ramo de rosas (em latim medieval *Rosarium*), como expressão dos louvores que brotavam dos corações cheios de amor.

E os que não podiam recitar os cento e cinquenta salmos do ofício divino substituíam-no por outras tantas Ave-Marias, servindo-se para contá-las de uns grãos enfiados por dezenas ou de nós feitos numa corda. Ao mesmo tempo, meditava-se a vida da Virgem e do Senhor. A *Ave-Maria*, recitada desde sempre na Igreja e recomendada frequentemente pelos Papas e Concílios, tinha inicialmente uma forma breve; mais tarde, adquiriu a sua feição definitiva quando lhe foi acrescentada a petição por uma boa morte: *rogai por nós, pecadores, agora e na hora da nossa morte*; em cada situação, *agora*, e no momento supremo de nos encontrarmos com o Senhor. Estruturaram-se também os mistérios, o argumento de cada dezena, contemplando-se assim os acontecimentos centrais da vida de Jesus e de Maria, como um compêndio do ano litúrgico e de todo o Evangelho. Também se fixou a recitação da Ladainha: um cântico cheio de amor, de louvores a Nossa Senhora e de súplicas, de manifestações de júbilo e de alegria.

São Pio V atribuiu a vitória de Lepanto — obtida no dia 7 de outubro de 1571 e com a qual desapareceram graves ameaças à fé dos cristãos — à intercessão da Santíssima Virgem, invocada em Roma e em todo o orbe cristão através do Santo Rosário. Por esse motivo, foi acrescentada à ladainha a invocação *Auxilium christianorum*. Desde então, esta devoção à Virgem foi constantemente recomendada pelos Sumos Pontífices como "oração pública e universal pelas necessidades ordinárias e extraordinárias da Igreja santa, das nações e do mundo inteiro"[2].

Neste mês de outubro, que a Igreja dedica a honrar a nossa Mãe do Céu especialmente através do rosário, devemos verificar com que amor o rezamos, como contemplamos cada um dos seus mistérios, se oferecemos cada dezena por intenções cheias de santa ambição, como aqueles cristãos que, com a sua oração, alcançaram da Virgem uma vitória tão decisiva para toda a cristandade. Perante as dificuldades que experimentamos, perante a ajuda tão grande de que precisamos no apostolado, para levarmos adiante a família e aproximá-la mais de Deus, nas batalhas da vida

7 DE OUTUBRO   563

interior, não podemos esquecer que "como em outros tempos, o Rosário há de ser hoje arma poderosa para vencermos na luta interior e para ajudarmos todas as almas"[3].

II. O NOME *ROSÁRIO* provém do conjunto de orações, à maneira de rosas, que dedicamos à Virgem[4]. Também como rosas foram os dias da Virgem: "Rosas brancas e rosas vermelhas; brancas de serenidade e pureza, vermelhas de sofrimento e amor. São Bernardo diz que a própria Virgem foi uma rosa de neve e sangue. Já tentamos alguma vez desfiar as contas da sua vida, dia a dia, por entre os dedos das nossas mãos?"[5] É o que fazemos ao contemplarmos as cenas — *mistérios* — da vida de Jesus e de Maria que se intercalam a cada dez Ave-Marias.

Nas cenas do Rosário, divididas em três grupos, percorremos os diversos aspectos dos grandes mistérios da salvação: o da Encarnação, o da Redenção e o da vida eterna[6]. Nesses mistérios, de uma forma ou de outra, temos sempre presente a Virgem. Não se trata apenas de repetir monotonamente as Ave-Marias a Nossa Senhora, mas de contemplar também os mistérios que se *consideram* em cada dezena. A meditação desses mistérios causa um grande bem à nossa alma, pois vai-nos identificando com os sentimentos de Cristo e permite-nos viver num clima de intensa piedade: alegramo-nos com Cristo gozoso, sofremos com Cristo paciente, vivemos antecipadamente na esperança, na glória de Cristo glorificado[7].

Para realizarmos melhor essa contemplação dos mistérios, pode ser-nos útil seguir este conselho prático: "Demora-te por uns segundos — três ou quatro — num silêncio de meditação, considerando o respectivo mistério do Rosário, antes de recitares o Pai-Nosso e as Ave-Marias de cada dezena"[8]. É aproximarmo-nos da cena como um personagem mais, imaginar os sentimentos de Cristo, de Maria, de José...

Desse modo, procurando com simplicidade "assomar" à cena que se propõe em cada mistério, o Rosário "é uma conversa com Maria que nos conduz igualmente à intimidade com o seu Filho"[9]. Familiarizamo-nos no meio dos nossos assuntos cotidianos com as verdades da nossa fé, e essa contemplação — que pode ser feita mesmo no meio da rua, do trabalho —, ajuda-nos a estar mais alegres, a comportar-nos melhor com as pessoas que se relacionam conosco. A vida de Jesus, por meio da Virgem, torna-se vida também em nós, e aprendemos a amar mais a nossa Mãe do Céu. Quanta verdade nestes versos do poeta: "Tu que achas esta devoção / monótona e cansada, e não rezas / porque sempre repetes os mesmos sons..., / tu não entendes de amores e tristezas: / que pobre se cansou de pedir dons, / que enamorado de dizer coisas ternas?"[10]

III. DEPOIS DE CONTEMPLARMOS os mistérios da vida de Jesus e de Nossa Senhora com o Pai-Nosso e a Ave-Maria, terminamos o Rosário com a ladainha lauretana e algumas petições que variam conforme as regiões, as famílias ou a piedade pessoal.

A origem das ladainhas remonta aos primeiros séculos do cristianismo. Eram orações breves, dialogadas entre os ministros do culto e o povo fiel, e tinham um especial caráter de invocação à misericórdia divina. Rezavam-se durante a Missa e, mais especialmente, nas procissões. A princípio, dirigiam-se ao Senhor, mas em breve surgiram também as invocações à Virgem e aos santos. As primícias das ladainhas marianas são os elogios cheios de amor dos cristãos à sua Mãe do Céu e as expressões de admiração dos Santos Padres, especialmente no Oriente.

A Ladainha que se reza atualmente no Rosário começou a ser cantada solenemente no Santuário de Loreto (de onde procede o nome de *ladainha lauretana*) por volta do ano 1500, mas baseia-se numa tradição antiquíssima. Desse lugar espalhou-se por toda a Igreja.

Cada invocação é uma jaculatória cheia de amor que dirigimos à Virgem e que nos mostra um aspecto da riqueza da alma de Maria. Agrupam-se em torno das principais verdades marianas: a maternidade divina de Maria, a sua virgindade perpétua, a sua mediação, a sua realeza universal e a sua exemplaridade como caminho para todos os seus filhos.

Assim, ao invocá-la como *Santa Mãe de Deus*, professamos expressamente a sua maternidade; quando a louvamos como *Virgem das virgens*, reconhecemos a sua virgindade perpétua; quando a invocamos como *Mãe de Cristo*, professamos a sua íntima união com o verdadeiro Mediador e Rei, e reconhecemo-la, portanto, como Rainha e medianeira...

A Virgem é Mãe de Deus e Mãe nossa, e é esse o título supremo com que a honramos e o fundamento de todos os outros. Por ser Mãe de Cristo, *Mãe do Criador e do Salvador*, também o é *da Igreja* e *da divina graça*, é *Mãe puríssima* e *castíssima, intacta, amável, imaculada, admirável*. E pelo privilégio da sua virgindade perpétua, é *Virgem prudentíssima, veneranda, digna de louvor, poderosa, clemente, fiel...*

A Mãe de Deus é além disso, Medianeira em Cristo[11] entre Deus e os homens, e por isso invocamo-la sob três belíssimos símbolos e outros aspectos da sua mediação universal: Ela é a nova *Arca da Aliança*, a *Porta do Céu* através da qual chegamos a Deus, e a *Estrela da manhã*, que nos permite sempre orientar-nos em qualquer momento da vida; é *Saúde dos enfermos, Refúgio dos pecadores, Consoladora dos aflitos, Auxílio dos cristãos...*

Maria é Rainha de todas as coisas criadas, dos Céus e da terra, porque é Mãe do Rei do universo. A universalidade do seu reinado começa pelos anjos e continua depois pelos santos (pelos do Céu e pelos que na terra buscam a santidade): Ela é *Rainha dos anjos, dos patriarcas, dos profetas, dos apóstolos, dos mártires, dos confessores* (dos que confessam a fé), *das virgens, de todos os santos*. E a seguir recordamos quatro outros títulos da sua realeza: Maria é *Rainha concebida sem pecado, assunta aos céus, do Santíssimo Rosário* e *da paz*.

Depois de invocá-la como exemplo perfeito de todas as virtudes, aclamamo-la enfim com estes símbolos e figuras de admirável exemplaridade: *Espelho da justiça, Sede da sabedoria, Causa da nossa alegria, Vaso espiritual, Vaso honorável, Vaso insigne de devoção, Rosa mística, Torre de Davi, Torre de marfim* e *Casa de ouro.*

566 NOSSA SENHORA DO ROSÁRIO

Ao determo-nos devagar em cada uma destas invocações, podemos maravilhar-nos com a riqueza espiritual, quase infinita, com que Deus ornou a sua Mãe. Causa-nos uma imensa alegria ter como Mãe a Mãe de Deus, e assim lho dizemos muitas vezes ao longo do dia. Cada uma das invocações da Ladainha pode servir-nos como jaculatória para lhe manifestarmos quanto a amamos, quanto precisamos dEla.

(1) Lc 1, 28; (2) João XXIII, Cart. apost. *Il religioso convegno*, 29-IX-1961; (3) São Josemaria Escrivá, *Santo Rosário*, p. 7; (4) cf. J. Corominas, *Diccionário crítico etimológico castellano e hispánico*, Gredos, Madri, 1987, v. *Rosa*; (5) J. M. Escartin, *Meditación del Rosario*, Palabra, Madri, 1971, p. 27; (6) cf. R. Garrigou-Lagrange, *La Madre del Salvador*, Rialp, Madri, 1976, p. 350; (7) cf. Paulo VI, Exort. apost. *Marialis cultus*, 2-II-1974, 46; (8) São Josemaria Escrivá, *op. cit.*, p. 15; (9) R. Garrigou-Lagrange, *op. cit.*, p. 353; (10) cit. por A. Royo-Marín, *La Virgen María*, BAC, Madri, 1968, pp. 470-471; (11) cf. João Paulo II, Enc. *Redemptoris Mater*, 25-III-1987, n. 38.

12 DE OUTUBRO

93. NOSSA SENHORA DA CONCEIÇÃO APARECIDA
Padroeira Principal do Brasil
Solenidade

— Os santuários da Virgem, sinais de Deus.
— Nossa Senhora, esperança em qualquer necessidade.
— Esperança e filiação divina.

Nossa Senhora da Conceição Aparecida é a Padroeira do Brasil. A imagem foi encontrada em 1717 por uns pescadores, no rio Paraíba, e a devoção popular surgiu espontaneamente, em função dos favores alcançados por intercessão de Maria Santíssima. A primeira capela é de 1745. Em 1904 a imagem foi coroada solenemente. Recebeu a "Rosa de Ouro" do Papa Paulo VI em 1967, e a nova Basílica foi dedicada por João Paulo II em 4 de julho de 1980.

I. CONTAM AS CRÔNICAS que em 1717 três pescadores, chamados João, Filipe e Domingos, trabalhavam com as suas redes no rio, sem obter nenhum resultado. O governador de Minas Gerais e de São Paulo ia passar por aquelas terras e os pescadores haviam recebido ordem de levar tudo o que lhes caísse nas redes para o banquete que se ia oferecer àquela autoridade.

As horas passavam e a rede ia e vinha nas águas do rio sem apanhar um só peixe. Ao chegarem ao porto de Itaguaçu, cansados e derrotados, João lançou novamente as redes e, para sua surpresa, recolheu o corpo sem cabeça de uma pequena imagem de Nossa Senhora. Tornou a lançá-la e dessa feita surgiu a cabeça, que se ajustava perfeitamente ao corpo.

Guardaram piedosamente a imagem recém-aparecida entre os seus pertences e, confiando em Nossa Senhora, lançaram outra vez as redes à água. Conta o cronista que, a partir desse momento, a pesca foi tão abundante que tiveram receio de naufragar *pelo muito peixe que havia nas canoas.*

Começou então a veneração a essa imagem, guardada na casa de Filipe. Posta num oratório, "ajuntava-se a vizinhança a cantar o terço e mais devoções". Era o início de um fervor popular que cresceria mais e mais com o passar do tempo, até dar origem ao Santuário Nacional de Aparecida.

Incontáveis peregrinos dirigem-se diariamente aos santuários dedicados a Nossa Senhora, para encontrarem ali os caminhos de Deus ou neles se reafirmarem, para acharem a paz de suas almas e consolo em suas aflições. Nesses lugares de oração, a Virgem torna mais fácil e acessível o encontro com o seu Filho. Todo o santuário converte-se em "uma antena permanente da Boa-nova da Salvação"[1].

Hoje celebramos a festa de Nossa Senhora Aparecida, a que tantos cristãos recorreram e recorrem para buscar auxílio, a fim de seguirem adiante no caminho da vida, que nem sempre é fácil. Quantos encontraram ali a paz da alma, a chamada de Deus a uma maior entrega, a cura, o consolo no meio de uma tribulação...! "O que buscavam os antigos romeiros? O que buscam os peregrinos de hoje? Aquilo mesmo que buscavam no dia, mais ou menos remoto, do seu Batismo: a fé e os meios para alimentá-la. Buscam os sacramentos da Igreja, sobretudo a reconciliação com Deus e o alimento eucarístico. E voltam revigorados e agradecidos à Senhora, Mãe de Deus e nossa"[2].

Não podemos esquecer que peregrinamos em direção a uma meta bem concreta: o Céu. O fim de uma viagem determina em boa parte o modo de viajar, os objetos que se levam, os alimentos para o caminho... A Virgem Maria diz-nos a cada um de nós que não devemos levar excessivos apetrechos nesta peregrinação da vida, nem vestes demasiado pesadas, pois dificultariam a caminhada, e que devemos caminhar para a casa do Pai em grandes passadas. Recorda-nos que não existem metas definitivas aqui na terra e que tudo deve estar orientado para o fim desse caminho, do qual talvez já tenhamos percorrido uma boa parte.

II. A VIRTUDE DO PEREGRINO é a esperança; sem ela, deixaria de caminhar ou o faria com passo cansado. A Virgem é a nossa esperança, pois alenta-nos a continuar adiante, ajuda-nos a superar os momentos de desalento, acompanha-nos maternalmente nas circunstâncias mais difíceis. Sempre que recorremos a Ela — ainda que seja com a brevidade de uma jaculatória, ou com um olhar a uma imagem —, saímos reconfortados.

A primeira Leitura da Missa[3] fala-nos da rainha Ester que se aproxima suplicante do grande rei, e este põe à sua disposição todo o seu poder. *Que petição é a tua, para que te seja concedida? E que queres que se faça? Ainda que peças metade do meu reino, tu a terás.* E a rainha dirige-lhe o seu apelo: *Ó rei, se eu achei graça aos teus olhos, e se assim te apraz, concede-me a minha vida, pela qual te rogo, e a do meu povo, pelo qual intercedo.* É-nos muito fácil perceber nesta rainha do Antigo Testamento a prefiguração da Rainha dos Céus, intercedendo junto de Deus por nós, que somos seu povo e seus filhos. Confiamos à intercessão de Maria as nossas necessidades, quer sejam pequenas, quer nos pareçam muito grandes, as da nossa família, da Igreja e da sociedade. Diante de Deus, Maria se referirá a nós dizendo que este é *o meu povo, pelo qual intercedo.*

Nossa Senhora foi motivo de alegria, de paz e de esperança para todos enquanto esteve presente aqui na terra. No Sábado Santo, quando, com a morte de Jesus, a escuridão mais completa desceu sobre o mundo, só ficou acesa a esperança de Maria. Por isso, os apóstolos reuniram-se sob o seu amparo. Agora, no Céu, "por sua maternal caridade, cuida dos irmãos do seu Filho, que ainda peregrinam rodeados de perigos e dificuldades, até que sejam conduzidos à pátria feliz"[4]. São Bernardo explica com beleza que a Virgem é o *aqueduto* que, recebendo a graça da fonte que brota do coração do Pai, no-la distribui. Este fluxo de água celestial desce sobre os homens "não todo de uma vez, mas gota a gota [...] sobre os nossos corações ressequidos"[5], segundo a nossa necessidade e as nossas disposições para recebê-la.

A Virgem reconforta-nos sempre e está presente quando necessitamos de proteção, pois esta vida é como uma longa navegação em que padecemos ventos e tormentas. Ela é o porto seguro, onde nenhuma nave naufraga[6]. Não deixemos cair na rotina essas pequenas devoções com que nos dirigimos a Ela cada dia: o *Angelus*, o Santo Rosário, as três Ave-Marias para pedir pela santa pureza de todos, a devoção do escapulário... E quando fizermos alguma romaria, ou formos buscar a sua intercessão em algum santuário ou ermida dedicada a Ela, acolhamo-nos especialmente à sua misericórdia e amor.

III. COMO A PEREGRINAÇÃO da vida prossegue, pois *não temos aqui morada permanente*[7], é uma medida de prudência solicitarmos da nossa Mãe do Céu umas "provisões de energia de que possamos valer-nos nas etapas posteriores"[8] que ainda nos falta percorrer. Um dos maiores inimigos do caminhante, o que tira mais forças, é o desalento, a falta de esperança em chegar à meta. Não cai no desânimo quem passa por dificuldades, mas quem deixa de aspirar à santidade e quem, depois de um erro, de uma queda, não se levanta depressa e continua a caminhar.

Quem pôs a sua esperança em Cristo vive dela, e traz já em si mesmo algo do gozo celestial que o espera, pois a esperança é fonte de alegria e permite suportar com paciência as dificuldades[9]; reza confiantemente e com consciência em todas as situações da vida; suporta pacientemente a tentação, as tribulações e a dor; trabalha com esforço pelo Reino de Deus, num apostolado eficaz, principalmente com aqueles com quem se relaciona mais de perto... A esperança leva

12 DE OUTUBRO

ao abandono em Deus, à filiação divina, pois o cristão sabe que Ele conhece e conta com as situações por que devemos passar: idade, doença, problemas familiares ou profissionais... Sabe também que em cada situação teremos as ajudas necessárias para ir adiante. E é a Virgem quem distribui essas ajudas e graças, quem as multiplica... Ela estende-nos a mão depois de uma queda, de um momento de vacilação; facilita a contrição pelas nossas faltas e põe no nosso coração os sentimentos do filho pródigo.

Conta Santa Teresa que, ao morrer a sua mãe, quando tinha uns doze anos, caiu na conta do que realmente havia perdido, e "fui aflita — escreve a Santa — a uma imagem de Nossa Senhora e supliquei-lhe com muitas lágrimas que me servisse de mãe. Penso que esta prece, ainda que feita com simplicidade, me tem valido; pois conhecidamente tenho achado esta Virgem Soberana em tudo aquilo em que me encomendo a Ela, e finalmente me converteu a si"[10]. Com esta simplicidade e confiança devemos recorrer a Nossa Senhora em cada uma das suas festas e invocações. Recorremos hoje a Nossa Senhora Aparecida, pedindo-lhe que nos ensine o caminho da esperança.

"Não cesseis, ó Virgem Aparecida, pela vossa mesma presença, de manifestar nesta terra que o Amor é mais forte que a morte, mais poderoso que o pecado! Não cesseis de mostrar-nos Deus, que amou tanto o mundo, a ponto de entregar o seu Filho Unigênito, para que nenhum de nós pereça, mas tenha a vida eterna! Amém!"[11]

---

(1) João Paulo II, *Aos reitores dos santuários*, 22-I-1981; (2) idem, *Homilia na Basílica Nacional de Aparecida*, 4-VII-1980; (3) Est 5, 1b-2; 7, 2b-3; (4) Conc. Vat. II, Const. *Lumen gentium*, 62; (5) São Bernardo, *Homilia na natividade da Bem-aventurada Virgem Maria*, 3-5; (6) cf. São João Damasceno, *Homilia na dormição da Bem-aventurada Virgem Maria*; (7) Hb 13, 14; (8) João Paulo II, *Discurso no Santuário de Nossa Senhora de Montserrat*, 17-XI-1982; (9) cf. Col 1, 11-24; (10) Santa Teresa, *Vida*, 1, 7; (11) João Paulo II, *Dedicação da Basílica Nacional de Aparecida*, 4-VII-1980.

15 DE OUTUBRO

94. SANTA TERESA DE JESUS
Virgem e Doutora da Igreja
Memória

— Necessidade da oração. A sua importância capital na vida cristã.
— Trato com a Santíssima Humanidade de Jesus.
— Dificuldades na oração.

Santa Teresa de Jesus nasceu em Ávila no dia 28 de março de 1515. Entrou no Carmelo aos 18 anos. Aos quarenta e cinco, correspondendo às graças extraordinárias que recebia do Senhor, empreendeu a reforma da ordem, ajudada por São João da Cruz, sofrendo com firmeza inúmeras dificuldades e contradições. Os seus escritos são um modelo para alcançar a união com Deus. Morreu em Alba de Tormes no dia 4 de outubro de 1582, e Paulo VI declarou-a Doutora da Igreja no dia 17 de setembro de 1970.

I. SANTA TERESA mostrou-nos com a sua vida como a oração permite transpor dificuldades que humanamente parecem insuperáveis, realizar certos "impossíveis" que algumas vezes o Senhor nos pede.

Mais de uma vez, ao longo da sua vida, escutou estas palavras do Senhor: *Que temes?* E aquela mulher — já avançada em anos, doente, cansada — cobrava forças para lançar-se aos seus empreendimentos e voltava à brecha superando todos os obstáculos. Um dia, depois da Comunhão, quando o seu corpo parecia resistir a estabelecer novas fundações, ouviu Jesus dizer-lhe no seu interior: "Que temes? Quando te faltei eu? O mesmo que fui, sou-o ainda agora; não deixes de fazer essas duas fundações" (o Senhor referia-se a Palência e Burgos). A Madre Teresa exclamou: "Ó grande Deus! Como são diferentes as vossas palavras das dos homens!" "E assim — prossegue a Santa — fiquei tão resolvida e animada que o mundo inteiro não bastaria para me opor obstáculos"[1].

Anos mais tarde, escreveria acerca da fundação feita em Palência, que a princípio se tinha apresentado cheia de dificuldades: "Nesta fundação, tudo nos vai indo tão bem que não sei em que há de parar"[2]. E em outro lugar: "Cada dia se entende mais como foi acertado fazer esta fundação"[3]. E dizia a mesma coisa da outra cidade: "Também há em Burgos tantas que querem entrar, que é uma pena não haver onde"[4]. Isto cumulava-a de felicidade e alegria, apesar do muito que lhe tinha custado: "Pareceu-me que não aguentaria ir a Burgos com tantas doenças [...], sendo tão frio"[5]. O Senhor nunca a deixou só.

É na oração que obtemos forças para levar a cabo o que o Senhor nos pede. E isto cumpre-se tanto na vida do sacerdote, como da mãe de família, da religiosa, do estudante... Por isso, é grande o empenho do demônio em que abandonemos a nossa oração diária, ou a façamos de qualquer maneira, mal, pois "sabe o traidor que está perdida para ele a alma que persevera na oração; e que, se a fizer cair, as próprias quedas a ajudarão, pela bondade de Deus, a dar um salto muito maior no serviço do Senhor. É coisa que muito lhe interessa"[6]. As almas que estiveram perto de Deus sempre nos falaram da importância capital da oração na vida do cristão. "Não nos estranhe, pois — ensinava o Santo Cura d'Ars —, que o demônio faça tudo o que está ao seu alcance para levar-nos a abandonar a oração ou a fazê-la mal"[7].

A oração é o fundamento firme da perseverança, pois "quem não deixa de andar e progredir — ensina a Santa —, mesmo que tarde, afinal chega. Para mim, perder o caminho não é senão abandonar a oração"[8]. Por isso, temos de prepará-la com esmero: sabendo que estamos diante de

Cristo vivo e glorioso, que nos vê e nos ouve como àqueles que dEle se aproximavam quando vivia na terra visivelmente. Que diferente se torna o dia em que, serenamente e com amor, procuramos cuidar desse tempo diário que dedicamos a falar com o Senhor que nos escuta atentíssimo! Que alegria podermos estar agora junto de Cristo! "Olha que conjunto de razões sem razão te apresenta o inimigo para que abandones a oração: «Falta-me tempo» — quando o estás perdendo continuamente —; «isto não é para mim», «eu tenho o coração seco»...

"A oração não é um problema de falar ou de sentir, mas de amar. E ama-se quando se faz o esforço de tentar dizer alguma coisa ao Senhor, ainda que não se diga nada"[9].

Façamos o propósito de nunca a deixar, de dedicar-lhe o melhor tempo que nos for possível, no melhor lugar, diante do Sacrário, sempre que os nossos afazeres o permitam.

II. A NOSSA ORAÇÃO tornar-se-á mais fácil se, com o decidido empenho de não consentir em distrações voluntárias, procurarmos meditar na Santíssima Humanidade de Jesus, fonte inesgotável de amor, que facilita tanto o cumprimento da vontade divina.

A própria Santa nos conta a capital importância que teve na sua vida um pequeno episódio que deixou uma marca indelével na sua alma: "Aconteceu-me que, entrando um dia no oratório — escreve —, vi uma imagem que haviam trazido para guardar ali [...]. Era de Cristo muito chagado, tão devota que, só de pôr nela os olhos e vê-lo em tal estado, fiquei toda perturbada, porque representava bem ao vivo o que passou por nós. Foi tanto o que senti por ter-lhe agradecido tão mal aquelas chagas, que parecia partir-se-me o coração. Lancei-me a seus pés, derramando muitíssimas lágrimas e suplicando-lhe que me fortalecesse de uma vez para não o ofender mais"[10].

Não foi uma reação sentimental o que a fez chorar, mas o amor a Cristo, que tanto nos ama e tanto padeceu por nós como prova de amor. E é tão natural procurarmos numa imagem, num retrato, o rosto de quem se ama! Por isso a

Santa acrescenta mais adiante: "Desventurados os que por sua culpa perdem tão grande graça! Bem parece que não amam o Senhor, pois, se o amassem, folgariam de ver o seu retrato, como no mundo dá contentamento contemplar o de uma pessoa a quem se quer bem"[11].

Poderá ser-nos útil também servir-nos da imaginação para representar com imagens claras o nascimento de Jesus em Belém, o lar de Nazaré onde o Senhor aprendeu a trabalhar..., as aflições do Coração de Maria na fuga para o Egito..., a sua dor no Calvário. Noutras ocasiões, aproximar-nos-emos do grupo dos discípulos que ouvem a explicação de uma parábola; acompanharemos Jesus naquelas longas caminhadas de cidade em cidade, de aldeia em aldeia...; entraremos com Ele na casa dos seus amigos de Betânia e contemplaremos o afeto com que o recebem, e aprenderemos a tratá-lo melhor no Sacrário. Não podemos formar uma figura sem contornos e longínqua de Jesus. Ele é o Amigo sempre próximo e atento, com um coração de carne que palpita como o nosso.

Na oração mental, encontramo-nos com Cristo vivo, que nos espera. "Teresa rejeitava os livros que propunham a contemplação como um vago engolfar-se na divindade (cf. *Vida* 22, 1) ou como um «não pensar em nada» (cf. *Castelo interior*, 4, 3, 6), vendo nisso o perigo de a pessoa se debruçar sobre si mesma, de afastar-se de Jesus, do qual nos «vêm todos os bens» (cf. *Vida* 22, 1). Daí o seu grito: «Afastar-se de Cristo..., não o posso sofrer» (*Vida*, 22, 1). Esse grito é válido também nos nossos dias, contra algumas técnicas de oração que não se inspiram no Evangelho e que praticamente tendem a prescindir de Cristo, em favor de um vazio mental que não tem sentido dentro do cristianismo"[12].

Muitas das nossas dificuldades desaparecem quando nos pomos na presença do Senhor, cuidando muito bem da oração preparatória: *Creio firmemente, Senhor, que estás aqui, que me vês, que me ouves; adoro-te com profunda reverência...* E se estamos na sua presença, como aqueles que o escutavam em Nazaré ou em Betânia, já estamos fazendo oração. Olhamo-lo, e Ele nos olha...; formulamos-lhe um pedido...; tornamos nosso aquilo que talvez estejamos lendo, detendo-nos num parágrafo ou tirando um propósito para a nossa vida cotidiana: atender melhor a família, sorrir mesmo que estejamos cansados, trabalhar com mais intensidade e presença de Deus, falar com um amigo para que se confesse... Acontecerá conosco o mesmo que com Santa Teresa e com todos aqueles que têm feito verdadeira oração: "Sempre saía consolada da oração e com novas forças"[13], confessa-nos.

III. NÃO DESANIMEMOS se, apesar de tudo, a oração nos custa, se temos distrações, se parece que não obtemos muito fruto. O desalento é em muitas ocasiões a maior dificuldade para perseverarmos na oração. Santa Teresa também nos relata as suas lutas e as suas dificuldades: "Durante alguns anos, muitíssimas vezes, mais me ocupava em desejar que terminasse o tempo que fixara para ter oração e em escutar se o relógio dava as horas, do que em outras coisas boas; e fartas vezes não sei que penitência grave se me apresentaria que eu não a acometesse de melhor vontade do que recolher-me a orar mentalmente"[14].

Se procurarmos afastar as distrações e nos empenharmos em buscar mais *o Deus dos consolos* do que *os consolos de Deus*, como sublinharam tantos autores espirituais, a nossa oração terminará sempre cheia de frutos. Muitas vezes, será até um grande bem não experimentarmos nenhum consolo sensível, para assim procurarmos Jesus com maior retidão de intenção e unirmo-nos mais intimamente a Ele.

Às vezes, essa aridez que se experimenta na oração não é uma prova de Deus, mas resultado de uma verdadeira falta de interesse em falar com Ele, de falta de preparação interior, da falta de generosidade em dominar a imaginação... Temos que saber retificar com generosidade e prontidão. "Em todo o caso, quem se empenha seriamente deve saber que virão tempos em que lhe parecerá vaguear por um deserto e em que, apesar de todos os seus esforços, não «sentirá» nada de Deus. Deve saber que ninguém que leve a sério a oração consegue estar totalmente livre dessas provas. Mas não deve identificar imediatamente esta experiência, comum a todos os cristãos que rezam, com a *noite escura* de tipo místico. De qualquer modo, nesses períodos, deve esforçar-se firmemente por persistir na oração; ainda que tenha a impressão de uma certa "artificialidade", deve saber que se trata na verdade de algo completamente diverso: é precisamente então que a oração constitui uma expressão da sua fidelidade a Deus, em cuja presença quer permanecer apesar de não ser recompensado por nenhuma consolação subjetiva"[15].

Agora, como nos tempos conturbados de Santa Teresa, "é precisa muita oração", pois "é grande neste momento a sua necessidade"[16]. A Igreja, a sociedade, as famílias e as nossas almas precisam dela. A oração permitir-nos-á vencer todas as nossas dificuldades e unir-nos-á a Jesus, que nos espera diariamente no trabalho, nos nossos deveres familiares..., e de maneira particular nesse tempo que dedicamos somente a Ele.

---

(1) Santa Teresa, *Fundações*, 29, 6; (2) idem, *Carta 348*, 3; (3) idem, *Carta 354*, 4; (4) idem, *Carta 145*, 8; (5) idem, *Fundações*, 29, 11; (6) idem, *Vida*, 19, 2; (7) Santo Cura d'Ars, *Sermão sobre a oração*; (8) Santa Teresa, *Vida*, 19, 5; (9) São Josemaria Escrivá, *Sulco*, n. 464; (10) Santa Teresa, *Vida*, 9, 1; (11) *ib.*, 9, 6; (12) João Paulo II, *Homilia em Ávila*, 1-XI-1982; (13) Santa Teresa, *Vida*, 29, 4; (14) *ib.*, 8, 3; (15) S. C. para a Doutrina de Fé, *Sobre alguns aspectos da meditação cristã*, 15-X-1989, n. 30; (16) cf. Santa Teresa, *Carta 184*, 6.

18 DE OUTUBRO

95. SÃO LUCAS EVANGELISTA
Festa

— O Evangelho de São Lucas. A perfeição do nosso trabalho.
— O que o Evangelista nos transmite. O pintor da Virgem.
— Ler o Santo Evangelho com piedade.

O Evangelista São Lucas nasceu em Antioquia, no seio de uma família pagã. Era médico, como se depreende de muitos indícios, e converteu-se à fé por volta do ano 40. Acompanhou São Paulo na sua segunda viagem e esteve ao seu lado na última etapa da vida do Apóstolo. Autor do terceiro Evangelho e dos Atos dos Apóstolos, é o Evangelista que melhor nos deu a conhecer a infância de Jesus e foi ele quem registrou algumas das parábolas mais comovedoras da misericórdia divina.

I. *COMO SÃO BELOS sobre os montes os passos daquele que anuncia a paz, trazendo a boa-nova e proclamando a salvação!*[1]

Temos que agradecer hoje a São Lucas que seja para nós um bom mensageiro *que anuncia a paz, que traz a boa-nova*, pois foi um fiel instrumento nas mãos do Espírito Santo. Transmitiu-nos um maravilhoso Evangelho e a história da primitiva cristandade nos Atos dos Apóstolos, movido pela graça da inspiração divina, mas também mediante o esforço humano de um trabalho bem feito, pois a ajuda de Deus não suplanta o empenho humano. Ele mesmo nos diz que redigiu a sua obra depois de *ter investigado diligentemente tudo desde o princípio* e que o fez de forma *ordenada*[2], não de qualquer maneira. Isto significa que procurou cuidadosamente fontes de primeira mão, muito provavelmente a Virgem, os apóstolos e até as pessoas que ainda viviam e que foram protagonistas dos milagres, acontecimentos e relatos... Sublinha expressamente que registra essas notícias como *no-las referiram os que desde o princípio foram testemunhas oculares*[3]. O seu próprio estilo literário — assim o faz notar São Jerônimo — indica como eram seguras as fontes de que se nutriu[4]. Graças a esse esforço e à sua correspondência às graças que recebeu do Espírito Santo, hoje podemos ler, maravilhados, as narrativas da infância de Jesus, algumas belíssimas parábolas que apenas ele registra, como a do filho pródigo, a do bom samaritano, a do administrador infiel, a do pobre Lázaro... Também é de São Lucas o relato da aparição do Senhor ressuscitado aos dois discípulos de Emaús, um relato cheio de finura e acabado nos seus menores detalhes.

Nenhum dos Evangelistas nos mostra a misericórdia divina para com os mais necessitados como o faz São Lucas. Ressalta o amor de Jesus pelos pecadores, pois Ele veio *buscar e salvar o que tinha perecido*[5], relata o perdão à mulher pecadora[6], a refeição na casa de um *pecador* como Zaqueu[7], o olhar de Jesus que transforma o coração de Pedro depois das negações[8], a promessa do Reino ao ladrão arrependido[9], a oração pelos que insultam e crucificam o Senhor no Calvário[10]...

As *mulheres* e o empenho de Jesus por devolver-lhes a sua dignidade, pouco considerada naquele tempo, ocupam um lugar muito importante no seu Evangelho: a viúva de Naim[11], a pecadora arrependida[12], as mulheres galileias que põem os seus bens à disposição de Jesus e o seguem[13], as visitas do Senhor a casa das duas irmãs de Betânia[14], a cura de uma mulher encurvada[15], as mulheres de Jerusalém que se mostram compassivas com Jesus no caminho do Calvário[16]..., são todas figuras mencionadas e realçadas apenas por este Evangelista.

É muito o que temos de agradecer hoje a São Lucas. Numa carta figurada ao Evangelista, escreve aquele que mais tarde seria João Paulo I: "És o único que nos oferece um relato do nascimento e infância de Cristo, cuja leitura escutamos sempre com renovada emoção no Natal. Há, sobretudo, uma frase tua que me chama a atenção: ...*e o enfaixou e reclinou numa manjedoura*. Esta frase deu origem a todos os *presépios* do mundo e a milhares de quadros preciosos"[17]. Permitiu que acompanhássemos tantas vezes a Sagrada Família em Belém e na sua vida cotidiana entre os seus conterrâneos de Nazaré.

Podemos deter-nos hoje a considerar a perfeição humana com que o nosso trabalho deve ser realizado, ainda que aparentemente não tenha importância. As obras bem feitas permanecem e é mais fácil oferecê-las a Deus, que as acolhe como um dom. O trabalho realizado com pouco esforço, sem interesse, sem nenhum cuidado com os pormenores, não merece ser humano, e não permanecerá nem diante de Deus nem diante dos homens. Vejamos hoje como levamos a cabo as tarefas que temos entre mãos, que são o que devemos oferecer todos os dias ao Senhor.

II. O GRANDE AMOR que temos a Nossa Senhora move-nos hoje a dar graças ao santo Evangelista por ter sabido apresentar a grandeza e a formosura da alma de Maria com uma fina delicadeza. Foi por isso que lhe deram desde tempos muito remotos o título de *pintor da Virgem*[18], e é por isso que muitos lhe atribuem a autoria de algumas imagens e pinturas de Nossa Senhora. Em qualquer caso, o seu Evangelho é fundamental para o conhecimento e a devoção à Virgem, e tem servido de inspiração a uma boa parte da arte cristã. Nenhum personagem da história evangélica — excluído Jesus, naturalmente — é descrito com tanto amor e admiração como Santa Maria.

Inspirado pelo Espírito Santo, São Lucas revela-nos os dons e a fiel correspondência da Santíssima Virgem: Ela é a *cheia de graça*, o Senhor está com Ela; concebeu por obra do Espírito Santo e foi Mãe de Jesus sem deixar de ser

Virgem; intimamente unida ao mistério redentor da Cruz, será abençoada por todas as gerações, pois o Todo-Poderoso fez nEla grandes coisas. Com razão, uma mulher do povo louvou-a entusiasmada e de forma muito expressiva[19]. A sua fidelíssima correspondência é também retratada pelo Evangelista: recebe com humildade o anúncio do Arcanjo sobre a sua dignidade de Mãe de Deus; aceita rendidamente os planos divinos; apressa-se a ajudar os outros... Por duas vezes[20] vemo-la a ponderar as coisas no seu coração... São conhecimentos que apenas Nossa Senhora pôde ter transmitido ao Evangelista, em momentos em que lhe abriu a sua intimidade.

Neste caminho das *coisas bem feitas*, acabadas com perfeição, peçamos a São Lucas que saibamos dar a conhecer à nossa volta a devoção à Virgem, a riqueza quase infinita da sua alma, como ele o fez.

III. HONREMOS A MEMÓRIA de São Lucas contemplando a atraente e alentadora figura do Salvador que ele nos apresenta. E peçamos-lhe, ao lermos e meditarmos os Atos dos Apóstolos — *o Evangelho do Espírito Santo*, como foi chamado —, a alegria e o espírito apostólico dos nossos primeiros irmãos na fé.

Segundo um antigo costume cristão, quando alguém se encontrava num aperto ou a braços com uma dúvida, abria o Evangelho e lia o primeiro versículo que lhe caísse debaixo dos olhos. Muitas vezes, não encontrava a resposta adequada, mas sempre encontrava paz e serenidade; tinha entrado em contato com Jesus: *Saía dEle uma virtude que curava a todos*[21], comenta em certa ocasião o Evangelista. E essa virtude continua a sair de Jesus sempre que entramos em contato com Ele.

A obra de São Lucas, inspirada por Deus, ensina-nos a cultivar uma relação direta com o Senhor, anima-nos a recorrer frequentemente à sua misericórdia, a tratá-lo como Amigo fiel que deu a sua vida por nós. Ao mesmo tempo, permite-nos entrar em cheio no mistério de Jesus, especialmente hoje que circulam tantas e tão confusas ideias sobre o tema mais transcendente para toda a humanidade desde há vinte séculos: Jesus Cristo, Filho de Deus, *pedra angular*, fundamento de todos os homens.

Nenhum livro tem a virtude de aproximar-nos tanto de Deus como os que foram escritos sob a própria inspiração divina. Por isso, devemos aprender no Santo Evangelho o *eminente conhecimento de Jesus Cristo*[22], como dizia São Paulo aos Filipenses, "pois desconhecer a Escritura é desconhecer Cristo"[23].

O Evangelho deve ser o primeiro livro do cristão, porque nos é imprescindível conhecer Jesus Cristo; temos de lê-lo e contemplá-lo até sabermos de cor todos os traços da figura do Senhor. "Quando abrires o Santo Evangelho, pensa que não só deves saber, mas viver o que ali se narra: obras e ditos de Cristo. Tudo, cada ponto que se relata, foi registrado, detalhe por detalhe, para que o encarnes nas circunstâncias concretas da tua existência.

"— O Senhor chamou-nos, a nós católicos, para que O seguíssemos de perto; e, nesse Texto Santo, encontras a Vida de Jesus; mas, além disso, deves encontrar a tua própria vida.

"Aprenderás a perguntar tu também, como o Apóstolo, cheio de amor: «Senhor, que queres que eu faça?...» A Vontade de Deus!, ouvirás na tua alma de modo terminante.

"Pois bem, pega no Evangelho diariamente, e lê-o e vive-o como norma concreta. — Assim procederam os santos"[24].

São Lucas, que tantas vezes deve ter meditado nos episódios que relata, ensinar-nos-á a amar o Santo Evangelho, como faziam os primeiros cristãos. Nele encontraremos "o alimento da alma, a fonte límpida e perene da vida espiritual"[25].

---

(1) Is 52, 7; *Antífona de entrada* da Missa do dia 18 de outubro; (2) cf. Lc 1, 3; (3) Lc 1, 2; (4) cf. São Jerônimo, *Epístola 20*, 4; (5) Lc 19, 10; (6) Lc 7, 36-50; (7) Lc 19, 1-10; (8) Lc 22, 61; (9) Lc 23, 42; (10) Lc 23, 34; (11) Lc 7, 11-17; (12) Lc 7, 36-50; (13) Lc 8, 1-3; (14) Lc 10, 38-42; (15) Lc 13, 10-17; (16) Lc 23, 27-32; (17) A. Luciani, *Ilustrís-*

584 SÃO LUCAS EVANGELISTA

simos senhores; (18) Eusébio, *História eclesiástica*, II, 43; (19) cf. Sagrada Bíblia, *Santos Evangelhos*, Eds. Theologica, Braga, Introdução a São Lucas; (20) Lc 2, 19; 51; (21) cf. Mc 6, 56; (22) Fl 3, 8; (23) São Jerônimo, *Comentários sobre o Profeta Isaías*; prol. 17; (24) São Josemaria Escrivá, *Forja*, n. 754; (25) Conc. Vat. II, Const. *Dei Verbum*, 21.

28 DE OUTUBRO

96. SÃO SIMÃO E SÃO JUDAS, APÓSTOLOS
Festa

— Os apóstolos não procuraram a sua glória pessoal; propuseram-se levar a todos a mensagem de Cristo.
— A fé dos apóstolos e a nossa fé.
— Amor a Jesus para segui-lo de perto.

Simão, também chamado Zelote, talvez por ter pertencido ao partido judeu dos zeladores da Lei, era natural de Caná da Galileia. Judas, de cognome Tadeu (o valente), é apontado explicitamente desde os começos, pela tradição eclesiástica, como o autor da Epístola de São Judas. Pregaram a doutrina de Cristo, segundo parece, no Egito, Mesopotâmia e Pérsia, e morreram mártires em defesa da fé.

I. O SENHOR, que *não necessitava de que lhe dessem testemunho*[1], quis, no entanto, escolher os apóstolos para que o acompanhassem na sua vida e continuassem a sua obra depois da sua morte. Nas primeiras manifestações da arte cristã, vemos com frequência Jesus rodeado pelos Doze Apóstolos, formando com eles uma família inseparável.

Os discípulos não pertenciam à classe influente de Israel nem ao grupo sacerdotal de Jerusalém. Não eram filósofos, mas pessoas simples. "É uma eterna maravilha ver como esses homens estenderam pelo mundo uma mensagem radicalmente oposta nas suas linhas essenciais ao pensamento dos homens do seu tempo e, infelizmente, também do nosso!"[2]

O Evangelho revela com frequência a dor de Jesus pela falta de compreensão daqueles a quem confiava os seus pensamentos mais íntimos: *Ainda não conhecestes nem entendestes? Ainda tendes o vosso coração obcecado? Tendes olhos e não vedes? Tendes ouvidos e não ouvis?*[3] "Não eram cultos, nem sequer muito inteligentes, pelo menos no que se refere às realidades sobrenaturais. Até os exemplos e as comparações mais simples eram para eles incompreensíveis, e recorriam ao Mestre: *Domine, edissere nobis parabolam* (Mt 13, 36), Senhor, explica-nos a parábola. Quando Jesus, servindo-se de uma imagem, alude ao fermento dos fariseus, imaginam que os está recriminando por não terem comprado pão (Mt 16, 67) [...].

"Estes eram os discípulos escolhidos pelo Senhor; assim os escolhe Cristo; assim se comportam antes de que, cheios do Espírito Santo, se convertam em colunas da Igreja (cf. Gl 2, 9). São homens comuns, com defeitos, com fraquezas, com a palavra mais fácil do que as obras. E, não obstante, Jesus chama-os para fazer deles pescadores de homens (Mt 4, 19), corredentores, administradores da graça de Deus"[4].

Os apóstolos escolhidos pelo Senhor eram muito diferentes entre si; no entanto, todos manifestavam uma fé, uma mensagem... Não deve surpreender-nos que nos tenham chegado tão poucas notícias da maioria deles, pois o que lhes importava era dar um testemunho certo sobre Jesus e a doutrina que dEle tinham recebido: eram o "envelope", cuja única missão se resumia em transmitir o papel onde estava escrita a mensagem, numa imagem utilizada algumas vezes por São Josemaria Escrivá para falar da humildade; apenas desejavam ser instrumentos do Senhor: o importante era a *mensagem*, não o *envelope*.

Dos dois grandes apóstolos, Simão e Judas, cuja festa celebramos hoje, chegaram-nos poucas notícias: de Simão, só sabemos ao certo que foi escolhido expressamente pelo

Senhor para fazer parte dos Doze; de Judas Tadeu, sabemos além disso que era parente do Senhor e que, na Última Ceia, formulou uma pergunta a Jesus — *Senhor, qual é causa por que te hás de manifestar a nós e não ao mundo?*[5] — e que, segundo a tradição eclesiástica, é o autor de uma das *Epístolas católicas*. Desconhecemos onde foram enterrados os seus corpos e não sabemos bem quais as terras que evangelizaram. Não se preocuparam em levar a cabo uma tarefa em que sobressaíssem os seus dotes pessoais, as suas conquistas apostólicas, os sofrimentos que padeceram pelo Mestre. Pelo contrário, procuraram passar ocultos e dar a conhecer Jesus Cristo. Nisso encontraram a plenitude e o sentido de suas vidas. E, apesar das suas condições humanas, insuficientes para a missão para a qual foram escolhidos, chegaram a ser a alegria de Deus no mundo.

Nós podemos aprender a encontrar a felicidade em cumprir silenciosamente a missão que o Senhor nos confiou nesta vida. "Aconselho-te a não procurar o louvor próprio, nem mesmo aquele que merecerias: é melhor passarmos ocultos, e que o mais belo e nobre da nossa atividade, da nossa vida, fique escondido... Como é grande este fazer-se pequeno! *«Deo omnis gloria!»* — toda a glória, para Deus"[6].

Assim seremos verdadeiramente eficazes, pois "quando se trabalha única e exclusivamente para a glória de Deus, tudo se faz com naturalidade, com simplicidade, como quem tem pressa e não pode deter-se em «grandes manifestações», para não perder esse trato — irrepetível e incomparável — com o Senhor"[7]. "Como quem tem pressa": assim temos que passar de um trabalho para outro, sem nos determos em considerações pessoais.

II. OS APÓSTOLOS foram testemunhas da vida e dos ensinamentos de Jesus, e transmitiram-nos com toda a fidelidade a doutrina que tinham ouvido e os acontecimentos que tinham presenciado. Não se dedicaram a difundir teorias pessoais, nem a oferecer soluções tiradas da sua própria experiência: *Não foi seguindo fábulas engenhosas que vos demos a conhecer o poder e a vinda de Nosso Senhor Jesus Cristo, mas depois de termos sido espectadores da sua grandeza*[8], escreve São Pedro. E São João diz-nos, martelando: *O que foi desde o princípio, o que ouvimos, o que vimos com os nossos olhos, o que contemplamos e as nossas mãos apalparam acerca do Verbo da vida [...], isso é o que vos anunciamos*[9]. E São Lucas afirma que descreverá ordenadamente todos os acontecimentos da vida de Cristo *como no-los referiram os que, desde o princípio, foram testemunhas oculares e ministros da palavra*[10]. A respeito daquela primeira comunidade cristã de Jerusalém, sabemos que *perseveravam unânimes nos ensinamentos dos apóstolos*"[11]. O fundamento da fé cristã é o ensinamento dos *Doze*, não a livre interpretação de cada um nem a autoridade dos sábios.

A voz dos apóstolos, que ressoará até o fim dos séculos, foi o eco diáfano dos ensinamentos de Jesus: os seus corações e os seus lábios transbordavam de veneração e respeito pelas palavras do Senhor e pela sua Pessoa. Era um amor que fazia Pedro e João exclamarem diante das ameaças do Sinédrio: *Não podemos deixar de falar das coisas que vimos e ouvimos*[12].

São muitos os séculos que nos separam dos apóstolos que hoje celebramos. No entanto, a Luz e a Vida de Cristo que eles pregaram ao mundo continuam a chegar até nós. "A luz de Cristo não se extingue! Os apóstolos transmitiram essa luz aos seus discípulos e estes aos seus, até chegar a nós através dos séculos e até o fim dos tempos. Por quantas e quão diversas mãos não passou essa luz! [...]. Devemos um grande reconhecimento a todos. Também para nós — o rebanho que atualmente se aproxima dos pastos divinos —, o Senhor previu os mestres, pastores e sacerdotes. Ele realiza por meio desses pobres braços a maravilha da nossa salvação. Ele cuida de nós com amor divino. Todas as estrelas refletem o seu esplendor. Todos os mares o cantam. Todos os Céus o louvam"[13]. Não deixemos de fazê-lo também.

III. SIMÃO E JUDAS TADEU, como os demais apóstolos, tiveram a imensa sorte de aprender dos lábios do Mestre a doutrina que depois ensinaram. Compartilharam com Ele alegrias e tristezas. Como os invejamos! Quantas coisas não aprenderam na intimidade das suas conversas com o Mestre, para depois as transmitirem aos outros! *O que vos digo ao ouvido, pregai-o sobre os telhados*[14]. Nenhum milagre havia de passar-lhes desapercebido, nenhuma lágrima, nenhum sorriso do Senhor deixaria de ter importância. Foram as *testemunhas*, os transmissores. Os Doze consideravam tão essencial esta íntima união com o Senhor que, quando tiveram de completar o número do Colégio apostólico, depois da defecção de Judas, estabeleceram uma única condição indispensável: *Convém, pois, que destes homens que têm estado conosco durante todo o tempo em que o Senhor Jesus viveu entre nós, desde o batismo de João até o dia em que foi arrebatado ao céu do meio de nós, um deles seja constituído testemunha conosco da sua ressurreição*[15].

Esses homens estiveram com Jesus nas fadigas do apostolado, nas horas de descanso, em que Ele lhes ensinava com voz pausada os mistérios do Reino, nas caminhadas esgotadoras sob o sol... Compartilharam com Ele as alegrias quando a multidão acolhia a sua pregação, e as penas quando notavam a falta de generosidade de um ou outro em seguir o Mestre. "Com que intimidade se confiavam a Ele, como um pai, como um amigo, quase como a sua própria alma! Conheciam-no pelo seu porte nobre, pelo cálido tom da sua voz, pela sua maneira de partir o pão. Sentiam-se inundados de luz e estremeciam de alegria quando os seus olhos profundos pousavam sobre eles e a sua voz lhes vibrava aos ouvidos. Coravam quando os repreendia pela sua pobreza de vistas, e, quando os corrigia, humilhavam os seus rostos curtidos pelos anos, como crianças apanhadas em falta... Sentiam-se profundamente impressionados quando lhes falava repetidamente da sua Paixão. Amavam o seu Mestre e seguiam-no não apenas porque queriam aprender a sua doutrina, mas sobretudo porque o amavam"[16].

Peçamos hoje aos apóstolos Simão e Judas que nos ajudem a conhecer e a amar cada dia mais o Mestre, o mesmo a quem um dia seguiram, e que foi o eixo em torno do qual girou toda a sua vida.

(1) Jo 2, 25; (2) O. Hophan, *Los Apóstoles*, p. 16; (3) Mc 8, 17; (4) São Josemaria Escrivá, *É Cristo que passa*, n. 2; (5) Jo 14, 22; (6) São Josemaria Escrivá, *Forja*, n. 1051; (7) São Josemaria Escrivá, *Sulco*, n. 555; (8) 2 Pe 1, 16; (9) 1 Jo 1, 1; (10) Lc 1, 3; (11) At 2, 42; (12) At 4, 20; (13) O. Hophan, *op. cit.*, pp. 46-47; (14) Mt 10, 27; (15) At 1, 21; (16) O. Hophan, *op. cit.*, p. 25.

1º DE NOVEMBRO

97. TODOS OS SANTOS
Solenidade

—— Pessoas que se santificaram na vida corrente.
—— Todos nós fomos chamados à santidade.
—— A caridade, característica de todos os que alcançaram a bem-aventurança.

A Igreja convida-nos hoje a levantar o pensamento e a dirigir a nossa oração para essa imensa multidão de homens e mulheres que seguiram o Senhor aqui na terra e se encontram já com Ele no Céu. Esta solenidade é celebrada em toda a Igreja desde o século VIII.

I. *ALEGREMO-NOS TODOS no Senhor, celebrando a festa em honra de todos os santos. Conosco alegram-se os anjos e glorificam o Filho de Deus*[1].

A festa de hoje recorda-nos e propõe à nossa meditação alguns elementos fundamentais da nossa fé cristã, dizia o Papa João Paulo II. O centro da Liturgia converge sobretudo para os grandes temas da Comunhão dos Santos, do destino universal da salvação, da fonte de toda a santidade que é o próprio Deus, da esperança na futura e indestrutível união com o Senhor, da relação existente entre a salvação e o sofrimento, e da bem-aventurança que caracteriza os que se encontram nas condições descritas por Jesus. Mas o ponto-chave da festa que celebramos hoje "é a alegria, como rezamos na antífona de entrada: *Alegremo-nos todos no Senhor, celebrando a festa em honra de todos os santos*; e trata-se de uma alegria genuína, límpida, corroborante, como a de quem se encontra numa grande família onde sabe que mergulha as suas próprias raízes..."[2] Essa *grande família* é a dos santos: os do Céu e os da terra.

A Igreja, nossa Mãe, convida-nos hoje a pensar naqueles que, como nós, passaram por este mundo lutando com dificuldades e tentações parecidas às nossas, e venceram. É essa *grande multidão que ninguém poderia contar, de todas as nações, e tribos, e povos, e línguas*, como nos recorda a primeira Leitura da Missa[3]. Todos estão *marcados na fronte, revestidos de vestes brancas, lavadas no sangue do Cordeiro*[4]. A marca e as vestes são símbolo do Batismo, que imprime no homem, para sempre, o caráter da pertença a Cristo, e a graça renovada e aumentada pelos sacramentos e pelas boas obras.

Muitos santos — de todas as idades e condições — foram reconhecidos como tais pela Igreja, e todos os anos os recordamos nalgum dia concreto e os tomamos por intercessores. Mas hoje festejamos e pedimos ajuda a essa multidão incontável que alcançou o Céu depois de ter passado por este mundo semeando amor e alegria quase sem terem consciência disso; recordamos aqueles que, enquanto estiveram entre nós, se ocuparam talvez num trabalho semelhante ao nosso: empregados de escritório, comerciantes, professores, secretárias, trabalhadores da cidade e do campo... Lutaram com dificuldades parecidas às nossas e tiveram que recomeçar muitas vezes, como nós procuramos fazer; e a Igreja não os menciona nominalmente no calendário dos Santos. À luz da fé, todos eles formam "um grandioso panorama: o de tantos e tantos fiéis leigos — frequentemente inadvertidos ou mesmo incompreendidos; desconhecidos pelos grandes desta terra, mas olhados com amor pelo Pai —, homens e mulheres que, precisamente na vida e na atividade de cada jornada de trabalho, são os operários incansáveis que trabalham na vinha do Senhor, são os humildes e grandes artífices — pelo poder da graça, certamente — do crescimento do Reino de Deus na história"[5].

São, em resumo, aqueles que souberam, "com a ajuda de Deus, conservar e aperfeiçoar na sua vida a santificação que receberam"[6] no Batismo.

Todos fomos chamados a alcançar a plenitude do Amor, a lutar contra as nossas paixões e tendências desordenadas, a recomeçar sempre que preciso, porque "a santidade não depende do estado — solteiro, casado, viúvo, sacerdote — mas da correspondência pessoal à graça que a todos nos é concedida"[7]. A Igreja recorda-nos que o trabalhador que todas as manhãs empunha a sua ferramenta ou caneta, ou a mãe de família que se ocupa nas lides domésticas, no lugar que Deus lhes designou, devem santificar-se cumprindo fielmente os seus deveres[8].

É consolador pensar que no Céu, contemplando o *rosto de Deus*, existem pessoas com as quais convivemos há algum tempo aqui na terra, e às quais continuamos unidos por uma profunda amizade e afeto. Prestam-nos muita ajuda do Céu, e lembramo-nos delas com muita alegria e recorremos à sua intercessão.

Hoje, fazemos nossa a oração de Santa Teresa, que ela mesma escutará: "Ó almas bem-aventuradas, que tão bem soubestes aproveitar e comprar herança tão deleitosa...! Ajudai-nos, pois estais tão perto da fonte; obtei água para os que aqui perecemos de sede"[9].

II. NA SOLENIDADE DE HOJE, o Senhor concede-nos *a alegria de festejarmos a cidade do céu, a Jerusalém do alto, nossa mãe, onde os nossos irmãos, os santos, Vos cercam e cantam eternamente o vosso louvor. Para essa cidade caminhamos pressurosos, peregrinando na penumbra da fé, alegres por saber que estão na vossa luz tantos membros da Igreja que nos dais ao mesmo tempo como exemplo e ajuda inestimável*[10].

Nós somos ainda a Igreja peregrina que se dirige para o Céu; e, enquanto caminhamos, temos de reunir esse tesouro de boas obras com que um dia nos apresentaremos a Deus. Ouvimos o convite do Senhor: *Se alguém quer vir após Mim...* Todos fomos chamados à plenitude da vida em

Cristo. O Senhor chama-nos numa ocupação profissional, para que ali o encontremos, realizando as nossas tarefas com perfeição humana e, ao mesmo tempo, com sentido sobrenatural: oferecendo-as a Deus, vivendo a caridade com os nossos colegas, praticando a mortificação de um trabalho perfeitamente terminado, procurando já aqui na terra o *rosto de Deus*, a quem um dia veremos cara a cara.

Esta contemplação — trato de amizade com o nosso Pai-Deus — pode e deve ser adquirida através das coisas de todos os dias, que se repetem constantemente, numa aparente monotonia, pois "para amar a Deus e servi-lo, não é necessário fazer coisas estranhas. Cristo pede a todos os homens sem exceção que sejam perfeitos como seu Pai celestial é perfeito (Mt 5, 48). Para a grande maioria dos homens, ser santo significa santificar o seu trabalho, santificar-se no seu trabalho e santificar os outros com o seu trabalho, e assim encontrar a Deus no caminho da vida"[11].

O que fizeram essas mães de família, esses intelectuais ou operários..., para estarem no Céu? Porque nós também queremos alcançá-lo; é a única coisa que, de modo absoluto, nos importa. Pois bem, procuraram santificar as pequenas realidades diárias. Isso é o que temos de fazer: ganhar o Céu todos os dias com as coisas que temos entre mãos, entre as pessoas que Deus colocou ao nosso lado.

III. MUITOS DOS QUE AGORA contemplam a face de Deus não tiveram ocasião de realizar grandes façanhas aqui na terra, mas cumpriram o melhor possível os seus deveres diários, os seus *pequenos* deveres diários. Tiveram erros e faltas de paciência, foram vencidos aqui e acolá pela preguiça, tiveram reações de soberba, cometeram talvez pecados graves. Mas amaram a Confissão, e arrependeram-se, e recomeçaram. *Amaram* muito e tiveram uma vida com frutos, porque souberam sacrificar-se por Cristo.

Nunca pensaram que eram santos, muito pelo contrário: sempre pensaram que iam precisar em grande medida da misericórdia divina. Todos conheceram, em maior ou menor grau, a doença, a tribulação, as *horas difíceis* em que tudo lhes custava; sofreram fracassos e tiveram êxitos. Choraram talvez, mas conheceram e levaram à prática as palavras do Senhor, que hoje a Liturgia da Missa nos recorda: *Vinde a mim todos os que trabalhais e estais sobrecarregados, e eu vos aliviarei*[12]. Apoiaram-se no Senhor, foram vê-lo e estar com Ele muitas vezes junto do Sacrário; não deixaram de ter um encontro diário com Ele.

Os bem-aventurados que já alcançaram o Céu são muito diferentes entre si, mas tiveram nesta terra um distintivo comum: viveram a caridade com os que os rodeavam. O Senhor disse: *Nisto conhecerão todos que sois meus discípulos, se tiverdes amor uns aos outros*[13]. Esta é a característica dos santos, daqueles que já estão na presença de Deus.

Encontramo-nos a caminho do Céu e muito necessitados da misericórdia do Senhor, que é grande e nos sustém dia a dia. Temos que pensar muitas vezes nisso e nas graças que recebemos continuamente, não só nos momentos de tentação ou de desânimo, mas a cada instante.

Uma multidão incontável de amigos nos espera no Céu. Eles "podem prestar-nos ajuda, não só porque a luz do seu exemplo brilha sobre nós e torna mais fácil ver o que temos de fazer, mas também porque nos socorrem com as suas orações, que são fortes e sábias, ao passo que as nossas são frágeis e cegas. Quando numa noite de novembro contemplardes o firmamento constelado de estrelas, pensai nos inumeráveis santos do Céu, que estão dispostos a ajudar-nos..."[14] Ficaremos cheios de esperança nos momentos difíceis.

No Céu espera-nos a Virgem, para estender-nos a mão e levar-nos à presença do seu Filho e de tantos seres queridos que ali nos aguardam.

---

(1) *Antífona de entrada* da Missa do dia 1º de novembro; (2) João Paulo II, *Homilia*, 10-I-1980; (3) Ap 7, 9; (4) cf. Ap 7, 3-9; (5) João Paulo II, Exort. apost. *Christifideles laici*, 30-XI-1988, 17; (6) Conc. Vat. II, Const. *Lumen gentium*, 40; (7) São Josemaria Escrivá, *Amar a Igreja*, p. 67; (8) cf. João Paulo II, Exort. apost. *Christifideles laici*; (9) Santa

Teresa, *Exclamações*, 13, 4; (10) cf. Missal romano, *Prefácio* da Missa; (11) São Josemaria Escrivá, *Entrevistas com Mons. Josemaria Escrivá*, n. 55; (12) Mt 11, 28; (13) Jo 13, 34-35; (14) R. A. Knox, *Sermão na festa de Todos os Santos*, 1-XI-1950.

2 DE NOVEMBRO

98. COMEMORAÇÃO DE TODOS OS FIÉIS FALECIDOS

— O Purgatório, lugar de purificação e vestíbulo do Céu.
— Podemos ajudar muito e de muitas maneiras as almas do Purgatório. Os sufrágios.
— A nossa própria purificação nesta vida. Desejar ir para o Céu sem passar pelo Purgatório.

Depois da morte, não se rompem os laços com os que foram nossos companheiros de caminho. Hoje dedicamos as nossas orações a todos aqueles que ainda se estão purificando das marcas que os seus pecados deixaram nas suas almas. Hoje os sacerdotes podem celebrar três Missas em sufrágio por aqueles que nos precederam. Os fiéis podem lucrar indulgências e aplicá-las pelos defuntos.

I. NESTE MÊS DE NOVEMBRO, a Igreja convida-nos com maior insistência a rezar e a oferecer sufrágios pelos fiéis defuntos do Purgatório. Com esses irmãos nossos, que "também participaram da fragilidade própria de todo o ser humano, sentimos o dever — que é ao mesmo tempo uma necessidade do coração — de oferecer-lhes a ajuda afetuosa da nossa oração, a fim de que qualquer eventual resíduo de debilidade humana, que ainda possa adiar o seu encontro feliz com Deus, seja definitivamente apagado"[1].

No Céu, não pode entrar nada de impuro, nem *quem cometa abominação ou mentira, mas somente aqueles que estão inscritos no livro da vida*[2]. A alma desfeada pelas faltas e pecados veniais não pode entrar na morada de Deus: para chegar à eterna bem-aventurança, tem de estar limpa de toda a culpa. O Céu não tem portas — escreve Santa Catarina de Gênova —, e quem quiser entrar pode fazê-lo, porque Deus é todo misericórdia e permanece com os braços abertos para admiti-lo na sua glória. No entanto, o ser de Deus é tão puro que, se uma alma nota em si o menor vestígio de imperfeição, e ao mesmo tempo vê que o Purgatório foi estabelecido para apagar tais manchas, introduz-se nele e considera um grande favor que lhe seja permitido limpar-se dessa forma. O maior sofrimento dessas almas é o de terem pecado contra a bondade divina e o de não terem purificado a alma nesta vida[3]. O Purgatório não é um inferno atenuado, mas o vestíbulo do Céu, onde a alma se purifica.

E se não se expiou na terra, são muitas as realidades que a alma deve limpar ali: pecados veniais, que adiam tanto a união com Deus; faltas de amor e de delicadeza com o Senhor; a inclinação para o pecado, adquirida na primeira queda e aumentada pelos pecados pessoais... Além disso, todos os pecados e faltas já perdoados na Confissão deixam na alma uma dívida, um desequilíbrio que tem de ser reparado nesta vida ou na outra. E é possível que as disposições resultantes dos pecados já perdoados continuem enraizadas na alma à hora da morte, se não foram eliminadas por uma purificação constante e generosa nesta vida. Ao morrer, a alma percebe-as com absoluta clareza, e terá, pelo desejo de estar com Deus, um anelo imenso de livrar-se delas. O Purgatório apresenta-se então como a oportunidade única de consegui-lo.

Nesse lugar de purificação, experimentam-se uma dor e um sofrimento intensíssimos: um fogo "mais doloroso do que qualquer coisa que um homem pode sofrer nesta vida"[4]. Mas também se experimenta muita alegria, porque se sabe que se ganhou definitivamente a batalha e que o encontro com Deus virá mais cedo ou mais tarde.

A alma que está no Purgatório assemelha-se a um aventureiro no limiar de um deserto. O sol queima, o calor é sufocante, dispõe de pouca água; divisa ao longe, para além do grande deserto, a montanha onde se encontra o tesouro, a montanha onde sopram brisas frescas e onde poderá descansar eternamente. E põe-se a caminho, disposta a percorrer a pé aquela longa distância, ainda que o calor asfixiante a faça cair uma vez e outra. A diferença entre os dois está em que, no Purgatório, se tem a certeza de chegar à meta, por mais asfixiantes que sejam os sofrimentos[5].

Nós aqui na terra podemos ajudar muito essas almas a percorrerem mais depressa esse longo deserto que as separa de Deus. E ao mesmo tempo, com a expiação das nossas faltas e pecados, abreviaremos a nossa própria passagem por esse lugar de purificação. Se, com a ajuda da graça, formos generosos na prática da penitência, no oferecimento da dor e no amor ao sacramento do perdão, poderemos ir diretamente para o Céu. Isso é o que fizeram os santos. E eles nos convidam a imitá-los.

II. PODEMOS AJUDAR MUITO e de diversas formas as almas que se preparam para entrar no Céu e ainda permanecem no Purgatório. Sabemos que "a união dos que estão na terra com os irmãos que descansam na paz de Cristo não se interrompe de nenhuma maneira, antes pelo contrário vê-se fortalecida pela comunicação de bens espirituais"[6].

A segunda Leitura da Missa recorda-nos que Judas Macabeu, tendo feito uma coleta, enviou doze mil dracmas de prata a Jerusalém para que se oferecesse um sacrifício pelos pecados dos que tinham morrido em combate, *porque considerava que estava reservada uma grandíssima misericórdia aos que tinham falecido depois de uma vida piedosa.* E acrescenta o autor sagrado: *É, pois, um pensamento santo e salutar orar pelos mortos, para que se vejam livres dos seus pecados*[7]. Desde sempre a Igreja ofereceu sufrágios e orações pelos fiéis defuntos. Santo Isidoro de Sevilha afirmava já no seu tempo que oferecer sacrifícios e orações pelo descanso dos defuntos era um costume observado em toda a

Igreja. Por isso — assegura o Santo —, pensa-se que se trata de um costume ensinado pelos próprios apóstolos[8].

A Santa Missa, que possui um valor infinito, é o que temos de mais valioso para oferecer pelas almas do Purgatório[9]. Também podemos oferecer por elas as indulgências que lucramos na terra[10]: as nossas orações, de modo especial o Santo Rosário, o trabalho, a dor, as contrariedades etc. Esses sufrágios são a melhor maneira de demonstrarmos o nosso amor pelos nossos parentes e amigos e por todos os que nos precederam e esperam o seu encontro com Deus. Os nossos pais ocuparão sempre um lugar privilegiado nessas orações. Por sua vez, as almas do Purgatório também nos ajudam muito nesse intercâmbio de bens espirituais que é a Comunhão dos Santos. "As almas benditas do purgatório. — Por caridade, por justiça e por um egoísmo desculpável — podem tanto diante de Deus! —, lembra-te delas com frequência nos teus sacrifícios e na tua oração.

"Oxalá que, ao falar nelas, possas dizer: «Minhas boas amigas, as almas do purgatório...»"[11]

III. ESFORCEMO-NOS POR FAZER penitência nesta vida, anima-nos Santa Teresa: "Quão doce será a morte daquele que de todos os seus pecados a tem feita, e não há de ir para o Purgatório!"[12]

As almas do Purgatório, enquanto se purificam, não adquirem mérito algum. A sua tarefa é muito mais áspera, difícil e dolorosa do que qualquer outra que exista na terra: sofrem todos os horrores do homem que morre no deserto... e, no entanto, isso não as faz crescer em caridade, como teria acontecido na terra se tivessem aceitado a dor por amor a Deus. Mas no Purgatório não há rebeldia: ainda que tivessem de permanecer nele até o fim dos tempos, submeter-se-iam de bom grado, tal o seu desejo de purificação.

Nós, além de aliviá-las e de abreviar-lhes o tempo de purificação, ainda podemos merecer e, portanto, purificar com mais rapidez e eficácia as nossas tendências desordenadas.

A dor, a doença, o sofrimento, são uma graça extraordinária do Senhor para repararmos as nossas faltas e pecados.

2 DE NOVEMBRO

A nossa passagem pela terra, enquanto esperamos o momento de contemplar a Deus, deveria ser um tempo de purificação. Com a penitência, a alma rejuvenesce e prepara-se para a Vida. "Não o esqueçais nunca: depois da morte, há de receber-vos o Amor. E no amor de Deus ireis encontrar, além disso, todos os amores limpos que houverdes tido na terra. O Senhor dispôs que passássemos esta breve jornada da nossa existência trabalhando e, como o seu Unigênito, *fazendo o bem* (At 10, 38). Entretanto, temos que estar alerta, à escuta daquelas chamadas que Santo Inácio de Antioquia notava na sua alma, ao aproximar-se a hora do martírio: *Vem para junto do Pai*[13], vem ter com teu Pai, que te espera ansioso"[14].

Como é bom e grande o desejo de chegar ao Céu sem passar pelo Purgatório! Mas deve ser um desejo eficaz, que nos leve a purificar a nossa vida, com a ajuda da graça. A nossa Mãe, que é *Refúgio dos pecadores* — o nosso refúgio —, obter-nos-á as graças necessárias se nos determinarmos verdadeiramente a converter a nossa vida num *spatium verae poenitentiae*, num tempo de reparação por tantas coisas más e inúteis.

---

(1) João Paulo II, *No cemitério da Almudena*, Madri, 2-XI-1982; (2) cf. Ap 21, 27; (3) cf. Santa Catarina de Gênova, *Tratado do Purgatório*, 12; (4) Santo Agostinho, *Comentário aos Salmos*, 37, 3; (5) cf. W. Macken, *El purgatorio*, em *Palabra*, n. 244; (6) Conc. Vat. II, Const. *Lumen gentium*, 49; (7) 2 Mac 12, 43-44; (8) cf. Santo Isidoro de Sevilha, *Sobre os ofícios eclesiásticos*, 1; (9) cf. Conc. de Trento, *Sec. XXV*; (10) cf. Paulo VI, Const. apost. *Sacrarum indulgentiarum recognitio*, 1-I-1967, 5; (11) São Josemaria Escrivá, *Caminho*, n. 571; (12) Santa Teresa, *Caminho de perfeição*, 40, 9; (13) *Epístola de Santo Inácio aos Romanos*, 7; (14) São Josemaria Escrivá, *Amigos de Deus*, n. 221.

9 DE NOVEMBRO

99. DEDICAÇÃO DA BASÍLICA DO LATRÃO

Festa

— Os templos, símbolo da presença de Deus entre os homens.
— Jesus Cristo está realmente presente nas nossas igrejas.
— A graça divina faz-nos templos vivos de Deus.

Esta Basílica é um dos primeiros templos que os cristãos puderam erguer depois da época das perseguições. Foi consagrada pelo Papa Silvestre no dia 9 de novembro de 324. A festa, que a princípio era celebrada apenas em Roma, passou a ser festa universal no rito romano, em honra dessa igreja chamada "Mãe e Cabeça de todas as igrejas de Roma e de todo o mundo" (Urbis et orbis), como sinal de amor e de unidade para com a Cátedra de São Pedro. A história desta Basílica evoca a chegada à fé de milhares de pessoas que ali receberam o Batismo.

I. OS JUDEUS CELEBRAVAM todos os anos a festa da *Dedicação*[1] em memória da purificação e do restabelecimento do culto no Templo de Jerusalém, depois da vitória de Judas Macabeu sobre o rei Antíoco[2]. O aniversário era celebrado na Judeia durante uma semana. Chamava-se também *Festa das luzes*, porque era costume acender lâmpadas, símbolo da *Lei*, e colocá-las nas janelas das casas, em número crescente à medida que passavam os dias da festa[3].

Esta celebração foi perfilhada pela Igreja para celebrar o aniversário em que os templos foram convertidos em lugares destinados ao culto. De modo particular, "todos os anos celebra-se no conjunto do rito romano a dedicação da Basílica de Latrão, a mais antiga e a primeira em dignidade das igrejas do Ocidente". Além disso, "em cada diocese celebra-se a dedicação da catedral, e cada igreja comemora a data da sua dedicação"[4].

A festa de hoje tem uma especial importância, pois a Basílica de Latrão foi a primeira igreja sob a invocação do Salvador, levantada em Roma pelo imperador Constantino. A festa é celebrada em toda a Igreja como sinal de unidade com o Papa.

O templo sempre foi considerado entre os judeus como lugar de uma particular presença de Javé. No deserto, Deus manifestava-se na *Tenda do encontro*, onde Moisés falava com o Senhor *como se fala com um amigo*; nesses instantes, a coluna de nuvem — sinal da presença divina — descia e detinha-se à entrada da *Tenda*[5]. Era o lugar *onde estará presente o meu Nome*, o Ser infinito e inefável, para escutar e atender os seus fiéis. Quando Salomão construiu o Templo de Jerusalém, pronunciou estas palavras na festa da sua dedicação: *É possível que Deus habite verdadeiramente sobre a terra? Porque se o céu e os céus dos céus não te podem conter, quanto menos esta casa que eu edifiquei! Mas atende, Senhor meu Deus, à oração do teu servo e às suas súplicas; ouve o hino e a oração que o teu servo faz hoje na tua presença, para que os teus olhos estejam abertos noite e dia sobre esta casa, da qual disseste: "O meu nome estará nela", para que ouças a oração do teu servo e a do teu povo, Israel, em tudo o que te pedirem neste lugar; sim, tu ouvirás do lugar da tua morada no céu...*[6]

O templo, ensina o Papa João Paulo II, "é casa de Deus e vossa casa. Apreciai-o, pois, como lugar de encontro com o Pai comum"[7]. A igreja-edifício representa e significa a Igreja-assembleia, formada pelas *pedras vivas* que são os cristãos, consagrados a Deus pelo Batismo[8]. "O lugar onde a comunidade cristã se reúne para escutar a palavra de Deus, elevar preces de intercessão e de louvor a Deus e, principalmente, para celebrar os sagrados mistérios, e onde se reserva o Santíssimo Sacramento da Eucaristia, é imagem peculiar da Igreja, templo de Deus, edificado com pedras vivas; e o altar, que o povo santo rodeia para participar do sacrifício do Senhor e alimentar-se do banquete celeste, também é sinal de Cristo, sacerdote, hóstia e altar do seu próprio sacrifício"[9].

Temos, pois, de ir à igreja com toda a reverência, já que não há nada mais respeitável do que a casa do Senhor: "Que respeito devem inspirar-nos as nossas igrejas, onde se oferece o sacrifício do Céu e da terra, o Sangue de um Deus feito Homem?"[10]

II. AS IGREJAS são o lugar de reunião dos membros do novo povo de Deus, que se congregam para rezar juntos. Mas são sobretudo o lugar em que encontramos Jesus, real e substancialmente presente na Sagrada Eucaristia; está presente com a sua Divindade e com a sua Santíssima Humanidade, com o seu Corpo e a sua Alma. Ali nos vê e nos ouve, e nos socorre como socorria aqueles que chegavam, necessitados, *de todas as cidades e aldeias*[11].

Podemos manifestar a Jesus presente no Sacrário todos os nossos anelos e preocupações, as nossas dificuldades e fraquezas, os nossos desejos de amá-lo cada dia mais. O mundo seria muito diferente se Jesus não tivesse ficado entre nós. Como não havemos de amar os nossos templos e oratórios, onde Jesus nos espera? Quantas alegrias não teremos recebido junto do Sacrário! Quantas penas que nos atormentavam não teremos deixado ali! Em quantas ocasiões não teremos voltado à azáfama da vida diária fortalecidos e cheios de esperança, depois de passarmos por uma igreja! Todos os dias, nesses lugares dedicados ao culto e à oração, descem sobre nós incontáveis graças da misericórdia divina.

Quando uma pessoa ilustre se hospeda numa casa, seria uma falta de cortesia não atendê-la bem ou fazer caso omisso dela. Somos sempre conscientes de que Jesus é nosso Hóspede aqui na terra, de que necessita das nossas atenções? Examinemos hoje se, ao entrarmos numa igreja, nos dirigimos imediatamente a Jesus no Sacrário, se nos comportamos com a consciência de estarmos num lugar onde Deus habita de modo particular, se as nossas genuflexões diante de Jesus Sacramentado são um verdadeiro ato de fé, se nos alegramos sempre que passamos por uma igreja, onde Cristo se encontra realmente presente. "Não te alegras quando descobres no teu caminho habitual, pelas ruas da cidade, outro Sacrário?"[12] E continuamos os nossos afazeres com mais alegria e paz.

III. NA NOVA ALIANÇA, o verdadeiro templo já não é produto de mãos humanas: o Templo de Deus por excelência é a santa Humanidade de Jesus. Ele mesmo tinha dito: *Destruí este templo, e eu o reedificarei em três dias*. E o Evangelista explica: *Ele falava do templo do seu corpo*[13].

E se o Corpo físico de Jesus é o novo Templo de Deus, também o é a Igreja, Corpo Místico de Cristo, em que Cristo é a *pedra angular* sobre a qual se apoia a nova construção. "Desprezado, rejeitado, abandonado, dado por morto — então como agora —, o Pai o constituiu e sempre o constitui como base sólida e inamovível da nova construção. E fá-lo pela sua ressurreição gloriosa [...].

"O novo templo, Corpo de Cristo, espiritual, invisível, está construído por todos e cada um dos batizados sobre a viva *pedra angular*, Cristo, na medida em que aderem a Ele e nEle *crescem* até a *plenitude de Cristo*. Neste templo e por ele, *morada de Deus no Espírito*, Ele é glorificado, em virtude do *sacerdócio santo* que oferece sacrifícios espirituais (1 Pe 2, 5), e o seu Reino estabelece-se neste mundo"[14]. São Paulo recordava-o frequentemente aos primeiros cristãos: *Não sabeis que sois templo de Deus e que o Espírito Santo habita em vós?*[15]

Temos de considerar frequentemente que a Santíssima Trindade "por meio da graça de Deus, habita na alma justa como num templo, de um modo íntimo e singular"[16]. A meditação desta realidade maravilhosa ajuda-nos a ser mais

9 DE NOVEMBRO

conscientes da transcendência de vivermos na graça de Deus, e a sentir profundo horror pelo pecado, "que destrói o templo de Deus", privando a alma da graça e da amizade divinas. Por essa morada de Deus na nossa alma, podemos fruir de uma antecipação do que será a visão beatífica no Céu, já que "esta admirável união só na condição e no estado é que se diferencia daquela de que Deus cumula os bem-aventurados, beatificando-os"[17].

A presença de Deus na nossa alma convida-nos a procurar um trato mais pessoal e direto com o Senhor, que presencia por dentro, na raiz, todos os nossos pensamentos, palavras e ações.

(1) Jo 10, 22; (2) cf. 1 Mac 4, 36-59; 2 Mac 1, 1 e segs.; 10, 1-8; (3) cf. 2 Mac 1, 18; (4) A. G. Martimort, *La Iglesia en oración*, Herder, 3ª ed., Madri, 1987, pp. 991-992; (5) Ex 33, 7-11; (6) 1 Rs 8, 27-30; (7) João Paulo II, *Homilia em Orcasitas*, Madri, 3-XI-1982; (8) cf. *Ritual da dedicação de igrejas e altares*, Apresentação, 26-X-1978; (9) *Decreto de aprovação* do *Ritual* citado; (10) Anônimo, *La Santa Misa*, Rialp, Madri, 1975, p. 133; (11) cf. Mc 6, 32; (12) São Josemaria Escrivá, *Caminho*, n. 270; (13) Jo 2, 20-21; (14) João Paulo II, *op. cit.*; (15) 1 Cor 3, 16; (16) Leão XIII, Enc. *Divinum illud munus*, 9-V-1897, 10; (17) *ib.*, 11.

21 DE NOVEMBRO

100. APRESENTAÇÃO DE NOSSA SENHORA
Memória

— O sentido da festa. A entrega de Maria.
— A nossa entrega. Correspondência à graça.
— Imitar Nossa Senhora. Renovar a entrega.

Neste dia, recorda-se a consagração da igreja de Santa Maria Menina, construída perto do Templo de Jerusalém para comemorar a dedicação que a Virgem — conforme uma piedosa tradição — fez de si própria ao Senhor, desde a sua primeira juventude, movida pelo Espírito Santo, de cujas graças estava repleta desde a sua Conceição Imaculada. A festa foi introduzida no Ocidente no século XIV.

I. NADA SABEMOS DA VIDA de Nossa Senhora até o momento em que o Arcanjo lhe apareceu para anunciar-lhe que tinha sido escolhida para ser a Mãe de Deus. Cheia de graça desde o primeiro momento da sua concepção, Maria teve uma existência completamente singular — Deus guardou-a em cada instante com um amor único e irrepetível — e ao mesmo tempo foi uma criança normal, que encheu de alegria todos os que conviveram com ela.

São Lucas, tão diligente em examinar todas as fontes que pudessem trazer-lhe notícias e dados, omite qualquer referência à meninice da Virgem. Muito provavelmente, Nossa

610   APRESENTAÇÃO DE NOSSA SENHORA

Senhora nada lhe disse dos seus primeiros anos porque pouco tinha a contar: tudo se passou na intimidade da sua alma, num diálogo contínuo com seu Pai-Deus, que esperava, sem pressas, o momento inefável e único da Encarnação. "Mãe! Por que nos ocultaste os anos da tua primeira juventude? Virão depois os evangelhos apócrifos e inventarão mentiras; mentiras piedosas, sim, mas, ao fim e ao cabo, imagens falsas do teu verdadeiro ser. E dir-nos-ão que vivias no Templo, que os anjos te traziam de comer e falavam contigo... Sempre milagres, milagres... E assim te afastam de nós"[1], quando estás tão perto da nossa vida cotidiana!

A festa que celebramos hoje não tem a sua origem no Evangelho, mas numa antiga tradição. A Igreja não quis aceitar as narrações apócrifas segundo as quais Nossa Senhora teria passado a viver no Templo desde os três anos de idade, consagrada a Deus por um voto de virgindade. Mas aceita o núcleo essencial da festa[2], a *dedicação* que a Virgem fez de si própria, já desde a infância, movida pelo Espírito Santo, cuja graça a inundava desde o primeiro instante da sua concepção. Do que não há dúvida é de que foi absolutamente real a plena entrega de Maria a Deus, conforme foi crescendo.

Hoje é, pois, a festa da total entrega da Virgem a Deus e da sua plena dedicação aos planos divinos. Por essa plena entrega, que inclui a dedicação virginal, Nossa Senhora pôde dizer ao anjo: *Não conheço varão*[3]. Essas palavras descobrem delicadamente uma história de entrega que teve lugar na sua alma. Maria é já o primeiro fruto do Novo Testamento, em que a excelência da virgindade sobre o casamento alcançará todo o seu sentido, sem com isso diminuir o valor santificante da união conjugal, que o próprio Cristo elevará à dignidade de sacramento[4].

Hoje pedimos à nossa Mãe que nos ajude a tornar realidade essa entrega do nosso coração, segundo a peculiar vocação que cada um tenha recebido. "Tens de entrar em colóquio com Santa Maria e confiar-lhe: — Ó Senhora, para viver o ideal que Deus meteu no meu coração, preciso voar... muito alto, muito alto!

"Não basta que te desprendas, com a ajuda divina, das coisas deste mundo, sabendo que são terra. Mais ainda: mesmo que coloques o universo inteiro num montão debaixo dos teus pés, para estares mais perto do Céu..., isso não basta!

"Precisas voar, sem te apoiares em nada daqui de baixo, pendente da voz e do sopro do Espírito. — Mas, dizes-me, as minhas asas estão manchadas!: de barro de anos, sujo, pegajoso...

"E insisti contigo: recorre à Virgem. — Senhora — repete-lhe —, mal consigo levantar voo!, a terra atrai-me como um imã maldito! — Senhora, Tu podes fazer que a minha alma se lance em voo definitivo e glorioso, que tem o seu termo no Coração de Deus.

"Confia, que Ela te escuta"[5].

II. A VIRGEM MARIA foi a criatura que teve maior intimidade com Deus, a que dEle recebeu o maior amor; foi a cheia de graça[6]. Nunca negou nada a Deus, e a sua correspondência à graça e às moções do Espírito Santo foi sempre plena. Devemos aprender dEla a dar-nos por inteiro ao Senhor, com uma plenitude de correspondência generosa, no estado e na vocação que Deus nos deu, no meio dos afazeres cotidianos no mundo. Ela é o exemplo que temos de imitar. "Tal foi Maria — ensina a este respeito Santo Ambrósio —, que a sua vida, por si mesma, é para todos um ensinamento". E conclui: "Tende, pois, diante dos olhos, pintadas como uma imagem, a virgindade e a vida da Bem-aventurada Virgem, na qual se reflete como num espelho o brilho da pureza e a própria força da virtude"[7].

A nossa Mãe Santa Maria correspondia e crescia em santidade e graça. Tendo sido cumulada dos dons divinos desde o primeiro instante, foi alcançando uma nova plenitude na medida em que era fidelíssima às moções que o Espírito Santo lhe concedia. Só em Nosso Senhor não existiu aumento ou progresso da graça e da caridade, porque Ele tinha a plenitude absoluta no momento da Encarnação[8]; como ensina o II Concílio de Constantinopla, seria falsa e

612 APRESENTAÇÃO DE NOSSA SENHORA

herética a afirmação de que Jesus Cristo se tornou melhor pelo progresso das boas obras[9]. Maria, porém, foi crescendo em santidade no decorrer da sua vida terrena. Mais ainda: existiu na sua vida um progresso espiritual sempre crescente, que foi aumentando na medida em que se aproximavam os grandes acontecimentos da sua vida aqui na terra: a Encarnação do seu Filho, a Corredenção no Calvário..., a Assunção aos Céus.

Acontece o mesmo na alma dos santos: quanto mais perto vão estando de Deus, mais fiéis são às graças recebidas e *mais rapidamente* caminham para Ele. "É o movimento uniformemente acelerado, símbolo do progresso espiritual da caridade numa alma que em nada se atrasa, e que caminha para Deus tanto mais depressa quanto mais se aproxima dEle, quanto mais é atraída por Ele"[10]. Assim deve ser a nossa vida, pois o Senhor nos chama à santidade no lugar onde nos encontramos. E serão precisamente as alegrias e as penas da vida as que nos servirão para irmos cada vez mais depressa para Deus, correspondendo às graças que recebemos. As dificuldades habituais do trabalho, o convívio com as pessoas, as notícias que recebemos..., devem ser motivo para amarmos cada dia mais o Senhor.

A Virgem convida-nos hoje a não deixarmos escondido no fundo do coração nada que não seja plenamente de Deus: "Senhor, tira a soberba da minha vida; destrói o meu amor próprio, este desejo de me afirmar e me impor aos outros; faz com que o fundamento da minha personalidade seja a identificação contigo"[11], que cada dia esteja um pouco mais perto de Ti. Dá-me essa pressa dos santos em crescer no teu Amor.

III. NOSSA SENHORA dedicou-se plenamente a Deus movida pelo Espírito Santo, e talvez o tenha feito nessa idade em que as crianças alcançam o uso da razão, que nEla, cheia de graça, deve ter sido de uma particular luminosidade; ou talvez o tivesse feito desde sempre..., sem que houvesse nenhum ato formal. "A Virgem Maria menina sabia de sobra — afirma Santo Afonso Maria de Ligório — que Deus não aceita corações divididos, antes os quer completamente consagrados ao seu amor, em conformidade com o preceito divino: *Amarás o Senhor teu Deus de todo o teu coração, e com toda a tua alma, e com todas as tuas forças* (cf. Dt 6, 5), e por isso, desde o momento em que começou a viver, amou a Deus com todas as suas forças e entregou-se completamente a Ele"[12]. Maria sempre pertenceu a Deus; e cada vez mais conscientemente, com um amor que alcançava em todas as ocasiões e circunstâncias uma nova plenitude.

Hoje, pode ser uma boa oportunidade — todos os dias o são — para que, meditando nesta festa de Maria, na qual se põe de manifesto a sua completa dedicação ao Senhor, renovemos a nossa entrega a Deus no meio dos afazeres cotidianos, no lugar em que o Senhor nos colocou. Mas devemos ter em conta que todo o avanço na nossa união com Deus deve passar necessariamente por um trato mais frequente com o Espírito Santo, Hóspede da nossa alma, a quem Nossa Senhora foi tão dócil ao longo da sua vida. Para pedirmos essa graça, pode ser-nos útil a oração que São Josemaria Escrivá compôs para a sua devoção pessoal:

"Vem, ó Santo Espírito!: ilumina o meu entendimento para conhecer os teus mandatos; fortalece o meu coração contra as insídias do inimigo; inflama a minha vontade... Ouvi a tua voz e não quero endurecer-me e resistir, dizendo: depois..., amanhã. *Nunc coepi!* Agora!, não aconteça que o amanhã me falte.

"Ó Espírito de verdade e de sabedoria, Espírito de entendimento e de conselho, Espírito de alegria e de paz!: quero o que queres, quero porque o queres, quero como o queres, quero quando o quiseres..."[13]

Peçamos também a Nossa Senhora que haja muitas pessoas que, dóceis ao Espírito Santo, se entreguem inteiramente a Deus, como Ela, desde a sua primeira juventude.

---

(1) Salvador M. Iglesias, *O Evangelho de Maria*, Quadrante, São Paulo, 1991, p. 16; (2) cf. Paulo VI, Exort. apost. *Marialis cultus*, 2-II-1974, 8; (3) cf. Lc 1, 34; (4) cf. Conc. Vat. II, Const. *Gaudium et spes*, 48;

(5) São Josemaria Escrivá, *Forja*, n. 994; (6) *Oração coleta* da Missa do dia 21 de novembro; (7) Santo Ambrósio, *Sobre as virgens*, II, 2; (8) cf. R. Garrigou-Lagrange, *La Madre del Salvador*, p. 100; (9) cf. Conc. Contantinopolitano II, Dz 224; (10) *ib.*, 103; (11) São Josemaria Escrivá, *É Cristo que passa*, n. 31; (12) Santo Afonso Maria de Ligório, *As glórias de Maria*, II, 3; (13) São Josemaria Escrivá, *Postulação para a causa de beatificação e canonização*, Registro Histórico do Fundador, 20172, p. 145.

30 DE NOVEMBRO

101. SANTO ANDRÉ APÓSTOLO
Festa

— O primeiro encontro com Jesus.
— Apostolado da amizade.
— A chamada definitiva. Desprendimento e prontidão no seguimento do Senhor.

O apóstolo Santo André era natural de Betsaida, irmão de Simão e pescador como ele. Foi discípulo de São João Batista e depois um dos primeiros a conhecer Jesus; foi ele que levou Pedro ao encontro do Mestre e que, na multiplicação dos pães, disse ao Senhor que havia um rapaz com uns pães e uns peixes. Conforme a Tradição, pregou o Evangelho na Grécia e morreu na Acaia, numa cruz em forma de xis.

I. *FORAM E VIRAM onde habitava, e ficaram com Ele naquele dia. Era cerca da hora décima*[1].

André e João foram os primeiros apóstolos chamados por Jesus, conforme nos relata o Evangelho. O Mestre iniciou o seu ministério público e já *no dia seguinte* começou a chamar aqueles que permaneceriam ao seu lado. São João Batista encontrava-se em companhia dos seus discípulos quando, *vendo Jesus que ia passando, disse: Eis o Cordeiro de Deus*[2]. E os dois discípulos foram atrás do Senhor. *Jesus voltou-se e, vendo que o seguiam, disse-lhes: Que buscais?*

Eles disseram: Rabi (que quer dizer Mestre), onde moras? Jesus disse-lhes: Vinde e vede. Na realidade, era um amável convite para que o acompanhassem.

Durante aquele dia, Jesus falou-lhes certamente de mil coisas cheias de sabedoria divina e encanto humano; e os dois ficaram para sempre unidos à sua Pessoa. *André, irmão de Simão Pedro, era um dos dois que tinham ouvido o que João dissera e tinham seguido Jesus.* O apóstolo São João, passados muitos anos, pôde anotar no seu Evangelho a hora do encontro: *Era então cerca da hora décima*, das quatro da tarde. Nunca esqueceu aquele momento em que Jesus lhes disse: *Que buscais?* André também se lembraria sempre daquele encontro definitivo.

Nunca se esquece o encontro decisivo com Jesus. Aceitar a chamada do Senhor, passar a pertencer ao círculo dos mais íntimos, é a maior graça que se pode receber neste mundo. Constitui esse dia feliz, inesquecível, em que somos invadidos pelo convite claro do Mestre — um dom imerecido, valiosíssimo, porque vem de Deus —, que dá sentido à vida e ilumina o futuro.

Há chamadas de Deus que são um convite doce e silencioso; outras, como a de São Paulo, fulminantes como um raio que rasga as trevas; e outras, enfim, em que o Mestre simplesmente nos põe a mão sobre o ombro e diz: *Tu és meu! Segue-me!* Então o homem, cheio de alegria, *vai, vende tudo quanto tem e compra aquele campo*[3], pois nele está o seu tesouro. Descobriu, entre os muitos dons da vida — como um especialista que *procura pérolas finas*[4] — a pérola de maior valor[5].

Vinde e vede. Foi no relacionamento pessoal com o Senhor que André e João conheceram por experiência direta aquilo que as meras palavras não lhes teriam permitido entender por completo[6]. É na oração pessoal, na intimidade com Cristo, que chegamos a conhecer os múltiplos convites e apelos do Senhor para que o sigamos mais de perto. Agora, enquanto falamos com Ele, podemos perguntar-nos se temos o ouvido atento à sua voz inconfundível, se estamos respondendo plenamente àquilo que Ele nos pede, porque

Cristo passa ao nosso lado e nos chama. Ele continua presente no mundo, tão real como há vinte séculos, e procura colaboradores que o ajudem a salvar almas. Vale a pena dizer "sim" a essa missão divina.

II. *DISSE ANDRÉ a seu irmão Simão: Encontramos o Messias! (que significa Cristo). E levou-o a Jesus*[7].

O encontro com Jesus deixou André com a alma cheia de felicidade e de alegria; uma alegria nova que tinha de comunicar a alguém imediatamente, como se não a conseguisse reter. A primeira pessoa que procurou foi seu irmão Simão, e deve ter-lhe falado da sua descoberta com muito entusiasmo: *Encontramos o Messias!*, disse-lhe com essa ênfase especial de quem está convencido, pois conseguiu que Pedro, talvez cansado depois de uma jornada de trabalho, fosse até o Mestre, que já o esperava: *E levou-o a Jesus*.

Esta é a nossa tarefa: levar a Cristo os nossos parentes, amigos e conhecidos, falando-lhes com essa convicção pessoal que arrasta. Esse anúncio é próprio da alma "que se enche de felicidade com a sua aparição e que se apressa a anunciar aos outros algo tão grande. Essa é a prova do verdadeiro e sincero amor fraternal: o intercâmbio de bens espirituais"[8]. Verdadeiramente, quem encontra Cristo, encontra-o para todos.

Nós vimos tratando intimamente com Cristo, que um dia — talvez há não poucos anos! — passou perto da nossa vida: "Como André, também nós, pela graça de Deus, descobrimos o Messias e o significado da esperança que devemos transmitir a todos"[9]. O Senhor serve-se com frequência dos laços do sangue, da amizade..., para chamar outras almas. Esses vínculos podem abrir a porta do coração dos nossos parentes e amigos, talvez fechados para Cristo devido aos preconceitos, à ignorância, ao medo ou à preguiça. Quando a amizade é verdadeira, não são necessários grandes esforços para falar de Cristo: a confidência surgirá naturalmente. Entre amigos, é fácil trocar pontos de vista, comunicar descobertas... Seria tão pouco natural que não falássemos de Cristo, sendo Ele a descoberta mais importante que fizemos na vida e o motor de todas as nossas ações!

A amizade, com a graça de Deus, pode ser o caminho — natural e divino ao mesmo tempo — para um apostolado profundo, capilar, feito um a um. As palavras cheias de esperança e de alegria farão com que muitos venham a descobrir que Cristo está perto, como o descobriu Pedro, como talvez nós mesmos o tenhamos descoberto. "Um dia — não quero generalizar; abre o teu coração ao Senhor e conta-lhe a tua história —, talvez um amigo, um simples cristão igual a ti, te fez descobrir um panorama profundo e novo, e, ao mesmo tempo, antigo como o Evangelho. Sugeriu-te a possibilidade de te empenhares seriamente em seguir a Cristo, em ser apóstolo de apóstolos. Talvez tenhas perdido então a tranquilidade e não a tenhas recuperado, convertida em paz, enquanto livremente, *porque te apeteceu* — que é a razão mais sobrenatural —, não respondeste *sim* a Deus. E veio a alegria, forte, constante, que só desaparece quando te afastas dEle"[10] — essa alegria que só encontramos quando seguimos os passos do Mestre, e da qual desejamos que muitos participem.

III. ALGUM TEMPO mais tarde, *caminhando Jesus ao longo do mar da Galileia, viu dois irmãos, Simão, chamado Pedro, e André, seu irmão, que lançavam a rede ao mar (porque eram pescadores), e disse-lhes: Segui-me, e eu vos farei pescadores de homens. E eles, imediatamente, deixaram as redes e seguiram-no*[11]. É a chamada definitiva, culminância daquele primeiro encontro com o Mestre. André, como os outros apóstolos, respondeu *imediatamente*. São Gregório Magno, ao comentar essa chamada definitiva de Jesus àqueles pescadores e a forma como lhe corresponderam, desfazendo-se de tudo o que possuíam, ensina que o Reino dos Céus "vale tudo quanto tens"[12]. Diante de Jesus que passa, não podemos ficar com nada. Pedro e André deixaram muito, "já que ambos deixaram o desejo de possuir"[13]. O Senhor necessita de corações limpos e desprendidos. E cada cristão deve viver esse espírito de entrega, de

30 DE NOVEMBRO

acordo com a sua vocação. Não pode haver nada na nossa vida que não seja de Deus. Que havemos de reservar para nós, quando o Mestre está tão perto, quando o vemos e convivemos com Ele todos os dias?

Este desprendimento permitir-nos-á acompanhar Jesus que prossegue o seu caminho com passo rápido; não seria possível acompanhá-lo com demasiados fardos. O passo de Deus pode ser ligeiro, e seria triste que ficássemos para trás por causa de quatro bugigangas que não valem a pena. Ele passa sempre perto de nós e chama-nos: umas vezes, na juventude, outras na maturidade ou mesmo quando falta pouco para partirmos desta vida, como podemos observar na parábola dos trabalhadores que foram contratados a diversas horas do dia para trabalhar na vinha[14]. Em qualquer caso, é necessário responder a essa chamada com a alegria estremecida de que os Evangelistas nos dão notícia ao recordarem a chamada que receberam. É o mesmo Jesus quem passa agora e quem nos convida a segui-lo.

Conta a tradição que Santo André morreu louvando a cruz, pois ela o levava definitivamente para junto do seu Mestre. "Ó cruz boa, que foste glorificada pelos membros do Senhor, cruz por tão longo tempo desejada, ardentemente amada, procurada sem descanso e oferecida aos meus ardentes desejos [...], devolve-me ao meu Mestre, para que por ti me receba Aquele que por ti me redimiu"[15]. Se virmos Jesus por trás dela, nada nos importarão os maiores sacrifícios.

(1) Jo 1, 39; (2) Jo 1, 37; (3) Mt 13, 44; (4) Mt 13, 45; (5) J. L. R. Sanchez de Alva, *El evangelio de San Juan*, 3ª ed., Madri, 1987, nota a Jo 1, 35-51; (6) São Tomás, *Comentário ao Evangelho de São João*; (7) Jo 1, 41-42; *Antífona da comunhão* da Missa do dia 30 de novembro; (8) Liturgia das Horas, *Segunda leitura*; São João Crisóstomo, *Homilias sobre o Evangelho de São João*, 19, 1; (9) João Paulo II, *Homilia*, 30-XI-1982; (10) São Josemaria Escrivá, *É Cristo que passa*, n. 1; (11) Mt 4, 18-20; (12) São Gregório Magno, *Homilias sobre os Evangelhos*, I, 5, 2; (13) *ib.*; (14) cf. Mt 20, 1 e segs.; (15) *Paixão de Santo André*.

Novena da Imaculada 30 de Novembro.
Primeiro dia da Novena

102. ESTRELA DA MANHÃ

—— Maria, prefigurada e anunciada no Antigo
Testamento.
—— Nossa Senhora, luz que ilumina e orienta.
—— "Estrela do mar".

O povo cristão, por inspiração do Espírito Santo, sempre soube aproximar-se de Deus através da sua Mãe. Pelas provas constantes das suas graças e favores, chamou-a Onipotência suplicante, *e soube encontrar nEla o atalho que abrevia o caminho para Deus. O amor "inventou" numerosas formas de tratá-la e honrá-la. Hoje começamos esta Novena, em que procuraremos oferecer todos os dias algo de especial a Nossa Senhora, para preparar a Solenidade da sua Imaculada Conceição.*

I. APARECEU UMA ESTRELA no meio da escuridão e anunciou ao mundo em trevas que a *Luz* estava para chegar. O nascimento da Virgem foi o primeiro sinal de que a Redenção estava próxima. "A aparição de Nossa Senhora no mundo é como a chegada da aurora que precede a luz da salvação, Cristo Jesus; é como o desabrochar sobre a terra da mais bela flor que alguma vez brotou no jardim da humanidade: o nascimento da criatura mais pura, mais inocente, mais perfeita, mais digna da definição que o próprio Deus deu do homem, ao criá-lo: imagem de Deus, semelhança de Deus. Maria restitui-nos a figura da humanidade

622 ESTRELA DA MANHÃ

perfeita"[1]. Nunca os anjos tinham contemplado uma criatura tão bela, nunca a humanidade terá nada de parecido.

A Virgem Santa Maria tinha sido anunciada ao longo do Antigo Testamento. Já nos começos da Revelação se fala dEla. No anúncio da Redenção, depois da queda dos nossos primeiros pais[2], Deus dirige-se à serpente e diz-lhe: *Porei inimizade entre ti e a mulher, e entre a tua posteridade e a dela. Ela te pisará a cabeça, e tu armarás ciladas ao seu calcanhar.* A mulher é em primeiro lugar Eva, que foi tentada e sucumbiu; e, num nível mais profundo, a mulher é Maria, a nova Eva, de quem nascerá Cristo, absoluto vencedor do demônio simbolizado na serpente. Perante o seu poder, o demônio não poderá fazer nada de eficaz. NEla se dará a maior inimizade que se pode conceber na terra entre a graça e o pecado. O profeta Isaías anuncia Maria como a Mãe virginal do Messias[3]. São Mateus assinala expressamente o cumprimento desta profecia[4].

A Igreja também aplica a Maria o elogio que o povo de Israel dirigiu a Judite, sua salvadora: *Tu és a glória de Jerusalém, tu a alegria de Israel, tu a honra do nosso povo; porque procedeste varonilmente e o teu coração esteve cheio de coragem*[5]. Palavras que se cumprem em Maria de modo perfeito. Porventura não colaborou Maria para nos livrar de um inimigo maior que Holofernes, a quem Judite cortou a cabeça? Não cooperou para nos livrar do cativeiro definitivo?[6]

A Igreja aplica ainda a Maria outros textos que, embora se refiram em primeiro lugar à Sabedoria de Deus, sugerem, no entanto, que, no plano divino da salvação, estabelecido desde a eternidade, está contida a imagem de Nossa Senhora. *Ainda não havia os abismos, e eu já estava concebida; ainda as fontes das águas não tinham brotado*[7]. E como se a Escritura se antecipasse, evocando o amor puríssimo que reinaria no seu Coração dulcíssimo, lemos: *Eu sou a mãe do amor formoso, do temor, da ciência e da santa esperança. Vinde a mim, todos os que me desejais, e enchei--vos dos meus frutos; porque o meu espírito é mais doce que o mel [...]. Aquele que me ouve não será confundido; e os que se guiam por mim não pecarão*[8]. E, vislumbrando a sua Conceição Imaculada, o *Cântico dos cânticos* anuncia: *És toda formosa, amiga minha, e não há mancha em ti*[9]. E o *Eclesiástico* anuncia de uma maneira profética: *Em mim se encontra toda a graça de doutrina e de verdade, toda a esperança de vida e de virtude*[10]. "Com quanta sabedoria a Igreja colocou essas palavras na boca da nossa Mãe, para que nós, os cristãos, não as esqueçamos! Ela é a segurança, o Amor que nunca abandona, o refúgio constantemente aberto, a mão que acaricia e consola sempre"[11]. Procuremos a sua ajuda e consolo nestes dias, enquanto nos preparamos para celebrar a grande solenidade da sua Imaculada Conceição.

II. DO MESMO MODO que Maria se encontra no alvorecer da Redenção, nos próprios começos da revelação, encontra-se também na origem da nossa conversão a Cristo, na nossa santidade e na nossa salvação. Por Ela chegou-nos Cristo, e por Ela chegaram-nos e continuarão a chegar-nos todas as graças que nos sejam necessárias.

A Santíssima Virgem facilitou-nos o caminho para recomeçarmos tantas vezes e livrou-nos de inumeráveis perigos, que por nós mesmos não teríamos podido vencer. Ela oferece-nos todas as coisas que *conservava no seu coração*[12] e que dizem respeito diretamente a Jesus: "leva-nos pela mão ao encontro do Senhor"[13]. A humanidade encontrou em Maria o primeiro sinal de esperança, e todos os homens e mulheres encontram nEla a luz que ilumina e orienta. "Ela não tem brilho próprio, brilho que brote dEla mesma, mas reflete o seu e nosso Redentor, e dá-lhe glória constantemente. Quando surge no meio das trevas, sabemos que Ele está perto, ao alcance da nossa mão"[14].

Diz-se que os navegantes recorriam à estrela mais brilhante do firmamento quando se sentiam desorientados no meio do oceano ou quando desejavam verificar ou retificar o rumo. Nós recorremos a Maria quando nos sentimos perdidos, quando queremos retificar a direção da nossa vida e orientá-la em linha reta para Deus: Ela é "a estrela do mar da nossa vida"[15]. A Liturgia chama-a "esperança segura de salvação", que brilha "no meio das dificuldades da vida"[16], dessas tempestades que aparecem sem sabermos como, ou em que nos metemos por não estarmos perto de Deus. E é São Bernardo que nos aconselha: "Não afastes os olhos do resplendor dessa Estrela, se não queres ser destruído pelas borrascas"[17].

De Maria dimana uma luz especial que ilumina o caminho que devemos seguir nas diferentes tarefas e assuntos da nossa vida. De modo especial, Maria ilumina o esplêndido caminho da vocação a que cada um foi chamado. Quando recorremos a Ela com pureza de intenção, sempre acertamos no cumprimento da vontade de Deus.

A claridade especial que encontramos em Maria provém da plenitude de graça que cumulou a sua alma desde o primeiro instante em que foi concebida, bem como da sua missão corredentora. São Tomás assinala que essa graça se derrama sobre todos os homens. "Já é grande para um santo — afirma — ter tanta graça que seja suficiente para a salvação de muitos, e o máximo seria tê-la em medida suficiente para salvar todos os homens do mundo; isto verifica-se em Cristo, bem como na Santíssima Virgem"[18], pela sua íntima união corredentora com o seu Filho.

Os teólogos distinguem a plenitude absoluta de graça, que é própria de Cristo; a plenitude de suficiência, comum a todos os anjos; e a plenitude de sobreabundância, que é privilégio de Maria, e que se derrama a mãos cheias sobre os seus filhos. A Virgem "é de tal maneira cheia de graça que ultrapassa na sua plenitude os anjos; por isso, com razão, é chamada Maria, que quer dizer *iluminada* [...], e significa, além disso, *iluminadora de outros*, por referência ao mundo inteiro"[19], diz São Tomás de Aquino.

Hoje, neste primeiro dia da Novena da Imaculada, fazemos o propósito de pedir-lhe ajuda sempre que nos encontremos às escuras, sempre que tenhamos de retificar o rumo da nossa vida ou tomar uma decisão importante. E, como sempre estamos recomeçando, recorreremos a Ela para que nos mostre o caminho que devemos seguir, aquele que nos confirma na nossa vocação, e pedir-lhe ajuda para que possamos percorrê-lo com garbo humano e sentido sobrenatural.

III. A VIRGEM é *bendita entre as mulheres* porque esteve isenta do pecado e das marcas que o mal deixa na alma: "Apenas Ela conjurou a maldição, trouxe a bênção e abriu a porta do Paraíso. É por isso que lhe convém o nome de Maria, que significa *Estrela do mar*; assim como a estrela do mar orienta os navegantes até o porto, Maria dirige os cristãos para a glória"[20]. A Liturgia da Igreja honra-a assim: *Ave, maris stella!...* Salve, estrela do mar!, Mãe excelsa de Deus...[21]

Neste primeiro dia da Novena, fazemos o firme propósito — tão grato à Virgem! — de recorrer à sua intercessão em qualquer necessidade em que nos encontremos, seguindo o conselho de um Padre da Igreja: "Se se levantarem os ventos das tentações, se tropeçares com os escolhos da tentação, olha para a Estrela, chama por Maria. Se te agitarem as ondas da soberba, da ambição ou da inveja, olha para a estrela, chama por Maria. Se a ira, a avareza ou a impureza impelirem violentamente a nave da tua alma, olha para Maria. Se, perturbado com a lembrança dos teus pecados, confuso ante a fealdade da tua consciência, temeroso ante a ideia do juízo, começares a afundar-te no poço sem fundo da tristeza ou no abismo do desespero, pensa em Maria. Nos perigos, nas angústias, nas dúvidas, pensa em Maria, invoca Maria. Não se afaste Maria dos teus lábios, não se afaste do teu coração; e, para conseguires a sua ajuda intercessora, não te afastes tu dos exemplos da sua virtude. Não te extraviarás se a segues, não desesperarás se a chamas, não te perderás se nEla pensas. Se Ela segurar as tuas mãos, não cairás; se te proteger, não terás nada que temer; não te cansarás, se Ela for o teu guia; chegarás felizmente ao porto, se Ela te amparar"[22]. Pomos todos os dias da nossa vida sob o seu amparo. Ela nos levará por um *caminho seguro*. *Cor Mariae dulcissimum iter para tutum*, Coração dulcíssimo de Maria, preparai-nos um caminho seguro.

626 ESTRELA DA MANHÃ

(1) Paulo VI, *Homilia*, 8-IX-1964; (2) Gn 3, 15; (3) Is 7, 14; (4) Mt 1, 22-23; (5) Jdt 15, 9-10; (6) cf. C. Pozo, *María en la Escritura y en la fe de la Iglesia*, p. 32 e segs.; (7) Pr 8, 24; (8) Eclo 24, 24-30; (9) Ct 4, 7; (10) Eclo 24, 25; (11) São Josemaria Escrivá, *Amigos de Deus*, n. 279; (12) Lc 2, 51; (13) cf. João Paulo II, *Homilia*, 20-X-1979; (14) São John Henry Newman, *Rosa mística*, Palabra, Madri, 1982, p. 137; (15) João Paulo II, *Homilia*, 4-VI-1979; (16) cf. Liturgia das Horas, *Hino de laudes* no dia 15 de agosto; (17) São Bernardo, *Homilias sobre a Virgem Mãe*, 2; (18) São Tomás, *Sobre a Ave-Maria*; (19) *ib.*; (20) *ib.*; (21) Hino *Ave, maris stella*; (22) São Bernardo, *op. cit.*

NOVENA DA IMACULADA 1º DE DEZEMBRO.
SEGUNDO DIA DA NOVENA

103. CASA DE OURO

— Santa Maria, Templo do Deus vivo, enriquecida pelos dons do Espírito Santo.
— Os dons do entendimento, ciência e sabedoria em Nossa Senhora.
— Os dons da prudência, piedade, fortaleza e temor de Deus.

I. *BEM-AVENTURADA és tu, ó Virgem Maria, morada consagrada do Altíssimo...*[1]

Na *ladainha lauretana*, chamamos a Maria *Domus aurea*, Casa de ouro, recinto de intensíssimo esplendor. Quando uma família mora numa casa e a converte num lar, este reflete as peculiaridades, gostos e preferências dos seus moradores. A casa e os que nela habitam constituem uma certa unidade, como o corpo e a roupa, como o conhecimento e a ação. No Antigo Testamento, o primeiro Tabernáculo, e depois o Templo, eram a *Casa de Deus*, onde tinha lugar o encontro de Javé com o seu povo. Quando Salomão decidiu construir o Templo, os profetas especificaram os materiais nobres que se deviam empregar, como a madeira em abundância no seu interior, revestimento de ouro... Deveria empregar-se na construção o melhor que tinham ao seu alcance, e deveriam trabalhar nele os melhores artífices de que dispunham.

Quando chegou a plenitude dos tempos e Deus decretou a sua vinda ao mundo, preparou Maria como a criatura adequada em que habitaria durante nove meses, desde a sua

628 CASA DE OURO

Encarnação até o seu nascimento em Belém. NEla, Deus imprimiu a marca do seu poder e do seu amor. Maria, *Domus aurea*, o novo *Templo de Deus*, foi revestida de uma formosura tão grande que não foi possível outra maior. A sua Imaculada Conceição e todas as graças e dons com que Deus enriqueceu a sua alma estiveram em função da sua Maternidade divina[2].

Entende-se muito bem que o Arcanjo Gabriel, ao saudar Maria, se tenha mostrado cheio de respeito e veneração, pois compreendeu a imensa excelência da Virgem e a sua intimidade com Deus. A graça inicial de Maria, que a preparava para a sua Maternidade divina, foi superior à de todos os apóstolos, mártires, confessores e virgens juntos, superior à de todas as almas santas e à de todos os anjos criados desde a origem do mundo[3]. Deus preparou uma criatura humana de acordo com a dignidade do seu Filho.

Quando dizemos que Maria tem uma dignidade "quase infinita", queremos indicar que é a criatura mais próxima da Santíssima Trindade e que goza de uma honra e majestade altíssimas, inteiramente singulares. É a Filha primogênita do Pai, a predileta, como foi chamada tantas vezes na Tradição da Igreja e o Concílio Vaticano II repetiu[4]. Com Jesus Cristo, Filho de Deus, Nossa Senhora mantém o estreito laço da consanguinidade, que a faz ter com Ele umas relações absolutamente próprias. Maria é Templo e Sacrário do Espírito Santo[5]. Que alegria podermos ver, especialmente nestes dias da Novena, que temos uma Mãe tão próxima de Deus, tão pura e bela, e tão próxima de nós!

"Como gostam os homens de que lhes recordem o seu parentesco com personagens da literatura, da política, do exército, da Igreja!...

"— Canta diante da Virgem Imaculada, recordando-lhe:

"Ave, Maria, Filha de Deus Pai; Ave, Maria, Mãe de Deus Filho; Ave, Maria, Esposa de Deus Espírito Santo... Mais do que tu, só Deus!"[6]

II. A ALMA DE MARIA foi singularmente enriquecida pelos dons do Espírito Santo, que são como que as joias mais pre-

1º DE DEZEMBRO. SEGUNDO DIA DA NOVENA

ciosas que Deus pode conceder ao ser humano. Com eles, Deus adornou em grau supremo a morada do seu Filho.

Pelo dom do *entendimento*, que teve num grau superior ao de qualquer criatura, Maria teve conhecimento com uma fé pura, radicada na autoridade divina, de que a sua virgindade era sumamente grata ao Senhor. O seu olhar penetrou com a maior profundidade no sentido oculto das Escrituras, e compreendeu imediatamente que a saudação do anjo era estritamente messiânica e que a Santíssima Trindade a tinha designado como Mãe do Messias esperado há tanto tempo. Depois teria sucessivas iluminações que confirmariam o cumprimento das promessas divinas de salvação e compreenderia que "deveria viver no sofrimento a sua obediência de fé ao lado do Salvador que sofre, e que a sua maternidade seria obscura e dolorosa"[7].

O dom do entendimento está intimamente ligado à pureza de alma, e é por isso que se relaciona com a bem-aventurança dos limpos de coração, que *verão a Deus*[8]. A alma de Maria, a *Puríssima*, gozou de especiais iluminações que a levaram a descobrir o querer de Deus em todos os acontecimentos. Ninguém soube melhor do que Ela o que Deus espera de cada homem; por isso, é a nossa melhor aliada nos pedidos que dirigimos a Deus nas nossas necessidades.

O *dom da ciência* ampliou ainda mais o olhar da fé de Maria. Por meio dele, a Virgem contemplava nas realidades cotidianas as *marcas de Deus no mundo*, como pistas para chegar até o Criador, e julgava retamente a relação de todas as coisas e acontecimentos com a salvação. Influenciada por esse dom, tudo lhe falava de Deus, todas as coisas a levavam a Deus[9]. Entendeu melhor do que ninguém a terrível realidade do pecado, e por isso sofreu, como nenhuma outra criatura, pelos pecados dos homens. *Intimamente* associada à dor do seu Filho, padeceu com Ele "quando morria na Cruz, cooperando de forma totalmente singular na restauração da vida sobrenatural das almas"[10].

O *dom da sabedoria* aperfeiçoou a sua caridade e levou-a a ter um conhecimento gozoso e experimental do divino e a saborear na sua intimidade os mistérios que se referiam especialmente ao Messias, seu Filho. A sua sabedoria era amorosa, infinitamente superior à que se pode obter dos mais profundos tratados de Teologia. Via, contemplava, amava e ordenava todas as coisas de acordo com essa experiência divina; julgava-as com a luz poderosa e amorosa que inundava o seu coração. Se lho pedirmos com insistência, Ela no-lo alcançará, pois "entre os dons do Espírito Santo, diria que há um de que todos nós, cristãos, necessitamos especialmente: o dom da sabedoria, que nos faz conhecer e saborear Deus, e nos coloca assim em condições de podermos avaliar com verdade as situações e as coisas desta vida"[11].

III. O *DOM DE CONSELHO* aperfeiçoou a virtude da prudência na Virgem e fez com que sempre descobrisse prontamente a Vontade de Deus nas situações correntes da vida. Agiu como que sob o ditado de Deus[12] e deixou-se guiar docilmente, quer nas grandes coisas que Deus lhe pediu, quer nos pormenores corriqueiros do dia-a-dia.

O Evangelho mostra-nos como a nossa Mãe Santa Maria se deixou conduzir continuamente por essa luz do Espírito Santo. Viveu a maior parte da sua vida no retiro de Nazaré, mas quando a sua presença se fez necessária junto da sua prima Isabel, foi *com pressa*[13] às montanhas para estar ao lado dela. Ocupa um lugar discreto nos episódios narrados pelo Evangelho, mas está com os discípulos quando eles precisam dEla depois da morte de Jesus, e a seguir espera com eles a vinda do Espírito Santo. Permanece ao pé da Cruz, mas não vai ao sepulcro com as outras santas mulheres: na intimidade da sua alma, sabia que elas não encontrariam o corpo amado do seu Filho, porque já tinha ressuscitado. Viveu totalmente entregue aos pequenos afazeres de uma mãe que cuida da família, e percebeu antes que ninguém que ia faltar vinho nas bodas de Caná: a sua vida contemplativa fê-la estar atenta às pequenas coisas que aconteciam à sua volta. Ela é a Mãe do Bom Conselho — *Mater boni consilii* —, que nos ajudará, nos mil pequenos episódios de cada dia, a descobrir e secundar o querer de Deus.

1º DE DEZEMBRO. SEGUNDO DIA DA NOVENA 631

O *dom da piedade* deu à Virgem uma espécie de instinto filial que afetava profundamente todas as suas relações com Jesus: na oração, à hora de pedir, na maneira como enfrentava os diversos acontecimentos, nem sempre agradáveis...

Maria sentiu-se sempre Filha de Deus, e esse sentimento profundo foi crescendo continuamente até o fim da sua vida mortal. Mas, ao mesmo tempo, sentia-se Mãe de Deus e Mãe dos homens. Tanto a sua filiação como a sua Maternidade estavam profundamente saturadas de piedade. Ela sempre nos amará, porque somos seus filhos. E uma mãe está mais perto do filho doente, daquele que mais precisa dela.

A graça divina derramou-se sobre Nossa Senhora de modo abundantíssimo, e encontrou nEla uma cooperação e docilidade excepcionais: viveu com heroísmo a fidelidade aos pequenos deveres de todos os dias e nas grandes provas. Teve uma vida simples, como a das outras mulheres da sua terra e da sua época, mas também passou pela maiores amarguras que uma criatura pode experimentar, à exceção do seu Filho, que foi o *Varão de dores* anunciado pelo profeta Isaías[14].

Pelo *dom da fortaleza*, que recebeu em grau máximo, pôde acolher com paciência as contradições diárias, as mudanças de planos... Enfrentou silenciosamente as dificuldades, mas com firmeza e valentia. Por essa fortaleza, esteve de pé junto da Cruz[15]. A piedade cristã, venerando essa sua atitude de dor e de fortaleza, invoca-a como *Rainha dos mártires, Consoladora dos aflitos...*

Finalmente, o Espírito Santo adornou-a com o *santo temor de Deus*, que nEla foi apenas uma reverência filial de altíssima intimidade com o Senhor, que a levou a uma atitude de adoração contínua perante o Deus infinito, de quem recebera todas as coisas. Por isso chamou-se a si mesma a *Escrava do Senhor*.

---

(1) Cf. Missas da Virgem Maria, *A Virgem, templo do Senhor*, Antífona da Comunhão; (2) cf. São Tomás, *Suma teológica*, III, q. 27, a. 5 ad 2; (3) cf. R. Garrigou-Lagrange, *A Mãe do Salvador*, p. 411; (4) cf. Conc.

632 CASA DE OURO

Vat. II, Const. *Lumen gentium*, 53; (5) cf. João Paulo II, Enc. *Redemptoris Mater*, 25-III-1987, 9; (6) São Josemaria Escrivá, *Caminho*, n. 496; (7) João Paulo II, Enc. *Redemptoris Mater*, 16; (8) Mt 5, 8; (9) cf. J. Polo, *Maria y la Santísima Trinidad*, Madri, 1987, MC n. 460, p. 29; (10) Conc. Vat. II, Const. *Lumen gentium*, 61; (11) São Josemaria Escrivá, *É Cristo que passa*, n. 133; (12) cf. J. Polo, *op. cit.*, p. 39; (13) Lc 1, 39; (14) Is 53, 3; (15) cf. Jo 19, 25.

Novena da Imaculada 2 de Dezembro.
Terceiro dia da Novena

104. ESCRAVA DO SENHOR

— A vocação de Maria.
— Deus chama-nos.
— Meios para conhecer a vontade do Senhor.

I. *O MEU ESPÍRITO exulta de alegria em Deus, meu Salvador, porque pôs os olhos na baixeza da sua escrava*[1].

Quando chegou a plenitude dos tempos, *o anjo Gabriel foi enviado por Deus a uma cidade da Galileia, chamada Nazaré*[2]. O Senhor dirige-se a quem mais amava nesta terra e serve-se para isso de um mensageiro excepcional, pois era excepcional a mensagem que lhe queria comunicar: *Não temas, Maria, pois achaste graça diante de Deus...*[3], diz-lhe o Arcanjo São Gabriel.

A Virgem, como fruto da sua meditação, conhecia bem as Escrituras e as passagens que se referiam ao Messias, e eram-lhe familiares as diversas formas empregadas para designá-lo. Além disso, unia-se a esse conhecimento a sua extraordinária sensibilidade interior para tudo o que dizia respeito ao Senhor. Num instante, por uma graça particular, foi-lhe revelado que ia ser a Mãe do Messias, do Redentor de quem tinham falado os profetas. Ia ser a virgem anunciada por Isaías[4], que conceberia e daria à luz o *Emmanuel*, o Deus conosco. A resposta da Virgem é uma reafirmação da sua entrega à vontade divina: *Eis a escrava do Senhor, faça--se em mim segundo a tua palavra*[5].

A partir desse momento, o Verbo de Deus, a Segunda Pessoa da Santíssima Trindade, fez-se carne nas suas entranhas puríssimas. Foi o que de mais admirável e assombroso aconteceu desde a Criação do mundo. E aconteceu num pequeno povoado desconhecido, na intimidade de Maria. A Virgem compreendeu a sua vocação, os planos de Deus a seu respeito. Agora sabia o motivo de tantas graças do Senhor, a razão das suas qualidades, por que tinha sido sempre tão sensível às inspirações do Espírito Santo. "Todos os pequenos episódios que constituíam a trama da sua existência — e essa mesma existência na sua totalidade — ganhavam agora um relevo imprevisto; ao som das palavras do anjo, tudo teve uma explicação absoluta, mais que metafísica, sobrenatural. Foi como se, de repente, a Virgem se tivesse colocado no centro do universo, para além do tempo e do espaço"[6].

E Ela, uma adolescente, não titubeia diante da grandeza incomensurável de ser a Mãe de Deus, porque é humilde e confia no seu Deus, a quem se entregou plenamente. A Virgem Santa Maria é "Mestra de entrega sem limites [...]. Pede a esta Mãe boa que ganhe força na tua alma — força de amor e de libertação — a sua resposta de generosidade exemplar: «*Ecce ancilla Domini*» — eis a escrava do Senhor"[7]. Senhor, conta comigo para o que quiseres. Não quero pôr limite algum à tua graça, ao que me vais pedindo todos os dias, todos os anos. Nunca deixas de pedir, nunca deixas de dar.

II. "ESTE FATO FUNDAMENTAL de ser a Mãe do Filho de Deus é, desde o princípio, uma abertura total à pessoa de Cristo, a toda a sua obra e à sua missão"[8].

Neste terceiro dia da Novena da Imaculada, a Virgem ensina-nos a estar sempre abertos a Deus, numa entrega plena à chamada que cada um recebe do Senhor. A grandeza de uma vida consiste em podermos dizer ao fim dela: Senhor, sempre procurei cumprir a tua vontade, não tive outro fim nesta terra.

A vocação a que fomos chamados é o maior dom recebido de Deus, o dom para o qual o Senhor nos criou, aquilo que nos torna felizes. Deus chama-nos a todos e quer algo importante de nós, desde o momento em que nos chamou à existência. A grandeza do homem consiste em conhecer a vontade divina e levá-la a cabo, tornando-se colaborador de Deus na obra da Criação e da Redenção. Encontrar a vocação é encontrar um tesouro, a *pérola preciosa*[9]. Gastar todas as energias nela é encontrar o sentido da vida, a plenitude do ser.

Deus chama alguns à vida religiosa ou ao sacerdócio; "mas quer a grande maioria dos homens no meio do mundo, nas ocupações terrenas. Estes cristãos devem, pois, levar Cristo a todos os ambientes em que desenvolvem as suas tarefas humanas: à fábrica, ao laboratório, ao cultivo da terra, à oficina do artesão, às ruas das grandes cidades e aos caminhos de montanha", e ali devem eles agir "de tal modo que, através das ações do discípulo, se possa descobrir o rosto do Mestre"[10].

Contemplando a vocação de Santa Maria, compreendemos melhor que as chamadas feitas pelo Senhor são sempre uma iniciativa divina, uma graça que parte dEle: *Não fostes vós que me escolhestes, mas eu que vos escolhi*[11]. Não poucas vezes, cumprem-se ao pé da letra as palavras da Escritura: *Os meus caminhos não são os vossos caminhos...*[12] O que tínhamos forjado na nossa imaginação, talvez com tanto entusiasmo, tem às vezes pouco a ver com os projetos do Senhor, que sempre são maiores, mais altos e mais belos.

A vocação também não é a culminância de uma vida de piedade intensa, ainda que normalmente seja necessário um clima de oração e de amor para entender o que Deus nos diz silenciosamente, sem muito ruído. Nem sempre coincide com as nossas inclinações e gostos, ordinariamente muito humanos e pegados à terra. A vocação não pertence à ordem do *sentimento*, mas à ordem do *ser*; é algo objetivo que Deus nos preparou desde sempre. Em cada homem, em cada mulher, cumprem-se as palavras de São Paulo aos cristãos de Éfeso[13], tantas vezes meditadas: *Elegit nos in ipso ante mundi constitutionem...*, "o Senhor escolheu-nos antes da criação do mundo, por amor, para sermos santos e imaculados na sua presença".

Ordinariamente, Deus procura para as suas obras pessoas correntes, simples, às quais comunica as graças necessárias. Ensina São Tomás, referindo-se à Virgem, que "àqueles a quem Deus escolhe para uma missão, prepara-os de modo que sejam idôneos para desempenhar essa missão para a qual foram escolhidos"[14]. Isso é válido para todos nós. Portanto, se alguma vez nos parece difícil levarmos a cabo a missão a que fomos chamados, sempre poderemos dizer: porque tenho vocação para esta missão, tenho as graças necessárias e poderei cumpri-la. Deus me ajudará, se fizer tudo o que está ao meu alcance.

O Senhor pode preparar uma vocação desde a infância, mas também pode apresentar-se de modo súbito e inesperado, como aconteceu com São Paulo na estrada de Damasco[15]. Geralmente, serve-se de outras pessoas para preparar a chamada definitiva ou para dá-la a conhecer. Com frequência, são os próprios pais quem, mesmo sem o perceberem, cumprindo a sua missão de educadores na fé, preparam o terreno onde germinará a semente da vocação, que só Deus põe na alma. Que grandeza poderem ser assim instrumentos de Deus! O que não fará Deus por eles? Outras vezes, serve-se de um amigo ou de uma moção interior que penetra *como espada de dois gumes*, e, frequentemente, das duas coisas ao mesmo tempo.

Se existe um verdadeiro desejo de conhecer a vontade de Deus, se se empregam os meios sobrenaturais e a alma é sincera na direção espiritual, o Senhor dá então muito mais garantias de acertar na própria vocação do que em qualquer outro assunto. "Queres viver a audácia santa, para conseguir que Deus atue através de ti? — Recorre a Maria, e Ela te acompanhará pelo caminho da humildade, de modo que, diante dos impossíveis para a mente humana, saibas responder com um "fiat!" — faça-se! — que una a terra ao Céu"[16]. É uma audácia que nos será necessária no momento em que dissermos *sim* a Deus e seguirmos a nossa vocação, e depois muitas vezes ao longo da vida, pois Deus nos chama todos os dias, a todas as horas. E se alguma vez depararmos com "impossíveis", deixarão de sê-lo se formos humildes e contarmos com a graça, como fez nossa Mãe Santa Maria.

III. A VIRGEM ENSINA-NOS que, para acertarmos no cumprimento da vontade divina (que pena se nos tivermos empenhado — por uns caminhos ou outros — em satisfazer os nossos caprichos!), é necessária uma disponibilidade completa. Só podemos cooperar com Deus quando nos entregamos completamente a Ele, deixando-o agir na nossa vida com total liberdade. "Deus não pode comunicar a sua vontade se não começa por haver na alma da criatura esta apresentação íntima, esta consagração profunda. Deus respeita sempre a liberdade humana, não atua diretamente nem se impõe a não ser na medida em que o deixamos agir"[17].

A vida da Virgem Maria indica-nos também que, para ouvirmos o Senhor em todas as circunstâncias, devemos esmerar-nos no trato com Ele: ponderar, como Ela, as coisas no nosso coração, dar-lhes peso e conteúdo sob o olhar de Cristo: aprender a meditar, levantar o ponto de mira dos nossos ideais. A direção espiritual, junto com a oração, pode ser de grande ajuda para entendermos o que Deus quer e vai querendo de nós. E também o será o desprendimento dos nossos gostos, para aderirmos com firmeza àquilo que Deus nos pede, ainda que alguma vez possa parecer-nos difícil e árduo.

A resposta da Virgem foi como um programa daquilo que seria depois a sua vida: *Ecce ancilla Domini...* Ela não teria outro fim senão cumprir a vontade de Deus. Podemos deixar hoje nas mãos da Virgem um *sim* que Ela possa apresentar ao seu Filho, um *sim* sem reservas nem condições, que perdure e se desdobre em outros *sins* ao longo da nossa vida.

638 ESCRAVA DO SENHOR

(1) Missas da Virgem Maria, *Santa Maria Escrava do Senhor*; Lc 1, 47-48; *Antífona de entrada* da Missa do dia 2 de dezembro; (2) Lc 1, 26; (3) Lc 1, 30-33; (4) Is 7, 14; (5) Lc 1, 38; (6) F. Suárez, *A Virgem Nossa Senhora*, p. 14; (7) cf. São Josemaria Escrivá, *Sulco*, n. 33; (8) João Paulo II, Enc. *Redemptoris Mater*; (9) cf. Mt 13, 44-46; (10) São Josemaria Escrivá, *É Cristo que passa*, n. 105; (11) Jo 15, 16; (12) Is 55, 8; (13) Ef 1, 4; (14) São Tomás, *Suma teológica*, III, q. 27, a. 4 c; (15) cf. At 9, 3; (16) São Josemaria Escrivá, *Sulco*, n. 124; (17) M. D. Philippe, *Mistério de María*, pp. 86-87.

3 DE DEZEMBRO

105. SÃO FRANCISCO XAVIER
Memória

—— O zelo apostólico de São Francisco Xavier.
—— Conquistar novos apóstolos para Cristo.
—— A eficácia apostólica da nossa vida.

São Francisco nasceu no castelo de Xavier no dia 7 de agosto de 1506. Estudou em Paris, onde conheceu Santo Inácio de Loyola. Foi um dos membros fundadores da Companhia de Jesus. Ordenado sacerdote em Roma em 1537, dedicou-se principalmente a levar a cabo obras de caridade. Em 1541, partiu para o Oriente, e durante dez anos evangelizou incansavelmente a Índia e o Japão, convertendo muitas almas. Morreu em 1552, na ilha de Shangchuan, na China.

I. *QUE APROVEITARÁ AO HOMEM ganhar o mundo inteiro, se perder a sua alma?*[1] Estas palavras de Jesus calaram fundo na alma de São Francisco Xavier e levaram-no a uma mudança de vida radical.

De que serviriam todos os tesouros desta vida, se deixássemos passar o essencial? Para que quereríamos êxitos e aplausos, triunfos e prêmios, se no fim não encontrássemos a Deus? Tudo teria sido um engodo, uma perda de tempo: o fracasso mais completo. São Francisco Xavier compreendeu o valor da sua alma e das almas dos outros, e Cristo passou a ser o verdadeiro centro da sua vida. Desde então, o zelo pelas almas foi nele "uma apaixonada impaciência"[2]. Sentiu na sua alma o premente apelo da salvação do mundo inteiro e firmou-se na disposição de dar a vida para conquistar almas para Cristo[3].

A impaciência santa que consumiu o seu coração fez com que escrevesse, quando já se encontrava no longínquo Oriente, estas palavras que revelam bem o que foi a sua vida: "...e os cristãos nativos, privados de sacerdotes, a única coisa que sabem é que são cristãos. Não há ninguém que lhes celebre a Missa, ninguém que lhes ensine o Credo, o Pai-Nosso... Por isso, desde que aqui cheguei, não me dei a um momento de repouso: dediquei-me a percorrer as aldeias, a batizar as crianças que ainda não tinham recebido esse sacramento. Deste modo, purifiquei um número ingente de crianças que, como se costuma dizer, não sabiam distinguir a mão direita da esquerda. As crianças não me deixavam recitar o Ofício divino nem comer nem descansar, enquanto não lhes ensinasse alguma oração"[4].

O Santo contemplava — como nós atualmente — o imenso panorama de tantas pessoas que não têm quem lhes fale de Deus. Continuam a ser realidade nos nossos dias as palavras do Senhor: *A messe é muita, mas os operários poucos*[5]. Isto é o que fazia São Francisco Xavier escrever, com o coração cheio de um santo zelo: "Nestas paragens, são muitíssimos os que não se tornam cristãos, simplesmente por faltar quem os faça tais. Muitas vezes, sinto uma vontade louca de percorrer as Universidades da Europa, principalmente a de Paris, e pôr-me a gritar por toda a parte, como quem perdeu o juízo, para sacudir os que têm mais ciência do que caridade e gritar-lhes: Ai, como são tantas as almas que, pela vossa apatia, ficam excluídas do Céu e se precipitam no inferno!"

"Oxalá pusessem neste assunto o mesmo interesse que põem nos seus estudos! Com isso poderiam prestar contas a Deus da sua ciência e dos talentos que lhes foram confiados. Na verdade, talvez muitos deles, impressionados por estas considerações e pela meditação das realidades divinas, se dispusessem a ouvir o que Deus lhes diz e, abandonando as cobiças e interesses humanos, se dedicassem por inteiro à vontade e ao querer de Deus. Decerto, diriam de coração:

Senhor, aqui me tens; que queres que eu faça? Envia-me aonde queiras, nem que seja à Índia"[6].

Esse mesmo zelo deve arder no nosso coração. Mas, geralmente, o Senhor quer que o manifestemos no lugar em que nos encontramos: na família, no meio do trabalho, com os nossos amigos e colegas. "Missionário. — Sonhas em ser missionário. Tens vibrações como as de Xavier, queres conquistar para Cristo um império. O Japão, a China, a Índia, a Rússia..., os povos frios do norte da Europa, ou a América, ou a África, ou a Austrália...

"Fomenta esses incêndios em teu coração, essa fome de almas. Mas não esqueças que és mais missionário «obedecendo». Geograficamente longe desses campos de apostolado, trabalhas «aqui» e «ali». Não sentes — como Xavier! — o braço cansado, depois de administrares a tantos o batismo?"[7] Quantas pessoas com o coração e a alma pagã não encontramos nas nossas ruas e praças, na Universidade, na vida comercial, na política...!

II. *E DISSE-LHES: Ide por todo o mundo, pregai o Evangelho a toda a criatura*[8]. Todos os cristãos devemos sentir-nos urgidos a cumprir essas palavras em qualquer lugar em que nos encontremos, com valentia, com audácia, como nos recorda o Papa João Paulo II: "Nós, os cristãos, estamos chamados à valentia apostólica, baseada na confiança no Espírito"[9].

Olhamos ao nosso redor e percebemos que são incontáveis os que ainda não conhecem a Cristo. Até muitos dos que foram batizados vivem como se Cristo não os tivesse redimido, como se Ele não estivesse realmente presente no meio de nós. Quantos não se encontram hoje *como ovelhas sem pastor*[10], sem uma direção precisa nas suas vidas, desorientados, perdendo o melhor do seu tempo porque não sabem para onde ir!

Enchemo-nos de compaixão, como fazia o Senhor, por essas pessoas que, embora humanamente pareçam triunfar, na realidade estão a caminho do fracasso, porque não se sentem nem se comportam como filhos de Deus que se dirigem para a Casa do Pai. Que pena se alguém deixasse de encontrar o Mestre pela nossa omissão, pela falta desse espírito apostólico!

De mil formas diferentes, com umas palavras ou outras, sempre com uma conduta exemplar, devemos fazer-nos eco daquelas palavras que o Papa João Paulo II pronunciou no lugar de nascimento de São Francisco, em Xavier: "Cristo precisa de vós e vos chama para ajudar milhões de irmãos vossos a ser plenamente homens e salvar-se. Vivei com esses nobres ideais na vossa alma e não cedais à tentação das ideologias do hedonismo, do ódio e da violência que degradam o homem. Abri o vosso coração a Cristo, à sua lei de amor, sem condicionar a vossa disponibilidade, sem medo às respostas definitivas, porque o amor e a amizade não têm ocaso"[11].

E se alguma vez não sabemos o que dizer aos nossos amigos e parentes para que se sintam comprometidos nesta tarefa divina, a mais alegre de todas, pensemos de que modo São Francisco Xavier foi conquistado para a grande missão que o Senhor lhe preparava, enquanto realizava os seus estudos: "Razões?... Que razões daria o pobre Inácio ao sábio Xavier?"[12] Poucas e pobres para realizar a mudança profunda na alma do amigo. Devemos ser audazes e confiar sempre na graça, na ajuda da Virgem e dos Santos Anjos da Guarda.

Peçamos ao Senhor que "acenda em nós o amor que abrasava São Francisco Xavier pela salvação das almas...[13] Peçamos a Santa Maria que sejam muitos os que arrastemos conosco para que se convertam por sua vez em novos apóstolos.

III. SÃO FRANCISCO XAVIER, como fizeram todas as almas santas, sempre pedia aos destinatários das suas cartas "a ajuda das suas orações"[14], pois o apostolado deve alicerçar-se no sacrifício pessoal, na oração própria e alheia. Em todos os momentos, e sobretudo se alguma vez as circunstâncias nos impedem de levar a cabo um apostolado mais direto, devemos ter muito presente a eficácia da nossa dor, do trabalho bem feito, da oração.

3 DE DEZEMBRO

Santa Teresa de Lisieux, intercessora das missões juntamente com São Francisco Xavier, apesar de nunca ter saído do seu convento, sentia intensamente o zelo pela salvação das almas, mesmo das mais longínquas. Experimentava no seu coração as palavras de Cristo na Cruz: *Tenho sede*, e abrasava o seu coração em desejos de chegar aos lugares mais afastados. "Quereria — escreve — percorrer a terra pregando o vosso Nome e plantando na terra infiel a vossa gloriosa Cruz. Mas não me bastaria uma só missão, pois desejaria poder anunciar simultaneamente o vosso Evangelho em todos os lugares do mundo, até nas ilhas mais longínquas. Quereria ser missionária, não apenas durante uns anos, mas tê-lo sido desde a criação do mundo, e continuar a sê-lo até à consumação dos séculos"[15]. E certa vez em que, estando já muito doente, dava um breve passeio, e uma irmã lhe recomendou que se detivesse e descansasse, a Santa respondeu-lhe: "Sabe o que me dá forças? Pois bem, ando para um missionário. Penso que, lá muito longe, pode haver um quase esgotado nas suas excursões apostólicas, e para diminuir-lhe a fadiga, ofereço a Deus a minha"[16]. E a sua oração e o seu sacrifício chegaram até esses lugares.

O zelo pelas almas deve manifestar-se em todas as ocasiões. Não podem servir de desculpa a doença, a velhice ou o aparente isolamento. Por meio da *Comunhão dos Santos*, podemos chegar muito longe. Tão longe quanto grande for o nosso amor a Cristo. Então, a vida inteira, até o nosso último suspiro aqui na terra, terá servido para levar almas ao Céu, como aconteceu com São Francisco Xavier, que morreu diante das costas da China, desejando poder levar a essas terras a *Boa-nova* de Cristo. Não se perde nenhuma oração, nenhuma dor oferecida com amor: todas, de um modo misterioso mas real, produzem o seu fruto. Esse fruto que um dia, pela misericórdia de Deus, veremos no Céu e nos encherá de uma alegria impossível de conter.

(1) Mc 8, 36; (2) João Paulo II, *Discurso em Xavier*, 6-XI-1982; (3) cf.

644

SÃO FRANCISCO XAVIER

F. Zubillaga, *Cartas y escritos de San Francisco Javier*, BAC, Madri, 1953, 54, 4; (4) Liturgia das Horas, *Das cartas de São Francisco Xavier a Santo Inácio*; (5) Mt 9, 37; (6) Liturgia das Horas, *op. cit.*; (7) São Josemaria Escrivá, *Caminho*, n. 315; (8) Mc 16, 15; (9) João Paulo II, Enc. *Redemptoris missio*, 7-XII-1990, n. 30; (10) Mt 9, 36; (11) João Paulo II, *Discurso em Xavier*, cit.; (12) São Josemaria Escrivá, *op. cit.*, n. 798; (13) *Oração depois da comunhão*; (14) cf. João Paulo II, *Discurso em Xavier*, cit.; (15) Santa Teresa de Lisieux, *História de uma alma*, XI, 13; (16) *ib.*, XII, 9.

NOVENA DA IMACULADA 3 DE DEZEMBRO.
QUARTO DIA DA NOVENA

106. CAUSA DA NOSSA ALEGRIA

— A alegria verdadeira chega ao mundo com Maria.
— Ela ensina-nos a ser motivo de alegria para os outros.
— Abandonar toda a tristeza.

I. *Ó DEUS, QUE PELA ENCARNAÇÃO do vosso Filho enchestes o mundo de alegria, concedei-nos, aos que veneramos a sua Mãe, causa da nossa alegria, que permaneçamos sempre no caminho dos vossos mandamentos, para que os nossos corações estejam firmes na verdadeira alegria*[1].

A verdadeira alegria está em Deus, e tudo o que nos chega dEle sempre vem com esse sinal. Quando Deus criou este mundo do nada, e de modo especial quando criou o homem à sua imagem e semelhança, tudo foi uma festa. Há uma alegria contida na expressão com que se conclui o relato da criação: *E Deus viu que era muito bom tudo o que tinha feito*[2]. Os nossos primeiros pais desfrutavam de tudo o que existia e exultavam no amor, louvor e gratidão a Deus. Não conheciam a tristeza.

Mas chegou o primeiro pecado, e com ele algo de perturbador envolveu o coração humano. A clara e luminosa alegria foi substituída pelo pesar, e a tristeza infiltrou-se no íntimo das coisas. Com a Imaculada Conceição de Maria, veio ao mundo, silenciosamente, o primeiro fulgor de alegria autêntica. O seu nascimento foi um imenso júbilo para a Santíssima Trindade, que olhava comprazida para o mundo porque nele estava agora presente a Virgem Maria. E com o *faça-se*, pelo qual Nossa Senhora deu o seu assentimento aos planos divinos da Redenção, esse júbilo derramou-se sobre toda a humanidade.

Quando Deus "quer trabalhar uma alma, elevá-la ao cume do seu amor, estabelece-a primeiro na sua alegria"[3]. Foi o que a Santíssima Trindade fez com a Virgem. E a plenitude dessa alegria é dupla: em primeiro lugar, porque Maria está *cheia de graça*, cheia de Deus, como nunca esteve nem chegará a estar nenhuma outra criatura; em segundo lugar, porque desde o momento do seu assentimento à embaixada do anjo, o Filho de Deus assumiu a natureza humana nas suas entranhas puríssimas: com Ele, chegou aos homens toda a alegria verdadeira. O anúncio do seu nascimento em Belém será levado a cabo com estas significativas palavras: *Não temais, porque eis que vos anuncio uma grande alegria, que o será para todo o povo. Nasceu-vos na cidade de Davi um Salvador, que é o Cristo Senhor*[4]. Cristo é a grande alegria, que cura as tristezas do coração; e Nossa Senhora foi a *Causa da nossa alegria* verdadeira, porque com o seu assentimento deu-nos Cristo, e atualmente, todos os dias, nos leva a Ele e no-lo entrega novamente.

O caminho da vida interior conduz a Jesus por meio de Maria. A alegria — não podemos esquecê-lo nunca — é estar com Jesus, ainda que nos vejamos rodeados de dores e contradições por todos os lados; a única tristeza seria não o possuir. "Esta experiência viva de Cristo e da nossa unidade é o lugar da esperança e é, portanto, fonte de gosto pela vida; e deste modo, torna possível a alegria; uma alegria que não se vê obrigada a esquecer ou a censurar nada para ter consistência"[5].

II. A VIRGEM LEVA A ALEGRIA aonde quer que vá. *E aconteceu que, apenas Isabel ouviu a saudação de Maria, o menino saltou no seu ventre e Isabel ficou cheia do Espírito*

Santo[6]. É a proximidade de Maria, que leva no seu seio o Filho de Deus, a causa de tanto alvoroço naquela casa, de um alvoroço que até o Batista ainda não nascido manifesta no ventre de sua mãe. "Na presença do Senhor — escreve São João Crisóstomo —, não pode conter-se nem suporta esperar os prazos da natureza, mas procura romper a prisão do seio materno e cuida de dar testemunho de que o Salvador está prestes a chegar"[7].

A Virgem ensina-nos a ser causa de alegria para os outros no seio da família, no trabalho, nas relações com as pessoas com quem convivemos ou com quem entramos em contato, mesmo de passagem, como por exemplo numa entrevista, numa viagem ou no ponto de espera de um ônibus que demora a chegar.

Deve acontecer-nos o mesmo que a essas fontes que existem em muitos povoados, onde as mulheres do lugar vão buscar água. Umas carregam grandes vasilhas, e a fonte as enche; outras são menores, e também ficam cheias até à borda; outras estão sujas, e a fonte as limpa... Sempre acontece que todo o cântaro que vai à fonte volta cheio. E assim deve acontecer na nossa vida: qualquer pessoa que se aproxime de nós deve partir com mais paz, com alegria. Todo aquele que nos visite por estarmos doentes, ou por amizade, vizinhança, relações de trabalho..., deve despedir-se de nós um pouco mais alegre.

A água da fonte, normalmente, vem de outro lugar. A origem da nossa alegria está em Deus, e a Virgem leva-nos a Ele. Quando uma fonte não tem água, enche-se de muita sujidade; como a alma que deixou de ser manancial de paz para os outros, porque possivelmente as suas relações com o Senhor não são claras. "Não há alegria? Então pensa: há um obstáculo entre Deus e mim. — Quase sempre acertarás"[8]. E uma vez descoberto esse obstáculo, Nossa Senhora ajudar--nos-á a tirá-lo.

A alegria — ensina São Tomás de Aquino — nasce do amor[9]. E o amor tem tanta força "que esquecemos a nossa alegria para alegrar aqueles que amamos. E verdadeiramente é assim, a tal ponto que, mesmo que sejam grandíssimos os trabalhos, sabendo que contentam a Deus, tornam-se doces"[10]. O trato com Jesus faz-nos passar por cima das diferenças ou pequenas antipatias que podem surgir em algum momento, para chegarmos ao fundo da alma daqueles com quem convivemos, frequentemente sedentos de um sorriso, de uma palavra amável, de uma resposta cordial.

Neste quarto dia da Novena à Imaculada, podemos examinar como é a nossa alegria: se é caminho para que os outros encontrem a Deus, se somos *luz e não cruz* para aqueles com quem estamos habitualmente numa relação mais intensa. Hoje, podemos oferecer a Nossa Senhora o propósito firme e sincero de ser semeadores de alegria, de "tornar amável e fácil o caminho aos outros, que já bastantes amarguras traz a vida consigo"[11]. É um modo cordial de imitarmos a Virgem, que dos Céus nos sorrirá e nos animará a seguir por esse caminho ao encontro do seu Filho. E isso tanto nos dias em que nos seja fácil alegrar os outros, como também naqueles em que, por cansaço ou por estarmos sobrecarregados, sorrir e manifestar bom-humor nos custe um pouco mais. Nessas ocasiões, a nossa Mãe do Céu — *Mater amabilis* — ajudar-nos-á especialmente.

III. AQUELES QUE ESTIVERAM perto de Nossa Senhora participaram da imensa alegria e da paz inefável que inundavam a sua alma, pois nEla se refletia "a riqueza e a formosura com que Deus a engrandeceu. Principalmente, por ter sido redimida e preservada em Cristo, e nEla reinarem a vida e o amor divinos. A isso se referem algumas invocações da ladainha: *Mãe amável, Mãe admirável, Virgem prudentíssima, poderosa, fiel...* Sempre uma nova alegria brota dEla, quando está diante de nós e a olhamos com respeito e amor. E se, ao contemplá-la, alguma fração da sua formosura vem e penetra na nossa alma, tornando-a também formosa, como se torna grande a nossa alegria!"[12] Não nos custa nada imaginar como todos os que tiveram a felicidade de conhecê-la desejariam estar perto dEla! Os vizinhos viriam com frequência à sua casa, e os amigos, e os parentes... Ninguém ouviu dos seus lábios queixas ou lamentações pes-

3 DE DEZEMBRO. QUARTO DIA DA NOVENA 649

simistas, mas presenciou apenas os seus desejos de servir, de dar-se, convertidos em detalhes.

Quando a alma está alegre — com penas e lágrimas, às vezes — extravasa-se e é estímulo para os outros; a tristeza, pelo contrário, obscurece o ambiente e faz-lhe mal. *Assim como a traça come o vestido, e o caruncho a madeira, assim a tristeza prejudica o coração do homem*[13]; e prejudica a amizade, a vida de família..., tudo: predispõe para o mal. Por isso, devemos lutar rapidamente contra esse estado de ânimo, se alguma vez nos pesa no coração: *Fixa o teu coração na santidade do próprio Deus e afugenta para longe de ti a tristeza. Porque a tristeza tem matado a muitos, e não há utilidade nela*[14].

O esquecimento de si mesmo, uma serena despreocupação pelos problemas próprios, que poucas vezes são realmente importantes, uma confiança mais plena em Deus são condições necessárias para estarmos alegres e servirmos os que nos rodeiam. Quem anda preocupado consigo mesmo dificilmente encontrará a alegria, que é abertura para Deus e para os outros. Em contrapartida, a nossa alegria será em muitas ocasiões um caminho para que os outros encontrem a Deus.

A oração abre a alma ao Senhor, e é nela que podemos encontrar forças para aceitar uma contrariedade, para abandonar nas mãos de Deus as coisas que nos preocupam; é a oração que nos leva a ser mais generosos e a fazer uma boa Confissão, se a raiz da nossa tristeza e mau-humor estiver na tibieza ou no pecado.

Terminamos a nossa oração dirigindo-nos à Virgem: "*Causa nostrae laetitiae!*, Causa da nossa alegria, rogai por nós! Ensinai-nos a saber acolher na fé o paradoxo da alegria cristã, que nasce e floresce da dor, da renúncia, da união com o vosso Filho crucificado: fazei com que a nossa alegria seja sempre autêntica e plena, para podermos comunicá-la a todos"[15].

Ofereçamos à nossa Mãe do Céu, neste dia da Novena, o firme propósito de rejeitarmos sempre a tristeza e de sermos causa de paz e de alegria para os outros.

650 CAUSA DA NOSSA ALEGRIA

(1) Missas da Virgem Maria, II, *Missa de Santa Maria, Causa da nossa alegria. Oração coleta*; (2) Gn 1, 31; (3) M. D. Philippe, *Mistério de Maria*, p. 134; (4) Lc 2, 10-11; (5) L. Giussani, *La utopia y la presencia*, em *30 Dias*, 8.9.1990, p. 9; (6) Lc 1, 41; (7) São João Crisóstomo, *Sermão recolhido por Metafrasto*; (8) São Josemaria Escrivá, *Caminho*, n. 662; (9) São Tomás, *Summa theologica*, II-II, q. 28, a. 4; (10) Santa Teresa, *Livro das Fundações*, 5, 10; (11) cf. São Josemaria Escrivá, *Sulco*, n. 63; (12) F. M. Moschner, *Rosa mística*, Rialp, Madri, 1957, p. 180; (13) Pr 25, 20; (14) Ecle 30, 24-25; (15) João Paulo II, *Homilia*, 31-V-1979.

Novena da Imaculada 4 de Dezembro.
Quinto dia da Novena

107. ROSA MÍSTICA

— Sempre com Jesus. Vida de oração.
— Aprender a rezar.
— As orações vocais. O Santo Rosário.

I. *MARIA CONSERVAVA todas estas coisas, meditando-as no seu coração*[1]. *E a sua mãe conservava todas estas coisas no seu coração*[2]. Por duas vezes o Evangelista se refere a esta atitude de Maria diante dos acontecimentos: uma na noite de Belém, e a outra em Nazaré, ao regressar de Jerusalém depois de encontrar Jesus no Templo. A insistência do Evangelista parece um eco da repetida reflexão de Maria, que deve tê-la confidenciado aos apóstolos depois da Ascensão de Jesus aos Céus.

A Virgem conservava e meditava. Sabia recolher-se interiormente, guardava e avaliava na sua intimidade, isto é, tornava tema da sua oração os grandes e pequenos acontecimentos da sua vida. Esta oração contínua de Maria é como o aroma da rosa "que se eleva constantemente para Deus. Essa elevação nunca cessa, tem um frescor primaveril; é sempre jubilosamente nova e virginal. Se a brisa das nossas orações ou os ventos tempestuosos deste mundo passam por Ela e a tocam, o perfume da sua oração eleva-se então em tons mais fortes e perceptíveis; Maria converte-

-se em intercessora, incluindo a nossa oração na sua para apresentá-la ao Pai em Jesus Cristo, seu Filho"[3].

Quando estava nesta terra, a Virgem não fazia nada que não fosse por referência ao seu Filho: cada vez que falava com Jesus, e quando o fitava, quando lhe sorria ou pensava nEle, orava, pois a oração é isso: é falar com Deus[4].

Em Caná da Galileia, nas bodas daqueles parentes ou amigos, ensina-nos com que delicadeza e insistência devemos pedir. "Apesar de ser a Mãe de Jesus, de o ter embalado nos seus braços, Maria abstém-se de lhe indicar o que pode fazer. Expõe a necessidade e deixa o resto ao critério do Filho, na certeza de que a solução que Ele der ao problema, seja qual for e em que sentido for, será a melhor, a mais conveniente. Deixa a mais ampla liberdade ao Senhor, para que faça a sua vontade sem compromissos nem violências. Mas isso porque estava certa de que a vontade do Filho era o que de mais perfeito se podia fazer e o que deveras resolvia a questão. Não tolhe os movimentos do seu Filho, antes confia na sua sabedoria, no seu conhecimento superior, na sua visão mais ampla e profunda das circunstâncias que Ela provavelmente desconhecia. Nossa Senhora nem sequer considerou se Jesus acharia conveniente ou não intervir: expõe o que sucede e abandona-o nas suas mãos. É que a fé compromete o Senhor muito mais do que os argumentos mais sagazes e contundentes"[5].

Ao pé da Cruz, a Virgem anima-nos a estar sempre junto de Jesus, em oração silenciosa, nos momentos mais duros da vida. E a última notícia que dEla nos dá o Evangelho no-la retrata entre os apóstolos, orando com eles[6], à espera da chegada do Espírito Santo.

"O Santo Evangelho facilita-nos brevemente o caminho para entendermos o exemplo da nossa Mãe: *Maria conservava todas estas coisas dentro de si, ponderando-as no seu coração* (Lc 2, 19). Procuremos nós imitá-la, conversando com o Senhor, num diálogo enamorado, de tudo o que se passa conosco, até dos acontecimentos mais triviais. Não esqueçamos que temos de pesá-los, avaliá-los, vê-los com olhos de fé, para descobrir a Vontade de Deus"[7]. É a isso que nos deve levar a nossa meditação diária: a identificar-nos plenamente com Jesus, a dar um conteúdo divino aos pequenos acontecimentos diários.

II. O AROMA DA NOSSA ORAÇÃO deve subir constantemente ao nosso Pai-Deus. Mais ainda: pedimos a Nossa Senhora — que já está no Céu em corpo e alma — que diga a Jesus constantemente coisas boas de nós: *Recordare, Virgo Mater Dei, dum steteris in conspectu Domini, ut loquaris pro nobis bona...* "Lembrai-vos, Virgem Mãe de Deus, quando estiverdes na presença do Senhor, de dizer-lhe coisas boas em nosso favor"[8]. E Ela, do Céu, anima-nos a nunca abandonar a oração, o trato com Deus, pois a oração é a nossa fortaleza diária.

Devemos chegar a um trato cada vez mais íntimo com o Senhor na nossa oração mental — nesses tempos diários que dedicamos a falar-lhe silenciosamente dos nossos assuntos, a dar-lhe graças, a pedir-lhe ajuda e a dizer-lhe que o amamos... — e mediante a oração vocal, empregando muitas vezes as palavras que serviram a tantas gerações para elevar os seus corações e os seus pedidos ao Senhor e à sua Santíssima Mãe.

A oração robustece-nos contra as tentações. Às vezes, leva-nos a ouvir as mesmas palavras que Jesus dirigiu aos seus discípulos no horto de Getsêmani: *Por que dormis? Levantai-vos e orai, para que não entreis em tentação*[9]. Devemos rezar sempre, mas há momentos em que temos de fazê-lo mais intensamente, porque talvez sejam maiores as dificuldades familiares ou profissionais, ou mais fortes as tentações. A oração mantém-nos vigilantes contra o inimigo que ataca e fortalece-nos o espírito perante as dificuldades.

A Virgem Santa Maria ensina-nos hoje a ponderar no nosso coração e a dar sentido na presença de Deus a tudo aquilo que constitui a nossa vida: ao que nos parece uma grande desgraça, às pequenas contrariedades, às alegrias, à rotina do trabalho diário, às trivialidades da vida familiar, à amizade...

Como Maria, acostumemo-nos a procurar o Senhor na intimidade da nossa alma em graça. "Alegra-te com Ele no teu recolhimento interior. Alegra-te com Ele, já que o tens tão perto. Deseja-o aí; adora-o aí; não o procures fora de ti, porque te distrairás e te cansarás, e não o encontrarás; não poderás fruir dEle com maior certeza nem com mais rapidez nem mais perto do que dentro de ti"[10].

Nenhuma pessoa neste mundo soube tratar Jesus como a sua Mãe; e, depois dEla, São José, que passou longas horas olhando-o, contemplando-o, falando com Ele dos pequenos assuntos diários, com simplicidade e veneração. Se recorrermos a eles com fé antes de começarmos a nossa oração mental diária, veremos como nos ajudam a conversar afetuosamente com o Senhor nesses minutos de silêncio e de colóquio íntimo.

III. NA ORAÇÃO MENTAL, falamos com o Senhor de pessoa a pessoa, entendemos o que Ele quer de nós, vemos com outra profundidade o conteúdo da Sagrada Escritura, pois "a compreensão tanto das coisas como das palavras transmitidas cresce quando os fiéis as contemplam e estudam, repassando-as no seu coração"[11].

Juntamente com esse "ponderar as coisas no coração", também é muito grata ao Senhor a oração vocal, como o foi sem dúvida a da Virgem, pois Ela certamente recitaria Salmos e outras fórmulas contidas no Antigo Testamento, próprias do povo hebreu[12]. Quando começamos o trabalho, ao terminá-lo, ao caminharmos pela rua, ao subirmos ou descermos as escadas da nossa casa..., a nossa alma inflama-se com as orações vocais e a nossa vida converte-se, pouco a pouco, numa contínua oração: recitamos o *Pai-Nosso*, a *Ave-Maria*, jaculatórias que nos ensinaram ou que aprendemos ao lermos e meditarmos o Santo Evangelho, extraídas das palavras com que muitos personagens que se aproximavam do Senhor lhe pediam que os curasse, perdoasse, abençoasse... Algumas dessas jaculatórias foram-nos ensinadas quando éramos pequenos: "São frases ardentes e singelas, dirigidas a Deus e à sua Mãe, que é nossa Mãe. Ainda hoje — recordava São Josemaria Escrivá —, de manhã e à tarde, não um dia, mas habitualmente, renovo aquele oferecimento de obras que os meus pais me ensinaram: *Ó Senhora minha, ó minha Mãe!, eu me ofereço todo a Vós. E, em prova do meu afeto filial, vos consagro neste dia os meus olhos, os meus ouvidos, a minha boca, o meu coração...* Não será isto — de certa maneira — um princípio de contemplação, demonstração evidente de confiado abandono?"[13]

A oração *Lembrai-vos*, a *Salve-Rainha*..., encerram para muitos cristãos a recordação e a candura da primeira vez em que as rezaram. Não deixemos que essas belíssimas orações se percam; cumpramos o dever de ensiná-las aos outros. De modo muito particular, podemos esmerar-nos nestes dias da Novena na recitação do terço, pois tem sido recomendada com tanta insistência pela Igreja.

O Papa Pio IX encontrava-se no seu leito de morte, e um dos prelados que o assistiam perguntou-lhe em que pensava naquelas horas supremas. E o Papa respondeu-lhe: "Veja: estou contemplando docemente os quinze mistérios que adornam as paredes desta sala, que são outros tantos quadros de consolo. Se soubesse como me animam! Contemplando os mistérios gozosos, não me lembro das minhas dores; pensando nos dolorosos, sinto-me extremamente confortado, pois vejo que não estou sozinho no caminho da dor, mas que Cristo vai à minha frente; e quando considero os gloriosos, sinto uma grande alegria, e parece-me que todas as minhas penas se convertem em resplendores de glória. Como me consola o rosário neste leito de morte!" E dirigindo-se depois aos que o rodeavam, disse: "O rosário é um Evangelho compendiado e dará aos que o recitam os *rios de paz* de que nos fala a Sagrada Escritura; é a devoção mais bela, mais rica em graças e gratíssima ao coração de Maria. Seja este, meus filhos, o meu testamento, para que vos lembreis de mim na terra"[14].

Façamos hoje o propósito de aproveitar melhor o tempo que dedicamos à meditação diária e às orações vocais, especialmente ao terço, por meio do qual alcançaremos graças

656   ROSA MÍSTICA

sem conta para nós e para aqueles que queremos aproximar do Senhor.

(1) Lc 2, 19; (2) Lc 2, 51; (3) F. M. Moshner, *Rosa mística*, p. 201; (4) cf. São John Henry Newman, *Rosa mística*, p. 79; (5) F. Suaréz, *A Virgem Nossa Senhora*, pp. 246-247; (6) At 1, 14; (7) São Josemaria Escrivá, *Amigos de Deus*, n. 285; (8) cf. *Graduale Romanum*, 1979, p. 422; (9) Lc 22, 46; (10) São João da Cruz, *Cântico espiritual*, 1, 8; (11) Conc. Vat. II, Const. *Dei Verbum*, 8; (12) cf. F. M. Willam, *Maria, Mãe de Jesus*, p. 160; (13) São Josemaria Escrivá, *Amigos de Deus*, n. 296; (14) cf. H. Marín, *Doctrina pontifícia IV: documentos marianos*, BAC, Madri, 1954, n. 322.

Novena da Imaculada 5 de Dezembro.
Sexto dia da Novena

108. MÃE AMÁVEL

—— Jesus deu-nos a sua Mãe como Mãe nossa.
—— Mãe amável, acolhedora, de olhar misericordioso.
—— Aprender a tratar mais e melhor com Nossa Senhora.

I. A VIRGEM CONVERTEU-SE em Mãe de todos os homens no momento em que consentiu livremente em ser Mãe de Jesus, o primogênito entre muitos irmãos. Esta maternidade de Maria é superior à maternidade natural humana[1], pois ao dar à luz corporalmente o seu Filho, Jesus Cristo, Cabeça do Corpo Místico que é a Igreja, gerou espiritualmente todos os seus membros: "Ela é verdadeiramente — afirma o Concílio Vaticano II — Mãe dos membros de Cristo [...] porque cooperou pela caridade para que nascessem na Igreja os fiéis que são os membros desta Cabeça"[2].

Quando Jesus foi pregado na Cruz, estavam junto dEle Maria, sua Mãe, São João, o *discípulo amado*, e algumas santas mulheres. O Senhor dirigiu então à sua Mãe essas palavras que tiveram e terão tanta transcendência na vida de todos os homens, de cada um de nós: *Mulher* — disse à Virgem —, *eis aí o teu filho. Depois disse ao discípulo: Eis aí a tua Mãe*[3].

Impressiona-nos ver Cristo esquecido de si: dos seus sofrimentos, da sua solidão. Comove-nos o seu imenso amor à sua Mãe: não quer que fique só; vê a dor de Maria e assume-a dentro do seu Coração, para oferecê-la também ao Pai pela redenção dos homens. Comove-nos o gesto de Jesus para com todos os homens — bons e maus, mesmo os endurecidos pelo pecado — representados em João. Dá--nos a sua Mãe como Mãe nossa; olha para cada um de nós e diz-nos: *Eis aí a tua Mãe*, cuida bem dela, recorre a Ela, aproveita esse dom inefável.

Nesses momentos em que Jesus consumava a sua obra redentora, Maria uniu-se intimamente ao seu sacrifício por uma cooperação mais direta e mais profunda na obra da nossa salvação. A maternidade espiritual da Santíssima Virgem foi confirmada pelo próprio Cristo na Cruz[4].

Eis aí o teu filho. "Esse foi o segundo Natal. Maria tinha dado à luz o seu Filho primogênito sem dor alguma na gruta de Belém; agora dá à luz o seu segundo filho, João, no meio das dores da Cruz. Nesse momento, Maria sofre as dores do parto, não apenas por João, seu segundo filho, mas pelos milhões de outros filhos seus que a chamariam *Mãe* ao longo dos tempos. Agora compreendemos por que o Evangelista chamou a Jesus *filho primogênito* de Maria, não porque Ela viesse a ter outros filhos da sua carne, mas porque geraria muitos outros com o sangue do seu coração"[5], com uma dor redentora, cheia de frutos, pois estava unida ao sacrifício do seu Filho. Compreendemos bem que a maternidade de Maria em relação a nós, sendo de uma ordem diversa, seja superior à maternidade das mães na terra, pois Ela nos gera para uma vida sobrenatural e eterna.

Eis aí o teu filho. Estas palavras produziram na alma da Virgem um aumento de caridade, de amor materno por nós; e no coração de João, um amor filial profundo e cheio de respeito pela Mãe de Deus. Este é o fundamento da nossa devoção à Virgem.

Podemos perguntar-nos neste dia da Novena qual é o lugar que a Virgem ocupa na nossa vida. Temos sabido acolhê-la como João? Chamamo-la muitas vezes *Mãe, minha Mãe...*? Tratamo-la bem?

II. MATERNIDADE QUER DIZER solicitude e desvelo pelo filho. É o que acontece com a Virgem em relação a todos

5 DE DEZEMBRO. SEXTO DIA DA NOVENA 659

os homens. Intercede por cada um de nós e obtém as graças específicas e oportunas de que necessitamos. Jesus diz de si mesmo que é o Bom Pastor que chama cada uma das suas ovelhas *pelo seu nome*, nominalmente[6]; algo de parecido se passa com a Virgem, Mãe espiritual de cada um dos homens. Assim como os filhos são diferentes e únicos para a sua mãe, da mesma maneira cada um de nós é único para Santa Maria. Ela nos conhece bem, sabe distinguir-nos de qualquer outro, chama-nos pelo nosso nome com um acento inconfundível.

A sua maternidade abarca a pessoa inteira, alma e corpo. Mas a sua ação maternal, mesmo a que se exerce sobre o corpo, tem por fim "restaurar a vida sobrenatural nas almas"[7], a santidade, uma identificação mais perfeita com o seu Filho. Nesta tarefa, a Virgem é a colaboradora por excelência do Espírito Santo, que é quem dá a vida sobrenatural e a mantém.

A maternidade de Maria não é a mesma para todos os homens. Maria é Mãe de um modo *excelente* dos bem-aventurados do Céu, que já não podem perder a vida da graça. É Mãe de modo perfeito dos cristãos em graça, porque têm a vida sobrenatural completa. É Mãe daqueles que estão afastados de Deus pelo pecado mortal; com a sua misericórdia, procura atraí-los continuamente para o seu Filho. E é Mãe mesmo daqueles que não estão batizados, já que estão destinados à salvação, pois Deus quer *que todos os homens se salvem e cheguem ao conhecimento da verdade*[8].

Mãe por excelência, a Virgem tem sempre para nós um sorriso nos lábios, um gesto acolhedor, um olhar que convida à confiança; sempre está disposta a entender o que se passa no nosso coração; nEla devemos descarregar as nossas penas, aquilo que mais nos pesa: "Fez-se tudo para todos; fez-se devedora dos sábios e dos ignorantes, com uma copiosíssima caridade. Abre a todos o seu seio de misericórdia, para que todos recebam da sua plenitude: redenção o cativo, saúde o enfermo, consolação o aflito, perdão o pecador"[9].

Talvez em algumas ocasiões nos sintamos doentes da alma, e então recorreremos a quem é *Salus infirmorum*, saúde dos enfermos, na certeza de não sermos rejeitados. Nenhuma experiência, por mais dura e negativa que possa ser ou parecer, deve desanimar-nos. Sempre encontraremos em Maria a Mãe amável, acolhedora, de olhar misericordioso, que nos recebe com ternura e nos facilita — e até nos torna mais curto — o caminho que perdemos. E se as dificuldades espirituais ou corporais se intensificam, chamaremos por Ela com mais força, e Ela se apressará a proteger-nos. "Mãe! — Chama-a bem alto, bem alto. — Ela, tua Mãe Santa Maria, te escuta, te vê em perigo talvez, e te oferece, com a graça do seu Filho, o consolo do seu regaço, a ternura das suas carícias. E te encontrarás reconfortado para a nova luta"[10].

III. *E DESSA HORA em diante, o discípulo recebeu-a em sua casa*[11]. Que inveja temos de São João! Como se encheu de luz aquele novo lar de Santa Maria! "Os autores espirituais viram nessas palavras do Santo Evangelho um convite dirigido a todos os cristãos para que todos saibamos também introduzir Maria em nossas vidas. Em certo sentido, é um esclarecimento quase supérfluo, porque Maria quer sem dúvida que a invoquemos, que nos aproximemos dEla com confiança, que recorramos à sua maternidade, pedindo-lhe *que se manifeste como nossa Mãe*"[12].

Talvez possa ser este o nosso propósito para hoje: contemplar Nossa Senhora na casa de São João, ver a extrema delicadeza com que o discípulo amado a trataria, as confidências cheias de intimidade que lhe faria... E colocá-la na nossa vida: fitá-la como o fazia o apóstolo, recorrer a Ela em tudo com confiança filial, amá-la como a amou São João.

Como é fácil amar Santa Maria! Nunca, depois de Jesus, existiu nem existirá criatura alguma mais amável. Já se disse de Santa Maria que Ela é *como um sorriso do Altíssimo*. Nada de imperfeito, inacabado ou defeituoso encontramos no seu ser. Não é alguém longínquo e inacessível: está muito perto da nossa vida diária, conhece as nossas aflições, o que nos preocupa, aquilo de que precisamos... Não tenhamos receio de exceder-nos no nosso amor a Maria, pois

5 DE DEZEMBRO. SEXTO DIA DA NOVENA

nunca chegaremos a amá-la como a Santíssima Trindade a amou, a ponto de fazê-la Mãe de Cristo. Não tenhamos receio de exceder-nos, pois sabemos que Ela é "um presente do Coração de Jesus moribundo"[13].

O Senhor deseja que aprendamos a amá-la sempre mais; que tenhamos para com Ela os pormenores de delicadeza e de amor que Ele teria no nosso lugar: jaculatórias, olhares frequentes às suas imagens — pode-se dizer tanto num olhar! —, atos de desagravo pela indiferença de alguns dos seus filhos, a recitação amorosa do *Ângelus*, do terço... "Entre todas as homenagens que podemos tributar a Maria — afirma Santo Afonso Maria de Ligório —, não há nenhuma tão grata ao Coração da nossa Mãe como a de implorarmos com frequência a sua proteção maternal, pedindo-lhe que nos assista em todas as nossas necessidades particulares, bem como ao darmos ou recebermos um conselho, nos perigos, nas tribulações, nas tentações... Esta boa Mãe livrar-nos-á certamente dos perigos logo que recitemos a antífona *Sub tuum praesidium* ("Sob a vossa proteção nos acolhemos, Santa Mãe de Deus"...), ou a Ave-Maria, ou mal invoquemos o seu santo nome, que tem um poder especial contra os demônios"[14]. Maria, como todas as mães, experimenta uma especial alegria em atender os seus filhos necessitados.

Sabemos que, "depois da peregrinação *neste desterro*, estarão à nossa espera os seus olhos misericordiosos e os seus braços, entre os quais encontraremos, num laço indissolúvel, o *fruto do seu ventre*, Jesus, que conquistou a glória para si, para a sua Mãe e para todos os irmãos que se acolhem à sua misericórdia"[15].

Sancta Maria, Mater amabilis, ora pro eis... ora por me. Ensina-me a querer-te cada dia um pouco mais.

---

(1) Cf. R. Garrigou-Lagrange, *La Madre del Salvador*, p. 219; (2) Conc. Vat. II, Const. *Lumen gentium*, 53; (3) Jo 19, 27; (4) João Paulo II, Enc. *Redemptoris missio*, 7-XII-1990, n. 23; (5) F. J. Sheen, *Desde la Cruz*, Subirana, Barcelona, 1965, p. 18; (6) cf. Jo 10, 3; (7) cf.

662
MÃE AMÁVEL

Conc. Vat. II, Const. *Lumen gentium*, 61; (8) cf. J. Ibañez-F. Mendoza, *La Madre del Redentor*, pp. 237-238; (9) São Bernardo, *Homilia na oitava da Assunção*, 2; (10) São Josemaria Escrivá, *Caminho*, n. 516; (11) Jo 19, 27; (12) São Josemaria Escrivá, *É Cristo que passa*, n. 140; (13) cf. Pio XII, Enc. *Haurietis aquas*, 15-V-1956, 21; (14) Santo Afonso Maria de Ligório, *As glórias de Maria*, III, 9; (15) L. M. Herrán, *Nuestra Madre del Cielo*, 2ª ed., Palabra, Madri, 1988, p. 102.

6 DE DEZEMBRO

109. SÃO NICOLAU DE BARI
Memória

— Os santos, amigos de Deus, são nossos intercessores diante dEle. São Nicolau.
— Necessidade dos bens materiais.
— Generosidade e desprendimento dos bens. Recorrer a São Nicolau nas necessidades econômicas.

São Nicolau de Bari nasceu em Patarra, por volta do ano 270. Foi bispo de Mira na Lícia (atualmente Turquia), e morreu entre os anos 345 e 352 no dia 6 de dezembro. O seu culto estendeu-se pelo Oriente e mais tarde pelo Ocidente, principalmente depois do traslado das suas relíquias para Bari (Itália) no século XI. São numerosas as igrejas e imagens que lhe estão dedicadas.

I. LEMOS NO ANTIGO TESTAMENTO que, quando o Senhor se dispunha a destruir Sodoma e Gomorra para castigar os pecados cometidos pelos habitantes dessas cidades, Abraão intercedeu diante dEle: *Se houver cinquenta justos na cidade, perecerão todos junto, e não perdoarás aquele lugar em atenção aos cinquenta justos, se aí os houver? [...] E o Senhor disse-lhe: Se eu achar no meio da cidade de Sodoma cinquenta justos, perdoarei toda a cidade por amor deles.* Mas Abraão insistiu, cheio de confiança: *E se nela houver quarenta justos, que farás tu?... E se ali forem achados vinte?... E se se acharem dez? E o Senhor disse: Não a destruirei por amor dos dez*[1]. A resposta do Senhor é sempre misericordiosa.

Moisés também recorria à misericórdia divina invocando os que tinham sido amigos de Deus: *Lembra-te de Abraão, de Isaac e de Israel, teus servos*[2]. De Jeremias, já falecido, lê-se: *Este é o amigo dos seus irmãos e do povo de Israel, profeta de Deus, que ora muito pelo povo e por toda a cidade santa*[3]. No Evangelho, vemos como um centurião envia a Jesus uns anciãos, amigos do Senhor, para que intercedam por ele. E eles, *tendo ido ter com Jesus, pediam-lhe instantemente, dizendo: Ele merece que lhe faças esta graça porque é amigo da nossa nação e até nos edificou a sinagoga*[4]. E Jesus atendeu ao pedido daquele centurião. O próprio São Paulo pedia aos cristãos de Roma: *Rogo-vos, pois, irmãos, por Nosso Senhor Jesus Cristo e pelo amor do Espírito Santo, que me ajudeis com as vossas orações...*[5] E São Jerônimo comenta ao falar dos irmãos já falecidos: "Se os apóstolos e mártires, quando ainda estavam no corpo e tinham motivos para se preocuparem consigo próprios, oravam pelos outros, quanto mais depois de terem recebido a coroa, a vitória e o triunfo!"[6]

A Igreja sempre ensinou que os santos que gozam da bem-aventurança, bem como as benditas almas do purgatório, são nossos grandes aliados e intercessores. Eles atendem às nossas preces e as apresentam ao Senhor, com o aval dos méritos que adquiriram nesta terra com a sua vida santa.

De São Nicolau, cuja festa celebramos hoje, conta-se que foi muito generoso nesta terra com a fortuna que herdou de seus pais quando era ainda muito novo. Por isso é considerado intercessor nas necessidades materiais e econômicas.

O Fundador do Opus Dei tinha uma grande devoção por esse Santo e conta que um dia, esmagado sob o peso dos problemas econômicos, lembrou-se de invocá-lo momentos antes de começar a celebração da Santa Missa. Fez-lhe a seguinte promessa, ainda na sacristia: "Se me tiras deste aperto, nomeio-te Intercessor". Mas ao subir os degraus do altar, arrependeu-se de ter estabelecido condições e disse-lhe: "E se não me tiras, nomeio-te na mesma". Resolveram-se aquelas dificuldades e ele passou a recorrer à intercessão do Santo em muitas outras ocasiões[7].

Muitas pessoas ao longo dos séculos têm recorrido a São Nicolau em face de situações econômicas difíceis na família, no trabalho, nas obras apostólicas, que frequentemente devem ter também uma base econômica. Não tenhamos receio de pedir ao Senhor essas ajudas materiais que Ele mesmo nos convida a solicitar quando recitamos o Pai-Nosso: *O pão nosso de cada dia nos dai hoje*. E muitas vezes podemos pedi-lo através dos santos.

II. ENQUANTO ESTIVERMOS na terra, necessitaremos de meios materiais e humanos, tanto para sustentarmos a nossa família como para levarmos avante as tarefas apostólicas que o Senhor quer que promovamos ou auxiliemos de algum modo. Os bens econômicos são isso: *bens*; convertem-se em *males* quando não servem para fazer o bem, quando sentimos por eles um apego desordenado que nos impede de ver os bens sobrenaturais. São Leão Magno ensina que Deus não nos deixou apenas os bens espirituais, mas também os corporais[8], para que os orientemos para o bem humano e sobrenatural dos outros.

O próprio Jesus ensinou aos apóstolos a necessidade de empregar meios humanos. Na primeira missão apostólica, indicou-lhes expressamente: *Não leveis bolsa nem alforje...* Deixa-os sem apoio material algum, para que vejam que é Ele, Jesus, quem dá a eficácia. Compreenderam então que as curas, as conversões, os milagres não eram devidos às suas qualidades humanas, mas ao poder de Deus. No entanto, quando estiver prestes a partir, completará aquele primeiro ensinamento: *Mas agora quem tem bolsa, tome-a, e também alforje*[9]. Ainda que os meios sobrenaturais sejam os principais em todo o apostolado, o Senhor quer que utilizemos todos os meios humanos ao nosso alcance, como se não existisse nenhum meio sobrenatural; os econômicos também.

O próprio Jesus, para realizar a sua missão divina, quis servir-se frequentemente de meios terrenos: de uns pães e peixes, de um pouco de barro, da ajuda material de umas piedosas mulheres que o seguiam...

Quando nos virmos sem recursos ou com recursos insuficientes na família, nas obras apostólicas com as quais colaboramos etc., não duvidemos em recorrer ao Senhor. Não podemos esquecer que o seu primeiro milagre, por intercessão de Nossa Senhora, foi realizado para tirar uns recém-casados de uma situação constrangedora, que aliás não era de importância vital. Ele não deixará de atender-nos. Mas não nos devemos esquecer também de fazer tudo o que estiver ao nosso alcance, como os servos das bodas de Caná, que encheram as vasilhas de água *até à borda*[10].

Algumas vezes, em situações econômicas difíceis, a meditação desse episódio evangélico pode trazer paz às nossas almas: "Encontro-me numa situação econômica tão apertada como nunca. Não perco a paz. Tenho absoluta certeza de que Deus, meu Pai, resolverá todo este assunto de uma vez.

"Quero, Senhor, abandonar o cuidado de todas as minhas coisas nas tuas mãos generosas. A nossa Mãe — a tua Mãe! —, a estas horas, como em Caná, já fez soar aos teus ouvidos: — Não têm!... Eu creio em Ti, espero em Ti, amo-Te, Jesus: para mim, nada; para eles"[11].

III. PODE HAVER OCASIÕES na nossa vida em que o Senhor nos anime a ser generosos, contribuindo com os nossos meios econômicos para a sustentação da Igreja ou de instituições que promovam obras de educação ou de assistência aos mais desamparados. Também é possível que, além disso, assumamos a responsabilidade de arrecadar fundos para essas obras. Muitas páginas do Novo Testamento nos mostram o empenho com que os discípulos de Cristo e os primeiros cristãos se esforçaram por encontrar meios para expandir o Evangelho. Vemos, por exemplo, como Mateus, que tinha uma boa posição econômica, é generoso com Cristo[12]. E aquele grupo de mulheres que segue Jesus e o assiste com os seus bens[13]. E esses outros discípulos — pessoas abastadas —, como José de Arimateia, que cede o seu sepulcro ao Mestre e custeia o seu sudário[14], ou Nicodemos, que compra uma grande quantidade de mirra e aloés para embalsamar o corpo do Senhor[15]. E o heroico comportamento dos primeiros cristãos: *Todos os que possuíam campos ou casas, vendendo-os, traziam o preço do que vendiam e depunham-no aos pés dos apóstolos*[16].

São Paulo organizará coletas — em Antioquia, na Galácia, na Macedônia, na Grécia — para socorrer os fiéis de Jerusalém, provocando a emulação de uns e outros[17]. Quando escreve aos cristãos de Corinto, agradece-lhes a generosidade com que levaram a cabo a coleta, anima-os nos seus propósitos e diz-lhes: *Isto é útil para vós*[18]. E São Tomás, comentando essas palavras, ressalta o proveito que se tira do desprendimento dos bens em favor dos outros: "O bem da piedade é mais útil para quem o exerce do que para quem o recebe. Porque quem o exerce tira dali um proveito espiritual, ao passo que quem o recebe obtém apenas um bem temporal"[19]. A esmola que damos é um dos principais remédios para curar as feridas da nossa alma, que são os pecados[20], e nunca deixa de atrair a misericórdia divina.

A par, portanto, da nossa generosidade pessoal, devemos fomentar nos nossos amigos essa mesma disposição de alma, que alcançará do Senhor tantas bênçãos para eles e para as suas famílias. "Eis uma tarefa urgente: sacudir a consciência dos que creem — fazer uma leva de homens de boa vontade —, com o fim de que cooperem e proporcionem os instrumentos materiais necessários para trabalhar com as almas"[21]. Para terminarmos, pode servir-nos esta frase que nos anima ao esforço, à generosidade e ao desprendimento: "Pensai: quanto vos custa — também economicamente — ser cristãos?"[22]

São Nicolau será nosso aliado no Céu no esforço por sermos generosos com Deus e com os nossos irmãos, e por procurarmos obter esses meios econômicos necessários na terra. Recorramos a ele. Está perto de Deus e continua a ser generoso com os que o invocam.

---

(1) Cf. Gn 18, 24-32; (2) Ex 32, 13; (3) 2 Mac 15, 14; (4) cf. Lc 7, 1-10; (5) Rm 15, 30; (6) São Jerônimo, *Contra Vigilantium*, 1, 6; (7) cf. A. Vázquez de Prada, *O Fundador do Opus Dei*, pp. 155, 161, 256, 270;

(8) São Leão Magno, *Homilias*, 10, 1; (9) Lc 22, 36; (10) Jo 2, 7; (11) cf. São Josemaria Escrivá, *Forja*, n. 807; (12) Mt 9, 9-10; (13) Lc 8, 3; (14) Mt 15, 46; (15) Jo 19, 39; (16) At 4, 34-35; (17) 2 Cor 8, 8; (18) 2 Cor 8, 10; (19) São Tomás, *Comentário à Segunda Carta aos Coríntios*; (20) cf. *Catecismo romano*, IV, 14, 23; (21) São Josemaria Escrivá, *Sulco*, n. 24; (22) São Josemaria Escrivá, *Amigos de Deus*, n. 126.

NOVENA DA IMACULADA 6 DE DEZEMBRO.
SÉTIMO DIA DA NOVENA

110. REFÚGIO DOS PECADORES

—— A Virgem e o sacramento da Penitência.
—— A sua atitude misericordiosa para com
os pecadores.
—— Nosso refúgio.

I. *AVE, CHEIA DE GRAÇA, és chamada clementíssima para com os pecadores porque contemplas misericordiosa a nossa miséria*[1].

Em alguns lugares, desde tempos imemoriais, foi costume representar Nossa Senhora com um grande manto debaixo do qual se encontra todo o gênero de pessoas com um rosto cheio de paz: papas e reis, comerciantes e camponeses, homens e mulheres... Alguns, que não se abrigaram bem debaixo desse manto protetor, têm alguma parte do corpo atravessada por uma flecha: o preguiçoso é representado sentado e com uma flecha na perna, o guloso com um prato na mão e a flecha na barriga...[2]

Refugium peccatorum: desde sempre, os cristãos viram a Santíssima Virgem como amparo e refúgio dos pecadores, para onde corremos, como que por instinto, nos momentos de maior tentação ou dificuldade, ou quando talvez não tenhamos sido fiéis ao Senhor. Ela é o atalho que nos facilita o retorno a Jesus.

Nos primeiros séculos da nossa fé, os Santos Padres, ao tratarem do mistério da Encarnação do Verbo, afirmavam com frequência que o seio virginal de Maria foi o lugar em que se selou a paz entre Deus e os homens. Pela sua especialíssima união com Cristo, a Virgem exerce uma maternidade em relação aos homens que consiste em "contribuir para a restauração da vida sobrenatural nas almas"[3]; por essa maternidade, ocupa Ela um lugar totalmente especial no plano pensado por Deus para livrar o mundo dos seus pecados. Para isso, "consagrou-se totalmente como *escrava do Senhor* à Pessoa e à obra do seu Filho, servindo sob Ele e com Ele o mistério da Redenção"[4]; esteve associada à expiação de Cristo por todos os pecados do mundo, padeceu com Ele e foi corredentora em todos os momentos da vida de Jesus e de modo especial no Calvário, onde ofereceu o seu Filho ao Pai e se ofereceu juntamente com Ele: "Verdadeiramente, em virtude da sua maternidade divina, Maria converteu-se na *aliada de Deus* na obra da reconciliação"[5]. Por isso, muitos teólogos costumam comentar que a Virgem se encontra de algum modo presente na Confissão sacramental, em que nos são concedidas particularmente as graças da Redenção. "Se alguém separa do sacramento da penitência a coexpiação de Maria, introduz entre Ela e Cristo uma divisão que nunca existiu nem pode ser admitida [...], já que é o próprio Cristo quem assume na sua expiação toda a cooperação expiatória da sua Mãe"[6].

Maria encontra-se sempre muito perto da Confissão: está presente no caminho que leva a esse sacramento, preparando a alma para que se aproxime dele com humildade, sinceridade e arrependimento. Exerce um trabalho maternal importantíssimo, facilitando o caminho da sinceridade e conduzindo suavemente a essa fonte de graça. Se alguma vez as faltas cometidas nos envergonham particularmente, Ela é o primeiro Refúgio para o qual devemos correr, certos de que, pouco a pouco, com a sua graça maternal, se tornará fácil o que a princípio era difícil. Se um filho se afasta da casa paterna, que mãe não estará disposta a facilitar-lhe o regresso? "A Mãe de Deus, que buscou afanosamente o seu Filho, perdido sem culpa dEla, que experimentou a maior alegria ao encontrá-lo, ajudar-nos-á a desandar o andado, a retificar o que for preciso quando pelas nossas leviandades ou pecados não conseguirmos distinguir Cristo. Alcançaremos assim a alegria de abraçá-lo de novo, para lhe dizer que nunca mais o perderemos"[7].

Santa Maria, *Refúgio dos pecadores*, nosso refúgio, dai-nos o instinto certeiro de recorrer a Vós quando nos afastarmos do amor do vosso Filho. Dai-nos o dom da contrição.

II. *SANTA MARIA, Mãe de Deus, rogai por nós, pecadores...*

O perdão sempre é possível. O Senhor deseja a nossa salvação e a limpeza da nossa alma mais do que nós mesmos. Deus é todo-poderoso, é nosso Pai e é Amor. E Jesus diz a todos, e a nós também: *Eu não vim chamar os justos, mas os pecadores*[8]. Ele chama-nos — com mais força nesta novena — para que, com a ajuda da sua Mãe, nos desapeguemos do egoísmo, dos pequenos rancores, das faltas de amor, dos juízos precipitados sobre os outros, das faltas de desprendimento...

Devemos aproximar-nos da grande festa de Nossa Senhora com um coração mais limpo. Na intimidade do nosso coração, devemos sentir esse convite divino a uma maior pureza interior. Uma tradição muito antiga relata uma aparição do Senhor a São Jerônimo: "Jerônimo, que me vais dar?" E o santo respondeu: "Oferecer-te-ei os meus escritos". E Cristo respondeu-lhe que não era suficiente. "Que entregarei então? A minha vida de mortificação e penitência?" A resposta foi: "Também não me bastam". "Que me fica por dar-te?", perguntou São Jerônimo. E Cristo respondeu-lhe: "Podes dar-me os teus pecados, Jerônimo"[9]. Às vezes, pode custar-nos reconhecer diante de Deus os nossos pecados, fraquezas e erros, deixá-los nas suas mãos sem nenhum invólucro, como são, sem justificações, com sinceridade de coração, chamando cada coisa pelo seu nome. Deus toma-os porque são o que nos separa dEle e dos outros, o que nos faz sofrer, o que impede uma verdadeira vida de oração. Deus deseja-os para destruí-los, para perdoá-los e dar-nos em troca uma fonte de Vida.

É surpreendente, gozosamente surpreendente, a insistência com que Jesus chama os pecadores, *pois o Filho do homem veio salvar o que tinha perecido*[10]. Essa atitude misericordiosa foi a que fez com que o conhecessem muitos dos que viveram perto dEle: *Os escribas e fariseus murmuravam e diziam: Ele recebe os pecadores e come com eles*[11]. E, ante o assombro de todos, livra a mulher adúltera da humilhação a que estava sendo submetida, e depois despede-a, perdoada, com estas simples palavras: *Vai e não peques mais*[12]. Jesus é sempre assim. Nunca nos passe pela cabeça — recomendava o Cardeal Newman — a ideia de que Deus é um amo duro, severo[13]. Esta é a imagem que pode formar quem se comportasse dessa maneira — áspera e friamente, ou mostrando-se incomodado — ante as ofensas alheias. Mas Deus não é assim: quanto pior é a nossa situação, mais Ele nos ama, mais nos procura.

Ensina Santo Afonso Maria de Ligório que a principal missão confiada por Deus à Virgem foi exercer a misericórdia, e que Maria põe todas as suas prerrogativas a serviço dessa tarefa[14].

A missão de Maria não é aplacar a justiça divina. Deus é sempre bom e misericordioso. A missão de Nossa Senhora é a de preparar o nosso coração para que possamos receber as inumeráveis graças que o Senhor nos quer dar. "Não será Maria um suave e poderoso estímulo para superarmos as dificuldades inerentes à Confissão sacramental? Não é verdade que Ela nos convida a aceitar essas dificuldades para transformá-las em meio de expiação das nossas culpas e das alheias?"[15] Recorramos sempre ao seu auxílio enquanto nos preparamos para receber esse sacramento.

Santa Maria, "Esperança nossa, olhai-nos com compaixão, ensinai-nos a ir continuamente a Jesus e, se caímos, ajudai-nos a levantar-nos, a voltar para Ele, mediante a confissão das nossas culpas e pecados no sacramento da Penitência, que traz sossego à alma"[16].

III. *SANCTA MARIA, refugium nostrum et virtus...* Refúgio e fortaleza nossa.

A palavra *refúgio* vem do latim *fugere*, fugir de algo ou alguém... Quando procuramos um refúgio, fugimos do frio, da escuridão da noite, de uma tempestade; procuramos segurança, abrigo. Quando recorremos a Nossa Senhora, encontramos *a única proteção verdadeira* contra as tentações, o desânimo, a solidão... Muitas vezes, o simples fato de começarmos a rezar-lhe é suficiente para que a tentação desapareça e recuperemos a paz e o otimismo. Se em algum momento as dificuldades se avolumam e as tentações se tornam mais fortes, devemos correr rapidamente a abrigar-nos sob o manto de Nossa Senhora. "Todos os pecados da tua vida parecem ter-se posto de pé. — Não desanimes. Pelo contrário, chama por tua Mãe, Santa Maria, com fé e abandono de criança. Ela trará o sossego à tua alma"[17].

NEla encontramos sempre abrigo e proteção. Ela "consola o nosso temor, move a nossa fé, fortalece a nossa esperança, dissipa os nossos temores e anima a nossa pusilanimidade"[18]. Os seus filhos, logo que percebem o seu amor de Mãe, refugiam-se nEla implorando perdão; "ao contemplarem a sua beleza espiritual, esforçam-se por livrar-se da fealdade do pecado, e, ao meditarem nas suas palavras e exemplos, sentem-se chamados a cumprir os preceitos do seu Filho"[19].

Minha Mãe, *Refúgio dos pecadores*, ensina-nos a reconhecer os nossos pecados e a arrepender-nos deles. Vem ao nosso encontro quando for difícil o caminho de volta para o teu Filho, quando nos sentirmos perdidos.

---

(1) *Missas da Virgem Maria*, n. 14; *Antífona de entrada* da Missa *Mãe da reconciliação*; (2) cf. M. Trens, *María. Iconografía de la Virgen en el arte español*, p. 274 e segs.; (3) Conc. Vat. II, Const. *Lumen gentium*, 61; (4) *ib.*, 56; (5) João Paulo II, Exort. apost. *Reconciliatio et Paenitentia*, 2-XII-1984, n. 35; (6) A. Bandera, *La Virgen Maria y los sacramentos*, Rialp, Madri, 1978, p. 173; (7) São Josemaria Escrivá, *Amigos de Deus*, n. 278; (8) Mt 9, 13; (9) cf. F. J. Sheen, *Desde la cruz*, p. 16; (10) Mt 18, 11; (11) Mt 11, 19; (12) Jo 8, 11; (13) São John Henry Newman, *Sermão para o IV domingo depois da Epifania*; (14) Santo Afonso Maria de Ligório, *As glórias de Maria*, VI, 3, 5; (15) A. Bandera, *op. cit.*,

pp. 179-180; (16) João Paulo II, *Oração à Virgem de Guadalupe*, janeiro de 1979; (17) São Josemaria Escrivá, *Caminho*, n. 498; (18) São Bernardo, *Homilia na Natividade da B. Virgem Maria*, 7; (19) cf. *Missas da Virgem Maria*, n. 14; *Prefácio* da Missa *Mãe da reconciliação*.

NOVENA DA IMACULADA 7 DE DEZEMBRO.
OITAVO DIA DA NOVENA

111. PORTA DO CÉU

—— Por meio de Maria, sempre encontramos Jesus.
—— A intercessão de Nossa Senhora.
—— A devoção à Virgem, sinal de predestinação.

I. *AVE, MARIS STELLA,/ Dei Mater alma,/ atque semper Virgo,/ felix caeli porta.* "Ave, estrela do mar,/ Mãe santa de Deus,/ e sempre Virgem,/ feliz porta do Céu"[1].

Ianua caeli, Porta do Céu, assim a temos invocado tantas vezes na ladainha do terço. Maria é a entrada e o acesso a Deus, é a *Porta oriental do Templo*[2] de que fala o profeta, porque por Ela chegou-nos Jesus, o Sol da justiça. E é, ao mesmo tempo, "a porta dourada do Céu pela qual confiamos entrar um dia no descanso da eterna bem-aventurança"[3]. Por meio de Maria, sempre encontramos Jesus.

Às vezes, os homens percorrem mil caminhos extraviados, procurando a Deus com nostalgia; tentam chegar até Ele à força de braçadas, de complicadas especulações, e esquecem essa entrada simples que é Maria, "que nos conduz ao interior do Céu da convivência com Deus"[4].

Conta-se de frei Leão, um leigo que acompanhava sempre São Francisco de Assis, que, depois da morte do Santo, depositava todos os dias sobre o seu túmulo um punhado de ervas e flores e meditava sobre as verdades eternas. Certo dia, adormeceu e teve uma visão do dia do Juízo. Viu que se abria uma janela no Céu e aparecia Jesus, o amável Juiz, acompanhado de São Francisco. Fizeram descer uma escada vermelha, que tinha os degraus muito espaçados, de tal maneira que era impossível subir por ela. Todos tentavam e pouquíssimos conseguiam subir. Ao cabo de um certo tempo, e como subisse da terra um grande clamor, abriu-se outra janela, à qual apareceram novamente Jesus e São Francisco, mas com a Virgem ao lado do Senhor. Lançaram outra escada, mas esta era branca e tinha os degraus mais juntos. E todos, com imensa alegria, iam subindo. Quando alguém se sentia especialmente fraco, Santa Maria animava-o chamando-o pelo nome e enviando algum dos anjos que a serviam para que o ajudasse. E assim todos foram subindo, um atrás do outro[5]. Não deixa de ser uma lenda piedosa, que no entanto nos ensina uma verdade essencial e consoladora, conhecida desde sempre pelo povo cristão: com a Virgem, a santidade e a salvação tornam-se mais fáceis. Sem a Virgem, tudo se torna não só mais difícil, como talvez impossível, pois Deus quis que Ela fosse "a dispensadora de todos os tesouros que Jesus conquistou com o seu Sangue e a sua Morte"[6].

A Virgem não é apenas a porta do Céu — *Ianua caeli* —, mas também uma ajuda poderosíssima para que o alcancemos. Pois, "assunta aos Céus, não abandonou esta missão salvífica, mas pela sua múltipla intercessão continua a granjear-nos os dons da salvação eterna. Pela sua maternal caridade, cuida dos irmãos do seu Filho que ainda peregrinam rodeados de perigos e dificuldades, até que sejam conduzidos à Pátria bem-aventurada. Por isso, a Santíssima Virgem Maria é invocada na Igreja sob os títulos de Advogada, Auxiliadora, Socorro, Medianeira"[7].

Por vontade divina, a Santíssima Virgem é a Medianeira perante o Mediador, a quem está subordinada, como ensina São Bernardo[8]. Todas as graças nos chegam através das mãos de Maria, de tal maneira que, como afirmam muitos teólogos, Cristo não nos concede nada a não ser por meio de Nossa Senhora. E Ela está sempre disposta a conceder-nos tudo o que lhe queiramos pedir e possa ser útil à nossa sal-

7 DE DEZEMBRO. OITAVO DIA DA NOVENA

vação. Oxalá os nossos pedidos não sejam tímidos durante esta Novena.

II. SANTO AFONSO MARIA DE LIGÓRIO afirma que Maria é a *Porta do Céu* porque, da mesma forma que todas as graças e indultos que os reis concedem passam pela porta do seu palácio, de igual modo nenhuma graça desce do Céu à terra sem passar pelas mãos de Maria[9].

Já na sua vida terrena, Nossa Senhora aparece como a dispensadora das graças. Por Ela, Jesus santifica o Precursor quando a Virgem visita a sua prima Isabel. Em Caná, a pedido de Maria, Jesus realiza o seu primeiro milagre, convertendo a água em vinho; e é ali também, em consequência desse milagre, que os discípulos do Senhor passam a crer nEle[10]. A Igreja começa o seu caminho, através da história dos homens e dos povos, no dia de Pentecostes, e "sabe-se que Maria está presente no começo desse caminho, pois vemo-la no meio dos apóstolos no Cenáculo de Jerusalém, «implorando com as suas orações o dom do Espírito Santo»"[11].

Pela sua intercessão, Maria alcança-nos e distribui-nos todas as graças, mediante súplicas ao seu Filho que não podem cair no vazio. Esta intercessão é ainda maior depois da sua Assunção ao Céu e depois de ter sido elevada em dignidade acima dos anjos e dos arcanjos. A Virgem distribui-nos a água da fonte, não toda de uma vez — afirma São Bernardo —, mas fazendo cair a graça gota a gota sobre os nossos corações ressecados, na medida da nossa capacidade[12]. Ela conhece perfeitamente as nossas dificuldades e concede-nos as graças de que necessitamos. Só a nossa má vontade pode impedir que essas graças cheguem até à nossa alma.

Pelo conhecimento que possui das necessidades espirituais e materiais de cada um dos seus filhos, Nossa Senhora, levada pela sua imensa caridade, intercede constantemente por nós. E muito mais quando lhe dirigimos com insistência as nossas súplicas. Noutros casos, porém, deixamos por completo nas suas mãos a solução dos problemas que nos afligem, convencidos de que Ela sabe melhor do que nós o que nos convém: "Minha Mãe... vês que necessito disto e daquilo..., que este amigo, este irmão, este filho... estão longe da casa paterna..." NEla se dão em plenitude as palavras de Jesus no Evangelho: *Todo aquele que pede, recebe; e aquele que busca, encontra; e a quem bate, abrir-se-á*[13]. Como pode Nossa Senhora deixar-nos à porta quando lhe pedimos que no-la abra? Como não há de socorrer-nos se nos vê tão necessitados?

III. *IANUA CAELI, ora pro eis..., ora pro me.*
O título de *Porta do Céu* convém à Virgem pela sua íntima união com o seu Filho e pela sua participação na plenitude de poder e de misericórdia que deriva de Cristo, Nosso Senhor. Jesus Cristo é, por direito próprio e principal, o caminho e a entrada para a glória, pois com a sua Paixão e Morte abriu-nos as portas do Céu que antes estavam fechadas. Mas chamamos a Maria *Porta do Céu* porque, com a sua intercessão onipotente, nos proporciona os auxílios necessários para alcançarmos as graças que Cristo nos mereceu e irmos até o trono de Deus[14], onde nos espera o nosso Pai.

Além disso, já que por essa porta celestial nos chegou Jesus, iremos a Ela para encontrá-lo, pois "Maria é sempre o caminho que conduz a Cristo. Cada encontro com Ela é necessariamente um encontro com o próprio Cristo. Que outra coisa significa o contínuo recurso a Maria senão buscar nos seus braços, nEla, por Ela e com Ela, o nosso Salvador, Jesus Cristo?"[15] Sempre, como os Magos em Belém, encontramos Jesus com *Maria, sua Mãe*[16]. Esta é a razão por que já se disse em tantas ocasiões que a devoção à Virgem é sinal de predestinação[17]. Ela cuida de que os seus filhos encontrem o caminho que leva à casa do Pai. E se alguma vez nos desviamos, utilizará os seus recursos poderosos para que retornemos ao bom caminho, e nos estenderá a mão para que não nos desviemos novamente. E se caímos, levantar-nos-á; e arrumar-nos-á uma vez mais para que estejamos apresentáveis na presença do seu Filho.

A intercessão da Virgem é maior do que a de todos os santos juntos, pois os outros santos nada obtêm sem Ela. A mediação dos santos depende da de Maria, que é universal e sempre subordinada à do seu Filho. Além disso, as graças que a Virgem nos obtém foram merecidas por Ela pela sua profunda identificação com a Paixão e Morte de Cristo. Com a sua ajuda, entraremos na casa do Pai.

Com esses pequenos atos de amor que lhe estamos oferecendo nestes dias, não podemos nem sequer imaginar a chuva de graças que vem derramando sobre cada um de nós, sobre as pessoas que pusemos sob os seus cuidados e sobre toda a Igreja. "As mães não contabilizam os pormenores de carinho que os seus filhos lhe demonstram; nada pensam ou medem com critérios mesquinhos. Uma pequena manifestação de carinho, elas a saboreiam como mel, e extravasam-se, concedendo muito mais do que recebem. Se assim reagem as mães boas da terra, imaginai o que poderemos esperar da Nossa Mãe Santa Maria"[18]. Não nos separemos dEla; não deixemos um só dia de recorrer à sua proteção maternal.

---

(1) Hino *Ave, Maris stella*; (2) Ez 44, 1; (3) Bento XIV, Bula *Gloriosae Dominae*, 27-IX-1748; (4) F. M. Moshner, *Rosa mística*, p. 240; (5) cf. *Vita Fratris Leonis*, em *Analecta franciscana*, III, I; (6) São Pio X, Enc. *Ad diem illum*, 2-II-1904; (7) Conc. Vat. II, Const. *Lumen gentium*, 62; (8) São Bernardo, *Sermão sobre as doze prerrogativas da B. Virgem Maria*, em *Suma aurea*, VI, 996; (9) Santo Afonso Maria de Ligório, *As glórias de Maria*, I, 5, 7; (10) cf. Jo 2, 11; (11) João Paulo II, Enc. *Redemptoris Mater*, 25-III-1987, n. 26; (12) cf. São Bernardo, *Homilia na Natividade da B. Virgem Maria*, 3, 5; (13) Mt 7, 8; (14) cf. Card. Gomá, *Maria Santíssima*, vol. II, pp. 162-163; (15) Paulo VI, Enc. *Mense Maio*, 29-IV-1965; (16) cf. Mt 2, 11; (17) cf. Pio XII, Enc. *Mediator Dei*, 20-II-1947; (18) São Josemaria Escrivá, *Amigos de Deus*, n. 280.

8 DE DEZEMBRO

112. IMACULADA CONCEIÇÃO DE MARIA SANTÍSSIMA
Solenidade

— A Virgem no mistério de Cristo.
— A plenitude de graça que recebeu no instante da sua concepção.
— Para imitar a Virgem, é necessário relacionar-se intimamente com Ela. Devoções.

Esta festa, instituída por Pio IX, teve por motivo a proclamação do dogma, no dia 8 de dezembro de 1854. A definição dogmática tornou mais preciso o sentido desta verdade de fé e afirmou de modo solene a fé constante da Igreja. A festividade começou a ser celebrada no Oriente no século VIII e, um século depois, em muitos lugares do Ocidente.

I. *TRANSBORDO DE ALEGRIA no Senhor e a minha alma exulta no meu Deus, pois Ele revestiu-me de justiça e envolveu-me no manto da salvação, como uma noiva ornada com as suas joias*[1]. São palavras que a liturgia coloca nos lábios de Nossa Senhora nesta Solenidade, e que expressam o cumprimento da antiga profecia de Isaías.

Tudo o que de formoso e belo se pode dizer de uma criatura, cantamo-lo hoje à nossa Mãe do Céu. "Exulte hoje toda a criação e estremeça de júbilo a natureza. Alegre-se o céu na alturas e as nuvens espalhem a justiça. Destilem os montes doçuras de mel e júbilo as colinas, porque o Senhor teve misericórdia do seu povo e suscitou-nos um

682 IMACULADA CONCEIÇÃO DE MARIA SANTÍSSIMA

poderoso salvador na casa de Davi, seu servo, quer dizer, nesta imaculadíssima e puríssima Virgem, por quem chegam a saúde e a esperança dos povos"[2], canta um antigo Padre da Igreja.

No seu propósito de salvar a humanidade, a Santíssima Trindade determinou que Maria seria escolhida como Mãe do Filho de Deus feito homem. Mais ainda: Deus quis que Maria se unisse por um só vínculo indissolúvel, não só ao nascimento humano e terreno do Verbo, mas também a toda a obra da Redenção que Ele levaria a cabo. No plano salvífico de Deus, Maria está sempre unida a Jesus, perfeito Deus e homem perfeito, único Mediador e Redentor do gênero humano. "Foi predestinada desde a eternidade, *juntamente* com a Encarnação do Verbo divino, como Mãe de Deus, por desígnio da Providência divina"[3].

Por esta escolha admirável e totalmente singular, Maria, desde o primeiro instante da sua existência, ficou associada ao seu Filho na Redenção da humanidade. Ela é a mulher de que fala o Gênesis na primeira Leitura da Missa[4]. Depois do pecado original, Deus disse à serpente: *Porei inimizades entre ti e a mulher, e entre a tua posteridade e a dela.* Maria é a nova Eva, de quem nascerá uma nova linhagem, que é a Igreja. Em virtude dessa escolha, a Santíssima Virgem recebeu uma plenitude de graça maior do que a que se concedeu a todos os anjos e santos juntos; encontra-se numa posição singular e única entre Deus e as criaturas. Ela é quem ocupa na Igreja o lugar mais alto e mais próximo de nós[5]; é o modelo perfeito da Igreja[6] e de todas as virtudes[7], Aquela a quem devemos contemplar no nosso esforço por ser melhores. O seu poder salvador e santificador é tão grande que, por graça de Cristo, quanto mais se difunde a sua devoção, mais Ela atrai os fiéis para Cristo e para o Pai[8].

Na Virgem puríssima, resplandecente, fixamos os nossos olhos, "como a Estrela que nos guia pelo céu escuro das expectativas e incertezas humanas, especialmente neste dia em que, sobre o fundo da liturgia do Advento, brilha esta solenidade anual da tua Imaculada Conceição e te contemplamos na eterna economia divina como a Porta aberta através da qual deve vir o Redentor do mundo"[9].

II. *AVE, CHEIA DE GRAÇA, o Senhor é contigo; bendita és tu entre as mulheres*[10].

Por uma graça singular, e em atenção aos méritos de Cristo, Santa Maria foi preservada imune de toda a mancha de pecado original, desde o primeiro instante da sua concepção. Deus "amou-a com um amor tão grande, tão acima do amor a toda a criatura, que se comprazeu nEla com singularíssima benevolência. Por isso, cumulou-a tão maravilhosamente da abundância de todos os seus dons celestiais, tirados dos tesouros da sua divindade, muito acima de todos os anjos e santos, que Ela, absolutamente sempre livre de toda a mancha de pecado, e toda formosa e perfeita, manifestou tal plenitude de inocência e santidade que não se concebe de modo algum outra maior depois de Deus nem ninguém a pode imaginar fora de Deus"[11].

Esta preservação do pecado em Nossa Senhora é, em primeiro lugar, plenitude de graça totalmente singular e qualificada; a graça em Maria — ensinam os teólogos — suplantou a natureza. Nela tudo voltou a ter o seu sentido primigênio e a perfeita harmonia querida por Deus. O dom pelo qual esteve isenta de toda a mancha foi-lhe concedido como preservação de algo que não se contrai. Livre de todo o pecado atual, não teve nenhuma imperfeição — nem moral nem natural —, não teve nenhuma inclinação desordenada nem pôde ser assaltada por verdadeiras tentações internas; não teve paixões descontroladas; não sofreu os efeitos da concupiscência. Jamais esteve sujeita ao demônio em coisa alguma.

A Redenção também alcançou Maria, pois Ela recebeu todas as graças em previsão dos méritos de Cristo. Deus preparou Aquela que ia ser a Mãe do seu Filho com todo o seu Amor infinito. "Como nos teríamos comportado se tivéssemos podido escolher a nossa mãe? Penso que teríamos escolhido a que temos, cumulando-a de todas as graças. Foi o que Cristo fez, pois, sendo Onipotente, Sapientíssimo e o próprio Amor (1 Jo 4, 8), o seu poder realizou todo o seu querer"[12].

No dia de hoje, podemos já divisar a proximidade do Natal. A Igreja quis que as duas festas estivessem próximas uma da outra. "Do mesmo modo que o primeiro rebento indica a chegada da primavera num mundo gelado e que parece morto, assim num mundo manchado pelo pecado e quase sem esperança, essa Conceição sem mancha anuncia a restauração da inocência do homem. Assim como o rebento nos dá uma promessa certa da flor que dele brotará, a Imaculada Conceição nos dá a promessa infalível do nascimento virginal [...]. Ainda era inverno em todo o mundo que rodeava a Virgem, exceto no lar tranquilo onde Santa Ana deu à luz uma menina. Ali tinha começado já a primavera"[13]. A nova Vida iniciou-se em Nossa Senhora no mesmo instante em que foi concebida sem mancha e cheia de graça.

III. *TOTA PULCHRA ES, Maria*, és toda formosa, Maria, e não há mancha alguma de pecado em Ti.

A Virgem Imaculada será sempre o ideal que devemos imitar, pois é modelo de santidade na vida ordinária, nas coisas correntes que compõem também a nossa vida. Mas, para imitá-la, temos de relacionar-nos mais assídua e intimamente com Ela. Não podemos deixá-la após estes dias da Novena, sobretudo porque Ela não nos deixa.

Temos de continuar a cumprir a profecia que a Virgem fez um dia — *todas as gerações me chamarão bem-aventurada*[14] — e que se cumpriu ao pé da letra através de todos os séculos. No campo e na cidade, nos cumes das montanhas, nas fábricas e nos caminhos, em situações de dor e de alegria, em momentos transcendentais (quantos milhões de cristãos não morreram com o doce nome de Maria nos seus lábios ou nos seus pensamentos!), sempre se invocou e se invoca a nossa Mãe. Em tantas e tão diversas ocasiões, milhares de vozes, em diversas línguas, têm cantado louvores à Mãe de Deus ou têm-lhe pedido que olhe com misericórdia para os seus filhos necessitados. É um clamor imenso que brota desta humanidade dorida, em direção à Mãe de Deus, um clamor que atrai a misericórdia do Senhor. A nossa oração nestes dias de preparação para a grande solenidade de hoje uniu-se a tantas vozes que louvam e pedem a Nossa Senhora.

Sem dúvida, foi o Espírito Santo quem ensinou, em todas as épocas, que é mais fácil chegar ao Coração do Senhor por meio de Maria. Por isso, temos de fazer o propósito de buscar sempre um trato muito íntimo com a Virgem, de caminhar por esse *atalho* para chegarmos antes a Cristo: "Conservai zelosamente esse terno e confiado amor à Virgem — anima-nos o Sumo Pontífice —. Não o deixeis esfriar nunca [...]. Sede fiéis aos exercícios de piedade mariana tradicionais na Igreja: a oração do *Angelus*, o mês de Maria e, de modo muito especial, o Rosário"[15].

Maria, *cheia de graça* e de esplendor, *bendita entre as mulheres*, é também nossa Mãe. Uma manifestação de amor a Nossa Senhora é trazer uma imagem sua na carteira ou no bolso; é multiplicar discretamente os seus *retratos* ao nosso redor, nos quartos da casa, no carro, no escritório ou lugar de trabalho. Parecer-nos-á natural invocá-la, ainda que seja sem palavras.

Se cumprirmos o nosso propósito de recorrer com mais frequência à Virgem, desde o dia de hoje, verificaremos que "Nossa Senhora é descanso para os que trabalham, consolo dos que choram, remédio para os enfermos, porto para os que encontram no meio da tempestade, perdão para os pecadores, doce alívio dos tristes, socorro para os que rezam"[16].

---

(1) Is 61, 10; *Antífona de entrada* da Missa do dia 8 de dezembro; (2) Santo André de Creta, *Homilia I na Natividade da Santíssima Mãe de Deus*; (3) Conc. Vat. II, Const. *Lumen gentium*, 61; (4) Gn 3, 9-15; 20; (5) cf. Conc. Vat. II, Const. *Lumen gentium*, 54; (6) *ib.*, 63; (7) *ib.*, 65; (8) *ib.*, 65; (9) João Paulo II, *Alocução*, 8-XII-1982; (10) Lc 1, 28; *Evangelho* da Missa do dia 8 de dezembro; (11) Pio IX, Bula *Ineffabilis Deus*, 8-XII-1854; (12) São Josemaria Escrivá, *É Cristo que passa*, n. 171; (13) R. A. Knox, *Tiempos y fiestas del año litúrgico*, p. 298; (14) cf. Lc 2, 48; (15) João Paulo II, *Homilia*, 12-X-1980; (16) São João Damasceno, *Homilia na Dormição da B. Virgem Maria*.

10 DE DEZEMBRO

113. NOSSA SENHORA DE LORETO

Memória

—— A casa de Nazaré.
—— O lar de Nazaré, modelo a ser imitado.
—— Tornar amável a vida dos que convivem conosco.

Segundo uma antiga tradição, conserva-se no Santuário de Loreto a santa casa em que a Virgem nasceu e recebeu o anúncio da sua divina maternidade. O pequeno edifício, tal como aparece hoje, consiste num recinto retangular, construído com pedras arenosas unidas por argamassa de barro; a parte superior é de tijolo. As paredes não são visíveis do exterior, pois receberam no século XVI um revestimento de mármore. A imagem da Virgem é obra recente, e substitui uma anterior do século XVI, que foi destruída no incêndio de 1921. Loreto é desde há muito tempo centro de peregrinação e foco de piedade cristã.

I. O CULTO DA SANTÍSSIMA VIRGEM sob a invocação de Nossa Senhora de Loreto "está ligado, conforme uma antiga e viva tradição, à casa de Nazaré, a casa em que, como recorda o Evangelho da Missa de hoje, Maria morou depois dos desposórios com José, a casa da Sagrada Família"[1]: o lar que São José deve ter instalado com tanto carinho para receber Santa Maria. Essa casa foi em primeiro lugar a casa de Maria, "pois toda a casa é, antes de tudo, santuário da mãe. E ela configura-o de modo especial com a sua maternidade"[2].

Deus deseja "que os filhos da família humana, ao virem ao mundo, tenham um teto sobre a sua cabeça, que tenham uma casa. No entanto, a casa de Nazaré, como sabemos, não foi o lugar onde nasceu o Filho de Maria e Filho de Deus. Provavelmente, todos os antepassados de Cristo — de que nos fala a genealogia do Evangelho de hoje segundo São Mateus — vieram ao mundo sob o teto de uma casa. Isso não foi concedido a Cristo. Nasceu como um estranho em Belém, num estábulo. E não pôde voltar à casa de Nazaré, porque, obrigado a fugir para o Egito pela crueldade de Herodes, só depois da morte do rei é que José se atreveu a levar Maria e o Menino para o lar de Nazaré. E daí por diante essa casa foi o lugar da vida cotidiana, o lugar da vida oculta do Messias, a casa da Sagrada Família. Foi o primeiro templo, a primeira igreja em que a Mãe de Deus irradiou a sua luz com a sua maternidade"[3].

As paredes dessa casa testemunharam o amor entranhado dos membros da Sagrada Família, o trabalho escondido daqueles a quem Deus mais amou neste mundo. Cheia de luz e de amor, limpa, alegre, essa casa é o modelo de todos os lares cristãos. Nela devia refletir-se a alma de Maria. Os modestos objetos de adorno, a ordem, a limpeza, deviam fazer com que Jesus e José, depois de um dia de trabalho, encontrassem descanso junto de Nossa Senhora. O cuidado material dos nossos lares, às vezes marcados por uma grande pobreza, instalados com uns móveis modestos, nunca deixa de ter importância para essa convivência em que devemos encontrar a Deus. A Virgem Maria ensina-nos hoje que deve ser também demonstração de caridade para com os outros.

II. PERANTE O CÉU, aquela casa de Nazaré resplandecia de luz, porque ali estava a *Luz do mundo*. No calor da intimidade daquele lar, o Filho de Deus foi crescendo, até que chegou o tempo pré-fixado desde a eternidade para iniciar a sua pregação pelas cidades e aldeias. Contudo, deve ter recordado sempre aquelas paredes e aquele lugar pobre, mas humanamente grato. E quando, no seu ministério público, voltou a Nazaré, recordou certamente os momentos inesquecíveis passados junto de sua Mãe e São José. Por sua vez, entre as coisas que Santa Maria guardava em seu coração[4], estariam sem dúvida tantos pequenos episódios correntes do seu Filho, que foram a alegria da sua alma. "Não esqueçamos que a quase totalidade dos dias que Nossa Senhora passou na terra decorreram de forma muito parecida à de milhões de outras mulheres, ocupadas em cuidar da família, em educar os filhos, em levar a cabo as tarefas do lar. Maria santifica as coisas mais pequenas, aquelas que muitos consideram erroneamente como intranscendentes e sem valor: o trabalho de cada dia, os pormenores de atenção com as pessoas queridas, as conversas e visitas por motivos de parentesco ou de amizade. Bendita normalidade, que pode estar repassada de tanto amor de Deus!"[5]

Deus quer que os seus filhos nasçam, vivam e se formem num lar, que deve ser imitação do de Nazaré. Ainda que a mulher possa ser chamada a desempenhar funções capitais em outros trabalhos para o bem da sociedade, a dedicação ao cuidado do lar ocupará sempre um lugar central na sua vida, pois é ali que, através de uma infinidade de detalhes, exerce principalmente a sua maternidade, a missão mais excelsa que recebeu do Senhor. E marido e mulher não devem esquecer "que o segredo da felicidade conjugal está no cotidiano, não em sonhos. Está em encontrar a alegria escondida de chegarem ao lar; no trato afetuoso com os filhos; no trabalho de todos os dias, em que toda a família colabora; no bom-humor perante as dificuldades, que é preciso enfrentar com esportivismo; e também no aproveitamento de todos os avanços que nos proporciona a civilização, para tornar a casa agradável, a vida mais simples, a formação mais eficaz"[6].

Na Sagrada Família, temos o modelo que devemos contemplar muitas vezes. "Nazaré é a escola em que se começa a compreender a vida de Jesus: a escola do Evangelho. Aqui se aprende a olhar, a escutar, a meditar e a penetrar o significado, tão profundo e tão misterioso, dessa muito simples, muito humilde e muito bela manifestação do Filho de Deus entre os homens. Talvez se aprenda até, insensivelmente, a imitar essa vida"[7]. Quantas vezes, na nossa oração mental, não teremos *entrado* nessa modesta casa de Nazaré e contemplado Jesus, Maria e José enquanto trabalhavam, e nos inúmeros pormenores de carinho que teriam entre eles na convivência diária!

Examinemos hoje se os nossos lares são um reflexo do lar de Nazaré: se procuramos que Jesus ocupe o centro dos nossos pensamentos e do amor de todos, se mantemos aceso o espírito de serviço, se nos esforçamos por tornar amável a vida dos outros; ou se, pelo contrário, se dão brigas frequentes, se nos preocupamos excessivamente com as nossas coisas, se por pressão do ambiente abandonamos esses costumes cristãos que tanto ajudam a ter Deus presente: a bênção dos alimentos, a recitação de alguma oração em comum, a assistência à Missa do domingo...

III. "QUE GRANDE EXEMPLO de convivência cotidiana! — afirmava Leão XIII, referindo-se à Sagrada Família —. Que imagem perfeita de um lar! Ali vive-se com simplicidade de costumes e calor humano; em constante harmonia de sentimentos; sem desordem, com respeito mútuo; com amor sincero, sem fingimentos, plenamente operativo pela perseverança no cumprimento do dever, que tanto atrai os que o contemplam"[8]. É para ali que devemos olhar, se queremos reproduzir nas nossas famílias o exemplo de Jesus, Maria e José.

O *calor de lar* não depende apenas da mãe — ainda que a sua função não seja facilmente substituível —, mas do contributo pessoal de cada um. Devemos viver pensando nos outros, usar das coisas de tal maneira que sempre haja algo a oferecer aos outros, cuidar das tradições próprias de cada família...

Quanta semelhança pode haver entre a nossa vida e a de Jesus, Maria e José no lar de Nazaré! Ali, tudo transcorreu na mais completa normalidade, sem acontecimentos de grande relevo externo. O Senhor não nos pede coisas chamativas. Busca-nos, porém, na nossa família, em mil pequenos pormenores de entrega: sorrir para aquele que está mais cansado, antecipar-se a servir os outros, não manifestar desagrado por coisas de pouca importância, vencer o mau humor para não azedar a vida dos outros, festejar em família esses aniversários e festas especialmente ligados a todos...

"Aceita, ó Senhora de Loreto — orava o Papa João Paulo II nesse Santuário —, Mãe da casa de Nazaré, esta minha e nossa peregrinação, que é uma grande oração comum pela casa do homem da nossa época: pela casa que prepara os filhos de toda a terra para a casa eterna do Pai no Céu"[9]. Pedimos à Virgem de Loreto que nos ensine a cuidar do nosso lar como lugar querido por Deus para aprendermos e praticarmos as virtudes humanas e sobrenaturais, para restaurarmos as forças perdidas e alcançarmos assim uma maior eficácia no serviço que prestamos à sociedade com o nosso trabalho e por meio do apostolado. Pedimos-lhe que as nossas casas "sejam esses lares vivos de amor onde o homem pode encontrar calor todos os dias"[10], e que sejam uma antecipação da Casa do Céu, um *céu* aqui na terra.

(1) João Paulo II, *Homilia em Loreto*, 8-IX-1979; (2) *ib.*; (3) *ib.*; (4) cf. Lc 2, 51; (5) São Josemaria Escrivá, *É Cristo que passa*, n. 148; (6) São Josemaria Escrivá, *Entrevistas com Mons. Josemaria Escrivá*, n. 91; (7) Paulo VI, *Homilia em Nazaré*, 5-I-1964; (8) Leão XIII, Enc. *Laetitiae sanctae*, 8-IX-1893, 3; (9) João Paulo II, *op. cit.*; (10) idem, Exort. apost. *Familiaris consortio*, 22-XI-1981, 37.

12 DE DEZEMBRO

114. NOSSA SENHORA DE GUADALUPE
Padroeira Principal da América Latina
Festa

—— A aparição da Virgem a Juan Diego.
—— Nossa Senhora precede todo o apostolado e prepara as almas.
—— A nova evangelização. O Senhor conta conosco. Aproveitar todas as ocasiões.

No dia 9 de dezembro de 1531, a Virgem Maria apareceu a um índio chamado Juan Diego, no monte Tepeyac, perto da cidade do México, manifestando-lhe o seu desejo de que se erigisse ali um templo. Depois de o tio de Juan Diego ter sido curado milagrosamente no dia 12 de dezembro, quando Juan levava ao bispo umas flores que a Virgem lhe dera, ao deixá-las cair do seu poncho apareceu gravada nessa peça do vestuário a imagem da Senhora que até hoje é venerada no Santuário da Basílica de Guadalupe, no México. Era o sinal que o bispo Juan de Zumárraga tinha pedido. Em 1553, o prelado construiu uma Basílica, como Nossa Senhora lhe tinha pedido.

Existem diversos documentos que testemunham esse episódio. O mais antigo é o Nican Mopohua, *relato das aparições em língua azteca, baseado nas declarações de testemunhas oculares que presenciaram as entrevistas entre Zumárraga e Juan Diego. Conserva-se na Biblioteca Nacional do México.*

I. A DEVOÇÃO a Nossa Senhora de Guadalupe no México tem a sua origem nos começos da evangelização desse país, quando os fiéis eram ainda muito poucos. Nossa Senhora apareceu a um camponês índio, de nome Juan

Diego, e enviou-o ao bispo da cidade do México para manifestar-lhe o desejo de que lhe fosse dedicado um templo numa colina próxima, chamada Tepeyac. A Virgem disse ao índio na primeira aparição: "Quero muito, desejo muito que aqui me seja erigido um templo, em que me mostrarei e me darei às pessoas em todo o meu amor, no meu olhar compassivo, no meu auxílio, na minha salvação: porque em verdade Eu sou a vossa Mãe compassiva, tua e de todos os homens [...]. Nesse templo escutarei os seus prantos e a sua tristeza, para remediá-los, para lhes curar todas as suas diversas penas, as suas misérias e as suas dores"[1].

O bispo do lugar, antes de aceder ao pedido, quis um sinal. E Juan Diego, por indicação da Senhora dos Céus, cortou umas braçadas de rosas que ela fizera brotar sobre a árida colina, a mais de dois mil metros de altura, em pleno mês de dezembro. Depois, foi ter com o bispo e estendeu-lhe o seu branco *ayate*, o manto, onde colocara as flores. E quando as rosas caíram ao chão, "surgiu de repente a Amada imagem da Perfeita Virgem Santa Maria, Mãe de Deus, na forma e figura em que hoje se encontra"[2]. Essa imagem de Nossa Senhora de Guadalupe ficou impressa no rústico poncho do índio, tecido com fibras vegetais. Representa a Virgem como uma jovem mulher de rosto moreno, rodeada por uma luz radiante.

Maria disse a Juan Diego, e repete a todos os cristãos: "Não estou Eu aqui, Eu que sou a tua Mãe? Não estás debaixo da minha sombra? Não estás porventura no meu regaço?" Por que devemos temer, se Ela é a Mãe de Jesus e Mãe dos homens?

Com a aparição de Maria no monte Tepeyac, começou em todo o antigo território azteca um movimento excepcional de conversões, que se estendeu pela América Centro-Meridional e chegou até o longínquo arquipélago das Filipinas. "A Virgem de Guadalupe continua a ser ainda hoje o grande sinal da proximidade de Cristo, ao convidar todos os homens a entrar em comunhão com Ele para terem acesso ao Pai. Ao mesmo tempo, Maria é a voz que convida os homens à comunhão entre si..."[3]

A Virgem sempre precedeu os homens na evangelização dos povos. Não se entende o apostolado sem Maria. Por isso, agora que o Papa, Vigário de Cristo na terra, pede aos fiéis que se empenhem em recristianizar o mundo, recorremos a Ela para que "indique à Igreja os melhores caminhos que é preciso percorrer para empreender uma nova evangelização. Imploramos-lhe a graça de servir essa causa sublime com renovado espírito missionário"[4]. Suplicamos-lhe que nos mostre o modo de aproximarmos os nossos amigos de Deus e que Ela os prepare para receber a graça.

II. "VIRGEM DE GUADALUPE, Mãe das Américas..., vê como é grande a messe, e intercede junto do Senhor para que infunda fome de santidade em todo o povo de Deus..."[5], para que os fiéis "caminhem pelas vias de uma intensa vida cristã, de amor e de humilde serviço a Deus e às almas"[6].

Só assim — com uma intensa vida cristã, com amor e desejos de servir — é que poderemos levar a cabo essa nova evangelização em todo o mundo, a começar pelos que estão mais perto. Quanta messe carecida de braços que a recolham! Quanta gente com fome de verdade que não tem quem lha ensine! Quantas pessoas de todo o tipo e condição que desejariam aproximar-se de Deus e não encontram o caminho! Cada um de nós deve ser um indicador claro que aponte, com o exemplo e a palavra, o caminho certo que, por meio de Maria, termina em Cristo.

Partiu da Europa a primeira labareda que ateou a fé no continente americano. Quantos homens e mulheres, de raças tão diversas, encontraram a porta do Céu pela fé heroica e sacrificada daqueles primeiros evangelizadores! A Virgem abriu-lhes o caminho, e eles, apesar das dificuldades — com energia, paciência e sentido sobrenatural —, ensinaram por toda a parte os mistérios mais profundos da fé. "Encontramo--nos agora numa Europa onde se torna cada vez mais forte a tentação do ateísmo e do ceticismo; onde lança raízes uma penosa incerteza moral, com a desagregação da família e a degeneração dos costumes; onde domina um perigoso conflito de ideias e movimentos"[7]. Desses países que foram profundamente cristãos, alguns dão a impressão de estarem a caminho de voltar ao paganismo, do qual haviam sido tirados muitas vezes com o sangue do martírio e sempre com a ajuda eficaz da Virgem. Toda uma civilização alicerçada sobre ideias cristãs parece encontrar-se sem recursos para reagir. E dessas nações, de onde em outros tempos surgiu a luz da fé para propagar-se pelo mundo, infelizmente "envia-se ao mundo inteiro a cizânia de um novo paganismo"[8].

Nós, os cristãos, continuamos a ser fermento no meio do mundo. A levedura não perdeu o seu vigor nestes vinte séculos, porque é sobrenatural e sempre jovem, nova e eficaz. Por isso não ficaremos parados, como se nada pudéssemos fazer ou como se as dimensões do mal pudessem afogar a pequena semente que somos cada um dos que queremos seguir a Cristo. Se os primeiros que levaram a fé a tantos lugares tivessem ficado paralisados ante a ingente tarefa que se lhes apresentava, se somente tivessem confiado nas suas forças humanas, nada teriam levado a cabo. O Senhor anima-nos continuamente a não ficar para trás neste trabalho que se apresenta como algo "sobrenatural e humanamente fascinante"[9].

Pensemos hoje, diante de Nossa Senhora de Guadalupe, uma vez mais, o que estamos fazendo ao nosso redor: se aproveitamos todas as ocasiões, sem deixar nenhuma, para falar com valentia aos nossos amigos da fé que trazemos no coração; se tomamos a sério a nossa formação, pois dela depende a formação dos outros; se dedicamos tempo à catequese ou a outras obras boas; se contribuímos economicamente para a manutenção de alguma tarefa que tenha como fim o aperfeiçoamento sobrenatural e humano das pessoas. Não devemos deter-nos ante o pensamento que é pouco o que podemos fazer, no meio de um trabalho profissional absorvente. Deus multiplica esse pouco; e, além disso, muitos poucos mudam um país inteiro.

III. *IDE POR TODO O MUNDO e pregai o Evangelho a toda a criatura*[10]. Estas palavras do Senhor são atuais em todas as épocas e em todos os tempos, e não excluem nenhum povo ou civilização, nenhuma pessoa. Os apóstolos recebe-ram esse mandato de Jesus Cristo, e agora somos nós que o recebemos. Num mundo que frequentemente se mostra pagão nos seus costumes e modos de pensar, "impõe-se a todos os cristãos o dever luminoso de colaborar para que a mensagem divina da salvação seja conhecida e acolhida por todos os homens em toda a parte"[11]. Contamos com a assistência sempre eficaz do Senhor: *Eis que eu estou con-vosco todos os dias, até a consumação dos séculos*[12].

Deus atua diretamente na alma de cada pessoa por meio da graça, mas é vontade do Senhor, afirmada em muitas pas-sagens do Evangelho, que os homens sejam instrumentos ou veículos de salvação para os outros homens. *Ide, pois, às en-cruzilhadas das ruas, e a quantos encontrardes, convidai-os para as núpcias*[13]. E comenta São João Crisóstomo: "São também caminhos todos os conhecimentos humanos, como os da filosofia, os da milícia, e outros do gênero. Disse, pois: ide à saída de todos os caminhos, para chamar todos os ho-mens à fé, qualquer que seja a sua condição"[14].

Os contatos profissionais, as reuniões sociais, uma via-gem, são ocasiões que Deus põe ao nosso alcance para dar-mos a conhecer Jesus Cristo[15]. "São inúmeras as ocasiões que se abrem aos leigos para exercerem o apostolado da evangelização e santificação"[16]. Nós, cada um de nós, teria-mos que dizer com Santa Teresinha: "Não poderei descansar até o fim do mundo enquanto houver almas que salvar"[17]. E como podemos descansar se, além disso, essas almas es-tão no nosso lar, no nosso trabalho, na nossa Faculdade ou na vizinhança?

Temos que pedir à Virgem o desejo vivo e eficaz de ser-mos almas valentes, audazes, atrevidas à hora de semear o bem, procurando, sem respeitos humanos, que não haja ne-nhum recanto da sociedade onde não se conheça a Cristo[18]. É necessário desterrar o pessimismo de pensar que não se pode fazer nada, como se houvesse uma predeterminação para o mal. Com a graça do Senhor, seremos como a pedra caída no lago, que produz uma onda, e esta outra maior[19], e não cessa de as produzir até o fim dos tempos. O Senhor dá às nossas palavras e obras uma eficácia sobrenatural que a maior parte das vezes desconhecemos.

Hoje pedimos a Nossa Senhora de Guadalupe que se mostre Mãe compassiva, que nos faça arautos do Evangelho, que saibamos compreender a todos, participando das suas alegrias e esperanças, de tudo aquilo que os inquieta para que, sendo muito humanos, possamos elevar os nossos amigos ao plano sobrenatural da fé. "Rainha dos Apóstolos! Aceita a prontidão com que queremos servir sem reservas a causa do teu Filho, a causa do Evangelho e a causa da paz, fundados na justiça e no amor entre os homens e entre as nações"[20].

(1) Nican Mopohua, *Relato das aparições*, 28-32; (2) *ib.*, 181-183; (3) João Paulo II, *Ângelus*, 13-XII-1987; (4) *ib.*; (5) cf. idem, *Oração à Virgem de Guadalupe*, México, 27-I-1979; (6) *ib.*; (7) idem, *Discurso*, 6-XI-1981; (8) A. del Portillo, *Carta pastoral*, 25-XII-1985; (9) *ib.*; (10) Mc 16, 1; (11) Conc. Vat. II, Decr. *Apostolicam actuositatem*, 3; (12) Mt 28, 18; (13) Mt 22, 9; (14) São João Crisóstomo, em *Catena Aurea*, vol. III, p. 63; (15) cf. Conc. Vat. II, *op. cit.*, 14; (16) *ib.*, 6; (17) Santa Teresa de Lisieux, *Novissima verba*; (18) cf. São Josemaria Escrivá, *Forja*, n. 716; (19) cf. São Josemaria Escrivá, *Caminho*, n. 831; (20) João Paulo II, *Homilia em Guadalupe*, 27-I-1979.

ÍNDICE ASCÉTICO*

ABANDONO EM DEUS. E vida de infância espiritual, I, 24a-II. E responsabilidade, **II, 96**. Amar com obras, **I, 57b**. Querer o que Deus quer, **II, 70**. Consequência da filiação divina, III, 203-II. Evitar preocupações inúteis, viver o momento presente, **III, 221**. Amar em todas as circunstâncias o querer divino, **III, 239**. Estamos nas mãos de Deus, *Omnia in bonum!*, **III, 264**. Ver CONFIANÇA EM DEUS, FILIAÇÃO DIVINA, VONTADE DE DEUS.

AÇÕES DE GRAÇAS. Ao terminar o ano, pelos muitos dons e benefícios recebidos, I, 37a-II. A Missa é o modo mais perfeito de dar graças a Deus, I, 30b-III. A *Visita ao Santíssimo*, continuação da ação de graças da Comunhão anterior e preparação da seguinte, I, 51b-II. É manifestação de fé, de esperança e de amor; inumeráveis motivos para sermos agradecidos, **I, 71b**. Ser agradecidos; os *dez leprosos*, **III, 243**. O *Trium puerorum*, canto de ação de graças, **III, 299**. Ser agradecidos, imitar o Senhor, **IV, 91**. Ver GRATIDÃO.

ADORAÇÃO. Adorar o único Deus; a idolatria moderna, **II, 76**.

ADORO TE DEVOTE. Ver HINO *ADORO TE DEVOTE*.

ADVENTO. Vigilantes diante da chegada do Messias, **I, 1a**.

(*) As referências vêm indicadas não segundo o número da página, mas segundo o volume em que se encontra a meditação, o número da meditação, e o parágrafo correspondente (I, II ou III). Uma vez que o primeiro volume da coleção contém numerações que se sobrepõem, usam-se as letras "a" e "b" para diferenciar as meditações do "Advento, Natal e Epifania" ("a") das meditações de "Quaresma, Semana Santa e Páscoa" ("b"). Quando se trata do tema central da meditação, indicam-se apenas o volume e o número em negrito.

700 ÍNDICE ASCÉTICO

Preparar-nos para receber o Senhor, **I, 2a**. Tempo de alegria e de esperança, I, 15a-I. O Advento e a virtude da esperança, I, 21a-II.

AFABILIDADE. Virtude humana da convivência, **II, 6**. Torna mais grata e fácil a vida cotidiana, III, 282. É uma virtude essencial para o apostolado, **IV, 11**.

ÁGUA BENTA. Remédio contra muitas tentações, I, 6b-III.

ALEGRIA. E generosidade; o *jovem rico*, **III, 172**. E espírito positivo no apostolado; evitar o "zelo amargo", **IV, 52**. E Cruz, IV, 70-II e III. À hora de receber Jesus na Sagrada Comunhão, I, 2a-I. Baseia-se na filiação divina, I, 3a-III. A alegria do cristão; seu fundamento; é imprescindível em todo o trabalho de apostolado, **I, 15a**. No Nascimento de Jesus, **I, 30a**. Sempre que encontramos a Jesus, I, 44a--I. A Cruz do Senhor é fonte de paz e de alegria, I, 2b-I. A alegria de uma confissão sincera e contrita; a volta a Deus, **I, 18b**. A alegria na Cruz; origem da alegria do cristão; a alegria própria da Ressurreição, **I, 47b**. A verdadeira alegria tem a sua origem em Cristo; a alegria da Ressurreição, **I, 48b**. A alegria dos justos, **I, 61b**. "Semeadores de paz e de alegria" no mundo, I, 77b-III. Consequência da filiação divina, II, 2-III. Cruz e alegria; causas da tristeza; apostolado da alegria, **II, 15**. Não a perdemos quando buscamos em tudo o Senhor, II, 25-III. Servir com alegria, II, 66-III. Pela volta do *filho pródigo*: a alegria da confissão, III, 207-II. Necessária para o apostolado, **III, 229**. Servir com alegria, **III, 251**. A alegria messiânica, **III, 260**. Fomos criados para a alegria, **III, 269**. Dar com alegria, **III, 271**. A alegria de Deus diante das nossas conversões, III, 274. É necessária para a convivência, III, 282-III. Dores e gozos de São José, **IV, 23**; **IV, 24**. O *Magnificat*, um canto de alegria e de humildade; serviço alegre aos outros, **IV, 36**. A alegria de todo o apostolado, IV, 62-III. Levar com alegria as contradições, **IV, 79**. Na Natividade de Nossa Senhora, **IV, 80**. Pelo nascimento dos filhos, IV, 80-II. A alegria da vocação, IV, 83-II. Os filhos, motivo de alegria; agradecimento a Deus, IV, 86-III. A alegria verdadeira chegou ao mundo com Maria; ser motivo de alegria para os outros, **IV, 106**.

ALMA SACERDOTAL. E santificação das tarefas seculares,

IV, 68-II. A alma sacerdotal do cristão e a Santa Missa, II, 49-II. Participação dos leigos na função sacerdotal, profética e real de Cristo; a santificação das tarefas seculares, IV, 9-II. A alma sacerdotal de todos os cristãos; dignidade do sacerdócio ministerial, **IV, 37**.

ALMAS DO PURGATÓRIO. Ver PURGATÓRIO.

AMIZADE. Jesus com os amigos de Mateus, que *eram pecadores*, I, 4b-I. Devoção ao Anjo da Guarda e amizade com ele, **I, 7b**. Perdoar e compreender; reconciliar-se com os outros quando necessário, **I, 72b**. É um grande bem humano; qualidades; apostolado com os amigos, **I, 80b**. Apostolado através da amizade com aquelas pessoas com quem nos relacionamos habitualmente por motivos de trabalho, parentesco etc., II, 6-III. Quando é verdadeira, faz-se mais profunda com a *correção fraterna*, II, 24-I. A caridade aperfeiçoa a amizade, II, 52-III. Do Senhor aprendemos a ter muitos amigos; o cristão sempre está aberto à amizade com os outros, **III, 194**. Rezar pelos amigos, III, 252-III. A capacidade de amizade, necessária para a convivência, III, 282-II. A amizade com Jesus nos torna fácil o caminho, IV, 65-III.

Ajudar os outros a encontrar a sua própria vocação, IV, 87--III. Apostolado da amizade, IV, 101-II.

AMOR A DEUS. Causas da tibieza; remédios contra esta grave doença da alma, **I, 13a**. O Senhor convida-nos a estar vigilantes; vigiar é amar, I, 19a-I e II. A luta contra o pecado venial deliberado, I, 17b-III. Corresponder ao amor que Deus nos tem nos pequenos incidentes de cada dia, I, 24b-III. Amor com obras; amor e sentimento, **I, 57b**. O dom da sabedoria facilita-nos amar a Deus em todas as circunstâncias, I, 89b-II. Amar também nos momentos de descanso; o amor não admite espaços em branco, II, 33-III. Deus nos ama com um amor infinito, sem mérito algum da nossa parte; "amor com amor se paga", **II, 62**. "As obras é que são amores": o perigo de uma vida interior sem obras, **II, 68**. O primeiro mandamento contém todos os aspectos da nossa vida; manifestações do amor a Deus, **II, 76**. A verdadeira piedade, os sentimentos e a aridez espiritual, II, 83-II. Amor a Deus e submissão perante a sua santidade, **II, 99**. Amar com todo o coração; manifestações de piedade; "as obras é que são amores", **III, 176**. Santificar o nome de Deus, **III, 238**. Estar alerta contra a tibieza; as *lâmpadas acesas*, **III, 254**. O primeiro mandamento e a alegria, **III, 259**. O primeiro mandamento; amor com obras, **III, 269**. Esquecimentos que não são falta de memória, mas falta de amor, III, 277-I. Amar a Humanidade Santíssima de Jesus, **III, 289**. Amor reparador, **IV, 48**.

AMOR DE DEUS. O amor de Deus por cada criatura é infinito; modos pelos quais se exprime, **I, 24b**. Deus nos ama com amor infinito, sem mérito algum da nossa parte; "amor com amor se paga", **II, 62**. O fogo do amor divino, **III, 171**. O amor de Jesus, **III, 265**. A Encarnação, culminação do amor divino pelo homem, IV, 28-II. O amor de Deus por cada um de nós; correspondência, **IV, 48**. Amor único e pessoal por cada criatura; um *forno ardente de caridade*, **IV, 49**.

AMOR. É fidelidade no pequeno, II, 104-III. A santa pureza, necessária para se poder amar, I, 23a-II. A alegria surge de um coração que ama e se sente amado por Deus, I, 26b-II. Os ataques à Igreja nos levarão a amá-la mais, a desagravar, I, 60b-II. A santa pureza é um requisito indispensável para amar, **II, 8**. Amar a Igreja, II, 10-III. Amor aos pais; o *dulcíssimo preceito*, **II, 38**. Exprime-se ordinariamente no pequeno, II, 78-II. A santa pureza, guardiã do amor humano e do amor a Deus, III, 167-III. Sem sacrifício não há amor; contar com a Cruz, III, 187-I. A tibieza paralisa o exercício das virtudes, ao passo que, com o amor, elas ganham asas, III, 199-II. O amor humano enriquece-se com o amor a Deus, I, 24b-II e III. Atos de fé e de amor no momento da consagração, na Missa, III, 234-III. Para alcançar a felicidade, o que é preciso "não é uma vida cômoda, mas um coração enamorado", **III, 259**. Sem a santa pureza, o amor é impossível; meios para guardá-la, **III, 294**. Amor à Igreja e ao Papa, *o doce Cristo na terra*, **IV, 31**. Amor ao sacerdócio; oração e mortificação pelos sacerdotes, **IV, 68**. Amor à Igreja e ao Papa, **IV, 74**. Ver AMOR A DEUS, AMOR DE DEUS, CARIDADE, PUREZA, MATRIMÔNIO.

ANJOS DA GUARDA. A ajuda dos Anjos da Guarda; devoção dos primeiros cristãos, **I, 7b**. Presença contínua do Anjo da Guarda; devoção; recorrer ao seu auxílio na vida interior, **II, 77**. A ajuda que nos prestam

ÍNDICE ASCÉTICO 703

nas tentações, III, 246-II. A sua festa, **IV, 89**.

ANO-NOVO. Propósitos para o ano que começa, **I, 37a**. Começá-lo junto à Virgem Maria, I, 38a-III. Percorrê-lo diariamente pela mão de Nossa Senhora, IV, 1-III.

APOSTOLADO. E amor a Deus, **III, 176**. E prestígio profissional, **III, 217**. E paternidade espiritual, **III, 268**. E solidariedade cristã, **III, 272**. Necessidade da virtude da humildade para o apostolado, I, 8a-II. Apostolado da Confissão; o maior bem que podemos fazer aos nossos amigos, **I, 9b**. Necessidade da mansidão para a convivência e o apostolado, **I, 11a**. A alegria é imprescindível em todo o trabalho de apostolado, **I, 15a**. *Não são os que gozam de saúde que necessitam de médico...*; esperança no apostolado, **I, 4b**. Santidade e apostolado no meio do mundo; o exemplo dos primeiros cristãos, **I, 11b**. Temos de ser luz para os outros; responsabilidade, I, 13b-III. Paciência e constância no apostolado, **I, 28b**. Não desperdiçar nenhuma ocasião para dar a conhecer a doutrina de Jesus Cristo; o exemplo em primeiro lugar, **I, 32b**. Santificar a sociedade por dentro; cumprimento dos deveres so-

ciais e profissionais, **I, 33b**. Apostolado da Confissão, I, 34b-II. A Ressurreição do Senhor, uma forte chamada para o apostolado; ser luz para os outros, I, 47b-II. Sempre representa um trabalho paciente; se uma alma oferecer maior resistência, deveremos aplicar mais os meios sobrenaturais, **I, 52b**. Otimismo sobrenatural diante das dificuldades; tratar as almas *uma a uma*, **I, 53b**. Necessidade de nos formarmos bem para confessar a nossa fé, I, 54b-III. Contar sempre com o Senhor e com o seu poder, I, 59b-II. Em ambientes difíceis, I, 62b-II. Omissões no apostolado por falta de retidão de intenção, I, 63b-III. Espírito apostólico dos primeiros cristãos no meio das perseguições, **I, 64b**. Rápida propagação do cristianismo nos primeiros séculos; os primeiros cristãos se santificaram no seu próprio ambiente, **I, 70b**. O apostolado, "superabundância da vida interior", I, 78b-III. Com os amigos, **I, 80b**. Os frutos do apostolado; semear sempre; quem dá os frutos é Deus; constância e otimismo, I, 85b-II. A Ascensão e a missão apostólica do cristão, I, 86b-III. Deus quer contar conosco; oração e apostolado, **II, 3**. As virtudes humanas no apostolado, **II, 5**. Necessidade premente de dar doutrina,

II, 13. Apostolado da alegria; levar paz e alegria à família, aos amigos, ao lugar de trabalho..., **II, 15**. Otimismo; "as almas, como o bom vinho, melhoram com o tempo", **II, 21**. O exemplo em primeiro lugar, **II, 34**. Nasce do firme convencimento de possuir a verdade, a única verdade salvadora, **II, 35**. Fé e obediência no apostolado; a primeira pesca milagrosa, II, 36-I. Apostolado da Confissão, II, 44-III. Os defeitos, a falta de formação, a aparente indiferença de alguns são uma chamada e um estímulo para intensificar o nosso apostolado, II, 52-III. Não ser meros espectadores da vida social; cooperar para o bem, oferecer soluções, destacar os aspectos positivos; espírito de colaboração, **II, 53**. Unidade e diversidade no apostolado; uma mentalidade estreita e exclusivista no apostolado não é cristã, **II, 57**. O demônio não renunciou às almas que ainda peregrinam na terra; ser instrumentos para a salvação de muitos, **II, 58**. Explicar a natureza do casamento e a sua dignidade, II, 59-II; II, 167-III. "As obras é que são amores"; a maldição da figueira estéril, **II, 68**. Direito e dever de fazer apostolado, **II, 69**. Apostolado sobre a natureza das festas e do domingo, II, 71--III. Recorrer sempre ao Anjo da Guarda, **II, 77**. Os cristãos são o *sal da terra* quando amam o Senhor, II, 83-III. A oração, "meio mais eficaz de levar almas a Cristo", II, 88--II. Não desanimar diante das dificuldades; o Senhor é nossa fortaleza; repelir os falsos respeitos humanos, **II, 89**. Todas as circunstâncias são boas para realizar um apostolado fecundo, II, 92-III. A família é "o primeiro ambiente em que devemos semear a semente do Evangelho", **II, 95**. A atividade do cristão no mundo: reconduzir todas as coisas a Cristo, II, 102-III. A Santa Missa e o apostolado, II, 103-III; **III, 256**. União com Cristo para sermos apóstolos, **II, 145**. Atear o amor de Cristo nos outros; temos de ser *pontos de ignição* onde quer que nos encontremos, III, 171-III. Qualquer hora e circunstância são boas para fazer apostolado, **III, 174**. Fazer e ensinar; mostrar que Cristo vive com as nossas obras e a nossa palavra, **III, 177**. Acolher a palavra do Papa e difundi-la, **III, 178**. O Senhor envia-nos novamente para propagarmos a sua doutrina; começar pelos mais próximos, III, 180-III. Servir a todos, tratando-os como Cristo o teria feito em nosso lugar; paciência e constância no apostolado, III, 192-I e II. Ouvir a Deus e falar dEle, **III, 197**.

ÍNDICE ASCÉTICO

Na vinha do Senhor há lugar e trabalho para todos, **III, 214**. O apostolado, tarefa de todos; repelir a mentalidade do "partido único", **III, 224**. Urgência de novos apóstolos; *a messe é muita*; a caridade, fundamento de todo o apostolado, **III, 229**. Estender o Reino de Deus, III, 238-III. O nosso afã apostólico deve dirigir-se a todos; os convidados para o banquete, **III, 241**. Responsabilidade no apostolado, **III, 255**. O apostolado no meio do mundo tem de propagar-se como um incêndio de paz, III, 256--II. Pacientes e constantes no apostolado, **III, 258; III, 298**. Levar alegria a quem Deus colocou perto de nós, **III, 259**. Agir sem respeitos humanos; exemplo dos primeiros cristãos, **III, 266**. O Senhor vem salvar o que estava perdido, III, 270-III. Pôr a serviço dos outros os talentos recebidos, III, 271-III. Instaurar todas as coisas em Cristo; propagar o seu reinado nas almas, **III, 291**. Apostolado sobre a virtude da castidade, **III, 294**. Renovar o espírito apostólico na solenidade da Epifania, IV, 2-III. A afabilidade, uma virtude essencial para a convivência e para o apostolado, **IV, 11**. Afã de almas de São Paulo, IV, 12-III. Conservar a boa doutrina; conhecê-la com profundidade; difundi-la, **IV,**

13. O mandato apostólico, IV, 30-III. Empenho em influir positivamente na opinião pública segundo a capacidade de cada um, IV, 31-III. Contar sempre com os meios sobrenaturais, IV, 33-III. Defesa da fé nos momentos de incompreensão, **IV, 51**. Coração grande no apostolado; saber compreender para poder ajudar, **IV, 52**. Alegria e espírito positivo no apostolado; evitar o "zelo amargo", **IV, 52**. Preparar os corações para que possam receber o Senhor, IV, 57-III. Exemplares no meio do mundo; apostolado em todas as circunstâncias: o testemunho dos primeiros cristãos, **IV, 58**. Uma nova evangelização da Europa e do mundo, **IV, 60**. A alegria de todo o apostolado, IV, 62-III. Aconselhar bons livros, IV, 66-II. Necessidade urgente de dar doutrina, IV, 71-I. A chamada do Senhor é sempre essencialmente apostólica, IV, 83-III. Ajudar os outros a encontrarem a sua própria vocação, **IV, 87**. Não buscar nenhuma glória pessoal nas tarefas apostólicas; imitar os apóstolos; passar ocultos e buscar a glória de Deus, **IV, 96**. Apostolado da amizade, **IV, 101**. O zelo apostólico de São Francisco Xavier, **IV, 105**. Santa Teresa de Lisieux e seu espírito missionário, **IV,**

706 ÍNDICE ASCÉTICO

105. Nossa Senhora prepara as almas, **IV, 114**.

APÓSTOLOS. A sua vocação, **II, 14**. *Deixando todas as coisas*, com um desprendimento pleno, seguiram a Jesus, **II, 17**. Não buscar nenhuma glória pessoal nas tarefas apostólicas; imitar os apóstolos; passar ocultos e buscar a glória de Deus, **IV, 96**.

APROVEITAMENTO DO TEMPO. Ver TEMPO.

ARREPENDIMENTO. Ver CONTRIÇÃO.

AUDÁCIA. E vida de *infância espiritual*, II, 60-II. No apostolado, **II, 89**.

AUTORIDADE. Na Igreja, mandar e obedecer é servir, **III, 215**.

AVAREZA. Ver DESPRENDIMENTO, POBREZA, BENS TEMPORAIS.

BATISMO. O Batismo de Jesus; o nosso Batismo; seus efeitos, **I, 51a**. Meios de salvação instituídos por Jesus Cristo; pelo Batismo somos constituídos instrumentos de salvação no nosso ambiente, **II, 47**. As crianças devem ser batizadas quanto antes; responsabilidade dos pais, III, 168-I. Nossa filiação divina em Cristo pelo Batismo; consequências deste sacramento, **IV, 3**.

BEM COMUM. E solidariedade cristã, **III, 272**. Caridade e solidariedade humana; contribuição para o bem comum, **II, 37**. Colaboradores leais na promoção do bem comum; *dar a Deus o que é de Deus*, **III, 250**.

BEM-AVENTURANÇAS. Bem-aventurados os que promovem a paz verdadeira, I, 3a-II. Bem-aventurados os que têm o coração cheio de mansidão, **I, 11a**; II, 132-I e III. Bem-aventurados os limpos de coração, I, 16a-III. Bem-aventurados os misericordiosos porque alcançarão misericórdia, II, 82-II. Bem-aventurados os pobres de espírito, IV, 90-I. São caminho de santidade e de felicidade, **II, 25**.

BENS TEMPORAIS. E esperança sobrenatural; desprendimento, **III, 253**. Os bens temporais são só meios; desprendimento, I, 16b-I. Devem ser meios para nos aproximarmos de Cristo, II, 28-II. O sentido dos bens, **III, 173**. Somos administradores e não donos; responsabilidade de fazê-los render, III, 186-I. O paganismo contemporâneo e a procura do bem-estar material a todo o custo; o medo de tudo o que possa causar sofrimento, **III, 187**. Compartilhar com os outros o que o Senhor põe em nossas mãos, **III, 225**. Desprendimento para seguir a Cristo; os bens materiais são somente meios; consequência da pobreza cristã e modos de vivê-la, **III, 228**. Necessidade e desprendimento dos bens materiais; generosidade, **IV, 109**. Ver DESPRENDIMENTO, POBREZA.

BOM PASTOR. Encontramo-lo na direção espiritual, **I, 7a**; III, 181-II. Jesus é o Bom Pastor e encarrega Pedro e seus sucessores de continuarem a sua missão aqui na terra no governo da sua Igreja, I, 68b--I. Mandar é servir; o exercício da autoridade e a obediência na Igreja procedem da mesma fonte: o amor a Cristo, **III, 215**.

CARIDADE. E o dogma da Comunhão dos Santos na Igreja, **I, 66b**. E a solidariedade cristã, **III, 272**. E a solidariedade humana; contribuição para o bem comum, **II, 37**. A humildade, fundamento da caridade, I, 27a-II. Mortificações que nascem do serviço aos outros, **I, 15b**. Perdoar e esquecer as pequenas ofensas que podem produzir-se na convivência diária, **I, 21b**. Desculpar; aprender a ver as coisas boas dos outros, **I, 21b**. Ser pacien-

tes com os defeitos alheios; contar com o tempo; compreensão e fortaleza, **I, 28b**. Preparar os doentes para receber a Unção dos Enfermos, uma especial demonstração de caridade e, às vezes, de justiça, I, 31b-III. O *mandamento novo* do Senhor, **I, 44b**. Dar paz e alegria aos outros; ser pessoas otimistas e serenas, também no meio da tribulação, **I, 48b**. A unidade dos primeiros cristãos; a sua fraternidade; a caridade une e a soberba separa; evitar o que pode danificar a unidade, I, 56b-III. Desculpar e compreender; refazer os laços de amizade, **I, 72b**. Mediante o dom da sabedoria participamos dos sentimentos de Jesus Cristo em relação aos outros; está intimamente unido à virtude da caridade, I, 89b-I e II. O dom de piedade aperfeiçoa também a virtude da caridade, I, 91b-II. Calar-se quando não se pode louvar; não fazer juízos precipitados; respeito à intimidade, **II, 19**. Essência desta virtude; qualidades; o começo do Céu aqui na terra, **II, 27**. Amor e atenção aos doentes, **II, 31**. Exemplaridade, II, 34-II e III. O *dulcíssimo preceito*, II, 38. Pedir pelos outros, II, 40--III. Tratar bem a todos; viver a caridade em qualquer ocasião, **II, 52**. Grandeza de alma para esquecer as ofensas; perdoar tudo a todos, II, 54-II. Servir

708 ÍNDICE ASCÉTICO

com alegria, II, 66-III. Imitar o Senhor, que sempre se compadece da dor e do sofrimento; a ordem da caridade, **II, 81**. A família é "o primeiro ambiente em que devemos semear a semente do Evangelho", **II, 95**. A *palha no olho alheio*; a soberba tende a exagerar as faltas alheias e a diminuir e desculpar as próprias; a crítica positiva, **II, 100**. Procurar a ajuda de outros para que unam as suas orações às nossas, III, 169-II. Uma caridade vigilante; o "dia de guarda", **III, 184**. A intimidade com Jesus é o *azeite* que mantém acesa a luz da caridade, **III, 185**. Ajudar a todos; tratar cada pessoa como Cristo o teria feito no nosso lugar, **III, 192**. Melhora e fortalece a amizade, III, 194--III. Consequência da filiação divina; "Comportar-se como filhos de Deus com os filhos de Deus", III, 203-II e III. Perdoar sempre com prontidão e de coração, **III, 205; III, 245**. Fazer o bem com a palavra; é um grande dom de Deus, **III, 210**. Entrega ao serviço dos outros, **III, 212**. Visitar os doentes, **III, 219**. É vínculo de união e fundamento de todo o apostolado, **III, 224; III, 229**. Compartilhar com os outros o que o Senhor põe nas nossas mãos, **III, 225**. Compaixão efetiva e prática por quem necessita de nós; parábola do Bom Samaritano, **III, 235**. Dar e dar-nos, embora não vejamos os frutos nem a correspondência; o prêmio da generosidade; dar com alegria, **III, 271**. O valor da esmola; dar não só do supérfluo, **III, 278**. Responsáveis na caridade; o escândalo; obrigação de dar bom exemplo, **III, 280**. *Como uma cidade amuralhada*; a fortaleza transmitida pela caridade, **III, 283**. Ter os mesmos sentimentos de Cristo em relação aos outros, III, 292-III. A caridade é paciente, **III, 298**. A ordem da caridade, IV, 5-III. Proclamar a verdade com caridade, sempre com compreensão, **IV, 6**. A caridade na vida de São José, IV, 21-II. Viver a caridade sempre; também com os que não nos estimam, **IV, 51**. Ninguém é irrecuperável para Deus, **IV, 59**. Com as almas do Purgatório; sufrágios, **IV, 98**. O dom da sabedoria e a caridade de Maria, **IV, 103**. A alegria verdadeira chegou ao mundo com Maria; ser motivo de alegria para os outros, **IV, 106**. Tornar amável a vida dos que convivem conosco; o lar de Nazaré, **IV, 113**. Ver COMPREENSÃO, CORREÇÃO FRATERNA, FRATERNIDADE, GENEROSIDADE.

CASTIDADE. Virgindade, celibato apostólico e matrimônio; a virtude da castidade; meios

ÍNDICE ASCÉTICO

para vivê-la, **I, 23a**. Pureza e vida cristã; a santa pureza, condição indispensável para amar a Deus e para fazer apostolado; meios para vencer, **II, 8**. A guarda da vista; "no meio do mundo, sem ser mundanos", **II, 48**. O nono Mandamento; a guarda do coração e a fidelidade de acordo com a vocação e estado de cada um, **II, 86**. Vivida no meio do mundo, **III, 188**. Castidade conjugal e virgindade, **III, 94**. O dom do entendimento e a pureza da alma de Maria, IV, 103-II. Ver PUREZA.

CATECISMO. Estudar e ensinar o Catecismo, **II, 13**. Estudo do Catecismo; necessidade de conhecer bem as verdades da fé, II, 18-II. Ensinar o Catecismo, uma obra de misericórdia, III, 190-II.

CELIBATO. E virgindade no meio do mundo, III, 188-III. Virgindade, celibato apostólico e matrimônio, **I, 23b**. Fecundidade do celibato, **III, 167**. Paternidade e maternidade espiritual, **III, 268**. Ver CASTIDADE, SACERDÓCIO, VIRGINDADE.

CÉU. Fomentar a esperança do Céu no meio das dificuldades e sofrimentos, I, 32a-III. Fomentar com frequência, e especialmente nos momentos mais

difíceis, a esperança do Céu, I, 12b-II. O que Deus revelou sobre a vida eterna, **I, 82b**. A Ascensão fortalece a nossa esperança de chegar ao Céu, I, 86b-II. A caridade, primícias e começo do Céu aqui na terra, **II, 27**. Entre todas as coisas da vida, o verdadeiramente importante é chegar ao Céu; cortar ou retificar o que nos separa do nosso fim último, **II, 58**. A Sagrada Eucaristia, uma antecipação do Céu e garantia de alcançá-lo, III, 170-I. Estaremos ganhando ou perdendo o Céu de acordo com o uso que fizermos dos bens da terra, **III, 225**. O Céu espera-nos; os convidados para o banquete, **III, 241**. O desejo de alcançar o Céu; a glória acidental, **III, 301**. A Sagrada Eucaristia, penhor de vida eterna; participação na Vida que nunca acaba, **IV, 47**. Fomentar a esperança do Céu, especialmente nos momentos difíceis, IV, 70-I. A esperança do Céu; vale a pena ser fiéis, **IV, 72**. O Purgatório, lugar de purificação e antessala do Céu; os sufrágios; desejar ir para o Céu sem passar pelo Purgatório, **IV, 98**. A Virgem Maria, *Porta do Céu*; a devoção a Ela é sinal de predestinação, **IV, 111**.

COISAS PEQUENAS. Vigilância no cuidado das coisas pequenas, I, 19a-I e II. A Cruz

710 ÍNDICE ASCÉTICO

nas pequenas coisas de cada dia, **I, 2b**. A fidelidade nas coisas pequenas, I, 39b-I. A fidelidade nos momentos difíceis forja-se todos os dias naquilo que parece pequeno, I, 67b-III. Sinceridade nos pormenores, **II, 22**. Cuidar das coisas pequenas no trabalho profissional, II, 41-III. O valor do que é pequeno; a *esmola da viúva pobre*, **II, 78**. O Senhor serve-se do que é pequeno para atuar no mundo e nas almas; o *grão de mostarda*, **II, 89**. Amor e fidelidade nos pormenores, III, 199-III. O Senhor não pede coisas impossíveis; dá-nos a graça para sermos santos; lutar no pouco, naquilo que está ao nosso alcance, no que nos aconselham na direção espiritual, **III, 199**. Identificar as pequenas coisas que nos separam do Senhor, IV, 78-III.

COMPREENSÃO. Desculpar; aprender a ver as coisas boas dos outros, **I, 21b**. Ser pacientes com os defeitos dos outros; contar com o tempo; compreensão e fortaleza, **I, 28b**. Perdoar e compreender; refazer os laços de amizade, **I, 72b**. Compreensão com os que estão no erro, mas firmeza na verdade e no bem, II, 52-I. Para amar é necessário compreender, II, 81-III. Aceitar as pessoas como são; ajudá-las com a correção fraterna, **II,**

100. Proclamar a verdade sempre com caridade e compreensão em relação às pessoas, **IV, 6**. Coração grande no apostolado; saber compreender para poder ajudar, **IV, 52**.

COMUNHÃO DOS SANTOS. E o sacramento da Penitência, **I, 10a**. E a oração; o *Pai-nosso*, **III, 237**. O bem e o mal que fazemos repercute em toda a Igreja, I, 10b-II. Estende-se a todos os cristãos; o valor das nossas obras, **I, 66b**. A ajuda que a Comunhão dos Santos nos presta, **II, 93**. Membros de um mesmo Corpo; solidariedade cristã, **III, 272**. Rezar pelos defuntos; as indulgências, **III, 275**. A comunhão de bens espirituais na Igreja, **IV, 8**. Santa Teresa de Lisieux e seu espírito missionário, **IV, 105**.

COMUNHÃO. Alegria na hora de receber a Jesus na Sagrada Comunhão, I, 2a-I. Preparar-nos para receber o Senhor, **I, 2a**. Efeitos da Comunhão na alma: *sustenta, repara e deleita*, I-65b. A *ação de graças* depois da Comunhão, **I, 71b**. Desejá-la vivamente; comunhões espirituais, **II, 29**. Preparar cada Comunhão como se fosse a única da nossa vida, **II, 151**. Dá-nos a fortaleza necessária no nosso caminho para o Céu, **III, 170**. O banquete de bodas; amor a Jesus

ÍNDICE ASCÉTICO 711

Sacramentado; preparar bem a Comunhão, **III, 175**. Receber bem a Jesus; preparação da Comunhão, **III, 211**. O Pão da Vida, **III, 244**. Preparação e ação de graças; o *Trium puerorum*, **III, 299**. É sustento para o caminho; desejos de receber o Senhor; evitar a rotina, IV, 45-III. Ver EUCARISTIA.

COMUNHÕES ESPIRITUAIS. Meio de presença de Deus e de preparação para a Comunhão sacramental, **II, 29**.

CONFIANÇA EM DEUS. O Senhor nunca chega tarde para nos dar a graça e as ajudas necessárias, **I, 21a**. O Senhor nunca nos abandonará; não ter medo; *tudo é para o bem*, **I, 36a**. O dom de piedade dá-nos uma confiança filial na oração, I, 91b-II. Oração humilde e perseverante da cananeia; confiança filial na oração de petição, **II, 40**. Só quem é humilde confia no Senhor, **II, 45**. Viver o momento presente e evitar as preocupações estéreis; estamos nas mãos de Deus, **II, 61**. O Senhor serve-se do que é pequeno para atuar no mundo e nas almas; o *grão de mostarda*, **II, 89**. Viver sem medo; valentia e confiança em Deus nas grandes provas e nas pequenas coisas da vida ordinária, **II, 97**. O Senhor nunca nos deixará sozinhos no meio das dificuldades; atitude diante das contradições, **II, 98**. O abandono não deve levar-nos à passividade, mas a pôr os meios que estiverem ao nosso alcance, **III, 264**. O nosso refúgio e proteção estão no amor a Deus; recorrer ao Sacrário, **III, 265**. Ver ABANDONO EM DEUS, FILIAÇÃO DIVINA.

CONFIRMAÇÃO. E o dom de fortaleza, **I, 92b**.

CONFISSÃO. Meio para preparar-se para o Natal, I, 1a-II. O maior bem que podemos fazer aos nossos amigos é aproximá-los do sacramento da Penitência; apostolado da Confissão, **I, 9a**. Confissão dos pecados e propósito de emenda; confissão individual, auricular e completa, **I, 10a**. A Confissão ajuda-nos a preparar o encontro definitivo com o Senhor, **I, 20a**. Simplicidade na Confissão, I, 42a-III. Eficácia deste sacramento, I, 4b-II. A Confissão, um encontro com Cristo; qualidades de uma boa Confissão, **I, 8b**. A alegria de uma Confissão sincera e contrita; a volta a Deus, **I, 18b**. Necessidade da sinceridade; o *demônio mudo*, **I, 23b**. É Cristo quem perdoa no sacramento da Penitência; gratidão pela absolvição, **I, 34b**. Frutos da Confissão frequente, **II,**

ÍNDICE ASCÉTICO

7. Caráter libertador da Confissão; eficácia da Confissão frequente para lutar contra os pecados veniais, **II, 26**. Os sacerdotes perdoam os pecados *in persona Christi*; apostolado da Confissão, II, 44-II e III. É um grande bem para a humanidade, II, 53-I. Meio para encontrar o caminho da fé, **II, 55**. As nossas quedas não nos devem desanimar, mas conduzir-nos à humildade e à sinceridade na Confissão, **II, 90**. A Confissão fomenta em nossa alma o santo temor de Deus, II, 99-III. A Confissão sacramental, meio para crescer na vida interior, **II, 114**. O sacramento do perdão leva-nos a ser misericordiosos com os outros, III, 205-III. Refletida na parábola do filho pródigo, **III, 207**. A misericórdia divina no sacramento do perdão; condições de uma boa confissão, **III, 209**. Ser sinceros na Confissão, IV, 76-III. Nossa Senhora e o sacramento da Penitência; a sua atitude misericordiosa para com os pecadores; nosso refúgio, **IV, 110**.

CONHECIMENTO PRÓPRIO. Ver EXAME DE CONSCIÊNCIA, HUMILDADE.

CONSCIÊNCIA. É a luz da alma; necessidade de formá-la, **I, 13b**. O dom de conselho aperfeiçoa a virtude da prudência e é uma grande ajuda para formar uma consciência reta, **I, 90b**. Formação da consciência e direção espiritual, III, 181-II. Não perder o *sentido do pecado*; delicadeza de consciência, III, 249-II e III. Importância das disposições morais da vontade, **III, 257**.

CONSTÂNCIA. Paciência e constância no apostolado, **I, 28b**. Contar com o tempo no apostolado; os meios humanos e sobrenaturais são tanto mais necessários quanto maiores forem as dificuldades, **I, 52b**. Os frutos no apostolado; semear sempre; Deus é quem dá os frutos; constância e otimismo, I, 85b-II. Tempo e constância para adquirir uma boa formação doutrinal, II, 18-III. Constância na direção espiritual, III, 181-III. Constantes no apostolado, III, 192-II. Constância para recomeçar com humildade na luta interior, III, 213-III. Pacientes e constantes no apostolado, **III, 258**; **III, 298**.

CONTEMPLAÇÃO. O dom do entendimento e a vida contemplativa; necessidade de purificar a alma, I, 87a-III. Ver JACULATÓRIAS, ORAÇÃO, PRESENÇA DE DEUS.

CONTRIÇÃO. E propósitos; partes essenciais do exame

ÍNDICE ASCÉTICO

de consciência, I, 14a-III. E crescimento interior, II, 22-III. Atos de contrição, no final do ano, pelos erros cometidos, I, 37a-II. A "ciência dos santos", I, 17b-III. Por muito grandes que sejam os nossos pecados, o Senhor sempre nos espera, I, 39b-II. As negações de Pedro; aprender dele o verdadeiro arrependimento; atos de contrição, **I, 41b**. As nossas quedas não nos devem desanimar, mas conduzir-nos à humildade e à sinceridade na Confissão, **II, 90**. A contrição restaura as nossas forças e nos prepara para receber novas graças, II, 114-II. É fruto do exame de consciência feito com humildade e sinceridade, III, 198-II. Contrição para dar fruto apesar das fraquezas pessoais, III, 213-I.

CONVERSÃO. A Quaresma, um tempo de conversão e de penitência, **I, 1b**. A alegria de Deus diante das nossas conversões, **III, 274**. A conversão de São Paulo, **IV, 12**. A conversão do bom ladrão, IV, 43-I. O caminho normal da conversão e da aproximação a Deus começa pelo amor a Maria, **IV, 67**. A conversão de Santo Agostinho, **IV, 78**.

CORAÇÃO. Limpeza de coração; os atos internos; a guarda do coração; frutos desta pure-

za, **I, 16a**. Necessidade de um coração limpo para entender os fatos e acontecimentos da nossa vida, I, 18a-II. Os sentimentos e a aridez espiritual, II, 83b-II. O nono Mandamento; a guarda do coração e a fidelidade de acordo com a vocação e o estado de cada um, **II, 86**. Amar a Deus com o único coração que temos, III, 176-II. A pureza do coração, **III, 188**. Para alcançar a felicidade, o que é preciso "não é uma vida cômoda, mas um coração enamorado", **III, 259**. O Sagrado Coração de Jesus, **IV, 48; IV, 49**. O Imaculado Coração de Maria, **IV, 50**.

CORPO. O nosso corpo ressuscitado será o nosso próprio corpo; os corpos gloriosos; unidade entre corpo e alma, I, 82b-III; **II, 75**. A Sagrada Eucaristia, penhor da futura glorificação do corpo, III, 170-II. O corpo glorioso, **III, 301**. A Ascensão de Nossa Senhora, garantia da nossa esperança na ressurreição gloriosa dos corpos, IV, 73-III.

CORREÇÃO FRATERNA. O dever da correção fraterna; a sua eficácia sobrenatural; modo de recebê-la; falsas desculpas para não fazê-la, **II, 24**. Aceitar as pessoas como são; ajudá-las com a correção fraterna, **II, 100**.

714 ÍNDICE ASCÉTICO

CORREDENÇÃO. E sentido penitencial, II, 85-I. Valor corredentor da dor e da enfermidade, **II, 31**. O cansaço e a fadiga devem ajudar-nos a ser corredentores com Cristo, II, 39-I. Maria, Corredentora com Cristo, **II, 105**.

CORRESPONDÊNCIA À GRAÇA. Depende de nós não tornar inútil a Paixão de Nosso Senhor; as suas lágrimas sobre Jerusalém impenitente, I, 40b-II. Corresponder às graças recebidas, **II, 22**. A graça de Deus sempre dá fruto, se não levantarmos obstáculos; evitar o desalento diante dos nossos defeitos; começar e recomeçar, **II, 23**. Leva-nos à docilidade ao Espírito Santo, a uma profunda vida de oração e a um grande amor à Cruz, II, 91-III. Correspondência fidelíssima de Maria a todas as graças, III, 204-III. Ser terra boa para Deus, III, 213-III. A vocação de Nossa Senhora; o *sim* que Deus nos pede, **IV, 29**. Correspondência da Virgem Maria a Deus desde a sua infância, **IV, 100**.

CRISTÃOS NO MEIO DO MUNDO. Os cristãos devem criar uma ordem mais justa, mais humana, **I, 35a**. Vida de fé no meio das realidades temporais; filhos de Deus e cidadãos exemplares, **I, 29b**. Ser promotores da justiça social, I, 75b-II. A paz verdadeira é fruto do Espírito Santo; a missão de pacificar o mundo: a família, o lugar de trabalho, **I, 77b**. Ser "semeadores de paz e de alegria", I, 77b-III. Devemos ser a *luz do mundo*; exemplaridade nas tarefas profissionais; competência profissional; eficácia do bom exemplo, **II, 16**; **III, 217**. Temos de ser *sal* e *luz* no meio do mundo; o exemplo em primeiro lugar, **II, 34**; **II, 83**. Santa Maria, *Auxílio dos cristãos*, II, 42-III. No meio do mundo, sem ser mundanos; um cristão não vai a lugares ou espetáculos que desdigam da sua condição de discípulo de Cristo, **II, 48**. Não ser meros espectadores da vida social; iniciativas; oferecer soluções; favorecer tudo o que é bom; espírito de colaboração; não contribuir para o mal, **II, 53**. O cristão na vida pública; o cumprimento exemplar dos nossos deveres; unidade de vida, **II, 74**. Orientar novamente para Deus as realidades humanas, II, 80-III. Dignidade do cristão, **II, 91**. A atividade do cristão no mundo: reconduzir todas as coisas a Cristo, II, 102-III. Os cristãos, como o fermento na massa, estão chamados a transformar o mundo por dentro, II, 145-I. A pobreza que têm de viver no meio do mundo, II, 173-II. Devem ser luz para os outros; o *azeite* da caridade, II, 185-I e III. O cristão, um homem sem duplicidade; a hipocrisia dos fariseus, **III, 248**. Defesa da fé nos momentos de incompreensão; testemunho dos primeiros cristãos, **IV, 51**. Exemplaridade de São Thomas More no exercício da sua profissão, **IV, 54**. Exemplares no meio do mundo; atitude diante das contradições; apostolado em todas as ocasiões; testemunho dos primeiros cristãos, **IV, 58**. Alma sacerdotal e santificação das tarefas seculares; a participação do leigo na vida da Igreja, IV, 68-II.

CRUCIFIXO. Devoção e amor ao Crucifixo, **I, 37b**.

CRUZ. E alegria, **II, 15**. O sinal da Cruz na segunda vinda do Senhor, I, 20a-I. A dor, uma realidade da nossa vida; santificação da dor; a Cruz de cada dia, **I, 34a**. A Cruz nas coisas pequenas de cada dia, **I, 2b**. Para seguir a Cristo é necessário estar perto da Cruz; quem se afasta do sacrifício, afasta-se da santidade, **I, 19b**. A alegria na Cruz; origem da alegria do cristão, **I, 26b**. Jesus leva a Cruz a caminho do Calvário; modo de levá-la, I, 43b-II. Os frutos da Cruz, I, 45b-III; **III, 273**. A correspondência à graça leva-nos a ser dóceis ao Espírito San-

to, a uma profunda vida de oração e a um grande amor à Cruz, II, 91-III. Contar com a Cruz; necessidade da Cruz e da mortificação, III, 187-I. É necessário tomar a própria cruz e seguir Jesus Cristo, **III, 206**. O Senhor abençoa-nos com a Cruz e nos consola, **IV, 70**. Exaltação da Santa Cruz; os frutos da Cruz, **IV, 81**. A dor de Maria; Corredenção de Nossa Senhora; santificar nossas dores e sofrimentos, **IV, 82**.

CULTO. Dignidade e generosidade no culto, **II, 46**. Magnanimidade nos objetos do culto, II, 54-II. As festas cristãs e o *dia do Senhor*, II, 71-I e II. Devoção e culto aos santos, **II, 72**. O culto verdadeiro, III, 293-III.

DEFUNTOS. Rezar pelos defuntos; as indulgências, **III, 275**. A comemoração de todos os fiéis defuntos, **IV, 98**. Ver NOVÍSSIMOS, PURGATÓRIO.

DEMÔNIO. As tentações de Jesus; o demônio tenta-nos de maneira semelhante, **I, 5b**. A sua existência e atuação no mundo; quem é; o seu poder é limitado, **I, 6b; IV, 85**. O *demônio mudo*, **I, 23b**. A sua presença torna-se mais forte à medida que o homem e a so-

716 ÍNDICE ASCÉTICO

ciedade se afastam de Deus, **II, 26**. Existência do inferno; o demônio não renunciou às almas que ainda peregrinam na terra; o santo temor de Deus, **II, 58**. Proteção de São Miguel Arcanjo, IV, 85-II.

DESAGRAVO. Os ataques à Igreja devem levar-nos a amá--la mais e a desagravar, I, 60b-II. Obrigação de reparar e desagravar as ofensas a Deus, III, 280-III. Amor reparador, **IV, 48**. O Sagrado Coração de Jesus; desagravo e reparação, **IV, 49**.

DESCANSO. O descanso dominical e festivo; sentido das festas, **I, 61b**. O cansaço de Jesus; aprender a santificar o cansaço; dever de descansar, **II, 33**. As festas cristãs e o *dia do Senhor*; o descanso festivo, **II, 71**.

DESPRENDIMENTO. Necessário para seguir Jesus; detalhes e modo de vivê-lo, **I, 28a**. Dá-nos a necessária liberdade para seguir Cristo; desprendimento do supérfluo e do necessário, **I, 16a**. Necessário para nos dispormos a receber o dom da ciência, I, 88b-III. Necessário para seguir Cristo; detalhes concretos para vivê--lo, **II, 17**; **II, 65**; **IV, 101**. Preferir perder tudo a perder Cristo; deixar de lado o que

nos separa de Deus; detalhes de desprendimento, **II, 28**. Necessidade da virtude da fortaleza para ser desprendido, II, 32-II. Desprendimento da saúde, **II, 33**. Necessário para seguir Cristo; o *jovem rico*, **II, 64**; **III, 172**; III, 242--II. O exemplo de Bartimeu, **II, 67**. *De que serve ao homem ganhar o mundo inteiro se vier a perder a sua alma?*, **III, 187**. Compartilhar com os outros o que o Senhor põe em nossas mãos, **III, 225**. Desprendimento para seguir Cristo; os bens materiais são só meios; consequências da pobreza cristã e modo de vivê--la, **III, 228**. O desprendimento cristão e a esperança sobrenatural; sentido e fim dos bens materiais, **III, 25**. O desprendimento de Zaqueu, **III, 270**. Virtude que cada cristão tem de viver de acordo com a sua peculiar vocação; necessidade desta virtude; frutos; modo de vivê-la no meio do mundo, **IV, 90**. Necessidade, generosidade, desprendimento dos bens materiais, **IV, 109**. Ver BENS TEMPORAIS, POBREZA.

DEVOÇÕES. Ao Anjo da Guarda, **I, 7b**; **II, 77**; **IV, 89**. Ao Crucifixo, **II, 37**. Via Sacra, **I, 3b**. Oferecimento ao Amor Misericordioso, **II, 105**; II, 141-III; IV, 16-III. Decenário

ÍNDICE ASCÉTICO

ao Espírito Santo, **I, 83b**; **I, 87b** a **I, 94b**. Sete domingos de São José, **IV, 20** a **IV, 26**. Oitavário pela unidade dos cristãos, **IV, 4** a **IV, 12**. *Dia de Guarda*: caridade vigilante; como viver este costume, III, 184-II e III. *Devoções marianas*: maio, mês de Maria; as "romarias", **I, 84b**; o sábado mariano, **III, 195**; o Santo Rosário, oração preferida de Nossa Senhora, **I, 81b**; **III, 240**; o terço, "arma poderosa", **IV, 71** e **IV, 92**; o escapulário do Carmo, **IV, 61**; a Novena à Imaculada Conceição, **IV, 102** a **IV, 111**; o *Lembrai-vos*, I, 9a-III. *Devoções populares*: a procissão do *Corpus Christi*, IV, 40-III. Ver OITAVÁRIO PELA UNIDADE DOS CRISTÃOS, SACRAMENTAIS, SANTO ROSÁRIO.

DIFICULDADES. Segurança junto ao Senhor; a ajuda de Nossa Senhora, I, 60b-III. Frutos da contradição, **I, 64b**. Santa Maria, *Auxílio dos cristãos*, II, 42-III. Os santos, intercessores diante de Deus e nossos grandes aliados nas dificuldades, II, 72-I. Recorrer ao Anjo da Guarda, **II, 77**. Esperança no meio das dificuldades, **II, 79**. Não desanimar diante das dificuldades; o Senhor é nossa fortaleza; repelir os falsos respeitos humanos, **II, 89**. Amar a vontade de Deus; *tudo é para o*

bem; serenidade nas contradições, **II, 96**. Viver sem medo; a nossa fortaleza baseia-se na consciência da nossa filiação divina; valentia e confiança em Deus nas grandes provas e nas coisas pequenas da vida ordinária, **II, 97**. O Senhor nunca nos deixará sozinhos no meio das dificuldades; atitude diante das contradições, **II, 98**. Frutos das incompreensões; a *contradição dos bons*, III, 201-II e III. Dificuldades na oração mental, III, 261-III. Junto do Sacrário, ganharemos todas as batalhas; "almas de Eucaristia", **III, 265**. Nosso refúgio e proteção estão no amor a Deus; recorrer ao Sacrário, **III, 265**. Os frutos da Cruz, **III, 273**. Paciência nas contrariedades da vida ordinária, **III, 298**. A intercessão dos santos; recorrer especialmente a São José em todas as necessidades, IV, 26-II. Defesa da fé nos momentos de incompreensão; mais apostolado quanto maiores forem as adversidades, **IV, 51**. Atitude diante das contradições; apostolado em todas as ocasiões; testemunho dos primeiros cristãos, **IV, 58**. Recorrer a Nossa Senhora nas dificuldades, IV, 63-III. O Senhor abençoa com a Cruz e nos consola, **IV, 70**. Recorrer a Maria através do terço, IV, 71--II. Serenidade e bom humor diante das dificuldades, **IV,**

718 ÍNDICE ASCÉTICO

74. Alegria nas contradições, **IV, 79**. Importância capital da oração na vida cristã; possíveis dificuldades na oração mental, **IV, 94**. A oração nos fortalece no meio das tentações e dificuldades, IV, 107-II.

DIREÇÃO ESPIRITUAL. Encontramos o Bom Pastor na direção espiritual, **I, 7a**. Sinceridade na direção espiritual, I, 42a-II. Deixar-se ajudar nos momentos de escuridão e desorientação, I, 43a-II. Fé e docilidade na direção espiritual, **I, 20b**. Necessidade da sinceridade; o *demônio mudo*, **I, 23b**; IV, 76-III. O dom de conselho aperfeiçoa a virtude da prudência e é uma grande ajuda para formar uma consciência reta; a sua importância na direção espiritual, **I, 90b**. Docilidade, constância, sinceridade, **III, 181**. Falar com clareza e simplicidade, III, 197-III. Lutar no que é pequeno e está ao nosso alcance; luta no que nos aconselhem na direção espiritual, **III, 199**. O caminho que Deus utiliza para atuar na alma, **III, 289**.

DOCILIDADE. Virtude própria do caminho de infância espiritual, I, 24a-III. Fé e docilidade nos momentos de escuridão e desorientação; deixar-se ajudar, **I, 43a**. Ser dóceis na direção espiritual, **I, 20b**; III,

181-III. Docilidade às moções do Espírito Santo, **I, 23b**. A correspondência à graça nos torna dóceis ao Espírito Santo, II, 91-III. Docilidade ao que o Senhor nos pede a cada dia, III, 199-III.

DOENÇA. Santificar a doença; aprender a ser bons doentes, **II, 31**. Santa Maria, *Saúde dos enfermos*, II, 42. Visitar os doentes, **III, 219**. O sentido da doença e da dor; santificar essas circunstâncias, **IV, 17**. Ver DOR.

DOMINGO. O *dia do Senhor*; o seu centro é a Santa Missa; o descanso dominical, **I, 61b**.

DONS DO ESPÍRITO SANTO. Os sete dons; a sua influência na vida cristã, **I, 83b**. O dom de entendimento, **I, 87b**. O dom de ciência, **I, 88b**. O dom de sabedoria, **I, 89b**. O dom de conselho, **I, 90b**. O dom de piedade, **I, 91b**. O dom de fortaleza, **I, 92b**. O dom do temor de Deus, **I, 93b**. Os dons do Espírito Santo em Maria, **IV, 103**.

DOR. É uma realidade da nossa vida; santificação da dor; a Cruz de cada dia, **I, 34a**. O sentido da dor, I, 41a-II; III, 187-I; **III, 226**. Jesus Cristo redimiu-nos e libertou-nos do pecado; corredimir com Cris-

ÍNDICE ASCÉTICO

to; o sentido da dor, **I, 36b**. *Deus nos poda para que demos mais fruto*; sentido da dor e da mortificação, I, 78b-II. Jesus compadece-se sempre da dor e do sofrimento; imitá-lo, **II, 81**. Visitar os doentes, **III, 219**. O sentido da doença e da dor; santificar essas circunstâncias, **IV, 17**. Dores e gozos de São José, **IV, 23; IV, 24**. O Senhor abençoa com a Cruz e nos consola, **IV, 70**. A dor de Maria; a corredenção de Nossa Senhora; santificar as nossas dores e os nossos sofrimentos, **IV, 82**.

DOUTRINA. E vida; ser luz para os outros, I, 13b-II e III. Não desaproveitar nenhuma ocasião para difundir a doutrina de Jesus Cristo; o exemplo em primeiro lugar, **I, 32b**. Anunciar a doutrina cristã na sua integridade, I, 85b-I. Dar doutrina, uma tarefa urgente, **II, 13**. A ignorância, "o maior inimigo de Deus no mundo"; necessidade de uma boa formação doutrinal; meios, **II, 18**. Dar doutrina em todas as ocasiões; a *parábola do semeador*, **II, 21**. Urgência e responsabilidade de levar a doutrina do Senhor a todos os ambientes; fidelidade à doutrina que se deve transmitir, **II, 35**. Difundir a doutrina entre todos; não ter mentalidade estreita no apostolado, II, 57-I e II. Dar doutrina sobre a natureza do casamento e a sua dignidade, II, 59-II. Os falsos mestres e a má doutrina, II, 102-I. Dar boa doutrina, tarefa de todos, **II, 133**. Fazer e ensinar; mostrar com as nossas obras e a nossa palavra que Cristo vive, **III, 177**. Ensinar o Catecismo, uma obra de misericórdia, III, 190--II. Difundir por todas as partes a doutrina de Cristo; efeito multiplicador do apostolado, III, 192-III. Não devemos permanecer calados diante da ignorância religiosa, **III, 197**. O *depósito da fé*; expor a doutrina com clareza, **IV, 6**. Conservar a boa doutrina; conhecê-la com profundidade; difundi-la, **IV, 13**. A doutrina, alimento da piedade; necessidade de formação, **IV, 14**. Importância da leitura espiritual; modo de fazê-la, IV, 66-II e III. Necessidade urgente de dar doutrina, IV, 71-I. Necessidade de dar doutrina; empregar todos os meios ao nosso alcance, **IV, 74**.

ECUMENISMO. O diálogo deve basear-se no amor sincero à verdade revelada, **IV, 6**. Ver OITAVÁRIO PELA UNIDADE DOS CRISTÃOS.

ENTREGA. E liberdade; a sinalização no caminho, III, 179. E obediência; não pôr limites ao querer de Deus, **III, 193**.

A Santa Missa e a entrega pessoal, **I, 30b**. Oferecimento ao Amor Misericordioso, II, 105-II. Entrega ao chamado do Senhor, II, 147-III. Entrega ao serviço dos outros, **III, 212**. Dar e dar-nos mesmo que não vejamos os frutos nem a correspondência dos outros; generosidade e alegria, **III, 271**. Generosidade sem limites; não negar nada ao Senhor; a *viúva pobre*, **III, 296**. Nossa Senhora entregou-se a Deus desde a infância, **IV, 100**.

EPISÓDIOS E EXEMPLOS. João Paulo II e a preparação do Natal, **I, 1a**. A devoção ao Crucifixo, **I, 37b**. São Tomás de Aquino aconselhava a felicitar a Virgem Maria pela Ressurreição do seu Filho, I, 47b-III. Um exemplo que manifesta a Comunhão dos Santos, I, 66b-II. "Vós sois os meus braços", **II, 3**. A pessoa que pretende caçar leões pelos corredores da sua casa, **II, 22**. Na Catedral de Burgos; a perfeição no trabalho profissional, **II, 41**. *As obras é que são amores*, **II, 68**. A oração de Santa Mônica: *é impossível que se perca o filho de tantas lágrimas*, **III, 169; IV, 77**. A resposta de São Tomás de Aquino a uma pessoa que lhe perguntava que era necessário para ser santa, **III, 199**. Para ilustrar a preparação da Comu-

nhão, **III, 211**. O oficial que não sabia montar a cavalo, **III, 253**. Um professor responsável, **III, 255**. Thomas More ao despedir-se dos seus, **III, 265**. Subir na barca de Deus, **III, 269**. "Entre a ponte e a água estava Eu", **III, 270**. A capa de São Martinho, **III, 271**. O cozinheiro e os cães, **III, 276**. Os tesouros de Alexandre Magno, **III, 282**. Uma velha sede de sorrisos, III, 282-III. Santa Teresa e a sua primeira noite em Salamanca, **III, 286**. As estacas pintadas de vermelho, III, 290-II. A generosidade do rei, **III, 296**. Os anos que ainda faltam, **III, 297**. A estátua de pés de barro, **III, 297**. O diapasão, **III, 300**. São Francisco de Sales e o calvinista, **IV, 11**. As boias na desembocadura dos rios, **IV, 13**. São Tomás de Aquino e obra não concluída, **IV, 14**. Jaculatórias nas margens dos manuscritos de São Tomás de Aquino, **IV, 14**. Alexandre Magno e as lágrimas de sua mãe, **IV, 16**. A Virgem é sempre mais bela, **IV, 17**. O desenhista que queria ser pintor, **IV, 33**. O pelicano que alimenta os filhos com o seu sangue, IV, 46-I. O epitáfio na tumba do Cardeal Newman, **IV, 48**. As carmelitas mártires durante a Revolução Francesa, **IV, 52**. O desprendimento de São Thomas More, IV, 54-I. A tradição do *Quo vadis*,

ÍNDICE ASCÉTICO

Domine?, **IV, 56**. Leão XI e o escapulário do Carmo, **IV, 61**. João Paulo II e a devoção ao escapulário do Carmo, **IV, 61**. O Apóstolo Tiago e o seu acusador, **IV, 63**. Santo Afonso Maria de Ligório e o seu amor a Nossa Senhora, **IV, 67**. O Cura d'Ars e a santidade dos sacerdotes, **IV, 68**. A mão glorificada do Senhor, **IV, 73**. Milagres na vida de São Pio X, **IV, 74**. Sobre o bom humor de São Pio X, **IV, 74**. Heráclio e a Santa Cruz, **IV, 61**. Devoção particular do Bem-aventurado Josemaría Escrivá aos Anjos da Guarda, IV, 89-II. São Francisco de Assis e seu amor à virtude da pobreza, **IV, 90**. Santa Teresa e sua confiança na oração, IV, 94-I. Santa Teresa e a imagem do Crucificado, **IV, 94**. O aventureiro que tem de atravessar um deserto, imagem da alma no Purgatório, **IV, 98**. Santa Teresa de Lisieux e o seu espírito missionário, **IV, 105**. Pio IX em seu leito de morte e a sua devoção ao Santo Rosário, IV, 107-III. São Nicolau de Bari, intercessor nas necessidades econômicas, **IV, 109**. São Jerônimo e o perdão dos pecados, **IV, 110**. Frei Leão e a escada para o Céu, **IV, 111**.

ESMOLA. Ser generosos, II, 17-III. O valor da esmola; dar não só do supérfluo, **III, 278**.

ESPERANÇA. E fraquezas pessoais, III, 297-III. E filiação divina; Nossa Senhora, esperança em qualquer necessidade, **IV, 31**. Temos de lutar contra os nossos defeitos até o final dos nossos dias; recomeçar muitas vezes, **I, 12a**. O Advento, tempo de alegria e de esperança, I, 15a-I. Santa Maria, Mestra da esperança; objeto desta virtude; a origem dos nossos desalentos, **I, 21a**. Fomentar a esperança do Céu no meio das dificuldades e do sofrimento, I, 32a-III; I, 12b--II; **I, 82b**. Cristo remedeia todos os nossos males, **I, 4b**. A virtude da esperança, **I, 74b**. A Ascensão fortalece a nossa esperança de chegar ao Céu, I, 86b-II. A esperança do perdão divino, **II, 7**. É a "virtude do caminhante"; o seu fundamento, **II, 79**. Os bens temporais e a esperança sobrenatural; desprendimento, **III, 253**. Jesus busca-nos sempre; vem *salvar o que estava perdido*, III, 270-III. Esperança na vinda gloriosa de Cristo, III, 287-II. Como a São Paulo, nunca nos faltará a graça do Senhor, IV, 12-II. "Àqueles que escolhe para algum fim, Deus prepara--os e dispõe-nos a fim de sejam idôneos para esse fim", **IV, 20**. Papel da virtude da esperança na vida de São José, IV, 21--II. Ninguém é irrecuperável para Deus, **IV, 59**. A ajuda e a graça especiais de Nossa Senhora no momento da morte, **IV, 61**. Não desanimar diante das nossas fraquezas; recorrer com prontidão ao Senhor, IV, 63-II. A esperança do Céu; vale a pena ser fiéis, **IV, 72**. A Ascensão de Nossa Senhora, esperança da ressurreição gloriosa dos nossos corpos, IV, 73-III.

ESPÍRITO SANTO. Somos templos de Deus; conversar com o Espírito Santo, **I, 76b**. A paz verdadeira é fruto do Espírito Santo; temos a missão de pacificar o mundo: a família, o lugar de trabalho, etc., **I, 77b**. Os sete dons; a sua influência na vida cristã, **I, 83b**. Os frutos do Espírito Santo, manifestação da glória de Deus: *amor, gozo, paz, paciência...*, I, 94b-I. O Espírito Santo e Nossa Senhora, **I, 95b**. Pentecostes, **I, 96b**. Docilidade às moções do Espírito Santo, **II, 23**. A sua ajuda constante para lutar contra os nossos defeitos, **III, 227**. A perda do *sentido do pecado*; o *pecado contra o Espírito Santo*, **III, 249**. Guia e Mestre da vida interior, IV, 39-II. Oração ao Espírito Santo, **IV, 100**. Os dons do Espírito Santo em Maria, **IV, 103**. Ver DONS DO ESPÍRITO SANTO.

ESTUDO. Ver TRABALHO.

EUCARISTIA. A Última Ceia; instituição da Eucaristia e do sacerdócio ministerial, **I, 44b**. Fé e Eucaristia; Jesus presente no Sacrário, **I, 51b; IV, 45**. O anúncio da Eucaristia na sinagoga de Cafarnaum; meditação sobre o hino *Adoro te devote*, **I, 65b**. A Comunhão sacramental, **II, 4**. Comunhões espirituais, **II, 29**. Dignidade e generosidade nos objetos do culto; amor a Jesus no Sacrário, **II, 46**. Presença de Cristo no Sacrário, **II, 148**. Antecipação do céu e penhor da futura glorificação do corpo, III, 170-I e II. O *banquete de bodas*, **III, 175**. Receber bem a Jesus; preparação da Comunhão, **III, 211**. Querer ver a Jesus, que nos espera no Sacrário, **III, 220**. O Pão da Vida, **III, 244**. Junto do Sacrário, ganharemos todas as batalhas; "almas de Eucaristia", **III, 265**. Solenidade do *Corpus Christi*, **IV, 41**. Um Deus escondido; Jesus oculta-se para ser descoberto pela nossa fé e pelo nosso amor, **IV, 42**. Presença substancial de Cristo; confiança e respeito diante de Jesus Sacramentado, **IV, 43**. O bom ladrão enxergou em Jesus moribundo o Messias, o Filho de Deus; descobri-lo no Sacrário, **IV, 44**. Memorial da Paixão; o *Pão vivo*; sustento no caminho, **IV, 45**. Jesus vem curar-nos, consolar-nos e dar-nos

ÍNDICE ASCÉTICO

forças novas, **IV, 46**. Penhor de vida eterna; participação na Vida que não acaba nunca, **IV, 48**. Nossa Senhora e a Eucaristia, **IV, 48**. Ver COMUNHÃO, HINO *ADORO TE DEVOTE*, MISSA.

EVANGELHO. Conhecer melhor Jesus mediante a leitura do Santo Evangelho, I, 17a-III. Lê-lo com fé e com amor, I, 48a-II. Ler e meditar com fruto o Santo Evangelho, **I, 73b; III, 300**. Ao ler o Evangelho, Jesus fala-nos, ensina-nos e consola-nos, III, 191-II. O Evangelho de São Lucas; o seu conteúdo; lê-lo com piedade, **IV, 95**.

EVANGELIZAÇÃO. Evangelização da Europa e do mundo inteiro; e santidade pessoal, I, 53b-II, **IV, 60**. O lugar privilegiado da mulher na evangelização da família, I, 85b-III. A nova evangelização; o Senhor conta conosco, **IV, 114**.

EXAME DE CONSCIÊNCIA. Frutos do exame de consciência; como fazê-lo, **I, 14a**. Ajuda-nos a preparar o encontro definitivo com o Senhor, I, 20a-III. É necessário para voltar a Deus, **I, 18b**. Modo e disposições para fazê-lo: espírito de exame, propósito, contrição, **III, 198**. Preguiça e pouco empenho no exame de consciência, III, 198. Ajuda-nos a nos prepararmos cada dia para o Juízo particular que terá lugar imediatamente depois da morte, III, 277-II e III. *Exame particular*: fim e matéria, **I, 67b**.

EXEMPLARIDADE. E unidade de vida, I, 58a-II. E prestígio profissional, **III, 217**. Santidade e apostolado no meio do mundo; o exemplo dos primeiros cristãos, **I, 11b**; II, 145-II. Doutrina e vida; ser luz para os outros, I, 13b-III. Vida de fé no meio das realidades temporais; filhos de Deus e cidadãos exemplares, **I, 29b**. Não desaproveitar nenhuma ocasião para difundir a doutrina de Jesus Cristo; o exemplo em primeiro lugar, **I, 32b**. Cidadãos exemplares no meio do mundo; levar Cristo a todos os ambientes, **I, 70b**. Exemplaridade nas tarefas profissionais; competência profissional, **II, 16**. Ser luz com o exemplo, **II, 34**. No meio do mundo, sem ser mundanos; um cristão não vai a lugares ou espetáculos que desdigam da sua condição de discípulo de Cristo, **II, 48**. Exemplo dos cônjuges na família, II, 59-II. O cristão na vida pública; o cumprimento exemplar dos nossos deveres; *a César o que é de César*, **II, 74**. Fazer e ensinar; temos de mostrar que Cristo vive com as nossas obras e a nossa palavra,

724 ÍNDICE ASCÉTICO

III, 177. Atuação clara, sem respeitos humanos; o exemplo do Senhor, **III, 266**. Responsáveis na caridade; a obrigação de dar bom exemplo, **III, 280**. A fidelidade exemplar do ancião Eleazar, **III, 290**. A vocação de Santa Maria, exemplo perfeito de toda vocação, IV, 29-I. Pregar com as obras; Santo Antônio de Pádua, **IV, 53**. São Thomas More, **IV, 54**. O testemunho dos primeiros cristãos, **IV, 58**.

EXTREMA UNÇÃO. Ver UNÇÃO DOS ENFERMOS.

FAMÍLIA. A Sagrada Família, exemplo para todos os lares, **I, 31a**. Costumes cristãos no seio da família; lares cristãos, **I, 70b**. O Rosário em família, **I, 81b**. O lugar privilegiado da mulher na evangelização da família, I, 85b-III. Exemplaridade na família, II, 34-II. O "dulcíssimo preceito", **II, 38**. Santidade da família; o matrimônio cristão, **II, 59**. A família é "o primeiro ambiente em que devemos semear a semente do Evangelho"; delicada atenção às pessoas que Deus colocou sob os nossos cuidados, **II, 95**. A oração em família é muito grata ao Senhor; algumas práticas de piedade no lar, **III, 196**. O lar dos pais da Virgem; famílias cristãs; rezar em família, IV, 164-I. Transmitir a fé

através da família; a oração em comum, **IV, 77**. Os filhos, motivo de alegria; agradecimento a Deus por eles, IV, 86-III. Famílias numerosas, **IV, 86**. O lar de Nazaré, modelo dos lares cristãos, **IV, 113**.

FÉ. E docilidade nos momentos de desorientação; deixar-se ajudar, **I, 43a**. E docilidade na direção espiritual, **I, 20b**; **III, 289**. E otimismo no apostolado, **II, 5**. E Eucaristia; conversar com Jesus presente no Sacrário, **IV, 45**. Necessidade da fé; pedi-la, defendê-la, comunicá-la; a fé de Maria, **I, 6a**. Vida de fé no meio das realidades temporais; filhos de Deus e cidadãos exemplares; piedade e trabalho, **I, 29b**. O ato de fé do Apóstolo Tomé; a virtude da fé, **I, 54b**. Não se pode prescindir da fé quando é necessário avaliar as realidades terrenas, **I, 58b**. Contar sempre com o Senhor e com o seu poder, I, 59b-II. Anunciar com integridade a doutrina cristã, I, 85b-I. Deve informar os pequenos acontecimentos do dia, **II, 12**. Estudar e transmitir as verdades de fé, **II, 13**. Ilumina toda a vida, **II, 16**. A "fé do carvoeiro" não basta; necessidade de uma boa formação doutrinal, **II, 18**. A fé da hemorroíssa, **II, 29**. Fidelidade na transmissão da fé, **II, 35**. Fé e obediência no apostolado; a *primeira pesca milagrosa*, II, 36-I. Firmes na fé; guardar com amor o *depósito da fé*, **II, 43**. É um dom de Deus; necessidade de boas disposições para crer; fé e oração, **II, 55**. O exemplo de Bartimeu, **II, 67**. Dá luz para conhecer a verdadeira realidade das coisas e dos acontecimentos, **II, 73**. A ressurreição dos corpos, uma verdade expressamente ensinada por Nosso Senhor, **II, 75**. A virtude da fidelidade, exigência da fé e da vocação, **II, 104**. Olhar com fé as circunstâncias desfavoráveis e descobrir nelas o Senhor, **II, 111**; III, 160-III. Fé na Igreja, II, 118-III. Aproximar os outros da fé, primeira consequência da caridade, II, 126-I. A fé e os milagres; necessidade de boas disposições para receber a mensagem de Jesus, **II, 136**. Dar testemunho da nossa fé sem respeitos humanos, II, 149-III. Vida de fé e otimismo cristão, **II, 154**. "Homens de fé", **II, 155**. Confessar abertamente a nossa fé, como Pedro em Cesareia de Filipe, **II, 157**. O poder da fé; a fé que *transporta montanhas*, **II, 159**. Fé na ajuda sempre eficaz do Senhor, III, 160-II. *Certeza das coisas que se esperam*, III, 162-I. Pedir com fé, III, 169-II. A vida de fé de Nossa Senhora, **III, 195**. A fé do centurião; a humildade, condição para crer,

III, 208. Aumentar a fé; atos de fé, **III, 234**. Fé na Sagrada Eucaristia, *Pão da Vida*, III, 244-III. Ilumina as realidades temporais, III, 250-III. A oração, consequência direta da fé, III, 252-III. É tanto mais penetrante quanto melhores são as disposições da vontade; fé e pureza, **III, 257**. Os respeitos humanos não são próprios de um cristão de fé firme; o exemplo dos primeiros cristãos, **III, 266**. O depósito da fé; fidelidade à doutrina revelada, **IV, 6**. Conservar a boa doutrina; conhecê-la em profundidade, **IV, 13**. A fé de São José, IV, 21-II. Um Deus escondido; Jesus se oculta na Sagrada Eucaristia para ser descoberto pela nossa fé e pelo nosso amor, **IV, 41**. O bom ladrão enxergou em Jesus moribundo o Messias, o Filho de Deus; descobri-lo no Sacrário, **IV, 43**. Defender a fé em momentos de incompreensão, **IV, 51**. O testemunho dos mártires: coerência cristã e unidade de vida, **IV, 54**. Ninguém é irrecuperável para Deus; a fé do apóstolo Tomé, **IV, 59**. Transmitir a fé na família; a oração em comum, **IV, 77**. A virtude da pobreza, consequência de uma vida de fé, IV, 90-III. É transmitida de geração em geração, IV, 96-II. O dom da ciência e a fé de Maria, **IV, 103**.

726 ÍNDICE ASCÉTICO

FELICIDADE. Só se é feliz servindo a Deus; as bem-aventuranças, **II, 25**. Para alcançar a felicidade, o que é preciso "não é uma vida cômoda, mas um coração enamorado", **III, 259**. Consiste em seguir fielmente a própria vocação, IV-35-III.

FESTAS. Sagrada Família, **I, 31a**. Epifania, **I, 44a**. Sentido das festividades; têm como centro a Santa Missa; o descanso festivo, I, 60b; II, 71; II, 134. Pentecostes, **I, 96b**. Solenidade da Santíssima Trindade, **IV, 38**; **IV, 39**. Dedicação da Basílica do Latrão, **IV, 99**. *Festas do Senhor*: o domingo, *dia do Senhor*, **I, 61b**; Nosso Senhor Jesus Cristo, Rei do Universo, **III, 295**; Nosso Senhor Jesus Cristo, Sumo e Eterno Sacerdote, **IV, 37**; Santíssimo Corpo e Sangue de Cristo, **IV, 40**; Exaltação da Santa Cruz, **IV, 81**; Sagrado Coração de Jesus, **IV, 48**; **IV, 49**; Anunciação do Senhor, **IV, 28**; Natal de Nosso Senhor Jesus Cristo, **I, 30a**; Apresentação do Senhor, **I, 41a**; **IV, 16**; Epifania do Senhor, **I, 44a**; **IV, 2**; Batismo do Senhor, **I, 51a**; **IV, 3**; Transfiguração do Senhor, **I, 12b**; **II, 51**; **IV, 70**; Domingo da Páscoa na Ressurreição do Senhor, **I, 47b**; Ascensão do Senhor, **I, 86b**. *Festas de Nossa Senhora*: Solenidade de Santa Maria, Mãe de Deus, **I, 38a**; **IV, 1**; Nossa Senhora de Lourdes, **IV, 18**; Nossa Senhora de Fátima, **IV, 34**; Visitação de Nossa Senhora, **IV, 36**; Imaculado Coração de Maria, **IV, 50**; Nossa Senhora do Carmo, **IV, 61**; Nossa Senhora das Neves, **IV, 69**; Assunção de Nossa Senhora, **IV, 72**; **IV, 73**; Nossa Senhora Rainha, **IV, 75**; Natividade de Nossa Senhora, **IV, 80**; Nossa Senhora das Dores, **IV, 82**; Nossa Senhora das Mercês, **IV, 84**; Nossa Senhora do Rosário, **IV, 92**; Nossa Senhora Aparecida, **IV, 93**; Apresentação de Nossa Senhora, **IV, 100**. Imaculada Conceição de Maria Santíssima, **IV, 112**; Nossa Senhora de Loreto, **IV, 113**; Nossa Senhora de Guadalupe, **IV, 114**. *Festas de São José*: Solenidade de São José, **IV, 27**; São José Operário, **IV, 32**. *Festas dos santos*: conversão de São Paulo, **IV, 12**; cátedra de São Pedro, **IV, 19**; natividade de São João Batista, **IV, 55**; solenidade de São Pedro e São Paulo, **IV, 56**; **IV, 57**; de São Miguel, São Gabriel e São Rafael Arcanjos, **IV, 85**; **IV, 86**; **IV, 87**; dos Santos Anjos da Guarda, **IV, 89**; de Todos os Santos, **IV, 97**. *Festas judias*: a "Páscoa", I, 44b-I; II, 131-I; dos "Tabernáculos", II, 139-I; da "Dedicação" ou "das luzes", IV, 99-I.

ÍNDICE ASCÉTICO

FIDELIDADE. Fidelidade à palavra dada, I, 23b-III. A traição de Judas; perseverança na vocação e fidelidade diária no pequeno, **I, 39b**. Deixar-se ajudar em momentos de desorientação, **I, 50b**. A fidelidade nos momentos difíceis forja-se a cada dia no que parece pequeno, I, 67b-III. Fidelidade à própria vocação, **II, 14; III, 247**. Corresponder às graças recebidas; sinceridade no pequeno, **II, 22**. Fidelidade à graça, **II, 23**. Necessidade da virtude da fortaleza para ser fiel, II, 32-II. Fidelidade às verdades de fé que se transmitem, **II, 35**. Fidelidade, por amor, nas coisas pequenas de cada dia, II, 70-III; **II, 143**. A guarda do coração e a fidelidade segundo a própria vocação e estado, **II, 86**. O valor da palavra empenhada; fidelidade e lealdade aos nossos compromissos, II, 87-I e III. A virtude da fidelidade é exigida pela fé e pela própria vocação; o fundamento da fidelidade, **II, 104**. *Não olhar para trás*, **II, 108**. Fidelidade à amizade, II, 146-III. Fidelidade à oração diária, **III, 261**. A fidelidade do ancião Eleazar, **III, 290**. Fidelidade sem concessões à verdade revelada; o diálogo ecumênico, **IV, 6**. Fidelidade de São José à missão recebida de Deus, **IV, 27**. Vocação de São Pedro; a fidelidade até

o martírio, **IV, 56**. Fidelidade por amor aos outros, **IV, 59**.

FIGURAS E IMAGENS DO ANTIGO TESTAMENTO. O sacrifício de Abel, **II, 46**. A Torre de Babel, **II, 50**. O *maná*, símbolo e figura da Sagrada Eucaristia, **II, 152**. A rocha da qual brotou água no deserto, figura de Cristo, II, 157-III. A estátua com os pés de barro, **III, 297**. A serpente de bronze, **I, 35b**.

FILHOS. O amor aos filhos; alguns deveres dos pais, **II, 38**. A vocação dos filhos, **II, 127**. Educação dos filhos; rezar em família, IV, 64-III. A oração pelos filhos; o exemplo de Santa Mônica, **IV, 77**. A vocação dos filhos nasce num clima de piedade familiar, de alegria e de virtudes humanas, IV, 77-II. Importância da primeira formação, IV, 78-I. Alegria pelo nascimento dos filhos, IV, 80-I. Os filhos, motivo de alegria e agradecimento a Deus, IV, 86-II.

FILIAÇÃO DIVINA. E oração de petição, II, 40-III; II, 144-I e II. E vida de infância espiritual, II, 60-I; III, 168-II. E oração; o *Pai-nosso*, **III, 236**. Fundamento da nossa paz e alegria, I, 3a-III. Fazer-se criança diante de Deus; virtudes próprias do caminho de infância, **I, 24a**. O Senhor nunca falhou aos seus amigos; não ter medo; *tudo é para o bem*, **I, 36a**. Em que consiste; gratidão, **I, 39a**. O dom da piedade nos move a tratar a Deus com a ternura e o afeto de um bom filho para com o seu pai, **I, 91a**. Consequências da filiação divina, **II, 2**. Da sua consideração frequente nasce a alegria em todas as circunstâncias, **II, 15**. Sempre encontramos a Deus nosso Pai muito perto de cada um de nós; Ele nos espera sempre, II, 56-III. Viver o *dia de hoje* em plenitude e sem aflições; confiança e abandono em Deus; evitar as preocupações estéreis, **II, 61**. Amar a vontade de Deus; *tudo é para o bem*; serenidade nas contradições, **II, 96**. Viver sem medo; nossa fortaleza baseia-se na consciência da nossa filiação divina, **II, 97**. O Senhor nunca nos deixará sozinhos no meio das dificuldades; atitude diante das contradições, **II, 98**. Imitar Jesus para sermos bons filhos de Deus Pai; identificação com Cristo, **II, 129**. Natureza e consequências da filiação divina, **III, 203**. Consiste em imitar a Jesus Cristo e em viver a sua vida, III, 206-II. Refletida na parábola do filho pródigo, **III, 207**. Evitar preocupações inúteis; viver o momento presente, **III, 221**. Amar em todas as circunstâncias o querer divino,

III, 239. *Filhos no Filho*; consequências da filiação divina, **III, 263**. O sentido da nossa filiação divina, **III, 264**. Paternidade de Deus e a nossa participação nessa paternidade, **III, 268**. A nossa filiação divina, iniciada já na alma pela graça, será consumada pela glorificação do corpo, **III, 279**. A nossa filiação divina em Cristo pelo Batismo, **IV, 3**.

FIM DE ANO. Um dia de balanço; o nosso tempo é breve; propósito para o ano que começa, **I, 37a**.

FIM DO HOMEM. Os bens temporais devem ordenar-se para o fim sobrenatural do homem, III, 173-I.

FORMAÇÃO DOUTRINAL. E vida interior; necessária para santificar as realidades terrenas, II, 16-III. Para ter retidão na consciência, **I, 13b**. Necessidade de estar bem formados para dar a conhecer a Cristo, I, 54b-III. Estudar e ensinar as verdades da fé, **II, 13**. Necessidade da formação; deve continuar ao longo da vida; meios, **II, 18**. A doutrina, alimento da piedade, **IV, 14**. Importância da leitura espiritual; modo de fazê-la, IV, 66-I e II.

FORTALEZA. E magnanimidade, II, 54-II. A mansidão

ÍNDICE ASCÉTICO

se apoia sobre uma grande fortaleza de espírito, I, 11a-II. A obediência e a fortaleza de São José na fuga para o Egito; fortaleza na vida ordinária, **I, 45a**. Ser pacientes com os defeitos dos outros; contar com o tempo; compreensão e fortaleza, **I, 28b**. Para fazer o bem e resistir ao mal; resistência dos Apóstolos em cumprir ordens injustas, **I, 58b**. Diante de circunstâncias difíceis; união com Deus, **I, 64b**. O dom da fortaleza na nossa vida ordinária; meios para facilitar a ação deste dom na alma, **I, 92b**. O testemunho dos mártires; fortaleza na vida ordinária, **II, 32**. No meio do mundo, sem ser mundanos; um cristão não vai a lugares ou espetáculos que desdigam da sua condição de discípulo de Cristo, **II, 48**. Os primeiros cristãos recorriam ao *Salmo II* para encontrar fortaleza no meio das dificuldades, **II, 56**. Viver sem medo; a nossa fortaleza baseia-se na consciência da nossa filiação divina; valentia e confiança em Deus nas grandes provas e no que é pequeno, **II, 97**. Para viver a verdade com todas as suas consequências, II, 123-III. Vencer os respeitos humanos, parte desta virtude, II, 149-II. Para evitar as queixas inúteis e os silêncios culposos, II, 150--II. Fortaleza transmitida pela Comunhão, III, 170-III. *Como*

cidade amuralhada; a fortaleza transmitida pela caridade, **III, 283**. A paciência, parte da virtude da fortaleza, **III, 298**. O testemunho dos mártires; coerência cristã e unidade de vida, **IV, 54**. Exercitá-la com os nossos irmãos em momentos de particular necessidade; o dever de acolher os mais débeis, **IV, 59**. Ninguém é irrecuperável para Deus, **IV, 59**. Alegria nas contradições, **IV, 79**. O dom da fortaleza na Virgem Santíssima, **IV, 103**. A oração nos torna fortes no meio das tentações e dificuldades, IV, 107-II.

FRAQUEZAS. Temos de lutar contra os nossos defeitos até o fim dos nossos dias; recomeçar muitas vezes, **I, 12a**. Cristo remedeia todos os nossos males; esperança quando sentimos as próprias fraquezas, **I, 4b**. Ser pacientes com os próprios defeitos; recomeçar muitas vezes para desarraigá-los, **I, 28b**. Ajudam-nos a buscar a misericórdia divina, II, 22-III. Lutar com paciente perseverança contra os próprios defeitos e fraquezas, II, 23-III. Fomentar a virtude da esperança, II, 79--III. As nossas quedas não nos devem desanimar, mas conduzir-nos à humildade e à sinceridade na Confissão, **II, 90**. *Se quiseres, podes*; meios para vencer, **II, 116**. Buscar a for-

taleza diante das nossas debilidades na Comunhão, II, 170-
-III. Os "defeitos dos santos", **III, 227**. A *estátua com os pés de barro*, **III, 297**. Somos *vasos de barro* que contêm um tesouro de imenso valor; recorrer com mais intensidade à Virgem quanto maiores forem as fraquezas e tentações, **IV, 16**. Jesus vem na Sagrada Eucaristia para curar-nos, consolar-nos e dar-nos forças novas, **IV, 46**. Não desanimar diante das próprias fraquezas; recorrer com prontidão ao Senhor, IV, 63-II. Recomeçar sempre; o Senhor nos espera, IV, 78-II.

FRATERNIDADE. E oração; o *Pai-Nosso*, **III, 236**. Vivê-la especialmente em momentos de dificuldade, I, 32a-I. A unidade dos primeiros cristãos, I, 56b-III. Quem é humilde sente-se com facilidade irmão e amigo dos outros; não fazer juízos inamovíveis, I, 72b-I. *O irmão ajudado pelo seu irmão é como uma cidade amuralhada*, II, 137-II. Tem o seu fundamento na filiação divina, III, 263-III. Exercitá-la com os nossos irmãos em momentos de especial necessidade; o dever de acolher os mais débeis, **IV, 59**. Ver CARIDADE, COMPREENSÃO, CORREÇÃO FRATERNA.

FRUTOS. Da mansidão, **I, 11a**. Do exame de consciência, **I, 14a**. Da pureza de coração, **I, 16a**; **I, 23a**; **II, 8**. Da humildade, **I, 27a**; **III, 189**; **III, 267**. Da consideração da nossa filiação divina, I, 39a-III. Da obediência, I, 49a-II; **III, 193**. De uma boa Confissão, **I, 8b**. Da Unção dos Enfermos, I, 31b-III. Da meditação da Paixão, I, 37b-III. Da Cruz, I, 45b-III; **III, 273**; IV, 81-III. Da Visita ao Santíssimo, I, 51b-III. Da contradição, **I, 64b**. Da Comunhão na alma: *sustenta, repara e deleita*, **I, 65b**; III, 161-II. Da leitura e meditação do Santo Evangelho, **I, 73b**; **III, 300**. Do Espírito Santo, manifestação da glória de Deus: *amor, gozo, paz, paciência...*, **I, 94b**. Da Confissão frequente, II, 7-III. De santidade na Igreja, II, 10-I; II, 142-III. Da correspondência à graça, II, 23-II. Da meditação sobre os novíssimos da vida do homem, II, 63-III. Da misericórdia, II, 82-III. Da oração mental, II, 93-I; III, 200-II. Da Missa, **II, 103**; II, 112-II e III. Da contrição na alma, II, 128-II. Da dor suportada em união com o Senhor, **II, 158**. Da virgindade e do celibato, **II, 167**. Das incompreensões, **III, 201**. Da devoção à Virgem, III, 240-
-III. Da virtude da pobreza, **IV, 90**. Os frutos do apostolado dependem de Deus; constân-

ÍNDICE ASCÉTICO 731

cia e otimismo, I, 85b-II. Fazer apostolado com otimismo quando não se veem os frutos: *Meus eleitos não trabalharão em vão*, **II, 21**. O Senhor nos atende sempre na oração e enche a alma de frutos, II, 51-II. A magnanimidade, fruto da vida interior, II, 54-I. *As obras é que são amores*; o amor a Deus se manifesta num apostolado alegre e cheio de iniciativas; maldição da figueira estéril, **II, 68; III, 258**. Os frutos bons só podem nascer de uma árvore boa; o relacionamento com Deus e as obras, **II, 102**. Abundância de frutos quando se corresponde à graça, II, 124-III. A recompensa sobrenatural das nossas obras, **III, 202**. Necessidade da oração e da mortificação para que a graça dê fruto na alma, III, 213-II. Os frutos que Deus espera de nós, **III, 232**.

GENEROSIDADE. E espírito de serviço de Nossa Senhora; imitá-la, **I, 26a; III, 212**. E desprendimento dos bens, I, 16b-I. Os presentes dos Reis Magos e as nossas oferendas, I, 44a-II. "Deus ama a quem dá com alegria", I, 26b-III. Generosidade de Nicodemos e de José de Arimateia ao sepultarem o Corpo de Jesus, I, 46b-II. A generosidade de Jesus, que sempre nos dá mais do que pedimos, **II, 9**. Ser

generosos na esmola, II, 17--III. Dar a Deus o melhor que temos; o "sacrifício de Abel", **II, 46**. Generosidade com o tempo e os meios econômicos nas coisas que dizem respeito ao Senhor, II, 54-II. Jesus é infinitamente generoso para recompensar a quem o segue; sempre *vale a pena* segui-lo; o *cem por um*, **II, 65**. Ser generosos diante da chamada do Senhor, II, 147-III. Está muito relacionada com a alegria; o *jovem rico*, **III, 172**. A generosidade de Zaqueu, **III, 270**. Dar e dar-nos, mesmo que não vejamos os frutos nem a correspondência dos outros; o prêmio da generosidade; dar com alegria, **III, 271**. Deus recompensa de sobra a nossa generosidade; o valor da esmola, **III, 278**. Ser generosos sem limites; não negar nada conscientemente ao Senhor; a *viúva pobre*, **III, 296**. A vocação de Nossa Senhora; corresponder à vocação; o *sim* que Deus nos pede, **IV, 29**. Famílias numerosas, **IV, 86**. Generosos no desprendimento dos bens materiais, **IV, 109**.

GLÓRIA DE DEUS. Vigilantes diante dos louvores e elogios; "Dar toda a glória a Deus"; retificar, **I, 63a**. Frutos do Espírito Santo, manifestação da glória de Deus: *amor, gozo, paciência...*, I, 94b-I e II. Na

732 ÍNDICE ASCÉTICO

fidelidade à sua vocação, o homem dá glória a Deus e descobre a grandeza da sua vida, **II, 14**. Não buscar nenhuma glória pessoal nas tarefas apostólicas; imitar os apóstolos; passar ocultos e buscar a glória de Deus, **IV, 96**.

GRAÇA. Corresponder às graças recebidas; sinceridade no pequeno, **II, 22**. A graça de Deus sempre dá fruto, se não levantarmos obstáculos; evitar o desalento diante dos nossos defeitos; começar e recomeçar, **II, 23**. Necessidade da graça para realizar o bem; as graças atuais; correspondência, II, 84-I e III. A vida da graça, participação da natureza divina; dignidade do cristão, **II, 91**. "O bem da graça de um só homem é maior que o bem natural do universo inteiro"; a graça e o pecado, **II, 107**. O Senhor nos dá a sua graça para vencermos as tentações, II, 116-I. O Senhor não nos pede coisas impossíveis; dá-nos a graça para sermos santos, **III, 199**. Plenitude de graça de Maria, **III, 204**. A graça nos chega através de Maria, **III, 222**. Somos *servos inúteis*, chamados a ser colaboradores de Deus no mundo; necessidade da graça santificante, **III, 281**. Ver CORRESPONDÊNCIA À GRAÇA.

GRATIDÃO. Agradecimento pela realidade inefável da nossa filiação divina, I, 39a-I. Gratidão ao Senhor por havermos recebido o Batismo, I, 51a-I. É o próprio Cristo quem nos perdoa no sacramento da Penitência; gratidão pela absolvição, **I, 34b**. A virtude humana da gratidão, **I, 71b**. É manifestação do amor a Deus, II, 106-III. Dar graças pela vocação dos filhos, II, 127-III. Agradecer ao Senhor os inúmeros bens que nos tem dado; a Missa é a ação de graças mais perfeita que podemos oferecer a Deus, **III, 166**. Virtude da convivência; torna mais grata e fácil a vida cotidiana, III, 282-I. Os filhos, motivo de alegria e de agradecimento a Deus, IV, 86-II. Ver AÇÕES DE GRAÇAS.

HINO *ADORO TE DEVOTE*. Meditação sobre este hino eucarístico, **I, 65b**. Comentário, **II, 4**. Contém a fé da Igreja na Eucaristia, de uma maneira fiel e piedosa, II, 148-III. Querer ver a Jesus, que nos espera no Sacrário, **III, 220**. Meditações sobre este hino atribuído a São Tomás de Aquino: **IV, 42 a IV, 48**.

HINO *MAGNIFICAT*. Um canto de alegria e de humildade, **IV, 36**.

ÍNDICE ASCÉTICO

HINO *PANGE LINGUA*. Louvor a Jesus Sacramentado, IV, 41--III.

HINO *STABAT MATER*. Nossa Senhora ao pé da Cruz, **IV, 82**.

HINO *TRIUM PUERORUM*. Manifestação do dom de ciência, I, 88b-I. Canto de ação de graças, **III, 299**.

HUMANIDADE SANTÍSSIMA DE CRISTO. Caminho para a Trindade; imitar a Jesus, I, 17a-III. Jesus crescia; a sua Santíssima Humanidade, **I, 50a**. Contemplá-la na "Via Sacra", **I, 3b**. Contemplá-la ao meditar a Paixão, **I, 37b**. O Senhor chora sobre Jerusalém, I, 40b-II. O olhar de Jesus e a conversão de Pedro, I, 41b--II. O lado aberto de Jesus, I, 46b-I. Contemplá-la ao ler e meditar o Evangelho, **I, 73b**; III, 191-II e III. O cansaço de Jesus, **II, 33**. Jesus Cristo, *perfeito Deus e perfeito Homem*, II, 157-II. É fonte de amor e de fortaleza, **III, 220**. As lágrimas de Jesus; Ele não permanece indiferente ao destino dos homens, **III, 292**. Verdadeiro Deus e perfeito Homem; consequências da Encarnação na vida cristã, **IV, 28**. A Humanidade Santíssima de Cristo na Sagrada Eucaristia, IV, 45-II. A sua consideração leva-nos ao Pai; os amigos de Betânia,

IV, 65. Conversar na oração com a Santíssima Humanidade do Senhor, **IV, 94**. Ver JESUS CRISTO, PAIXÃO DE NOSSO SENHOR.

HUMILDADE. E vida de infância espiritual, III, 168-III. E obediência, **III, 223**. E espírito de serviço, **III, 251**. Necessidade desta virtude para o apostolado, I, 8a-II. É necessária para entender os fatos e acontecimentos da nossa vida, I, 18a-II. A humildade de Maria; em que consiste esta virtude; meios para alcançá-la, **I, 27a**. Humildes no relacionamento com Jesus, I, 29a-III. Necessária para reconhecer a Cristo em nossas vidas, I, 30a-III. A sinceridade, manifestação externa da humildade; meios para alcançá-la, **I, 42a**. Deixar-se ajudar nos momentos de desorientação, I, 43a-II. Virtude necessária para sermos curados das nossas fraquezas, I, 4b-I. Humildade na oração de petição, I, 9b-II. Virtude necessária para servir os outros; imitar Jesus, exemplo supremo desta virtude, **I, 14b**. Parábola do fariseu e do publicano; necessidade da humildade, **I, 25b**. A caridade une; a soberba separa; a unidade dos primeiros cristãos, I, 56b-III. Vigilantes diante dos louvores e elogios; "Dar toda a glória a Deus"; retificar, **I, 63b**. Quem é humilde sente-se com facilidade irmão e amigo dos outros; não fazer juízos inamovíveis, I, 72b-II e III. Virtude necessária para nos dispormos a receber o dom de ciência, I, 88b-III. Relação desta virtude com o santo temor de Deus, I, 93b-III. Para pedir conselho nas leituras, II, 18-III. Para fazer e receber a correção fraterna, II, 24-III. A caridade é humilde, II, 27-II. Oração humilde e perseverante da mulher cananeia, **II, 40**. Só quem é humilde confia no Senhor; manifestações da soberba; exercitar-se na humildade, **II, 45**. Contar com Deus; o egoísmo e a soberba, **II, 50**. As nossas quedas não nos devem desanimar, mas conduzir-nos à humildade e à sinceridade na Confissão, **II, 90**. A *estátua com os pés de barro*, III, 297--I. Pedir conselho, demostração de humildade, II, 122-II. Essência desta virtude; o caminho da humildade, **II, 156**. Meios para viver esta virtude; os bens da humildade, **II, 189**. Para fazer bem o exame de consciência, III, 198-II. A humildade do centurião, necessária para crer e para perseverar, **III, 208**. Na Igreja, mandar e obedecer é servir, **III, 215**. Fundamento de todas as virtudes; os *primeiros lugares*, **III, 267**. Somos *servos inúteis*, chamados a ser colaboradores de Deus no mundo; necessida-

de da graça santificante, **III, 281**. A humildade de São José, IV 21-I. O *Magnificat*, um canto de alegria e de humildade; serviço alegre aos outros, **IV, 36**. A humildade de João Batista: convém que Cristo cresça mais e mais na nossa vida e que diminua a estima própria, IV, 55-II. Não buscar nenhuma glória pessoal nas tarefas apostólicas; imitar os Apóstolos; passar ocultos e buscar a glória de Deus, **IV, 96**.

IGNORÂNCIA. Ver DOUTRINA, FORMAÇÃO DOUTRINAL.

IGREJA. A Santa Missa, centro da vida da Igreja, I, 30b-III. Indefectibilidade da Igreja, apesar das perseguições, das heresias, das infidelidades, **I, 60b**. A Comunhão dos Santos na Igreja, **I, 66b**. Jesus é o Bom Pastor e encarrega Pedro e os seus sucessores de continuarem a sua missão; amor ao Papa, **I, 68b**. Ação contínua do Espírito Santo na Igreja e nas almas, I, 96b-II. Santidade da Igreja e membros pecadores; ser bons filhos da Igreja, **II, 10**; **II, 142**. A oração da Igreja, **II, 47**. O apostolado na Igreja é muito variado e diversificado, **II, 57**. Não é possível amar, seguir ou escutar a Cristo sem amar, seguir ou escutar a Igreja; fé, esperança e amor pela Igreja, **II, 118**. A sua missão no mundo, **II, 121**. Amor e veneração pelo sacerdócio, **II, 125**. Maria, Mãe da Igreja, II, 137-III. Onde está o Papa, ali está a Igreja, **III, 178**. A misericórdia da Igreja, **III, 209**. Membros de um mesmo corpo; solidariedade cristã, **III, 272**. Unidade interna da Igreja; a união com Cristo fundamenta a unidade dos irmãos entre si; fomentar o que une, **IV, 5**. O Romano Pontífice, fundamento e garantia da unidade na Igreja; amor e veneração pelo Papa, **IV, 7**. Imagens e figuras da Igreja, **IV, 8**. O novo Povo de Deus, **IV, 9**. A Virgem Maria, presente na Igreja nascente do Pentecostes, **IV, 10**. Patrocínio de São José sobre toda a Igreja e sobre cada cristão em particular, **IV, 15**; **IV, 26**. Amor à Igreja e ao Papa, o *doce Cristo na terra*, **IV, 31**; **IV, 74**. Pedir a proteção de São Miguel Arcanjo sobre a Igreja, IV, 85-III.

Ver OITAVÁRIO PELA UNIDADE DOS CRISTÃOS, ROMANO PONTÍFICE.

IMACULADO CORAÇÃO DE MARIA. Consagração do mundo ao Imaculado Coração de Maria, IV, 34-III.

IMITAÇÃO DE CRISTO. Ver JESUS CRISTO.

INDULGÊNCIAS. E o tesouro das boas obras de todos os cristãos, I, 66b-III. Indulgências que a Igreja concede por determinadas obras boas, **III, 275**. Ver COMUNHÃO DOS SANTOS, PURGATÓRIO.

INFÂNCIA ESPIRITUAL. E sinceridade; manifestação de piedade e de naturalidade cristã, **II, 60**. E filiação divina, **III, 168**. Fazer-nos como crianças diante de Deus; filiação divina; virtudes próprias do caminho de infância, **I, 24a**. A sinceridade, consequência de seguir o caminho da infância espiritual, I, 42a-II.

INFERNO. Existência do inferno; o demônio não renunciou às almas que ainda peregrinam neste mundo; o santo temor de Deus, **II, 58**.

INSTRUMENTOS DE DEUS. O Senhor quer servir-se de nós para obras que superam nossa capacidade humana, I, 59b-III. Necessidade de uma profunda formação para sermos bons instrumentos do Senhor, **II, 18**. Somos *servos inúteis*, chamados a ser colaboradores de Deus no mundo; necessidade da graça santificante, **III, 281**.

736 ÍNDICE ASCÉTICO

JACULATÓRIAS. O relacionamento com Jesus; as jaculatórias, **I, 29a**. Chamar Jesus pelo seu nome; invocá-lo com frequência, **I, 40a**. No Santo Evangelho, encontraremos muitas jaculatórias para mantermos a presença de Deus ao longo do dia, III, 191-III. Vida de piedade: ter consciência da presença do Senhor no mundo; "expedientes humanos", **I, 35b**. "Santa Maria, *Stella maris, Stella orientis*", I, 44a-III. "*Mane nobiscum!* Fica conosco, Senhor", I, 50b-III. "*Serviam!* Senhor, eu te servirei", I, 79b-I; III,291-II. "Senhor, aumenta-nos a fé", II, 55-III. "*Domine, ut videam!* Senhor, que eu veja!", **II, 67**; III, 260-III. "*Monstra te esse Matrem!* Mostra que és Mãe!", II, 82-III. "*Ite ad Ioseph!* Ide a José!", **II, 120**. "Santa Maria, *refugium nostrum et virtus*, nosso refúgio e fortaleza", II, 130-III. "*Senhor, salva-me!*", II, 155-III; III, 160-II. "Afasta de mim, Senhor, o que me afaste de Ti", III, 227-III. "*Omnia in bonum! Tudo é para o bem*", **III, 264**. "*Cor Mariae perdolentis, miserere nobis!* Coração misericordioso de Maria, tem piedade de nós!", III, 273-III. "Vem, Senhor Jesus!", III, 287-I. "*Vultum tuum, Domine, requiram!* Procuro, Senhor, a tua face!", III, 287-I. "*Regnare Christum volumus!* Queremos que Cristo reine!", III, 291-III. "*Cor Mariae dulcissimum, iter para tutum.* Coração dulcíssimo de Maria, prepara um caminho seguro", IV 50-III. "*Meu Senhor e meu Deus!*", **IV, 59**.

JESUS CRISTO. O Messias, *Príncipe da paz*, **I, 3a**. A sua infinita misericórdia com os pecadores e necessitados, **I, 4a**. Veio cumprir a Vontade do Pai, **I, 5a**. É o Bom Pastor anunciado pelos Profetas, **I, 7a**. Modelo de mansidão, **I, 11a**. É o Filho Unigênito do Pai; *perfeito Deus e perfeito Homem*; Humanidade Santíssima de Cristo, I, 17a-I e II. A segunda vinda gloriosa do Senhor, **I, 20a**. Deu-nos exemplo de pobreza e ensinou-nos a vivê-la, I, 28a-I; **III, 228**. Nascimento do Messias; a "cátedra" de Belém, **I, 30a**. O Senhor nunca nos abandonará; não ter medo; *tudo é para o bem*, **I, 36a**. O nome de Jesus, **I, 40a**. Apresentação de Jesus no Templo; a profecia de Simeão, **I, 41a**. Como foi o trabalho de Jesus em Nazaré; o nosso trabalho; santificá-lo, **I, 46a**. Jesus perdido e achado no Templo, **I, 47a**. É o nosso verdadeiro Mestre, **I, 48a**. A obediência de Jesus; a nossa obediência, **I, 49a**. Jesus crescia; a Humanidade Santíssima de Cristo, **I, 50a**. O Batismo de Jesus; o nosso Batismo; efeitos, **I, 51a**. Veio salvar o que estava perdido, **I, 4b**. Deixou-se tentar, **I, 5b**. É o vencedor do demônio; confiança nEle, **I, 6b**. A Transfiguração no Tabor, **I, 12b**; **II, 51**; **IV, 70**. A humildade, necessária para servir os outros; imitar Cristo, exemplo supremo desta virtude, **I, 14b**. A oração de Jesus, I, 27b-I; **III, 236**. A sua entrada triunfal em Jerusalém, **I, 40b**. Proclama a sua realeza diante de Pilatos, I, 42b-I. A sua morte na Cruz, **I, 45b**. A sua Ressurreição gloriosa, **I, 47b**. Jesus é o Bom Pastor e encarrega Pedro e os seus sucessores de continuarem a sua missão, I, 68b-1. É a *vide verdadeira*, I, 78b-I. É o Amigo que nunca atraiçoa; ensina-nos o sentido da verdadeira amizade, **I, 80b**. A sua Ascensão aos Céus, **I, 86b**. É o nosso exemplo; aprendemos com Ele a conviver com todos, **II, 6**. O *Cordeiro de Deus*, **II, 7**. Traz a luz ao mundo mergulhado em trevas, **II, 16**. A *nova família de Jesus*, **II, 20**; **II, 137**. Veio livrar-nos do demônio e do pecado, II, 26-I. A presença de Jesus na nossa vida pode às vezes significar a perda de algum bem material; Jesus vale mais, **II, 28**. Imitá-lo no seu amor e atenção aos enfermos, **II, 31**. *Fez tudo bem*; é também nosso Modelo no trabalho

profissional, **II, 41**. Devolveu à sua pureza original a dignidade do matrimônio, **II, 59**. Não veio *para ser servido mas para servir*, **II, 66**; **III, 251**. É a *pedra angular* sobre a qual se deve edificar a nossa vida, **II, 73**. Compadece-se sempre da dor e do sofrimento; ressurreição do filho da viúva de Naim, **II, 81**. O silêncio de Jesus, **II, 110**; **II, 150**. Traz a paz ao mundo, **II, 117**. *Saía dEle uma força que curava a todos*, II, 118-I. Revelou-nos a nossa filiação divina e ensinou-nos o caminho para o Pai, **II, 129**. O seu *jugo é suave*, II, 130-I. *Não quebrará a cana rachada*: não dá ninguém por perdido, II, 132-II. Todas as virtudes encontram a sua plenitude nEle, II, 138-II. Na sua passagem pela terra, também esteve atento às coisas materiais e humanas; ensinou-nos a santificar estas realidades, **II, 143**. Busca a amizade com todos; exemplo de amizade verdadeira, **II, 146**; **III, 194**. É *Caminho, Verdade e Vida*, **II, 157**. Veio *procurar e salvar o que estava perdido*, III, 165-I; III, 171-III. Proclama a indissolubilidade do matrimônio, III, 167-I. O amor de Jesus pelas crianças e por aqueles que se fazem como elas, **III, 168**. *Começou a fazer e a ensinar*, III, 177-II. Ensinava com autoridade, **III, 191**. A sua oração ao Pai; continua

a interceder por nós, **III, 200**.
Os méritos do Senhor e a nossa
Redenção, **III, 202**. É quem dá
sentido à nossa vida; *Tomar a
cruz e segui-lo*, **III, 206**. *Passou fazendo o bem*; o seu amor
pelos doentes e necessitados,
III, 219. Querer ver Jesus,
que nos espera no Sacrário,
III, 220. Exemplo de humildade; imitá-lo, **III, 223**. O olhar
de Jesus, **III, 242**. Exemplo
de coerência e de firmeza na
atuação, **III, 266**. Amigo dos
pecadores, **III, 274**; IV, 110-
-II. A segunda vinda de Cristo,
III, 287. *Queremos que Cristo reine!*, **III, 291**; **III, 295**.
Vontade de Cristo de fundar
uma só Igreja, **IV, 4**. *Sinal de
contradição*, IV, 16-III. Sumo
e Eterno Sacerdote, **IV, 37**.
Conveniência da sua Encarnação, IV, 65-II. Ver HUMANIDADE SANTÍSSIMA DE
CRISTO, PAIXÃO DE NOSSO SENHOR.

JOSÉ, ESPOSO DE MARIA.
Viver o Natal junto de São
José; a sua missão, **I, 22a**.
Recorrer a São José, mestre
de vida interior, I, 29a-III.
Invocá-lo com frequência, I,
40a-III. Na Apresentação de
Jesus no Templo, **I, 41a**. Fuga
para o Egito; virtudes do Santo Patriarca, **I, 45a**. Recorrer a
São José para que nos ensine
a trabalhar com competência
e a corredimir com as nossas

tarefas, II, 30-III. Vocação
e santidade de São José, **IV,
20**. As virtudes de São José:
humildade, fé, esperança; virtudes humanas, **IV, 20**. Esposo
de Maria e *guardião de sua
virgindade*; o amor puríssimo
de José; a sua paternidade sobre Jesus, **IV, 22**. Dores e gozos do Santo Patriarca, **IV, 23**;
IV, 24. Morte e glorificação de
São José, **IV, 25**. Seu patrocínio sobre toda a Igreja e sobre
cada cristão em particular, **IV,
26**. Solenidade de São José; a
sua fidelidade à missão recebida de Deus, **IV, 27**. Exemplo
para quem trabalha em qualquer profissão honesta; amor
ao trabalho, **IV, 32**.

JUÍZO PARTICULAR. E responsabilidade pelas graças recebidas, III, 255-I. Terá lugar
imediatamente após a morte;
todas as nossas obras passarão
pelo tribunal de Cristo, **I, 20a**.
Prepará-lo cada dia através
do exame de consciência, **III,
277**.

JUÍZO UNIVERSAL. Como
será; sinais, **I, 20a**.

JUSTIÇA SOCIAL. E a missão
da Igreja, **II, 121**. Cabe aos
cristãos contribuir para criar
uma ordem social mais justa
e mais humana, **I, 35a**. Um
clamor de justiça e de paz no
mundo; viver plenamente as

ÍNDICE ASCÉTICO 739

suas exigências; cumprimento dos deveres profissionais e sociais, **I, 33b**. Ser justos com aqueles com quem nos relacionamos, com os que dependem de nós, com a sociedade; a promoção da justiça, **I, 75b**. Uma sociedade justa; princípios da doutrina social da Igreja, **II, 11**. Transcende o estritamente estipulado, **III, 182**.

JUSTIÇA. E misericórdia, **I, 35a**. Preparar os doentes para receber a Unção dos Enfermos é uma demonstração de caridade e de justiça, I, 31b-III. Nas palavras e nos juízos; os *pecados da língua* e os juízos precipitados; respeito à intimidade, **II, 19**. A misericórdia implica termos cumprido previamente os ditames da justiça, e ultrapassa as exigências dessa virtude, **II, 82**. A virtude da justiça e a dignidade humana, III, 182-I. O sofrimento dos justos; a figura de Jó, **III, 226**. Ver JUSTIÇA SOCIAL.

LABORIOSIDADE. E competência profissional; perfeição no trabalho, II, 41-I e II. Ver TRABALHO.

LAICISMO. Os frutos amargos do laicismo, II, 102-III.

LEALDADE. À palavra dada, I, 23b-III. O valor da palavra empenhada; fidelidade e lealdade aos nossos compromissos, II, 87-I. A lealdade do ancião Eleazar, **III, 290**. Ver FIDELIDADE.

LEITURA ESPIRITUAL. Para ler e meditar com fruto o Santo Evangelho, **I, 73b; III, 300**. A leitura do Evangelho; necessidade de conhecer com profundidade a vida e os ensinamentos de Jesus, **II, 18**. *Tem feito muitos santos*; a sua importância na vida do cristão, **IV, 66**. Ler com piedade o Santo Evangelho, **IV, 95**.

LEITURAS. Prudência nas leituras; evitar o que possa pôr em perigo a fé, **II, 43**.

LIBERDADE. E obediência, I, 49a-III; **III, 223**. E desprendimento dos bens, I, 16b-I. E entrega a Deus, III, 179-II e III. E verdade, IV, 76-II. A liberdade que a virtude da pobreza nos dá para nos entregarmos a Deus, IV, 90-II.

LITURGIA. Ver ADVENTO, QUARESMA, CULTO, FESTAS.

LUTA ASCÉTICA. Teremos de lutar contra os nossos defeitos até o final dos nossos dias; recomeçar sempre, **I, 12a**. Causas da tibieza; remédios contra esta grave enfermidade da alma, **I, 13a**. A luta contra o pecado venial deliberado, I,

17b-III. Ser pacientes com os próprios defeitos; recomeçar muitas vezes, **I, 28b**. Para ser fiéis ao Senhor é necessário lutar cada dia; o exame particular, **I, 67b**. Deve ser alegre, constante e humilde; recomeçar muitas vezes, **II, 119**. A luta no que é pequeno; o exame de consciência, III, 162-II. O Senhor não pede coisas impossíveis; dá-nos a graça para sermos santos; lutar no pouco, naquilo que está ao nosso alcance, no que nos aconselham na direção espiritual, **III, 199**. O *defeito dominante*, **III, 227**. Lutar no que parece de pouca importância; estar alerta contra a tibieza, **III, 254**. Recomeçar sempre; o exemplo de São Marcos, **IV, 30**. A vida, uma contínua conversão; *começar e recomeçar*, IV, 78-I.

MAGNANIMIDADE. Aspectos em que se manifesta; essência desta virtude, **II, 54**. Coração grande no apostolado; saber compreender para poder ajudar, **IV, 52**.

MANDAMENTOS. São manifestações da vontade divina, II, 20-II. O dever de descansar, parte do quinto mandamento, II, 33-III. O quarto mandamento; o *dulcíssimo preceito*, **II, 38**. O nono mandamento e a pureza da alma, **II, 86**. O quarto mandamento e a voca-

ção dos filhos, **II, 127**. O primeiro mandamento e a alegria, **III, 259**. primeiro mandamento; amor com obras, **III, 269**. O valor de toda a vida humana, IV, 69-II.

MANSIDÃO. É necessária para a convivência e o apostolado; frutos desta virtude, **I-11a**. A mansidão de Cristo; a nossa atitude para com os outros, **III, 132**.

MARTÍRIO. O testemunho dos mártires; coerência cristã e unidade de vida, **IV, 54**.

MATRIMÔNIO. Virgindade, celibato apostólico e matrimônio; a virtude da castidade, meios para vivê-la, **I, 23a**. Unidade e indissolubilidade; o matrimônio cristão, **II, 59**. É caminho vocacional; dignidade, unidade e indissolubilidade, **III, 167**. O matrimônio entre São José e Nossa Senhora; o amor puríssimo de José, **IV, 22**. Ver FAMÍLIA.

MEIOS. Para preparar o Natal, I, 1a-II e III. Para viver a virtude da castidade, **I, 23a**. Para ser simples, **I, 42a**. Para ser sinceros, I, 23b-II. Para rezar com recolhimento e evitar as distrações, I, 27b-III. Para viver a santa pureza, **III, 188**; III, **294**. Para viver a humildade, **III, 188**. Remédios contra a tibieza, **I, 13a**. A humildade de Maria; meios para alcançá-la, **I, 27a**. O Senhor permite que sejamos tentados para crescermos nas virtudes; meios para vencer, **I, 5b**; **III, 246**. A água benta, remédio contra muitas tentações, I, 6b-III. O apostolado exige um trabalho paciente; quanto maior a resistência de uma alma, mais necessários os meios humanos e sobrenaturais, **I, 52b**. Empregar os meios humanos e sobrenaturais em todas as nossas tarefas, **I, 59b**. O dom da fortaleza na nossa vida ordinária; meios para facilitar a ação desse dom na alma, **I, 92b**. Utilizar todos os meios lícitos no serviço de Deus, **III, 216**. Nossa vocação; meios para conhecer a vontade de Deus, **IV, 104**.

MÉRITO. Só levaremos desta vida o mérito das boas obras e a dívida dos pecados, II, 63--I. A recompensa sobrenatural das boas obras, **III, 202**.

MILAGRES. Fé e milagres; necessidade de boas disposições para receber a mensagem de Jesus, **II, 136**. Diariamente acontecem milagres na Igreja, II, 159-I. A cura da filha da mulher cananeia, I, 9b-II; **II, 40**. A expulsão do demônio mudo, I, 23b-I. A cura do paralítico da piscina de Betesda, I, 28b-I. A primeira pesca milagrosa, **II, 36**; **III, 193**. A segunda pesca milagrosa, I, 33a-III; I, 52b-I; **II, 98**. A tempestade acalmada, I, 36a-I; I, 60b-I e III. A cura de um leproso, II, 4-I; **II, 44**. A cura do paralítico de Cafarnaum, **II, 5**; **II, 53**. O primeiro milagre de Jesus em Caná da Galileia, **II, 9**. A cura do homem da mão seca, I, 20b-III; **II, 12**; **III, 199**. A cura de um endemoninhado, **II, 26**. O endemoninhado de Gerasa, **II, 28**. A cura da hemorroísa, I, 6b-I; **II, 29**; II, 118-I. A cura do rapaz que os Apóstolos não haviam podido curar, **II, 55**. A ressurreição do filho da viúva de Naim, **II, 81**; **III, 209**. A cura do servo do Centurião, **II, 109**. A multiplicação dos pães, **II, 151**. A cura de um surdo-mudo, **III, 197**. A cura da mulher encurvada, **III, 262**. A cura do hidrópico, **III, 266**.

MISERICÓRDIA DIVINA. E fraquezas pessoais, III, 297--III. Recorrer sempre à misericórdia do Senhor, **I, 4a**. Leva-nos a recomeçar, II, 22-III. Pecado e misericórdia divina, II, 56-III. Jesus sempre se compadece da dor e do sofrimento; ressurreição do filho da viúva de Naim, **II, 81**; **III, 209**. É infinita, eterna, universal, **III, 82**. Parábola da ovelha perdida; Jesus sai muitas vezes a buscar-nos, **III, 164**; **III,**

209. A Confissão, um juízo de misericórdia, III, 165-III. Parábolas da misericórdia divina; o *filho pródigo*, **III, 207**. Deus perdoa todo o pecado, se existe arrependimento, **III, 249**. O pecado contra o Espírito Santo, **III, 249**. É maior para com os mais nessitados; o cego Bartimeu, **III, 260**. A *mulher encurvada*, III, 262--I. O Senhor veio salvar o que estava perdido, III, 270-III. A nossa confiança na petição baseia-se na infinita bondade de Deus; recorrer sempre à sua misericórdia, **III, 285**.

MISERICÓRDIA. Imitar o Senhor; obras de misericórdia, **I, 4a**. Justiça e misericórdia, **I, 35a**. Santa Maria, *Mãe de misericórdia*; participa em grau eminente da misericórdia divina, **II, 42**. Implica termos cumprido previamente os ditames da justiça, e ultrapassa as exigências dessa virtude, **II, 82**. A misericórdia de Cristo; a nossa atitude diante dos outros, II, 132-I. Imitar o Coração misericordioso de Jesus; obras de misericórdia, **III, 190**. O sacramento do perdão deve levar-nos a ser misericordiosos com os outros, III, 205-III. A misericórdia da Igreja, **III, 209**. Compaixão efetiva e prática com aqueles que necessitam de nós; a parábola do bom samaritano, **III,**

235. Nossa Senhora, *Refúgio dos pecadores*, **IV, 110**. Nossa Senhora, *trono da graça e da misericórdia*, IV, 75-I. Nossa Senhora, *Mãe de misericórdia*, **IV, 108**.

MISSA. E oferecimento de obras, **I, 79b**. E a renovação da Antiga Aliança; amar a Santa Missa, **II, 141**. Renovação do Sacrifício do Calvário; valor infinito; a nossa participação, **I, 30b**. Atualiza a Redenção, I, 36b-III. A Santa Missa, centro de todas as festas; o descanso festivo, **I, 60b**; II, 71-I. Ação de graças depois da Santa Missa, **I, 71b**. Atenção à leitura do Evangelho durante a Santa Missa, **II, 18**. Centro da vida cristã; participação "consciente, piedosa e ativa"; preparação para a Missa ao longo do dia, **II, 49**. Os frutos da Missa; o sacrifício eucarístico e a vida diária do cristão, **II, 103**. Nossa Senhora e a Santa Missa, II, 105--III. O seu valor infinito; fins, **II, 112**. A Páscoa judaica e a Eucaristia, II, 131-I. É a ação de graças mais perfeita que se pode oferecer a Deus, III, 166-II. Atos de fé e de amor no momento da Consagração, III, 234-III. A Santa Missa e o apostolado, **III, 256**. Preparação e ação de graças; o hino *Trium puerorum*, **III, 299**. A Santa Missa, o maior bem que

ÍNDICE ASCÉTICO

podemos oferecer pelas almas do Purgatório, **IV, 98-II**. Ver EUCARISTIA.

MORTE. É consequência do pecado; sentido cristão da morte, **II, 63**. O nosso corpo ressuscitado será o nosso próprio corpo; os corpos gloriosos; unidade entre corpo e alma, I, 82b-III; **II, 75**. A verdadeira morte é o pecado, **II, 107**. A consideração da morte ensina-nos a aproveitar os dias e a estarmos desprendidos dos bens terrenos, **II, 153**. Rezar pelos defuntos; as indulgências, **III, 75**. O sentido cristão da morte, **III, 284**. São José, Padroeiro da boa morte, IV, 25-I. Comemoração de todos os fiéis defuntos, **IV, 98**. Especiais ajudas e graças de Nossa Senhora no momento da morte, **IV, 61**.

MORTIFICAÇÃO. Oferecer as contrariedades, **I, 2b**. Buscar a mortificação na vida cotidiana; as mortificações passivas; a mortificação interior, **I, 3b**. Oferecer a dor e a mortificação voluntária; penitência na vida ordinária; alguns exemplos de possíveis mortificações, **I, 15b**. Motivos da mortificação, **I, 19b**. Necessidade da mortificação interior para ter vida sobrenatural; o bom uso da imaginação na oração, **I, 55b**. Necessidade do recolhimento interior e do espírito de mortificação para ter vida sobrenatural, I, 76b-II. Deus *poda-nos para darmos mais frutos*; sentido da dor e da mortificação, I, 78b-II. A guarda da vista, **II, 48**. Mortificar a imaginação para viver o momento presente: *hic et nunc*, **II, 61**. Alguns campos de mortificação; qualidades que tem de ter, II, 85-III. A guarda da vista, da afetividade e dos sentidos internos, **II, 86**. Necessidade da mortificação; luta contra a comodidade e o aburguesamento; alguns exemplos de temperança e de mortificação, **II, 101**. Mortificações habituais, **II, 113**. Manifestações de temperança, II, 140-III. Calar e falar quando devemos fazê-lo; evitar as queixas estéreis e os silêncios culposos, II, 150-II. Mortificações passivas e voluntárias, **II, 131**; **II, 158**. Sem sacrifício não há amor; necessidade da Cruz e da mortificação, **III, 187**; **III, 213**. Oração e mortificação pelos sacerdotes, **IV, 68**.

MULHER. O lugar privilegiado da mulher na evangelização da família, I, 85b-III. A sua contribuição à vida da Igreja e à sociedade; a sua contribuição essencial à evangelização, **III, 212**. As santas mulheres, **III, 212**.

ÍNDICE ASCÉTICO

MUNDO. Ver CRISTÃOS NO MEIO DO MUNDO.

NATAL. A Confissão, meio para nos prepararmos para o Natal, I, 1a-II. Chama-nos a uma maior pureza interior, I, 16a--I. Viver o Natal junto de São José; a sua missão, **I, 22a**. O Senhor convida-nos especialmente a viver a pobreza cristã neste tempo, I, 28a-I. Meditação da noite de Natal, **I, 30a**.

NATURALIDADE CRISTÃ. Ser cristãos coerentes em todas as situações da vida, **I, 62b**. Ver CRISTÃOS NO MEIO DO MUNDO.

NOVÍSSIMOS. O nosso corpo ressuscitado será o nosso próprio corpo; os corpos gloriosos; unidade entre corpo e alma, I, 82b-III; **II, 75**. Segunda vinda de Cristo; trabalhar enquanto esperamos a nova vinda do Senhor, **III, 287**; **III, 288**. Ver CÉU, INFERNO, JUÍZO, MORTE, PURGATÓRIO, RESSURREIÇÃO.

OBEDIÊNCIA. E fortaleza de São José durante a fuga para o Egito, **I, 45a**. Fé e obediência no apostolado; a primeira pesca milagrosa, II, 36-I. A vontade de Deus e a santidade; identificação com o querer divino; imitar a Jesus, **I, 5a**. A obediência de Jesus; a

nossa obediência, **I, 49a**. O poder da obediência, **III, 193**. A *obediência da fé*, **III, 195**. Na Igreja, mandar e obedecer é servir, **III, 215**. Nasce do amor; o exemplo de Cristo, **III, 223**.

OBRAS DE MISERICÓRDIA. Jesus faz-se presente nos doentes, **I, 31b**. Apostolado da Confissão, II, 115-II. Visitar os doentes, **III, 219**. O valor da esmola; não dar apenas o que é supérfluo, **III, 278**. Ver DOENÇA, DOR, ESMOLA, MISERICÓRDIA.

OFERECIMENTO DE OBRAS. Como fazê-lo; o "minuto heroico", **I, 79b**. Importância desta devoção, II, 1-III. Renová-lo durante a Santa Missa, II, 49-III. Oferecer muitas vezes a nossa vida ao Senhor, III, s02-III. Oferecer tudo através da Virgem Santíssima, IV, 17-III. Maria oferece Jesus ao Pai; as nossas oferendas, IV, 16-I.

OITAVÁRIO PELA UNIDADE DOS CRISTÃOS. Jesus Cristo fundou uma só Igreja, **IV, 4**. Unidade interna da Igreja, **IV, 5**. O depósito da fé, **IV, 6**. O fundamento da unidade, **IV, 7**. Cristo e a Igreja, **IV, 8**. A Igreja, novo Povo de Deus, **IV, 9**. Maria, Mãe da unidade, **IV,**

ÍNDICE ASCÉTICO

10. Conversão de São Paulo, **IV, 12**.

OMISSÕES. Ver PECADOS DE OMISSÃO.

ORAÇÃO DE PETIÇÃO. Necessidade; características, **I, 9b**; **III, 169**. Pedir à Virgem a virtude da humildade, I, 25b-III. Recorrer sempre a Nossa Senhora, *Onipotência suplicante, Mediadora de todas as graças*, **II, 9**; **III, 222**; **IV, 91**; **IV, 84**. Oração humilde e perseverante da *mulher cananeia*, **II, 40**. Pedir pela Igreja e pelo Papa, **II, 47**. Pedir por aqueles que nos perseguem, II, 52-II. Oração de petição na Santa Missa, II, 103--III. Desejar o que há de melhor para os filhos, II, 127-III. Pedir o dom da contrição, II, 128-III. Aprender a pedir, **II, 144**. As primeiras petições do *Pai-Nosso*, **III, 238**. O poder da oração; constância; a parábola do juiz iníquo, **III, 252**. Rezar pelos defuntos, **III, 275**. A nossa confiança na petição baseia-se na infinita bondade de Deus, **III, 285**. Petição de vocações a São José, IV, 25--III. Ninguém é irrecuperável para Deus, **IV, 59**. Oração e mortificação pelos sacerdotes, **IV, 68**. A oração pelos filhos; o exemplo de Santa Mônica, **IV, 77**.

ORAÇÃO. E trabalho, II, 1-III; II, 135-III. E fé; pedi-la; *Senhor, aumenta-nos a fé*, **II, 55**. Necessidade da conversa com Jesus; jaculatórias, **I, 29a**. A oração pessoal; o exemplo de Jesus, **I, 27b**. Oração ao longo do dia; jaculatórias, **I, 35b**. Como meditar a Paixão; frutos desta oração, **I, 37b**. Necessária para seguir Jesus de perto; a oração de Getsêmani, **I, 38b**. Necessidade da oração para permanecer perto de Jesus, I, 39b-III. O bom uso da imaginação na oração, **I, 55b**. Oração diária pelo Papa, I, 68b-II. O dom de piedade dá-nos uma confiança filial na oração, I, 91b-II. A oração dos filhos de Deus, II, 2-II. Aprender de Jesus; oração e apostolado, II, 3-III; **III, 197**. Buscar na oração os planos de Deus a nosso respeito, **II, 20**. Propósitos concretos e bem determinados da oração, II, 51-III. Frutos da meditação sobre os novíssimos, II, 63-III. Oração pessoal, direta, sem anonimato; Bartimeu, **II, 67**. A intercessão dos santos, II, 72-I. Oração e penitência, II, 85-II. A oração, "meio mais eficaz de levar almas a Cristo", II, 88-II. A correspondência à graça leva-nos a uma profunda vida de oração, II, 91-III. A oração mental; necessidade e frutos; a oração preparatória, **II, 93**. Oração pelos sacerdotes, II,

125-III. Sobre o Santo Evangelho, III, 191-III. A oração em família, **III, 196; II, 95.** Ouvir a Deus e falar dEle, **III, 197.** Necessidade e frutos, **III, 200;** III, 213-II. Vida de oração e recolhimento interior, **III, 218.** Oração e trabalho, **III, 236.** A oração do Senhor, **III, 236.** Orações à Mãe de Deus, **III, 240.** Parábola do fariseu e do publicano, **III, 261.** Aumentar o fervor da oração em momento de escuridão; Bartimeu, **III, 289.** O templo, lugar de oração; "urbanidade na piedade", III, 293-II. Oração à Santíssima Trindade, IV, 38-III. Práticas de piedade em família, **IV, 77.** Dificuldades na oração mental, **IV, 94.** Oração ao Espírito Santo, **IV, 100.** A oração contínua de Nossa Senhora, **IV, 107.**

ORAÇÕES VOCAIS. O oferecimento de obras, nossa primeira oração, I, 79b-III. Necessidade; atenção; luta contra a rotina e as distrações, **II, 94.** Orações vocais habituais, **II, 94.** Ajudam-nos a manter viva a presença de Deus; as orações aprendidas na infância, **III, 200.** O *Pai-Nosso*, III, 237-II; **III, 238.** Orações à Mãe de Deus, **III, 240.** Apreço pelas orações vocais; o Santo Rosário, **IV, 107.** Ver JACULATÓRIAS, SANTO ROSÁRIO.

ORDEM. A ordem da caridade, II, 81-II; IV, 5-III. Ordem nas petições, III, 169-III.

OTIMISMO. Otimismo sobrenatural diante das dificuldades, I, 53b-III. Fé e otimismo no apostolado, **II, 5.** Otimismo no apostolado; "as almas, como o bom vinho, melhoram com o tempo", **II, 21.** A graça de Deus sempre dá fruto, se não levantarmos obstáculos; evitar o desalento diante dos nossos defeitos; começar e recomeçar, **II, 23.** Amparar e favorecer tudo o que é bom, II, 53-III. Não desanimar diante das dificuldades; o Senhor é nossa fortaleza, **II, 89.** O Senhor nunca nos deixará sozinhos no meio das dificuldades; atitude diante das contradições, **II, 98;** II, 130-III. Sempre contamos com a ajuda do Senhor, I, 59b-II; **II, 154.** Sentido positivo das circunstâncias que nos cercam; evitar as queixas inúteis, **III, 214.** Virtude necessária para a convivência; torna mais grata e fácil a vida cotidiana, III, 282-III. Alegria e espírito positivo no apostolado; evitar o "zelo amargo", **IV, 52.** Serenidade e bom humor diante das dificuldades, **IV, 74.**

PACIÊNCIA. Na luta ascética pessoal; com os outros, **I, 28b.** Para recomeçar com humildade, III, 213-III. Nas dificul-

ÍNDICE ASCÉTICO

dades, **III, 298**. O apostolado sempre representa um trabalho paciente; se uma alma oferecer maior resistência, deveremos aplicar mais os meios sobrenaturais, **I, 52b**; III, 192-II. A graça de Deus sempre dá fruto, se não levantarmos obstáculos; evitar o desalento diante dos nossos defeitos; começar e recomeçar, **II, 23**. A caridade é paciente, II, 27-II. Necessidade da virtude da fortaleza para ser paciente, II, 32-II. A paciência de Deus, **IV, 54**.

PAI-NOSSO. O *Pai-Nosso* e a filiação divina, **III, 237**. *Santificado seja o vosso nome*, **III, 238**. *Venha a nós o vosso Reino*, **III, 238**. *Seja feita a vossa vontade*, **III, 239**. *O nosso pão de cada dia*, **III, 244**. *Perdoai--nos as nossas ofensas*, **III, 245**. *Não nos deixeis cair na tentação e livrai-nos do mal*, **III, 246**.

PAIS. E a vocação dos filhos, **II, 127**. Amor com obras aos pais; o "dulcíssimo preceito", **II, 38**. O Senhor atende com especial solicitude a oração pelos filhos, **III, 268**.

PAIXÃO DE NOSSO SENHOR. A oração em Getsêmani, **I, 38b**. Prisão de Jesus, **I, 39b**. Entrada triunfal em Jerusalém, I, 40b-I. As negações de Pedro, **I, 41b**. Jesus diante de Pilatos, **I, 42b**. O caminho do Calvário; Simão de Cirene, **I, 43b**. Encontro com Nossa Senhora, **I, 43b**. A sepultura do Corpo morto de Jesus, **I, 46b**.

PARÁBOLAS E IMAGENS DA SAGRADA ESCRITURA. As duas casas edificadas em terrenos diferentes, **I, 5a**; **II, 70**. O que mancha o homem, **I, 16**. O fariseu e o publicano, I, 29a-III; **I, 25b**; **III, 261**. Não são os sãos que necessitam de médico, **I, 4b**. Os cachorrinhos que comem as migalhas que caem da mesa, I, 9b-II. Se o teu olho for são, todo o teu corpo estará iluminado, **I, 13b**. O rico Epulão e o pobre Lázaro, **I, 16b**; **III, 225**. O filho pródigo, **I, 18b**; **III, 206**. Tomar a Cruz, I, 19b-I. Os dois devedores, I, 21b-II; **I, 90b**. O Pão da Vida, **I, 65b**; **III, 244**; **IV, 45**. A vide e os sarmentos, **I, 78b**. Ninguém põe vinho novo em odres velhos, **II, 10**; **II, 114**. O semeador, **II, 21**; **III, 213**. O rico que tinha muitas ovelhas e o pobre que só tinha uma, II, 24-I. Sal da terra e luz do mundo, **II, 34**. Deixar o manto a quem pedir a túnica, **II, 52**. Maldição da figueira estéril, **II, 68**; **III, 259**. Os vinhateiros homicidas, **II, 73**. O sal desvirtuado, **II, 83**. A messe é muita, **II, 88**; **III, 229**. O grão de mostarda, **II, 89**. A palha no olho alheio, **II, 100**.

A porta estreita, **II, 101**. A árvore se conhece pelos seus frutos, **II, 102**; **III, 204**. O trigo e a cizânia, **II, 133**. O fermento na massa, **II, 145**. *Vim trazer fogo à terra*, **III, 171**; **III, 256**. O camelo e o olho da agulha, III, 173-I. Os operários contratados a diferentes horas do dia, **III, 174**; **III, 214**. O banquete de bodas, **III, 175**. As chaves do Reino, **III, 178**. As virgens néscias e as prudentes, **III, 185**; **III, 277**. Os talentos, **III, 186**; **III, 286**; **III, 291**. Os primeiros lugares, **III, 267**; **III, 189**. Os amigos do esposo, **III, 194**. O homem que se dispôs a construir uma torre e o rei que pretendia empreender uma guerra, **III, 198**. Os meninos sentados na praça, **III, 209**. O administrador infiel, **III, 216**. A luz no candeeiro, **III, 217**. Os dois filhos enviados à vinha, III, 223-I. A vinha, **III, 232**. O bom samaritano, **III, 235**. Os convidados ao banquete, **III, 241**. O rico néscio que pensava construir novos celeiros, **III, 250**; **III, 253**. Discernir o tempo, **III, 257**. Fazer as pazes com o adversário antes de chegar ao juiz, **III, 257**. Como a galinha que reúne os seus pintinhos debaixo das asas, III, 265-I. A quem se deve convidar, **III, 271**. A ovelha perdida, **III, 274**. Ninguém pode servir a dois senhores, **III, 276**. Servos inúteis,

III, 281. A viúva e o juiz iníquo, **III, 252**; **III, 285**.

PAZ. Jesus Cristo, *Príncipe da paz*, I, 3a-III. O Senhor nunca nos abandonará; não ter medo; *tudo é para o bem*, **I, 36a**. A paz da alma baseia-se na consideração da nossa filiação divina, I, 39a-III. A Cruz do Senhor é fonte de paz e de alegria, I, 2b-I. Um clamor de justiça e de paz no mundo, **I, 33b**. A paz verdadeira é fruto do Espírito Santo; missão de pacificar a família, o lugar de trabalho, **I, 77b**. *Tudo é para o bem*; serenidade nas contradições, **II, 96**; **II, 98**; II, 110-II. O Senhor vem dar a sua paz a um mundo que carece dela, II, 117-I. Conservar a paz no meio das incompreensões; a "contradição dos bons", **III, 201**. Evitar preocupações inúteis; viver o momento presente, **III, 221**. Serenidade e bom humor diante das dificuldades, **IV, 74**.

PECADO ORIGINAL. As raízes do mal; transmissão do pecado original e das suas consequências; solidariedade de todos os homens em Adão, **II, 80**. Maria, a nova Eva, nascida sem pecado original, IV, 112-I.

PECADO VENIAL. A sua malícia, **I, 17b**. Debilita a vida da alma; luta contra o pecado ve-

ÍNDICE ASCÉTICO

749

nial; recorrer à Confissão frequente, **II, 26**; II, 139-III.

PECADO. O pecado e o santo temor de Deus, **I, 93b**. E a misericórdia divina; a dureza de coração e a perda do sentido do pecado, II, 56-II. Confissão dos pecados e propósito de emenda, **I, 10a**. Afastamento de Cristo pelo pecado e pela tibieza; pôr os meios para encontrá-lo prontamente, I, 47a- -II e III. Confessar os pecados; características de uma boa Confissão, **I, 8b**. Sinceridade para reconhecê-lo; os seus efeitos; reparar pelos pecados do mundo, **I, 10b**. Ter horror do pecado; o verdadeiro mal do mundo, **I, 17b**. A maior tragédia do homem; as suas consequências na alma, **I, 18b**. A desordem introduzida pelo pecado é remediada pela unidade de vida, **I, 29b**. Todo o pecado está relacionado com a Paixão do Senhor, I, 39b-II. As negações de Pedro; aprender a arrepender-se, **I, 41b**. Pecados contra a esperança, **I, 74b**. Os *pecados da língua* e os juízos precipitados, **II, 19**. Cristo veio libertar-nos do demônio e do pecado; a Confissão, **II, 26**; II, 130-I. A lepra, imagem do pecado; o Senhor vem curar os nossos males mais arraigados; apostolado da Confissão, **II, 44**. A morte, consequência do pecado; sentido cristão da

morte, **II, 63**. Algumas faltas e pecados contra o Primeiro Mandamento; a idolatria moderna, **II, 76**. As raízes do mal; o pecado original; a luta contra o pecado, **II, 80**. As nossas quedas não devem fazer-nos desanimar, mas conduzir-nos à humildade e à sinceridade na Confissão, **II, 90**. A morte da alma, efeito do pecado, **II, 107**. A "comunhão no pecado"; uma alma que se rebaixa pelo pecado rebaixa de certa forma o mundo inteiro, II, 107- -II. Dor dos pecados; frutos da contrição na alma, **II, 128**. O maior extravio que o homem pode sofrer e o único mal verdadeiro, **II, 138**. Os pecados de omissão, III, 186-III. O pecado, detalhado na parábola do filho pródigo, **III, 207**. É sempre e antes de mais nada uma ofensa a Deus, **III, 245**. A perda do sentido do pecado, pecado contra o Espírito Santo, **III, 249**.

PECADOS DE OMISSÃO. Contra o primeiro mandamento, II, 76-II. Contra a caridade, II, 126-II. Não podemos permanecer passivos diante de situações injustas, I, 58b-I. Os pecados de omissão; a parábola dos talentos, **III, 186**.

PENITÊNCIA. E dor dos pecados; obras de penitência, **II, 128**. A Quaresma, um tempo de conversão e de penitência, **I, 1b**; **I, 10b**. O jejum e outras obras de penitência na pregação de Jesus e na vida da Igreja, **I, 3b**. Oferecer a dor e a mortificação voluntárias; penitência na vida corrente; alguns exemplos, **I, 15b**. A penitência imposta na Confissão, **I, 34b**. Motivos para a penitência; sentido penitencial das sextas-feiras, **II, 85**. Nossa Senhora pede penitência pelos pecados de todos os homens, IV, 34-II.

PENTECOSTES. A vinda do Espírito Santo e o Colégio apostólico, **I, 96b**. Nossa Senhora, presente na Igreja nascente de Pentecostes, **IV, 10**.

PERDÃO DAS OFENSAS. Perdoar e esquecer as pequenas ofensas que podem ocorrer na convivência diária, **I, 21b**. Perdoar com prontidão e de coração, **III, 205**.

PERDÃO DOS PECADOS. E Santa Missa, II, 112-III. A esperança de ser perdoados, **II, 7**. O poder de perdoar os pecados; promessa e instituição do sacramento da Penitência, I, 9a-III; **III, 165**. Jesus perdoa uma mulher pecadora, *porque muito amou*, **III, 211**. Deus nos perdoa sempre, III, 245--II. O pecado contra o Espírito Santo, **III, 249**. Nossa Senho-

ra, *Refúgio dos pecadores*, **IV, 110**. Ver CONFISSÃO.

PERSEVERANÇA. Na oração de petição, I, 9b-II. Na própria vocação; fidelidade diária no pequeno, **I, 39b**; **III, 247**. Na oração; a parábola do juiz iníquo, **III, 252**. Na oração diária, **III, 261**. Deixar-se ajudar em momentos de escuridão; ser fiéis no pequeno, **I, 50b**. Contar com o tempo no apostolado; intensificar os meios humanos e sobrenaturais se as dificuldades forem maiores, **I, 52b**. Oração perseverante da mulher cananeia, **II, 40**. Necessidade da fé para perseverar, **II, 109**.

PESSOA HUMANA. Dignidade e grandeza da pessoa humana, **II, 11**. O respeito à intimidade, II, 19-III. A virtude da justiça e a dignidade humana, III, 182-I. A dimensão religiosa do homem, **III, 250**. A dignidade do corpo humano, **III, 279**. O corpo glorioso, III, 301-II.

PIEDADE. Vida de piedade: ter consciência da presença do Senhor no mundo; "expedientes humanos", **I, 35b**. O dom de piedade nos move a tratar a Deus com a ternura e o afeto de um bom filho para com o seu pai, **I, 91b**. A verdadeira piedade, os sentimentos e a aridez espiritual, II, 83-II. Ofe-

ÍNDICE ASCÉTICO   751

recimento ao Amor Misericordioso, II, 105-II. Manifestações de piedade, III, 176-I e II. Junto do Sacrário, ganharemos todas as batalhas; "almas de Eucaristia", **III, 265**. A doutrina, alimento da piedade; necessidade de formação, **IV, 14**. O dom de piedade na Virgem Santíssima, **IV, 103**.

POBREZA. Em que consiste; modos de viver esta virtude, **I, 28a**; **II, 17**. É necessária para seguir Cristo; o *jovem rico*, **II, 64**. A pobreza dos cristãos que vivem no meio do mundo, **III, 173**. Os bens materiais são só meios; consequências da pobreza cristã, **III, 228**. Virtude que cada cristão tem de viver segundo a sua peculiar vocação; frutos; modo de vivê-la, **IV, 90**. Ver BENS TEMPORAIS, DESPRENDIMENTO.

PRÊMIO. À generosidade, **I, 26a**; **III, 271**. Pelas perseguições suportadas por amor a Cristo, I, 32a-III. Jesus é infinitamente generoso ao recompensar a quem o segue; o *cem por um*, **II, 65**. O valor da esmola; Deus recompensa de sobra a nossa generosidade, **III, 278**. O próprio Deus será a nossa recompensa, IV, 70-II.

PRESENÇA DE DEUS. Necessidade de um coração limpo e de presença de Deus para entender os fatos e acontecimentos da nossa vida, I, 18a-II. O Senhor não nos abandona; atualizar a presença de Deus ao longo do dia, I, 12b-III. Vida de piedade: ter consciência da presença do Senhor no mundo; "expedientes humanos", **I, 35b**. Presença de Cristo glorioso entre nós, I, 49b-II. Pureza de intenção e presença de Deus; agir sempre diante de Deus, **I, 63b**. Somos templos de Deus; o relacionamento com o Espírito Santo, **I, 76b**. "Expedientes humanos" para manter a presença de Deus ao longo do dia, II, 1-III. Comunhões espirituais, **II, 29**. Viver a Missa ao longo do dia, II, 49-III. Nossa união com Deus ao longo do dia, necessária para sermos melhores cidadãos; cumprimento exemplar dos nossos deveres, **II, 74**. Recorrer com frequência ao Anjo da Guarda, **II, 77**. Presença de Deus ao começar a oração mental; a "oração preparatória", II, 93-II. Orações vocais habituais, **II, 94**. Presença de Deus no trabalho, **II, 135**; IV, 32-II. Valer-se do Santo Evangelho, III, 191-III. Aprender a discernir os sinais de Deus, **III, 257**. Olhar para o Céu; a *mulher encurvada*, **III, 262**. Inabitação da Santíssima Trindade na alma, **IV, 39**. Os Sacrários no nosso caminho habitual, IV, 43-I. Nem

752 ÍNDICE ASCÉTICO

mesmo as *coisas do Senhor* nos devem fazer esquecer o *Senhor das coisas*, IV, 65-III. A oração contínua de Nossa Senhora, **IV, 107**. Ver JACULATÓRIAS.

PRIMEIROS CRISTÃOS. Devoção dos primeiros cristãos ao Anjo da Guarda, **I, 7b**. Santidade e apostolado no meio do mundo, **I, 11b**. Unidade e fraternidade dos primeiros cristãos, I, 56b-III. O seu espírito apostólico, **I, 64b**. O seu amor a Pedro, I, 68b-II. Rápida propagação do Cristianismo nos seus começos, **I, 70b**. O costume do oferecimento de obras, I, 79b-II. Praticavam a correção fraterna, II, 24b-II. *Como astros no mundo*, II, 109-III. O seu amor à Sagrada Eucaristia; a reserva do Santíssimo, IV, 40-I. Presença afirmativa no mundo, III, 164-I e II. Ensinam-nos que o apostolado não tem limites de pessoa, lugar ou situação, III, 174-II. Como viviam a caridade; o "dia de guarda", III, 184--II; **III, 283**. Os respeitos humanos não são próprios de um cristão de fé firme; o exemplo dos primeiros cristãos, **III, 266**. A defesa que fizeram da fé num ambiente hostil, **IV, 51**. A sua atitude diante das contradições, **IV, 58**.

PROPÓSITOS. São parte essencial do exame de consciência, I, 14a-III; IV, 93-III. Propósitos para o ano novo, **I, 37a**. Propósitos concretos e bem determinados na oração, II, 51-III.

PROSELITISMO. A oração é "o meio mais eficaz de levar as almas a Cristo", II, 88-II. Ajudar os outros a encontrar a sua vocação, IV, 87-III.

PROVIDÊNCIA. O Senhor nunca nos abandonará; não ter medo; *tudo é para o bem*, **I, 36a**.

PRUDÊNCIA. E *falsa prudência* no apostolado, **II, 5**. O dom de conselho aperfeiçoa a virtude da prudência e é uma grande ajuda para manter uma consciência reta, **I, 90b**. Para pedir conselho nas leituras, III, 18-III. Nas leituras, evitar tudo o que seja contrário à virtude da fé, **II, 43**. Pedir conselho; a falsa prudência, **II, 122**. O dom da prudência na Virgem Santíssima, **IV, 103**.

PUREZA. Limpeza de coração; os atos internos e a guarda do coração; frutos desta virtude, **I, 16a**. Necessidade de um coração limpo para entender os fatos e acontecimentos da nossa vida, I, 18a-II. Purificação interior, I, 19a-III. Purificar as

ÍNDICE ASCÉTICO

nossas almas para ver Jesus, **II, 20**-III. O dom de entendimento e a vida contemplativa; a necessidade de purificar a alma, **II**, 87-I e II. A guarda da vista, **II, 48**. O nono Mandamento; a guarda do coração e a fidelidade segundo a própria vocação e estado, **II, 86**. Limpar o coração para ver claro, II, 136--III. Para ver Jesus presente na Sagrada Eucaristia, IV, 43-III. Defensora do amor humano e do amor a Deus, III, 167-III. Meios para viver a santa pureza, **III, 188**. Fé e limpeza de alma, **III, 257**. Sem a pureza o amor se torna impossível, **III, 294**. Ver CASTIDADE.

PURGATÓRIO. E devoção a Nossa Senhora do Carmo, IV, 61-II. Rezar pelos defuntos; as indulgências, **III, 275**. Nossa Senhora é Rainha também sobre as almas do purgatório, IV, 75-III. Lugar de purificação e antessala do Céu; os sufrágios; o desejo de ir para o Céu sem passar pelo Purgatório, **IV, 98**. Ver também INDULGÊNCIAS, NOVÍSSIMOS.

RECOLHIMENTO INTERIOR. Esperar Jesus que chega no Natal junto de sua Mãe, I, 29-I. Necessidade de recolhimento interior e do espírito de mortificação para tratar com Deus, I, 76b-II. A guarda da vista, da afetividade e dos sentidos internos, **II, 86**.

RECOMPENSA. Ver PRÊMIO.

REDENÇÃO. Maria, Corredentora com Cristo; a profecia de Simeão, **I, 41a**. Jesus Cristo redimiu-nos e nos libertou do pecado, **I, 36a**. É universal: o Senhor quer *que todos os homens se salvem*, **III, 180**. A dor de Maria; a Corredenção de Nossa Senhora, **IV, 82**.

RELÍQUIAS. Veneração e apreço pelas relíquias, II, 72-II.

REPARAÇÃO. Pelos pecados já confessados, I, 34b-III. Obrigação de reparar e de desagravar as ofensas cometidas contra Deus, III, 280-III. O Sagrado Coração de Jesus; desagravo e reparação, **IV, 49**.

RESPEITO PELOS OUTROS. O respeito mútuo, virtude da convivência, III, 282-II. O respeito pelas pessoas e o cuidado com as coisas, IV, 11-III.

RESPEITOS HUMANOS. Ser cristãos coerentes em todas as situações da vida, **I, 62b**. Omissões no apostolado por falta de retidão de intenção; examinar os motivos que nos levam a agir, II, 63-III. As dificuldades que encontramos no apostolado não nos devem desanimar; empenho por

754   ÍNDICE ASCÉTICO

expulsar os falsos respeitos humanos, **II, 89**. Viver sem medo; valentia e confiança em Deus nas grandes provas e nas pequenas, **II, 97**. Valentia para seguir Cristo em qualquer ambiente e circunstância, **II, 149**. Os respeitos humanos não são próprios de um cristão de fé firme; o exemplo dos primeiros cristãos, **III, 266**.

RESPONSABILIDADE. E abandono em Deus; *tudo é para o bem*, **II, 96**. Temos de ser luz para os outros, I, 13b-III. Responsabilidade de fazer render os próprios talentos, **III, 186**. Responsabilidade no trabalho, no apostolado, pelas graças recebidas, **III, 255**. Responsáveis na caridade; a obrigação de dar bom exemplo, **III, 280**. Render para Deus; aproveitar bem o tempo, **III, 286**.

RESSURREIÇÃO DE CRISTO. Fundamento da nossa fé, **I, 47b**. Aparição a Maria Madalena, I, 49b-I. Jesus aparece aos discípulos de Emaús, I, 50b-I. Jesus aparece aos apóstolos, I, 51b-I. Aparição aos Onze; o mandato apostólico, I, 53b-I. Aparição de Jesus na presença de Tomé; a fé do Apóstolo, **I, 54b**; **IV, 59**.

RESSURREIÇÃO DOS CORPOS. O nosso corpo ressuscitado será o nosso próprio corpo; os corpos gloriosos; unidade entre corpo e alma, I, 82b-III; **II, 75**. A Ascensão de Nossa Senhora, esperança da ressurreição gloriosa dos nossos corpos, IV, 73-III.

RETIDÃO DE INTENÇÃO. Na oração de petição; conformar a nossa vontade com a do Senhor, I, 9b-I. Em todas as situações, I, 62b-I. Dá unidade a tudo quanto fazemos; retificar sempre que seja necessário, **III, 276**.

ROMANO PONTÍFICE. O primado de Pedro; o Papa, *o doce Cristo na terra*; amor ao Papa, **I, 68b**. Oração pelo Papa, II, 47-II. É a *rocha* sobre a qual Cristo edificou a sua Igreja, **III, 178**. O Romano Pontífice, fundamento e garantia da unidade na Igreja, **IV, 7**. A Cátedra de São Pedro, **IV, 19**. Amor à Igreja e ao Papa, **IV, 32**; **IV, 74**. A Dedicação da Basílica do Latrão, símbolo da união com o Romano Pontífice, IV, 99-I.

SABEDORIA. O dom da sabedoria, **I, 89b**. O dom da sabedoria em Nossa Senhora, **IV, 103**.

SACERDÓCIO. A Última Ceia do Senhor; instituição da Eucaristia e do sacerdócio ministerial, **I, 44b**. O sacerdócio mi-

ÍNDICE ASCÉTICO 755

nisterial, IV, 9-III. Jesus Cristo, Sumo e Eterno Sacerdote; dignidade do sacerdócio, **IV, 37**. Necessidade de sacerdotes santos; amar o sacerdócio; oração e mortificação pelos sacerdotes, **II, 125; IV, 68**. O sacerdote é o bom pastor, I, 7a-I. Instrumento de Cristo na Santa Missa, II, 30-II. Perdoa os pecados *in persona Christi*, II, 44-II. Só o sacerdote pode perdoar os pecados, III, 165-III. Instrumento de unidade, **IV, 37**.

SACRAMENTAIS. A água benta, I, 6b-III.

SACRAMENTOS. Ver BATISMO, CONFISSÃO, EUCARISTIA.

SAGRADA ESCRITURA. A leitura do Evangelho, **II, 18; III, 300**. Ver EVANGELHO, FIGURAS E IMAGENS DO ANTIGO TESTAMENTO, MILAGRES, PARÁBOLAS E IMAGENS DA SAGRADA ESCRITURA, LEITURA ESPIRITUAL.

SAGRADA FAMÍLIA. A Família de Nazaré, **I, 31a**. Apresentação de Jesus no Templo; a profecia de Simeão, **I, 41a**. Naturalidade e sinceridade da Sagrada Família, I, 42a-I. Fuga para o Egito, I, 45a-I. Jesus perdido e achado no Templo, **I, 47a**.

SALMO II. Salmo da realeza de Cristo e do sentido da filiação divina, II, 2-I e III; **III, 263**. Os primeiros cristãos e o *Salmo II*, **II, 56**.

SANTIDADE. Principais inimigos da santidade: as três concupiscências, **I, 1a**. Vontade de Deus e santidade, **I, 5a; II, 70**. Santidade e trabalho, **I, 46a; I, 57b; I, 30b; III, 183; III, 236; III, 251**-III. A chamada universal à santidade; santidade no meio do mundo, **I, 11b; II, 14; II, 92**. Para seguir Cristo é necessário estar perto da Cruz; quem se afasta do sacrifício, afasta-se da santidade, **II, 19**. Exercício das virtudes humanas e sobrenaturais na vida cotidiana, **I, 22b**. Santificar a sociedade de dentro, **I, 33b**. A tibieza mata pela raiz o desejo de santidade; vigilância, **I, 69b**. O dom de ciência e a santificação das realidades temporais, I, 88b-II. A ação do Espírito Santo na Igreja e nas almas, I, 96b-II. Santidade da Igreja e membros pecadores, **II, 10**; II, 142-II. A fé deve informar os acontecimentos pequenos do dia, **II, 12**. As *bem-aventuranças*, caminho de santidade, **II, 25**. Santificar a dor e a doença, **II, 31**. Santificar também o cansaço e a fadiga, II, 134-I. Viver diante de Deus o momento presente, **II, 61; III, 221**. "As obras é que são amo-

756 ÍNDICE ASCÉTICO

res"; o perigo de uma vida interior sem obras, **II, 68**. É "um tecido de pequenas miudezas", feitas por amor a Deus; o valor das pequenas coisas, II, 78-III. A esperança de ser santos, II, 79-III. A necessidade da graça para realizar o bem; correspondência às graças atuais, II, 84-I e II. O Senhor não pede coisas impossíveis; dá-nos a graça para sermos santos, **III, 199**. Consiste em imitar a Cristo, **III, 251**. Considerar a Humanidade Santíssima de Jesus, **III, 193**. Necessidade de sacerdotes santos, **IV, 68**. Santidade e vida corrente de Nossa Senhora, IV, 80-III.

SANTÍSSIMA TRINDADE. A inabitação da Santíssima Trindade na alma; buscar a Deus no nosso íntimo, **I, 76b**; **IV, 39**. Manifestação do mistério trinitário no Batismo de Cristo, **IV, 3**. Revelação do mistério trinitário; o relacionamento com cada uma das Pessoas divinas, **IV, 38**. Maria e a Santíssima Trindade, IV, 39-III.

SANTO ROSÁRIO. "Arma poderosa" para alcançar de Deus muitas graças, II, 40-III. Rezar o terço em família, III, 196-III. O Santo Rosário, a oração preferida da Virgem, **III, 240**; **IV, 107**. A Virgem pede em Fátima que se reze o Rosário pelos pecadores, IV, 34-I. As distra-

ções no terço, **I, 81b**. A consideração dos mistérios; a ladainha, **IV, 71**; **IV, 92**. Primeiro mistério gozoso: a Anunciação de Nossa Senhora, **IV, 28**; **IV, 29**. Segundo mistério gozoso: a Visitação de Nossa Senhora, **IV, 36**. Terceiro mistério gozoso: o nascimento do Senhor em Belém: **I, 30a**. Quarto mistério gozoso: a Purificação de Nossa Senhora, **IV, 16**. Quinto mistério gozoso: Jesus perdido e achado no Templo, IV, 24-III. Primeiro mistério doloroso: a Oração no Horto, I, 38b-III. Segundo mistério doloroso: a flagelação do Senhor, **I, 42b**. Terceiro mistério doloroso: a coroação de espinhos, **I, 42b**. Quarto mistério doloroso: a Cruz às costas, **I, 43b**. Quinto mistério doloroso: Jesus morre na Cruz, **I, 45b**. Primeiro mistério glorioso: a Ressurreição do Senhor, II, 47-I. Segundo mistério glorioso: a Ascensão do Senhor aos Céus, **I, 86b**. Terceiro mistério glorioso: a vinda do Espírito Santo, **I, 96b**. Quarto mistério glorioso: a Assunção de Nossa Senhora, **IV, 73**. Quinto mistério glorioso: a coroação de Maria Santíssima, IV, 75-I.

SANTOS. Devoção e culto aos santos, **II, 72**. O valor de um justo, II, 109-I. Os defeitos dos santos, **III, 227**. A intercessão

ÍNDICE ASCÉTICO

dos santos, IV, 26-I e II. Amigos de Deus e intercessores nossos, **IV, 109**.

SERVIÇO A DEUS. Servir ao Senhor com as qualidades que temos, **III, 212**. Utilizar todos os meios lícitos no serviço a Deus, **III, 216**. Servir com alegria, **III, 251**. A vida, um serviço saboroso a Deus, III, 286-II.

SERVIÇO AOS OUTROS. Imitar Nossa Senhora, I, 25a-III; **I, 26a; IV, 36**. A humildade, necessária para servir os outros; imitar a Jesus, exemplo supremo destas virtudes, **I, 14b**. Mortificações que nascem do serviço alegre aos outros, **I, 15b**. "Servir é reinar", **II, 66**. Na Igreja, mandar e obedecer é servir, **III, 215**.

SÍMBOLO *QUICUMQUE*. Ver SÍMBOLO ATANASIANO.

SÍMBOLO ATANASIANO. Para meditar o mistério trinitário, IV, 39-II e III.

SIMPLICIDADE. Virtude própria do caminho de infância espiritual, I, 24a-III. Para reconhecer a Cristo em nossas vidas, I, 30a-III. Manifestação externa da humildade; meios para alcançá-la, **I, 42a**. Prudentes e sinceros, **II, 122**. Características desta virtude, IV, 76-III.

SINCERIDADE. Necessária para voltar a Deus, **I, 18b**. Necessidade da sinceridade; o *demônio mudo*, **I, 23b**. Na Confissão, **II, 90**. Amor à verdade, **II, 123**. Na direção espiritual, III, 181-III. Para fazer bem o exame de consciência, III, 198-III. O cristão, um homem sem duplicidade; a hipocrisia dos fariseus, **III, 248**. Com Deus, na direção espiritual, na convivência com os outros; o elogio de Jesus a Natanael, **IV, 76**.

SOBERBA. Manifestações de soberba; a parábola do fariseu e do publicano, **I, 25b**. A caridade une; a soberba separa, I, 56b-III. Manifestações de soberba; exercitar-se na humildade, **II, 45**. É pior e o mais ridículo dos pecados, II, 50--II. A palha no olho alheio, **II, 100**. Ver HUMILDADE.

SOBRIEDADE. Ver TEMPERANÇA.

SOCIEDADE. Santificar a sociedade a partir de dentro; cumprimento dos deveres sociais e profissionais, **I, 33b**. Conviver com todos, **II, 6**. Uma sociedade justa; princípios de doutrina social da Igreja, **II, 11**. Vivemos em sociedade; dimensão social do homem; contribuir para com o bem comum, **II, 37**. Em certas

ÍNDICE ASCÉTICO

ocasiões, a sociedade parece querer prescindir de Deus; a *torre de Babel*, **II, 50**. Não ser meros espectadores da vida social; cooperar para o bem, **II, 53**. O cristão na vida pública; *dar a César o que é de César*, **II, 74**; **III, 250**. Ver CRISTÃOS NO MEIO DO MUNDO.

SOLIDARIEDADE. E o pagamento dos impostos justos, III, 163-III. Cooperar para o bem, **II, 53**. De todos os homens em Adão, **II, 80**.

SUFRÁGIOS. Pelas almas do Purgatório, **IV, 98**.

STABAT MATER. Ver HINO *STABAT MATER*.

TEMOR DE DEUS. O *temor servil* e o santo temor de Deus, **I, 93b**. Existência do inferno; o santo temor de Deus, **II, 58**. O santo temor de Deus, garantia e respaldo do verdadeiro amor, **II, 99**. O dom do temor em Nossa Senhora, **IV, 103**.

TEMPERANÇA. Relação desta virtude com o santo temor de Deus, II, 92-III. A virtude da santa pureza, **II, 8**. Exemplaridade, II, 34-II. Necessidade desta virtude; alguns exemplos, **II, 101**; **II, 140**.

TEMPLO. Lugar de oração, **III, 293**. Dedicação da Basílica de Santa Maria Maior, **IV, 69**. Dedicação da Basílica do Latrão; símbolo da presença de Deus entre os homens, **IV, 99**. De Nossa Senhora Aparecida, **IV, 93**.

TEMPO. O nosso tempo, talento dado por Deus; aproveitá-lo; recuperar o tempo perdido, **I, 37a**; II, 153-II e III; **III, 286**. Viver o momento presente, **II, 61**; **III, 221**.

TENTAÇÕES. E a luta diária, **II, 119**. O Senhor permite que sejamos tentados para crescermos nas virtudes; meios para vencer, **I, 5b**. Temos a graça do Senhor para vencer sempre, **II, 116**. Bens que podem produzir, **III, 246**. A oração nos torna fortes nas tentações e dificuldades, IV, 107-II.

TIBIEZA. Tendência a descuidar as pequenas coisas, II, 78-II. Causas da tibieza; remédios, **I, 13a**. Afastamento de Cristo pelo pecado e pela tibieza, I, 47a-II e III. Mata pela raiz os desejos de ser santos; vigilância, **I, 69b**. A indiferença diante das coisas de Deus, **II, 62**. A *graça desvirtuada*, **II, 83**. Paralisa o exercício das virtudes, III, 199-II. Uma fé adormecida, **III, 234**. Alerta contra a tibieza; as *lâmpadas acesas*, **III, 254**. Ver AMOR A DEUS, COISAS PEQUENAS.

ÍNDICE ASCÉTICO

759

TRABALHO. E piedade, **I, 29b**. O trabalho de Jesus; o nosso trabalho, **I, 46a**; **II, 30**; **II, 39**. "Santificar o trabalho, santificar-se no trabalho, santificar os outros com o trabalho", **I, 11b**. O exemplo de Cristo, II, 1-II. Dignidade do trabalho humano, **II, 11**. Exemplaridade nas tarefas profissionais; competência profissional, **II, 16**; II, 34-II. A virtude da laboriosidade, **II, 41**. Trabalhar com intensidade, II, 61-III. O exercício da profissão, meio de servir a sociedade, II, 66-III. Presença de Deus no trabalho, **II, 135**. Amar o trabalho profissional, **III, 183**. Trabalho e contemplação, **III, 236**. Responsabilidade no trabalho, **III, 217**; **III, 255**. Caminho de santidade, **III, 288**. O trabalho, dom de Deus, **IV, 32**. A perfeição no trabalho; o exemplo de São Lucas, IV, 95-I.

TRISTEZA. E falta de generosidade com Deus; o *jovem rico*, **II, 64**. Causas e remédios da tristeza, **II, 15**. Faz muito dano à alma; a alegria é fruto da generosidade, III, 172-III. É um vício causado pelo amor desordenado a si mesmo, e é causa de muitos outros males, III, 259-I. Ver ALEGRIA.

UNÇÃO DOS ENFERMOS. Frutos deste sacramento; preparar os enfermos, **I, 31b**. Imitar Cristo no amor e atenção aos enfermos, **II, 31**. Ver DOENÇA.

UNIDADE DE VIDA. Vida de fé no meio das realidades temporais; piedade e trabalho, **I, 29b**; **II, 134**. Todas as realidades, cada uma na sua ordem, devem estar dirigidas para Deus, **I, 58b**. Ser cristãos coerentes em todas as situações da vida, **I, 62b**. Consequência de viver uma vida de fé, II, 73-II. Também à hora do descanso, II, 134-III. Os trabalhos da vida corrente, meio e ocasião para encontrarmos a Deus, **III, 236**. Pertencer a Deus por inteiro; retidão de intenção, **III, 276**. Coerência cristã e unidade de vida; o testemunho dos mártires, **IV, 54**.

UNIDADE. E diversidade no apostolado, **II, 57**. E solidariedade cristã, **III, 272**. Dos primeiros cristãos, I, 56b-III. O Papa, fundamento perpétuo da unidade na Igreja, **III, 178**. Nos aspectos essenciais; repelir a mentalidade de partido único, **III, 224**. Dom de Deus; oração de Cristo pela unidade, **IV, 4**. Unidade interna da Igreja; a união com Cristo fundamenta a unidade dos irmãos entre si, **IV, 5**. O Romano Pontífice, fundamento e garantia da unidade na Igreja, **IV, 7**. Maria, Mãe da unidade,

IV, 10. Os sacerdotes, instrumentos de unidade, **IV, 37**. Ver CARIDADE, OITAVÁRIO PELA UNIDADE DOS CRISTÃOS.

VERACIDADE. Necessidade da sinceridade; o *demônio mudo*, **I, 23b**. O amor à verdade deve levar-nos a buscar uma infomação veraz e a contribuir para a veracidade com os meios que estão ao nosso alcance, II, 19-II. O valor da palavra empenhada; amor à verdade em todas as ocasiões e circunstâncias, II, 87-I e II. Amar a verdade e dá-la a conhecer, **III, 248** Verdade e liberdade, IV, 76-II. Ver SINCERIDADE, VERDADE.

VERDADE. Fidelidade à verdade divina, **II, 35**. Amor à verdade, **I, 18a**. Cristo é a suprema Verdade, II, 157-III. Proclamar a verdade com caridade, tendo sempre compreensão para com as pessoas, **IV, 6**.

VIDA CRISTÃ. Recorrer a São José, mestre de vida interior, I, 29a-III. Exercício das virtudes humanas e sobrenaturais na vida corrente, **I, 22b**. A Santa Missa, centro da vida cristã, I, 30b-III. O apostolado, "sobreabundância da vida interior", I, 78b-III. Virtudes sobrenaturais e dons do Espírito Santo, **I, 83b**. A vida sobrena-

tural na alma, **II, 22**. "As obras é que são amores"; o perigo de uma vida interior sem obras; maldição da figueira estéril, **II, 68**. Recorrer ao Anjo da Guarda, **II, 77**. Necessidade da graça para realizar o bem; correspondência às graças atuais, **II, 84**. A vida da graça, participação da natureza divina, **II, 91**. Necessidade da oração e da mortificação, III, 213-II. Consiste em imitar a Cristo, **III, 251**. O trato com cada uma das três Pessoas divinas, IV, 38-II. Inabitação da Santíssima Trindade na alma, **IV, 39**.

VIGILÂNCIA. O Senhor convida-nos a vigiar; vigilância no cuidado das coisas pequenas, I, 19a-II. A tibieza mata pela raiz os desejos de santidade; vigilância, **I, 69b**. E exame de consciência, **III, 162**. Caridade vigilante, **III, 184**. Alerta contra a tibieza; as *lâmpadas acesas*, **III, 254**.

VIRGEM SANTÍSSIMA. E São João Apóstolo, I, 33a-II. Cumpriu perfeitamente a vontade divina, **II, 20**. A Apresentação de Jesus no Templo, **IV, 15**. Nossa Senhora e as nossas conversões, IV, 78-III. E o sacramento da Penitência; a sua atitude misericordiosa para com os pecadores, **IV, 63**. A sua fé, **I, 6a**. Mestra de esperança, **I, 21a**. A virgindade de Nossa Senhora, **I, 23a**. A vocação de Maria; a nossa vocação, **I, 25a**. Generosidade e espírito de serviço de Maria; imitá-la, **I, 26a**. A humildade de Maria, **I, 27**. Esperar Jesus que chega no Natal junto da sua Mãe; recolhimento, I, 29--I. Mãe de Deus e Mãe nossa; ajudas que nos presta, **I, 38a**; I, 60b-III. Invocá-la com frequência, I, 40a-III. Apresentação de Jesus no Templo; a profecia de Simeão, **I, 41a**. Recorrer a Ela em nossas necessidades; o *Lembrai-vos*, I, 9b-III. Pedir-lhe a virtude da humildade, I, 25b-II. Sua presença e ajuda na enfermidade, I, 31b-III. O encontro de Jesus com a sua Mãe, a caminho do Calvário, I, 43b-III. Maria ao pé da Cruz, I, 45b-III. Jesus aparece à sua Mãe depois da Ressurreição; a alegria de Maria, I, 47b-III. Recorrer a Ela nos momentos difíceis, e sempre, **I, 74b**. Rainha da paz, I, 77b-III. No Rosário, ensina--nos a contemplar a vida do seu Filho, **I, 81b**. A sua devoção atrai a misericórdia divina; o mês de maio; as romarias, **I, 84b**. O Espírito Santo e Maria, **I, 95b**. *Onipotência suplicante*; a sua intervenção no milagre das bodas de Caná, **II, 9**. *Causa da nossa alegria*, **II, 15**. Mestra de caridade, II, 27-III. O seu poder de intercessão, II, 40-III; **III, 85**. *Mãe de mi-*

sericórdia, **II, 42**; II, 82-III. Ensina-nos a tratar a Jesus, II, 51-III. Presente na Santa Missa, II, 103-III. Corredentora com Cristo; a sua presença no Calvário e na Santa Missa, **II, 105**; II, 141-III. Mãe da Igreja, II, 118-III. Recorrer a Ela nas tentações, II, 119-III. Pedir-lhe o dom da contrição, II, 128-III. Quer ver Jesus e envia-lhe um recado, **II, 137**. Ensina-nos a nos enchermos de fé diante do trabalho que Deus nos indicou neste mundo, II, 159-III. Apresenta as nossas orações ao Senhor, II, 169-III. Ensina-nos a amar, III, 171-I. Vida de fé de Santa Maria, **III, 195**. Os méritos de Nossa Senhora e nossa salvação, **III, 202**. *Cheia de graça*; a plenitude da graça de Nossa Senhora, **III, 204**. *Refúgio dos pecadores*, III, 209--III. O silêncio de Maria no Evangelho, **III, 218**. Orações à Mãe de Deus, **III, 240**. *O meu coração está vigilante*, **III, 254**. Ensina-nos o caminho da humildade, **III, 267**. A sua maternidade espiritual sobre todos os homens, III, 268-II. A sua virgindade e maternidade, III, 294-II. Mãe de Deus e Mãe nossa; o trato com cada uma das Pessoas da Santíssima Trindade, **IV, 1**. Mãe da unidade, **IV, 10**. A sua Purificação no Templo, **IV, 16**. *Saúde dos enfermos*, **IV, 17**. Esposa de José; seu amor puríssimo ao

762 ÍNDICE ASCÉTICO

Santo Patriarca, IV, 22-I e II. Seu consentimento no momento da Encarnação, IV, 28-I. A vocação de Nossa Senhora; corresponder à chamada de Deus, **IV, 29**. A Virgem pede em Fátima penitência pelos pecados de todos os homens, IV, 34-II. O seu serviço alegre aos outros; a Visitação, IV, 36-I. Maria e a Eucaristia, IV, 47-III. O Coração de Maria, um Coração materno, **IV, 50**. Especiais ajudas e graças de nossa Mãe no momento da morte, **IV, 61**. Recorrer a Nossa Senhora nas dificuldades, IV, 63-II. Conduz-nos com prontidão até o seu Filho, **IV, 67**. Mediadora diante do Mediador, **IV, 67**. *Aqueduto* pelo qual nos chegam as graças, **IV, 69**. *Arca da Nova Aliança*, **IV, 72**. Intercede e cuida dos filhos a partir do Céu, **IV, 73**. Realeza de Maria, **IV, 75**. *Trono de graça e de misericórdia*, IV, 75-I. Alegria no Nascimento de Nossa Senhora, IV, 80-I. O seu papel corredentor, **IV, 82**. *Consoladora dos aflitos*, IV, 82-III. Pedir-lhe tudo com confiança, **IV, 91**. *Auxílio dos cristãos*, IV, 92-I. São Lucas, o *pintor* de Nossa Senhora, IV, 95-II. *Estrela da manhã*, **IV, 102**. Anunciada e prefigurada no Antigo Testamento, IV, 102. *Estrela do mar*, IV, 102. Os dons do Espírito Santo em Maria, IV, 103. *Casa de ouro*,

IV, 103. *Escrava do Senhor*, **IV, 104**. A verdadeira alegria chegou ao mundo com Maria, **IV, 106**. *Causa da nossa alegria*, IV, 106. *Rosa mística*, **IV, 107**. A oração contínua de Nossa Senhora, IV, 107. *Mãe amável*, **IV, 108**. *Refúgio dos pecadores*, **IV, 110**. *Porta do Céu*, **IV, 111**. A intercessão de Nossa Senhora, IV, 111. A devoção à Virgem, sinal de predestinação, IV, 111. A casa de Maria em Nazaré, **IV, 113**. Ver DEVOÇÕES MARIANAS, FESTAS DE NOSSA SENHORA.

VIRGINDADE. E celibato em meio do mundo, III, 188-II. Virgindade, celibato apostólico e matrimônio; a virtude da castidade; meios para vivê-la, **I, 23a**; **III, 188**; **III, 294**. Paternidade e maternidade espiritual, **III, 268**.

VIRTUDES DA CONVIVÊNCIA. Perdoar e esquecer as pequenas ofensas que se podem produzir na convivência diária, **I, 21b**. Virtudes e disposições necessárias para a convivência, **II, 6**. A afabilidade e virtudes anexas, **IV, 11**. Tornar a vida amável aos que convivem conosco; o lar de Nazaré, **IV, 113**. Ver ALEGRIA, COMPREENSÃO, OTIMISMO.

ÍNDICE ASCÉTICO

VIRTUDES HUMANAS. Conhecimento sobrenatural e maturidade humana, **I, 50a**. A virtude humana da gratidão, **I, 71b**. Virtudes humanas no apostolado, **II, 5**. Algumas virtudes necessárias para viver a santa pureza, **II, 8-II** e III. Fé e virtudes humanas, **II, 12**. O valor da palavra dada, **II, 87**. A virtude da fidelidade, **II, 104**. As virtudes humanas são o fundamento das sobrenaturais, e encontram-se com plenitude em Jesus Cristo, **II, 138**. Valentia para seguir Cristo em qualquer ambiente e circunstâncias, **II, 149-I** e II. Virtudes humanas na vida de São José, **IV, 21-III**.

VIRTUDES SOBRENATURAIS. E dons do Espírito Santo, **I, 83b**. Ver FÉ, ESPERANÇA e CARIDADE.

VIRTUDES. Conhecimento sobrenatural e maturidade humana, **I, 50a**. Exercício das virtudes humanas e sobrenaturais na vida ordinária, **I, 22b**. Virtudes que ampliam e aperfeiçoam o campo da justiça, **I, 33b-III**. Fortaleza na vida ordinária, **II, 32**. Virtudes do trabalho bem realizado, **II, 39**. O crescimento nas virtudes, **II, 78**. A virtude da temperança, **II, 140**.

VISITA AO SANTÍSSIMO. Jesus nos espera no Sacrário; frutos deste ato de piedade, **I, 51b**. Nela buscamos forças, **II, 146-III**. Colóquio íntimo com o Senhor, **III, 161-III**. Querer ver Jesus, que nos espera no Sacrário, **III, 220**. Junto do Sacrário ganharemos todas as batalhas; "almas de Eucaristia", **III, 265.**.

VOCAÇÃO. De João Batista, **I, 8a-I**. De Maria; a nossa vocação, **I, 25a**. A missão dos pais, **I, 31a-II**. Do Apóstolo João, **I, 33a**. Perseverança na própria vocação; a fidelidade diária no pequeno, **I, 39b**. Chamada dos primeiros discípulos, **II, 1; II, 36**. No cumprimento de sua vocação, o homem dá glória a Deus e encontra a grandeza da sua vida, **III 14**. Necessidade de um desprendimento completo para responder às chamadas que o Senhor nos dirige, **II, 17**. A resposta à vocação pessoal; o *jovem rico*, **II, 64**. A oração, meio mais eficaz de conseguir vocações, **II, 88**. A virtude da fidelidade, **II, 104**. Exigências da chamada do Senhor: prontidão, desprendimento, disponibilidade, **II, 108**. Procurar vocações para o sacerdócio, **II, 125-III**. Deixar os pais quando chega o momento oportuno é lei de vida, **II, 127**. Está acima de qualquer vínculo, mesmo fa-

764 ÍNDICE ASCÉTICO

miliar, **II, 137**. É uma honra imensa e uma mostra muito particular da predileção divina, **II, 147**. Generosidade e desprendimento para seguir os planos de Deus; o *jovem rico*, **III, 172; III, 242**. Desprendimento para seguir Cristo, **III, 228**. Escolhidos desde toda a eternidade, **III, 247**. "Àqueles que escolhe para algum fim, Deus prepara-os e dispõe-nos a fim de que sejam idôneos", **IV, 20**. Petição de vocações a São José, IV, 25-III. A vocação de Nossa Senhora; corresponder à chamada de Deus, **IV, 29**. Deus é quem a dá, e dá as graças necessárias para corresponder, **IV, 35**. A vocação de Pedro; a sua fidelidade até o martírio, **IV, 56**. A chamada de São Paulo, **IV, 57**. A vocação dos filhos nasce num clima de piedade familiar, de alegria e de virtudes humanas, IV, 77-II. Prontidão na resposta; o exemplo de Mateus, **IV, 83**. A alegria da vocação, IV, 83-II. O projeto pessoal de Deus para cada um de nós, **IV, 87**. Ajudar os outros a encontrarem a sua própria vocação, **IV, 87**. Chamada do Apóstolo André, **IV, 101**.

VONTADE DE DEUS. Vontade de Deus e santidade; identificação com o querer divino; imitar a Jesus, **I, 5a; II, 70**. Dá-se a conhecer com sinais suficientemente claros, se a alma tiver boas disposições, **I, 18a**. Identificação com a vontade de Deus na oração de petição, II, 9-I; **II, 144**. Beber o *cálice do Senhor*, I, 15b-I. Jesus em Getsêmani, **I, 38b**. O cumprimento dos deveres, **I, 57b, II, 20**. Amar a vontade de Deus; *tudo é para o bem*; serenidade nas contradições, II, 96. Ele tem os melhores planos para nós, II, 111-II.

Direção geral
Renata Ferlin Sugai

Direção de aquisição
Hugo Langone

Direção editorial
Felipe Denardi

Produção editorial
Juliana Amato
Gabriela Haeitmann
Ronaldo Vasconcelos
Daniel Araújo

Capa
Gabriela Haeitmann
Karine Santos

Diagramação
Sérgio Ramalho

ESTE LIVRO ACABOU DE SE IMPRIMIR
A 31 DE JANEIRO DE 2025,
EM PAPEL IVORY SLIM 65 g/m².